KB249661

조선정치사의 발견

서남동양학술총서

조선정치사의 발견

조선의 정치지형과 문명전환의 위기

강상규 지음

창비

서남동양학술총서 간행사

21세기에 다시 쓰는 간행사

서남동양학술총서 30호 돌파를 계기로 우리는 2005년, 기왕의 편집위원회를 서남포럼으로 개편했다. 학술사업 10년의 성과를 바탕으로 이제 새로운 토론, 새로운 실천이 요구되는 시점이라고 판단했기 때문이다.

알다시피 우리의 동아시아론은 동아시아의 발칸, 한반도에 평화체제를 구축하고자 하는 비원(悲願)에 기초한다. 4강의 이해가 한반도의 분단선을 따라 날카롭게 교착하는 이 아슬한 상황을 근본적으로 해결하는 방책은 그 분쟁의 근원, 분단을 평화적으로 해소하는 데 있다. 민족 내부의 문제이면서 동시에 국제적 문제이기도 한 한반도 분단체제의 극복이라는 이 난제를 제대로 해결하기 위해서는 우선 서구주의와 민족주의, 이 두 경사 속에서 침묵하는 동아시아를 호출하는 일, 즉 동아시아를 하나의 사유단위로 설정하는 사고의 변혁이 종요롭다. 동양학술총서는 바로 이 염원에 기초하여 기획되었다.

10년의 축적 속에 동아시아론은 이제 담론의 차원을 넘어 하나의 학(學)으로 이동할 거점을 확보했다. 우리의 충정적 발신에 호응한 나라 안팎의 지식인들에게 깊은 감사를 표하는 한편, 이 돈독한 토의의 발전이 또한 동아시아 각 나라 또는 민족들 사이의 상호연관성의 심화가 생활세계의 차원으로까지 진전된 덕에 크게 힘입고 있음에 괄목한다. 그리고 이러한 변화가 6·15남북합의(2000)로 상징되듯이 남북관계의 결정적 이정표 건설을 추동했음을 겸허히 수용한다. 바야흐로 우리는 분쟁과 갈등으로 얼룩진 20세기의 동아시아로부터 탈각하여 21세기, 평화와 공치(共治)의 동아시아를 꿈꿀 그 입구에 도착한 것이다. 아직도 길은 멀다. 하강하는 제국들의 초조와 부활하는 제국들의 미망이 교착하는 동아시아, 그곳에는 발칸적 요소들이 곳곳에 숨어 있다. 남과 북이 통일시대의 진전과정에서 함께 새로워질 수 있다면, 그리고 그 바탕에서 주변 4강을 성심으로 달랠 수 있다면 무서운 희망이 비관을 무찌를 것이다.

동양학술총서사업은 새로운 토론공동체 서남포럼의 든든한 학적 기반이다. 총서사업의 새 돛을 올리면서 대륙과 바다 사이에 지중해의 사상과 꿈이 문명의 새벽처럼 동트기를 희망한다. 우리의 오랜 꿈이 실현될 길을 찾는 이 공동의 작업에 뜻있는 분들의 동참과 편달을 바라 마지않는 바이다.

서남포럼 운영위원회

www.seonamforum.net

책머리에

어린 시절, 돋보기를 쓰고 성경을 읽으시던 할머니가 눈이 침침하다며 나더러 읽어달라고 할 때가 있었다. 무슨 말인지 뜻은 잘 모르지만 큰소리로 또랑또랑 낭독하면 할머니는 무척 기뻐하셨다. 그때마다 할머니의 인자한 미소가 참 곱다고 생각했다. 그런데 언제부턴가 나도 돋보기 없이는 책을 볼 수 없는 신세가 되었다.

돋보기를 쓰고 책을 읽다가 그대로 외출이라도 하게 되면 그야말로 낭패가 아닐 수 없다. 길거리의 모습이 전혀 보이지 않기 때문이다. 평소 쓰는 안경이든 돋보기든 둘 다 내게 필요한 안경이지만 역할이 완전히 다르다. 그래서 외출할 때면 늘 평소 쓰는 안경으로 바꿔 쓰는 것을 잊지 않으려 애쓴다.

역사나 세상을 바라보는 것도 비슷하다. 보려는 대상에 따라 어떤 거울에 비춰볼 것인지가 매우 중요하기 때문이다. 현미경으로 보느냐, 망원경으로 보느냐에 따라 뭔가가 잘 보이기도 하고 전혀 드러나지 않기도 하니까.

청년시절, '우리는 누구인가? 어떻게 변화하는 세계를 직시하면서 내 몸에 맞는 건강한 미래를 만들어갈 것인가'라는 문제의식을 품게 되었다. 그러면서 자연스럽게 한국의 근대에 대한 관심을 키워가기 시작했다. 그러다보니 '조선은 왜 19세기의 서세동점이라는 전환기를 성공적으로 살아내지 못했던 것인지' 알고 싶어졌다. 국내외에서 진행된 조선의 죽음을 다루는 분석이나 진술, 웅성거림을 수없이 접해보았다. 하지만 이 사태를 입체적으로 바라보고 가슴에 와닿게 해석하는 시각을 좀처럼 만나기 어려웠다. 대다수의 연구나 비평들이 조선의 삶에 대한 이해나 성찰 없이, 조선의 죽음에 대해 진술하고 있는 것처럼 보였다.

이 질문에 대해 접근하자면 우선 몇가지 선행하는 질문에 답할 수 있어야 한다는 소박한 생각이 들었다. 우선 19세기 이땅에서 살았던 이들은 어떤 사람들인가? 서세동점이라는 외부로부터 밀려드는 쓰나미, 곧 위기의 정체와 본질은 무엇인가? 쓰나미에 직면한 사람들은 어떤 위기의식을 가졌던 것인가? 그리고 서세동점이라는 위기의 와중에서 사람들은 무엇을 지키고, 무엇을 바꾸려 하였고, 이러한 문제를 둘러싼 사람들의 생각이나 견해차이는 어떤 양상으로 전개되었으며, 어떻게 파국으로 치닫게 되었는가?

이러한 질문은 환언하면 다음과 같은 것들이다. 조선인들은 누구인가? 그들은 어떤 도덕적 신념과 가치관을 가지고 어떠한 정치적·사회적 씨스템 속에서 일상을 살았는가? 조선이 건국된 이래 형성되어온 정치구조와 정치이념은 도대체 어떤 것이며 이후 5백여년의 세월을 겪는 동안 어떠한 변화·변용을 겪어왔는가? 19세기 서세동점 앞에서 중국과 일본의 동시대인들은 한반도의 사람들과 어떤 점에서 닮고, 또 달랐는가? 그리고 19세기라는 시대적인 한계와 조선의 제한된 정치적 여건 하에서 조선의 국왕은 무엇을 생각하고 무슨 꿈을 품었으며, 이를 가능하게 하기 위해 어떤 노력을 했던 것인가?

그래서 과거로의 시간여행을 떠났다. 시대의 길목 굽이굽이마다에서 많은 사람들과 만났다. 시대의 흐름에 따라 치열한 문제의식과 열정, 변화하는 시대정신과 접할 수 있었다. 어떤 때는 감동해서 눈물이 나왔고, 어떤 때는 안타까움에 탄식해야 했다. 아울러 문명의 패러다임이 바뀌는 전환기에는 모든 질곡의 표상이면서도 또한 모든 가능성의 중심에 존재하였던 이율배반적인 존재인 국왕과 대면했다. 당대를 구성하는 모든 것과 얽힌 가장 복잡한 사회적 네트워크의 축이었던 국왕, 그 국왕을 보는 눈과 국왕이 보는 눈, 그 양쪽의 끝을 오가며 사람들의 진술을 청취해야만 했다.

그러면서 비로소 조선의 향기와 신념, 19세기의 상황이 조금씩 시야에 들어오기 시작했다. 백자의 단아한 세계를 꿈꾸며, "살고 싶다, 의롭고 싶다, 그러나 둘 다 가질 수 없다면 삶을 버리고 의를 택하겠다"는 신념을 가지고 살아가던 바보스런 선비들의 모습도 손에 잡힐 듯 다가왔다. 청년 안중근이 죽기 직전 뤼순 감옥에서 남긴 "見利思義 見危授命"이라는 글귀가 던지는 메시지가 필자의 가슴을 파고들었다. 이들에게 기왕의 신념을 저버리고 19세기 후반 세계의 대세로 떠오른 부국강병의 길로 갈아타라는 것은 죽는 것만큼이나 수용하기 어려운 선택이었다. 20세기의 길목에서, 세상에는 목숨보다 소중한 것이 있다고 믿었던 사람들의 순정한 사연들이 마치 유령처럼 사방을 배회하고 있었다

이 책은 과거로의 시간여행에 대한 조금 긴 호흡의 중간결산 보고서에 해당한다. 이중에서 19세기 거대한 쓰나미 앞에서 무엇을 버리고 무엇을 지킬 것인지 고민하고 선택해야 했던 국왕과 지식인, 위정자들의 이야기는 이미 몇편의 논문으로 세상에 선을 보인 바 있다.

이 책이 나오기까지 20년 이상의 세월이 흘렀다. 그동안 정말 많은 분들의 도움을 입었다. 돌이켜보면 젊은날의 방황과 시련은 나를 찾아가는 과정이었다. 고뇌의 여정에서 만난 좋은 분들이 필자를 이끌어주었다. 그중에서도 서울대학교 외교학과의 은사님들, 토오꾜오대학교에서 만난 지성들, 정치사상학회와 한국/동양정치사상사학회의 회원들, 그리고 현재 재직하고 있는 방송대학교 일본학과 교수님들께 머리 숙여 감사드리고 싶다. 아울러 서남재단은 느리게 가는 나의 행보를 끈기있게 기다리며 독려해주었고, 출판을 맡은 창비 편집진은 헝클어진 원고를 촘촘하게 다듬어

주었다. 감사할 따름이다.

일본유학 중에 돌아가신 아버지, 이제 거동이 많이 불편해지신 어머니! 내 삶의 소중한 순간들이 모두 부모님과 가족들의 따스한 배려와 사랑이 있었기에 비로소 가능한 것이었음을 이제 조금 알 것 같다. 그리고 청년시절에 만나 인생의 힘겨운 여정 어느 순간에도 내 손을 놓지 않은 아내 한수영은 오늘도 필자가 살아가는 이유이다. 감사하게도 방송대학교 학생들의 반짝거리는 맑은 눈동자는 어두운 밤을 지키는 별빛처럼 내 삶의 소중한 등대가 되어준다.

2013년 3월 대학로 연구실에서

강상규

차례

서남동양학술총서 간행사 | 21세기에 다시 쓰는 간행사_4
책머리에_6

서장_15

제1부 조선의 유교적 정치지형과 군신관계: 탄생과 전개_55

제1장 조선의 유교적 정치지형의 탄생과 왕권의 공간_57

1. 조선 건국의 문명사적 함의와 새로운 아이덴티티 모색_63
(1) 조선 건국의 전환기적 문맥과 건국 이데올로그의 정치구상_63
(2) 새 왕조의 문화지향적 정체성과 화이질서와의 친화성_76
2. 왕권의 공간과 군신간의 상호의존적 긴장관계_88
(1) 이념과 왕권의 공간_88
(2) 제도와 왕권의 공간_98

제2장 조선정치의 국면전환과 군신간 역학관계의 변화_111

1. 조선 전기: 개국공간의 신유학적 리얼리즘과 왕조국가의 중심 구축_115
(1) 신유학적 리얼리즘과 왕권의 상대적 자율성_115
(2) 소중화적 문화주의와 보편과 특수의 창조적 긴장_130
(3) 새로운 국면전환의 징후_142
2. 조선 중기: 성리학적 질서의 사회적 내면화와 정치적 구심축의 분화_146
(1) 국왕 권위의 상대화와 정치적 역학관계의 변동_146

(2) 조선성리학의 사회적 내면화와 규범주의적 경향성_171
(3) 혼돈 국면의 계기들: 전쟁, 기상이변, 화이변태_177
3. 조선 후기: 전환기 정체성의 변용과 정치적·사상적 구심축의 불안한 균형_189
(1) 천하질서의 변동과 새로운 정체성 모색_189
(2) 존주대의와 비판적 지식인들의 현실인식_201
(3) 중심의 분산과 기우뚱한 균형_220

제2부 서세동점기 동아시아질서의 동요_237

제3장 청과 일본의 만국공법 수용양상과 상이한 위기의식_239

1. 근대 국제법의 권력정치적 측면과 문명주의적 성격_243
2. 청의 경우: 조약체제의 전통적 해석과 현상유지책으로서의 만국공법_250
(1) 중국적 세계질서에 있어 조약체제의 등장과 국제법 서적의 번역_250
(2) 중화질서 중심의 위기의식과 현상유지책으로서 만국공법의 활용_267
3. 일본의 경우: 서구적 보편의 이중성이 구현된 새로운 문명기준으로서의 만국공법_276
(1) 일본의 전통적 대외관념과 위기의식_276
(2) 개국과 만국공법의 수용_282
(3) 메이지유신과 '문명의 문법'으로서의 만국공법 활용_293

제4장 19세기 조선의 정치공간과 위기의 징후들_308

1. 19세기 조선정치의 국면전환_310
(1) 국면전환과 대내적 위기: 담합의 정치_310
(2) 대외적 위기와 위기의식: 굴절된 자기정체성의 부상과 편승의 외교_321

2. 전환기 대원군의 정치적 리더십과 위기관리책의 패러독스_333
(1) 문제적 인물 흥선대원군_333
(2) 대원군의 정치적 위상과 권력 실세로의 부상_338
(3) 병인박해의 감춰진 경위_350
(4) 대원군의 위기관리와 왕권강화책의 역설_362

제3부 패러다임 전환기 왕권과 정치공간_377

제5장 고종의 정치의식과 새로운 대외관의 형성_379
1. 고종 초기의 정치의식과 전통적인 대외관의 형성_382
(1) 고종의 성격과 그에 관한 이미지들_382
(2) 성왕 수련과 유교적 인군의식의 성장: 고종 정치의식의 토대_391
(3) 화이론적 명분론에 근거한 전통적 대외인식_408
2. 청년 고종의 국내외 현실정치의 체험과 대외관의 전회_412
(1) 고종의 정보 루트와 박규수_413
(2) 일본에의 개항과 외국 전래서적의 영향_441
(3) '친중국' 및 '연미국'의 협소한 전략공간과 고종_465

제6장 새로운 정치질서의 모색과 새로운 위기_485
1. 고종의 개혁정책과 자주외교의 모색_490
(1) 통리기무아문의 설치와 개혁의 중심잡기_490
(2) 고종의 자주적 다변외교의 추구_505

2. 협소한 정치공간과 정치적 구심축의 표류_522
(1) 유교적 정치지형의 불협화음과 정치위기_522
(2) 자강의 방법론을 둘러싼 갈등과 대내외적 압박의 심화_535

종장 **조선의 유교적 정치지형과 문명사적 전환기의 위기**_579

부록_599
참고문헌_613
찾아보기_717

상생의 미래를 꿈꾸는 그대에게

서장

1. 문제의식의 소재

18세기 계몽주의 이후 서구의 근대사상은 진보(progress, Fortschritt)에 대한 보편화된 믿음을 가지고 있었다.[1] 이러한 진보에 대한 보편화된 믿음은—그것이 낙관적인 성향에 기반하든, 비판적인 분석과 전망에 근거하든—근대인으로 하여금 '역사의 발전단계'에 입각한 이른바 '세계사의 법칙'을 일원화되고 일반화된 세계사상(像)으로 공유할 수 있게 해주었다. 이러한 오늘날의 상식에 입각하여 논한다면, 우리가 살아온 '근대'라고 하는 시대는, 필연적이고 보편적인 세계사의 발전적 전개과정의 어느 특정 단계에서 나타나는 것으로서, 대개 내셔널리즘(nationalism), 자본주의(capitalism) 혹은 산업화(industrialization), 그리고 민주주의(democracy)라는 세개의 축을 중심으로, 이를 구성하는 유형·무형의 지적·문화적·물

1) 계몽주의 이후 서구사상의 진보에 대한 믿음이 야기한 사상적 문제점을 전반적으로 다루는 인상적인 연구로서 Edward Shils, *Tradition* (Chicago: The University of Chicago Press 1981)을 지적해둔다.

리적·제도적 요소 등을 합리적이면서도 배타적으로 배치하고 확대해가는 과정이라고 이해할 수 있을 것이다.

기왕의 19세기 동아시아 지역을 다룬 대부분의 연구들은, 이와 같은 세계사에 대한 이미지와 근대에 관한 이해를 공유하면서, 동아시아 삼국에서 근대로의 이행과정이 어떻게 전개 혹은 지체되었는가를 이러한 근대적 기준들에 입각하여 규명해왔다. 이렇게 보면, 이른바 '근대지식체계'라고 부를 만한 이러한 지적 믿음과 학문적 체계에 의해 만들어진 전환기 동아시아상(像)이란, '서구의 충격'(western impact)이라는 계기가 주어졌을 때 동아시아 삼국이 어떻게 '반응'했는가에 따라, 전통으로부터의 탈각 및 근대적 성취에 성공하거나 혹은 좌절하게 되는 극적 과정이라 할 수 있을 것이다.[2)]

하지만 이러한 연구들은 19세기 이후 동아시아 지역에서 진행된 거대한 전환의 과정을 대체로 서구중심적인 입장에서 '서구의 충격에 대한 반응'이라는 관점으로 협소하게 다루고 있을 뿐 아니라, 개혁되어야 할 낡은 '전통'과 전지구적 차원의 보편적 문명으로서 '근대'(modernity)라는 이분법적 사고를 전제하고 있다는 점에서 여러가지 한계를 드러내었다. 이와 관련해서는 벤자민 슈와츠(Benjamin I. Schwartz)가 『부와 권력을 찾아서』(1964)에서 매우 중요한 문제제기를 한 바 있다. 시사하는 바가 큰 내용이므로 조금 길지만 인용하고 넘어가기로 하자.

> '서양의 충격'이라는 표현은 무력한 어떤 명확한 객체가 충격을 가하는 이미지를 떠올리게 한다. 그러한 충격을 받은 대상의 실체는 무형이고 모호할지도 모르지만 충격을 가한 물체는 잘 알려져 있다. (…) 18,9세기에 걸쳐 부상하게

2) 이에 관한 필자의 좀더 상세한 논의로서 강상규 「근대지식체계와 조선사 이미지」, 『동양정치사상사』 9권 2호(한국/동양정치사상사학회 2010년 9월)를 참조할 것.

된 서양이 정치·사회·사상의 어느 분야에서고 쉽사리 파악할 수 있는 하나의 통합체를 형성하고 있다고 주장할 사람은 거의 없다. 그런데 비서양 세계를 중심으로 해서 바깥쪽으로 시각을 돌리게 되면 그 전까지 애매하게 보이던 서양이 돌연 선명하게 들어온다. 서양은 고정되고 알려진 실체라는 외양이 갑자기 설정되는 것이다.

물론 우리는 비(非)서양 세계 역시 아직 완전하게 알려져 있지 않다는 사실, 즉 비서양 사회 자체에 관한 연구와, 서양과 조우하던 시대에 비서양 사회가 처한 구체적인 역사적 상황에 관한 연구가 아직도 초보단계에 머물러 있다는 점을 잘 알고 있다.

그런데 서양 쪽에서도 비서양 세계를 알 만큼 알고 있다고 확신하는 사람들이 있다. 그들은 '전 산업화 사회', '토착사회', '전통사회', '산업화 과정' 따위의 몇몇 유행하는 범주를 비서양 사회에 적용하여 그와 같은 사이비 명료성을 띤 개념에 포함할 수 없는 것은 모두 중요하지 않은 것이므로 쓰레기통에 던져도 상관없다고 믿고 있다.

내가 말하고자 하는 바는 서양과 비서양 사회, 문화의 조우라는 문제를 다룰 때는 **두 세계의 특성에 동시에 깊이 몰입하는 것** 외에 달리 방법이 없다는 사실이다. 우리가 다루려 하는 문제는 끊임없이 변화하며 극히 문제가 많은 인간 경험의 거대한 두 영역이다.[3](강조는 인용자)

이외에도 슈와츠는 다른 논문을 통해서 '전통 vs. 근대' 식의 단선적 시각에 근거한 이분법적 패러다임이 중국의 역사를 설명하는 적절한 틀이 될 수 없음을 지적하기도 하였다. 그의 논지는 요컨대 '전통'이나 '근대'라는 것이 정태적이거나 완결된 형태로 묘사될 수 있는 성격의 것이 아니라

3) Benjamin Schwartz, *In Search of Wealth and Power: Yen Fu and the West* (Cambridge: Harvard Univ. Press 1964); 한국어판 최효선 역 『부와 권력을 찾아서』(파주: 한길사 2006) 47~48면.

오히려 각각의 내부에 다양한 긴장과 갈등요소를 품고 동태적으로 존재하는 영역이기 때문에 이를 '전통'이나 '근대'라는 애매한 용어로 추상화하여 사용하기 어렵다는 것이었다. 따라서 슈와츠는 '전통'과 '근대'가 편의상의 구분에 불과하며, 이들은 상호배타적이라기보다는 오히려 경우에 따라서는 전통이 근대화의 특정 측면을 촉진하거나 근대적 기준이 전통가치를 방어하기도 한다고 말한다.[4] 이러한 '전통 vs. 근대' 패러다임이 갖는 문제점과 아울러 '서구의 충격에 대한 반응'으로서의 기존의 동아시아 근대사 연구방식에 대해서는 이후 폴 코헨(Paul Cohen)의 『학문의 제국주의』(1984) 등에 의해 좀더 체계적으로 비판된다.[5]

베네딕트 앤더슨이나 에릭 홉스봄 등의 최근 논의에서 지적되고 있는 것처럼,[6] 근대적 민족 혹은 국민국가의 형성시기에 공동체로서의 연속성이 상상되고 강조되면서 작위적으로 전통이 만들어지는 등 상징조작이 진행되었던 상황을 고려하면, 전통과 근대를 이분법적으로 파악하는 것이 얼마나 피상적일 수 있는지를 되새겨보게 된다.

물론 기존의 전환기 동아시아상은, 역사적으로 서구권이 비서구권을 포섭하는 과정에서 서구문명이 스스로를 '보편'으로 인식해가면서 혹은 이를 타문명에 인식시켜가는 작업과 병행해서 형성되기 시작하였고, 뒤늦게 근대적 국제질서에 편입된 동아시아 국가의 입장에서는 서구의 근대문명을 따라잡지 않으면 안되는 절박한 시대적 상황하에서 수용되고 정착된

---

4) Benjamin Schwartz, "The Limits of 'Tradition Versus Modernity' as Categories of Explanation: The Case of the Chinese Intellectuals," *Daedalus* (Spring 1972).

5) Paul Cohen, *Discovering History in China: American Historical Writings, on the Recent Chinese Past* (New York: Columbia Univ. Press 1984); 佐藤慎一 訳『知の帝国主義』(東京: 平凡社 1988); 이남희 역 『학문의 제국주의: 오리엔탈리즘과 중국사』(산해 2003).

6) Benedict Anderson, *Imagined Community: Reflections on the Origin and Spread of Nationalism* (Verso 1983); Eric Hobsbawm and Terence Ranger, *The Invention of Tradition* (Cambridge Univ. Press 1984).

것이었다. 이러한 점을 감안하면, 기존의 전환기 동아시아상 자체는 비서구권의 복합적인 근대의 궤적을 반영하는 것으로서 현실적이며 구체적인 문제의식을 반영하고 있다고 할 수 있다. 하지만 논의가 진행되어갈수록 선진 대 후진, 우등 대 열등, 발전 대 정체 혹은 '보는 쪽=대표하는 쪽=보호하는 쪽'과 '보이는 쪽=대표성이 결여된 쪽=보호받는 쪽'이라는 이분법적 인식태도를 드러내게 된다는 사실 또한 부인하기 어렵다.[7)]

한편 지금까지의 전환기 조선근대사 연구 역시 이러한 동아시아 연구경향과 긴밀히 맞물려 진행되어왔다. 정체사관(停滯史觀), 타율성사관(他律性史觀) 등으로 대표되는 식민사관의 극복을 위해 치열하게 전개된 한국근대역사학의 성과는 1960년대 이후 민족주의사관, 내재적 발전사관 등의 흐름 속에서 나타나기 시작했다. 조선의 정치세력을 다루는 연구들은, 자연스럽게 주로 내셔널리즘의 관점에서 당시의 정치적 가능성과 한계를 지적하는 경향으로 전개되었고, 이렇게 정착된 민족주의사관은 해방 후 '분단시대'를 사는 남북한 역사가들에게 지금까지 해결하지 못한 분단극복, 근대민족국가의 수립이라는 역사적 과제를 제기한다는 점에서 여전히 조선근대사를 이해하는 기본적인 연구시각이 되고 있다.[8)] 아울러 사회경제사적 측면에서 진행된 자본주의 맹아(萌芽)론을 비롯한 내재적 발전사관은 개혁의 주체 논쟁 등을 중심으로 전개되었다.

이러한 과정을 통해 조선근대사 연구는 식민사관의 틀 위에 만들어진 정체사관의 상징이 된 왕조사적인 사관을 지양하고, '포섭대상'으로서의 수동적 의미만을 지니던 민중이 역사의 주체로서 자리매김될 근거를 마련

7) 姜尙中『オリエンタリズムの彼方へ—近代文化批判』(岩波書店 1995), 3章「日本の植民政策學とオリエンタリズム」.

8) '분단시대'라는 용어는 70년대에 분단체제를 극복하는 데 이바지하는 역사학의 역할을 제창한 강만길이 처음 사용하였다. 강만길『분단시대의 역사인식』(서울: 창작과비평사 1978).

하였으며, 또한 국내 사회경제구조의 변화에 주목함으로써,[9] 조선근대사에 대한 논의의 폭을 확장하여 그 차원을 질적으로 끌어올렸을 뿐만 아니라, 20세기 후반 남북한의 관료적 권위주의 정부에 대한 강력한 비판적 시각을 제공해주었다. 하지만 이렇게 형성되어온 조선근대사 이미지는 닫힌 사회[쇄국鎖國]에서 열린 사회[개국開國]로의 이행과정으로 규정되고, 그 정치적 내용은 대개 지배계급 대 민중세력 혹은 개화파 대 수구파의 각축이라는 비교적 단순화된 틀 내에서 이해되는 경향이 있다는 사실도 간과되어서는 안될 것이다.

그리고 조선을 둘러싼 대외정세에 관한 연구논의도 국내정세와의 상호관련성 하에서 입체적으로 논의되기보다는 대외정세 자체에 대한 논의에 머무르거나, 혹은 그 다양한 내용에도 불구하고 전체적으로는 대내외적 '시련'에 대한 민중 혹은 민족 차원의 '응전' 수준에서 연계되어 언급되었다는 느낌을 지우기 어렵다. 이는 방법적·가치적으로 근대유럽에 초점을 맞춘 세계사의 관념에 입각하여, 전환기 조선정치사를 서구 근대문명 및 제국주의 열강의 '충격'에 대한 조선 측의 '반응'으로 보려는 관점에서 기인하며, 전통과 근대를 이항대립적으로 파악하는 분석틀을 크게 벗어나지 않는다.

하지만 역사상 서구열강에 의해 근대국제질서로 편입된 국가들, 특히 동아시아 지역과 같이 오랜 역사와 전통문화, 문명의식을 간직한 국가들에서는, 어떠한 형태로든 '외래' 및 '고유'의 여러 요소가 긴장과 갈등 속에서 복잡하고 다양하게 교착하는 양상을 드러내지 않을 수 없었을 것이다. 최근의 동아시아 관련 연구들은 한편으로는 이러한 외래 및 고유 요소들 간의 긴장 양상에서 나타나는 단절의 측면만큼이나 연속의 측면에도

9) 이러한 내재적 발전사관에 입각한 연구경향 및 연구업적에 대해서는 中村哲·安秉直 他 編『朝鮮近代の歷史像』(東京: 日本評論社 1988)을 참조할 것.

주목하면서, 지역사로서의 동아시아 문명세계라는 관점을 견지하려는 경향을 보이고 있다.[10] 그리고 또 한편으로는 보편적 가치라고 간주되던 기존의 담론구조나 역사적 계보에 대한 비판적 검토를 통해, 기존의 발전사관이나 서구중심적 가치관, 근대중심적 시각의 상대화를 추구하면서, 관계성(relativity)에 근거한 시각의 중요성을 강하게 제기하고 있다.[11]

폴 코헨 등이 지적한 바와 같이, 서구의 충격에 대한 반응이 기본적으로 '전통질서 내부에서의 혁신'(change within tradition)이라는 경향을 지니고 있었다고 한다면,[12] 유교문명을 존중하면서도 각각 독특한 역사적 전통 위에 서 있던 동아시아 삼국에서 드러난 위기의식 및 모색의 양상도 유사성과 아울러 각기 미묘한 차이를 드러내면서 전개되지 않을 수 없었을 것이다. 더욱이 1870년대를 전후해서 서구국가들이 더욱 본격적인 의미에서 제국주의적으로 재편되어가고, 예(禮) 관념에 기반한 '중국적 세계질서'

---

10) 이러한 의미에서 동아시아 근대사를 지역사적인 관점에서 접근하는 연구경향은 일본에서 활발하게 이루어지고 있다. 일본에서 나온 주목할 만한 연구로는 대개 다음과 같은 것들이 있다. 荒野泰典『近世日本と東アジア』(東京: 東京大學 1988); 浜下武志『近代中國の國際的契機』(東京: 東京大學 1990); 荒野泰典·石井正敏·村井章介 編『アジアの中の日本史』全6卷(東京: 東京大學 1992~93); 三谷太一郎 他 編『近代日本と植民地』全8卷(東京: 岩波書店 1992~93); 溝口雄三 他 編『アジアから考える』全7卷(東京: 東京大學 1993~94); 網野義彦 他 編『日本通史』全25卷(東京: 岩波書店 1993~96); 杉原薫『アジア間貿易の形成と構造』(東京: ミネルヴァ書房 1996); 東アジア近代史學會 編『日淸戰爭と東アジア世界の變容』上·下(東京: ゆまに書房 1997); 浜下武志 他 編『地域の世界史』全11卷(東京: 山川出版社 1997~2000); 山內昌之 他 編『世界歷史』全29卷(東京: 岩波書店 1998~2000).

11) 하지만 이러한 연구들이 동아시아 내부의 지각변동 과정에서 조선이 가지는 의미를 얼마나 인정하고 있는지, 그리고 연구수준과 관련해서 보면, 과연 조선근대사 자체를 앞서 언급한 문제의식에 걸맞은 수준에서 해석하고 있는가 하는 점에는 다소 의문의 여지가 있다. 대개의 논문이나 저작들의 내용은 분석대상이나 분석수준의 측면에서 앞서 언급한 기왕의 조선 근대정치사 연구의 틀을 크게 벗어나지 않으며, 조선사를 지역사와의 관련성이라는 측면에서 단편적인 수준에서 서술하고 있다는 느낌을 지우기 어렵다.

12) Paul Cohen, 앞의 책 65면.

와 국가평등 관념에 근거한 '근대국제질서'가 동아시아에서 교착하는 과정에서, 동아시아에서 나타난 다양한 위기의식과 각종 모색들 간의 상호 긴장관계는 국제정치적 측면에서 이른바 '조선문제'를 중심으로 전개되는 양상을 보이고 있었다.

일찍이 토오야마 시게끼(遠山茂樹) 등이 동아시아 세 나라의 양극분해 현상을 근대세계와 동아시아 그리고 동아시아 삼국간 상호관계로써 설명하면서, 제국주의 전야에 '조선문제'가 일본 국내모순의 배출구이자 동아시아 국제관계의 핵심이었으며, '조선문제'를 축으로 하여 동아시아상의 통일적 파악이 가능하다고 지적한 바와 같이, 문명사적 전환기 조선문제에 대한 이해는 동아시아 지역질서의 변화를 이해하는 데 불가결한 의미를 갖는다고 하지 않을 수 없다.[13] 하지만 지금까지의 전환기 동아시아사 연구에서는, '조선문제'라는 용어에서 드러나는 것처럼 기본적으로 조선이 타자(他者)로 대상화되어, 행위주체로서의 조선이라는 시각이 간과되는 경향을 보여왔다고 할 수 있다.[14] 한편 조선근대사 연구의 경우, 이러한 동아시아 지역질서의 변화과정에서 드러나는 '현상적'인 측면에 주목함으로써 역설적으로 상이한 문명간의 교섭이나 충돌로 인한 '심층적'인 파장이 간과되는 경향 또한 보인다.

본서는 이러한 기본적인 문제의식을 바탕으로 19세기 동아시아 지역에

13) 遠山茂樹「東アジアの歴史像の検討: 近現代史の立場から」,『歴史學硏究』281號(1963. 10),『遠山茂樹著作集』第4卷(東京: 岩波書店 1992)에 재수록; 尹健次「戰後歷史學のアジア觀」, 岩波講座日本通史別巻『歴史意識の現在』(東京: 岩波書店 1995); Ian H. Nish, "Korea, Focus of Russo-Japanese Diplomacy, 1898-1903," *Asian Studies* Vol. IV No.1(Apr. 1966).

14) 카지무라 히데끼(梶村秀樹)는 토오야마가 동아시아를 보는 시각이 갖는 획기적 의미에도 불구하고 토오야마에게 '조선'은 대상으로 취급되고 있을 뿐이라는 비판을 펼친 바 있다. 그러나 카지무라의 논의는 기본적으로 내재적 발전론이라는 시각에 서 있는 등, 본서와는 입장을 달리하는 것이다. 梶村秀樹『梶村秀樹著作集 第1卷: 朝鮮史と日本人』과『梶村秀樹著作集 第二卷: 朝鮮史の方法』(東京: 明石書店 1992, 1993) 참조.

서 나타난 이질적인 문명간의 충돌이 가지는 정치적 함의를 '조선'을 중심으로 고찰하는 것을 주요 목적으로 한다. 아울러, 문화나 문명의식을 둘러싼 다양한 인식의 편차가 문명사적 전환기에 어떠한 정치적 의미를 갖는지에도 주목하였다.[15] 또한 행위주체로서의 조선을 고찰하기 위해, 주요 분석대상을 전통국가 질서를 상징한다고 생각되는 조선의 왕권과 그 구체적 인물로서의 국왕 고종에 맞추어, 조선이 어떠한 위기의식을 가지고 어떤 모색을 시도하였는지를 분석하려고 하였다. 즉, 왕권과의 관계를 고려하면서 조선의 정치세력들간의 사상적 관계 및 정치적 긴장관계를 고찰함으로써, 조선의 중화사상의 성격에 변용이 이루어지고 국가평등 관념이 형성되어가는 측면과, 아울러 정치의식의 변화가 이루어지는 양상을 다루려고 하였다. 이러한 과정을 통해 군주나 각 정치세력이 처한 구체적이고 역동적인 역사의 맥락 속에서 이른바 고유의 관념과 외래 사상들이 교착하는 상황을 음미하려는 것이다.

2. 기존연구의 검토와 본서의 논점

19세기 후반, 전환기 조선을 둘러싼 국제관계사 및 조선정치사 연구는

15) 전환기 상황에서 문명관념, 아이덴티티 등의 상이함이 가지는 국제정치적 함의에 관해서는 새뮤얼 헌팅턴(Samuel Huntington, 1927~2008)의 저작에서 많은 시사를 받았다. Samuel P. Huntington, *The Clash of Civilizations and the Remaking of World Order* (New York: Simon & Schuster 1996). 다만 헌팅턴의 경우는 문명의 충돌에 관한 논의를 냉전 이후의 세계질서를 전망하는 차원에서 과도기적 패러다임으로 제시하였다. 하지만 이러한 시각은 자칫 문명간의 대립이나 갈등이라는 요소를 세계사에서 냉전 이후의 특별한 현상으로 각인시킬 위험이 있다. 문명이나 문화는 국제정치에서 항상 중요한 의미를 지니고 있다고 보아야 하며, 오히려 문화나 문명 요소의 비중이 줄어든 것이야말로 냉전 시기의 특징이라고 보아야 할 것이다. 이에 관해서는 김용구 『세계관 충돌과 한말 외교사, 1866-1882』(서울: 문학과지성사 2001) 17~78면의 논의를 참조할 것.

방대하게 축적되어 있다. 관련연구들이 방대한 만큼 쟁점이 될 만한 구체적인 내용은 본서의 해당부분에서 다루기로 하고, 여기에서는 기존연구들을 본서의 연구대상이나 연구방법을 명확히 하기 위한 소재로 삼아 다소 비판적인 관점에서 검토해보기로 하겠다.

우선 19세기 동아시아 국제관계 관련 연구로서는 동아시아를 둘러싼 제국주의 열강의 각축상을 다루는 연구가 있다.[16] 지금까지 구미지역이나 일본에서 진행된 많은 연구들이 여기 속하며 상당한 연구업적이 축적되어 있는 것으로 판단된다. 이러한 연구들은 조선을 둘러싼 국제정세를 이해하는 데, 환언하면 한반도의 객관적 여건과 가치를 인식하는 데 중요한 의미를 갖는다고 할 수 있다.

한편 열강과 조선 양국관계를 조명하거나, 이들 열강의 대조선정책의 성격을 분석한 연구들을 들 수 있다. 청의 대조선정책이나 일본에 의한 병합과정에 관한 연구도 크게 여기에 포함해 생각할 수 있다.[17] 이러한 연구

---

16) George A. Lensen, *Korea and Manchuria between Russia and Japan, 1895-1904* (Tallahasse 1966); George A. Lensen, *Balance of Intrigue: International Rivalry in Korea and Manchuria, 1884-1899* 2Vols (Gainsville: Univ. of Florida 1982); A. Malozemoff, *Russian Far Eastern Policy 1880-1904* (Univ. of California Press 1958); Frederick M. Nelson, *Korea and the Old Orders in Eastern Asia* (New york 1967); E. H. Zabriskie, *American-Russian Rivalry in the Far East: A Study in Diplomacy and Power Politics, 1895-1914* (Philadelphia: Univ. of Pennsylvania Press 1946); 金鍾益·金漢敎, *Korea and the Politics of Imperialism, 1876-1910* (California Univ. Press 1967) 등 많은 연구가 여기에 속한다고 할 수 있다.

17) 고전적인 위치를 차지하는 연구로는 대개 다음과 같은 것들이 있다. 奧平武彦 『朝鮮開國交涉始末』(東京: 刀江書院 1935, 1969); 田保橋潔 『近代日鮮關係の硏究』(京城: 朝鮮總督府中樞院 1940); 森山茂德 『近代日韓關係史硏究: 朝鮮植民地化と國際關係』(東京: 東京大學 1987); 彭澤周 『明治初期日淸韓關係の硏究』(東京: 角書房 1969); 林明德 『李鴻章與朝鮮』(臺北: 中央硏究院 近代史硏究所 1970); 동덕모 『조선의 개국과 국제관계』(서울: 서울대학교출판부 1980); 송병기 『근대한중관계사연구: 19세기말의 연미론과 조청교섭』(서울: 단국대학교출판부 1985); 권석봉 『청말 대조선정책사연구』(서울: 일조각 1986,

들은 본서와 관련해서 보면, 청과 일본 그리고 러시아를 비롯한 서구열강의 대조선 정책의 틀 안에서 이들간의 갈등·타협·조정의 과정이 조선이라는 구체적인 장(場)에서 어떻게 진행되었는가를 파악할 수 있게 한다는 점에서 중요하다. 더욱이 조선의 입장에서 보면, 조선이 취할 수 있는 정치적 선택의 폭을 가늠하고 조선의 대외관계를 구체적이고 역동적으로 이해할 수 있게 하는 기반을 제공한다. 하지만 이러한 연구들은 대개 열강의 입장에서 조선을 대상화하여 취급하는 경향이 강하기 때문에, 조선이 압도적인 국제정치적 영향에 의해 마치 수동적으로 규정당하기만 한 듯한 느낌을 주기 쉽다는 점에 주의할 필요가 있다. 또한 이러한 연구들이 조선의 주체적 입장을 다루는 경우에는, 주로 양국간의 교섭사—예컨대 한일·한중·한미·한영·한로·한불 관계사—의 관점에서 취급하는 경향을 보이기 때문에, 주변정세에 대한 조선 측의 인식 및 이에 대응해가는 조선의 정책과 정치를 시대적인 맥락 안에서 종합적으로 파악하지 못하는 문제점이 드러나기 쉽다고 판단된다.

한편 조선의 외교를 다루는 연구들을 접하게 되면, 대개 외교정책을 결

1997); 박일근 『근대한미외교사』(서울: 박영사 1992); 최문형 『제국주의 시대의 열강과 한국』(서울: 민음사 1990); Tsiang T. F., "Sino-Japanese Diplomatic Relations, 1870-1894," *Chinese Social and Political Science Review* Vol. 17 (1933); Lin, T. C.(林同濟), "Li Hung-Chang: His Korea Policies, 1870-1885," *The Chinese Social and Political Science Review* Vol.19 (1934); F. C. Jones, "Foreign Diplomacy in Korea 1866-1894" (Harvard Univ. Dissertation 1937); Mary C. Wright, "The adaptability of Ching diplomacy: the case of China's involvement in Korea," *Journal of Asian Studies* Vol. 17 (1958); Hae-jong Chun, "Sino-Korean Tributary Relations in the Ch'ing Period," in Fairbank, J. K. ed., *The Chinese World Order: Traditional China's Foreign Relations* (Cambridge: Harvard Univ. Press 1968); Yur-Bok Lee, *Diplomatic Relations Between the United States and Korea, 1866-1887* (New York: Humanities Press 1970); Key-hiuk Kim, *The Last Phase of the East Asian World Order: Korea, Japan, and the Chinese Empire, 1860-1882* (Univ. of California Press 1980); Peter Duus, *The Abacus and the Sword: The Japanese Penetration of Korea, 1895-1910* (Univ. of California Press 1995).

정하는 과정이 '합리적'으로 이루어진다는 가정을 전제로 논의를 진행시키고 있다는 인상을 받게 된다.[18] 하지만 이러한 접근방식은 정책결정자의 개인 심리가 갖는 변수와 정책결정 참여집단이나 조직의 상호작용에서 나타날 수 있는 정책결정의 이른바 비합리적이고 복합적인 측면을 간과하게 되어 구체적인 정치현실을 피상적으로 해석하는 한계를 갖게 된다. 바꿔 말하면, 이러한 외교정책 결정과정에 대한 전통적인 접근방식은 조선정부를 단순히 단일한 행위자(unitary actor)로 전제하거나 조선의 정치상황을 지나치게 도식화된 정치세력간 대결구도로 단순하게 파악하는 경향을 보임으로써 조선 측의 대외정책을 결정하는 과정에서 나타나는 정치적 갈등이나 정책을 주도했던 실제 권력을 역동적으로 읽어내는 데 한계를 갖는다고 할 수 있다. 이와 같은 문제점은 전환기 조선의 안과 밖의 정치상황을 입체적으로 이해하는 데 커다란 장애가 되는 것으로서 곧이어 언급할 조선의 국내문제를 취급한 기존연구의 문제점과 깊이 맞물려 있는 것으로 생각된다.

이제 조선의 국내 정치상황을 다루는 연구로 눈을 돌려보자. 조선의 정치에 관한 기존연구들이 이 시대를 '개화기'라고 부르는 데서 드러나듯이, 무엇보다 '문명개화' '부국강병'과 같은 이른바 '근대에의 능동적 참여'라는 시대적 과제를 수행할 주체를 둘러싼 논의가 19세기 조선정치사 연구

18) 여기서 외교정책 결정과정이 '합리적'으로 이루어진다는 것은 다음과 같은 의미를 담고 있다. 즉 '국가이익'(national interest)이 무엇인가에 관해 정책결정자간에 상당한 의견일치가 이루어져 있고 국가이익의 '우선순위'(priority)가 구체화되어 있을 뿐만 아니라, 어떤 사건에 대한 정확한 정보를 갖고 있으며, 그 사건이 국가이익 체계에 어떤 영향을 미칠 것인가에 대한 대체적인 평가가 가능하다는 것, 그리고 이에 참여하는 정책결정자들이 국가이익의 극대화를 위하여 모든 사심을 버리고 가장 합리적으로 행동한다는 것이다. 정종욱 「외교정책과 정책결정에 관한 연구동향」, 『논문집』 11호(서울대학교 국제문제연구소 1987) 2면; 그래엄 앨리슨 외, 김태현 역 『결정의 엣센스: 쿠바 미사일 위기의 설명』(모음북스 2005) 1장.

의 핵심주제가 되었다고 할 수 있을 것이다. 이에 따라 위로부터의 개혁주체로서 이른바 '개화파'에 논의의 초점이 맞춰지면서, 그 연장선상에서 독립협회, 애국계몽운동 단체 등과 개화를 지향하던 인물들에 대한 연구로 점차 논의가 확산되었다. 아울러 조선후기 주자학의 도그마화를 경계하는 비판적인 일련의 사상적 흐름이 '실학(實學)'이라는 입장으로 파악되면서 개화파의 사상적 원류로서 주목되었다. 또한 근대적 정치개혁의 시도로서 갑신정변, 갑오경장, 광무개혁 등의 성격과 의의, 그리고 그 한계 등을 둘러싼 논쟁이 진행되었다. 뿐만 아니라, 아래로부터 민중의 정치적 자각과 정치세력화에 대한 관심이 증대되면서, 19세기 후반의 농민봉기, 동학과 갑오농민전쟁, 의병운동 등에 대한 분석이 이루어지고, 독립협회나 애국계몽단체의 민중에 대한 정치의식화 전략 등과 연계되어 민중의 근대지향적 경향과 근대적 의미의 국민이 형성되는 과정이 재조명되었다.

반면 근대적 정치주체가 형성되는 경향과 대비되는 흐름으로서 수구적 정치세력으로 지목된 세력이 이른바 위정척사파이다. 이들 위정척사파는 조선의 주자학적 풍토 위에서 유교적 세계관을 견지하던, 당시 광범위하게 존재하던 일반 지식층에 기반을 둔 세력이었다. 이들은 그 보수적 정치성향으로 말미암아 새롭게 전개되는 근대적 흐름을 거부한다는 부정적 이미지에도 불구하고, 강렬한 자존의식으로 무장하여 일본을 포함한 당시의 제국주의 열강에 대해 비타협적인 정치적 태도를 견지함으로써 이후 점차 조선 특유의 '저항 민족주의'의 주도세력으로 등장하게 된다고 분석되었다.

한편 왕실을 비롯한 조선정부는 기존연구에서 거의 예외없이 무기력한 모습으로 묘사되곤 했다.[19] 왕실의 이미지는 다소 거칠게 표현하면 다음과

19) 예컨대 조선의 개항으로부터 청일전쟁에 이르는 시기를 2천여 쪽에 걸쳐 구체적인 실증주의 방식에 의해 다루는 대표적 저작이라 할 수 있는 타보하시 키요시(田保橋潔)의 『近代日鮮關係の研究』 上/下(朝鮮總督府 中樞院 1940)는 첫 면부터 다음과 같이 시작하고 있다. "李氏朝鮮의 三大禍로서 外寇, 朋黨, 戚族의 세가지를 드는 데는 아무도 異論을

같이 요약할 수 있다. 허수아비에 불과한 군주를 놓고 대원군정권과 민씨정권 간의 각축이 고종의 친정(親政)을 전후한 시기에서부터 민왕후가 시해되는 순간에 이르기까지 무의미하게 반복되었다. 조선정부는 조선 내부에서 발생한 정치적 위기를 몇번이나 청의 군사력을 요청하여 해결하는가 하면, 왕후가 시해된 후 외국공관으로 왕이 도망[아관파천俄館播遷]하면서부터는 나라의 온갖 이권을 외국에 넘겨주면서, 허울뿐인 칭제건원(稱帝建元)을 행하고 독립협회 등의 진보적 운동을 탄압하면서 망국으로 가는 준비된 수순을 밟았다는 것이다.

결국 이러한 조선근대사에 관한 큰 틀과 이에 의한 연구성과에 근거하여[20] 조선 내부에서 다양하게 나타나던 정치적 흐름이 하나의 통일된 연대의 모습으로 전개되지 못한 채, '제국주의의 활극장'[21]이 되어 결국 근대국민국가 형성에 실패하게 되는 경위와 아울러 조선에 독특한 저항적 내셔널리즘이 형성되는 거시적 과정을 정치사상적으로 이해할 수 있는 근거가 마련될 수 있었다.[22] 이에 따라 이후 식민지시대와 분단시대를 살아가는 한반도의 '압축적 근대'[23]의 전개상황을 조망하는 기반도 제공되었다.

제기하지 않을 것이다. (…) 조선인이 흔히 世道政治라고 말하는 다름아닌 戚族정치에 관한 연구야말로 근대 조선의 정치·사회를 이해하는 데 특히 중요한 의의를 갖는다. 본장인 제1장에서는 戚族 世道정치의 기원과 발달을 서술하고, 李太王朝(高宗朝)에 있어서 국왕의 生父인 홍선대원군 李昰應과 명성왕후 閔氏를 중심으로 한 戚族 驪興閔氏와의 대립을 다루려고 한다."(1면)

20) 전환기 조선의 내정과 외정을 다루는 기존연구는 여기에 소개하기에는 너무 방대하다. 구체적인 연구성과로는 다음을 참조할 수 있다. 김학준 『한국정치론사전』(서울: 한길사 1990) 90~174면; 김용구·하영선 공편 『한국외교사연구: 기본사료/문헌해제』(서울: 나남 1996).

21) 신채호 「帝國主義와 民族主義」, 『대한매일신보』 1909. 5. 28.

22) 이와 관련된 주목할 만한 인상적인 저작의 하나로서 金榮作 『韓末ナショナリズム研究』(東京: 東京大學 1975)를 들 수 있을 것이다.

23) 尹健次 『現代韓國の思想: 1980－1990年代』(東京: 岩波書店 2000).

그러나 정치학적 관점에서 보면, 기존연구들이 민간차원의 개화운동이나 반제·반봉건운동에 관심을 집중함으로써 조선정부 차원에서 진행된 국내외 활동의 중요성을 소홀히 다루는 경향이 있음을 지적할 필요가 있다고 생각된다. 뿐만 아니라, 계급이해(class interest)의 지나친 강조에 의해 정부의 정책이 어느 한 계급의 이해관계를 뛰어넘는 측면[24]이 간과되고 있음을 지적하지 않을 수 없다. 또한 왕실을 포함한 조선정부를 대원군정권 아니면 민씨정권과 같은 식으로 단일한 행위자로 뭉뚱그려 파악하는 경향으로 인해, 대내외 정책결정 과정에서 나타나는 정부 내의 권력을 둘러싼 긴장관계와 정책을 주도한 세력이 섬세하게 드러나지 못하는 한계를 보이기도 한다. 물론 기존연구들이 전환기 조선정부를 대원군정권 또는 민씨정권으로 칭하고, 당대의 보수와 진보의 입장을 대표하는 정치세력을 위정척사파 대 개화파라는 식으로 파악하는 것이라든가, 시기에 따라 개화파의 입장이 분화되어 갈등양상을 나타내는 데 주목하여 이를 분리하여 설명해온 것은[25] 그 나름대로 조선정치의 갈등과 긴장이 전개되는 양상을

24) 이러한 문제에 관해 지적하는 고전적인 저작으로 칼 폴라니의 논의를 들 수 있을 것이다. Karl Polanyi, *The Great Transformation — The Political and Economic Origins of Our Time* (Boston: Beacon Press 1957) 151~53면.

25) 해석하는 연구자의 입장에 따라, 나름대로 개화파 구분의 세부적 기준이 제시된 바 있다. 적극적 개화파 대 소극적 개화파(북한사회과학원 역사연구소), 변법적 개화파 대 개량적 개화파 또는 동도서기파(강재언), 변법개화파 대 양무개화파(青木功一), 급진개화파=개화당 대 온건개화파=점진적 개화파=중간파(이광린, 신용하), 동도서기파 대 문명개화파(주진오), 시무개화파 대 변법개화파(하원호) 등은 그 대표적인 사례라고 할 수 있을 것이다. 사회과학원 역사연구소 『金玉均』(평양: 사회과학원 출판사 1964) 178면; 姜在彦 『韓國の開化思想』(東京: 岩波書店 1980) 211면, 青木功一 「朴泳孝の民本主義·新民論·民族革命論(二) — 〈興復上疏〉に於ける變法開化論の性格」, 『朝鮮學報』 82(1977) 183~207면; 이광린 『한국사강좌 V: 근대편』(서울: 일조각 1981) 126~32면; 신용하 「19세기 한국의 근대국가형성문제와 입헌공화국 수립운동」, 한국사회사연구회 『한국의 근대국가형성과 민족문제』(서울: 문학과지성사 1986) 36~37면; 주진오 「19세기후반 개화 개혁론의 구조와 전개 — 독립협회를 중심으로」(연세대학교 사학과 박사논문 1995)

통해 조선정치의 역학관계와 역동성을 포착해내려는 의도를 반영한 것이라고 할 수 있다. 하지만 대원군정권이나 민씨정권이라는 용어는 그때그때의 조선정부를 지칭하는 표현으로 적절치 못한 경우가 많으며, 이른바 개혁과 수구를 둘러싼 기존의 논의로는 당대의 현실정치 공간에 대해 충분한 설명력을 확보하기 어렵다.

한반도 역사의 가장 극적인 전환기라고 할 수 있을 시기에 국정의 최고 책임자였던 국왕 고종에 관한 구체적이고 심도있는 연구가 부진한 것은 이미 여러차례 지적된 바 있다.[26] 미국의 한국연구 권위자라고 할 수 있는 제임스 팔레는 그의 대표저작에서 다음과 같이 지적한 바 있다. "대원군은 많은 학자들로부터 주목을 받아왔으나 이상스럽게도 고종은 무시되어왔다. 일반적으로 민왕후와 그의 척족들이 1874년에 권력을 장악한 것으로 추정되어왔으나 실제로는 1870년대 말이 될 때까지 이들의 영향력은 중요한 것이 되지 못했다." 아울러 일본의 근대 한일관계 연구자인 모리야마 시게노리(森山茂德) 역시 그의 대표저작에서 다음과 같이 지적하고 있다. "아직 조선황제 고종에 관한 연구는 전혀 없다. 사관(史官)의 존재 때문에 고종 자신이 공식기록을 제외하고는 기록을 남기지 않은 점도 있지만, 대원군에 관한 연구의 존재에 비교하면, 의외라는 느낌이다."[27]

하지만 여기에는 그저 우연이라고 할 수 없는 몇가지 중요한 이유가 복잡하게 얽혀 있는 것으로 판단된다. 우선 첫번째로 지적할 수 있는 것은 이러한 현상은 앞에서 잠시 언급한 바와 같이, 한반도에서 근대사학의 출발 자체가 왕조사관의 극복이라는 과제에서 시작되었다는 점과 긴밀히 결부되는 문제로서, 오늘날의 시대인식과도 깊이 맞물려 있다. 전환기 왕권뿐

15~39면; 하원호 「개화사상과 개화운동의 역사적 변화」, 한국근현대사연구회 『한국근대개화사상과 개화운동』(서울: 신서원 1998) 10~17면.

26) James Palais, *Politics and Policy in Traditional Korea* (Harvard Univ. Press 1975) 4면.

27) 森山茂德, 앞의 책 6면.

만 아니라 조선시대 군주에 대한 연구가 전반적으로 부진한 것도 이러한 사실과 관련된다고 할 수 있을 것이다. 이 점은 19세기 서구의 아시아 인식이 '동양적 전제주의론'과 '정체사회론'을 주요한 두개의 축으로 한다는 사실과도 맞물려 있으며,[28] 또한 근대일본의 실증적 근대사학이 이루어놓은 동양사 연구와 만선사학(滿鮮史學) 및 조선사연구에 의해 형성된 타율적이고 정체된 조선사회 이미지와도 내밀히 연결되어 있다.[29] 여기서 간과해서는 안될 사실은 오늘날의 민족주의사학이나 내재적 발전론의 입장이 이러한 식민사학이나 '서구의 아시아에 대한 문명적 편견'(orientalism)에 대해서는 심리적으로는 강한 거부감을 표명하면서도 내용적으로는 그 모습을 전체적으로 그대로 답습하고 있다는 점이다. 이것은 아마도 본서의 모두(冒頭)에서 언급한 고대－중세－근대라는 직선적 시간관, 세계사의 법칙으로서의 진보에 대한 믿음을 공유하는 근대인의 지식체계와 깊숙이 관련되는 문제라고 할 수 있을 것이다.[30]

28) 근대 서구인의 아시아 인식이 전개된 양상에 대해 흥미롭게 논의한 것으로 다음과 같은 작업을 지적해둔다. Raymond Dawson, *The Chinese Chameleon: An Analysis of European Conceptions of Chinese Civilization* (Oxford Univ. Press 1967); Paul Cohen, 앞의 책 2章「傳統と近代性を超えて」; 坂元ひろこ「歐米の中國認識」, 子安宣邦「近代知と中國認識: '支那學'の成立をめぐって」,『岩波講座: 現代思想14＝近代·反近代』(岩波書店 1994).

29) 근대일본은 일본형 오리엔탈리즘에 입각하여 서양을 타자화하고, 자신의 자기정체성을 서양으로부터 찾으면서, 동양의 역사를 랑케식 실증주의라는 근대학문의 방식을 빌려 멸시와 극복의 대상으로서 재구성해놓았다고 비판된다. 이러한 사실은 과학적 방법론이라는 이름으로 수용·섭취되어온 근대학문에 대한 주체적이면서도 성숙한 성찰의 필요성을 제기해준다는 점에서 주목할 필요가 있을 것이다. 근대일본의 이와 같은 동양사 구축과정에 대해서는 다음과 같은 연구를 참조할 수 있다. Stefan Tanaka, *Japan's Orient: Rendering Pasts into History* (Univ. of California Press 1993); 姜尙中, 앞의 책 4章「'東洋'の發見とオリエンタリズム」.

30) 가장 비중있는 동아시아 정치사상사 저작 중의 하나인 마루야마 마사오(丸山眞男)의『日本政治思想史硏究』가 중국역사의 정체성(停滯性)에 관한 헤겔의 언급을 인용하면서

두번째로는 조선시대 왕권 자체가 미약한 것이었다는 연구자들의 인식을 지적할 수 있을 것이다. 이러한 인식은 조선왕조가 근본적으로 보편적 가치규범으로서의 유교, 특히 주자학적 사유체계에 의해 지탱되고 있었기 때문에, 패도(覇道)정치를 비판하고 왕도(王道)정치를 지향하는 정치의식이 강하여 왕권에 대한 다양한 견제장치가 작동하고 있었을 뿐만 아니라, 천하질서의 정점에 위치하는 천자(天子)로부터 정통성을 부여받는 책봉관계에 있었으므로 독자적인 권력을 행사할 여건이 마련되어 있지 못했다는 근거에서 비롯하는 것이다.

세번째로 지적할 수 있는 것은 연구자들이 고종 개인에 대한 부정적 이미지를 선험적으로 가지고 연구에 임한다는 점이다. 물론 이런 부정적 이미지가 만들어진 데는 고종이 일본에게 국권을 빼앗긴 군주라는 역사적 배경이 크게 작용하고 있다. 결과론에 입각한 이러한 부정적 이미지는 고종을 정체된 사회의 상징적 존재로서 묘사하고 있는 기존연구들에 의해 더욱 공고화되었다.

이러한 맥락의 연장선상에서 네번째로 지적할 수 있는 것은 전환기 조선을 이해하는 기존연구의 틀(frame)과 관련된 것이다. 앞서 언급한 바와 같이 전환기 조선정치사는 기본적으로 수구세력과 개화세력 간의 대결구도 속에서 묘사되고, 정부 차원에서는 대개 대원군정권과 민씨정권의 각축으로 이해되는 경향이 암묵적으로 공유되는 가운데 지금까지 방대한 연구가 축적되어왔다. 따라서 현재의 이와 같은 단순한 이해의 틀 내에서는 국왕에 관해 구체적으로 논의할 여지가 현실적으로 존재하기 힘들다.

다섯번째로 전환기 왕권 혹은 군주를 다룰 때 직면하게 되는 자료 처리상의 어려움도 지적하지 않을 수 없다. 왜냐하면 전환기 조선의 군주를 다

이에 기반을 두고 화두를 열어간 것은 아마도 근대인의 사유체계와 동양사 이해의 상관관계를 전형적으로 보여주는 사례라고 할 수 있을 것이다. 丸山眞男 『日本政治思想史硏究』(東京: 東京大學 1952) 3~7면.

루려면, 어느 특정자료만이 아닌 당시의 역사 전반에 걸친 광범위한 천착이 요구되고 소화해야 할 자료 또한 방대하기 때문이다. 이 문제는 근대 역사학이 기본적으로 실증사학이라는 방법을 고수하는 한 극복하지 않으면 안되는 연구의 난점이라고 할 수 있을 것이다.

전환기 조선왕조의 구조적 측면이나 군주 고종에 대한 연구가 진행되지 못한 이유로서 여기에 제기한 사항에 관해서는 대개 본문에서 다시 다루게 되겠지만, 두번째 사항과 관련해서는 전환기 조선의 정치를 고찰하는 데 왕권 논의 자체가 무의미하다는 인상을 줄 수 있으므로 이에 대한 약간의 언급이 필요할 것으로 생각된다. 여기서 미리 분명히 해두고 싶은 사실은 본서가 왕권에 대해 주목하는 것이 반드시 조선왕권의 강력함을 전제로 하고 있지 않다는 점이다. 그보다는 오히려 왕권이라는 공간이 조선왕조의 상징적인 '질서'의 축으로서, 정치권력의 정통성의 근거가 되고 있었기 때문이다. 따라서 국왕의 상징권력과 실질권력이라는 측면이 어떻게 현실정치에서 기능하였으며 아울러 국왕을 둘러싼 복합적인 정치적 '관계'가 어떻게 전개되었는가에 관한 해명은 전환기 조선정치를 생동감 있게 이해하는 데 불가결한 요소라고 하지 않을 수 없을 것이다.[31)]

---

31) 조선의 왕권이나 동양의 왕권을 다루는 연구 중 필자가 확인한 저작만을 소개하면 다음과 같다. J. B. Palais, 앞의 책; Jahyun Kim Haboush, *A Heritage of Kings* (Columbia Univ. Press 1988); 網野善彦 他『日本王權論』(東京: 春秋社 1988); 松原正毅 編『王權の位相』(東京: 弘文社 1991); 安丸良夫『近代天皇像の形成』(東京: 岩波書店 1992); 山折哲雄『神と王權のコスモロジー』(東京: 吉川弘文館 1993); 동양사학회 편『동아사상의 왕권』(서울: 한울아카데미 1993); 鈴木正幸『皇室制度: 明治から戰後まで』(東京: 岩波書店 1993); 渡辺浩『東アジアの王權と思想』(東京: 岩波書店 1996); 原武史『直訴と王權: 朝鮮·日本の'一君萬民'思想史』(東京: 朝日新聞社 1996); 김돈『조선전기 군신권력관계연구』(서울대학교출판부 1997); 鈴木正幸 編『王と公—天皇の日本史』(東京: 柏書房 1998); 이영춘『조선후기 왕위계승연구』(서울: 집문당 1998); 조선시대사학회『동양 삼국의 왕권과 관료제』(서울: 국학자료원 1999); 山口昌男『天皇制の文化人類學』(東京: 岩波書店 2000); Donald Keene, *Emperor of Japan: Meiji and His World, 1852-1912* (Columbia Univ. Press

그러면 전환기 조선의 군주 고종을 다루는 연구를 살펴보기로 하자. 군주 고종에 대한 논의는 조선의 내정이나 외교를 다룬 연구들에서 산견된다. 그중에서 인상적인 연구들 몇가지를 소개하면 해링턴(Harrington)의 연구(1944), 헨더슨(Gregory Henderson)의 연구(1968), 팔레(James Palais)의 연구(1975), 도이힐러(Martina Deuchler)의 연구(1977), 스와타우트(Robert Swartout)의 연구(1980), 그리고 모리야마 시게노리의 연구(1987) 등을 들 수 있다.[32] 이들의 고종에 대한 평가를 간략히 요약하면, 우선 해링턴은 개신교 선교사이자 의사로서 조선의 왕실과 긴밀한 관계에 있던 알렌(Horace Newton Allen)을 다루면서, 고종이 유약하고 겁많은 인물이라고 묘사하고 있다.[33] 한편 헨더슨은 한국의 정치가 끊임없는 권력지향적 경향성을 특징으로 하는 소용돌이에 비유될 수 있다고 하면서, 소용돌이 패턴의 역사적 연원을 증명하는 사례 중의 하나로서 대원군의 정치를 논한 바 있다.[34] 여기서 헨더슨은 대원군의 정치가 비록 독재정치였으나 조

2002); 網野善彦·安丸良夫 他 編『天皇と王權を考える』全10卷(東京: 岩波書店 2002-2003).

32) Tyler Dennett, *Roosevelt and the Russo-Japanese War: A Critical Study of American Policy in Eastern Asia in 1902-5, based primarily upon the private papers of Theodore Roosevelt* (Gloucester, Mass.: Peter Smith 1925); F. H. Harrington, *God, Mammon and the Japanese: Dr. H. N. Allen and Korea American Relations 1884-1905* (Univ. of Wisconsin 1944); Gregory Henderson, *Korea: The Politics of the Vortex* (Cambridge: Harvard Univ. Press 1968), 鈴木沙雄·大塚喬重 日譯『朝鮮の政治社會: 渦卷型構造の分析』(東京: サイマル出版會 1973); J. B. Palais, 앞의 책; 신용하『獨立協會硏究』(서울: 일조각 1976); Martina Deuchler, *Confucian Gentleman and Barbarian Envoys: The Opening of Korea, 1875-1885* (Univ. of Washington Press 1977); Robert Swartout, *Mandarins, Gunboats, and Power Politics: Owen Nickerson Denny and the International Rivalries in Korea* (Univ. of Hawaii Press 1980); 森山茂德『近代日韓關係史硏究』(東京: 東京大學 1987).

33) F. H. Harrington, 앞의 책 43, 222, 245면. "(…) Still, dress and beauty do not make the man. The beaming countenance of His Korean Majesty masked only cowardice and confusion (…)"

선이 수세기 동안 경험한 정치 중 가장 효과적이었다고 평가하면서, "대원군의 은퇴에 의해 젊은 왕이 정권을 계승하였으나 그가 부친의 과감성과는 대조적으로 우유부단하며, 결단력이 부족했다"고 논하였다. 이후 팔레는 대원군의 정책과 대원군 개혁의 성격을 집중적으로 검토한 저작을 통해, 헨더슨의 대원군에 대한 평가는 과장되어 있으나 고종의 경우 외교정책 결정과정에서 우유부단하였으며 결단력이 부족한 인물이었다고 헨더슨과 같은 평가를 되풀이한 바 있다.[35]

반면 도이힐러는 조선의 자강운동(Korea's self-strengthening movement)이 고종의 주도하에 이루어졌으며, 고종이 주변에서 벌어지는 사건들에 대해 수동적으로 대처한 것이 아니라 당시의 극심한 정치의 난맥상을 해결하기 위하여 진지하게 노력하였음을 높이 평가하였다.[36] 또한 스와타우트는 고종에 대한 좋지 않은 인식이 정착하게 된 데는 해링턴의 연구가 조선 측의 자료를 이용하지 않은 채 주로 알렌의 서신에서 언급한 고종에 대한 부정적 논의를 그대로 수용한 데서 비롯되었다고 하면서, 고종이 보수적인 조선사람들과 단호하게 나오는 청국의 압력에 대항하면서 의연하게 외국인 고빙인(雇聘人) 데니(O. N. Denny)를 지지하였다고 지적하였다.[37] 한편 모리야마는 갑오개혁을 중심으로 조선과 일본의 정치적 역학관계를 고찰하면서, 고종이 기존의 중화질서적인 사고에서 탈피해 가면서 대한제국을 선포하게 되는 과정에 주목하고 "고종의 행동양식·사상·정책 등은 단순한 궁정정치가의 수준을 넘으며, 앞으로의 연구과제"라고 지적한 바 있다.[38]

34) Gregory Henderson, 앞의 책, 鈴木沙雄·大塚喬重 日譯, 앞의 책 60~64면.

35) James Palais, 앞의 책 4, 23, 41~42, 247~51, 260, 279~86면.

36) Deuchler, 앞의 책 99, 107면.

37) R. Swartout, 앞의 책 58~59면.

38) 森山茂德, 앞의 책 165면 註13.

한편 고종의 국내외정책이나 사상을 전문적으로 다루기 시작하였다는 점에서 연구사적 의의를 가진다고 생각되는 것으로서는 우선 송병기의 연구(1987), 김기석의 연구(1995), 강상규의 연구(1996), 하라 타께시(原武史)의 연구(1996), 이태진의 연구(2000) 등을 들 수 있다.[39] 송병기의 논문은 강화도조약 체결로부터 한미수호조약 체결과정 그리고 청국의 내정간섭 강화와 이에 대한 대응 등을 사건별로 서술·전개함으로써 고종 초기의 외교정책을 시대순으로 파악한 연구이다. 김기석의 논문은 을사조약(乙巳條約, 1905년 11월) 전후시기의 고종황제의 외교를 '주권수호'라는 차원에서 적극적인 의미부여를 한 것으로서, 고종황제가 밀사외교 방식을 을사조약 체결 무렵부터 헤이그 밀사파견 이전까지 집요하게 추진하였음을 고찰한 연구이다.

강상규의 논문은 1880년을 전후하여 고종이 실사구시적 사고를 바탕으로, 오늘날의 국제법의 19세기 한역(漢譯)에 해당하는 독특한 문맥의 만국공법(萬國公法)에 입각하여 자주적인 외교정책을 실천하려 했으며, 이러한 입장이 대한제국 선포 및 밀사외교 추진과정으로 이어졌음을 고찰하였다. 하라 타께시의 연구는 일군만민(一君萬民)사상을 키워드로 하여 18~9세기 조선과 일본의 왕권을 사상사적으로 비교하면서, 고종의 정치적 입장을 조선의 통시적 왕권의 문맥에서 적극적으로 고찰할 필요성을 제기하였다. 이태진의 저작은 전환기 조선의 시대를 이해하기 위해서는 고종에 관한 재평가가 이루어져야 한다는 입장에서, 1990년대 후반 발표해온 저자의 논문들을 모은 것이다. 그 가운데 특히 흥미로운 것은 국기제정 과정

39) 송병기 「고종초기의 외교」, 국사편찬위원회 편 『한민족독립운동사』 1권(서울: 탐구당 1987); 김기석 「광무제의 주권수호외교, 1905-1907」, 이태진 편 『일본의 대한제국강점』(서울: 까치 1995); 강상규 「고종의 외교정책과 대외인식」, 이기백 편 『한국사시민강좌』 19집(서울: 일조각 1996); 原武史 『直訴と王權: 朝鮮·日本の'一君萬民'思想史』(東京: 朝日新聞社 1996); 이태진 『고종시대의 재조명』(서울: 태학사 2000).

에서 고종이 선왕인 정조(재위 1776~1800)의 군민일체(君民一體) 사상을 담으려 했으며, 이러한 노력이 구체화되어 오늘날의 태극기가 만들어졌다는 사실, 그리고 왕실이 주도하여 당시의 해외 지식과 정보 수집을 목적으로 중국 상하이 등으로부터 3만여권의 서적을 구입해 온 사실, 1894년 6월 동학농민군의 봉기에 대해 청군이 출병한 것이 조선정부의 자진 요청에 의한 것이 아니라 위안 스카이(袁世凱, 1859~1916)의 강압에 의해 이루어졌다는 사실 등이다.

이러한 작업 이후 최근에 이르기까지 지금까지 주목받지 않던 고종의 대내외정책 자체의 중요성을 고려하면서 전환기 조선의 내정이나 외정을 고찰하려는 인식이 연구자들 속에 확산되고 있는 것은 기존의 논의가 갖는 편향성을 극복하려 한다는 점에서 의미있는 현상이라고 해야 할 것이다.[40] 다만 이러한 연구들이, 전환기 조선의 '정치구조'와 '정치사상'이라는 시야를 견지하면서 군주 고종을 다룬다기보다는, 단순히 고종 '개인'의 정책이나 정치적 태도라는 차원에서 접근해 들어가는 경향을 보이고 있다는 사실은 지적할 필요가 있을 것이다. 단순히 개인으로서 고종을 고찰하는 방식은 조선을 둘러싼 역사적 문맥 및 구조적 접근이라는 시각을 마련해주기 어려울 뿐 아니라, 기존의 연구경향의 연장선상에서 군주 고종이나 그의 정책을 긍정적으로 볼 것인가 아니면 부정적으로 볼 것인가 하는

40) 2000년대 들어와서 출간된 고종에 관한 단행본을 소개하면 대체로 다음과 같다. 변원림 『고종과 명성』(서울: 국학자료원 2002); 교수신문기획 『고종황제 역사청문회』(서울: 푸른역사 2005); 한영우 외 『대한제국은 근대국가인가』(서울: 푸른역사 2006); 강종일 『고종의 대미외교: 갈등, 기대, 좌절』(서울: 일월서각 2006); 오영섭 『고종황제와 한말의병』(서울: 선인 2007); 강상규 『19세기 동아시아의 패러다임 변환과 한반도』(서울: 논형 2008); 오인환 『위기관리의 관점에서 본 고종시대의 리더십』(서울: 열린책들 2008); 이상각 『이경고종황제: 조선의 마지막 승부사』(서울: 추수밭 2008); 장영숙 『고종의 정치사상과 정치개혁론』(서울: 선인 2010); 장영숙 『고종 44년의 비원』(서울: 너머북스 2010); 강상규 『19세기 동아시아의 패러다임 변환과 다중거울』(서울: 논형 2012).

'고종이라는 군주 개인에 대한 평가' 문제로 논의를 협소하게 귀결시킬 소지가 크기 때문이다.

3. 본서의 논점과 접근방식

본서의 관점에서 기존연구를 대하면서 주목하게 되는 것은 '조선 정치구조에 대한 역사적 시각'의 결여라는 문제이다.[41] 바꿔 말하면 19세기 후반 조선의 정치를 다루는 기존연구들은 전환기 조선에서 나타난 정치적 지향이나 정치의식에 따라 보수와 진보라는 정치구도의 틀로 조선의 내정과 외교를 설명해왔다. 하지만, 조선정치의 역사적 맥락과 아울러 수백년 동안 형성된 조선정치의 독특한 구조와 작동원리에 대한 논의 없이, 전환기 조선의 정치를 몇명의 인물들을 중심으로 한 수구세력 대 개혁세력의 갈등양상으로 접근함으로써 이들 연구는 전환기 조선정치에 대한 구조적 이해를 곤란하게 했다. 결국 이러한 역사적 맥락과 구조적 이해가 결여된 접근방식은, 조선의 각종 대내외 정책이나 정치적 사건과 같은 미시적 차원의 문제들에 대한 방대하고 구체적인 논의의 축적에도 불구하고 논의 수준의 한계요인으로 작용하지 않을 수 없었고, 역설적으로 문명사적 전환기 조선사라는 거시적 차원에 대해서는 근대인의 지식체계에 입각한 동아시아의 근대사 서술방식에 맞추어 이들 사건을 나열하는 경향으로 치닫게 하는 하나의 중요한 원인이 되었다.

한편 중화질서에 속해 있으면서 주자학적 신념에 기반을 두었던 조선왕조에서 왕권이라는 정치적 공간은 매우 독특한 의미를 갖는다. 왜냐하

41) 전환기의 조선을 장기적 관점과 구조적 차원에서 접근할 필요성을 제기하는 것으로는 미야지마 히로시(宮嶋博史)의 통찰력 돋보이는 논의를 들 수 있다. 宮嶋博史「光武改革論」,『歷史學硏究』No. 586(東京: 青木書店 1988. 10).

면 왕권이라는 공간이 사상적으로는 이른바 주자학적 코스몰로지와 연결되어 명분론과 상하위계적 관념에 기반한 유교 특히 주자학적 질서체계의 정점(頂点)에 위치하면서도, 현실 정치체계에서는 중화적 천하질서라는 위계적 세계질서 관념에 구속받지 않을 수 없는, 요컨대 '조선의 위상'이 가지는 이율배반적 성격 위에 조선의 국왕이 놓여 있었기 때문이다. 따라서 중화적 '천하'질서에서 근대 '국제'질서로 조선이 놓여 있던 세계질서가 변화하는 거대한 전환의 과정에 관하여, 조선정치 구조의 측면을 고려하면서 국왕을 중심에 두고 충실하게 접근할 수 있다면, 국내적으로는 장기적인 역사적 맥락에서 주체와 구조 간의 상호작용을 포착하고, 대외적으로는 동아시아 정치지형의 변화양상에 대한 행위주체로서 조선의 정세인식과 대응 및 모색 과정을 좀더 유기적으로 이해할 수 있는 시야를 마련하는 데 기여할 수 있을 것이라고 기대된다. 아울러 전환기 군주에 관한 논의는 전통과 근대가 이분법적이 아니라 오히려 복합적인 상관관계 속에서 모순적이면서도 중층적으로 반응하고 갈등하는, 매우 중요한 사례를 보여주게 될 것이라고 생각된다.

따라서 본서는 19세기라는 문명사적 전환기 동아시아 지역질서가 변용되는 과정에서 조선의 정치와 외교를 조선왕권의 역사적이고 구조적인 맥락 안에서 국왕 고종에 초점을 맞추어 고찰하기 위해 다음과 같은 세가지 측면에서 접근해 들어갈 것이다.

우선 첫번째는 '전환기 조선의 정치나 정책을 형성하는 역사적·사상적 배경과 동시에 조선정치의 고유한 특성'이라는 측면이다. 이것은 중화적 세계질서 안에서 조선이 어떠한 정치적 비전과 아이덴티티를 가지고 있었으며, 아울러 조선왕권의 위상과 조선의 군신관계는 어떠한 구조적 특성을 가지고 역사 속에서 구체적으로 어떻게 변용되어 진행되었는가를 이해하는 문제라고 할 수 있을 것이다.

다음 두번째는 '조선의 고유한 사상적·정치적 특성과 이것과 새로운 질서의 접촉에서 나타나는 긴장과 갈등 그리고 친화력'이라는 측면이다. 이것은 조선이 이른바 근대국제질서라고 지칭되는 당시로서는 대단히 생경한 '외부'세계와 어떠한 과정을 통해 접촉하게 되었으며, 그 과정에서 조선 측이 서양세계를 조선의 '고유'관념에 따라 어떻게 인식하게 되었는가를 다루는 문제라고 할 수 있다. 이 점은 결국 전환기 조선 내부에서 나타난 위기의식의 독특한 성격과 관련되는 문제임과 동시에 조선의 정치지도자들이 지닌 시대인식과 실제의 객관적인 국제정세의 간격을 이해하는 문제라고도 할 수 있을 것이다.

다음 세번째는 '전환기 조선의 내정과 외정에서 나타나는 정치지도자들의 정치적 비전과 정책 및 정치적 갈등과정'이라는 측면이다. 이것은 전환기 상황에서 조선의 정치주체 내부에서의 모색이 이루어지면서 국내적으로 정치적 구심력을 형성하려는 노력과 대외적으로 새로운 형태의 국제질서 속에 자주적으로 진입하려는 노력이 진행되는 과정을 다루는 문제이자, 다른 한편으로는 대내외적으로 다양한 차원의 정치적 모색들이 얽히면서 조선 측의 갈등들이 상호 상승해가는 과정을 다루는 문제라고 할 수 있을 것이다.

이제까지의 논의를 바탕으로 하여, 본서의 주요 논점을 정리하면 다음과 같다. 19세기 서양의 충격은, 일찍이 경험하지 못한 심각한 위기의식을 동아시아 삼국에 초래하였으며, 그 영향은 정치·경제·문화·사상 등의 영역 전반에 걸쳐 나타났다. 이때 동아시아 삼국에서 '중화적 세계질서'와 '근대국제질서'가 교차하는 과정에서 나타난 다양한 위기의식과 모색들 간의 상호 긴장관계는 국제정치적 측면에서 이른바 '조선문제'를 중심으로 전개되었다. 본서는 19세기라는 '문명사적 전환기의 동아시아'라는 문맥에서,[42] 이질적인 문명간의 충돌이 가지는 정치적 혹은 국제정치적 함

42) 문명사적 관점에서 전환기 동아시아 각국의 사상 변용을 고찰한 연구로서 주목되는

의를 '조선'을 중심으로 고찰하려고 한다.[43] 본서는 행위주체로서의 조선을 고찰하기 위해, 어떤 식으로든 시대를 거슬러올라가는 작업을 하지 않을 수 없었다. 그럼으로써 우선 지금까지 본격적으로 논의되지 않았던 조선의 왕권과 군신관계, 전통적인 조선의 정치의식을 살펴봄으로써 19세기 전환기에 직면한 국왕이 어떠한 구조적 위상과 역사적 문맥의 연장선 위에 놓여 있었는지를 다루려고 하였다. 그리고 이러한 구조적 시야와 역사적 문맥에서, 문명사적 전환기 조선에서 문명의식이 변용되어가는 과정을 전환기 조선의 군주 고종을 중심으로 분석하게 될 것이다. 본서는 이러한 과정을 통해 조선의 국왕을 비롯한 주요 정치세력이 어떠한 위기의식과 비전을 가지고 어떠한 모색들을 하였는지, 그리고 고종이 국내외의 주요 정치세력과 협력 혹은 갈등하는 과정이 조선의 내정과 외정의 역학관계나 전통적 정치구조와 얽혀 현실정치의 장에서 어떠한 전개양상을 보였는지를 살펴보게 될 것이다.[44]

것을 소개하면 다음과 같다. 植手通有『日本近代思想の形成』(東京: 岩波書店 1972); 丸山眞男『忠誠と反逆: 轉形期日本の精神史的位相』(筑摩書房 1992); 佐藤愼一『近代中國の知識人と文明』(東京: 東京大學 1996); 宮村治雄『開國經驗の思想史: 兆民と時代精神』(東京: 東京大學 1996); 김용구『세계관 충돌의 국제정치학: 동양 예와 서양 공법』(서울: 나남 1997); 趙景達「朝鮮近代のナショナリズムと文明」,『思想』808號(東京: 岩波 1991年 10月).

43) 문명사적 관점에서 조선의 외교를 다룬 최근의 주목할 만한 작업으로서 김용구의 최신 저작을 들 수 있을 것이다. 김용구『세계관 충돌과 한말 외교사, 1866-1882』(서울: 문학과지성사 2001).

44) 이러한 방법론은 로버트 콕스(Robert, W. Cox)의 논의를 원용한 것이다. 국제정치학 분야에 널리 알려진 바와 같이, 콕스는 세계체제와 국내체제 간의 역동적인 상호관계를 분석하기 위한 새로운 이론적 틀을 제기하는 과정에서, 사회세력(social forces), 국가형태(forms of state), 세계질서(world orders)라는 활동수준(spheres of activity)을 통하여 상호 작동하는 '역사적 구조'(historical structure)를 형성하는 힘에 주목할 필요성을 상기시킨 바 있다. '물리력'(material capabilities)과 '이념'(ideas), 그리고 '제도'(institutions) 간의 역동적 상호관계에 의해 '역사적 구조'가 구성되며 장기적으로 유지·변동된다고 지적하였다. Robert W. Cox, "Social Forces, States and World Orders:

4. 연구방법과 본서의 구성

본서에서 처음 검토하게 될 주제는 이른바 조선의 정치구조에 대한 역사적 시각과 관련된 문제이다. 물론 조선의 정치지형이 기본적으로 성리학적인 가치기준 위에서 견고하게 구성된 구조를 이루고 있었다는 데는 이론(異論)의 여지가 없어 보인다. 그러나 그것이 구체적으로 어떻게 형성되었으며, 어떠한 특성을 갖고 있었는지, 그리고 어떻게 역사 속에서 작동하였는지에 관한 합의된 견해는 찾아보기 어렵다. 본서는 조선의 유교적 정치지형이 역사적 구조(historical structure)로서 어떻게 형성되었는지를 조선 건국 당시의 왕권과 신권 간의 상호관계가 전개되어가는 구체적 문맥에서 이념과 제도, 그리고 물리력과 같은 요소들의 상호작용의 양상을 통하여 고찰하게 될 것이다.

그리고 여기서 추출한 조선정치의 구조적 특성들이 역사적으로 작동하는 과정에서 어떻게 변용되어가는가를 왕권의 위상과 군신관계의 흐름, 시대정신(Zeitgeist)의 변동 등을 중심으로 검토하게 된다. 본문에서 상세히 다루겠지만, 왕권은 상징 공간과 현실정치 공간의 접점에 위치하면서 그 자체로 왕조국가의 '질서'를 대변하고 있었기 때문에, 왕권의 실질적인 역할이나 위상이 변화해가는 과정은 조선의 정치지형에서 독특하게 전개되었던 역사의 유동과 '국면전환'—브로델의 표현을 빌리면 꽁종끄뛰르(conjoncture)—을 반영하고 있었다.[45] 본서에서는 이러한 왕권의 위상과

Beyond International Relations Theory," *Culture, Ideology and World Order*, ed. R. B. J. Walker (London: Westview Press 1984).

45) 아날학파의 거두 브로델(Fernand Braudel, 1902~1985)에 따르면 역사는 세개의 층위로 이루어져 있다고 할 수 있다. 그는 바다의 비유를 통해 역사의 층위를 설명하기를 좋아했는데, 역사의 가장 밑에는 '거의 움직이지 않는 역사'가 있고, 그 위에 '완만한 리

아울러, 대체로 정치사건사와 사상사, 대외관계사 간의 '상호계기적'인 관계의 추이에 따라 조선의 정치사를 네개의 시기로 구분해서 검토한다. 그럼으로써 정치사에서 나타나는 '구조와 행위주체 간의 역동적인 상호작용'[46]을 거시적인 시대적 문맥에서 다루고, 나아가 조선정치의 특징적 현

듬을 가진 역사'가 있으며, 맨 위에는 '표면의 출렁거림'이 존재한다는 것이다. 브로델은 그것을 구조(structure)—꽁종끄뛰르(국면전환, conjoncture)—사건(event)의 역사라고 명명한다. 여기서 '꽁종끄뛰르'란 브로델 사학에서 가장 중요한 개념 가운데 하나로서, 긴 시간대를 포용하는 상승·하강의 싸이클을 지칭하며 기본적으로 무시간적인 인류학에 대하여 역사학의 '변화'를 강조한다는 의미를 담고 있다. 브로델의 시각은 전체사(全體史)라는 표현에서 상징적으로 드러나는 바와 같이 정치사를 다루는 데 그대로 원용하기는 어려울 것이다. 하지만, 브로델의 논의는 구조주의와 역사주의 쌍방에서 나타날 수 있는 편향들을 극복할 가능성을 시사해준다는 점에서 정치사를 폭넓게 분석하는 중요한 관점을 시사해줄 수 있을 것이다. 필자는 브로델의 ⓐ구조-ⓑ꽁종끄뛰르-ⓒ사건으로 구성된 전체사에 대하여, 대체로 ⓐ정치지형-ⓑ정치적 국면전환-ⓒ정치적 사건을 대응시킨다면 정치사 분석에 활용하는 것이 가능하다는 견해를 가지고 있다. 물론 정치사를 분석하는 과정에서 브로델의 용어에 집착할 의도는 없다. 다만 세기 단위의 장기적인 규모의 역사, 여러가지 요인들이 어느 시점에서 결합되면서 계기적으로 진행되는 국면전환이라는 브로델의 관점을 선택적으로 수용하고자 하는 것이다. 브로델의 역사학에 대해서는 주로 다음 저작들을 참고했다. Fernand Braudel, *The Mediterranean and the Mediterranean World in the Phillip II* 2Vols (New York: Harper 1966); *Capitalism and Material Life 1400-1800* (New York: Harper 1973); *On History*, tr. Sarah Matthews (Chicago: Univ. of Chicago Press 1980); *A History of Civilization*, tr. Richard Mayne (Penguin Books 1993); 김응종 『아날학파』(서울: 민음사 1991); 김응종 「브로델의 지리적 역사: 장기지속과 변화」, 한국서양사학회 편 『근대세계체제론의 역사적 이해: 브로델과 월러스틴을 중심으로』(서울: 까치 1996).

46) 필자가 '구조와 행위주체 간의 역동적인 상호작용'에 주목하게 된 직접적 계기는 주체와 구조의 문제를 개체주의(individualism)나 구조주의(structuralism)라는 일방적 방식으로 접근하는 태도의 문제점을 비판하고 있는 알렉산더 웬트 등 구성주의(constructivism) 논의로부터 시사받은 바가 크다는 점을 밝혀둔다. Alexander E. Wendt, "The Agent-Structure Problem In International Relations Theory," *International Organization* Vol. 41 No. 3 (1987) 335~70면; "Collective Identity Formation and the International State," *American Political Science Review* Vol. 88 No. 2 (1994) 384~96면; Green, D., ed., *Constructivism and Comparative Politics: International Relations in a*

상이 변용되어가며 움직이는 양상을 생생하게 포착할 수 있도록 노력할 것이다.[47]

한편 19세기 동아시아에서 나타난 일련의 '거대한 전환'은 현실적으로 중국적 천하질서가 붕괴되고 서구의 근대국제질서로 재편되어가는 과정임과 동시에 동아시아세계를 구성하는 패러다임이 변동하는 과정이기도 했다. 당시에 나타난 시대적 패러다임의 변동(paradigm shift)이란, 요컨대 '의식주체로서의 행위자(actor)가 관련된 현상을 어떤 방식으로 파악하는가'라는 문제의식과 관련되는 것으로, 곧 문화적 자존의식과 윤리적 가치의 구현에 최상의 우선순위를 둔 사유양식이 군사적·권력관계적·정치적·실리적 문제로 일차적인 관심을 옮겨가는 문제라고 할 수 있을 것이다.[48] 본서는 지금까지 이 시기를 다루는 많은 정치사 연구가 대체로 이러한 전환의 과정을 오로지 중세(혹은 근세)에서 근대로의 '발전적' 전개라는 측면에서 조명하는 시각이 경우에 따라서는 당대의 실상을 이해하는 데 오히려 크게 방해가 되기도 하였다는 점에 유의하여, 이러한 '역사적 선후개념'으로서의 발전론적 가치판단을 일단 유보하고자 한다. 그리고 조선의 정치외교사를 고유관념과 외래관념의 긴장과 갈등이라는 좀더 '상대적인' 관점에서 파악하면서 '구조와 행위주체 간의 역동적인 상호작

Constructed World (New York: M. E. Sharpe 2001).

47) 본서는 조선을 네개의 시기로 구분하되, 일단 전기·중기·후기·말기라고 지칭하게 될 것이다. 한편 필자가 이러한 시대적 맥락의 차이에 주목하게 된 것은 앞서 언급한 바와 같이 기본적으로 브로델의 영향 때문이지만, 카(E. H. Carr)의 고전적 저작으로부터 받은 지적 영감도 밝히지 않을 수 없다. 주지하는 바와 같이, 카는 유럽의 중세 기독교 세계질서가 붕괴되면서 생겨난 근대 국민국가(nation-state)의 기본성격이나 이들 근대국가 상호간의 근대 국제관계가 거의 변화하지 않고 지속되어왔다고 보는 일반적 인식을 비판하면서, 근대 국제관계나 내셔널리즘의 이른바 '역사성'에 주목하여 이를 세 단계로 나누어 고찰한 바 있다. E. H. Carr, "The Climax of Nationalism," *Nationalism and After* (London: Macmillan 1945).

48) 장인성「토포스와 아이덴티티」,『국제정치론총』37집 3호(1998).

용'이라는 측면에서 이해함으로써, 문명사적 전환기의 조선 정치외교사의 실상에 접근해가려 한다.[49)]

한편 본서는 문명사적 전환기에 이질적인 문명간의 충돌이 갖는 정치적 혹은 국제정치적 함의를 고찰하기 위해서 경우에 따라서는 객관적 차원의 위기상황과 주관적 차원의 위기의식의 소재를 분리해서 접근해 들어

---

49) 본서에서 사용하는 문화(文化, culture, Kultur)와 문명(文明, civilization, Civilisation)이라는 용어에 관해 간단히 언급해두고 넘어갈 필요가 있을 것이다. 일반적인 차원에서 논하자면, 우선 문화는 '인간의 지혜가 깨어 이룩한 종교·도덕·학예 등 정신적 소산'이라는 협의의 의미와 '인간이 자연상태에 인위적인 행위를 가해 형성한 물심양면의 성과'라는 광의의 의미를 내포하고 있는 반면, 문명이란 '인간집단의 기술적이고 물질적인 소산'이라는 협의의 의미와 '인간의 지혜가 깨어 정신적·물질적으로 진보한 상태'라는 광의의 의미를 가지고 있다. 본서에서 사용하는 문명이란 기본적으로 광의의 의미에 가까운 것으로서 미개나 야만에 대비되는 개념이라 할 수 있으며, 스스로의 보편성을 의식하는 측면을 강하게 내포하는 반면, 문화개념은 이러한 문명개념의 패권주의적 경향에 대해 상대주의적 입장을 강조한다고 할 수 있다. 하지만 동시에 문화개념에도 미개나 야만에 대해 스스로의 보편성을 주장하게 될 측면이 내포되어 있어 강자들이 자신의 논리를 보완하는 담론으로 연결될 소지 또한 여전히 존재하고 있음이 간과되어서는 안될 것이다. 이와 관련해서는 실제로 문화담론이 동서양을 막론하고 역사적으로 권력과 불가분의 관계 속에서 진행되어왔으며, 민족(nation, Volk)을 이야기하고 내셔널리즘을 논의하는 데 핵심 요소로서 작용해왔다는 점을 상기해볼 필요가 있을 것이다. 주지하는 바와 같이, 문화와 문명을 둘러싼 문제는 오늘날의 전환기 상황에서도 국제관계의 핵심적인 문제가 되고 있다. 문화와 문명에 관해서는 주로 다음의 연구들을 참조했다. Nobert Elias, *The Civilizing Process: The History of Manners,* tr. Edmund Jephcott (Oxford: Basil Blackwell 1978); 鈴木修次『文明のことば』(廣島: 文化評論出版社 1981); Fernand Braudel, *A History of Civilization,* tr. Richard Mayne (New York: Penguin Books 1993); 西川長夫「國家イデオロギーとしての文明と文化」,『思想』827號(東京: 岩波書店 1993); Samuel P. Huntington, *The Clash of Civilizations and the Remaking of World Order* (New York: Simon & Schuster 1996); 平野健一郎「文明の衝突か,文化の摩擦か?」,『比較文明』10號(東京: 刀水書房 1994年11月); 최정운「국제정치에 있어서 문화의 의미」,『국제문제연구』제22호(서울: 서울대학교 국제문제연구소 1998); 西川長夫『增補國境の越え方—國民國家論序說』(東京: 平凡社 2001).

갈 것이다.[50] 주지하는 바와 같이, 동아시아 지역에 나타난 '서구의 충격'이란 실제로 동아시아 삼국이 처한 각각의 외압의 성격이나 강도, 타이밍의 차이, 지정학적 위치, 기존 정치질서의 안정성 등의 여부 등에 따라 그 충격의 객관적 여파 곧 '위기상황'의 내용을 달리하고 있었다.[51] 게다가 중화문명 내에서의 위상과 중화문명 수용 혹은 체감의 양상, 국가 내부의 구조와 전통, 그리고 개인의 정치적인 위상과 구체적 정황 등의 차이에 따라 위기에 대한 주관적 감지도 즉 '위기의식'의 내용은 더욱 복잡한 양상을 띠지 않을 수 없었다. 이러한 점들을 감안하여 본서에서는 정책결정 과정에서 특별히 중요한 의미를 지닌 '위기상황' 하에서,[52] 왕실내부 및 관료들 그리고 그때그때의 주도적인 정치세력·사회세력 간에 나타나는 역동성(dynamism)과, '인지일관성'(cognitive consistency)을 지니려 하는 인간

50) 외교정책이나 대외적 태도를 분석하기 위해서, 객관적인 국제관계와 주관적인 이미지 또는 인식의 차이에 주목할 것을 강조한 고전적인 연구로는 다음과 같은 것이 있다. 入江昭『日本の外交』(東京: 中央公論社 1966); 坂野潤治『明治·思想の實像』(東京: 創文社 1977).

51) 金榮作『韓末ナショナリズムの硏究』(東京: 東京大學 1975); 김영작「한·중·일 3국의 개국에 관한 비교연구」,『동북아』 창간호(서울: 동북아문화연구원 1995); 金鳳珍「東アジア三國の'開國'再考」,『朝鮮史硏究會論文集』(東京: 明石書店 1996).

52) 정책결정 과정에서 위기(crisis)는 특별히 중요한 의미를 갖는다. 위기상황에서는 불안과 긴장이 고조되기 때문에 평시 상황보다 합리적 선택이 어려워진다. 일반적으로 정책결정자는 새로운 정보를 평가할 때 이미 자신이 가지고 있는 기존의 이미지(image)에 의거하여 해석하려는 경향을 가지고 있다. 더욱이 빠른 시간 안에 결정을 내려야 하는 위기상황에서는 이러한 경향은 더욱 두드러질 수밖에 없다. 따라서 정책결정 과정에 참여하는 사람이 갖고 있는 신념체계(belief system)와 기존 이미지의 내용을 이해하는 것은 정책결정자가 어떠한 사건을 해석하고 대응하는 것에 대한 이해를 증진시킨다는 점에서 중요한 의미를 지닐 수밖에 없다. 정책결정 과정에서 위기상황이 갖는 의미에 대해서는 정종욱, 앞의 논문; C. Hermann, ed., *International Crisis* (New York: Free Press 1972) ch.1, 2; *Crisis in Foreign Policy* (Indianapolis & New York: The Bobbs Merrill 1969) 등을 참조할 것.

의 심리적 특성 등을 감안하면서,[53] 국왕의 대내외적 대응을 고찰함으로써 각각의 개별적 사건들을 단편적으로 이해하는 것이 아니라 이들 행위간에 존재하는 일관된 흐름을 파악하는 데 역점을 둘 것이다. 뿐만 아니라 본서는 조선 조정과 왕실 내부를 단일한 행위주체로서가 아니라 협력 또는 긴장관계에 따라 유동적이고 가변적인 집단으로 파악함으로써 정책을 주도했던 세력을 가급적 명확히 드러내도록 노력할 것이다. 또한 정치행위자의 인식적 차원의 관념과 실천적 차원의 정책, 그리고 정치현장에서의 정치적 수사(修辭, rhetoric)나 표현들이 반드시 일치하는 것이 아니며 경우에 따라 오히려 다른 문맥에서 매우 다르게 나타날 수 있다는 것에 유념하면서,[54] 역사적으로 나타나는 결과에 집착하지 않고 '과정'을 가능한 한 있는 그대로 추적하려고 했다.

본서의 본문은 3부, 여섯개의 장으로 구성되어 있다.

제1장 「조선의 유교적 정치지형의 탄생과 왕권의 공간」에서는 우선 '전환기 조선의 정치나 정책을 형성하는 역사적·사상적 배경과 아울러 조선 정치의 고유한 특성'을 규명하기 위하여 조선 건국기로 거슬러올라가 조선의 유교적 정치지형(=구조)의 기본적 프레임이 형성되어가는 경위를

53) 정책결정 과정에 관한 전통적인 연구방식의 결함을 지적하면서 정책결정자의 심리적 측면이나 관료조직간의 역동성을 주요변수로서 강조하는 연구로서 참고가 되는 것으로는 다음과 같은 것이 있다. G. T. Allison, *Essence of Decision* (Boston: Little, Brown 1971); I. Janis, *Victims of Groupthink* (Boston: Houghton Mifflin 1982); I. Janis and I. Mann, *Decision-making: A Psychological Analysis of Conflict, Choice and Commitment* (New York: Free Press 1977); R. Jervis, *The Logic of Images in International Relations* (Princeton Univ. Press 1970); *Perception and Misperception in International Politics* (London: Routledge & Kegan Paul 1970); 정종욱 「외교에 있어서의 Perception에 관한 연구: 사이버네틱 모델과 인지론적 접근을 중심으로」, 『논문집』 8호(서울대학교 국제문제연구소 1988); 土山實男 「認知構造と外交政策」, 『講座國際政治2: 外交政策』(東京: 東京大學 1989); 渡辺昭夫 編 『講座國際政治4: 日本の外交』(東京: 東京大學 1989).

54) 坂野潤治, 앞의 책 序章 「'思想の實像'としての '對外論'」 13면.

고찰하였다. 여기서는 조선 건국의 역사적 문맥에서 조선의 문화적 자존의식과 중화질서의 상관관계, 그리고 조선의 왕권과 군신관계의 기본구조를 주로 다룬다. 조선의 유교적 정치지형이라는 구조적 맥락에서 왕권의 공간이 설정되어가는 이념적·제도적 기초를 명확하게 설명하는 데 역점을 두었다.

제2장 「조선정치의 국면전환과 군신간 역학관계의 변화」에서는 1장의 논의를 바탕으로 조선정치의 구조적 특성들이 역사적으로 작동하는 과정에서 각각의 시대적 문제의식과 어우러지면서 어떻게 계기적으로 변용되어가는지를 세차례의 국면전환의 양상에 주목하여 고찰한다. 여기서는 각각의 정치적 국면들이 전개되는 과정에서 왕권의 정치적 위상에 변화가 이루어지는 양상과 함께 군신관계의 성격과 성리학의 사상적 경향성이 구체적인 정치적 사건들을 계기로 서로 맞물려 변화되어가는 역동적인 정치과정을 포착하는 데 중점을 두었다. 이와 아울러 정치적 국면이 중화질서와 연동되면서 조선의 문화적 자존의식의 성격이 변용되어가는 맥락도 함께 다루고자 했다. 따라서 1,2장은 조선의 유교적 정치지형과 군신관계가 탄생하여 전개되는 양상을 살핀 것이라고 할 수 있다. 여기까지가 본서의 제1부에 해당한다. 이것은 앞서 언급한 전환기 조선의 정치나 정책을 형성하는 역사적·사상적 배경과 동시에 조선정치의 고유한 특성을 살피는 문제라고 하겠다.

제3장 「청과 일본의 만국공법 수용양상과 상이한 위기의식」에서는 중국적 세계질서와 근대국제질서라는 상이한 두개의 대외질서 관념이 동아시아에서 만나 부딪히는 경위와 과정을 살피게 된다. 여기에서는 동아시아 삼국에서 두개의 대외질서 관념이 교착하는 양상이 무엇보다 잘 드러나는 것이 바로 만국공법의 수용과정이라는 점에 착안하여 청과 일본이 만국공법을 수용하는 과정에서 나타나는 특징적 측면을 고찰해보았다. 기존의 중화질서에 존재하던 상호의식에 변용이 이루어지게 되는 문맥과 함

께 이후 '조선문제'가 대두되는 정치적·사상적 배경을 음미할 수 있으리라고 기대된다.

제4장 「19세기 조선의 정치공간과 위기의 징후들」에서는 1, 2장에서 고찰한 조선정치사의 구조적·역사적 맥락에서 19세기의 대내외적 정치상황을 고찰한다. 그리고 고종의 왕위승계 이후 대원군이 내부적으로 강력한 개혁을 추진하면서도 대외적 위기상황에 대해서는 배외(排外)와 척화론(斥和論)에 입각한 위기관리로 나아가게 되는 정치적·사상적 경위를 다루고자 했다. 따라서 3, 4장은 서세동점기 동아시아질서의 동요와 한중일 삼국의 상이한 위기의식을 다룬다. 여기가 본서 제2부에 해당한다. 이것은 서세동점기 동아시아질서의 변동을 살피는 문제이자, 앞서 언급한 '조선 고유의 사상적·정치적 특성과 새로운 질서와의 접촉에서 나타나는 긴장과 갈등 그리고 친화력'을 다루는 문제로서 조선 측이 서양세계를 조선의 '고유' 관념에 따라 어떻게 인식하게 되었는가를 다루는 문제라고 하겠다.

이어서 제5장 「고종의 정치의식과 새로운 대외관의 형성」에서는 조선의 유교적 정치지형이라는 '구조'와 국왕 및 주요 정치세력 곧 '행위주체' 간의 상호작용이라는 측면에 주목하면서, 군주 고종의 정치의식과 대외관이 어떠한 과정을 통해서 형성되었으며 어떠한 내용을 담고 있었는지를 검토한다. 여기서는 문명사적 전환기에 직면한 국왕의 정치의식을 이해하기 위하여, 왕위승계 이후 경연(經筵)에서 이루어진 제왕학의 내용과 함께, 당시 국왕에게 국가의 정보력이 상대적으로 집중되는 구조적 배경, 그리고 친정선언 이후 고종이 대내외적으로 현실정치를 체험하는 와중에서 국내외 정치인이나 외교관, 지식인, 외국인 고빙인 등과 접촉하면서 서로 영향을 주고받게 되는 정황과 외국 전래서적의 영향 등을 종합적으로 분석한다.

제6장 「새로운 정치질서의 모색과 새로운 위기」에서는 이러한 인식론적 기반 위에서 고종이 대내적으로는 정치적 구심력을 확보하려는 의지를 보이면서 새로운 정치기구 등을 확충해나가는 내용과 함께, 대외적으

로 전통적 중화질서의 틀을 넘어서려는 실천적 측면에 관해 다룬다. 아울러 조선정부가 추진하는 정책들이 구체화되는 과정에서 국내외적으로 정치적 갈등이 증폭되어가는 심층에는 어떠한 요인들이 얽혀 있었는지 검토한다. 이러한 논의를 통해 당시의 위기상황에서 조선의 유교적 정치지형이 어떻게 작동하였는지, 그리고 조선의 정치적 구심축이 표류하게 되는 구체적인 정치적 경위는 무엇이며, 새로운 정치질서의 모색이 어떠한 연유로 국내외적 갈등으로 연쇄적으로 이어지는지를 중점적으로 살펴본다.

따라서 5, 6장은 패러다임 전환기 조선의 왕권과 정치공간을 다루는 것이라고 할 수 있을 것이다. 이는 앞서 언급한 '전환기 조선의 내정과 외정에서 나타나는 정치지도자들의 정치적 비전과 정책 및 정치적 갈등과정'을 다루는 문제라고 하겠는데, 본서의 제3부에 해당한다. 여기에서는 주로 1860년대부터 1880년대 갑신정변에 이르는 시기가 중점적으로 다루어질 것이다.

5. 연구사료

본서가 조선정치사 전반을 다루는 과정에서 중심으로 삼은 기본사료는 『조선왕조실록(朝鮮王朝實錄)』이다.[55] 그리고 19세기 고종의 왕위 등극 이후의 기본사료로서는 『고종실록(高宗實錄)』과 『승정원일기(承政院日記)』

55) 『조선왕조실록』은 세계에서 가장 거대한 분량의 편년체 정사로 인정되어, 현재 세계기록유산으로 지정되어 있음은 널리 알려진 바와 같다. 그 상세한 내용과 방대한 규모는 식민지시기에 만들어진 『고종순종실록』을 제외하더라도 총 1,705권 848책, 5,400만자에 이른다. 본서에서는 근래에 만들어진 『조선왕조실록』 시디롬(CD-ROM)으로 실록 전반을 검토하였고, 필요에 따라 『조선왕조실록』 원본과 대조하는 방식을 취했음을 밝혀둔다.

그리고 『일성록(日省錄)』을 비판적으로 검토했다.[56)]

한편 대외관계에 관해서는 한국에서 간행된 『구한국외교문서(舊韓國外交文書)』와 『구한국외교관계부속문서(舊韓國外交關係附屬文書)』 『동문휘고(同文彙考)』 『주한일본공사관기록(駐韓日本公使館記錄)』 『한일외교미간극비사료총서(韓日外交未刊極秘史料叢書)』 외에도 일본 외무성에서 편찬된 메이지 연간의 『일본외교문서(日本外交文書)』와 이또오 히로부미(伊藤博文) 편 『비서류찬—조선교섭자료(秘書類纂—朝鮮交涉資料)』, 김정명(金正明) 편 『일한외교자료집성(日韓外交資料集成)』, 중국에서 간행된 『청계중일한관계사료(淸季中日韓關係史料)』와 『청광서조중일교섭사료(淸光緖朝中日交涉史料)』 『청계외교사료(淸季外交史料)』 『이문충공전집(李文忠公全集)』 『주판이무시말(籌辦夷務始末)』 등을 활용하였다. 여기에서는 동아시아 삼국간의 상호관계는 물론, 조선의 군주를 비롯하여 조선의 정치적 상황과 관련된 중요한 내용들이 확인된다.[57)]

그리고 문명사적 전환기 동아시아 상황에서 『만국공법(萬國公法)』이란 이름으로 소개된 서구의 국제법 서적은 실정법적인 측면과는 별개의 차원

56) 『高宗實錄』 1864~1907(서울: 탐구당 1970); 『承政院日記』 1864~1907(서울: 한국 국사편찬위원회 1967~72); 『日省錄』(서울: 서울대학교 고전간행회 편 1966~72); 『德壽宮李太王實記』(서울: 嚴南堂書店 1943).

57) 『舊韓國外交文書』(서울: 고려대학교 아세아문제연구소 편 1965~73); 『日案』 『美案』 『淸案』 『英案』 『法案』 『俄案』 『德案』; 『舊韓國外交關係附屬文書』(서울: 고려대학교 아세아문제연구소 편 1972); 『外衙門日記』 『海關案』; 『同文彙考』(서울: 국사편찬위원회 1978); 『주한일본공사관기록』(서울: 국사편찬위원회 1992); 김용구 편 『한일외교미간극비사료총서』(서울: 아세아문화사 1996); 『日本外交文書』(東京: 日本外務省 編 1957); 伊藤博文 編 『秘書類纂—朝鮮交涉資料』(東京: 原書房 1970); 金正明 編 『日韓外交資料集成』(東京: 巖南堂書店 1966); 『淸季中日韓 關係史料』(臺北: 中央硏究院 近代史硏究所 1972); 古宮博物院 編 『淸光緖朝中日交涉史料』(臺北: 文海出版社 1963); 王彦威 輯 『淸季外交史料』(臺北: 文海出版社 1964); 吳汝綸 編 『李文忠公全集』(臺北: 文海出版社 1962); 송병기 외 편 『한말근대법령자료집』(서울: 국회도서관 1970~72).

에서, 그 자체로 기존의 중화질서의 내용과는 다른 새로운 근대국제관계와 새로운 문명질서의 원리를 논하는 사상적 함의를 담고 있었다고 할 수 있다. 이러한 서적의 내용과 그에 대한 각국의 반응은 전환기 동아시아에 있어, 위기의식이나 정치적 모색의 소재를 파악하는 중요한 단서가 될 수 있다. 본서에서는 기존연구를 활용하여, 청에서 번역되어 소개된 『만국공법』 『공법편람(公法便覽)』 『공법회통(公法會通)』 등의 근대국제법 서적을 비롯하여, 『조선책략(朝鮮策略)』 『이언(易言)』 등의 해외 전래서적이 어떠한 내용을 담고 있으며 또한 군주를 비롯한 정치권에 어떠한 영향을 끼쳤는지를 중국이나 일본의 경우를 염두에 두면서 비교 분석하였다.[58)]

한편 전환기 조선에서 정치적·사회적으로 중요한 영향을 미쳤던 최초의 관보(官報) 『한성순보(漢城旬報)』 『한성주보(漢城周報)』는 군주 고종과 긴밀한 연관을 가지고 발행된 사실이 확인된다.[59)] 이 신문들에 대해서는 내용분석의 차원을 넘어서 신문기사가 가지는 정치적·사회적 의미가 함께 논의될 것이다. 그리고 데니문서, 묄렌도르프문서, 알렌문서, 헐버트문서를 비롯한 외국인 고빙인들의 관련문서도 당대의 정치적 상황을 이해하는 데 빼놓을 수 없는 자료이다.[60)]

---

58) Henry Wheaton, *Elements of International Law* (London & Philadelphia 1836)의 6th edition (Boston: Little, Brown & Company 1855), W. A. P. Martin(丁韙良) 譯 『萬國公法』(1864) (서울: 아세아문화사 1981); Theodore D. Woolsey, *Introduction to the Study of International Law* (1860), W. A. P. Martin(丁韙良) 譯 『公法便覽』(1877) (서울: 아세아문화사 1981); Johann Kaspar Bluntschli, *Das moderne Volkerrecht der civilisirten Staaten als Rechtsbuch dargestelt* (1868), W. A. P. Martin(丁韙良) 譯 『公法會通』(1880) (서울: 아세아문화사 1981); 黃遵憲 『朝鮮策略』(1880), 조일문 역(서울: 건국대학교 1988); 鄭觀應 『易言』, 『鄭觀應集』(上海 1982)에 수록; 徐繼畬 『瀛環志略』(1848); 魏源 編 『海國圖誌』(1842, 1847, 1852).

59) 『漢城旬報』(서울: 博文局 1883~84); 『漢城周報』(서울: 博文局 1886~88); 『漢城旬報/漢城周報』(서울: 관훈클럽 1983).

60) O. N. Denny, *China and Korea* (서울 1888), 신복룡 역 『데니문서』(서울: 평민사

본서의 문제의식과 관련해서 당시 정치인들이 남긴 문집이나 회고록, 일기 중에도 관련된 중요한 내용들이 담겨 있다. 고종의 문집인 『주연집(珠淵集)』을 비롯하여 박규수, 최익현, 김옥균, 박영효, 유길준, 서재필, 윤치호, 김윤식, 박정양, 황현, 정교, 윤효정 등이 남긴 문서들에는 전환기 조선의 정치의식과 정치적 상황을 비롯하여, 대외관이나 군주관을 이해할 수 있는 내용들이 실려 있다.[61] 이와 아울러 일본인이나 서양인들이 남긴 조선 체험기 등도 조선의 전환기를 이해하는 데 빼놓을 수 없는 자료이다.[62] 이러한 체험기들은 그 자체의 내용도 중요하겠지만 지금까지 진행된

1987); P. G. Möllendorff, *Ein Lebensbild* (1930), 신복룡 역 『묄렌도르프문서』(서울: 평민사 1987); H. N. Allen, *The Horace Newton Allen Manuscript Collection*, 김원모 역 『알렌의 일기』(서울: 단국대학교출판부 1991); H. Hulbert, *The Passing of Korea* (New York 1906), 신복룡 역 『대한제국 멸망사』(서울: 집문당 1984).

61) 고종 『주연집』(서울: 명문당 1983); 박규수 『박규수전집』 상,하(서울: 아세아문화사 1978); 최익현 『면암집』(서울: 면암선생기념사업회 1980); 김옥균 『갑신일록』(서울: 아세아문화사 1967); 박영효 「朝鮮の國政改革に關する建白書」, 『日本外交文書』 21권 292~311면, 「사화기략」, 『수신사기록』(서울: 국사편찬위원회 편 1971) 195~267면; 유길준 『서유견문』(서울: 일조각 1971); 徐載弼·鄭晋錫 편저 『獨立新聞/徐載弼 文獻解題』; 윤치호 『윤치호일기』(서울: 탐구당 1989); 김윤식 『음청사』, 『속음청사』(서울: 탐구당 1958, 1971); 박정양 『박정양전집』(서울: 아세아문화사 1984); 황현 『매천야록』(서울: 교문사 1994); 정교 『대한계년사』(서울: 국사편찬위원회 1957); 윤효정 『한말비사: 최근 60년의 비록』 (1931년 동아일보에 연재) (서울: 교문사 1995).

62) Isabella, B. Bishop, *Korea and Her Neighbours* (London: St. James Gazette 1898); George N. Curzon, *Problems of the Far East* (1896); J. S. Gale, *Korea in Tradition* (1909); W. A. Grebst, *I Korea*, 김상열 역 『코레아 코레아: 이것이 조선의 마지막 모습이다』(서울: 평민사 1986); W. E. Griffis, *Corea: The Hermit Nation* (New York 1907); F. A. McKenzie, *The Tragedy of Korea* (London 1908); Carlo Rossetti, *Corea e Coreani* (1904), 서울학연구소 역 『꼬레아 꼬레아니』(서울: 숲과 나무 1996); William F. Sands, *Undiplomatic Memories: Far East 1894-1904* (London: John Hamilton 1930), 김훈 역 『조선의 마지막 날』(서울: 미완 1986); Douglas Story, *Tomorrow in the East* (London: George Bell & Sons 1907) (한국교육서고 1994); 井上角五郎 『漢城之殘夢』(東京: 春陽堂 1891); 柵ｿｲ軍之佐 『朝鮮時事』(東京: 春陽堂 1894); 杉村濬 『在韓苦心錄, 1894－1895』(東

조선근대사에 대한 이미지를 만드는 데 실제로 대단히 중요한 역할을 해왔다.

위에서 언급한 자료들을 참고하는 방법과 관련해서 다음과 같은 점에 유의하고자 했다. 우선 공문서(公文書) 종류의 경우, 당시 일본이 조선에 관한 역사왜곡을 의도적으로 자행하였으며 더욱이 그들이 정치적으로 공격한 핵심적 대상 중의 하나가 왕실의 권위였음을 감안하여, 일본의 손을 거친 공문서는 그 신빙성에 대해 재고하였다. 그리고 개인 자격으로 기록된 문서들의 경우에는, 이들 개인문서에 담긴 현장감을 수용하되 이른바 '방법적 회의'를 거듭하여, 가능한 한 기록자의 신분과 전문성, 그리고 개인이 처한 정치적 상황 및 심리적 정황을 고려해서 읽어나갔다. 아울러 최근에 많이 발굴되어 소개되고 있는 외국인의 방문기나 체험기 등의 경우는, 좀더 '객관적'일 수 있다는 가능성에도 불구하고 여러가지 문명적 편견과 정치적 선입견이 담겨 있다는 사실을 동시에 상기해야 한다. 어쩌면 이러한 편견들에서 드러나는 오리엔탈리즘 혹은 일본형 오리엔탈리즘이 담고 있는 시대적 함의를 통찰하여 해석하는 것 자체가 본서의 중요한 과제라고 해야 할 것이다.

京: 勇喜社 1932) 외 다수.

제1부

조선의 유교적 정치지형과 군신관계: 탄생과 전개

제1장

조선의 유교적 정치지형의 탄생과 왕권의 공간

왕조국가 조선은 중국에서 원(元, 1279~1368)과 명(明, 1368~1644)이 교체되고 한족(漢族)에 의해 화이질서가 재구축되어가던 14세기 말엽, 신유학적 이상을 건국이념으로 표방하면서 한반도의 역사에 등장하였다. 고려 말의 독특한 정치적·사회적 분위기 속에서 성장한 군인세력과, 성리학적 사유체계라는 새로운 세계관에 의거하여 비판적 시각을 키워오던 일부 신진사대부 세력이 중심이 되어 창건한 조선왕조는 이후 오백여년 세월 동안 성쇠를 거듭하며 지속되다가 19세기 말 대한제국으로 개칭하고 20세기 초엽에는 국망(國亡)의 상황에 직면하게 된다. 조선이 일본과 강화도조약(1876)을 맺기 이전인 1874년 샤를 달레(Claude Charles Dallet, 1829~1878)는 빠리에서 『조선교회사』를 출간한다. 이 책은 최초로 서양인이 한국의 역사·정치·제도·언어·풍속 등을 체계적이고 본격적으로 다룬 기념비적 저서로서, 지금까지도 매우 중요한 사료 중 하나로 꼽힌다. 달레는 이 저작에서 조선의 정치와 왕권에 관해 다음과 같이 흥미롭게 묘사하고 있다.[1)]

1) 달레가 지은 『조선교회사(*Histoire de L'Englise de Corée*)』는 16세기 말 이후 1871년에

(가) 조선의 정체(政體)는 동양의 다른 모든 나라에서와 마찬가지로 절대 왕정이다. 왕은 자기 나라에 있는 모든 것을 사용하고 남용하는 전권(全權)을 가지고 있다. 그는 인민, 사물, 기구에 대하여 무한의 권력을 향유하고 있다. 대신이나 왕족을 막론하고, 신하에 대하여 예외없이 생살권(生殺權)을 가지고 있다. 그의 몸은 신성하고, 사람들은 상상할 수 있는 모든 존경을 다하여 그를 대하고, 모든 수확물의 맏물을 엄숙 성대하게 그에게 바치고, 거

이르기까지 조선의 천주교 전래사를 다룬 천 페이지 분량의 대작이다. 이 책은 출간 이후 오늘날까지 가장 중요한 사료 중 하나로 취급되고 있다. 이 책의 「서론」은 독립된 형식으로 조선의 역사·정치·풍속 등을 15개 항목으로 나누어 소개하고 있는데, 여기에서 달레는 "조선역사에 관하여 어느정도 정확한 지식을 모을 수 있었음은 주로 중국과 일본 책의 도움에 의한 것"이라고 밝히고 있다. (원서 11면, 한국어 번역본 32면) 200페이지가 넘는 이 책의 「서론」은 당시 제정 러시아의 일본공사이자 국제관계통이었던 에노모또 타께아끼(榎本武揚, 1836~1908)에 의해 번역되어 1876년 토오꾜오에서 『朝鮮事情—原名高麗史略』이라는 제목으로 간행되었다. 일본의 역사가 카지무라 히데끼(梶村秀樹)는 후일 이 책의 일본어판 해제에서 '은둔의 나라'라는 조선의 이미지는 실질적으로 이 책에서 만들어지기 시작했다는 견해를 표명한 바 있다(『朝鮮事情』, 東京: 東洋文庫 1979, 346면). 조선이 '은둔의 나라'라는 이미지가 만들어지는 데 또 하나의 주요한 역할을 담당했던 그리피스(William Elliot Griffis, 1843~1928)는 1882년 뉴욕에서 출간한 문제의 저작 『은둔의 왕국 조선(*Corea The Hermit Nation*)』의 서문에서 자신의 저작이 달레의 논의로부터 절대적인 도움을 받았다고 밝히고 있다. 달레와 그리피스의 두 저작은 1890년 런던에서 비교인류학의 기념비적 저서로 알려진 프레이저(J. G. Frazer, 1854~1941)의 『황금가지(*The Golden Bough, A Study in Magic and Religion*)』(1890년판) 등에 문명에 대비되는 야만의 사례로서 반복적으로 인용되었는가 하면, 당시의 『브리태니커 백과사전』에도 수록되는 등 광범위한 인기를 끌었다. 달레의 저작이 갖는 영향력은 후일 인도 총독과 옥스퍼드 대학교 총장 등을 역임한 조지 커즌(George N. Curzon, 1859~1925)이 두차례 동아시아 삼국을 여행하고 1894년 영국에서 발간한 저작 *Problems of the Far East* (Westminster: Archibald Constable and Co. 1894) 등에서도 수차례 확인된다. (나종일 역 『100년 전의 여행 100년 후의 교훈』, 비봉출판사, 114면) 한편 그리피스의 저작에 대한 비판적인 텍스트 분석으로서는 이태진, "Was Korea Really a 'Hermit Nation'?" *Korea Journal* (Vol. 38 No. 4, Winter 1998)이 나와 있다. 『고종시대의 재조명』(서울: 태학사 2000)에 재수록.

의 신과 같은 경의를 표한다.[2)]

(나) 중국의 경서에 의하면 왕은 오직 공익에만 마음을 쓴다. 그는 법률이 엄수되는지를 감시하고, 모든 신민에게 공평하고, 대관들의 착취에 대하여 백성을 보호한다 등등. 그러나 이같은 왕은 조선에는 드물다. 대개의 경우 왕위에 오른 자는 게으름뱅이, 타락자, 방랑자, 조로자(早老者), 어리석은 자(愚者), 무능력자들이 많았다. 젊어서부터 왕위에 오른 이러한 불행한 임금들, 그들의 온갖 변덕은 숭배를 받고, 아무도 감히 충고 한마디 못하며, 열두서너살 때부터 궁궐 속에서, 후궁 속에서, 우스꽝스런 예절에 파묻혀 있게 되니, 어찌 그렇지 않은 사람이 될 수 있겠는가! 뿐만 아니라 조선에서도, 비슷한 처지에 놓인 다른 나라에서와 마찬가지로 왕을 정사(政事)에 관여치 못하게 하고 왕의 이름 하에 스스로 정권을 농간하기 위하여, 왕의 욕정을 이용하여 왕이 방탕에 빠져서 쇠락하도록 노력하는 야심가 대신들이 거의 끊이지 않는다.[3)]

(다) 조선에서 왕궁이라고 불리는 곳은 좀 넉넉하게 사는 빠리의 연금생활자라면 아무도 들어가 살려고 하지 않을 만한 보잘것없는 집이다. 이 궁궐은 여자와 환관들로 가득 차 있다. 왕비와 빈(嬪) 이외에 궁녀라고 불리는 수많은 하녀들이 있다. (…) 이러한 궁전은 모두 익히 짐작하듯이, 말할 수 없는 음탕함과 범죄의 무대이며, 이 불행한 여자들은 임금의 정욕의 도구가 되고 그들의 거소(居所)는 온갖 추행의 소굴이 된 것은 널리 알려진 사실이다.[4)]

2) Dallet, 앞의 책 24면; 일본어판 48면.
3) Dallet, 앞의 책 25~26면; 일본어판 50~51면.
4) Dallet, 앞의 책 27~28면; 일본어판 53면.

(라) 이른바 정치생활이며 진보며 혁명이라는 것은 조선에 존재하지 않는다. 백성은 아무것도 아니며 아무것에도 관여하지 않는다. 양반만이 권력을 쥐고 있고, 백성을 짜서 한껏 많은 돈을 빼내기 위해서만 백성을 상대한다. 양반은 자기네끼리 철천지원을 품고 서로 잡아먹으려는 여러 당파로 나누어져 있다. 그러나 이렇게 그들이 갈라진 원인이나 취지가 정치와 행정의 원리를 달리함에 있는 것은 전혀 아니다. 그들은 관직과 사무상의 권력을 다투고 있을 뿐이다. 근 3세기 전부터 피비린내 나는 헛된 싸움의 따분한 이야기에 불과하다.[5)]

위에 소개한 달레의 논의에 따르면 조선의 왕권은 헤겔에서 맑스, 베버, 비트포겔(K. Wittvogel) 등이 지적해온 동양적 전제군주제론의 전형적인 표상이라고 불러야 마땅할 것 같아 보인다.[6)] 어떻게 보면 후일 실증사관이

5) Dallet, 앞의 책 19면; 일본어판 40면.

6) 동양적 전제군주제에 관한 효시는 아리스토텔레스(Aristoteles, B. C. 384~322)의 불후의 명저로 꼽히는 『정치학』에까지 올라가며, 18세기 계몽주의 사상가인 몽떼스끼외(Montesquieu, 1689~1755)의 고전 『법의 정신』에 의해 체계화되어 나타난다. 몽떼스끼외는 동양의 전제군주제가 법의 부재와 공포에 의한 통치를 특징으로 하는 정체(停滯)된 성격을 지니며, 군주가 모든 재산을 소유하고, 군주의 의지만이 사회를 구속하는 원리가 된다고 하면서 이러한 근원이 동양의 기후와 지형에 기인한다고 정의한 바 있다. (Charles Montesquieu, *The Spirit of the Law* Vol.1, Hafxer Publishing Company 1949, 57~62, 225, 269면) 한편 헤겔(G. W. Friedrich Hegel, 1770~1831)은 그의 저작 『역사철학』에서 동아시아의 성격을 '비역사적 역사'(an unhistorical history)와 '지속의 제국'(empire of duration)이라는 시공간적 대립과 모순으로 추출해내고, 중국제국을 신정적 전제정(theocratic despotism)이라고 정의하였다. (G. W. F. Hegel, *Die Vernunft in der Geschichte*, Leipzig 1930) 이는 랑케(Leopold von Ranke, 1795~1886)나 존 스튜어트 밀(John Stuart Mill, 1806~1873) 등에 의해 동양의 정체사회론(停滯社會論)으로 연결되었는가 하면, 맑스(Karl Marx, 1818~1883)의 '아시아적 생산양식' 이론이나 베버(Max Weber, 1864~1920)의 '가산관료제' 논의가 만들어지는 배경이 되기도 했다. 베버의 제자인 비트포겔(Karl August Wittfogel, 1896~1988)은 '수력사회'(水力社會, hydraulic society) 논의를 통해 좀더 본격적이고 체계화된 형태로 동양의 군주제를 비판하게 되

라는 이름으로 식민사학자들에 의해 더욱 치밀하게 논의된 전제군주론과 당파성론 등에 입각한 조선정치사 서술을 미리 솜씨좋게 압축해놓은 듯한 느낌을 주기도 한다. 그렇다면 이토록 타락한 조선왕조는 어떻게 5백년이라는 장구한 세월을 지속할 수 있었던 것일까? 근대적 실증사학의 이름으로 전개된 식민사학이 스스로 설득력을 가지려면 어떤 식으로든 이 질문에 답하지 않으면 안되었다. 식민사관에서 사대주의에 입각한 타율성론과 정체사관 등을 통해 조선의 '주체성의 결여'와 아울러 '한반도의 시간이 정지'해 있다고 논의한 것은 이러한 논리적 맥락과 맞물려 있다.[7] 구미에서의 조선시대사 연구의 하나의 전환점을 이룩했다고 생각되는 와그너(Edward Wagner, 1924~2001)와 팔레(James Palais, 1934~2006) 등의 일련의 연구가 다시 이 질문으로부터 시작하는 것은 흥미로운 사실이다.[8]

는데, 여기서는 동양의 권력구조가 총체적인 무자비성을 특징으로 하는 것으로서, 폭정의 전형이라는 결론이 내려지기에 이른다. (K. A. Wittfogel 『オリエンタル·デスポティズム』, 東京: 新評論 1991) 이러한 동양적 전제군주제에 관한 여러 논의는 근대 시민사회가 지향했던 자유와 진보라는 이상의 '역상'(逆像, inverse images)의 필요성에서 비롯한 것으로서, 이러한 인식은 진보에 관한 광범위한 확신과 근대 서구사회의 압도적인 힘을 배경으로 별다른 저항 없이 보편적인 사실로서 받아들여졌다. 이에 대해서는 다음과 같은 연구가 참고하기 좋다. Raymond Dawson, *The Chinese Chameleon: An Analysis of European Conceptions of Chinese Civilization* (Oxford Univ. Press 1967); Paul Cohen, *Discovering History in China: American Historical Writing on the Recent Chinese Past* (New York: Columbia Univ. Press 1984); 坂元ひろこ「歐米の中國認識」, 子安宣邦「近代知と中國認識:「支那學」の成立をめぐって」, 『岩波講座: 現代思想14＝近代·反近代』(東京: 岩波書店 1994).

7) 근대적 실증사학이라는 이름으로 진행된 식민사학에 의해 만들어진 조선근대사의 이미지를 다룬 것으로서 주목할 만한 연구로는 대체로 다음과 같은 것들이 있다. 旗田巍『日本人の朝鮮觀』(東京: 勁草書房 1969, 1983); 조동걸「식민사학의 성립과정과 근대사서술」, 『역사교육론집』 13·14호(1990); Peter Duus,「朝鮮觀の形成: 明治期の支配イメージ」, ピーター·ドウス/小林英夫 編『帝國という幻想』(東京: 青木書店 1998).

8) Edward W. Wagner, *The Literati Purges: Case Studies in the Factionalism of the Early Yi Dynasty* (Ph. D. Thesis, Harvard University 1959); "The Ladder of Success in Yi Dynasty

15세기를 전후하여 성립한 왕조 중에서 조선왕조는 세계사적으로 가장 오랜 기간에 걸쳐 지속되었던 왕조국가이다. 물론 어느 하나의 왕조가 장기간 지속된 사실만으로 그 왕조의 정치적인 정당성과 역사적인 명분을 거론하기는 어려울 것이다. 예컨대 헤겔의 지적을 그대로 수용한다면, 오히려 장기간의 지속이란 조선이 '지속의 제국'(Ein Reich der Dauer)에 다름아니며, '비역사적인 역사'를 입증하는 사례에 불과한 것이 되고 만다.[9] 하지만 신유학적 세계관으로 무장하고 스스로가 역성혁명(易姓革命)의 형식을 통해 조선을 세운 건국 이데올로그(ideologue)들을 비롯한 조선인들의 정치의식은 주목할 만한 가치가 있는 것이었다. 그들은 왕도정치에 입각한 폭군방벌(暴君放伐)과 역성혁명론을 최종적인 정치적 가능성으로 항상 의식하고 있었다. 이러한 정치의식과 관련지어 생각해보면, 조선왕조가 장구한 세월에 걸쳐 지속될 수 있었다는 사실은 적어도 어떠한 형태로든 건강한 정치적 생명력이 유지되고 있었을 가능성이 높다는 것을 의미한다고 해야 할 것이다. 따라서 제1장에서는 조선의 왕권과 군신관계를 중심으로 조선정치의 구조적 측면의 특징적 양상이 형성되는 과정을 고찰함으로써 조선의 유교적 정치지형의 원형을 살펴보기로 하겠다.

Korea," *Occasional Papers on Korea* Vol. 1 (Seattle: Univ. of Washington 1974); *The Literati Purges: Political Conflict in Early Yi Kore*a (Cambridge, Mass.: Harvard Univ. Press 1974); James Palais, "Stability in Yi Dynasty Korea: Equilibrium Systems and Marginal Adjustment," *Occasional Papers on Korea* Vol. 3 (1975 June); *Politics and Policy in Traditional Korea* (Cambridge, Mass.: Harvard Univ. Press 1975); "Political Leadership in the Yi Dynasty," Suh and Lee, *Political Leadership in Korea* (Seattle: University of Washington Press 1976); "Political Participation in Traditional Korea," *Journal of Korean Studies* Vol. 1 (1979).

9) Hegel, 앞의 책 234~37면.

1. 조선 건국의 문명사적 함의와 새로운 아이덴티티 모색

(1) 조선 건국의 전환기적 문맥과 건국 이데올로그의 정치구상

조선의 정치제도나 정국운영 과정, 혹은 정치적 언설(discourse)이 이루어지는 기록을 접하다보면 유교경전이나 관련되는 역사적 선례들이 준거로서 어김없이 등장한다. 유교, 그중에서도 송대에 성립한 '성리학'(=주자학=도학=송학=정주학=신유학)적 사유가 이처럼 조선사회 거의 전 영역에 걸쳐 깊이 뿌리를 내리게 되다보니, 후일 일본에 의해 나라를 잃고 난 후 근대 민족주의사학의 선구적 존재인 신채호(申采浩, 丹齋, 1880~1936), 박은식(朴殷植, 白巖, 1859~1925) 등은 유교를 망국의 주범으로 지목하기도 하였다.[10] 조선에서 유교의 정치적·사회적 역할에 대한 평가가 긍정적이든 부정적이든, 적어도 유교적 가치가 조선시대 사람들의 삶 전반에 결정적인 영향을 끼쳤다는 데는 이론의 여지가 없다.[11]

1392년 한반도에서의 조선의 건국 과정은 고려에서 조선으로 왕조의 이름이 바뀌고 왕실의 주인이 교체되었다는 다분히 협소한 권력관계의 이동이라는 관점만으로는 이해하기 어렵다. 정치적·사회적·문화적 변화를 수반하는 더욱 총체적인 문명사적 함의와 거대한 전환기적 문맥이 연결되어 있었다고 생각되는 것은 바로 이러한 성리학적 사유체계의 수용과 정착이

10) 신채호 「朝鮮歷史上 一千年來 第一大事件」(1925), 『단재 신채호전집』 하권(서울: 을유문화사 1972) 100~21면에 재수록; 박은식 『夢拜 金太祖』(1911), 『박은식전집』 중권(서울: 단국대학교 동양학연구소 1975) 185~312면에 재수록.

11) 한반도에서 원시유학(原始儒學)은 일찍이 삼국시대를 전후한 시기에서부터 군신간의 통치질서를 형성하는 이념으로서 경세적 기능을 수행해왔다. 이에 관해서는 김철준 「삼국시대의 예속과 유교사상」, 『대동문화연구』 6, 7집(서울: 성균관대학교 대동문화연구원 1970)을 참고할 수 있다.

라는 문제가 관련되어 있기 때문이다. 그러면 조선의 건국이 이루어지게 되는 사상적·정치적 배경으로부터 논의를 시작하기로 하자.

> 인간에 대한 이해에 있어, 〔중국과 인도의〕 두 문화 전통은 불교의 침투가 시작될 때는 서로 상반되었다. 중국인들은 각 개인의 인성을 상세히 분석하는 면이 적었던 반면, 인도인들은 심리학적인 분석을 고도로 발전시켰다. 시간과 공간의 개념에 있어서도 현격한 차이를 나타냈다. 중국인들은 시간과 공간 모두를 유한한 것으로 생각했고, 시간을 일생, 세대 혹은 정치적 시대의 개념으로 파악했다. 반면 인도에서는 시간과 공간을 무한한 것으로 여기며, 인생의 단위를 넘어 우주적 영원성 속에서 시간을 파악하였다. 이 두 전통은 사회적, 정치적 가치기준에서 더욱 더 분명한 차이를 보였다. 가족주의와 개별주의적인 윤리관은 격변기에서도 중국인에게 지속적인 영향을 미쳤던 반면, 대승불교는 가족의 범주를 초월한 구원론과 보편적 윤리관을 가르쳤다. 중국 사상가들이 이상적 현세의 모습에 그들의 관심을 집중시킨 반면, 인도의 사상가들과 불교의 승려들은 내세의 추구에 특별한 관심을 두었다.[12)]

중국에 이처럼 이질적인 인도의 불교적 사유가 전래된 이후 중국의 사상계는 이른바 '불교의 시대'(The Buddhist Age)를 맞이하게 되었다. 인도불교가 중국 사상계를 정복하는 과정은 두 사유체계간의 치열한 긴장과 갈등을 수반한 '문명간의 대화'의 과정이기도 했다.[13)] 이후 불교적 사유에

---

12) A. F. Wright, *Buddhism in Chinese History* (Stanford Univ. Press 1959) 33~34면, 양필승 역『중국사와 불교』(신서원 1994) 60~61면.

13) 여기서는 상이한 사유체계를 비롯한 이질적인 문명간의 접촉과정에서 고유관념과 외래관념 간에 상호적인 침투현상이 벌어지게 되는 하나의 중요한 역사적 사례로서 이른바 '격의불교(格義佛敎)'에 대해 간단히 지적해두고 넘어가고자 한다. 예컨대 인도불교

대한 중국 측의 사상적 반격이라고도 할 수 있을 성리학적 사유체계가 남송대(南宋代, 1127~1279)에 주자(朱子, 1130~1200)에 의해 완성된 것은, '동아시아 세계에 있어서 하나의 세계사적인 사건'으로서 '중국사상사에 있어서 전통과 혁신'이라는 관점에서 이해할 수 있을 것이다. 이후 중국대륙이 기나긴 '신유학의 시대'에 접어들게 됨은 널리 알려진 바와 같다.[14]

의 경전은 초기에 한역되는 과정에서 어떻게든 중국인들이 이해할 수 있게 번역되어야 했다. 따라서 중국인들에게 생경한 불교적 개념들은 중국의 도가철학과 같은 개념을 통해 설명하지 않으면 안되었고, 유교의 도덕률에 어긋나는 표현들은 수정되거나 삭제되기도 하였다. 이처럼 외래사상으로서의 불교사상이 유사한 개념을 지닌 토착사상과 짝지어지는 방식을 '뜻맞추기'라는 의미에서 격의체제라고 불렀으며 이에 기초한 불교를 격의불교라고 한다. 격의불교 등 초기의 불경 번역과정에 대해서는 A. Wright, 앞의 책 35~36면, 한국어역 62~64면; 中村元·福永光司·田村芳郎·今野達 編『岩波佛教辭典』(東京: 岩波書店 1989) 111면; 津田左右吉『シナ佛教の硏究』(東京: 岩波書店 1957) 제2편 참조.

14) 신유학(Neo-Confucianism)이란 불교의 사상적인 영향을 받았으면서 다른 한편으로 불교가 추구하는 내세적 경향과 반(反)사회적 가치들에 대해 비판적 관점에서 구축된 새로운 사상체계로서의 유학을 말한다. 신유학이라고 하면 흔히 송대에 성립된 성리학을 일컫지만, 넓은 의미로는 불교가 중국에 전파되어 그 사상적 영향을 받게 되기 이전의 이른바 원시유학=선진유학(先秦儒學)에 대비되는 새로운 유학체계를 포괄하여 일컫기도 한다. 신유학은 기본적으로 불교가 중국의·사회적 윤리적 상황에 대한 대안을 제시할 수 없다는 문제의식에서 출발한 것이라고 할 수 있다. 불교의 영향으로 뒤덮인 풍토에서, 초기의 신유학자들은 우주론 및 형이상학과 심리적인 관념들을 도입하여 불교가 제기했던 철학적 문제들을 다루되, 유교적인 관점에서 답을 제시함으로써 근본적으로 사회를 개혁하고 새로운 사회의 기풍을 조성하려 하였다. 중국불교의 전래과정과 주자학의 성립이 가지는 사상사적 의미에 관해서는 주로 다음의 저작을 참고했다. 津田左右吉, 앞의 책(1957); A. F. Wright, 앞의 책(1959); Kenneth K. S. Ch'en, *Buddhism in China: A History of Survey* (Princeton Univ. Press 1969); 島田虔次『朱子學と陽明學』(東京: 岩波書店 1967); Erik Zurcher, *The Buddhist Conquest of China: The Spread and Adaptation of Buddhism in Early Medieval China* (E. J. Brill 1972); Wing-tsit Chan, ed., *Chu Hsi and Neo-Confucianism* (Honolulu: University of Hawaii Press 1986); Irene Eber, ed., *Confucianism: The Dynamics of Tradition* (New york: Macmillan Publishing Company 1986); 戶川芳郎·蜂屋邦夫·溝口雄三『儒敎史』(東京: 山川出版社 1987); Wm. Theodore de Bary, *East Asian Civilizations: A Dialogue in Five Stages* (Harvard Univ. Press 1988); 岩間

중국을 통해 전래되어 이미 천여년에 걸쳐 한반도에 깊이 뿌리를 내리고 있으면서 고려왕조의 정신세계를 지탱해온 불교적 사유체계가 조선왕조의 신유학적 사유체계로 변화하였다는 문제는 기본적으로 이러한 중국사상사의 문맥과 깊숙이 연결되어 있었다.[15] 따라서 이 당시 왕조가 교차하는 과정에서 발생했던 갈등이나 변화의 폭이 얼마나 심했을지는 쉽게 짐작할 수 있다. 이러한 사실은 앞으로 다루게 될 조선의 정치적 역동성을 이해하는 데 불가결한 요소라고 하지 않을 수 없다.

하지만 그에 앞서 이러한 중국의 사상적 고투 과정이 한반도에서 재현될 수 있었던 것은 고려 말의 독특한 정치적 위기상황이라는 구체적 계기가 있었기 때문이라는 사실을 간과해서는 안된다. 국내의 정치적인 분열과 아울러 고유의 총체적이고 유기적인 사상이 무너져내리는 시기에는 기왕의 가치체계에 대한 전면적인 회의와 반성이 이루어지게 마련이고, 새로운 사유체계에 대한 갈망이 절실해지는 만큼 '외래사상'에 대한 관심도 확대되지 않을 수 없기 때문이다.

더욱이 신유학이 구체적인 현세의 정치적·윤리적 문제에 대한 관심에서 비롯되어 새로운 사회로의 혁신을 꿈꾸며 불교적 사유체계에 대한 비판과정을 거쳐 성립된 사상체계였다는 점을 고려할 필요가 있다. 12세기 말에서 13세기 중엽에 이르는 고려 말기는 무신집권기를 거쳐 몽고의 침입과 간섭, 그리고 원과 명의 교체라는 중국대륙의 정치적 전환기로 이어지는 장기간에 걸친 정치적 위기상황이었다.[16] 그러므로 이러한 위기상황의

一雄 『中國政治思想史硏究』(東京: 未來社 1990); 有田和夫 他 編 『朱子學的思惟: 中國思想における傳統と革新』(東京: 汲古書店 1990); 이기동 『동양삼국의 주자학』(서울: 성균관대학교 1995).

15) 이에 관해서는 이원명 『고려시대 성리학 수용 연구』(서울: 국학자료원 1997); 김석근 「대승불교에서 주자학으로: 불교비판과 유학사의 재구성을 중심으로」, 『정치사상연구』 창간호(서울: 한국정치사상학회 1999)에서 많은 시사를 얻었음을 밝혀둔다.

16) 조선이 건국될 무렵의 상황을 동아시아 전체적인 시각에서 이해하기 위해서, 키시모

소산으로서 고려왕조의 정신세계를 지탱해온 불교의 정치적·사회적 통합 능력에 대한 지식인들의 회의와 불안감을 고려하지 않고는 당시 신유학이 개혁사상으로서 지식인 사이에서 수용되고 심화되어가는 경위나 그 혁신적 성격의 치열한 리얼리즘을 제대로 이해할 수 없다 하겠다.

고려 말의 위기상황에서 개혁을 둘러싸고 나타난 다양한 정치적 모색과 갈등의 전개양상을 다루는 기존연구에 의하면, 조선왕조의 개국과정은 사대부 유신(儒臣)들의 합의된 의지가 아니라 오히려 신유학적 소양을 갖춘 사대부 내에서도 주로 신분적 결함이 있는 하층 사대부들이 이성계(李成桂, 1335~1408, 재위 1392~1398)를 중심으로 한 군부의 힘을 빌려 감행한 것이었다. 이들 하층 사대부들은 신분적인 소외 등 사회적·정치적 불만을 첨예하게 느끼는 사회적 조건에 놓여 있었을 뿐만 아니라 고려왕조에 대한 가장 체계적이고 철저한 비판세력으로서 개혁에 대한 강력한 정치적 유인 요소와 지적 능력을 함께 구비하고 있는 세력이기도 했다. 이렇게 사회적 불만이 축적된 이들이기에 상대적으로 수기(修己)적 경향보다 치인(治人), 치국(治國)의 경향성을 갖게 되었으며,[17] 정치적 리얼리즘에 입각해서 자

또 미오(岸本美緒)의 다음 논의를 음미해보는 것도 유익할 것이다. "14세기는 동아시아, 동남아시아에 있어 거대한 동란의 시기였다. 중국에서는 원말의 반란에서 주원장에 의한 명의 건국, 조선에서도 원의 쇠퇴와 명의 대두에 따른 정변과 조선왕조의 성립, 일본에서는 남북조의 동란이라는 형태로, 동아시아 전체에서 정권의 동요가 일어나고 있었다. 그리고 동지나해에 있어서 질서의 공백상태에서 왜구가 중국, 조선의 연해지구에 출격해서 약탈행위를 일삼고 있었다. (…) 그러다가 이러한 동란이 수습되고, 명을 중심으로 하는 광역적인 질서 하에 각 지역이 연결되어가는 것이, 14세기 말부터 15세기 초의 움직임이었다." 岸本美緒「東アジア東南アジア傳統社會の形成」,『岩波世界歷史13=東アジア東南アジア傳統社會の形成』(東京: 岩波書店 1998) 10면.

17) 유교는 주지하는 바와 같이 기본적으로 현세 중시적이며, 인간이 만들어가는 현실세계의 여러 관계와 그 관계 속에서의 인간에 주로 관심을 둔다. 따라서 유교가 안으로 자기완성을 지향하는 수기지학(修己之學)이면서, 밖으로는 타인과의 관계에서 질서를 도모하려는 치인지학(治人之學)으로서의 성격을 가지게 되며, 현실세계에 수기·치인 양자 간에 조화로운 통일—정치의 윤리적 승화—을 구현하려고 힘쓴다는 점은 유교적

신들의 '신유학'적 정치이상과 철학적 신념을 현실세계에 구현하려는 정치적 행동으로 나서게 된다.[18] 따라서 사대부 내부에서 수기적 경향을 중시하며 온건 개혁적 성향을 지닌 충의파와 급진적이고 총체적인 혁신을 지향하는 혁명 추진세력 간의 갈등은 불가피한 것이었고, 최종적으로는 역성혁명에 의한 새 왕조의 건국으로 이어졌다.[19]

조선의 건국과정이 지금까지 언급한 바와 같이, 단지 왕실의 주인이 교

사유체계의 근본적인 문제의식이라고 할 수 있다. 이러한 유교적 사유체계에 의하면, 모든 학문은 궁극적으로 윤리학과 정치학적 문맥으로 귀결되는 경향을 보이게 된다. 다만 수기와 치인 어디에 비중을 두며, 양자간의 긴장을 어떻게 조화시키려 하는가에 대해서는 구체적인 역사적 상황과 사상가들의 개인적 문제의식에 따라 다양한 입장차이를 드러내게 되는데, 유교적인 사유체계 내부의 다양성은 기본적으로 여기에서 파생되어 나온다고 할 수 있을 것이다. 예컨대 이상적인 통치를 둘러싼 공자(B. C. 552~479)와 맹자(B. C. 370~305), 순자(B. C. 298~238), 한비자(B. C. 280~233)의 견해차이는 이러한 상징적인 예라고 할 수 있을 것이다. 이들의 통치론에 대해서는 신동준 「선진 유법가의 치도관과 치법관의 비교연구」(서울대학교 정치학과 박사논문 1998)를 참조.

18) 본서에서는 고려 말 조선 초의 이데올로그들의 유학적 성향을 표현하는 데 원시유학에 대비되는 새로운 유학체계를 포괄하는 의미로서 '신유학'이라는 말을 주로 사용하게 될 것이다. 여말선초의 유학적 성향은 시대적 불안정성이나 위기의식의 앙양으로 인해 리얼리즘적 경향을 상대적으로 강하게 견지하고 있었다. 따라서 그 구체적인 문제의식이나 내용은 이후 이황, 이이 등에 의해 성립된 이른바 '조선성리학'과는 여러 면에서 상당한 차이를 보였다. 본서에서 신유학이라는 표현을 사용하는 것은 이러한 차이를 감안하여 논의를 전개하고자 하는 의도에서이다.

19) 고려 말의 시대상황과 조선 건국의 정치과정, 그리고 사상적 배경 등에 관한 인상적인 연구서로서 다음 저작을 소개해둔다. 한영우 『정도전사상의 연구』(서울: 서울대학교출판부 1973 및 1997년 개정판); 김영수 「고려말과 조선조 건국기의 정치적 위기와 극복과정에 관한 연구」(서울대학교 정치학과 박사논문 1997). 한영우의 연구는 정도전의 방대한 저작을 철저히 검토하여 조선의 정치적·경제적·윤리적 이상의 원대함과 그 깊이를 체계적으로 분석한 고전적 저서이다. 한편 김영수의 연구는 조선의 건국과정을 좀더 정치학적 관점에서 논의한 것으로서, 현실정치와 사상 간의 구체적인 긴장관계를 역동적이고 설득력 있게 논하고 있다. 본서는 이 두편의 저작에서 많은 영감을 얻었음을 밝혀둔다. 김영수의 글은 이후 『건국의 정치: 여말선초, 혁명과 문명 전환』(서울: 이학사 2006)으로 출간되었다.

체되었다는 협소한 권력관계의 이동이라는 관점에서 이해되기 어려운, 새로운 세계관과 인간관에 근거한 정치적 이상을 현실정치 공간에 실현하려는 하나의 거대한 실험적 성격을 가진 것이었다면, 그에 상응하는 원대한 정치적 비전과 체계화된 정치체제론이 갖추어져 있었던 것일까? 그렇다면 특징적인 내용은 대체로 어떤 것이었을까? 이러한 내용을 살펴보려면, 조선의 개국 과정에 참여한 이데올로그들의 정치적 구상을 검토하는 것에서부터 논의를 시작해야할 것이다.[20)]

조선의 개국과정에서 단연 주목되는 존재가 바로 정도전(鄭道傳, 三峰, 1342~1398)이라는 데는 이견이 없을 것이다. 그는 고려 말 위기상황에서 인식과 실천 양면에 걸쳐 혁명 추진세력의 중심인물이었다. 또한 조선 정치질서의 전반적인 틀에 관한 구상을 구체적으로 체계화했을 뿐 아니라, 이후 정치적 우여곡절을 겪으면서도 그의 정치적 구상은 조선의 기본적인 정치제도와 정치운영의 기초가 되었다.[21)] 현실정치에서의 그의 독특하고

20) 본서에서는 이데올로그(idéologue)라는 용어를 어떤 이데올로기(ideologie)의 대표자라는 의미로서 사용하게 될 것이다. 아울러 본서에서 사용하게 될 이데올로기라는 용어는 맑스가 『독일 이데올로기』에서 논한 바와 같이 요컨대 '피지배계급이 스스로의 피지배 상태를 정당하게 여기게 만드는 의식'이라는 의미, 곧 엥겔스의 유명한 표현인 '허위의식'(Falsches, false consciousness)이라는 의미보다는 좀더 포괄적인 의미에서의 사상체계나 사상경향이라고 할 수 있다. 에드워드 쉴즈의 표현을 빌리면, "특정한 종류의 신념체계"라고 할 수 있을 것이다. Karl Marx and Friedrich Engels, *The German Ideology* (New York: International Publishers 1947); Edward Schils, "The Concept and Function of Ideology," *International Encyclopedia of Social Sciences* Vol. 7 (1968) 66~76면.

21) 삼봉 정도전의 생애는 조선 건국을 주도한 신흥사대부의 정치적 성격을 상징적으로 보여준다. 정도전은 비첩(婢妾)의 아들로 태어나 고려 말 31대 공민왕대에 당대의 거유(巨儒)인 이색(李穡, 1328~1396)의 문하에서 정몽주(鄭夢周, 1337~1392) 등과 함께 성리학을 배웠으며 문과에 합격하여 벼슬을 역임하였으나 32대 우왕(禑王)대에는 유배생활을 하는 등 정치적 시련을 겪었다. 이후 혁명 주도세력이 되어 개국 후에는 왕의 교지(敎旨)를 제작하여 새 왕조의 국정방향을 제시하였을 뿐만 아니라, 『朝鮮經國典』(1394), 『經濟文鑑』(1395), 『經濟文鑑別集·經濟議論』(1397), 『佛氏雜辨』(1398)을 비롯한 다수의

거대한 영향력만큼이나 흥미로운 것은 그의 방대한 정치체계 구상에서 드러나는 논의의 정합성이다. 조선의 건국과정을 현실정치와 사상 간의 긴장 위에서 설득력 있게 논하였다고 생각되는 김영수의 연구는 조선 이데올로그들의 정치사상에 관해 결론적으로 다음과 같이 논하고 있다.

> 조선의 건국자들은 전대의 개혁자들이 제기했던 반성으로부터 많은 것을 배웠지만 아울러 매우 색다른 질문도 지녔다. 그들은 당대의 현실을 주목함과 동시에 항구적인 국가의 원리는 무엇인가, 그리고 역사 속에서 인간은 어떻게 참다운 진리를 발견하고 행동할 수 있는가라는 질문을 가졌다. 전자의 질문이 『주례(周禮)』로 대표된다면, 후자의 질문은 『춘추(春秋)』로 대표될 것이다. 이들이 고려의 역사적 경험과 새로운 세계관의 유입을 통하여 발견한 것은, 정치공동체의 근본적인 문제가 인간의 '자기중심성'에 있다는 점이었다. (…) 고려의 정치적 경험에서 이 '자기중심성'은 특히 '사견(私見)'과 '사욕(私慾)'의 정치로 나타났다. 그리고 이로 인해 독선적인 정치와 폭정이 야기되었다. (…) 두 유형의 정치는 어떤 의미에서 소유지향적 정치이다. 사견과 사욕의 정치에 대해 개혁자들이 제시한 대안은 공론(公論)과 공의(公義)의 정치였는데, 정도전은 이를 '문덕(文德)'의 정치로 불렀다. 정도전의 말대로 이는 일차적으로 정치적 소통을 지향〔開言路〕하는 정치였는데, 그 핵심은 공공성(公共性)이었다.[22]

저술을 통해 유교적 정치제도와 정치이념의 기초를 마련했다. 특히 『조선경국전』은 조선왕조의 통치이념과 정치체제를 『주례』의 육전(六典)체제를 빌려 종합적으로 제시한 것이며, 이를 보완하는 성격을 지닌 『경제문감』은 재상제도와 대간제도를 비롯하여 위병·감사·수령제도 등을 좀더 면밀하게 논하고 있다. 『경제문감별집』은 고려의 역대 왕들의 치적을 기술하면서 신하의 견해를 존중하는 모범적인 군주상에 대해 거론하고 있으며, 『불씨잡변』에서는 불교사상의 사회적 폐단에 대한 정치적 차원의 전면적 비판이 이루어지고 있다.

22) 김영수, 앞의 논문(1997) 320~21면.

위의 인용문에서도 지적되고 있지만, 정도전의 정치론을 접하면서 가장 인상적인 것 중의 하나는 '정치권력의 사유화에 대한 강렬한 비판의식'과 아울러, '정치권력을 철저하게 공공성의 영역 안에 묶어두려는 의지와 제도적 장치의 마련'에 수미일관 고민하고 있다는 사실이다. 그는 이러한 권력의 공공성의 근거로서 민본사상을 제시하는데, 그의 민본사상은 천인합일적(天人合一的)·천인상관적(天人相關的) 세계관에 의하여 자연스럽게 천명사상(天命思想)으로 이어진다. 이러한 관념은 하늘의 권위에 의지한 권력위임론이자 정치책임론으로서, 위정자는 물론 군주까지도 이러한 공공의 원리 앞에 자유로울 수 없음을 의미한다. 이와 관련된 정도전의 말을 직접 들어보자.

(가) 대저 군주는 국가에 의존하고, 국가는 민에 의존한다. 그러므로 민은 국가의 근본인 동시에 군주의 하늘이다. 그래서 『주례』에서는 민의 호적을 군주에게 바칠 때에 군주는 절을 하면서 받았으니, 이것은 자기의 하늘을 중히 여기는 까닭이다. 군주된 사람이 이러한 뜻을 안다면 민을 사랑하는 것도 불가불 지극해야 할 것이다.[23]

(나) 대저 민은 나라의 근본이다. (…) 왕이 관리에게 책임을 지우는 것도 하나같이 민을 근본으로 하는 것이며, 관리가 임금에게 보답하는 것도 하나

---

23) 정도전 『조선경국전』(상) 賦典 版籍, "蓋君依於國, 國依於民, 民者國之本, 而君之天. 故周禮獻民數於王, 王拜而受之, 所以重其天也. 爲人君者知此義, 則其所以愛民者, 不可不至矣." 한영우, 앞의 책 103면에서 재인용. 이러한 정도전의 사상이 『書經』을 비롯한 『孟子』의 민본사상의 연장선상에 있는 것임은 두말할 나위가 없을 것이다. "민이 나라의 근본이니, 근본이 견고해야 나라가 편안하다〔民惟邦本 本固邦寧〕"(『서경』「夏書」); "인민이 가장 귀하고, 사직〔社稷＝國家〕이 그 다음이며, 군주가 가장 가볍다〔民爲貴, 社稷次之, 君爲輕〕"(『맹자』「盡心章句(하)」).

같이 민을 근본으로 한 것이었다. 이렇듯 민은 귀한 존재이다.[24)]

(다) 군주의 지위는 지극히 존귀한 것이다. 그러나 천하는 너무도 넓고 (…) 민은 지극히 약한 존재이므로 폭력으로써 협박해서는 안된다. 민은 지극히 어리석은 사람들이지만 꾀로써 속여서는 안된다. 민의 마음을 얻으면 민은 복종하지만 민의 마음을 얻지 못하면 민은 군주를 버린다. 민이 군주에 복종하고 군주를 버리는 데는 털끝만큼의 차이가 있을 뿐이다. 그러나 민심을 얻기 위해서 사의(私意)를 가지고 구차하게 해서도 안되고, 도를 어기고 명예를 손상시키면서 해도 안된다. 인(仁)으로써만 해야 한다. 군주는 천지가 만물을 생육하는 마음씨를 자기의 마음으로 가지고, 차마 어찌하지 못하는 마음으로써 정치를 행해야 한다. (…) 인으로써 왕위를 지키는 것이 어찌 마땅한 일이 아니겠는가.[25)]

(라) 대저 남들이 만들어놓은 음식을 먹는 자는 남의 책임을 맡아야 하고, 남이 만들어놓은 의복을 입은 자는 남의 근심을 알아야 한다.[26)]

정도전 등 건국 이데올로그들의 정치적 이상에 의하면 이러한 공공성의 원리 앞에 예외적 존재란 있을 수 없었다. 따라서 이들은 사욕(私慾)과 사

---

24) 정도전 『경제문감』(하) 縣令 郡守民之本也, "夫民者, 國之本也. (…) 上之責吏, 一本於民, 吏之報上, 一本於民, 則民重矣." 한영우, 『정도전사상의 연구』(1997) 104면에서 재인용.

25) 정도전 『조선경국전』(하) 正寶位, "人君之位, 尊則尊矣, 貴則貴矣. 然天下至廣也, (…) 下民至弱也, 不可以力劫之也. 至愚也, 不可以智欺之也. 得其心則服之, 不得其心則去之. 去就之間, 不容毫髮焉. 然所謂得其心者, 非以私意苟且而爲之也, 非以違道干譽而致之也, 亦曰仁而已矣. 人君以天地生物之心爲心, 行不忍人之政, (…) 守位以仁, 不亦宜乎." 한영우, 같은 책 116면에서 재인용.

26) 정도전 『경제문감』(하) 縣令 守令不任事, "夫食人之食者, 任人之責, 衣人之衣者, 懷人之憂." 한영우, 같은 책 105면에서 재인용.

견(私見)에 의한 권력의 자의적 행사를 최소화하고 정치권력의 공공성을 실질적으로 확보하기 위하여, 권력배분이라는 측면에서 권력의 상호견제를 통하여 권력간의 역동적인 균형이 유지될 수 있는 실질적인 정치 메커니즘을 만들고자 했다.

하지만 이들 역시 왕의 예외적 성격을 완전히 부인하지는 않았으며, 실제로 부인할 수도 없었고 또한 부인해서도 안되었다. 이들은 왕의 예외성이 인정되는 공간을 현실적인 절대권력으로서의 현실권력 배분이라는 차원에서가 아니라 오히려 우주론적 차원과 접맥되는 추상적이고 상징적인 질서공간이라는 차원으로 한정하려 하였다. 정도전의 표현을 빌리면, "군주는 천명을 대신하여 백성을 다스리는 존재〔人君, 代天工治天民〕"이자, "종묘와 사직이 의지하여 돌아가는 곳이며 자손과 신서(臣庶)가 우러러 의뢰하는 존재"로서, "군주를 왕이라고 부르는 것은 천도(天道), 지도(地道), 인도(人道) 삼재(三才)의 종주(宗主)로서 삼재를 매개하고 삼재의 책임을 담당하기 때문"이라는 것이다.[27]

즉 왕이란 인간세계를 비롯한 우주적 질서의 상징적인 구심점을 이루며 상호간의 매개적 역할을 하고 소통하게 하는 그윽하고 존엄한 존재로서 규정된다고 할 수 있다. 따라서 현실정치에서 군주에게 부여된 권한도 대체로 정치질서의 매개적 의미를 지니는 두가지 역할로 한정되었는데, 하나는 현실정치를 이끌어갈 수 있는 현자(賢者)를 재상(宰相)으로 선택하는 것이고〔人主之職, 在擇一相〕, 다른 하나는 재상과 정사를 협의하고 결정하는 것이었다〔人主之職, 在論一相〕.[28]

이처럼 군주의 역할보다 성현을 비롯한 사대부의 현실적 역할을 강조하

---

27) 정도전『조선경국전』(상) 治典 官制;『조선경국전』(하) 政典 宿衛;『경제문감별집』(상) 君道 唐堯. 한영우, 같은 책 134면에서 재인용.

28) 정도전『조선경국전』(상) 治典 宰相年表; 정도전『조선경국전』(상) 治典摠書.

는 것은 성리학의 일반적 특징이라고 할 수 있을 것이다.[29] 더구나 고려 말의 정치적 혼란상을 목도하고 현세적 이상주의의 실현을 꿈꾸며 역성혁명을 주도했던 정도전 등으로서는 혼(昏)·명(明)이 일정치 않은 세습군주에게 현실권력을 맡긴다는 것은 위험천만한 것으로서 어떻게든 피하지 않으면 안될 씨나리오였다. 따라서 이들이 구상하는 정치체제론의 기본이란, 국가의 상징적인 구심은 천명에 근거하여 왕권이라는 신성한 공간에 두고, 왕위의 계승을 적통(嫡統)에 의한 세습의 방식을 취함으로써 권력의 정통성을 둘러싼 잡음을 없애 정치적 안정성을 유지하는 것이었다. 그리고 한편으로 현실적인 국가운영은 최고의 능력과 자질을 갖춘 재상들의 합의를 통해 이끌어가겠다는 것이었다.[30]

결국 정도전 등의 구상에 의하면, 새 왕조의 정책 결정과 정책 집행을 둘러싼 최고의 권한은 실질적으로 재상에게 돌아가게 되어 있었고, 이러한 재상 중심체제의 이념은 정도전이 죽은 지 얼마 후 삼재상(三宰相) 합의체제로서 의정부제도가 설립(1400)되면서 구체화되는 것처럼 보였다.[31]

그러나 정도전 등 건국 이데올로그들이 이상적인 현세를 지향하면서 적

29) 군주의 역할보다 성현을 비롯한 사대부의 현실적 역할을 강조하는 것은 성리학의 일반적 특징이라 할 수 있다. 이러한 사고는 '성인이란 배워서 이를 수 있다〔聖可學〕'는 사대부의 이상과 맞물려 있는 것으로, 여기에는 귀속지위(status by inheritance)보다 성취지위(status by achievement)가 바람직하다는 의식이 강력히 내재되어 있다. 군주의 역할보다 성현의 역할을 강조하는 신유학의 입장은 요-순-우-탕-문-무(堯-舜-禹-湯-文-武)에 이르는 이른바 성왕(聖王)의 시대에서 주공(周公)-공자-맹자 등 성현(聖賢)의 시대로 이어지는, 신유학에서의 성인(聖人)의 계보를 봐도 확인할 수 있고, 주자의 다음과 같은 언급에도 뚜렷이 나타난다. "우리 선생님〔孔子〕 같은 분은 비록 왕위를 얻지 못하셨으나, 가신 성인을 잇고 오는 후학들을 열어주신 것은 그 공이 오히려 요, 순보다 더함이 있으셨다〔若吾夫子則, 雖不得其位, 而所以繼往聖開來學, 其功反有賢於堯舜者〕." 『四書集註』「中庸章句序」.

30) 정도전 『조선경국전』(상) 治典 宰相年表, "若夫中材之主, 相得其人則治, 不得其人則亂." 한영우, 앞의 책 135면에서 재인용.

31) 『定宗實錄』 2年 4月 6日(辛丑條).

절한 제도 확립의 중요성에 주력했다고 하더라도, 그들에게 제도의 문제란 가치기준이라는 측면에서 볼 때 인간의 도덕성 실현이라는 '목적론적 가치'를 성취하기 위한 일종의 '도구적'이고 '전략적인 가치'로 파악되고 있었다는 사실을 간과해서는 안된다. 정도전의 논의에서 도덕성 중시 경향은 다음과 같이 드러나고 있다.

(가) 성인(聖人)이 형률(刑律)을 제정한 것은 이를 믿고 정치를 하고자 한 것이 아니고, 이것으로 정치를 오로지 도우려 하였던 것일 따름이다.[32]

(나) 공자님이 말씀하시길, "법제로써 이끌고 형벌로 다스리면 백성들은 죄를 범하지는 아니하나 수치를 모르게 된다. 덕으로써 백성을 이끌고 예로써 다스리면 백성은 수치심을 갖게 되고 또 인간 자체도 올바르게 된다"고 하셨다. 이를 보면 본질적인 것과 지엽적인 것〔本末〕, 중요한 것과 덜 중요한 것〔輕重〕의 순서를 알 수 있다.[33]

요컨대 통치의 근본은 덕과 예에 의한 다스림이어야 하며, 외적인 강제에 의한 통치는 보조적인 수단이 되지 않으면 안된다는 것을 본말론의 형식을 빌려 천명하고 있는 것이다. 정도전에게 정치란 궁극적으로 윤리와 분리될 수 있는 것이 아니라〔政者正也, 正其身也〕,[34] 오히려 윤리적 이상을 사회적으로 실천하고 실현하는 과정이 이뤄져야 비로소 진정한 가치를 가질 수 있었다. 따라서 '정치의 윤리적 승화'라는 의식이 유자(儒者)에게서

32) 정도전 『조선경국전』 憲典摠序, "聖人之制形也, 非欲恃此以爲治, 惟以輔治而耳."

33) 정도전 『조선경국전』(하) 憲典後序, "孔子曰, 道之以政, 齊之以刑, 民免而無恥. 道之以德, 齊之以禮, 有恥且格. 觀此可以知本末, 輕重之倫矣." 여기 소개된 공자의 말은 『論語』 「爲政」 편에서 인용된 것이다.

34) 정도전 『三峰集』 권3 上恭讓王疏, 한영우, 앞의 책 113면에서 재인용.

나타날 수 있는 보편화된 이상주의적 신념이라고 한다면, 정도전 등이 권력의 상호견제를 통하여 권력간의 역동적인 균형이 유지될 수 있는 실질적인 '제도적' 메커니즘의 구축에 진력한 것은, 고려 말의 정치적·사회적 모순을 절감하고 이러한 총체적 위기상황과 정면으로 대결하고자 했던 조선 건국 이데올로그들의 정치적 리얼리즘의 소산인 동시에 그들의 이상주의적 신념이 당시의 독특한 긴장관계 하에서 구체화된 것이라고 할 수 있을 것이다.

(2) 새 왕조의 문화지향적 정체성과 화이질서와의 친화성

정도전 등이 새 왕조가 지향해야 할 보편가치로서 '일상화된 삶의 공간 속에서의 정치적 이상의 구현'이라는 테마를 구체적으로 거론하는 경우, 스스로의 '문화적 자존의식'이 함께 맞물려 논의되고 있다는 점은 흥미로운 사실이 아닐 수 없다. 이들의 문화적 자존의식이 심화되었던 배경에는, 정체성의 위기에 직면하게 된 고려 말 지식인들 내부에서 '전통이 재발견되고 재해석'되는, 바꿔 말하자면 '기억을 둘러싼 고민과 지적인 모색'의 과정이 있었다.

이러한 상황을 이해하기 위해서는 고려 말 전환기적 상황에서의 대내외적 위기 체험이 치열한 문제의식과 반성, 진지한 지적 탐구의 과정을 수반하였다는 사실을 상기해볼 필요가 있을 것이다. 몽고의 정치적 간섭으로 고려의 자주성이 심하게 제약당하는 상황에서, 한반도 내부에서 자신의 정체성을 둘러싼 논의가 빈번해지면서, 단군을 한반도의 시조로 인식하는 역사서술 체계가 점차 정사(正史)로서 정착되어갔으며, 이에 따라 "우리나라는 단군 이래로 때론 합하고 때론 나누어져서〔惟我東方, 檀君以來, 或合或分〕"[35)]

35) 『太祖實錄』 3年 8月 24日(辛卯條).

와 같은 식으로, '단군에 대한 기억'이 당대의 지식인들에게 자연스럽게 확산되어가고 있었기 때문이다.[36)]

한편 이와 같은 단군조선에 대한 기억이 어느 면에서 중화문명과의 '비교' 위에서 자신의 뿌리에 대한 역사적 시원(始原)을 찾으려는 노력이라고 한다면, 같은 시기에 나타난 기자조선(箕子朝鮮)에 대한 서술은 한반도 '문명'의 기원을 중화 문명질서와의 '관계' 속에서 탐구하려는 의식의 소산이라는 점에서 주목할 만하다. 왜냐하면, 단군조선이 천신(天神)인 환인(桓因)의 후손에 의해 중국의 성왕 요(堯)와 동일한 시기에 개국된 이래 3천 6백여년의 '한반도 역사의 유구함'을 상징한다면, 기자조선은 중국의 가장 문명화된 이상국가로 간주되는 주(周)나라 무왕(武王)대의 문화를 자기 것으로 삼아 계승전파한 '한반도 문명화의 역사'를 상징한다는 의미로 재해석되고 있었기 때문이다. 예컨대 정도전의 문인이던 조박(趙璞)이 태조 원년에 올린 상소에 보면 이 둘은 다음과 같이 하나의 연속된 이미지로 묘사되고 있다.

> 조선의 단군은 동방에서 처음으로 천명을 받은 왕이고, 기자는 처음으로 교화를 일으킨 왕이오니, 평양부로 하여금 시기에 따라 제사를 올리도록 해야 할 것입니다.[37)]

---

36) 단군조선을 한반도 최초의 국가로서 인정한 것은 몽고 간섭기에 저술된 승려 일연(1206~1289)의 『삼국유사』(1281)에서 비롯되었다. 이는 다시 이승휴(1224~1300)의 『제왕운기』(1287)에 의해, 삼한(三韓)과 삼국(三國)이 모두 단군의 후예인 것으로 논의되고 중국사와 동국(東國)사가 다 같은 제왕(帝王)의 역사로서 서술되기에 이른다. 이러한 역사인식은 고려 중기 김부식(1075~1151)의 『삼국사기』(1123)의 신라 중심적 역사의식과 좋은 대조를 이루고 있는데, 기복적인 민간신앙 차원에서가 아니라 단군이 역사적 실존인물로서 논의된 것은 이때부터라 여겨진다. 고려시대에서 조선전기에 이르는 역사서술에 대해서는 이우성·강만길 편 『한국의 역사인식』 상(서울: 창작과비평사 1976)을 참조.

37) "朝鮮檀君, 東方始受命之主, 箕子, 始興敎化之君, 令平壤府以時致祭"(『太祖實錄』 元年 8月

따라서 정도전이 태조 3년에 진찬(進撰)한 『조선경국전』에서 단군조선을 인정하면서도,[38] "동방의 예의지풍(禮儀之風)은 기자로부터 시작되었다"[39]고 강조한 것은 당대에 '문명 기준'이라고 간주되고 있던 중화 문명 질서와의 관계 속에서 스스로의 문화적 자존의식 혹은 문명국가로서의 자부심을 표현한 것이라고 할 수 있을 것이다.[40] 이와 관련해서 새 왕조의 국호를 조선이라고 칭하게 된 의미를 논하는 정도전의 말을 들어보자.

> 이제 〔明의〕 천자가 〔칙서를 통해〕 명하여 말하기를 "오로지 '조선'이라는 칭호가 아름답고, 또 그것이 전래된 지가 오래되었으니, 그 이름을 근본으로 삼아 하늘의 이치를 체득하여 백성을 다스려서 후사(後嗣)를 영구히 번성케 하라"고 하였다. (…) 기자(箕子)는 무왕(武王)에게 「홍범(洪範)」을 설명하고, 그 뜻을 추연(推衍)하여 「팔조(八條)의 교(敎)」를 지어 우리나라에 실시하니, 정치와 교화(敎化)가 성행되고 풍속이 지극히 아름다워졌다. '조선'이라는 이름이 천하에 알려진 것이 후세에 이와 같았다. 이제 '조선'이라는 아름다운 칭호를 이미 이어받았으니 기자의 선정(善政)도 또한 마땅히 강구해야 할 것이다. (…) 장차 「홍범」의 학술과 「팔조」의 교화가 금일에 다시 실행하게 됨을 보게 될 것이다. 공자 말씀하시길, "내가 그 나라를 동주(東周)로 만들 것이라" 하였으니, 어찌 〔우리가 이러한 역사적 과업을 성취

11日, 庚申條)에서처럼 단군조선과 기자조선을 연속된 이미지로 인식하려는 의식은 조선시대에 지속되었는데, 이에 관해서는 뒤에서 다시 거론한다.

38) 정도전 『조선경국전』(상) 國號, "海東之國 不一其號 爲朝鮮者三 曰檀君 曰箕子 曰衛萬," 한영우, 앞의 책 173~74면에서 재인용.

39) 정도전 『조선경국전』(하) 憲典 儀制, "東方禮儀之風, 肇自箕子," 한영우, 같은 책 179면에서 재인용.

40) 본서에서 사용하는 문화와 문명이라는 용어의 의미에 관해서는 서장의 각주 49)에서 이미 언급한 바 있다.

하는 것을 소홀히 함으로써—인용자) 우리를 기만할 수가 있겠는가![41]

이 문장을 보면, 새 왕조가 국호를 '조선'이라고 선정하여 명 황제의 재가의 형식을 통해 국호를 선정하게 되는 과정에서,[42] 정도전 등 건국 이데올로그들이 '단군조선'이 아닌 '기자조선'의 의미를 표면으로 부각시키면서 후자의 계승을 강조하는 의도를 가늠할 수 있다. 요컨대 정도전 등의 입장에서는 '대외적' 관계라는 측면에서, 전자—단군조선—의 의미를 강

41) 정도전 『조선경국전』(상) 國號, "今天子命曰, 惟朝鮮之稱美, 且其來遠矣, 可以本其名而祖之, 體天牧民, 永昌後嗣. (…) 箕子陳武王以洪範, 推衍其義作八條之敎, 施之國中, 政化盛行, 風俗至美. 朝鮮之名聞於天下, 後世者如此. 今旣襲朝鮮之美號, 則箕子之善政亦在所當講焉. (…) 將見洪範之學, 八條之敎, 復行於今日也. 孔子曰, 吾其爲東周乎, 豈欺我哉," 한영우, 앞의 책 173~74면에서 재인용. 『조선왕조실록』에 등장하는 기자와 관련된 기사들을 확인해보면, 정도전의 이와 같은 기자에 대한 인식이 이후 조선의 지식인들에게 거의 그대로 계승되고 있음을 확인할 수 있는데, 이러한 사실이 가지는 의미에 대해서는 해당 부분에서 후술한다.

42) 조선이라는 국호가 새 왕조 측의 백관회의(百官會議)에서 선정된 '조선'과 '화령(和寧)'의 두가지 명칭 가운데 명 황제의 재가를 얻는 형식을 통해 확정된 것임은 알려진 바와 같다. 다만 간과해서는 안될 점은 화령이라는 또 하나의 예비명칭은 태조 이성계의 고향에서 따온 것으로, 별다른 의미를 갖기 어렵다는 사실이다. 『세종실록』에는 다음과 같은 기록이 발견된다. "기자는 무왕을 위하여 홍범을 진술하고 조선에 와서 여덟 조목을 만들었다. 그래서 정치와 교화가 성행하고 풍속이 아름다워져서 조선이라는 명칭이 천하 후세에 드러나게 되었다. 그런 연유로 우리 태조께서 명 태조에게 국호를 정하는 일을 청하였을 때, 명 태조는 조선이라는 명칭을 이어받기를 명하였던 것이다." (『世宗實錄』 7年 9月 25日(辛酉條)) 즉 조선과 화령 두가지 명칭을 명 황제에게 올린 것은 예(禮)에 입각한 형식에 불과한 것으로서, 조선이 낙점되리라는 것은 처음부터 예상된 일이라고 해야 할 것이다. 이것은 본문에서 인용하고 있는 명 황제의 칙서에서도 반영되어 나타나고 있다. "오로지 조선이라는 칭호가 아름답고, 또 그것이 전래된 지가 오래되었으니 (…)" 한편 국호를 정하는 문제에 관한 중국 예부의 자문(咨文)과 새 왕조가 중국에 보내는 주문(奏文), 그리고 명의 예부에서 국호를 조선이라 칭하는 조칙(詔勅)을 전하게 되는 과정과 그 내용에 관해서는 『태조실록』의 다음 기사들이 중요하다고 생각한다. 『太祖實錄』 元年 11月 27日(甲辰條); 11月 29日(丙午條); 2年 2月 15日(庚寅條); 4年 11月 11일(辛未條).

조하게 되면 자신의 역사적 시원(始原)을 중화문명의 그것과 동등하게 놓고 비교하는 것이 되어 불가불 중화문명의 권위를 상대화함으로써 명(明)과 정치적 갈등의 소지를 만들게 된다. 반면 후자—기자조선—의 경우는 오히려 중화문명의 권위에 기대면서 중화 문화질서와의 '관계'를 통해서 자국의 문화적 자존의식의 근거를 확보해낸다는 이점이 있었다. 아울러 '대내적'으로도 전자의 의미를 강조하게 되면, 고려왕조와 새 왕조가 필연적으로 하나의 연속선상에 위치하게 됨으로써 오히려 역성혁명의 정당성 여부가 끊임없이 문제시될 소지가 있었다. 이에 반해 후자를 강조하는 경우 문명이라는 관점에서 새 왕조와 고려왕조의 질적인 차이를 강조하면서 새 왕조의 개혁방향과 비전에 대한 역사적 정당성을 확보할 수 있다는 이점이 있었던 것이다.

따라서 앞의 인용문에서 명백히 드러나는 바와 같이, 정도전 등은 새 왕조의 국호를 '조선'이라고 선정하는 과정에서 기자조선에 대한 특정한 기억을 상기시킴으로써, '천자(天子)=황제(皇帝)의 칙서'라는 현실적 권위와 '조선 문명화의 역사'라는 역사적인 명분을 확보했다. 뿐만 아니라 지금까지의 논의를 종합해서 판단해보면, 정도전 등은 이러한 현실적 권위와 역사적 정당성이라는 반석 위에 새 왕조가 장차 추구해야 할 정체성의 방향을 제시하고자 했으며, 그것의 방향이란 요컨대 '중화질서의 문명기준에 의거해 삶과 정치의 일상화된 공간 속에서 고도의 윤리적·문화적 수준을 구가하는 문명국가의 건설'이라고 할 수 있을 것이다.[43]

이와 같이 새 왕조가 추구하는 정체성이 고도의 문화지향적 경향을 띠고 제기되고 있다는 사실은 조선이 중화질서 즉 중국적 세계질서에 적극

43) 기자조선이 한국사에서 가지는 의미를 본격적인 의미에서 정면으로 다룬 거의 최초의 연구로서 최근 발표된 김한규의 연구가 있다. 김한규의 논의는 본서의 문제의식과 공유하는 부분이 많지만 구체적인 내용이나 해석에는 적지않은 차이점이 존재한다고 생각된다. 김한규 「기자와 한국」, 『진단학보』 92호(서울: 진단학회 2001).

적으로 참여하게 되는 경위를 이해하는 중요한 열쇠가 된다. 왜냐하면 새 왕조가 처음부터 천자로서의 명 황제의 권위를 인정하면서 예의 원리에 입각한 조공 및 책봉 관계를 수립하고자 했던 사실은, 이를테면 대국에게 소국이 정치적으로 예속됨으로써 자기 존재를 보호받는다는 식의 현실적인 권력관계만으로는 충분히 설명될 수 없기 때문이다. 주지하는 바와 같이, 17세기 명청교체 이후 현실적인 힘의 열세에도 불구하고 청에 대한 정벌을 주장하는 북벌론(北伐論)이 조선 조정에서 끊이지 않고 제기되었던 것은 이러한 측면을 단적으로 보여준다.

중화질서에 대한 조선 측의 적극적인 태도가 새 왕조 건국을 주도한 이데올로그들의 주관적 의지에서만 비롯된 것은 물론 아니었다. 중화질서에 대한 조선 측의 적극적인 참여의지와 관련해서 우선 상기하고자 하는 것은 당시 국가에 대한 인식이 서구의 근대적 국가인식과는 대단히 다른 성격을 가지고 있었다고 하는 점이다.[44] 왜냐하면 서구의 근대적 국가인식을 부지불식중에 선험적이거나 초역사적인 것 혹은 단순히 좀더 바람직한 것으로 간주하게 되면, 당시의 중화질서의 내부상황에 대한 논의는 피상적인 비판으로 이어질 수밖에 없을 것이기 때문이다. 중화적 세계질서와 근대적 국제관계는 서로 다른 구성원리에 의해 유지된 만큼, 각각의 세계질서에서 국가가 행위주체로서 갖는 의미도 개인이 국가를 바라보는 시각도 차이가 있을 수밖에 없었다.

유교적 사유체계에서 국가란 개인의 정체성을 형성하는 절대적 의미를 가지기 어렵다. 바꿔 말하면, 국가중심적 사유체계란 배태되기 어렵다. 왜냐하면 격물치지 성의정심 수신제가 치국평천하(格物-致知-誠意-正心-

44) 이에 관해서는 예컨대 다음과 같은 논의를 참고할 수 있다. 이용희「사대주의—그 현대적 해석을 중심으로」, 『지성』(1972년 2월, 3월호), 후일 이용희·노재봉 편『한국민족주의』(서울: 서문당 1977)에 수록; 浜下武志「日本研究とアジア·アイデンティティ」, 『思想』 830號(1993年 8月) 146면.

修身-齊家-治國-平天下)라는 『대학(大學)』의 「팔조목(八條目)」이 상징하는 바와 같이, 유교는 기본적으로 개인과 다양한 공동체 간의 상호간 균형적이고 순환적인 조화를 강조하여, 극단적인 개인주의나 가족주의·국가주의·세계주의가 용납되기 어렵기 때문이다.[45] 이러한 인식론적 지반에 근거하고 있는 천하질서 즉 중국적 세계질서란 기본적으로 개인간의 관계를 규율하는 예〔小禮〕에 기반한 위계적 원리를 천하를 구성하는 복합적 행위주체간의 관계로까지 확대〔大禮〕하여 적용시킨 '이념적으로 상상되는 하나의 세계'라고 할 수 있다.[46] 이러한 이념체계로서의 중화주의는 춘추전국시대에 성립된 이래 각 지역의 국가들에 의해 편의적으로 활용되기도

45) 물론 중국에 국가 중심의 사고가 존재하지 않았던 것은 아니다. 실제로 유교적 세계관이 아닌 법가(法家)에서는 국가라는 단위를 중심으로 사유가 전개되고 있었음은 널리 알려진 바와 같다. 하지만 법가의 부국강병론에서 거론되는 국가가, 이념적으로 절대적 배타성을 가진 근대국가와는 달리, 천자가 다스리는 천하의 하위개념이자 전국(戰國)시대 제후의 통치영역으로서의 국(國)이었음은 주목할 필요가 있을 것이다. 전국시대에 유교는 물정에 어둡고 유치한 수준의 논의이자 비현실적이라는 평가를 받으며 일반적으로 제후들에게 받아들여지지 않았다. 그런데 법가를 수용한 진(秦)이 천하를 통일한 후 진시황 일대를 넘기지 못하고 무너진 후, 한(漢)대에 접어들어 유교가 점차 정통사상으로서 자리잡아가게 되는데, 이에 관해서는 다음의 글들이 참고하기 좋다. 竹内照夫 『四書五經入門: 中國思想の形成と展開』(東京: 平凡社 1965) 第8章; 戶川芳郎·溝口雄三·蜂屋邦夫 『儒教史: 世界宗教史叢書10』(東京: 山川出版社 1987) 第1章.

46) 김용구는 예(禮)질서에 관해 다음과 같이 설명하고 있다. "예는 사람이 반드시 지켜야 할 행동규범이라는 좁은 의미에서 시작하여 귀천이나 상하의 구별, 나라의 법제, 나라 사이의 관계, 모든 사물의 통일된 법칙 등을 지칭하는 매우 넓은 의미를 함축하는 개념이다. 다시 말하자면 개인, 가(家), 제후 간의 관계, 주실(周室)과 제후 간의 관계를 규율하는 광범위한 규범이었다. 서양의 용어를 빌려 표현한다면 자연법(jus naturale)에 해당된다. 예에 해당되는 여러 형식, 절차, 규범 등이 이미 선진시대(先秦時代)에 형성되었다. 그리고 예의 법제(法制)들은 명-청시대의 여러 회전(會典)들에 자세히 규정되어 있다. 이렇게 볼 때 '예'는 나라간의 규범을 지칭하는 서양의 공법보다는 광범위한 개념이지만 국제정치학의 입장에서 보면 서로 대칭되는 용어로 사용할 수 있다." 김용구 『세계관 충돌과 한말 외교사, 1866-1882』(서울: 문학과지성사 2001) 66~67면.

하였으나,[47] 좀더 구체적으로는 오랜 이민족의 지배를 탈피하고 1368년 한족에 의해 명이 성립된 이후 더욱 체계적으로 확립되어가는 양상을 띠게 되며 막강한 중국의 정치적·문화적 권위와 군사력에 의해 보호되고 유지·지속되어 나가게 된다.[48] 예컨대 명나라의 태조인 주원장(朱元璋, 洪武帝, 재위 1368~1398)이 즉위 원년에 고려·일본·유구·안남 등에 사신을 파견하여 전달한 조서(詔書)에는 중국 측의 중화주의적 인식이 다음과 같이 반영되어 나타나고 있다.

> 옛날, 황제가 천하를 다스렸을 때에는 태양이나 달빛이 비추는 곳은 모두, 멀고 가까움에 관계없이, 한결같은 어진 마음으로 바라보았다〔一視同仁〕. 그 결과 중국이 안정되고, 사이〔四夷=東夷, 西戎, 南蠻, 北狄〕 역시 얻는 바가 있었다.[49]

---

47) 이에 관해서는 J. K. Fairbank, ed., *The Chinese World Order: The Traditional China's Foreign Relations* (Harvard Univ. Press 1968); 小蒼芳彦『中國古代政治思想硏究』(靑木書店 1970); 김한규『고대중국적 세계질서연구』(서울: 일조각 1982); 이성규「중화사상과 민족주의」,『철학』 37집(1992년 봄호); 酒寄雅志「華夷思想の諸相」,『自意識と相互理解=アジアのなかの日本史(V)』(東京: 東京大學 1993); 김한규「7-8세기 동아시아 세계질서의 구조적 특성과 그 운영체제의 기능」,『진단학보』 88호(서울: 진단학회 1999); 민두기「동아시아의 실체와 그 전망: 역사적 접근」,『시간과의 경쟁』(서울: 연세대학교출판부 2001) 등을 참고할 수 있다.

48) 중국적인 세계질서관이 뚜렷한 형태로 대외적으로 선전되고 체계화된 것은 명의 성립 이후라고 해야 할 것이다. 명에 이르러서는 조공국과 조공 횟수, 조공 절차 및 규정 등이 확립되어 이것이『대명회전(大明會典)』이라 부르는『명회전(明會典)』(1502)에 의하여 법제화된다. 명대에 확립된 조공질서는 청에 이르러서 5차례에 걸친『대청회전(大淸會典)』의 중수(重修), 즉『강희회전(康熙會典)』(1690),『옹정회전(雍正會典)』(1732),『건륭회전(乾隆會典)』(1764),『가경회전(嘉慶會典)』(1818),『광서회전(光緖會典)』(1899)을 거치면서 더욱 자세히 완비되었다. 이에 관해서는 김용구『세계관충돌의 국제정치학: 동양 예와 서양 공법』(서울: 나남 1997)에 상세하게 논의된 바 있다.

49)『明太祖實錄』卷37, 浜下武志「東アジア史に見る華夷秩序」,『國際交流』 62號(東京: 國際交流基金 1993) 30면에서 재인용. 이러한 중화주의적 레토릭은 이후 거의 그대로 정형

여기서도 알 수 있는 바와 같이, 삼대(三代) 이후 줄곧 문명과 문화의 중심인 천자의 나라에서부터 덕과 예가 주변으로 퍼져나가는 것은 마치 태양이 사방으로 확산되는 것처럼 자연스러운 것이라고 간주되었다. 그리고 이른바 '사대자소(事大字小)'로 요약되는 천하의 중심과 주변의 예적 소통이 강조될 수 있었던 것도 이러한 의식과 관련이 있었다.[50] 예컨대, 다음에 소개하는 맹자의 논의와 그에 대한 주자의 주석은 '사대자소'의 이념적인 의미를 상징적으로 전해준다.

(가) 제선왕(齊宣王)이 묻기를, 이웃나라와 사귐에 도가 있습니까? 맹자가 대답하길, 있습니다. (…) 대국으로서 소국을 섬기는 것은 하늘의 뜻을 즐기는 것〔樂天者〕이고, 소국으로서 대국을 섬기는 것은 하늘의 뜻을 두려워하는 것〔畏天者〕이니, 천리(天理)를 즐거워하는 사람은 온 천하를 보전하고, 천리를 두려워하는 사람은 그 나라를 보전합니다."(『孟子』 梁惠王章句下)[51]

(나) 하늘〔天〕은 이치〔理〕이니, 대국이 소국을 어여삐 여기고 소국이 대국을 섬기는 것은 모두 당연한 이치라 할 것이다. 자연스럽게 이치에 맞는지

화되어 사용된 것으로 보인다. 예컨대 1450년 명의 사신이 조선에 가지고 온 칙서는 다음과 같이 시작된다. "짐(朕)이 삼가 천명을 공손히 받아 중화와 이적의 군주가 되어, 멀고 가까움에 관계없이 한결같은 어진 마음으로 바라보았다〔朕祗膺天命, 君主華夷, 一視同仁, 靡間遐邇〕." 『문종실록』 卽位年 8月 3日(甲戌條).

50) 사대주의와 관련된 사상적 문맥과 정치적 함의를 다루는 통찰력이 돋보이는 논의로서, 이용희 「사대주의—그 현대적 해석을 중심으로」, 『한국민족주의』(서울: 서문당 1977)가 참고하기 좋다.

51) 齊宣王問曰, "交鄰國有道乎?" 孟子對曰, "有. 惟仁者爲能以大事小, 是故湯事葛, 文王事昆夷. 惟智者爲能以小事大, 故大王事獯鬻, 句踐事吳. 以大事小者, 樂天者也, 以小事大者, 畏天者也. 樂天者保天下, 畏天者保其國."(『孟子』 梁惠王(下))

라 낙천(樂天)이라 말하고, 감히 이치를 어기지 못하는지라 외천(畏天)이라 말한 것이다. 널리 포함하고 두루 덮어주어 두루 하지 않음이 없는 것은 천하의 기상을 보전하는 것이요, 예절을 따르고 법도를 삼가며 감히 방종하거나 안일하지 않음은 일국의 규모를 보전하는 것이라."(『孟子集註』)[52]

따라서 중화적 세계질서에서 국가라고 하는 것은 현실적으로는 주요한 행위자로서 용인되면서도 '이념적'으로는 근대국제질서의 행위주체인 주권국가처럼 강고한 배타적 실재로서 인식될 수 없었으며, 새 왕조의 입장으로서도 중국과의 이념적이고 예적인 상호관계를 부인할 이유가 없었다. 아니 오히려 조선 이데올로그들은 중화질서를 적극적으로 수용하면서 이에 대한 참여를 시도하게 되었던 것이다.[53] 이와 관련해서 조선 측의 중화질서에의 참여의욕을 불러일으킨 요소로서 간과될 수 없는 것이 중국적 세계질서를 지탱하는 이른바 화이관념에 내재된 독특한 포용력과 보편성이라는 측면이다. 하마시따 타께시의 다음 논의는 이런 점에서 대단히 시사적이다.

광역통치로서의 팍스 시니카(Pax Sinica)에 있어서의 화이(華夷)관은 우선 질서이념이며, 또한 통치이념이었다. 그것은 유라시아대륙 동부와 그 피안(彼岸)으로 확대되는 반도부, 도서부가 지리적으로 복합되어 있는 환경

52) "天者, 理而已矣, 大之字小, 小之事大, 皆理之當然也. 自然合理, 故曰樂天, 不敢違理, 故曰畏天. 包含偏覆, 無不周偏, 保天下之氣象也. 制節謹度, 不敢縱逸, 保一國之規模也."(朱子 『四書集註』)

53) "'奉表天朝 以盡事大之誠敬', 禮典遣使 '本國 事大以禮'."(정도전 『조선경국전』(上) 禮典 摠序) 정도전 등은 중국에 대한 조선의 관계를 '事大以禮', '事大之禮', '事大之誠敬'이라는 표현을 통해 집약하고 있었다. 이것은 정도전이 군신간의 관계에서 통용되는 성(誠)과 경(敬), 예(禮)의 연장선상에서 사대자소를 이해하고 있음을 의미하며, 당대 유학자들의 매우 일반적인 관점이라고 할 수 있을 것이다.

하에서, 지리적·경제적 조건과 관련하여 추구해온 상호의존·상호보완의 이념이기도 했다. 거기서는 대륙부(중심부)의 풍부한 자연적·사회적·문화적 조건을 둘러싸고 주변부와의 교섭이 이루어졌다. (…) 그러나 군사 종교 자체가 정권의 내용으로 된 적은 없으며, 좀더 보편적인 통치이념을 추구하게 되었다. 그것이 유교에 의해 주장된 예치라든가 덕치로 불리는 화이질서 이념이다. 그것에 기초한 천하관이 주변부 전체를 포섭하는 관념으로 등장했다. 이질적인 정치요소의 개별성을 오히려 넘어섬으로써 이질성을 포섭하려고 한 이념이었다. 그것이 중화(中華)·화하(華夏)로 불리는 '중심 세계관'이었다.[54)]

이처럼 화이질서의 이념은 군사적 기반에 의해 지탱될 수 있었던 것임에도 불구하고 기본적으로는 문화적 성격이 강한 것이었다.[55)] 거기에는 예치나 덕치라고 불리는 보편적인 통치이념이 추구되고, 이러한 통치이념에 기초한 천하관념이 중화 이외 세계의 이질적 요소를 포섭하고 있었던 것이다. 화이질서가 위계적 질서로 구성되어 거기에 상응하는 위계제도가 엄격히 갖추어져 있었음은 늘 지적되어온 바이지만, 중화질서 공간의 역동성을 이해하기 위해 간과되어서는 안될 것은 적어도 '이념공간' 내에서

54) 浜下武志, 앞의 논문 30면에서 인용.

55) 춘추전국시대 이래 형성되어온 화이질서의 이념이 문명이나 문화라는 명분을 통해 세계를 재구성하고 있다고 하더라도, 역사적 문맥에서 보면 한족(漢族)의 자기중심적 의식이 예적 질서라는 레토릭을 통하여 표현된 것임은 두말할 나위가 없을 것이다. 예컨대 사또오 신이찌의 표현을 빌리면, "화이관은 한족이 스스로의 생활양식체계를 문명으로 간주하고, 그와 다른 이민족의 생활양식체계를 비문명이라고 간주하여 구별한 데서 생겨난 세계관"이라고 할 수 있을 것이다. 사또오는 화이질서의 이념을 '한족 대 이민족'이라는 종족간의 차이를 강조하는 의식과 '문명 대 비문명'이라는 의식이 겹쳐진 역사적 개념이라고 지적하고, 전자를 '실체개념' 그리고 후자를 '기능개념'이라고 부르면서 역사적 문맥에 따라 화이관이 쌍방향적으로 전개되어가는 양상을 주목할 필요성에 관해 지적한 바 있다. 佐藤愼一『近代中國の知識人と文明』(東京: 東京大學 1996) 204~206면.

는 화(華=文明)가 결코 독점될 수 있는 성격의 것이 아니라는 사실이다. 왜냐하면 화이질서의 이념공간 내에서는 '화(華)'를 '화(華)'답게 하는 것이란 요컨대 덕치와 예치를 현실 정치세계에서 구현하는 능력이 아닐 수 없었고, 그것은 바꿔 말하면 정치를 윤리적 차원에까지 승화시키는 능력 여부에 따라 입증될 수 있는 것이라고 믿었기 때문이다. 그것은 화(華)에 대한 접근 가능성이 각각의 행위주체에게 맡겨져 있다는 것을 의미하며, 화(華)가 공유될 수 있는 것임을 시사해주는 것이기도 했다. 바로 이처럼 화이질서의 이념 안에는 "화(華)라고 하는 것이 국가의 대소(大小)나 강약(强弱)에 의해 결정되는 것이 아니며, 모두에게 공유되어야 할 이념"이라고 인식될 소지가 열려 있었던 것이다.[56]

이러한 이념체계는 마치 유교적 사유체계가 개인에게 교화(敎化) 혹은 덕화(德化)의 가능성을 열어놓은 것과 기본적으로 동일한 논리적 구조라고 할 수 있으며, 이러한 이념적 개방성이야말로 중화질서의 오랜 생명력의 근원이 될 수 있었다. 따라서 적어도 '이념상'으로 화이질서 내부에는 많은 '화(華)'가 병존할 수 있었고, 어떠한 국가도 스스로를 '중화(中華)'라고 자부할 수 있는 가능성이 열려 있었으며, 이러한 자부심이 중화세계를 지탱하는 위계제도와 격식을 존중하는 한 중국으로서도 현실적으로 크게 문제시하지 않았다. 그런 만큼 주변부 내부의 인식과 실제 간에 불가피하게 괴리가 발생할 소지가 중화질서 내부에는 항시적으로 존재하고 있었으며, 그러한 긴장감이 실제로 여러차례에 걸쳐 물리적인 충돌로 표출되기도 하였지만 장기적으로는 예적인 질서이념 하에 끊임없이 해소되고 있었다고 할 수 있다.

따라서 조선 건국 이데올로그들의 '의식' 속에서 중화질서에 대명사대(對明事大)라는 형태로 참여한다고 하는 문제는, 명나라 중심의 강력한 위

56) 浜下武志, 앞의 논문 31면에서 인용.

계적 세계질서 안에 편입됨으로써 대외적인 안보와 대내적인 안정을 구가한다는 현실정치적 의미를 지닌 것이었을 뿐만 아니라, 스스로가 중화질서를 '문명기준'으로 삼아 보편적인 문명국가·문화국가를 실현하려는 정치적 의지의 표현이자 '예에 입각한 질서공간'의 운행에 능동적으로 동참한다는 이념적 의미를 동시에 지니고 있었다고 하지 않을 수 없다. 이른바 '소중화주의'라고 일컬어지는, 중화질서의 문화적 중심을 지향하는 조선 측의 인식이나 태도가 조선 건국 이후 다소 뉘앙스의 차이는 있지만 줄곧 지속되어 나타난 것은 지금까지 언급한 조선의 문화지향적 아이덴티티와 화이질서의 독특한 문화지향적 성격 간에 강렬한 친화력이 존재했기 때문이다.

따라서 뒤에서 구체적으로 다루게 되겠지만, 화이질서를 복합적으로 구성하는 제요소에 변화가 나타날 경우, 조선 내부에서 이에 대해 민감하게 반응하고 때로는 심각한 동요와 갈등을 수반할 가능성은 불가피한 것이었다. 이처럼 중화질서에 참여한다는 사실은 새 왕조로서는 중대한 정치적인 문제인 동시에, 좀더 근본적인 문명관과 세계관이 결부된 문제였으며, 새 왕조가 추구해가야 할 정치적 비전이나 아이덴티티의 내용과 떼어놓고 생각하기 어려운 문제가 아닐 수 없었던 것이다.

2. 왕권의 공간과 군신간의 상호의존적 긴장관계

(1) 이념과 왕권의 공간

고려 말의 안과 밖, 총체적인 위기상황에서 전환기 지식인들은 치열한 문제의식과 위기의식을 절감하며 새로운 세계관으로서의 신유학적 사유체계를 선택적으로 수용해갔다. 이 과정에서 제시한 '거대한 구상'은 조선의 유교적 정치지형이라는 '구조'가 형성되는 기본적 틀이 되었다는 점에서 조선정치를 이해하기 위해서는 불가결한 의미를 지닌다. 하지만 아무리 건국 이데올로그들의 이념이 이후 조선의 '정치구조'를 구성하는 기본적 요소가 되었다고 하더라도, 이념에 대한 고찰이 곧 정치구조에 대한 고찰이 될 수는 없을 것이다. 정치구조에 접근하기 위해서는, 앞서 소개한 로버트 콕스(Robert W. Cox) 등도 지적하고 있는 바와 같이 물리력과 이념, 그리고 제도와 같은 요소들 간의 '상호작용'에 주목할 필요가 있다.[57)]

이를테면 다음과 같은 문제를 생각해보기로 하자. 지금까지 언급해온 건국 이데올로그들의 구상이 어떻게 물리적인 폭력이 통용되는 현실정치의 장에서 수용될 수 있었을까. 그것은 어떠한 정치적 긴장관계를 수반했으며, 어떠한 정치적 과정을 통해 어떤 식으로 정착되고 또한 제도화될 수 있었던 것일까? 이러한 문제는, 고려 말의 정치적·사회적 위기상황에 대해 일부의 군부세력과 신흥사대부 세력이 역성혁명이라는 가장 급격한 정치적 혁신을 함께 추구해갔다는, 이른바 양자간의 '협력'관계만을 고려한다면 별다른 의문의 여지가 없을 수도 있다.

하지만 양자간의 관계에는 해결하지 않으면 안될 근본적인 문제가 놓여 있었음을 간과해서는 안된다. 지금까지의 논의에서 분명해진 것처럼, 개국 이데올로그들은 '현실정치에서 왕권을 비롯한 모든 정치권력의 사유화에 대한 강렬한 비판의식'을 견지하고 있었으며, 따라서 이들의 정치적 구상의 핵심은 '정치권력을 철저하게 공공성의 영역 안에 묶어둘 수 있는 제도적 장치와 사회적 기반' 마련에 있었다. 그러므로 실질적인 권력을 쥐고 있던 이성계가 이데올로그들의 이러한 구상을 그대로 수용한다는 것은 곧 자신의 실질적인 권력을 많은 부분에서 포기한다는 의미가 된다. 이처럼 이성계와 개국 이데올로그들 간에는 권력중추부 상호간의 '협력관계'

57) 로버트 콕스의 논의에 관해서는 앞의 서장 각주 44)에서 이미 언급한 바 있다.

만으로는 설명될 수 없는 '긴장관계'가 내포되어 있었던 것이다. 따라서 여기에서는 조선 건국기의 물리력과 이념, 제도와 같은 제요소간의 상호 관계가 어떻게 맞물리게 되는가를 고찰함으로써, 향후 전개될 조선의 군신관계가 대체로 어떠한 기본구조를 이루게 되는지 검토해보기로 하겠다.

고려 말 위화도회군(1388)의 과정을 통해 실질적인 물리적 권력을 장악한 후 역성혁명의 방식으로 새 왕조를 건국한 이성계는 최고권력에 걸맞은 권위와 역사적인 명분이 절대적으로 필요했다. 물리적으로 장악한 왕위계승이나 새 왕조 개국이란 권력의 찬탈에 불과하며, 자칫 역사적으로 씻을 수 없는 죄가 될 수 있음을 이성계 스스로가 누구보다 잘 알고 있었기 때문이다. 앞서 잠시 언급한 대로 고려 말 신진사대부의 정통으로 알려진 인물들이 고려왕조에 대한 충의(忠義)를 주장하면서 죽음에 이르는 순간까지 역성혁명을 반대한 것은 이러한 위험성이 언제든지 현실화될 수 있음을 보여준 사건이다.

정도전을 비롯한 새 왕조의 이데올로그들은 바로 이러한 이성계의 상황을 십분 이용하였다. 이들은 고려왕조의 안과 밖의 위기상황에 대해 자신들의 문제의식과 새로운 가치체계에 입각하여 새로운 왕조의 통합언어로서 '신유학적' 패러다임을 제시하였으며, 이에 따라 국내질서의 정비 및 중화질서와의 관계 조정에 착수하게 되는 내용에 관해서는 지금까지 살펴본 바와 같다. 물리력을 장악한 이성계와 이념적 권위를 제공한 이데올로그간의 관계를 이해하기 위해서 한고조(漢高祖)와 육가(陸賈)에 얽힌 다음의 유명한 일화를 상기해보는 것도 의미가 있을 것이다.

'육가(陸賈)는 경학(經學)에 밝아 자주 『시경(詩經)』이나 『서경(書經)』을 인용하면서 얘기했다. 하지만 원래 배운 적이 없는 고조(高祖)는 이를 싫어하여 "나는 말 위에서 천하를 얻은 사람이다. 경서 따위는 쓸모가 없어"라고 말했다. 그러자 육가는 "말 위에서 천하를 얻었다 해도 말 위에서 다스릴 수는 없습니다. 문무(文武)를 같이 쓰는 것이 천하를 오랫동안 평안하게 하는 기술입니다"라고 타일렀다. 그리고 탕왕(湯王)과 무왕(武王)의 역취순수〔逆取順守, 무력으로 공격해서 취하고 어진 정치로 지킨다〕의 행적과 진(秦)나라가 학문과 도의를 경시해서 결국 멸망하고 만 사례를 들어 『시경』이나 『서경』을 중시해야 한다는 것을 고조에게 납득시켰다.[58]

여기서 왕과 이데올로그 간의 정치적 결합 혹은 협력관계에 내재되어 있는 미묘한 정치적 긴장관계에 주목할 필요가 있다. 물리력을 장악한 현실적인 최고권력자인 이성계는 스스로의 정치적 권위를 인정받기 위해 상징적 요소를 필요로 하고 있었던 데 반해, 이데올로그들은 정치적 정통성을 이성계에게 제공하되 거기에서 발생하는 권력을 자신들의 구상에 따라 재편하려는 의도를 가지고 있었다.

『태조실록』에 실린 정도전의 「졸기(卒記)」에 의하면, 정도전이 취중에 종종 "한고조(漢高祖=유방劉邦)가 자방(子房=장양張良)을 이용한 것이 아니라, 자방이 한고조를 이용하였다〔不是漢高用子房, 子房乃用漢高〕"고 하면서 이성계와 자신의 관계를 비유하곤 했다고 전한다.[59] 이 「졸기」가 정도전의 사후 그에 대한 비판적인 입장에서 작성된 것이어서, 그 전체 내용을 그대로 신뢰하기는 어려우나, 위의 내용이 적어도 정도전의 의식을 반영하고 있음은 부인하기 어려운 것으로 생각된다.

요컨대 바꿔 말하면, 물리적 권력을 장악한 세력과 지적 권력을 갖춘 세력 간의 정치적 결합에는 상대를 정치적 필요에 의해 이용하려는 의식이 깊숙이 깔려 있었던 것이다. 따라서 이 같은 현실정치의 내면에 존재하는 긴장관계의 성격상, 새 왕조 건국에 참여한 이데올로그들의 논리가 왕권

58) 『漢書』「陸賈傳」, 竹內照夫, 앞의 책 301~302면에서 재인용.
59) 『太祖實錄』 7年 8月 26日(己巳條)에 수록된 「鄭道傳의 卒記」에서 인용.

을 철저히 '보호'하면 할수록, 역설적으로 왕권은 이러한 논리로부터 자유롭지 못하게 되었고 궁극적으로는 '구속'되지 않을 수 없었다.

이처럼 현실 정치공간에서 물리적인 권력을 장악하고 있던 이성계가 정도전 등의 정치적 구상을 수용하게 되는 배경에는 궁극적으로 역성혁명을 통하여 새 왕조를 개국한 자신의 행위를 정당화하지 않으면 안되는 절박한 인식이 작용하고 있었던 것이다. 뿐만 아니라, 개국 전후 체계적으로 새로운 총체적 비전을 제시하는 정도전 등 이데올로그들의 철저한 개혁적 태도가 이성계에게 깊은 신뢰감을 준 것도 이러한 양자간의 협력을 지속시키는 중요한 요인이 되었다고 할 수 있다.[60] 여러 정황을 종합해볼 때, 이성계가 현실권력과 상징권력을 분리하고자 한 정도전 등의 정치적 구상을 처음부터 알면서 수용했다기보다는, 정치적 상황의 전개과정에서 이데올로그들의 정치적 레토릭에 점점 빨려들어갔다고 보는 것이 사실에 가깝다 하겠다.

다음에 소개하는 상소문은 왕조 건국 직후(1392년 7월 20일)에 사헌부(司憲府)가 태조 이성계에게 올린 상소인데, 전환기적인 상황에서 새로운 형태의 지적인 권위가 공적인 언설공간을 지배하게 되는 분위기를 엿볼 수 있게 하는 하나의 전형적인 사례라고 할 수 있을 것이다.

> 사헌부에서 상소하기를, "**전하께서 하늘의 뜻에 순응하여 혁명을 일으켜 처음 왕위에 오르게 되었습니다**〔殿下, 應天革命, 初登寶位〕. (…) **천도(天道)**를 공경하고 높여서 이른 아침부터 밤늦게까지 조심하고 두려워한 것이 탕왕(湯王)이 흥한 이유이며, 덕을 없애고 위력(威力)을 사용하여 경(敬)을 행할 것이 못

60) 이성계의 정도전에 대한 신뢰는 지속되었다. 예컨대 정도전 등을 제거하라는 이성계의 가신세력의 주장에, 이성계는 책망하며 다음과 같이 잘라서 언급한 바 있다. "그 사람〔정도전과 남은南誾〕들은 공(公)과 더불어 기쁨과 근심을 같이한 사람이니, 너희는 이에 관해 다시 말하지 말라〔數人與公同休戚者也, *汝勿更言*〕."(『태조실록』 總序 1집 17면)

된다고 한 것은 걸왕(桀王)과 주왕(紂王)이 망한 이유입니다. 역대의 치란(治亂)과 흥망(興亡)을 상고해보아도 모두 이로 말미암아 나오게 되니, 곧 경(敬)이라는 한 글자가 진실로 임금이 정치를 하는 근원입니다〔歷代治亂興亡, 皆由此出, 是則敬之一字, 固人君出治之源也〕. 하물며, 지금 전하께서는 왕위에 오른 초기라 기업(基業)을 세워 후세에 전하여 자손에게 계책을 끼치게 됨이 바로 오늘에 있으며, 하늘이 길흉을 명하고 역년(歷年)을 명함도 또한 오늘에 있사오니, 원하옵건대, 전하께서는 비록 일이 없을 때를 당하더라도 황천상제(皇天上帝)가 굽어보시는 듯이 하며, 일에 응접할 즈음에는 더욱 생각을 삼간다면, 마음의 경(敬)이 천심(天心)에 감동하여 지극한 다스림의 경지〔至治〕에 이를 수 있을 것입니다. 삼가 마땅히 행해야 할 사항을 기록하여 열거하오니, 전하께서는 이를 채택하여 시행하시어 일대의 규모를 일으키고 만세의 준칙으로 삼으소서. (…)

신 등이 생각하옵건대, 믿음〔信〕이란 것은 군주가 가장 중시해야 할 덕목이니, 나라는 백성으로 인해 보전되고 백성은 믿음에 의해 보전되는 것입니다. 이러한 연유로 성인(聖人)은 차라리 군대와 식량을 버릴지라도 믿음을 버림은 허락하지 않았으니 후세에 전하는 훈계의 뜻이 깊습니다〔國保於民, 民保於信. 是以聖人寧去兵食, 不許去信, 垂訓之意深矣〕. 기강을 세우고 상벌을 분명히 하는 일도 믿음으로써 하지 아니하면, 기강은 반드시 점점 쇠퇴의 지경에 이르게 될 것이며, 상벌도 반드시 지나친 데에 이르게 될 것입니다. 군자(君子)를 가까이하고 소인(小人)을 물리치는 일도 믿음으로써 하지 아니하면, 군자는 쉽게 멀어지게 되고, 소인은 쉽게 가까워질 것입니다. 간쟁(諫諍)을 받아들이고 참언(讒言)을 근절하는 일도 믿음으로써 하지 아니하면, 충언이 때로는 귀에 거슬리게 되고, 참언이 때로는 시행될 것입니다. 안일과 욕망을 경계하고 절검을 숭상하는 일도 믿음으로써 하지 않으면, 아첨의 행실을 막아낼 수 없게 될 것입니다. 환관을 물리치고 승려〔僧尼〕를 도태시키는 일도 믿음으로써 하지 아니하면, 이미 제거된 사람도 다시 나서게 될 것입니다. 궁궐을 엄중히 하는 일까지도 믿음으로써 하지 않으면, 연줄을 타고 출입하는 사람이 그치지 않을 것입니다. 원하옵건대, 전하께서는 금석과 같이 믿음을 굳게 지켜 앞의 사항을 시행하시어, **위로는 하늘이 돌보아 도와주신 뜻을 저버리지 아니하고, 아래로는 신민이 추대하는 뜻을 배반하지 아니하여** 억만년의 무궁한 경사를 열어가시면 매우 다행이겠사옵니다(上不負皇天眷佑之命, 下不孤臣民推戴之意, 以開億萬無疆之休, 幸甚).

왕이 말하였다. "환관과 승려를 물리치고 도태시키는 일은 건국의 초기에 갑자기 시행할 수 없지만, 나머지는 모두 시행하겠다."[61] (강조는 인용자)

조선 개국기의 군신관계는 기본적으로는 협력적인 것처럼 보이지만, 위의 상소에서도 확인되는 바와 같이 거기에는 팽팽한 긴장관계가 내포되어 있었다. 이러한 군신관계는 이후 조선의 정치과정에서 긴장의 강도를 달리하면서도 계속 지속되어 나타나게 된다. 그런데 이데올로그들이 조선의 왕권에 권위를 부여하면서도 동시에 아울러 왕권을 구속하는 논리가 다음과 같은 '세가지 형태의 보편적인 권위'에 의지하여 표현되고 있었다는 점이 주목된다. 우선 그 보편적 권위의 첫번째는 수기(修己), 치인지도(治人之道)로서의 유교적 가치체계라고 할 수 있다. 이는 앞서 언급한 바와 같이 정치권력의 공공성의 근거로서 제기되었던 민본사상과 천인합일설(天人合一說)에 의한 천명사상(天命思想)이라는 우주론적 차원의 '상징적인 권위'라고 할 수 있을 것이다.[62] 다음 두번째로 제시된 보편적 권위로는 유교적 가치체계에 내재되어 있는 독특한 역사의식에서 발생하는 '역사적인 권위'를 들 수 있다. 이는 일치일란(一治一亂)이라는 순환사관에 입각하여

---

61) 『太祖實錄』 元年 7月 20日(己亥條).

62) 이것은 공자 표현으로 하면, 다음에 해당한다고 할 것이다. "공자 말씀하시길, '군자는 세가지를 두려워하나니, 천명을 두려워하고 대인을 두려워하고 성인의 말씀을 두려워해야 한다'(孔子曰, 君子有三畏. 畏天命, 畏大人, 畏聖人之言)." (『論語』「季氏」)

흥망성쇠의 역사적 경험을 상기시켜 현재의 상황을 부단히 역사적으로 반추하도록 하는 태도로서 나타나게 된다.[63]

첫번째 권위는 대개 상징화되고 추상화된 언어로 이루어지는 만큼 유교적 가치체계의 전체적인 배경을 이루면서 정치적 레토릭의 전면에 나오기 마련이지만 주관적이고 자의적인 가치판단이 개입될 위험성을 지니고 있었다. 그에 비해 두번째 권위는 기나긴 역사적 흥망성쇠의 되새김을 통해 좀더 리얼하고 객관화된 긴장감을 제공하는 도구로 사용되었다고 할 수 있다. 이러한 사유방식은 경(經=經典)과 사(史=歷史)가 항시 씨줄과 날줄이 되어 함께 나타나는 유교적 사유체계의 일반적인 경향이라고 할 수 있으며, 앞에서 길게 인용한 상소문의 논리도 꼼꼼히 보면 바로 이러한 문맥에서 이루어져 있음을 알 수 있다. 다음 대화들에는 왕이 위의 두가지 권위를 두려워해야 한다는 것이 압축적으로 표현되고 있다.

(가) "군주 된 사람이 두려워할 것은 하늘이요, 사관(史官)의 붓입니다. 하늘이란 창창하고 높은 하늘을 말하는 것이 아니라, 천리(天理)를 말하는 것입니다. 그리고 사관은 군주의 선하고 악한 것을 기록하여 만세에 남기니 어찌 두렵지 아니하겠습니까?" 이에 임금이 동의하였다.[64]

---

63) 일치일란이라는 역사인식의 원형은 『맹자』에 실려 있다. "하늘 아래 인간이 산 지 오래되었는데, 제대로 다스려지는 세상이 있는가 하면 어지럽고 혼란스런 세상이 있다〔天下之生久矣, 一治一亂〕."(『孟子』 藤文公 (下)) 이에 대해 주자는 다음과 같이 주석을 달고 있다. "생(生)이란 생민(生民)을 말한다. 일치일란이란 말은 기(氣)의 운동이 성하고 쇠하는 것, 인간사에 잘하고 못함이 있는 것, 이런 사태가 반복하여 이어지는 것이니, 세상의 이치는 늘 그러하다〔生謂生民也, 一治一亂, 氣化盛衰, 人事得失, 反復相尋, 理之常也〕." (朱子 『孟子集註』)

64) 『定宗實錄』 1年 1月 7日(戊寅條), "人君所可畏者, 天也, 史筆也. 天, 非蒼蒼高高之謂也, 理而已. 史官, 記人君之善惡, 以貽萬世, 可不畏乎? 上然之."

(나) 신하〔侍讀 金科〕가 앞으로 나아가서 말하기를, “인군(人君)은 구중궁궐에 있어 경계하는 뜻이 날로 풀리고, 게으른 마음이 날로 생기는 것을 누가 능히 말리겠습니까? 그러므로 인군은 오직 황천(皇天)과 사필(史筆)을 두려워할 뿐입니다” 하니, 임금〔太宗〕이 말하기를 “왜 그렇소?” 신하가 대답하기를, “하늘은 형상이 없으나, 착한 것에 복을 주고 음란한 것에 화(禍)를 줍니다. 또한 사관은 시정(時政)의 좋고 나쁜 것과 행동의 잘잘못을 곧게 쓰지 않음이 없사옵고 그 기록은 만세에 전하나니, 효자와 그 후손이라도 능히 이를 고칠 수 없으니 어찌 두려운 일이 아니겠습니까?” 하니, 임금이 대답하기를, “그대의 말이 옳소.”[65)]

이 둘과 더불어 간과해서는 안될 또 다른 세번째 보편적 권위로서 하늘의 우주론적 질서가 반영된 지상의 세계질서, 곧 중화질서의 공간에서 상호간의 조화를 추구하는 과정에서 발생하는 ‘예적(禮的)인 권위’를 들 수 있다. 중화질서의 주변국이라는 현실적 여건에서, 이와 같은 예적인 권위가 부여하는 독특하고 미묘한 정치적 의미는 조선의 왕권이 가지는 독특한 성격을 이해하는 데 각별히 주목해야 할 요소가 된다. 왜냐하면 사실 세번째의 권위를 인정하고 수용한다는 것은 천하질서의 중심으로서 중국 천자의 권위를 인정한다는 것을 의미하는 것이어서, 조선의 군주가 중화질서의 위계화된 질서 하에서 일종의 번국(藩國)의 군주로서 소속되는 것과 동일한 ‘상징적’ 효과를 가질 수 있기 때문이다. 따라서 하늘과 땅과 사람〔天地人〕 곧 삼재(三才)를 소통시키는 존재라고 하는 왕권의 우주론적 상징이 가지는 의미는 아무래도 상대화되지 않을 수 없어 ‘폭군방벌론’의 명분은 더욱 뚜렷하게 된다.[66)] 더구나 천자인 황제로부터 책봉의 형식을 빌리

65) 『太宗實錄』 1年 3月 23日(壬午條), “科進曰, 人君居九重之上, 警戒之志日弛, 怠惰之心日生, 誰能止之. 故人君惟畏皇天與史筆而已. 上曰, 何哉. 科對曰, 天無形而福善禍淫, 史筆, 時政臧否, 動止得失, 無不直書, 垂於萬世, 孝子慈孫, 不能改也, 可不畏哉. 上曰, 然.”

는 것이었으므로, 국왕은 현실적으로는 국내 최고의 권위를 보증받는 것이었지만 경우에 따라 더욱 권위있는 존재에 의해 번복될 수 있다는 관념 또한 상대적으로 뚜렷하게 존재하였다.

결국 중화질서의 주변이라는 현실적 여건 하에서 아예 또다른 천하를 주장하지 않는 한, 주변부 국가에서의 왕권이 갖는 상징성이란 크게 두개의 다른 대조적 경향으로 나아갈 소지를 가지고 있었다. 만일 왕권의 상징성이 혈연적·민족적 자기중심성을 상징하는 존재라는 문맥에서 강조된다면 그것은 '보편에 대한 개체의 논리'이자 '타자와 구별되는 주체를 강조하는 논리'로 이어지게 된다. 반대로 왕권의 상징성이 유교적인 보편가치를 현세에 구현하는 성군(聖君), 즉 덕화(德化)의 주체라는 문맥에서 강조된다면 그것은 궁극적으로 '보편에의 귀속의 논리'요 '자기와 타자와의 연속성의 논리'로 나아갈 소지를 가지게 되는 것이었다. 전자가 자기중심적 구심력의 지향으로 나타나게 된다면, 후자는 보편적 가치에 개체를 맡김으로써 자기의 존재가치를 확인하는 경향으로 나타난다.

그런데 조선정치사의 경우 주목하게 되는 사실은, 앞서 살펴본 정도전의 경우와 같이, 전자의 논리 즉 타자와 구별되는 주체의 논리가 후자의 논리 즉 보편에의 귀속의 논리와 맞물려서 서로 절충된 형태로 등장하는 경우는 찾아볼 수 있어도, 전자의 논리만이 단독적으로 나타나는 경우는 좀

66) 예컨대 1397년 태조 6년에 표전문(表箋文) 문제로 중국과 갈등관계가 발생하였을 때 중국의 홍무제(洪武帝=주원장)가 보낸 칙유는 다음과 같이 되어 있다. "조선국왕이여! 나는 아직도 기운이 난다. 홍무21년에 그대의 조그만 나라 군마가 압록강에 이르러 장차 이 중국을 치고자 하였다. 그 시절에 그대가 한번에 회군하여 당시 고려국의 왕 노릇을 하고 국호를 조선이라 고쳤으니 자연의 천도(天道)요, 조선 국왕의 지성(至誠)이라 할 것이다. 그런데 지금 두 나라 사이에 수재〔秀才, 정도전〕가 매양 농간을 부리니 바르지 못하다. 작은 나라로서 큰 나라를 섬기는 데는 일마다 지성을 요하며 올곧아야 할 것이니, 해가 어디에서 떠서 어디로 떨어지겠는가? 천하에는 한개의 태양이 있을 뿐이니, 태양을 속일 수는 없는 것이다."(『太祖實錄』 6年 3月 8日辛酉條) 이 같은 상황이 벌어진 간략한 배경에 관해서는 뒤의 각주 85)를 참고할 것.

처럼 찾아보기 어렵다는 점이다. 이러한 사실은 조선왕권의 공간에 주어진 현실적 권력이 기본적으로 보편성을 견지하고 있다고 간주될 수 있는 상황과 문맥에서만 존중될 수 있었음을 의미한다. 또한 조선의 왕권을 보호하는 논리가 역설적으로 왕권의 절대권력화와 권력의 사유화 경향을 견제하고 구속하는 사대부 세력의 강력하고 효과적인 '이념'적 무기로 사용되고 있었음을 보여준다고 할 수 있을 것이다.

(2) 제도와 왕권의 공간

지금까지 언급한 조선정치의 이념적 지향성이 조선왕권의 성격을 결정하는 기본적인 틀이 된다는 사실은 이러한 '이념'이 구체적으로 '제도화' 되어 나타나는 것에서 더욱 분명하게 확인할 수 있다. 왕조국가 조선에서 현실적으로 중앙의 정치를 주관한 것은 대체로 주대(周代)의 삼공체제(三公體制)와 유사한 삼재상(三宰相)의 합의기구로서의 의정부(議政府) 체제였다. 이것은 왕조체제에서 세습군주의 정책결정과 정책집행 능력에 대한 근본적인 회의에서 비롯된 것으로, 실질적으로 권력을 상징권력과 실질권력으로 이분화하려는 의도와 관련이 있다고 할 수 있다.

> 왕의 자질에는 혼명(昏明)과 강약(强弱)의 차이가 있으니, 총재〔冢宰, 이조판서〕는 왕의 아름다운 점은 따르고 왕의 나쁜 점은 바로잡으며, 옳은 일에는 적극 나아가되 옳지 않은 일은 끝내 막음으로써 정치가 매우 훌륭한 중용의 경지〔大中之域〕에 이르게 해야 한다.[67]

67) 정도전 『조선경국전』(상) 治典摠書, "人主之材, 有昏明强弱之不同, 順其美而匡其惡, 獻其可而替其否, 以納於大中之域, 故曰相也, 輔相之義也. 百官異職, 萬民異業, 平之使不失其宜, 均之使各得其所, 故曰宰也, 宰制之義也," 한영우, 앞의 책 137면에서 재인용.

의정부 체제란 앞서 정도전의 정치구상을 검토하는 과정에서 살펴본 바와 같이, 세습군주제에 의해 이어지는 왕조국가의 정치체제하에서 현실적으로 정치적·윤리적 안목이 뛰어난 현명한 인물을 재상으로 발탁하여 실질적인 국가운영에 권한과 책임을 행사할 수 있도록 하는 것이다. 환언하면 종통(宗統)이라는 정통성 하에서 상징권력과 실질권력을 어느정도 구분하는 방식을 통하여 천명이 요구하는 정치적 경지를 구현해내겠다는 의도를 담고 있었던 것이다.

이와 아울러 정치엘리뜨의 충원방식으로서 과거(科擧)제도가 채택된 배경에도 이러한 인식론적 태도가 동일하게 자리잡고 있었음은 물론이다. 조선의 과거제도는 세습적 특권이 아닌 '성취능력'을 중시하는 신진사대부들의 이상에 따라 새 왕조의 인재양성의 연장선상에서 정치엘리뜨를 충원하려는 의도를 담고 있었다.

> 도덕을 심신에 온축(蘊蓄)한 사람을 유(儒)라고 하며, 교화(敎化)를 정사(政事)에 베푸는 사람을 이(吏)라고 한다. 그런데 온축한 것은 베푸는 것의 근본이므로 베푸는 것은 온축한 것에서 나오는 것이다. 따라서 유(儒)와 이(吏)는 한사람인 것이며, 도덕과 교화는 두개의 이치가 아닌 것이다. (…) 이는 벼슬〔仕〕과 학문〔學〕이 서로 떨어질 수 없음을 말하는 것이다.[68]

이처럼 과거제도는 왕이나 소수 세습귀족의 자의적 권력행사에 강력한 비판욕구를 가진 정치엘리뜨를 배출해내는 정치적 창구 역할을 담당했을 뿐 아니라, 조선왕조 초기에는 사회 깊숙이 체화되어 있던 불교적 사유를 성

68) 정도전 『삼봉집』 권3 送楊廣按廉庾正郎詩序, "道德蘊之於身心, 斯謂之儒, 敎化施之於政事, 斯謂之吏. 然其所蘊者則所施之本, 而所施者自其所蘊者而推之. 儒與吏爲一人, 道德與敎化非二理也. (…) 語曰, 學而優則仕, 仕而優則學, 是仕與學相須也," 한영우, 같은 책 121면에서 재인용.

리학적 사유로 대체하는 적극적인 동기를 불러일으키는 역할을 하게 된다.[69)]

새 왕조의 이데올로그들이 정치과정에서 가장 경계한 부분이 권력의 자의적 남용이었다면, 이를 비판하고 견제하는 역할을 담당한 기관은 사헌부(司憲府)와 사간원(司諫院)이었다. 이들 기관은 대간(臺諫)이라 불렸는데, 정도전 등이 재상권의 강화에 못지않게 언로(言路)의 개방과 언관(言官)의 기능 강화를 역설함으로써 언론제도를 활성화하려 했음은 널리 알려진 바 있다.[70)]

---

69) 과거제도는 고려왕조의 광종(光宗) 때부터 실시되었다. 하지만 조선의 과거제도는 시험의 텍스트가 고려왕조와 달랐다. 정도전은 기왕의 유자들이 "오로지 사장(詞章)만을 일삼고 조정(朝廷)에 나아가서는 오직 일신의 부귀만을 추구하며 또한 평소에 고담준론(高談峻論)으로는 못하는 일이 없으나 일단 일을 맡기면 망연하여 어찌할 바를 모르는 부화무실(浮華無實)의 무리들"이라고 비판하면서, 이른바 '진유(眞儒)'에 의한 정치충원을 시도하려 했다. (정도전,『삼봉집』권3 送趙生赴學序;『조선경국전』(상) 定國本) 이와 같은 과거제도 시행의 취지와 시행방법, 텍스트 등은 정도전이 작성한 태조의 즉위교서에 그대로 담겨 나타나게 된다. 태조의 즉위교서는『태조실록』(元年 7월 28일)에 수록되어 있다. 일찍이 와그너는 조선시대의 문과시험이 엘리뜨 충원의 개방성을 실현하는 데 기여하여 '성공의 사다리'(The Ladder of Success)로서 기능하였으며, 이 점이 조선왕조의 안정과 장기 지속의 주요한 배경이 되었다고 지적한 바 있으며, 최영호는 과거제도 응시자의 계층을 분석하여 조선 전기가 개인의 공적과 성취 정도에 따라 사회이동이 가능한 개방사회임을 강조한 바 있다. Edward Wagner, "The Ladder of Success in Yi Dynasty Korea," *Occasional Papers on Korea* Vol. 1 (1974); Yong-ho Choe, "Commoners in Early Yi Dynasty Civil Examinations: An Aspect of Korean Social Structure, 1392-1600," *Journal of Asian Studies* Vol. 4 No 33 (1974). 한편 과거제도에 대한 종합적인 연구로는 宮崎市定『科擧史』(東京: 平凡社 1987); 역사학회 편『과거』(서울: 일조각 1992); 이성무『한국의 과거제도』(서울: 집문당 1994) 등을 지적할 수 있다.

70) 대간(臺諫)이란 군주의 좌우에 기거하면서 수시로 시시비비를 논의하는 간관(諫官)과, 군주의 눈과 귀가 되어 위로는 군주와 재상을 비롯한 백관(百官)의 비행(非行)과 위법행위를 규찰하고 탄핵하는 어사(御使=司憲)를 합해서 일컫는 말로서, 이들은 '언책지신(言責之臣)'이라고 불렸다. 정도전은 "한대에 언로(言路)를 열어준다는 취지하에 간관제도가 생겼으나, 오히려 언로가 간관에 의해 독점되는 폐단도 적지 않았다"고 경계하면서, "대간이 천하제일의 강직한 기개를 가진 인물로 구성되어 불편부당한 독립적 위치에서 그 본래의 기능을 되찾아야 하며, 그 권한이 강화되어야 한다"고 주장한 바 있

(가) 재상은 오로지 도를 행할 수 있고, 간관은 오로지 말(言)을 행할 수 있다. 말이 행해지면 도가 또한 행해진다. 온갖 벼슬이 자기의 직책 하나에만 책임을 진다. 하지만 재상과 간관은 천하의 일에 관계하기 때문에 또한 천하에 책임을 져야 하는 것이다.[71]

(나) 말이 천자에 관계되면 천자가 얼굴빛을 고치고, 일이 묘당에 관계되면 재상이 대죄(待罪)하나니 그 권세가 그저 백관을 진퇴시키는 데 그치지 않는다. 아무리 재상이 중하다고 하더라도 어찌 이에 미치리오.[72]

(다) 신(臣) 등이 가만히 생각하건대, 공론이란 것은 천하 국가의 원기입니다. 간쟁은 공론의 근저가 되고 아첨은 공론의 해독이 되니, 국가를 다스리는 사람이 항상 그 근저를 배양하고 그 해독을 제거한다면, 바른 논의가 날로 앞에 나아오고 감언, 비사(卑辭)가 귀에 들리지 않게 될 것입니다. (…) 공론은 국가에서 진실로 하루라도 없어서는 안될 것입니다. (…) 삼가 원하옵건대, 전하께서 가르쳐 인도하여 간언을 구하시고 진실로 믿고 들어주신다면, 신 등은 마땅히 할 말을 다하고 숨김이 없게 됨으로써 백성의 이해(利害)를 다 진술하여 막힘이 없게 하고, 국가의 원기가 유통하여 막히지 않게 될 것입니다.[73]

다. 정도전 『경제문감』(하) 諫官, 한영우, 앞의 책 147~55면. 조선 초기의 대간제도의 형성과 그 기능에 관해서는 최승희 『조선초기 언관·언론연구』(서울: 서울대학교출판부 1976, 1997) 1장 「대간제도의 성립과 그 기능의 분석」을 참조할 수 있다.

71) 정도전 『경제문감』(하) 諫官, "宰相專行其道, 諫官專行其言. 言行道亦行也. 九卿百執事, 守一職者, 任一職之責. 宰相諫官, 繫天下之事, 亦任天下之責." 한영우, 같은 책 150면에서 재인용.

72) 정도전 『경제문감』(하) 臺官 御使之榮爲重.

73) 『太祖實錄』 元年 11月 9日(丙戌條), "諫官上書言, 臣等竊謂公論者, 天下國家之元氣也. 諫

따라서 대간은 군주의 눈과 귀의 역할을 하는 기구라는 의미에서 '공론의 소재(所在)'로 인식되었다.[74] 이러한 사실을 종합해보면, 결국 대간제도의 핵심은 모든 정치행위에 대한 비평과 견제의 가능성을 열어놓아 정치를 공공의 영역으로 개방함으로써 교육 및 문화 영역과의 소통을 가능케 하고 궁극적으로는 국가 운영의 근본이 되는 원기를 유통케 하려는 것이라고 요약할 수 있을 것이다.

한편 대간과 아울러 조선의 유교적 정치이념을 가장 잘 반영하고 있는 것이, 시종일관 왕의 좌우에 입시(入侍)하여 왕과 주변의 사항을 세세히 기록한 사관(史官)제도일 것이다.[75] 『조선왕조실록』에 실려 있는 다음의 기록은 사관제도의 운영 취지를 생생히 전해주고 있다.

諍爲公論之根柢, 佞諛爲公論之蟊賊. 有國家者, 常培其根柢, 而去其蟊賊, 則讜論正議, 日進於前, 而甘言卑辭, 不聞於耳矣. (…) 由是觀之, 公論之於國家, 誠不可一日而無也. (…) 殿下開導而求諫, 誠信而聽納, 則臣等當盡言不諱, 庶使生民之利病, 畢陳而無壅, 國家之元氣, 流行而不滯. 上敎曰, 關於大體者, 悉以啓聞."

74) 『定宗實錄』 2年 1月 24日(己丑條), "臺省, 人主耳目之官, 公論所在."

75) 사관제도는 태조 원년(1392)에 예문춘추관(藝文春秋館)이 설치되면서 시작되어, 태종 1년(1401) 예문관과 춘추관으로 분리되어 발전해갔다. 예문관에는 이른바 한림(翰林) 8인이 실직(實職)이었고, 춘추관에 소속된 사관은 56인에 달하였으며 필요에 따라 증감되었다. 사관제도에서 눈에 띄는 것은 정부 부처에 겸임사관들이 빠짐없이 배치되어 있어, 왕의 주변에서 일어난 일을 비롯한 국가의 시정이 낱낱이 초록되었다는 사실이다. 이렇게 초록한 기록을 '사초(史草)'라 하며, 여기에 기반을 두고 매일매일 만든 원고를 '비초(飛草)'라 하고, 이는 매년 '시정기(時政記)'로 정리되어 왕이 죽은 후 '실록'을 만드는 자료로 쓰였다. 이렇게 만들어진 『조선왕조실록』은 세계에서 가장 거대한 편년체 정사(正史)로 인정되어 현재 세계기록유산으로 지정되었는데, 그 상세한 내용과 방대한 규모는 식민지 시기 만들어진 『고종순종실록』을 제외하더라도, 총 1,705권 848책, 5,400만자에 이르고 있다. 사관제도에 관한 상세한 내용에 관해서는 한우근 「조선전기 사관과 실록편찬에 관한 연구」, 『진단학보』 66호(서울: 진단학회 1988); 이성무 「조선왕조실록과 한국사연구」, 『조선양반사회연구』(서울: 일조각 1995); 『조선왕조실록 어떤 책인가』(서울: 동방미디어 1999)를 참고할 수 있다.

(가) 군주의 동정은 만민이 보는 바이며 후세에서 본받는 바인지라, 창업 군주는 조심하지 않을 수 없습니다. (…) 비옵건대, 대간, 중방(重房), 통례문(通禮門), 사관(史官)이 각각 한 사람씩 뒤따르게 함으로써, 후세에서 경솔한 행동을 할 단서를 열어놓지 마옵소서.[76]

(나) "사관의 직책은 군주의 언동과 정사의 득실을 직서(直書)하여 숨기지 아니하고 후세에 전하니, 잘 살펴 대비함으로써 권계(勸戒)를 남기자는 것입니다. 고려 말년에 임금이 황음무도(荒淫無道)하여 부녀자와 내시를 가까이하고 충성스럽고 어진 신하를 멀리하였으며, 사관이 직서하는 것을 꺼리어 근시(近侍)하지 못하게 하였으니, 너무도 무도한 일이었습니다. 마땅히 고려의 실정(失政)을 거울삼고 관직을 설치한 의의를 생각하여, 특히 사관으로 하여금 날마다 좌우에 입시하여 언어와 동작을 기록하고, 그때그때의 정사를 기록하게 하여 만세의 큰 규범을 삼도록 하소서" 하니 이에 임금이 그대로 따랐다.[77]

사관이 기록한 내용은 철저히 관리되어 국왕도 볼 수 없었는데, 이것은 직필(直筆)을 보호하기 위한 것이었다.[78] 사관은 왕의 언행을 일일이 기록

76) 『太祖實錄』 元年 8月 19日(戊辰條), "司憲府大司憲南在等上言, 竊謂人主動靜, 萬民所瞻, 後世所則. 創業之主尤不可不愼. (…) 殿下事尙簡要, 若以備禮爲煩. 乞許臺諫, 重房, 通禮門, 史官各一員扈從, 無啓後世輕{輕}擧之端. 上從之."

77) 『定宗實錄』 1年 1月 7日(戊寅條), "史官之職, 人主言動/時政得失, 直書不諱, 以詔後世, 所以備觀省而垂勸戒也. 前朝之季, 荒淫無度, 昵比婦寺, 踈遠忠良, 憚史官之直書, 使不得近, 最爲無藝. 宜鑑前朝之失, 思設官之義, 特令史官, 日侍左右, 記言動, 錄時政, 以爲萬世之弘規. 從之."

78) 『太祖實錄』 4年 6月 9日(辛未條). "임금이 당나라 태종의 고사를 본받아 즉위 이래의 사초(史草)를 보려고 하니, 대신이 상언하여 옳지 못하다고 하고, 대간에서도 또한 상서하여 옳지 아니하다고 하여, 임금이 이를 따랐다〔上以唐太宗古事, 欲鑑卽位以來史草, 大臣上言不可, 臺諫亦上書言之, 上兪允〕."

함으로써 역사의 심판을 두려워하게 하였는데, 이처럼 '역사의 눈'을 일상의 공간에 비추는 것은 왕의 언행을 직접적이고 구체적으로 견제하는 정치적 효과를 갖고 있었다. 요컨대 이들 대간과 사관제도는 앞서 언급한 세 가지 보편적 권위 중 천리(天理)와 역사라고 하는 보편적 권위를 현실 정치공간에서 활성화함으로써 왕을 직접·간접으로 견제하기 위한 제도적 장치라고 할 수 있을 것이다. 이외에도 정도전 등이 천하의 만민과 토지가 모두 왕의 소유라는 상징적인 의미를 부각시키면서도, 왕이 사인(私人)을 두거나 왕의 사유재산을 가질 소지를 없애고자 한 것도 또한 지금까지 언급해온 사대부적 이상을 반영한 것이었음은 두말할 나위가 없을 것이다.[79]

아울러 조선의 정치지형 위에서 왕권을 이해하기 위해 빼놓을 수 없는 제도 중 하나로 조선의 정치체제가 안정되어가고 성리학이 내면화되는 과정에서 점차 정착된 경연(經筵)제도를 들 수 있다.[80] 다음의 기록에는 경연이 이루어지는 기본적인 정서가 잘 담겨 있다.

"신(臣) 등은 생각하기를, 군주의 학문은 한갓 외우고 설명하는 것만이 아닙니다. 날마다 경연에 나가서 선비를 맞이하여 강론을 듣는 것은, 첫째

---

79) 정도전 『조선경국전』(상) 賦典 上供, "人君, 專土地之廣, 人民之衆, 其所出之賦, 何莫非己分之所有, 凡國之經費, 何莫非己分之所用, 故曰人君無私藏. (…) 人君不能正其家人, 近習之故而有私人, 旣有私人, 不能無私費, 於是有私財, 萬事之弊, 莫非由此而出." 한영우, 앞의 책 136면에서 재인용. 국왕이 천명을 받아 땅과 인민을 지배한다는 논의는 『詩經』에 다음과 같이 나온다. "溥天地下 莫非王土 率土之濱 莫非王臣."(『詩經』「小雅北山」)

80) 왕에 대한 교육인 경연과 왕세자에 대한 교육인 서연(書筵)은 북송대에 처음 시작되었는데, 이것이 조선에 정착된 것은 세종대(재위 1418~1450)이며, 9대인 성종대(재위 1469~1494)에 하루 삼강(三講=朝講, 晝講, 夕講)의 원칙이 정착되었다고 한다. 성종 때 정규강의 외에 야대(夜對)라는 관례도 생겼으며, 13대인 명종대(재위 1534~1568)에는 소대(召對)라는 약식 강의도 생겨났다. 그래서 조선 후기에는 삼강과 이대([二對=召對, 夜對])가 조종(祖宗)의 전통으로 확고하게 계승되기에 이른다. 이에 관해서는 권연웅 「조선 영조대의 경연」, 『동아연구』 17집(서울: 서강대학교 1989) 등을 참조.

어진 사대부를 접견할 때가 많음으로써, 그 덕성을 훈도하기 때문이요, 둘째는 환관과 궁첩(宮妾)을 가까이할 때가 적게 함으로써, 그 태만하고 나태함을 경계하게 만들기 때문입니다. 더구나 창업군주는 자손들의 모범이 되니, 전하께서 만약 경연을 급무로 여기시지 않으면, 뒷세상에서 이를 핑계 삼아 그 유폐가 반드시 학문을 하지 않는 데 이르게 되리니, 어찌 작은 일이라 하겠습니까? 삼가 원하옵건대 전하께서는 날마다 경연에 나오셔서, 『대학』을 가져와 강론하게 하여, 격물치지, 성의정심의 학문을 연구하여 수신제가 치국평천하의 효과를 이루게 하소서." 임금이 이를 윤허하였다.[81)]

유교경전에 해박한 신하들이 왕에게 경사(經典과 歷史)를 강독하는 경연이 이루어진 기본적인 의도는 성현의 가르침과 선인들의 행적을 음미하고 경사라는 척도를 현실정치의 지표로 삼아 왕도정치를 구현하려는 것이었다. 따라서 경연강의는 왕이 경사의 교훈에 비추어 현재를 반추할 수 있도록 유도하였고, 왕은 자신의 언행과 정책을 다각적으로 재검토하는 기회를 가질 수 있었기에, 경연은 조선정치의 안정성과 대응력을 해명하는 하나의 단서로서 주목받기도 한다. 이러한 관점에서 보면 경연은 사상과 문화의 축적된 역량이 교육이라는 형식을 통해 정치와 소통할 수 있도록 국가 정상의 차원에서 제도화되어 정착된 것이라고 이해해도 좋을 것이다.

하지만 동시에 군신관계라는 현실정치의 권력관계라는 측면에서 바라보면, 경연제도는 일종의 '학자관료'가 유교경전에 관한 지식을 이용하여 왕권을 견제하고 궁극적으로는 왕권을 왕조사회의 상징적 구심으로 묶어

81) 『太祖實錄』 1年 11月14日(辛卯條), "臣等以爲人君之學, 非徒誦說, 其所以日御經筵, 迎訪採納者, 一以接賢士大夫之時多, 而薰陶其德性, 二以親宦官宮妾之時少, 而振起其怠惰. 且創業之主, 子孫之所儀刑也. 殿下若以經筵爲不急, 則後世藉以爲說, 其流必至於不學, 豈細故哉. 伏願殿下日御經筵, 進講大學, 以極格致誠正之學, 以致修齊治平之効. 上兪允."

두는 기능을 담당한 것이기도 하다.[82] 예컨대 유교적 가치체계에 근거한 국가에서 경사에 관한 해박한 구사능력을 갖춘 신하가 왕에 대하여 경전의 선생이라는 입장에 서 있는 상황에서, 만일 민감한 정치적 사안을 두고 왕과 견해가 달라 서로 입장차가 좁혀지지 않는 경우, 문제가 마치 경전의 보편적 권위와 왕의 권위가 충돌하는 것처럼 여겨져 왕의 권위가 손상되기 십상이었다.

흥미롭게도 후일 신하들의 협력을 이끌어내어 군신관계를 상대적으로 조화롭게 이끌어가면서 왕권의 리더십을 가장 성공적으로 발휘했다고 평가할 수 있는 세종(世宗, 4대), 성종(成宗, 9대), 영조(英祖, 21대), 정조(正祖,

---

82) 조선의 경연제도에 관한 대표적인 연구로서 권연웅과 JaHyun Kim Haboush 등의 여러 연구를 지적할 수 있을 것이다. 두 사람의 연구를 단순화의 위험에도 불구하고 간략하게 언급하자면, 권연웅의 연구는 주로 경연과 관련한 실증적 분석에 중점을 두었고, JaHyun Kim Haboush의 연구는 경연의 정치적 문맥에서의 의미를 밝히는 데 좀더 역점을 두고 있다고 해야 할 것이다. 본서는 구상단계에서부터 이들의 저작에서 크게 시사받은 바가 있음을 밝혀둔다. 이 두 사람의 경연과 관련된 주요연구로는 다음과 같은 것들이 있다. ① Yon-ung Kwon, "The Royal Lecture of Early Yi Korea: Institution, Ideology, and Politics"(Ph. D. diss., Hawaii University 1979), "The Royal Lecture of Early Yi Korea," *Journal of Social Sciences and Humanities* No. 50, 51 (Hawaii University 1979, 1980); 「조선 성종조의 경연」, 국제문화재단 편 『한국문화의 제문제』(서울: 시사영어사 1981); 「세종조의 경연과 유학」, 한국정신문화연구소 『세종조문화연구』(서울: 박영사 1982); 「송대의 경연」, 전해종 편 『동아사의 비교연구』(서울: 일조각 1987); 「조선 영조대의 경연」, 『동아연구』 17집(서울: 서강대학교 1989); 「조선전기 경연의 간쟁론」, 경북대학교 사학회 『경북사학』 14집(대구: 경북대학교 1991) ② JaHyun Kim Haboush, "A Heritage of Kings: One Man's Monarchy in the Confucian World" (Ph. D. diss., Columbia University 1978); *A Heritage of Kings: One Man's Monarchy in the Confucian World* (New York: Columbia Univ. Press 1988); "Confucian Rhetoric and Ritual as Techniques of Political Dominance: Yongjo's Use of the Royal Lecture," *The Journal of Korean Studies*, Vol. 5 (1984); "The Education of the Yi Crown Prince: A Study in Confucian Pedagogy," *The Rise of Neo-Confucianism in Korea*, ed., Wm. Theodore de Bary and JaHyun Kim Haboush (New York: Columbia Univ. Press 1985).

22대)와 같은 조선의 왕들 모두가 경연을 존중하고 이를 적극적으로 활용함으로써 신하들에게 자신이 일종의 '학자군주'적 소양을 갖춘 성군(聖君)이라는 이미지를 구축하는 데 성공한 인물들이었다는 점은 대단히 시사적이다. 요컨대 경연은 사상적·문화적으로 축적된 역량을 군주의 일상화된 공간에서 정치와 소통하게 하도록 만들어놓은 특수한 교육제도인 동시에, 지식과 정치 간의 미묘한 권력관계를 가장 상징적으로 반영해 보여주는 현실정치의 공간이기도 하였다.

왕조국가에서 정치적 질서의 상징이자 구심축으로서 왕의 위상이란 어떠한 경우이든 대단히 신성한 것이 아닐 수 없었다. 왕은 스스로의 신성함으로 인해 역설적으로 일상적인 현실정치의 공간과 어떤 식으로든 일정한 '거리'를 두게 마련이었다. 궁극적으로는 현실정치로부터 자유로울 수 없겠지만, 왕권이 일상적인 현실정치로부터 상대적으로 자율성을 확보하지 못하면 사소한 정치책임론의 시비에 걸려 구심축으로서의 상징성과 신성성의 구축이란 좀처럼 이루어질 수 없기 때문이다.

따라서 왕조국가에서 왕권이란 정치구조의 핵심적 요소이면서도 실질적으로 권력을 소지한 정도는 정치적 전통이나 시대적 여건에 따라 달라, 송대 이후 중국의 황제나 서구의 절대왕정기의 군주처럼 실질적인 권력과 상징적인 권력이 현실적으로 일치하는 경향으로 나타났는가 하면, 무가정권하의 일본의 경우처럼 실질권력과 상징적인 권력이 비교적 명확하게 이원화되어 공존하여 나타나는 경우도 있었다.[83]

83) 와따나베 히로시의 흥미로운 견해에 따르면, 에도시기 실질권력〔江戶〕과 상징적 권력〔京都〕 간의 관계가 명확하게 구분되어 있었다는 것은 만세일계(萬世一系)적인 역사관에 입각한 설명이며, 이러한 입장이 일본사에 관한 정통해석으로 자리잡은 것은 메이지시대 이후에 빚어진 일이라 할 수 있다. "13세기 초부터 18세기 말까지의 일본에는 어떤 의미에서 천황은 존재하지 않는다"는 와따나베의 지적은 양자의 관계가 기왕의 이해보다 더욱 복잡한 관계로 진행되어왔다는 것을 의미한다. 이러한 지적은 일반적으로 실질적인 권력을 장악하게 된 세력이 어떠한 식으로든 자신의 권력소유를 정당화하기 위

이에 비해 조선의 건국과정에 참여한 신진사대부들은 물리적 권력을 장악하고 있던 군인세력에게 천명에 근거한 민본(民本)과 위민(爲民)의 이름으로 역성혁명의 명분을 제공하였다. 이후 조선의 정치적 이데올로그들이 제기한 정치구상에 담겨 있는 보편적 권위는, 민본주의에 입각한 왕도사상과 천인합일설에 따른 천명사상, 치란사관이라는 순환적 시간관념, 예에 입각한 질서관념 등과 같은 유교적 사유체계에 내재된 보편적 가치의 근간과 긴밀히 맞물려 있어서 그만큼 견고하였고 국왕의 경우에도 이러한 권위로부터 자유로울 수 없었다. 오히려 어떤 경우에는 왕이 가장 철저하게 속박되어 있기도 했다. 왜냐하면 왕조국가인 조선에서 이와 같은 관념들을 존재론적으로 구현하고 있다고 간주되는 왕권의 공간이란 다른 모든 지위나 역할과 구별되는 특별한 '상징적 공간'으로서의 위상을 갖는 것인 만큼, 이에 상응하는 철저한 정치적·윤리적 경지가 요구되었기 때문이다.

조선왕조의 왕권이라는 공간은 지금까지 언급한 새 왕조의 이념적 지향과 각종 제도들—의정부체제·대간제도·사관제도·경연제도·과거제도 등—에 의해 일상의 영역에서 '견제'되면서 신권(臣權)과 유동적이면

해 이에 상응하는 여러가지 상징조작(symbol manipulation)을 시도하게 된다는 점을 상기해볼 때, 기존의 통념이 일본역사의 구체적 상황을 간과하게 하는 소지가 있다는 것을 명쾌하게 설명해준다. 하지만 그럼에도 불구하고, 이른바 오늘날 조정(朝廷)이라고 불리는 세력이 에도시대에 공존하고 있었다는 사실은, 실질적인 권력을 장악한 세력〔公儀〕이 이른바 당대의 금리(禁裏) 혹은 금중(禁中), 즉 오늘날의 조정이 가지는 상징적 의미를 어떤 식으로든 용납하였음을 의미하며, 따라서 이러한 사실 자체가 일본사의 대단히 특징적인 측면이 된다고 생각된다. 渡辺浩「いくつかの日本史用語について」,『東アジアの王權と思想』(東京: 東京大學 1997). 상징과 실질권력 간의 일치 여부를 중심으로 동아시아 국가의 왕권에 관한 비교를 시도하고 있는 연구로서 다음과 같은 연구를 참고할 수 있다. 義江彰夫「朝廷·幕府の分立と日本の王權—高麗·李朝王權との比較を通して」,『アジアのなかの日本史』2巻(東京: 東京大學 1992); 김석근「조선시대 군신관계의 에토스와 그 특성: 비교사상적인 시각에서」,『한국정치학회보』29집 1호(1995. 10); 村田雄二郎「中國皇帝と天皇: ひとつの比較視座」,『帝國とは何か』(東京: 岩波書店 1997).

서도 긴장된 '균형'관계에 놓이게 된다. 환언하면, 조선의 군신관계는 근원적인 '긴장성'을 내포한 채 '상호의존적'으로 결합되어 있었다. 이처럼 '상호의존적 긴장관계'라고 부를 만한 조선의 군신관계와 '견제와 균형'을 주요한 특징으로 하는 조선의 유교적 정치지형은 이후 조선의 정치가 전개되는 과정에서 여러차례의 불협화음에도 불구하고 줄곧 지속된다.

그러나 시대적 상황의 흐름에 따라 '상호의존적 긴장관계'라고 부를 만한 조선의 군신관계는 그 무게중심과 더불어 긴장의 양상이나 정도를 달리하지 않을 수 없었다.[84] 예컨대 조선왕조 건국의 설계자라고 할 수 있는 정도전이 왕위계승 과정에서의 마찰과 명과의 관계 등이 얽힌 상황에서 살해되는 과정은 이후 조선의 정치가 안과 밖으로 경험하게 될 정치적 긴

84) 제임스 팔레는 조선시대의 왕과 양반관료 간의 관계를 '공생관계(共生關係)'라는 시각에서 정리한 바 있는데, 그 부분을 잠시 소개하면 다음과 같다. "관료와 왕의 관계, 혹은 양반 사회엘리뜨(재야양반을 포함하는)와 왕의 관계는 각각 상대편에 기식(寄食)하면서 서로를 지지하는 방식을 취했는데, 이는 그렇지 않고는 살아남을 수 없는 공생의 관계이다." (James B. Palais 「조선왕조의 관료적 군주제」, 조선시대사학회 『동양 삼국의 왕권과 관료제』, 서울: 국학자료원 1999, 98면) 팔레의 이러한 관점은 조선정치의 특징을 장구성(長久性, longevity)과 안정성(安定性, stability)이라고 파악하는 그의 기왕의 시각과 맞물릴 수 있는 것으로서, 시사하는 바가 크다. 팔레의 이러한 입장은 필자가 조선의 군신관계를 '상호의존적 긴장관계'라고 표현한 것과 상통하는 부분이 있으나 상이한 측면 또한 적지 않다는 것을 밝혀두고 넘어가야 할 것으로 보인다. 왜냐하면 팔레의 이러한 시각은 양반관료와 군주 간의 관계를 '정치지배층의 담합관계' 즉 일종의 '지배연합'으로 간주하는 것이며, 아울러 조선의 정치구조를 기본적으로 '소극적 문제해결구조'라는 관점에서 보고 있는 것이어서, 군신간의 창조적 긴장관계를 비롯하여, 조선의 정치사에서 나타났던 독특한 생명력과 진지한 모색들, 역동적인 측면이 논의될 수 있는 공간을 사상해버릴 위험성을 내포하고 있다고 생각되기 때문이다. 더욱이 군신간의 공생관계라는 설명방식으로는 조선의 군신관계를 비롯한 정치적 역학관계가 유동하는 양상을 설명하기 어렵다는 점을 지적해둔다. 필자가 보기에 조선의 군신관계가 팔레가 지적한 공생관계의 성격을 띠게 되는 것은 19세기에 들어서 이른바 '세도정치'가 진행되는 과정에서라고 생각된다.

장과 험난한 시련을 뚜렷하게 예고해주는 사건이 아닐 수 없었다.[85] 하지만 지금까지 살펴본 조선 건국 이데올로그들의 정치적 비전에 담겨 있는 이상주의적 지향성은, 이후 조선의 안과 밖이라는 현실정치 공간에서 숱한 긴장과 갈등 상황에 직면하면서도 독특한 형태로 정착 변용되어가게 된다. 그러면 이제 장을 바꾸어, 지금까지 살펴본 조선정치의 구조적 특성들이 역사적으로 작동하는 과정에서 어떻게 상호구성적이고 계기적으로 맞물리며 변용되어가는가를 왕권의 위상과 군신관계의 흐름 등을 중심으로 좀더 구체적으로 검토해보기로 하겠다.

---

85) 국내외 정치에 대한 정도전의 구상은 얼마 후 역사적 시험대에 오르게 된다. 정도전이 겪게 되는 새로운 시련은 새 왕조가 건국된 지 불과 몇년이 되지 않은 상황에서 명(明)에게서 오게 된다. 명은 정도전 등이 고구려의 옛 영토를 수복하려는 의지를 가지고 있는 것을 불쾌하게 여겨 이를 경계하게 되는데, 이윽고 조선 측에서 올린 표전문(表箋文)의 내용을 문제삼아 표문(表文)을 작성한 정도전을 정치적으로 제거하고자 한다. 명의 예부가 '조선 국왕이 신임하는 문인 정도전은 국가의 화의 근원'이라고 몰아붙이는 상황에서 조선의 태조가 정도전을 비호하고 나섬으로써 대외적 긴장이 장기화되는 양상이 된다. 이러한 상황이 전개되는 과정에서 정도전과 왕위승계 문제, 사병 해체 문제 등으로 갈등관계에 있던 이방원 세력들은 이른바 '1차 왕자의 난'(1398)을 통해 정도전을 제거하게 된다. 이에 관해서는 한영우의 앞의 연구를 참고할 수 있다. 아울러 표전문 사건 및 당시의 조선과 명의 갈등에 관한 연구로는 박원호 「명초 문자옥과 조선표전문제」, 『사학연구』 25호(1975), 「명초 조선의 요동공벌계획과 표전문제」, 『백산학보』 19호(1975) 등이 있으며, 박원호 『명초조선관계사연구』(서울: 일조각 2002)에 수록되어 있다. 정도전과 왕위승계를 둘러싼 갈등관계에 대한 정도전 제거 세력의 입장은 2대 정종의 「즉위교서」에 다음과 같이 집약되어 나타난다. "왕은 말하노라. 상왕〔태조〕께서 천리와 인심에 순응하여 나라를 세우고 강기(綱紀)를 베풀어 만세에 모범을 보였는데, 불행히도 간신(奸臣) 정도전과 남은 등이 연줄을 타서 권세를 부리고 몰래 권력을 마음대로 하려 했다. 이에 어린 서자를 세자로 세워 후사로 삼고서, 장유(長幼)의 순서를 빼앗고 적서(嫡庶)의 구분을 문란하게 하려고 우리 형제를 이간하여 서로 선동하여 변고를 일으켜 화가 예측하기 어려운 지경에 있었는데, 다행히 천지와 종사(宗祀)의 신령이 몰래 도와주고 충신과 의사(義士)들이 마음과 힘을 다함에 힘입어, 간악한 무리들이 형벌에 복종하여 참형(斬刑)을 당하고 나라의 운명이 편안하게 되었다." 『太祖實錄』 7年 9月 12日(甲申條).

제2장

조선정치의 국면전환과 군신간 역학관계의 변화

조선의 정치지형이 1장에서 논의한 바와 같이, 기본적으로 신유학적 가치를 기반으로 견고하게 구성된 구조(structure)였다고 하더라도, 조선왕조 500년 정치사의 현실공간은 순간순간이 대단히 치열한 문제의식과 긴장을 동반한 사건(event)들로 채워져 있었다. 하지만 이러한 정치적 사건들은 떠들썩한 소동이나 은밀한 음모들이 단지 우연적이고 돌발적으로 발생해서 나타난 것은 아니었다. 조선왕조 500년—좀더 정확하게는 1392~1910년, 27대 518년—의 정치사에는 뚜렷이 구별되는 몇차례의 역사적 '국면전환'—브로델의 표현을 빌리면 꽁종끄뛰르(conjoncture)—이 있었던 것으로 생각된다.[1] 만일 이러한 국면전환을 고려하지 않은 채 미시적인 사건들의 역사에만 집착한다면 그 사건들의 의미는 원자처럼 파편화되어 협소하게 파악될 수밖에 없을 것이며, 그와 반대로 구조에만 주목한다면 역사로부터 구체적이고 섬세한 움직임을 제거해버릴 수 있을 것

1) 브로델(Fernand Braudel)의 꽁종끄뛰르 개념과 본서에서의 적용에 관해서는 서장의 각주 45)에서 언급하였다.

이다. 이러한 상반된 태도는 다시 브로델의 표현을 빌리면, 전자의 태도는 "역사를 멸시하고 스스로를 단기적인 사실에 국한시켜 실생활의 조사에 치중하는 경험적 사회학에 힘입어 사회과학적 연구를 지나치게 '사건화' 하고 시사화(時事化)하는 것"이며, 반대로 후자의 태도는 "거의 비시간적인 구조에 대한 수학적 공식을 상상함으로써 전적으로 시간을 초월해버리는 것"이라고 할 수 있을 것이다.[2)]

왕권은 상징 공간과 현실정치 공간의 접점에 위치하면서 그 자체로 왕조국가의 '질서'를 대변하는 것이었기 때문에, 왕권의 실질적 역할이나 위상이 변화해가는 과정은 조선의 정치지형에서 독특하게 전개되었던 역사의 유동과 국면전환을 어떤 식으로든 반영하지 않을 수 없었다. 정치사에서의 국면전환이란, 다루는 층위와 관점에 따라 다양한 해석과 접근이 가능하겠지만, 본장에서는 이러한 왕권의 위상과 아울러, 대체로 정치사와 사상사 그리고 대외관계사 간의 상호구성적이고 '계기적'인 관계의 추이에 따라 조선의 정치사를 네개의 시기로 구분하였다. 그리고 이를 각각 전기·중기·후기·말기라고 지칭했으며 그중에서 앞의 세 시기를 검토하고자 한다.

우선 조선정치사의 전기는 조선왕조 개국 이후 고려왕조의 정치적·사회적 유산이 점차 청산되고 새로이 유교적 정치체제의 기틀이 구축되어가는 시기이다. 조선왕조 초기의 법령을 망라하여 편찬된 『경국대전(經國大典)』의 완성(1485)은 한 시기가 매듭지어져가는 것을 상징적으로 보여주는 사건이라 할 수 있을 것이다. 이 시기는 왕위를 중심으로 말하자면, 1대 태조(太祖, 재위 1392~1398)대에서 9대 성종(成宗, 재위 1469~1494)대에 이르는 약 백여년에 해당한다.

---

2) Fernand Braudel, *On History*, tr. Sarah Matthews (Chicago: Univ. of Chicago Press 1980) 35면.

중기는 개국 이후 선택적으로 수용되어온 성리학이 점점 더 사회 깊숙이 '내면화'됨에 따라 건국 이후의 정치적·사회적 질서에 전반적으로 변화가 구체화되고 가시화되는 시기라고 할 수 있다. 뿐만 아니라 이 시기에는 이황, 이이 등에 의해 이른바 '조선성리학'이라 부를 만한 사상적 체계가 구비됨으로써, 조선에서 양적으로나 질적으로 '성리학적 질서의 토착화' 혹은 '내면화'가 이루어졌다. 그러나 이처럼 성리학적 가치가 정통이념으로서 견고하게 뿌리를 내려가던 조선은 이후 동아시아질서 변동에 휘말리면서 다시 새로운 국면을 맞게 된다. 주지하는 바와 같이, 16세기 말과 17세기 전반의 왜란(倭亂, 1592~1598)과 호란(胡亂, 1627~1636)이라는 각각 두차례의 외부로부터의 직접적인 물리적 충격과 아울러, 명청(明淸)교체라는 동아시아의 헤게모니 변동이 성리학적 가치 위에 구축되어가던 조선왕조의 정치적·사회적 질서를 급격하게 흔들어놓았던 것이다. 중기에 해당하는 이 시기는 왕위를 중심으로 말하면, 10대 연산군(燕山君, 재위 1494~1506)대에서 16대 인조(仁祖, 재위 1623~1649)대에 이르기까지의 약 백오십여년에 이르는 기간을 지칭한다.

한편 조선정치사의 후기는 조선이 '안과 밖'의 급전된 상황에 대하여 기존의 토착화되고 내면화된 성리학적 가치를 기반으로 적응해나가는 시기라고 할 수 있다. 이 시기 조선에서는 변화된 대내외 상황에 대하여 스스로의 아이덴티티를 둘러싼 모색이 격렬한 정치적 갈등을 동반하면서 다양한 형태로 심화되어 나타나는데, 이러한 상황은 이후 동아시아의 평화기라고 부를 만한 상황이 지속되고 조선의 정치적 구심력이 회복되면서 점차 정치적으로 진정되어가는 모습을 보이게 된다. 이 시기는 왕위로 따지자면, 대체로 17대 효종(孝宗, 재위 1649~1659)대에서 22대 정조(正祖, 재위 1776~1800)대에 이르는 약 백오십여년에 해당한다. 후기 중에 갖은 우여곡절을 겪으며 팽팽한 정치적 긴장과 균형 위에 구축될 수 있었던 조선의 정치구도는 국내의 정치적 구심축에 본격적인 균열이 생기기 시작하면서 또 다른 국면으로 전환되기에 이른다.

조선 말기는 조선의 '안과 밖'을 둘러싼 정치적 위기가 점차 상호 상승하는 양상을 드러내다 종국에는 나라를 잃게 되기까지의 시기를 말한다. 이 시기는 왕위를 중심으로 말하면, 23대 순조(純祖, 재위 1800~1834)대에서 27대 순종(純宗, 재위 1907~1910)대에 이르기까지 약 백여년에 해당하며, 그 중에서도 26대 고종(1863. 12~1907. 7)대의 시기는 '동아시아질서의 지각변동' 혹은 '동아시아의 패러다임 변환'이라 부를 만한 문명사적 전환기의 회오리를 체험하는 시기로서 본서의 후반부에서 구체적으로 분석할 연구대상에 해당한다. 다음 〈표2-1〉은 조선정치사의 시기구분과 이에 따른 왕위 관련사항을 하나의 표로 정리한 것이다.

〈표2-1〉 조선정치사의 시기구분 및 왕위 관련사항

	해당 국왕	해당 시기	해당기간/국왕 수	국왕의 평균 재위기간
조선 전기	1대 태조~9대 성종	1392.7~1494.12	102년 5개월/9명 ≒100년	11년 4개월
조선 중기	10대 연산군~16대 인조	1494.12~1649.5	155년 5개월/7명 ≒150년	22년
조선 후기	17대 효종~22대 정조	1649.5~1800.6	151년 1개월/6명 ≒150년	25년 1개월
조선 말기	23대 순조~27대 순종	1800.7~1910.8	110년 1개월/5명 ≒100년	22년
전체	1대 태조~27대 순종	1392.7~1910.8	518년 1개월/27명 ≒500년	19년 2개월

앞으로 검토할 각각의 시기들이 위의 도식화된 구분과는 달리 기본적으로 '연속'되어 있었음은 두말할 나위 없을 것이다. 하지만 그럼에도 불구하고 각각의 시대는 주목할 만한 '차이'를 드러내며 분명하게 다른 선율을 빚어내고 있었다. 이러한 의미에서 각 시기들은 어떤 면에서 자연스럽게

앞 시기의 상속자였으면서도 동시에 이전과는 다른 독특하고 선명한 개성을 보여주었다고 할 수 있다. 그러면 이제부터 각 시기의 주요한 특징과 아울러 제반 요소들이 상호계기적으로 변화해가는 양상을 중심으로 논의를 전개해보자.

1. 조선 전기: 개국공간의 신유학적 리얼리즘과 왕조국가의 중심 구축

(1) 신유학적 리얼리즘과 왕권의 상대적 자율성

조선 전기는 고려 말의 대내외적인 위기상황에서 정치적·사상적 반격을 꿈꾼 세력들의 대응이 최종적으로 역성혁명이라는 급격한 정치적 방식을 통하여 새 왕조의 개국으로 결실을 거두는 시점에서 시작한다. 앞에서 언급한 바와 같이 새 왕조 조선의 개국과정은 대내외적인 정치적 위기상황에서 물리력을 장악한 군부세력과, 고려시대의 의식을 총체적으로 지탱하고 있었던 불교적 가치체계에 대해 가장 비판적이면서도 체계적인 정치의식을 갖춘 세력들의 협력에 의해 진행되었다. 따라서 개국 이후 새 왕조의 정치적 과제는 역성혁명의 정당성을 입증할 만한 새로운 비전 제시와 그에 상응하는 정치적 제도적 기틀 마련으로 모아지지 않을 수 없었다. 장기적인 관점에서 보면 조선 전기는 바로 '새로운 왕조국가 만들기'의 정치과정이라고 할 수 있는데, 이 시기 이데올로그들의 가장 주요한 사상적 특징은 '신유학적 리얼리즘'이라고 부를 만한 강렬한 사상적 경향성이었다. 여기서 '신유학적 리얼리즘'이란 앞에서 살펴본 바와 같이, 역성혁명에 적극적으로 참여하는 개국 이데올로그들의 유교적 성향이 수기(修己)적 경향보다는 치인(治人), 치국(治國)적 경향성으로 기울어져 정치적 리얼리즘의 경향을 강하게 견지하는 까닭에 그 문제의식이나 정치적 경향성이 정통 성리학과는 구체적으로 상당한 차이를 보인다는 사실에 주목한 것이다. 이 시기의 정치적 사유에서 나타나는 이러한 리얼리즘적 성향이 시대적 불안정성이나 위기의식의 산물로서의 성격을 지니는 것이었기 때문에, 자연스럽게 이러한 사상적 경향성은 이후 『경국대전』으로 조선왕조의 질서체계가 제도적으로 매듭지어질 때까지 견지될 수 있었다.[3)]

그러면 조선 전기 이데올로그들의 사유체계에 지속적으로 나타난 특징적 경향을 신유학적 리얼리즘이라고 하면, 이 시기 군신관계의 특징은 어떤 것이었을까. 이 시기의 군신관계는, 물리적 권위와 지적 권위가 근원적인 '긴장성'을 내포한 채 '상호의존적'으로 결합되었으며 나아가 여러차례 정치적 갈등과 대립으로 전개되는 양상을 보였다는 점에서 본다면, 기본적으로 조선의 다른 시기와 동일하다. 하지만 이 시기 왕권의 리더십은 적어도 다른 시기와 비교해볼 때, 전반적인 정치과정을 통해 상당히 '효율적'으로 발휘되었다고 평가할 만하다. 하지만 이러한 평가가 이 시기의 왕권이 반드시 강력했다는 것을 의미하는 것은 아니다. 이러한 사실을 이해하기 위해서는, 제1장에서 비교적 상세히 언급한 바와 같이, 건국 초기에 이미 조선왕조의 이데올로그들이 현실적으로 왕권을 제한하고 견제할 강력한 보편적 '이념'들과 다양한 '제도'적 장치를 마련해놓았으며, 대체로 그러한 규범적이고 제도적인 장치들이 작동하는 가운데 이 시기의 왕정이 이루어졌다는 사실 등을 종합적으로 고려할 필요가 있다. 그리고 앞으로 논의를 진행해감에 따라 더욱 명확해지겠지만, 조선의 어떠한 시기에도 군주의 전횡이 대를 거듭하여 반복되는 경우는 찾아보기 어렵다. 이러

3) 예컨대 미야지마 히로시(宮嶋博史)가 조선 중기를 "주자학의 전면적 수용시대"라고 하는 반면, 조선 초기를 "신유교의 선택적 수용시대"라고 부른 것은 이러한 사실을 지적한 것이라고 할 수 있을 것이다. 宮嶋博史 「朝鮮社會と儒教: 朝鮮儒教思想史の一解釋」, 『思想』 750號(東京: 岩波書店 1986. 12).

한 사실들을 감안할 때, 특정 시기 조선왕권에 대해 '그것이 강력한가, 그렇지 않은가'라는 식의 접근방식보다는, 오히려 그것이 '효율적으로 작동하였는가, 그렇지 않은가', '그렇다면 효율적으로 작동할 수 있었던 혹은 없었던 주요한 이유는 무엇인가'라는 식의 접근방식이 좀더 의미있어 보인다.

그러면 이 시기의 왕권이 다른 시기에 비해 효율적으로 작동할 수 있었던 이유는 무엇이었을까? 이에 대한 논의를 위해서는 군주의 리더십에 영향을 미칠 다양한 외부환경(이하 '군주 외적인 조건'이라고 칭함)이 검토되어야 할 것이다. 그렇다면 조선 전기의 '군주 외적인 조건' 중에 가장 주목해야 할 요소는 어떤 것이 있을까? 그것은 아마도 이 시기가 새로운 유교적 가치에 입각하여 왕조국가의 기틀을 수립해야 하는 막중한 정치적 과제로 인하여, 이에 부응할 새로운 구심력이 강력하게 요청되는 정치적 상황이 지속된 시기라는 점일 것이다. 반면 이미 천여년 전 한반도에 뿌리를 내린 이후로 일상적 삶의 공간을 전반적으로 지탱하고 있던 불교적 사유 및 생활양식에 비하여, 신유학적 가치를 내건 신흥사대부들의 정치적·사회적 기반은 현실적으로 많은 한계를 갖지 않을 수 없었다. 혁명의 시기일수록 강력한 구심력을 확보할 수 있는 적절한 상징을 설정할 필요성이 강력히 제기된다는 것은 현실정치의 가장 기본적인 상식이라고 할 수 있다. 따라서 이처럼 새로운 정치적·사회적 기틀이 마련되지 않은 왕조의 초기 상황에서 아직 자신들의 정치적 기반이 미흡했던 신흥사대부들로서는, 왕권에 대하여 비록 '배타적이고 절대적인 존재'까지는 아니더라도 왕조국가의 정치적 상징이자 구심력의 축으로서 왕권의 예외적 위상을 적극적으로 인정하지 않을 수 없었다. 요컨대 이는 달리 말하면 조선 전기의 군신간의 상호의존이 '비대칭적으로'(asymmetrically) 군주 쪽으로 기울어 있었음을 의미한다. 상호의존 관계란 주지하는 바와 같이, 상호간에 의존하는 범위와 그 의존의 정도에 따라, 그리고 행위주체간 의존의 대칭성 여부에 따라 상대에 대한 영향력의 행사, 곧 '권력관계'로 이어질 수 있는 속성을 지니고 있다.[4] 이러한 측면을 고려해 판단해볼 때, 이처럼 군신간에 상호의존 관계의 지속이 절대적으로 요구되는 정치적 상황에서, 서로간의 균등한 의존이 아니라 이른바 '비대칭적 의존'(asymmetric dependence)의 형태로 군주 쪽으로 추가 기울어지는 정황이 지속되었다는 것은, 비록 제한된 범위에서일망정 권력관계의 속성상 왕권의 리더십이 그만큼 효과적으로 발휘될 수 있는 유리한 정치적·사회적 여건이 자연스럽게 마련되어 있었음을 의미한다. 개국공간의 군신관계에 나타난 이러한 경향은 한편으로는 '신유학적 리얼리즘'을 견지하면서 현실적으로 왕조 초기의 정치상황 전반에 유연하게 반응한 동시대 이데올로그들의 태도와 긴밀히 맞물린 것이었고, 다른 한편으로는 현실적으로는 과전법(科田法)과 같은 토지제도 등에 의해 지탱되었다고 할 수 있다.[5] 이처럼 조선 전기의 군신관계에서 신하들에 대한 군주의 의존보다 군주에 대한 신하들의 의존으로 상대적으

4) 어떠한 행위자들이 상호의존적인 관계일 때, 상호간에 의존하고 있는 범위와 그 의존의 정도 및 의존의 대칭성 여부에 따라 상대에 대한 영향력의 행사, 곧 '권력관계'가 형성될 소지가 항시적으로 존재한다고 말할 수 있다. 예컨대 미셸 푸꼬(Michel Foucault, 1926~1984) 등에 의한 근대의 미시적이고 일상적인 공간에서 나타나는 권력관계 분석이나, 에드워드 싸이드(Edward Said, 1935~2003) 등의 문화적 헤게모니에 의한 지배관계 분석, 그리고 상호의존적 국제관계의 영역에서 나타나는 권력관계를 분석하는 국제정치학자들의 논의 등은 기본적으로 이러한 맥락에서 이루어지고 있다고 할 수 있을 것이다. 여기서는 상호의존적인 국제관계에서 비롯되는 권력관계에 관한 대표적인 논의로서, Robert O. Keohane and Joseph S. Nye, Jr., *Power and Interdependence: World Politics in Transition* (Boston: Little Brown and Company 1977); R. O. Keohane and J. S. Nye, "Power and Interdependence Revisited," *International Organization* Vol. 41 No. 4(Autumn 1987)만을 지적해둔다.

5) 군신관계의 정립이라는 측면에 주목하면서 과전법을 검토하고 있는 논의로는, 김태영 『조선전기 토지제도사 연구』(서울: 지식산업사 1984); 이경식 『조선전기토지제도연구』(서울: 일조각 1987); 이태진 「붕당정치 성립의 역사적 배경」, 『조선유교사회사론』(서울: 지식산업사 1989) 등이 참고하기 좋다.

로 편중되는 경향이 조선의 정치·사회가 확고한 유교적 기반을 마련하는 상황에 이르기까지 대체로 지속되었다는 사실은, 다시 말해 왕권의 상대적 자율성이 확보되었음을 의미하는 것으로서, 조선 전기를 다른 시기와 구분짓는 중요한 척도라고 해야 할 것이다.

그러나 이처럼 다른 시기에 비해 왕권의 리더십이 상대적으로 효과적으로 발휘될 정치적 여건이 마련되었음에도 불구하고 조선 전기의 왕위가 안정되었다고 평가하기는 어려워 보인다. 조선 전기 왕위가 안정되지 못한 상태였음은 무엇보다도 이 시기 왕들의 평균 재위기간에서 분명히 드러난다. 앞에 제시한 〈표2-1〉에 나타나는 바와 같이, 조선 전기 왕들의 평균 재위기간은 11년 4개월로서 다른 시기의 왕들의 그것—즉 조선 중기의 22년, 조선 후기의 25년 1개월, 조선 말기의 22년—과 비교해볼 때 절반 수준을 맴돌며, 조선 군주의 평균 재위기간인 19년 2개월에도 현저하게 못 미쳤다. 뿐만 아니라 이 시기에도 파행적인 왕위계승 과정과 이와 관련한 정치적 '위기'가 나타났음은 알려진 바와 같다. 실제로 3대 태종과 7대 세조의 비정상적인 왕위계승 과정은 조선시대를 통틀어 왕위계승과 관련된 정치적 갈등의 가장 대표적인 사례에 해당한다.

그런데 이처럼 이 시기 왕위의 불안정성이 빚어지는 상황을 꼼꼼히 살펴보면, 그것이 주로 왕위계승 과정과 맞물려 나타나고 있음을 알 수 있다. 여기서 왕위계승의 문제가 국부적 중요성을 지닌 하나의 의례적 절차에 불과한 문제가 아니라는 사실을 상기할 필요가 있을 것이다. 왕조국가의 경우 세습의 형태로 이루어지는 '왕위계승'의 문제는 다름아닌 바로 '정통성'(legitimacy)의 문제인 동시에 그 '정통성의 계승'과 직결되는 문제였다.[6] 이러한 점에서 정당한 왕위계승의 문제는 궁극적으로는 정치권력 자

6) 이러한 이유로 인해, 전통적인 군주제를 다루는 주요 선행연구들은 세습군주제에서 왕위계승 과정의 정통성 여부가 군주 통치의 안정성이 확보되기 위한 가장 근본적인 요소라는 데 일치된 입장을 보여주고 있다. 이에 관해서는 P. A. Sorokin, *Social and Cultural*

체의 정당성을 창출하는 과정이자 현실적으로는 새로운 정치권력에 권위를 부여하는, 현대 민주정치의 '선거'에 비견될 수 있는 정치적 비중을 가지고 있었다. 따라서 세습군주제 하에서 왕위계승을 둘러싼 정통성에 문제가 발생할 경우 이 문제는 극히 민감한 정치적 사안으로 비화할 잠재적 가능성을 안고 있었으며, 조선왕실의 경우도 예외가 아니어서 왕위계승을 둘러싸고 전개되는 갈등은 종종 심각한 정치적 위기상황으로 나타나곤 했던 것이다. 실제로 『조선왕조실록』에 나오는 여러 기록을 보면 왕위를 계승하게 될 세자를 세우는 행위가, '한 나라의 근본을 정하는 것〔定國本〕'이요, 동시에 '종사를 높이고 국가의 근본을 다지는 것〔尊宗祀而重國本也〕'이라는 관점에서 서술되고 있음이 예외없이 확인된다.[7] 이러한 기록들은 왕위계승을 '정통성의 계승'이라는 관점에서 인식하는 당대의 태도를 반영

Dynamics: Fluctuations of Social Relationships, War and Revolution Vol. Ⅲ (New York: American Books 1937); S. N. Eisenstadt, *The Political System of Empires* (New York: Free Press 1963); R. Bendix, *King or People: Power and the Mandate to Rule* (Berkeley: Univ. of California Press 1978) 등을 참조.

7) 예컨대 경연의 장에서 가장 중요한 텍스트 중 하나로 사용되었던 『대학연의(大學衍義)』를 보면, 왕의 후계자를 정하는 것이 '나라의 근본을 정하는' 문제라는 관점에서 두권(총 43권 중에서 41권과 42권)에 걸쳐 논의하고 있음을 알 수 있다. 『대학연의』가 조선왕조의 경연에서 차지하는 비중에 관해서는 지두환 「조선전기 『大學衍義』 이해과정」, 『태동고전연구』 10(서울: 한림대학교 태동고전연구소 1993)를 참조. 뿐만 아니라 실제로 조선 전기에 해당하는 『조선왕조실록』 중에서 왕의 후계자와 관련된 문제를 '나라의 근본'이라는 관점에서 언급하는 기록은 다음의 기사들에서 확인된다. 『定宗實錄』 2年 2月 1日(丙申條), 2月 4日(己亥條), 『太宗實錄』 1年 2月 2日(辛卯條), 1年 2月 12日(辛丑條), 1年 8月 22日(戊寅條), 2年 6月 18日(庚午條), 4年 2月 18日(己丑條), 9年 10月 3日(辛丑條), 10年 9月 29日(癸巳條), 12年 1月 12日(丁酉條), 12年 5月 19日(壬寅條), 18年 6月 3日(壬午條), 6月 17日(丙申條), 7月 21日(己巳條), 『世宗實錄』 10年 4月 8日(庚申條), 『文宗實錄』 卽位年 6月 30日(壬寅條), 卽位年 7月 20日(壬戌條), 『端宗實錄』 1年 5月 27日(癸未條), 『世祖實錄』 1年 7月 26日(己亥條), 3年 12月 15日(乙巳條), 『睿宗實錄』 1年 3月 13日(丁酉條), 『成宗實錄』 8年 3月 30日(丁酉條), 9年 7月 14日(癸酉條), 10年 6月 2日(丁亥條), 11年 5月 12日(辛卯條), 11年 11月 9日(乙酉條), 23年 5月 28日(丁酉條).

하며, 이러한 인식은 근본적으로 왕조국가에서 정치적 구심축으로서의 왕권의 위상을 상징적으로 반영하는 것이었다. 다음에 제시하는 〈표2-2〉는 왕위계승 관계를 중심으로 조선 전기의 왕위 관련사항을 정리해본 것이다.

〈표2-2〉 조선 전기 왕위승계 관련사항 (국왕의 평균 재위기간: 11년 4개월)

왕		선왕과의 관계	즉위	즉위 연령	재위기간	후임자에게 왕위 승계시 특기사항
1대 太祖	r.1392~1398 (1335~1408)	개국군주	1392년 7월 17일	57세	6년 2개월	선위(상왕 2년, 태상왕 8년)
2대 定宗	r.1398~1400 (1357~1419)	부자관계(태조의 차적자)	1398년 9월 5일	42세	2년 2개월	선위(상왕 18년, 태상왕 1년)
3대 太宗	r.1400~1418 (1367~1419)	형제관계, 책봉절차 거쳐 부자관계로*①	1400년 11월 13일	34세	17년 10개월	재위 중 선위시도*②, 선위(상왕 4년)
4대 世宗	r.1418~1450 (1397~1450)	부자관계(태종의 삼적자)	1418년 8월 10일	22세	31년 6개월	섭정(대리청정)*③, 재위 중 선위시도
5대 文宗	r.1450~1452 (1414~1452)	적장자	1450년 2월 23일	37세	2년 3개월	
6대 端宗	r.1452~1455 (1441~1457)	적장자	1452년 5월 18일	12세	3년 2개월	선위(상왕 2년)*④
7대 世祖	r.1455~1468 (1417~1468)	조카와 숙부	1455년 윤6월11일	39세	13년 3개월	선위*⑤
8대 睿宗	r.1468~1469 (1450~1469)	부자관계(세조의 차적자)	1468년 9월 7일	19세	1년 2개월	요절, 윤대비에 의해 후임 왕위계승자 선정
9대 成宗	r.1469~1494 (1457-1494)	숙질관계*⑥	1469년 11월 28일	13세	25년 1개월	

*① 2대 정종은 동생인 이방원(李芳遠)을 세제(世弟)가 아니라 세자로 삼았다.[8]
② 3대 태종은 몇차례 선위를 시도했으나 주변의 반대로 무산된 바 있는데, 결국 선위의 방식을 통해 왕위를 넘겨주었다.[9]

8) 이에 관해서는 『定宗實錄』 2年 2月 4日(己亥條) 참고.

9) 이에 관해서는 『太宗實錄』 6年 8月 18日(甲辰條), 6年 8月 21日(丁未條), 9年 8月 10日(己

③ 4대 세종은 건강상의 이유로 많은 반대에도 불구하고 즉위 25년 이래로 세자에게 섭정(대리청정)을 시켰으며, 이후 선위를 시도하였으나 주변의 반대로 무산되었다.[10)]
④ 6대 단종은 선위 후 상왕이 되었으나, 이후 자신을 복위시키려다 실패한 소위 '단종복위 사건'에 연루되어, 상왕의 지위에서 노산군(魯山君)으로 강봉(降封)되고 얼마 후에 죽었다.[11)]
⑤ 7대 세조는 건강이 악화된 상태에서 선위하였으며 선위한 지 이틀 후 사망했다.[12)]
⑥ 9대 성종은 선왕이 죽은 후 윤대비(尹大妃=貞熹王后, 1418~1483)에 의해 왕위계승자로 선정되었는데, 어린 나위로 즉위한 까닭에 조선왕조 최초로 대왕대비의 수렴청정을 겪게 된다. 생부를 덕종(德宗)으로 추숭(追崇)하였다.[13)]

이 표에 의하면, 조선 전기에 해당하는 100여년의 기간 동안 재위한 총 9명의 왕 중 3대 태종, 4대 세종, 7대 세조, 9대 성종 등 네명의 왕이 재위한 기간은 실제로 87년 8개월에 이르는 반면, 다른 왕들의 재위기간은 태조의 경우를 제외하면 실질적으로 대단히 짧았던 것으로 나타난다. 따라서 오랜 기간 재임했던 앞의 네명의 군주의 리더십이 현실적으로 조선 전기 군주들의 리더십의 전체적인 수준을 대변했다고 해도 과언이 아닐 것이며, 아울러 후자의 군주들의 재위기간이 짧았던 주요 원인이 대개 장기간 재위한 군주들과 직접적이든 간접적이든 긴밀히 맞물려 있다는 사실도 간과해서는 안될 것이다.

酉條), 11日(庚戌條), 12日(辛亥條), 13日(壬子條), 10年 10月 19日(壬子條), 18年 7月 6日(甲寅條), 7月 8日(丙辰條), 8月 8日(乙酉條), 9日(丙戌條), 10日(丁亥條), 11日(戊子條), 『世宗實錄』 元年 9月 13日(庚申條) 등을 참고.

10) 4대 세종이 세자에게 섭정을 맡기게 되는 과정(①)과 양위를 시도하는 내용(②)에 대해서는 각각 『조선왕조실록』의 다음에서 확인된다. ① 『世宗實錄』 19年 4月 1日(庚申條), 21年 7月 4日(庚戌條), 24年 8月 24日(辛亥條), 25年 4月 19日(甲辰條), 4月 20日(乙巳條), 28年 5月 8日(乙亥條), 31年 6月 4日(壬子條) ② 27年 1月 18日(壬辰條), 27年 4月 28日(辛未條) 참고.

11) 단종복위 사건과 이후 일련의 주요 상황에 대해서는 『世祖實錄』 2年 6月 2日(庚子條), 6月 6日(丙午條), 3年 6月 21日(癸丑條), 9月 10日(辛未條), 10月 21日(辛亥條) 참고.

12) 이에 관해서는 『世祖實錄』 14年 9月 7日(癸亥條), 9月 8日(甲子條) 참고.

13) 9대 성종이 왕위계승자로 선정되고, 대왕대비가 수렴청정하게 되는 경위에 대해서는 『成宗實錄』 卽位年 11月 28日(戊申條), 그리고 성종이 자신의 생부를 덕종으로 추숭하는 내용에 대해서는 『成宗實錄』 2年 1月 7日(庚辰條), 2年 6月 1日(壬寅條) 참고.

이러한 제반 사실들을 감안해볼 때, 조선 전기의 왕위승계 과정에서 왕이 생존한 상황에서 왕위를 후계자에게 넘겨주는 '선위(禪位)'의 방식이 빈번하게 나타난 사실은 단연 주목할 만한 가치가 있어 보인다. 왜냐하면 조선 전기에 빈번히 등장한 선위라는 왕위승계 방식에는 상대적으로 안정되지 못했던 왕위의 상황, 그리고 제한된 범위 내에서 왕권의 리더십이 주도적이고 효율적으로 행사되는 당시의 독특한 상황이 집약적으로 담겨 있다고 생각되기 때문이다. 〈표2-2〉에서 확인할 수 있는 바와 같이, 조선 전기의 왕위승계 과정 중에서 선위의 형식은 1대 태조에서 2대 정종, 3대 태종, 4대 세종으로 이어지는 왕위승계 과정과, 6대 단종에서 7대 세조, 8대 예종으로 왕위가 승계되는 과정에서 나타난다. 주지하는 바와 같이, 선위라는 왕위승계 방식은 이념적으로는 선왕이 적임자에게 왕위를 잇게 한다는 의미를 지닌다는 점에서 유교적 왕도정치에 입각한 가장 이상적인 왕위계승 방식 중의 하나라고 할 수 있다.[14] 하지만 역사적으로 이러한 승계방식은 정권을 비정상적인 방식으로 승계한 세력이 스스로 정통성을 가장하고 선전하는 과정에서 빈번하게 악용된 것도 사실이다. 실제로 선위라는 승계방식은 그 이념적 정당성에도 불구하고 현실정치에서 늘 기피되지 않을 수 없었다. 왜냐하면 왕권을 선위하는 상황이 현실정치의 장에서 현실화되면 결과적으로 기존의 왕이 상왕(上王)의 형식으로 여전한 영향력을 갖게 되고, 이것은 왕으로 상징되는 정치적 구심축이 부득불 이원화될 소지를 초래할 수 있기 때문이다. 예컨대 『조선왕조실록』에 등장하는 다

14) 공자는 역사적으로 가장 바람직한 왕위승계의 사례로서 요(堯)가 순(舜)에게 그리고 순(舜)이 우(禹)에게 왕위를 물려준 방식을 들고 있는데(『論語』「堯曰篇」), 이것이 이른바 '선양(禪讓)'이라는 승계방식이다. 이처럼 선양을 주장하는 공자의 의도는 당시 천하를 사적인 소유물로 여기는 왕들의 전횡을 비판하면서, 천하위공(天下爲公)의 태도를 강조하기 위한 것이었다. 『조선왕조실록』을 중심으로 선양이라는 용어의 쓰임새를 검토해보면, 당시 이 용어는 선위(禪位), 전위(傳位), 양위(讓位), 석위(釋位), 내선(內禪) 등과 거의 구별 없이 사용되고 있었던 것으로 생각된다.

음의 표현에는 이러한 의식이 상징적으로 잘 드러나 있다.

(가) 대저 정권을 두개로 나누는 것은 옛사람도 경계한 바이고 신 등도 앞서 이미 진달(進達)하였습니다. 태자가 청정(聽政)하는 것은 말세의 일이며 모두 부득이한 데서 나온 것이었고, 국가의 아름다운 법이 아니었습니다.[15)]

(나) 하늘에는 두개의 태양이 없고, 백성에게는 두 임금이 없습니다. 명분이 지극히 엄하니 조심하지 않을 수 없습니다〔天無二日, 民無二王, 名分至嚴, 不可不愼〕. 세자가 비록 첫째 사위(嗣位)에 있으나, 신자(臣子)라는 의리를 겸했는데, 지금 만약 남면(南面)하여 조회를 받고 백관(百官)들이 신(臣)이라 칭한다면 이것은 지존(至尊)과 분별이 없게 될 터이니, 그 명분에 비추어 어떠하겠습니까.[16)]

이러한 논의들은 4대 세종이 건강상의 이유로 세자에 의한 섭정을 추진하려는 의지를 밝혔다가 이에 반대하는 신하들의 말을 인용한 것인데, 당시의 위정자들이 섭정에 대해 이런 식의 반응을 보였다면 이보다 정치적 영향이 심대한 선위와 같은 상황에 대해 어떠한 인식을 하고 있었을지 미루어 짐작할 수 있을 것이다.[17)] 이러한 정황은 실제로 태종이나 세종이 건강상의 이유로 재위기간 중에 선위하려는 자발적 의지를 몇차례 밝혔을

15) 『世宗實錄』 25年 4月 19日(甲辰條), "夫二政分權, 古人所戒, 臣等前已陳之矣. 太子聽政淑世之事, 皆出於不得已, 非國家之美典."

16) 『世宗實錄』 25年 4月 20日(乙巳條).

17) 다음 인용은 태종이 강력하게 선위하려는 의지를 밝힌 데 대해 하윤(河崙)이 이를 간곡히 반대하다가, 결국 현실적인 타협안으로서 제안하는 부분이다. 여기에는 선위와 섭정에 대한 당대의 인식이 압축적으로 드러난다. "반드시 선위하려고 하신다면, 미세한 사무는 세자에게 명하여 처결하시고, 큰일은 마땅히 전하께서 직접 들으시고 결단하소서." 『太宗實錄』 9年 8月 13日(壬子條).

때, 신하들의 '죽음을 무릅쓴' 완강한 반대에 부딪혀 뜻대로 성사되지 못한 사례들을 통해서도 거듭 확인된다.[18] 아울러 실제로 조선 전기에 빈번하게 나타난 선위 혹은 양위라는 왕위승계 방식이, 450여년 후 조선이 멸망하게 되는 상황에서 한차례 등장하는 경우[19]를 제외하고는 전혀 나타나지 않았다는 것도 선위 혹은 양위라는 상황이 얼마나 특별한 비상시국인가를 잘 보여준다고 할 수 있다.

그렇다면 조선 전기에는 왜 이렇게 빈번하게 선위라는 왕위승계 방식이 나타났으며, 또 이러한 현상이 가지는 정치적 의미는 본서의 관심인 왕권 혹은 군신관계의 전개라는 관점에서 어떻게 해석되어야 할 것인가? 우선 조선정치사의 전기에 해당하는 시기에 선위가 빈번히 이루어진 경위와 관련하여 그 가장 중요한 계기가 된 것이 앞서 언급한 3대 태종〔李芳遠〕과 7대 세조〔首陽大君〕가 실권을 장악하고 왕위를 계승하는 과정이었음은 이론(異論)의 여지가 없다.[20] 왜냐하면 요컨대 1대 태조가 2대 정종에게 그리

18)『조선왕조실록』에 의하면, 태종과 세종은 재임 중에 각각 세차례와 두차례 선위하겠다는 의사를 밝혔다가 무산되었다. 완강한 반대에 부딪혀 무산된 태종의 선위 시도(①)와 세종의 선위 시도(②)에 대해서는『조선왕조실록』의 다음 기사에서 확인할 수 있다. ①『太宗實錄』6年 8月 18日(甲辰條), 8月 21日(丁未條), 9年 8月 10日(己酉條), 11日(庚戌條), 12日(辛亥條), 13日(壬子條), 10年 10月 19日(壬子條) ②『世宗實錄』27年 1月 18日(壬辰條), 27年 4月 28日(辛未條).

19)『高宗實錄』44年 7月 18日, 7月 19日,『純宗實錄』即位年 7月 19日. 그러나 이것이 일반적으로 받아들여지는 것처럼 양위라고 인정하기에는 여러가지 의문이 남는다. 다만 여기서는 일단 통상적 견해에 따라 양위라는 관점에서 서술해둔다.

20) 태종이 권력을 장악하는 직접적인 계기가 된 소위 '1차 왕자의 난'(1398)과 '2차 왕자의 난'(1400)에 관해서나, 세조가 실권을 장악하는 '계유정난(癸酉靖亂)'(1453)에 관한 전반적인 사건기록은『조선왕조실록』중 각각 다음 일자에 실려 있다.『太祖實錄』7年 8月 26日(己巳條), 7年 9月 12日(甲申條),『定宗實錄』2年 1月 28日(甲午條),『端宗實錄』1年 10月 10日(癸巳條). 이러한 기록들은 당시의 정치권력을 장악한 세력들이 스스로의 정치적 입장을 정당화하는 관점에서 서술한 것임을 감안할 때, '역사적 사실'로서 그대로 수용되기 어려운 것임은 재론할 필요가 없을 것이다. 그러나 역사적 명분을 정치적 정당

고 2대 정종이 3대 태종에게, 나아가 6대 단종이 7대 세조에게 선위하게 되는 직접적인 계기가, 각각 태종과 세조가 실권을 장악하고 정치적 필요에 따라 왕위를 승계할 명분을 만드는 과정에서 '적임자에게 왕위를 계승시킨다'는 선양이라는 승계방식의 채택을 표방한 데서 주어지기 때문이다.[21] 따라서 여기에 열거한 선위의 사례들이 선왕의 순수하고 자발적인 의지를 반영한 것이라고 보기 어렵다는 것은 의문의 여지가 없으며, 또 조선 전기에 이처럼 선위가 빈번히 나타난 것은 앞서 언급한 바와 같이, 이 시기의 왕위가 그만큼 안정된 것이 아니었음을 가감없이 드러낸다고 생각된다.

그러나 그럼에도 불구하고 조선 전기에 빈번하게 나타난 왕위계승 방식으로서의 선양이 갖는 의미를 모두 태종과 세조라는 두 왕의 정치적 야심이나 음모로 전부 환원하여 간단히 폄하하고 마는 것은 역동적이고 계기적으로 나타나는 정치사의 복합적 관계들을 사상해버릴 수 있음을 또한 간과하지 말아야 할 것이다. 이와 관련해서 우선 관심을 끄는 것은 태종과 세조 모두 스스로 선위의 방식을 통해 후임자에게 왕위를 승계시킨다는 사실이다.[22] 이는 왕위승계의 정당성을 마련하기 위해 스스로 선위의 형식

성의 중요한 지표로 삼고 있던 상황에서, 정사(正史)로서 기록된 역사적 사건은 그 자체로서 실질적인 정치적·역사적 의미를 지니게 된다는 점 등을 고려해볼 때, 이러한 기록이 담고 있는 내용은 당대 혹은 후대의 정치적 정황을 이해하는 불가결한 소재가 된다는 점을 간과해서는 안될 것이다.

21) 태조가 2대 정종에게(①), 정종이 3대 태종에게(②) 선위하게 되는 것이나 6대 단종에서 7대 세조로 선위하게 되는 사정(③)에 대한 공식적인 명분은 『조선왕조실록』의 다음 기록을 통해 각각 확인된다. ① 『太祖實錄』 7年 8月 26日(己巳條), 9月 5日(丁丑條), 9月 12日(甲申條) ② 『定宗實錄』 2年 11月 11日(辛未條), 11月 13日(癸酉條), 『太宗實錄』 총서 1集 190面, 『明宗實錄』 2年 5月 28日(戊寅條) ③ 『世祖實錄』 1年 6月 11日(乙卯條), 1年 10月 3日(乙卯條), 24日(丙寅條), 2年 4月 20日(己未條).

22) 태종이 4대 세종에게 선위하는 내용(①)과 그리고 세조에서 8대 예종으로 선위하게 되는 내용(②)에 대해서는 다음에서 각각 확인할 수 있다. ① 『太宗實錄』 18年 8月 8日(乙酉條), 9日(丙戌條), 10日(丁亥條), 11日(戊子條), 『世宗實錄』 元年 9月 13日(庚申條) ② 『世祖實錄』 14年 9月 7日(癸亥條), 『睿宗實錄』 卽位年 9月 7日(癸亥條), 9月 8日(甲子條).

을 작위적으로 만들어냈다고 하더라도, 자신의 통치과정에서 이상적인 왕도정치를 관철해내려는 의식이 분명히 존재하고 있었다는 대의명분을 강하게 전달해줄 수 있기 때문이다. 주지하는 바와 같이, 왕위계승상의 문제를 일으킨 당사자인 3대 태종과 7대 세조 두 왕은 공히 강력한 카리스마에 입각하여 조선왕권을 공고화하는 기초를 다진 군주들이었다. 이들 두 왕이 왕권 중심의 강력한 정치적 구심력의 발판을 다질 수 있었던 실질적인 계기는, 스스로의 정통성이 취약한 상황을 현실적으로 극복해낼 구체적이고 절실한 정치적 필요와 맞물려 있었으며, 이들은 모두 육조직계제(六曹直啓制) 등의 방식을 활용해 정국을 돌파해갔다.[23] 이러한 와중에서 특히 태종의 경우는 자신의 정치적 정통성의 명분을 분명히 세우기 위해 선위라는 승계방식을 강하게 의식하고 있었던 것으로 생각된다. 그러면 태종이 실제로 왕위를 선위하겠다는 의사를 몇차례 타진하는 과정에서 있었던 대화의 일부를 인용해보기로 하자.

23) 태종은 왕권의 확대를 도모하기위해, 의정부 체제의 권한을 축소해나가고 육조의 권한을 확대시켜갔으며(①), 마침내 1414년(태종 14년) 의정부서사제(議政府署事制)의 방식이 아닌 육조직계제의 방식을 관철시키는 데 성공한다(②). 국정을 담당하던 육조에서 올라오는 모든 직무를 재상들의 합의체제인 의정부가 심의한 다음 국왕이 최종적으로 재가하는 체계가 의정부서사제라고 하면, 이를 국왕이 직접 관장하여 처리하는 것이 육조직계제인 것은 주지하는 바와 같다. 하지만 육조직계제는 모든 공무를 국왕이 관장해야 하는 등 국왕의 업무가 지나치게 방만해질 소지가 많을 뿐 아니라 여러가지 폐해를 수반할 위험이 있다 하여, 1436년(세종 18년) 세종에 의해 다시 의정부서사제로 돌려지게 된다(③). 이후 1455년(세조 즉위년) 세조는 왕권강화를 목표로 육조직계제를 다시 시행토록 하였고(④), 이는 11대 중종대인 1516년까지 60여년간 지속되다가 폐지되었다(⑤). 각각의 상황은 『조선왕조실록』의 다음의 기록을 통해 확인해볼 수 있다. ① 『太宗實錄』 5年 1月 15日(壬子條), 3月 1日(丙申條) ② 『太宗實錄』 14年 4月 17日(庚申條), 8月 27日(丁卯條) ③ 『世宗實錄』 18年 4月 12日(戊申條), 4月 25日(辛酉條) ④ 『世祖實錄』 1年 8月 7日(庚戌條), 8月 9日(壬子條) ⑤ 『中宗實錄』 10年 7月 3日(戊子條), 11年 4月 24日(乙亥條), 4月 25日(丙子條), 4月 26日(丁丑條), 5月 1日(辛巳條).

> 임금이 말하였다. "물러가서 선위할 일을 준비하라 (…) 예전에 요임금이 순(舜)으로 하여금 섭정케 하였으니, 과인과 같은 사람이 어찌 감히 요순에게 비교할 수 있겠는가마는, 일은 같은 것이다." 이서(李舒) 등이 아뢰기를, "요가 순에게 줄 때는 나이가 90이고, 순의 나이 또한 60이었습니다. 전하께서 춘추가 아직 왕성하시고 세자가 어리니, 어떻게 서로 비교할 수 있겠습니까?" 하니, 임금이 말하기를 "요임금은 늙었기 때문이나 과인은 병이 있기 때문이요, 순임금은 어질기 때문이나 세자는 대를 잇기 위한 것이니, 시기와 세상은 비록 다르나 그 도는 한가지이다."[24)]

여기서 확인할 수 있는 사실은 태종의 선위에 의한 왕위승계 의사가 정치적 수사에 불과한 것이라고 할지라도, 그가 유교적 왕도정치의 이상적인 왕정이라는 대의명분을 확실히 의식하고 있었다는 점이다. 그의 이러한 의식은 9년 후의 기록을 보면 더욱 명확히 드러난다.

> 세자를 어진 사람으로 세우는 것은 곧 고금의 대의요, 죄가 있으면 마땅히 폐하는 것은 국가의 항구적인 규약이다. 나는 일찍이 적장자인 제(褆)를 세자로 삼았는데, 나이가 성년에 이르도록 학문을 좋아하지 아니하고 (…) 내 부득이 제(褆)를 세자에서 내리고 충녕대군인 휘(諱)를 왕세자로 삼노라. 오호라, 옛사람이 말하기를, '화와 복은 자기가 구할 따름이라' 하였으니, 내가 어찌 추호라도 애증의 사심이 있었겠느냐? 아아 중외(中外)의 대소 신료는 나의 간절한 생각을 따라야 할 것이다.[25)]

---

24) 『太宗實錄』 9年 8月 12日(辛亥條), "上不許曰, 其退, 備禪位之事. (…) 上不許曰, 昔者帝堯使舜攝政, 若寡人者, 何敢比擬於堯舜, 然事則同也. 舒等啓曰, 堯之授舜, 堯年九十, 舜亦六十. 殿下春秋鼎盛, 世子幼沖, 豈宜比並. 上曰, 堯以老, 寡人以病, 舜以賢, 世子以世, 則時世雖異, 其揆一也."

25) 『太宗實錄』 18年 6月 3日(壬午條), "下敎曰, 建儲以賢, 乃古今之大義, 有罪當廢, 惟國家之恒規, 事非一槩, 期於當理而已. 予嘗建嫡長褆爲世子, 迨年旣冠, 不好學問, 沈于聲色. (…) 已

즉 태종은 자신의 적장자로서 14년 동안 세자로 있던 양녕대군(讓寧大君, 褆, 1394~1462)을 폐위하고 3남인 충녕대군(忠寧大君, 諱, 후일의 세종)을 세자로 세우면서 끝내 선위의 방식을 실현했던 것이다.[26] 세조의 경우 역시 건강이 악화되자, 끝내 선위의 형식으로 세자에게 왕위를 승계하겠다는 의지를 관철한 것은 앞서 언급한 바와 같다.[27]

이러한 측면들을 종합해보건대, 당대 어느 누구보다 현실주의자이던 태종과 세조 두 왕은 역설적이게도 조선이 '유교적' 국가의 기반을 다지는 과정에서 선위의 형식을 통해 왕위에 올라 왕권과 국가의 기틀을 다졌고, 뿐만 아니라 다시 선위의 방식을 통해 왕위를 잇게 함으로써 조선정치사에서 독특한 위상을 갖게 되었다고 여겨진다.[28] 더욱이 태종의 뒤를 이은 4대 세종과, 세조에 이어 얼마 후 뒤를 이은 9대 성종[29]이 각기 선왕이 마련한 정치적 기반에 근거하여 유연하고 성숙한 형태의 정치적 리더십을 발휘함으로써 조선 왕도정치의 정화라고 부를 만한 덕치주의와 문치주의를 실현했다고 평가받는 것은 이 시기 왕권을 둘러싼 정국이 얼마나 드라마

放褆于外, 建忠寧大君(諱)爲王世子. 嗚呼. 古人有言曰, 禍福無不自己求者. 予豈有一毫愛憎之私心哉. 咨爾中外大小臣僚, 體予至懷."

26) 4대 세종이 새로이 세자로 책봉되고 선위를 통해 왕위에 오르는 과정 전반에 관해서는 『世宗實錄』 32年 2月 22日(丁酉條)을 참고할 수 있다.

27) 『世祖實錄』 14年 9月 7日(癸亥條), "予將傳位世子, 其辦諸事." (…) 上怒曰 "運去英雄不自由, 汝等欲違予志. 是欲促我死也. (…) 予罹疾疹, 久不視事, 載念萬幾之重, 益疚于懷, 付汝重器, 居閑養疾."

28) 태종과 세조의 정치적 리더십이나 정치적 역정에는 외형상 유사한 점이 많았으나, 거기에는 질적으로 간과할 수 없는 차이가 존재하였다. 그 차이는 이후 대단히 중요한 정치적 결과로서 나타나게 되는데, 이에 관해서는 후술한다.

29) 7대 세조로부터 왕위를 승계한 8대 예종은 왕위 승계 이후 1년 뒤 요절하였고, 세조비인 정희왕후(貞熹王后) 윤씨가 당시 자산대군(者山大君, 이후 성종)을 차기 왕위계승자로서 선정했음은 앞의 〈표2-2〉를 참조할 것.

틱하게 전개되었는지를 상징적으로 보여준다. 조선 전기에 빈번하게 나타난 선위라는 왕위계승 방식이 그저 하나의 흥미로운 정치적 사건으로 단편적으로 다루어져서는 안되는 중요한 이유가 실제로 여기에 있다. 이러한 측면은, 왕위계승 과정에서 권력투쟁의 측면이 강하게 개입되어 있었음에도 불구하고, 적어도 왕위계승 과정에서 새로 왕위에 오르는 국왕의 정통성의 결여라는 문제를, 선왕의 권위를 존중하면서 이를 계승하는 '선위'라는 일종의 타협과 공존의 방책으로 보완하도록 힘을 보탬으로써, 명분을 소중히 여기던 유교적 정치지형에서 결과적으로 예외적 존재로서의 군주의 존엄성을 크게 손상시키지 않게 해주었을 뿐만 아니라, 경우에 따라서는 실질적인 권위를 강화시키는 정치적 효과를 빚어낸 것으로 생각된다. 요컨대 군주들의 이러한 적극적이고 의욕적인 리더십이 앞서 언급한 '군주 외적 조건'들과 계기적으로 얽혀, 결과적으로 '예외적 존재'이자 '정치적 구심축'으로서의 왕권은 조선 전기 동안 여러가지 곡절을 겪으면서도 상대적 자율성을 유지할 수 있었다. 후술하겠지만, 이러한 상황은 조선 중기에 들어서면 상당히 다른 양상으로 진행된다.

(2) 소중화적 문화주의와 보편과 특수의 창조적 긴장

한편 개국 이후 새 왕조의 아이덴티티를 둘러싼 모색은 중화질서의 문화적 중심을 지향하는—흔히 '소중화주의(小中華主義)'로 일컬어지는—태도로 나타났다. 이 같은 조선 건국 이데올로그들의 인식이나 태도는 조선의 문명국가로서의 비전과 문화적 자존의식에서 비롯된 것으로서, 이념적으로 문명기준으로 간주되던 중화문명질서와의 유기적 관계 안에서, 스스로가 보편적이라고 간주할 만한 '예에 입각한 질서공간'의 운행에 적극적이고 능동적으로 참여하는 형태로 구체화되고 있었다. 나아가 이와 같은 조선의 인식이나 태도가 명에 대한 사대(事大)의 형태로 중화질서에 참여할 실질적 명분을 만들어줌으로써 왕조국가로서의 대외적인 안보와 대내적인 정통성을 구가할 수 있게 하는 중대한 현실정치적 의미를 지닌 것이었음은 앞 장에서 이미 상세히 언급한 바 있다. 그렇다면 조선 전기에 해당하는 시기에, 중화질서와 조선의 소중화적 문화주의는 구체적으로 정치나 사회·문화 공간에서 어떻게 어우러져 전개된 것일까? 여기에서는 '조선의 요순임금〔海東堯舜〕'으로 칭송되었던[30] 4대 세종대의 전형적인 몇가지 사례들을 통해 이에 관해 검토해보기로 하겠다. 그러기 위해서는 우선 세종이, 흔히 오해하는 것과는 달리, 조선을 단지 주체적인 입장에서 이끌었다기보다는 중화문명질서와의 유기적 관계 안에서 이해하고 있었음을 확인할 필요가 있을 것이다. 예컨대, 세종의 다음과 같은 발언들을 들어보자.

(가) "하나 신(臣)의 소견으로는 제사하는 것이 낫겠사오니, 전조(前朝) 2천년 동안 계속해서 하늘에 제사하였으나 이제 와서 폐함이 불가하나이다. 하물며 본국(本國)은 지방이 수천리로서 옛날의 백리 제후의 나라에 비할 수 없으니, 하늘에 제사한들 무슨 혐의가 있겠사옵니까" 하니, 임금〔세종〕이 말하기를 "제후가 제천(祭天)할 수 없음은 예에 있어서 마땅한 것이니, 지역이 사방 수천리가 된다고 하여 어찌 감히 천자의 예를 외람되이 행할 수 있겠는가" 하였다.[31]

(나) 〔신하들이 여러가지 이유를 들어 세종의 중국에 대한 사대적 태도를 비판하는 데 대하여 임금이 말하기를〕 이는 지교(智巧)한 말이나, 정대(正大)한 언론은 아니니다. 나의 사대하는 마음이 지극히 정성스러운데, 어찌 털

30) 『世宗實錄』 32年 2月 17日(壬辰條).

31) 『世宗實錄』 1年 6月 7日(庚辰條), "然以臣所見, 莫如祭之. 前朝二千年相承祀天, 今不可廢也. 况本國地方數千里, 不比古者百里諸侯之國, 於祀天乎, 何嫌之有. 上曰, 諸侯之不可祀天, 在禮固然. 豈可以地方數千里, 遂僭天子之禮乎."

끝만큼이라도 할 만한 일을 하지 않을 수 있겠는가〔上曰 此則智巧非正大之論也 予事大之心至誠豈有一毫 可爲而不可乎〕.[32]

(다) 내가 지성으로 사대하였고, 철이 든 이래로 조금도 거짓된 일을 행함이 없음은 천지신명이 다 아는 바이거늘〔予事大至誠 自有知識以來 無一毫行詐之事 天地神明所共知也〕.[33]

실제로 세종이 얼마나 중화문명의 예적인 질서를 존중하고 있었는가는, 신하들의 격렬한 반대에도 불구하고 군주가 건강상의 이유로 세자에게 섭정(대리청정)을 시키는 와중에서도 사대와 교린 관계의 업무만은 항상 직접 처리하고자 했다는 기록이나, 당시 천자의 칙서 등을 통해서도 얼마든지 확인이 가능하다.

(가) 지난봄부터 안질의 증세가 더욱 심하므로 상참(常參)과 시사(視事)를 정지하였으나, 사대(事大)와 변방(邊防)의 보고문서만은 부득이 친히 열람해왔다〔自春以來 其證尤甚 停常參視事 其事大及邊報文書 則不得已親覽〕. 하지만 반쯤 읽으면 눈을 감고 쉬어야 다음을 펴 읽을 수 있을 정도이니, 어찌 이와 같이 하여 나라를 다스릴 수 있겠는가. 내가 친히 하지 않는 일을 세자로 하여금 참결(參決)하게 하는 것이 어찌 옳지 않다는 말인가.[34]

(나) 근래에 기왕의 병이 점점 더하여 총찰(總察)하여 다스리기가 더욱 어려우니, 그 사대 교린에 관한 것, 변경에 관한 것 (…) 등의 일은 내가 친히 재결하겠고, 그 나머지 사무는 모두 세자에 맡겨 청결(聽決)한다.[35]

---

32) 『世宗實錄』 11年 12月 15日(丁亥條).
33) 『世宗實錄』 14年 11月 18日(癸酉條).
34) 『世宗實錄』 24年 8月 24日(辛亥條).

(다) 금후로는 사대와 제향(祭享) 때의 따로 의논할 일, (…) 이외의 나머지 여러 사무는 모두 세자로 하여금 듣고 결단하게 하라.[36]

(라) 〔세종 10년에〕 황제께서 칙서를 보내시길 "대대로 동토(東土)를 지키면서 직책을 받드는 데 충성을 다하여, 더욱 부지런히 하고 게으르지 아니하니, (…) 특별히 칙서를 내려 아름다움을 포상하는 뜻을 표시하노라" 하였고, 세종 13년 정월에는 칙서에 "왕이 대대로 동쪽 나라에 살면서 하늘을 공경하고 대국을 잘 섬기며, 직책과 조공을 잘 지키어, 오랠수록 더욱 삼가고 조심한다〔王世居東藩 敬天事大 克修職貢 愈久愈虔〕" 하였습니다.[37]

세종의 이러한 인식은 이른바 유교적 명분론 즉 이름과 실제를 일치시키려는 '정명론(正名論)'에 입각한 것으로서, 『중용(中庸)』에서 말하는 "천자가 아니면서 예를 논의하지 못하며, 법제를 제정하지 못하고, 문(文)을 고정(考定)하지 못한다〔非天子, 不議禮, 不制度, 不考文〕"는 식의 관념이나,[38] 사대자소의 이념적 의미[39]가 짙게 배어 있음은 두말할 나위가 없을 것이다. 그런데 여기서 동시에 간과해서 안되는 사실은 근대서구의 문화나 정치와는 발상이 전혀 다른 세계를, 근대국제질서를 구성하는 독특한 역사적 씨스템으로서의 근대주권국가 개념에 비추어 일률적으로 '몰주체'의 관점에서 폄하해서는 안된다는 점이다. 이에 관해서는 예컨대 이용희의

---

35) 『世宗實錄』 28年 5月 8日(乙亥條), "近來前疾稍加, 摠治尤難, 其事大交隣邊境(…)等事, 予親裁決, 其餘事務, 悉委世子聽決."

36) 『世宗實錄』 31年 6月 4日(壬子條), "今後事大及祭享內別(…)外其餘庶務, 悉今世子聽斷."

37) 『世宗實錄』 32年 2月 22日(丁酉條).

38) 『中庸』 28章.

39) 『孟子』 梁惠王(下) 『四書集註』 중 해당부분, 본서의 제1장 각주 51)과 각주 52)를 참조할 것.

논의를 상기해볼 필요가 있다.

> 통속적인 의미에서 사대(事大)와 자주(自主)를 대립시키는 것은, 아예 사대는 타력의존(他力依存)의 나쁜 것으로 규정하고, 그에 대하여 자주 독립이다, 라는 식의 발상〔에서 기인한 것〕인데, 우리가 취급한 사대의 명분은 그러한 대치를 무의미하게 하는, 말하자면 **전연 다른 카테고리의 얘기죠.** (…) **아주 자연스럽게 고유의 전통과 사대주의가 병존합니다. 그런 마당에서 사대와 자주라는 대립을 생각하는 것은 의미가 없지요.**[40](강조는 인용자)

이같은 지적은 세종을 이해하는 데도 그대로 적용될 수 있다. 앞서 소개한 세종의 발언들에 담겨 있는 의식은 단순히 보편적 가치에 스스로를 맡김으로써 자신의 정통성이나 정치적 안전을 확보하는 데 머무르지 않았다. 실제로 세종이 왕도정치 구현의 일환으로 의욕적으로 편찬한 각종 서적들을 살펴보면, 유교적 보편가치를 구현하려는 의식과 상황에 대한 주체적 성찰이 긴밀히 어우러져 있음을 알 수 있다. 예컨대 조선 각 지역마다 그 풍토에 맞는 농사가 이루어지게 하기 위해 세종이 편찬하게 한 조선 역사상 최초의 농서인 『농사직설』 서문을 보면,

> **농사는 천하의 큰 근본이다. 예로부터 성왕이 여기에 힘을 기울이지 아니한 사람이 없었다**〔農者, 天下國家之大本也. 自古聖王, 莫不以是爲務焉〕. (…) 삼가 생각하건대 태종께서 일찍이 유신(儒臣)에게 명하시어 옛 농서에 절실히 쓰이는 말들을 뽑아서 향언(鄉言)으로 주를 붙여 판각 반포하게 하여, 백성을 가르쳐서 농사에 힘쓰게 하셨다. **우리 주상전하께서는 명군을 계승하여 치세를 이룩하고자 더욱 백성의 일에 마음을 두셨다. 오방(五方)의 풍토가 같지 아니하여 곡식**

40) 이용희 「사대주의—그 현대적 해석을 중심으로」, 이용희·노재봉 편 『한국민족주의』(서울: 서문당 1977) 181~82면.

을 심고 가꾸는 법이 각기 적성이 있어 〔중국의〕 옛 농서와 같을 수 없다 하시며, 여러 도의 감사에게 명하시어 주현(州縣)의 노농(老農)들을 방문하게 하여 농토의 이미 시험한 증험(證驗)에 따라 갖추어 아뢰게 하셨다〔主上殿下, 繼明圖治, 尤留意於民事, 以五方風土不同, 樹藝之法, 各有其宜, 不可盡同古書, 乃命諸道監司, 逮訪州縣老農, 因地已試之驗具聞〕. (…) 그 중복된 것을 버리고 긴요한 것만 뽑아 찬집(纂集)하여 하나의 책을 만들고 제목을 '농사직설'이라고 하였다. 농사 외의 다른 내용은 섞지 아니하고 간략하고 바른 것에 힘을 써서 산야의 백성에게도 환히 쉽사리 알도록 하였다.[41]

라고 되어 있어, 세종이 조선의 각 지역 농사 경험을 바탕으로 독자적 농서를 편찬하게 한 의도와 경위를 엿볼 수 있다.[42] 이처럼 자기 실정에 맞는 이법(理法)을 실질적으로 탐구함으로써 왕도정치를 실현하려는 의식은 의약서인 『향약집성방』의 편찬에도 거의 그대로 반영되어 나타나고 있었다.

대개 백리나 천리쯤 서로 떨어져 있으면 풍속이 다르고, 초목이 생장하는 것도 각각 적당한 곳이 있고, 사람이 좋아하는 음식도 또한 습성에 달려 있다. 그러므로 옛 성인이 많은 초목의 맛을 보고 각 지방의 성질에 순응하여 병을 고친 것이다. 우리나라는 하늘이 한 구역을 만들어 대동(大東)을 점하고, 산과 바다에는 무진장한 보화가 있고 풀과 나무에는 약재를 생산하여 무릇 민생을 기르고 병을 치료할 만한 것이 구비되지 않은 것이 없다〔惟我國 天作一區,

---

41) 『農事直說』 序文, 『世宗實錄』 11年 5月 16日(辛酉條)에 수록.

42) 『농사직설』의 취지나 그 성과에 관해서는 이태진 『조선유교사회사론』(서울: 지식산업사 1989)에 수록된 논문들과 宮嶋博史 「朝鮮農業史上における十五世紀」, 『朝鮮史叢』 3號(1980); 『兩班: 李朝社會の特權階層』(東京: 中公新書 1995) 81~90면 등을 참고할 수 있다. 『농사직설』이 편찬된 취지는 이후 세종의 권농교서에도 그대로 표현되어 나타나고 있다. "國以民爲本, 民以食爲天. 農者衣食之源, 而王政之所先也…" 『世宗實錄』 26年 윤7月 25日(壬寅條).

據有大東, 山海寶藏之與, 草木藥材之産, 凡可以養民生, 而療民疾者, 盖亦無不備焉〕. 다만 옛날부터 의학이 발달되지 못하여, 약을 시기에 맞추어 채취하지 못하고, 가까운 것을 소홀히 하고 먼 것을 구하여, 사람이 병들면 반드시 중국의 얻기 어려운 약을 구하니, 약은 구하지 못하고 병은 이미 어떻게 할 수 없게 되곤 했던 것이다〔但自古醫學疎廢, 採取不時, 忽其近而求之遠, 人病則必索〕. (…) 이제 우리 주상전하께서 거룩한 덕으로 지극히 큰 정치〔至治〕를 일으키시며 (…) 의약으로 백성을 구제하는 일에 이르기까지 이와 같이 간절하게 힘을 쓰시니, 어진 다스림의 본말(本末)과 경중(輕重)을 남김없이 다하시도다.[43]

요컨대 여기에서도 타자와 구별되는 '주체'의 논리가 '보편가치'의 문맥에서 긴밀히 결합되어 있음을 알 수 있다.[44] 아마도 이처럼 보편에의 귀속 논리와 자존의식이 결합된 군주의 의지가 무엇보다 잘 드러나는 것은 바로 훈민정음 곧 한글의 창제일 것이다. 예컨대 당시 예조판서이던 정인지(鄭麟趾, 1396~1478)가 쓴 『훈민정음(訓民正音)』의 서문은 다음과 같이 되어 있다.

천지자연의 소리가 있으면 반드시 천지자연의 글자가 있게 되니, 옛사람

43) 『鄕藥集成方』 序文, 『世宗實錄』 15年 6月 11日(壬辰條)에 수록.

44) 권태환과 신용하는 조선의 호구조사에 관한 기록들을 기반으로 조선시대 인구변동에 관한 논문을 발표한 바 있다. 이 연구에 의하면, 조선왕조 개국 이후 약 2세기 동안 인구는 빠르게 증가하는 추세를 보여, 1392년 개국 당시 실제 인구가 550만이었던 것이 1511년에는 1,000만을 넘어서고 1591년에는 1,400만에 달한 것으로 나타난다. 이처럼 약 2세기에 걸쳐 인구가 급증할 수 있었던 것에 대해, 이태진은 세종대의 『농사직설』로 집약되는 '신유학적 농정'과 『향약집성방』(1433)과 『의방유취』(1445)로 상징되는 '의학체계의 발달'이라는 요인 등이 결합될 수 있었기 때문에 가능할 수 있었다고 주장한 바 있다. 이에 관해서는 권태환·신용하 「조선왕조시대 인구추정에 관한 一試論」, 『동아문화』(1977); 이태진 「14-16세기 한국의 인구증가와 신유학의 영향」, 『진단학보』 76(서울: 진단학회 1993) 참고.

들이 소리로 인하여 글자를 만들어서 만물의 정을 통하게 하고, 삼재(三才)의 도리를 기재하여 훗날 변경할 수 없게 한 것이 이런 연유에서였다. 그러나 사방의 풍토가 구별되매 소리 기운 또한 이에 따라 다르게 된다〔然四方風土區別聲氣亦隨而異焉〕. 대개 외국의 말은 그 소리는 있어도 그 글자는 없는 것이거늘, 이제껏 중국의 글자를 빌려서 이를 일상에 통하게 하였다. 하지만 이것이 둥근 장부가 네모진 구멍에 들어가 서로 어긋남과 같으니, 어찌 능히 막힘없이 통할 수 있겠는가. 중요한 것은 모두 각기 처지에 따라 편안하게 해야만 되고 억지로 같게 할 수는 없다는 것이다〔要皆各隨所處而安不可强之使同也〕. (…) 계해년 겨울에 우리 전하께서 정음(正音) 28자를 처음으로 만들어 예의(例義)를 간략하게 들어 보이고 명칭을 훈민정음이라고 하였다. (…) 동방에 나라가 있은 지가 오래되지 않은 것이 아니나, 사람이 아직 알지 못하는 도리를 깨달아 이것을 실제로 시행하여 성공시키는 큰 지혜는 대개 오늘을 기다리고 있었으리라〔夫東方有國不爲不久 而開物成務之大智 盖有待於今日也歟〕.[45]

훈민정음의 창제에는 당시 중국에서 전래된 『성리대전(性理大全)』『사서대전(四書大全)』『오경대전(五經大全)』 등의 신유학 관련 서적의 영향이 깊이 반영되었으리라 생각된다. 세종은 이 서적들을 국내에서 몇차례나 간행하는 한편, 전국의 각 향교에 비치하여 그 내용을 널리 알리게 했다고 한다. 기존연구에 의하면, 훈민정음의 음운체계를 규정하기 위해 간행된 『동국정운(東國正韻)』에는, 『홍무정운(洪武正韻)』의 음운학이나 『예기(禮記)』의 예악사상 등의 영향이 다양하게 반영되어 나타나는 것이 확인된 바 있다.[46] 실제로 『동국정운』의 서문을 보면, 신유학적 코스몰로지와 언어관

45) 『世宗實錄』 28年 9月 29日(甲午條).

46) Gary K. Ledyard, *The Korean Language Reform of 1446: The Origin, Background and Early History of the Korean Alphabet* (Ann Arbor: University Microfilms 1966) 151~65면,

의 영향 하에 스스로의 처지에 적합한 음운체계를 실질적으로 탐구해 들어가려는 의지가 다음과 같이 흥미롭게 나타나고 있다.

하늘과 땅이 화합하여 조화가 유통함에 사람이 생기고, 음과 양이 서로 만나 기운이 맞닿음에 소리〔聲〕가 생기나니, 소리가 생김에 칠음(七音)이 스스로 갖추어지고, 칠음이 갖춰짐에 사성(四聲)이 또한 구비된지라. 칠음과 사성이 씨줄과 날줄로 서로 사귀면서 맑고 흐리고 가볍고 무거움과 깊고 얕고 빠르고 느림이 자연스럽게 생겨났다. (…) **우리나라는 풍습과 기질이 이미 중국과 다르니, 호흡이 어찌 중국음과 서로 합치될 것인가**〔吾東方表裏山河 自爲一區風氣 已殊於中國呼吸 豈與華音相合歟〕. (…) 우리 주상전하께서 유교를 숭상하시고 도를 소중히 여기시며, 문학을 힘쓰고 교화를 일으킴에 지극하지 않은 바가 없으니, (…) 세속의 습관을 두루 채집하고 전해오는 문적을 널리 상고하여, 널리 쓰이는 음에 기본을 두고 옛 음운의 반절법에 맞추어서 자모의 칠음과 청탁(淸濁)과 사성을 상세하게 연구하도록 하여 옳은 길로 바로잡게 하셨다. (…) 청탁이란 것은 음양의 분류로서 천지의 도요, 사성이란 것은 조화의 단서로서 사시(四時)의 운행이라. 천지의 도가 어지러우면 음양이 그 자리가 뒤바뀌고 사시의 운행이 문란하며 조화가 그 순서를 잃게 되나니, 지극하도다 성운(聲韻)의 기묘함이여. (…) **글자가 만들어지지 못했을 때는 성인의 도가 천지에 의탁했고, 글자가 만들어진 후에는 성인의 도가 서책에 실렸으니, 성인의 도를 탐구하려면 마땅히 글의 뜻을 먼저 알아야 하고, 글의 뜻을 알기 위한 요령은 마땅히 성운(聲韻)부터 알아야 하니, 성운은 곧 도를 배우는 시원(始原)인지라**〔況乎書契未作, 聖人之道, 寓於天地, 書契既作, 聖人之道, 載諸方策. 欲究聖人之道, 當先文義, 欲知文義之要, 當自聲韻. 聲韻乃學道之權輿也〕. 이것이 우리 성상께서 성운(聲韻)에 마음을 두시고 고금을 참작하시어 지침을 만드셔서

221~60면; 姜信沆「王權と訓民正音の創製」,『朝鮮學報』138號(1990) 23~27면.

억만대의 모든 후생들에게 도를 열어주신 까닭이다. (…) **소리를 살펴서 음을 알고, 음을 살펴서 악(樂)을 알며, 악을 살펴서 정치를 아나니**〔審聲以知音, 審音以知樂, 審樂以知政〕, 뒤에 보는 이들이 반드시 얻는 바가 있으리로다.[47](강조는 인용자)

위의 서문의 내용에서 드러나는 바와 같이 훈민정음에는 요컨대 신유학적 사유체계의 가치관념 위에서, 이른바 보편과 특수의 문제를 '상생적'인 관점에서 독창적으로 결합시키려는, 조선왕조의 문명에 대한 비전과 의지가 그대로 반영되어 있었다.[48]

이외에도 왕도정치를 구현하려는 세종의 의지는 유교적 예와 가치를 생활과 정치의 장에서 실천하기 위한 다양한 모색으로 이어졌다. 그것을 보여주는 사례로서 『삼강행실도(三綱行實圖)』의 편찬과 「오례(五禮)」—일명 「세종실록오례의」로 불린다—의 정비 등을 들 수 있을 것이다. 전자가 "위로는 제왕에서 아래로는 서민에 이르기까지 사람의 떳떳한 도리를 드높이고 세상에 교화를 펴나가기 위한" 일상적인 생활공간의 대중적인 교화서의 선구를 이룬다는 점에서,[49] 그리고 후자가 조선왕조에 들어 최초로 정비된 유교적 예론의 성과로서 "왕권강화와 아울러, 신왕조국가 건설에 상응하는 새로운 사회관계와 정치질서를 규정하려는" 의미를 지닌 것이

47) 『世宗實錄』 29年 9月 29日(戊午條).

48) 이와 관련해 드 배리(T. de Bary)는 다음과 같이 평가한 바 있다. "조선에서 신유학은 창조적인 문화적 힘으로 계속 작용하였고, 단순히 판에 박힌 공적인 전례(典禮)로만 기능하지는 않았다. 지금까지 고안된 철자체계 중 가장 정교한 것 중의 하나인 한국의 문자는 그러한 예라고 할 수 있다. 이 문자는, 그것이 가진 합리적 구조와 수단의 경제성 및 기능적 유용성이란 점에서, 중국 학문과는 상관없이, 신유학의 원리철학이 어떻게 세속학문의 새로운 형태에 자신을 적응시키는지를 보여준다." Wm. Theodore de Bary, *East Asian Civilizations: A Dialogue in Five Stages* (Cambridge: Harvard Univ. Press 1986) 한국어판 94~95면.

49) 『三綱行實圖』 箋文, 『世宗實錄』 14年 6月 9日(丙申條)에 수록.

라는 점에서, 이들 두 책의 편찬은 대단히 실질적이면서도 상징적인 의미를 동시에 지니는 것이었다.[50)]

지금까지 살펴본 바와 같이, 조선이 의욕적으로 실현하려고 추진한 비전과 의지는 기본적으로 소중화적 문화주의에 근거한 것이었다. 그리고 그것은 제1장에서 상세히 언급한 바 있는, 새 왕조의 이데올로그들이 추구하려 한 아이덴티티의 방향, 즉 '중화질서의 문명기준에 의거해 삶과 정치의 일상화된 공간 속에서 고도의 윤리적·문화적 수준을 구가하는 문명국가의 건설'이라는 시각의 연장선상에서 이해되어야 할 성격의 것임은 기억해둘 필요가 있을 것이다.

그런데 신유학의 기치 하에 개국한 조선왕조가 불교적 기반 위에 구축된 고려왕조의 유산을 유교적 생활양식과 가치, 제도로 대체하는 데는 대략 백여년의 시간이 필요했던 것으로 보인다. 『경국대전』의 완성은 이러한 변화를 상징하였다.[51)] 세조 즉위 이후 본격적으로 착수되어 성종 16년(1485)에 완결된 『경국대전』은, 정도전의 『조선경국전』 이후 변천을 거듭

50) 오례(五禮)란 국가에서 제사지내는 다섯가지 의례를 말하며, 여기에는 길례(吉禮), 가례(嘉禮), 군례(軍禮), 빈례(賓禮), 흉례(凶禮)가 있다. ① 모든 대사(大祀), 중사(中祀), 소사(小祀) 등의 제사에 관한 길례, ② 책봉(冊封), 국혼(國婚), 사연(賜宴) 등에 관한 가례, ③ 출정(出征) 및 반사(班師)에 관한 군례, ④ 국빈(國賓)의 송영(迎送)에 관한 빈례, ⑤ 본국 및 이웃나라의 국상(國喪)이나 국장(國葬)에 관한 흉례가 이에 해당된다. 오례는 그 원형이 『주례(周禮)』에 있으며, 중국사에서 진(晋)왕조(265~420)와 당대(618~907)를 거치면서 국가 정치질서의 기본의례로서 중시되었다. 한국사의 경우에도 고려시대 이래로, 왕권에 대한 명분론과 왕실의 정치적 권위를 유지하기 위해 오례의 예론을 도입하게 된다. 이에 관해서는 윤사순 『성리학 시대의 예사상=한국사상대계 4』(서울: 성균관대학교 대동문화연구원 1984); 이범직 『한국 중세 예사상 연구』(서울: 일조각 1991)를 참조.

51) 조선왕조의 정치제도가 태조, 태종, 세종, 세조대를 거쳐 『경국대전』에 이르기까지 어떠한 과정을 거쳐 유기적으로 통합되어갔으며, 이렇게 형성된 중앙정치제도의 구체적 내용이 무엇인지를 상세히 다루는 연구로는, 남지대 「조선초기 중앙정치제도연구」(서울대학교 국사학과 박사논문 1993)를 참고.

하던 조선의 여러 법제들을 이–호–예–병–형–공전(吏–戶–禮–兵–刑–工典)의 6전체제에 따라 종합한 것으로서, 만세에 준수되어야 할 '조종성헌(祖宗成憲)'으로 규정되어 이후 모든 조선 법전의 전범이 되었다.[52] 국가가 지향하는 공동체의 질서구조와 이를 지탱하는 이념적 기반을 무엇보다 명백히 반영하는 것이 법률이라는 점을 감안할 때, 개국 이래 조선왕조의 각종 법령이 성종 때에 이르러 『경국대전』이라는 하나의 완결된 형태로 완성되었다는 사실은, 환언하면 개국공간이라고 부를 만한 과도기적 상황이 비로소 명실상부한 하나의 새로운 질서로 정착되었음을 의미하는 것일 수 있었다. 같은 맥락에서, 성종대에 「세종실록오례의」를 좀더 체계화하여 『국조오례의(國朝五禮儀)』가 완성된 것이나 세조 이후 편찬이 추진된 『동국통감(東國通鑑)』 등이 완성된 것은 단지 하나의 우연적인 사건으로 지나치기 어려운, 역사적 함의를 지닌다 할 것이다. 『국조오례의』가 국가와 왕실의 정치적 권위를 상징하는 '오례(五禮)'의 예론을 체계화한 것으로서, 왕권 중심의 왕도사상과 유교적 정명론에 입각하여 왕실의 특별한 위상과 군신간의 구별을 명확히 하려는 의도를 담은 것이었다면,[53] 『동국통감』은 중화의 문명기준에 의거하여 단군조선에서 고려에 이르기까지의 역사를 최초로 하나의 통사의 형태로 결집해놓은 관찬 역사서로서, 한편으로는 개국 이래의 조선의 아이덴티티와 문명의식을 역사서의 형태로 담아낸 것이었다.[54]

52) 경국대전에 관해서는 박병호 「경국대전의 법사상적 성격」, 『진단학보』 48집(1979); 전봉덕 「조선왕조의 법과 법전 편찬의 고찰」, 『한국학 문헌연구의 현황과 전망』(서울: 아세아문화사 1983); 최종고 『한국법학사』(서울: 박영사 1990); 이성무 「『경국대전』의 편찬과 『대명률』」, 『역사학보』 125집(서울: 역사학회 1990)을 참조.

53) 『국조오례의』에 대해서는 윤사순, 앞의 책; 李範稷 「朝鮮王朝における王權と五禮」, 『朝鮮學報』 138號(1990); 고영진 『조선중기 예학사상사』(서울: 한길사 1995) 등을 참고할 수 있다.

54) 조선왕조는 고려 멸망의 당위성과 새 왕조 개국의 정당성을 알리고 국가의 흥망성쇠

(3) 새로운 국면전환의 징후

세조에서 성종대에 걸쳐 왕조국가의 기틀이 완성되었음을 상징하는 사건들이 연이어 발생할 때, 다른 한편에서는 역설적으로 정치적인 국면전환을 초래하게 될 사회 저변의 변화가 깊숙이 진행되고 있었다. 조선 중기에 관한 논의에서 언급하게 되겠지만, 그것은 '일상공간의 실천강령으로서의 신유학의 내면화' 과정과 '이를 주도적으로 실천해갈 정치적·사회적 계층의 형성'으로 집약될 수 있다. 그러나 이 시기의 여러 변화들이 실질적으로 정치적 국면전환으로 나타나게 된 데는 중요한 현실정치적 '사건들'이 구체적 계기가 되었음을 간과해서는 안된다. 이 사건들은 대체로 앞서 언급한 7대 세조의 왕위계승 과정과 관련되어 있었으며, 향후 조선에서 전개될 정치적 역학관계가 기왕의 방식과는 다른 전개양상을 띠게 될 것임을 암시하는 것이었다. 주지하는 바와 같이, 세조는 왕위에 오르는 과정에서 계유정난(癸酉靖難, 1453년 10월)을 일으켜 실질적인 권력을 장악하

에 관한 역사적 교훈을 되새긴다는 의미에서 각종 역사서술에 힘을 기울여왔다. 고려시대만을 다루는 것으로는 『고려국사』『고려사』『고려사절요』 등이 있으며, 단군조선에서 고려 이전까지의 역사를 다루는 것으로는 『동국사략』과 『삼국사절요』가 있었다. 뿐만 아니라 조선의 역사는 『왕조실록』으로 편찬되고 있었으며, 중국의 역사서들은 수집되어 각도에 보급되고, 『치평요람』 등으로 편집 수록되어 나오기도 하였다. 이에 관해서는 이원순 「鮮初史書의 역사인식」, 『한국민족사상사대계 중세편』(서울: 아세아학술연구회 1974); 정구복 「조선전기의 역사서술」, 이우성·강만길 편 『한국의 역사인식』 상(서울: 창작과비평사 1976); 한영우 『조선전기 사학사 연구』(서울: 서울대학교출판부 1989) 등을 참고할 수 있으며, 『동국통감』의 편찬 의도에 관해서는 『世祖實錄』 9年 9月 5日(辛酉條), 『睿宗實錄』 1年 10月 4日(甲寅條), 『成宗實錄』 14年 10月 8日(丁卯條) 등을 참고할 것. 56권으로 이루어진 『동국통감』은 그 편찬의도와는 무관하게 예적인 질서관념에 입각하여 중국에 대한 사대명분을 중요시하는 입장 등으로 말미암아, 이후 식민주의사학의 사대사관(事大史觀), 타율성사관의 주요 재료로 사용되기도 하였으며, 민족주의사학의 선구자인 신채호에 의해 조선의 사대주의를 상징하는 최대의 악서로 폄하되기도 했다. 신채호 『조선사연구초』(서울: 범우사 1997).

고,[55] 이후 왕위에 오른 다음에는 두차례에 걸친 단종복위 사건(1456년 6월, 1457년 9월)을 계기로 관련자들을 철저히 제거한 바 있다.[56] 세조는 이후 훈구파로 불리게 되는 공신(功臣)세력들을 중심으로[57] 13년에 걸친 재위기간 동안 강력한 왕권의 추진과 아울러 왕조국가의 기틀을 다져놓게 되지만,[58] 이때 그의 비호를 받으며 형성된 정치세력은 배타적인 권력지향적

55) 『조선왕조실록』에 나오는 계유정난(癸酉靖難)에 관한 기록 가운데 중요한 것만을 소개하면 다음과 같다. 『端宗實錄』 1年 9月 25日(戊寅條), 9月 29日(壬午條), 10月 2日(乙酉條), 10月 10日(癸巳條), 10月 12日(乙未條), 10月 14日(丁酉條), 10月 15日(戊戌條), 10月 16日(己亥條), 10月 17日(更子條).

56) 『조선왕조실록』에 수록된 1차 및 2차 단종복위 사건에 관련된 기록 가운데 중요한 것으로 생각되는 것을 소개하면 다음과 같다. 『世祖實錄』 2年 6月 2日(庚子條), 6月 5日(癸卯條), 6月 6日(丙午條), 3年 6月 21日(癸丑條), 3年 6月 22日(甲寅條), 3年 9月 10日(辛未條), 10月 19日(己酉條), 10月 20日(庚戌條), 10月 21日(辛亥條), 11月 18日(戊寅條).

57) 공신(功臣)이란 일반적으로 국가나 군주에게 특별한 공훈을 세웠다고 인정된 사람에게 내리는 칭호이자 그 칭호를 받은 사람을 말한다. 이러한 공신제도가 시행된 것은 이들의 업적을 기리는 것과 아울러 국가의 정치적 안정을 모색하기 위한 것이었는데, 조선시대의 공신에는 몇가지 종류가 있었다. 그런데 그중에서도 구체적인 어떤 사건이 발생했을 때 공신을 책봉하는 이른바 훈봉공신(勳封功臣), 관료로서 왕이 죽은 후 임금의 신주를 모신 종묘에 배향되는 종묘배향공신(宗廟配享功臣), 성균관과 지방의 향교에 공자를 배향하는 문묘에 함께 배향되는 문묘배향공신(文廟配享功臣)이 중요한데, 본서에서 지칭하는 공신은 현실정치에 직접적으로 관련되어 있는 훈봉공신을 지칭한다. 고려왕조의 공신 책봉제도가 대체로 공훈이 있는 개인을 대상으로 했던 반면, 조선왕조는 정변을 비롯한 어떠한 정치적 상황이 발생했을 때, 그 사건과 관계있는 사람들을 집단적으로 공로에 따라 등급을 매겨 책봉하였기 때문에 고려시대에 비해 더욱 많은 공신이 배출되는 경향을 보이게 된다. 또한 조선왕조는 중국이나 고려의 경우와는 달리, 공신에 관한 관계사무를 담당하는 전담부서를 마련했는데 태조때 설치(1392)된 공신도감(功臣都鑑)이 그것이다. 공신도감은 세종 때(1434)에 충훈사(忠勳司)로 개칭되었으며, 단종 때(1454) 충훈부(忠勳府)로 승격되어 조선 말기까지 운영되었는데, 이는 조선 공신들의 위상이나 정치적 비중이 그만큼 높았음을 의미한다. 공신도감의 설치 및 충훈사로의 개칭, 그리고 충훈부로의 승격에 관해서는 각각 조선왕조실록에서 확인할 수 있다. 『太祖實錄』 1年 8月 22日(辛亥條); 『世宗實錄』 16年 9月 1日(乙亥條); 『端宗實錄』 2年 1月 15日(丁卯條).

58) 세조의 리더십의 가장 큰 문제점은 '권력의 자의적 행사'라는 한마디로 집약해볼 수

성향을 강화해간다.[59] 하지만 왕위찬탈 세력의 배타적인 권력지향적 성향은 당시 사회적으로 내면화되어가던 신유학의 강렬한 윤리지향적 성향과 정면으로 배치되지 않을 수 없었고, 조선의 향촌사회에 이들에 대한 잠재적 비판세력들이 광범위하게 형성되고 있었음은 두말할 나위도 없는 것이었다. 세조비 정희왕후 윤씨에 의한 7년간의 수렴청정을 거치고 친정에 나선 9대 성종이 후일 이른바 '사림파'로 불리게 되는 재야의 비판세력 중 핵심인물인 김종직 등을 등용하고,[60] 참판 이하의 많은 문신과 무신들을 교

있을 것이다. 세조의 왕정에 관해서는 김태영「조선초기 세조왕권의 전제성에 대한 일고찰」,『한국사연구』 87(1994);「조선초기 세조왕의 학술정책」,『동양학』 25집(1995년 10월); 최승희「세조대 왕위의 취약성과 왕권강화책」,『조선시대사학보』 1(서울: 조선시대사학회 1997) 등을 참고할 수 있다.

59) 조선 전기 동안 여덟차례 훈봉공신을 책봉한 바 있었다. 이중 세차례—1392년의 개국공신(開國功臣), 1398년 제1차 왕자의 난 직후의 정사공신(定社功臣), 1401년 제2차 왕자의 난 이후의 좌명공신(佐命功臣)—는 왕조 개국 초기에 이루어진 바 있으며, 세조의 왕위찬탈 이후 성종의 경국대전이 반포될 무렵까지 5차례의 공신책봉—정난공신(靖難功臣), 좌익공신(佐翼功臣), 적개공신(敵愾功臣), 익대공신(翊戴功臣), 좌리공신(佐理功臣) 등—이 이루어진 바 있다. 훈구파라고 지칭되었던 인물들은 바로 세조대 이후 여러차례 공신으로 거듭 책봉되면서 배타적인 권력집단을 형성한 세력이라고 할 수 있다. 이에 관해서는 정두희『조선초기 정치지배세력 연구』(서울: 일조각 1983), 특히 제4장「세조-성종대 공신집단의 정치적 성격」등을 참고.

60) 원래 '사림(士林)'이란 용어는, 고려 말 성리학을 학문배경으로 하는 신진사대부가 등장하면서 사족, 사대부 등의 용어와 함께 광범위한 독서인층을 일컫는 일반적인 의미로 사용되고 있었다. 그런데 '사림파'라는 용어는 15세기 후반 성종대에 고려 말의 정몽주(鄭夢周, 1337~1392)-길재(吉再, 1353~1419)로부터 학통이 이어지는 김종직(金宗直, 1431~1492), 김굉필(金宏弼, 1454~1504), 정여창(鄭汝昌, 1450~1504) 등이 중앙정계에 진출하게 되면서부터 집권주류세력인 훈구파에 대한 정치적 비판세력이라는 의미로 널리 쓰이기 시작하여 이들간의 갈등관계가 지속되는 동안 줄곧 사용되었다. 사림파는 근거하고 있었던 지역에 따라 영남사림파와 기호사림파로 나누어 불리기도 하는데, 활동하게 되는 정치적 상황에 따라 그 정치적 성격이나 역할이 달라지지 않을 수 없었다. 사림파에 관한 주요 저작으로서는 이수건『영남사림파의 형성』(영남대학교 1984); 이병휴『조선전기 기호사림파 연구』(서울: 일조각 1984); 이태진『조선유교사회사론』(서울: 지식산업사 1989); 최이돈『조선중기 사림정치구조연구』(서울: 일조각 1994); 이수

체하면서 신진세력의 중앙 진출을 독려한 것은 이러한 와중에서였다. 이렇게 중앙정계에 진출하게 된 신진세력들이 언론기관인 삼사(三司), 그중에서도 특히 홍문관(弘文館) 등을 중심으로 훈구세력을 강력히 견제하면서 성리학적 이상에 따른 왕도정치의 실현에 힘쓰게 됨은 이미 알려진 바와 같다.[61] 성종의 치세기간이 당대에 "성덕(聖德)과 지치(至治)가 비록 삼대의 성왕이라도 이보다 더할 수 없었다〔聖德至治, 雖三代聖王, 蔑以尙矣〕"[62]고 칭송되었음에도 불구하고, 와그너(Wagner)의 표현대로 "정치적으로는 실은 격동의 시대"[63]였던 것은 바로 이러한 역사적 문맥과 정치적 역학관계 때문이라고 할 수 있을 것이다. 성종대의 치세는 왕의 리더십 하에 이러한 세력들 상호간의 갈등과 견제구조가 역동적이면서도 절묘하게 균형을 이루면서 가능할 수 있었던 것으로 생각된다. 하지만 그 균형은 절묘한 만큼이나 깨지기 쉬운 불안한 균형이기도 했다. 실제로 성종 사후 왕권의 리더십이 흔들리면서 나타나게 되는 정치적 갈등과 대립은 좀더 본격적인 의미에서의 정치적 대결의 양상을 띠었다. 그러면 지금까지 논의한 바와 같이 전개되어간 조선의 정치가 새롭게 맞이하게 되는 정치적 국면을 살펴보기로 하겠다.

건 『영남학파의 형성과 전개』(서울: 일조각 1995); 이병휴 『조선전기 사림파의 현실인식과 대응』(서울: 일조각 1999) 등이 있다.

61) 이에 관해서는 Edward W. Wagner, *The Literati Purges: Political Conflict in Early Yi Korea* (Cambridge, Mass: Harvard Univ. Press 1974); E. W. Wagner 「정치사적 입장에서 본 이조 사화의 성격」, 『역사학보』 85호(1980); 남지대 「조선 성종대의 언론활동」, 『한국사론』 12(1985); 최이돈 「16세기 사림의 진출과 정치구조의 변동과정」(서울대학교 국사학과 박사논문 1991); 김돈 『조선전기 군신권력관계연구』(서울대학교출판부 1997). 본서는 성종대 이후 조선의 정치적 상황이 전개되어가는 과정을 이해하는 데 이들 연구로부터 대단히 많은 도움을 받았음을 밝혀둔다.

62) 『成宗實錄』 25年 12月 24日(己卯條).

63) Edward W. Wagner, 앞의 논문 115면.

2. 조선 중기: 성리학적 질서의 사회적 내면화와 정치적 구심축의 분화

(1) 국왕 권위의 상대화와 정치적 역학관계의 변동

조선 전기가 왕권을 구심축으로 하여 신유학적 리얼리즘이라는 사상적 경향 하에 왕조국가의 유교적 정치체제의 기틀을 마련해가는 시기였다고 하면, 조선 중기는 이렇게 구축된 왕조국가의 정치 기틀 위에서 왕도정치를 구현하려는 새로운 시도들이 일련의 정치적·사회적 흐름으로 진행된 시기였다. 실제로 조선 중기에 들어설 무렵의 상황을 보면, 현실정치적 측면에서나 사상적인 측면에서나 조선 전기와는 질적으로 다른 변화의 조짐들이 내포되어 있었으며, 이는 점차 시간이 진행되어감에 따라 분명한 차이를 드러내게 된다. 그런 점에서 조선 중기는 조선 전기의 상속자이면서도 분명히 조선 전기의 특징과는 다른 개성을 지니고 있었다.

기존연구들이 지적하는 바와 같이, 실제로 조선 중기에 해당하는 조선정치사는 중앙의 정치적·사회적 권위가 다양한 경로를 통해 지방으로 확산 전파되는 과정이었으며, 신유학사상의 체계적 심화와 내면적 확산이라는 측면에서 보면 "조선의 유교사상 가장 활기에 찼던" 인상적인 시기이기도 했다.[64] 이러한 변화는 기본적으로 조선정치사의 전기와 중기의 여러

---

64) "16세기는 조선 유교사상 가장 활기에 찬 세기였다. (…) 〔퇴계 이황과 율곡 이이를 비롯한〕 이들 대유(大儒)들이 사제(師弟), 교우(交友), 사숙(私淑) 등의 관계를 통해, 이기(理氣)논쟁 혹은 '사단칠정(四端七情)논쟁' 등을 활발히 전개해가는 중에, 주자학(성리학)은 전대와는 비교가 되지 않을 정도의 철학적 깊이를 가지고 조선사회에 정착하기에 이르렀던 것이다." 宮嶋博史 「朝鮮社會と儒教 — 朝鮮儒教思想史の一解釋」, 『思想』 750號(東京 1986年 12月) 64면에서 인용.

정황의 차이와 맞물려 있었다. 따라서 '왕도정치의 실현'이라는 동일한 정치적 이상을 지향하면서도, 이를 구현하려는 구체적인 모색과 실천의 양상은 이 두 시기에 서로 다르게 나타나지 않을 수 없었다. 관견(管見)에 의하면, 거기에는 기본적으로 동아시아의 전환기적 문맥에서 역성혁명의 방식으로 개국한 신왕조와, 그러한 과도기적 위기상황을 극복하고 신유학의 가치체계에 근거하여 새로운 정치체제의 기틀을 마련한 중견 왕조국가 간에 나타나게 되는, 시대적 정황과 시대정신(Zeitgeist)의 변화가 반영된 것으로 생각된다. 이러한 시대정신의 변화란 요컨대 왕권으로 표상되는 '새로운 왕조국가의 질서 구축'으로부터, 군자 혹은 성현으로 표상되는 '유교질서의 사회적 정착과 일상적 실천'이라는, 이른바 구심축의 변화와 목표설정의 전이(轉移)로 집약해서 표현해볼 수 있을 것이다. 이러한 두 시기의 시대적 문제의식의 차이는 조선왕조 내부의 구심력과 원심력적 경향이 줄곧 경합하면서 긴장의 양상을 띠는 가운데서도, 두개의 시기가 그 최종적인 방향성을 달리하게 된—요컨대 조선 전기는 구심력의 지향으로, 조선 중기는 원심력의 지향으로 나아가게 된—정황과 깊이 관련되어 있었다.

그렇다면 이러한 국면전환은 왕권의 위상을 비롯한 군신관계에는 구체적으로 어떻게 반영되어 나타났을까. 바꿔 말하면 이 시기 조선왕조의 정치적 핵심세력이라고 인정되는 왕과 주요 신료들 간의 정치적 역학관계에는 어떠한 변화가 있었으며, 그것은 사회적으로 진행되고 있던 변화의 추세와 어떻게 맞물려 있었을까. 조선 중기의 군신관계의 전개양상을 이해하기 위해서는 당대의 '정치적 소통구조'에서 나타난 괄목할 만한 변화에 관해 우선 지적할 필요가 있을 것으로 생각된다. 이 시기 정치적 소통구조에서 나타난 변화는 크게 두가지 측면에서 접근할 수 있을 것으로 생각되는데, 그 첫번째가 왕조 개국 이래 언로의 소통을 담당하던 '언론기관의 정치적 부상'과 관련된 일련의 권력관계상의 변화라고 하면, 두번째는 '공론 형성층의 저변 확대'라는 정치적·사회적 측면의 변화라 할 것이다.

공론에 의한 공공성의 구현은 조선건국 이래 줄곧 지향해온 정치의 기본명제였다. 거기에는 천명사상, 민본사상의 원리하에 왕도정치를 실현하려 했던 정도전 등 건국 이데올로그들의 정치구상이 압축적으로 담겨 있었고, 이것이 사헌부와 사간원 등과 같은 정치기구를 통해 제도적으로 구체화될 수 있었음은 앞에서 살펴본 바와 같다.[65] 하지만 성종대에 새로이 언론기관으로 가세한 홍문관 등의 이른바 삼사(三司)는 중앙의 현실정치에 대한 실질적인 비판과 견제 기능을 담당함으로써 '현실정치의 향방을 좌우'하는 하나의 중요한 축으로서 등장할 수 있었고, 이것은 앞에서도 잠시 언급한 바와 같이, 조정의 정치가 7대 세조 이래 공신세력들에 의해 자의적이고 배타적인 권력남용의 양상을 띠면서 전개되어가는 데 대한 국왕 성종의 정치적 견제 의도가 있었기에 가능한 것이었다.

> 전하〔성종〕께서 즉위하신 이래로 경악(經幄, 경연經筵)의 시신(侍臣, 홍문관의 관원)을 일찍이 우대하지 아니하신 적이 없으셨습니다. 비록 저희들이 부족함에도 불구하고 크신 은혜를 입었사온지라, 보답할 길이 없어, 아는 만큼이나마 말씀드리는 것만이 성상의 은덕에 만분의 일이라도 보답하는 것이라고 여겨왔사옵니다. (…) **내〔성종〕가 그대〔홍문관의 관원〕들을 대우하기를 재상을 대우하듯 하였으니〔予之待爾等, 如待宰相〕**, (…) **내가 그대들을 양성한 것은 그대들과 대간으로 하여금 외부의 일을 듣고 말하게 하기 위함이었다**〔予之預養爾等, 使爾等與臺諫聞外事而言之也〕.[66]

사화(士禍)에 관한 와그너의 연구(1974)에서 명백히 지적된 바와 같이, 성종의 언관들에 대한 관용적 태도를 바탕으로 삼사의 신진사류들은 의정

---

65) 15세기 언론기관과 왕권 간의 상관관계를 비롯하여 언론 내용 전반에 대해서는 최승희 『조선초기 언관·언론연구』(서울대학교출판부 1976, 1997)를 참고할 것.

66) 『成宗實錄』 19年 12月 7日(癸巳條).

부와 육조대신 등을 비롯한 조정의 고위관원과 왕의 종친, 그리고 나아가서는 국왕에 이르기까지 성역 없는 비판과 견제 기능을 행사했고, 이러한 비판적 성향은 숱한 정치적 파문을 일으키면서도 기본적으로 지속되었으며 오히려 강화되어가는 경향을 보였다. 그런데 이처럼 언관들의 활동이 정치적 자율성을 담보한 채 장기적으로 지속될 수 있었던 이면에는 중앙의 정치적 역학관계의 변동이라는 상황이 놓여 있었던 것으로 생각된다. 관련된 연구를 종합해보면, 이 시기의 언론기관을 비롯한 의정부, 육조 등에 종사하는 실무자층(郎官)은 자신의 상관인 당상관(堂上官) 이상의 정치권력으로부터 스스로의 자율적 활동을 확보할 수 있는 권리인 이른바 '낭관권(郎官權)'을 획득해나가고 있었다.[67] 실무를 담당하는 낭관의 자기 후

67) 낭관이란 원래 조선시대 5품 이하의 문반관료 전체를 지칭하는 말인데, 이들 중 의정부, 6조, 3사(三司)에 소속된 낭관이 특히 중요한 의미를 가졌다. 이들 낭관 중에서도 특히 문반과 무반의 인사를 관장하는 이조(吏曹)와 병조(兵曹)의 낭관은 특별히 '전랑(銓郎)'이라고 불리고 있었다. 그런데 이들 낭관들이 11대 국왕인 중종대에 와서 자신의 후임자를 직접 천거할 수 있는 자천권(自薦權)을 실질적으로 확보하게 되면서 낭관들의 정치적 자율성이 획기적으로 증가하게 되는데 이것이 이른바 '낭관권'이었다. 그리고 이들 낭관권 가운데서도 이조 낭관에게 부여된 권한은 특별하여 '전랑권(銓郎權)'이라고 불렸는데, 이것은 시기에 따라 차이가 있으나 기본적으로 전랑들이 삼사 등에 종사하는 인물들의 인사문제에 결정적인 영향력을 가지게 되었음을 의미하였다. 이와 같은 인사권, 언론권의 전랑에의 집중은 후일 동서분당(東西分黨, 1575)의 원인이 됨으로써 조선정치사에서 '붕당(朋黨)'이 발생하는 계기가 되기도 하였다. 일단 붕당이 발생한 이후에는 전랑직에 누가 오르는가에 따라 권력의 향배가 변동하는 상황이 발생하였는데, 전랑권이 향후 조선의 현실정치에 있어 '태풍의 눈'으로 등장하게 된 이유가 여기에 있다. 이러한 와중에서 전랑권의 축소, 폐지 여론이 강하게 제기되면서 결국 전랑권의 핵심을 이루고 있었던 낭천권은 선조 8년(1575)에, 자대권(自代權)은 숙종 11년(1685)에, 통청권(通淸權)은 영조 17년(1741)에 실질적으로 각각 혁파되게 된다. 낭관의 자천제를 비롯하여 낭관권이 성종·연산군·중종대를 거쳐 형성되는 과정과 언론기관의 강화된 기능이 상호계기적으로 진행되는 구체적인 내용에 대해서는 최이돈, 앞의 논문(1991)이나 앞의 책(1994)을 참고할 것. 향후 조선의 현실정치에서 이조전랑이 가지는 역할에 관한 개괄적인 논의로서는, 송찬식 「조선조 사림정치의 권력구조: 전랑과 삼사를 중

임자 천거권을 핵심으로 하는 '낭관권'의 성립은 재상이나 대신들을 비롯한 당상관 이상의 고급관리 등이 주도하여 정책결정이 이루어지는 기왕의 정책결정 과정의 양상에 변화를 초래하여 낭관의 실질적인 정책결정 과정에의 참여를 가능케 했을 뿐만 아니라, 낭관들간의 연대의식을 급속히 강화시켰다. 요컨대 이러한 낭관권의 형성은 언관의 비판적 견제기능의 강화와 상호 상승작용을 하면서 중앙의 정치적 역학관계 전반에 엄청난 파문을 일으켰다. 후일 이중환(李重煥, 1690~1752)은 『택리지(擇里志)』에서 이러한 상황과 관련하여 다음과 같이 언급한 바 있다.

대체로 우리나라의 관제는 상세(上世)와는 달라서 비록 삼공육경(三公六卿)을 두어 제사(諸司)를 감독하고 있지만, 대각(臺閣=司憲府와 司諫院)을 중시하여 거기에 풍문(風聞), 피혐(避嫌), 처치(處置)의 법규를 설치해 오로지 논의를 통해 다스리게 하였다. 무릇 내외의 제배(除拜, 벼슬을 내리는 일)를 삼공(三公)에게 시키지 아니하고 오로지 이조(吏曹)에 귀속시켰으며, 또한 이조의 권한이 강해질 것을 고려하여 삼사(三司)의 차의(差擬)에 이르러서는 판서(判書)에게 두지 아니하고 오로지 낭관에게 맡겼으니, 이조의 전랑이 또한 대각의 권한을 주도하였다. 삼공육경의 벼슬은 비록 고관대작(高官大爵)이지만 조금이라도 만족스럽지 않은 바가 있으면 전랑은 삼사의 여러 신하들로 하여 이를 논의하게 하였는데, 조정의 풍속이 명예를 소중히 여기는 고로 한번 이러한 비판에 휩싸이면 부득불 직위를 버리지 않을 수 없었다. 이 때문에 전랑의 권한이 바로 삼공과 동등하다 하리니, 이로 인하여 대소가 서로 유지하며 상하가 서로 견제하여 삼백년 동안 심각하고 오래도록 권력을 전횡하는 무리가 나타날 근심이 없었던 것이다. 이는 조선이 고려왕

심으로」, 『경제사학』 2(경제사학회 1978), 『조선후기 사회경제사의 연구』(서울: 일조각 1997)에 재수록; 김우기 「전랑과 삼사의 관계에서 본 16세기 권력구조」, 『역사교육논집』 13, 14(1990).

조의 군약신강(君弱臣强)하던 폐단을 아프게 체험하여 암암리에 이를 막을 장치를 마련해두었다고 할 것이다.[68]

한편 이처럼 중앙의 정치적 소통구조에서 가히 획기적이라고 부를 만한 변화가 일어나고 있을 무렵, 또다른—그러나 분명히 서로 연관되어 있다고 보아야 할—변화가 일어나고 있었음을 주목하게 된다. 그것은 왕조의 개국 이래 확산일로에 있던 '유생층(儒生層)'이[69] 개인 혹은 집단상소의 방식을 통해 공론에 참여하는 현상이 점차 일반화되어감으로써, 공론형성층이 이미 중앙의 언관에게만 국한된 것이 아님을 보여주는 상황이 현실화되어 나타나고 있었다는 사실이다. 최근의 연구 등에서 명백히 드러나고 있는 바와 같이, 처음에는 주로 왕실에 남아 있던 불교행사를 겨냥하여 '이단에 대한 배척(闢異端)'을 그 내용으로 하던 유생층의 상소가, 성종대에 들어서게 되면 점차 그 내용이 정치적인 사안으로까지 확대되어 나타나기 시작한다.[70] 더욱이 현실정치에 대한 신유학적 비평의 성격을 지닌

68) 李重煥『擇里志』「卜居總論」人心條, "蓋我國官制 異於上世 雖置三公六卿 董率諸司然歸重臺閣 設風聞避嫌處置之規 專以議論爲政 凡內外除拜 不於三公 而專屬吏曹 又慮吏曹權重 至於三司差擬 不歸之判書 而專任郎官 故吏曹銓郎又主臺閣之權 三公六卿 官雖高大 少有不厭事 銓郎輒使三司諸臣論之 朝廷風俗 崇廉恥重名節 故一遭彈駁 不得不去職 是以銓郎之權 直與三公等埒 此所以大小相維 上下相制 三百年無大權奸 而無尾大亂掉之患 此祖宗朝懲麗朝君弱臣强之弊 黙寓防禁之機微也."

69) 일반적으로 유생층은 사료에서 유생(儒生), 관학지사(館學之士), 포의(布衣), 관학학생(館學學生), 향유(鄕儒) 등으로 지칭되는 존재로서, 조선 초기의 유생층은 주로 관학유생 및 사부학당의 생도를 지칭하는 것이었다. 그런데 16세기에 접어들면서 점차 평생을 은둔자(處士, 遺逸, idle literati)로 보내는 생원 진사와 유학층이 증가하게 되면서, 유생층은 단지 수학중인 사(士)로서의 의미뿐만 아니라 특정 관직에 있지 않았던 재야세력을 망라하는 의미를 가지게 되었다고 한다. 이에 관해서는 김돈, 앞의 책 13면.

70) 유생층의 상소가 보호될 수 있었던 것은 그것이 다름아닌 '천하의 공론', 혹은 '일국의 공론'이라는 이유에서였다. 유생층의 상소에 관해서는 최이돈, 앞의 책 제5장 「선조조 공론정치의 강화」; 김돈, 앞의 책 제1장 「조선초기 유생층의 '벽이단(闢異端)' 상소」 참고.

유생층의 상소는 대체로 언관들의 상소와 대응하여 나타나는 경우가 많았으며, 숱한 정치적 파문을 일으키면서도 이러한 상소가 관행적으로 되풀이됨에 따라 국정에 유생층이 상소의 방식을 통해 관여하는 것이 점차 자연스러운 현상으로 받아들여지는 상황에 이르렀다. 이처럼 유생층의 상소가 일반화되고 있었다는 것은, 당시 양반층이 중앙에서 지방으로 확산되어가고 유생층의 폭이 점차 두터워지는 사회적 추이를 고려하면,[71] 공론형성층의 저변이 중앙의 고위관리에서 지방의 유림(儒林)에 이르기까지 점차 확대되고 있음을 시사해주는 것으로, 나아가 조선의 정치 참여 계층이 확산되어가는 양상을 보여준다 할 수 있다. 아울러 이러한 현상은 향후 조선정치의 한 특징적 양상이라고 할 만한 '상소를 통한 지방유림과 국왕간의 소통현상'이 이 시기를 거치는 동안 점차 정착되어가고 있음을 의미하는 것이기도 했다.[72]

71) 조선시대의 지배계층을 의미하는 양반은 크게 서울지역에 거주하는 재경(在京)양반과 지방의 농촌지역에 거주하는 재지(在地)양반으로 나눠볼 수 있다. 재경양반층이 서울에 거주하면서 중앙정부에 막강한 영향력을 행사하는 극히 제한된 소수의 특권계층이라면, 재지양반층은 전국적으로 널리 분포하면서 조선사회의 전반적인 특징과 사회적 분위기를 만들어낸 훨씬 광범위한 지배계층이었다. 미야지마 히로시의 견해에 따르면, 재지양반층이란 주로 향리 출신 가운데 과거에 합격하여 중앙정계에 진출하거나 고명한 학자를 배출한 가문의 자제들이 다시 농촌지역에 정착하여 수세대에 걸쳐 동일한 지역에 거주하면서 유교적 생활양식을 모범적으로 실천하며 살아가고 혼인관계 등을 통해 사회적으로 광범위하게 형성된 동족집단(同族集團)이라고 말할 수 있다. 이에 관해서는 宮嶋博史『兩班: 李朝社會の特權階層』(東京: 中公新書 1995) 등을 참고.

72) 이러한 '상소를 통한 지방유림과 국왕의 소통현상'에 대해 마르티나 도이힐러(Martina Deuchler)는 다음과 같이 표현한 바 있다. "지방의 유학자들은 또한 사설 교육기관인 서원을 통해 어느정도 독립성을 유지할 수 있었다. 학습과 숭배를 위한 기구인 서원은 유학자들의 의견(儒論)을 움직임으로써 전국 차원의 문제뿐 아니라 지방단위의 문제에 대해서도 상당한 영향력을 행사했다. 이 의견들은 원래 사적 성격을 갖고 있지만 소(疏)의 형태로 서울로 전해지면 곧 정부가 무시할 수 없는 공론으로 변했다. 그러므로 유림들은 아무리 중앙에서 멀리 떨어져 있더라도 국가와의 대화를 유지했던 것이다." Martina Deuchler 「조선후기의 지방지배층과 중앙정부」, 조선시대사학회 편 『동양삼국

그러면 이러한 정치적 소통구조의 변화와 왕권의 위상, 혹은 군신관계는 어떻게 맞물려 있었던 것일까. 여기서는 조선 중기의 왕위승계 과정을 중심으로 왕권 위상의 미묘한 변화에 관해 검토해보기로 하겠다. 다음에 제시한 〈표2-3〉은 조선 중기 왕위승계 과정의 전체적인 문맥의 이해를 위해 조선 중기의 왕위 관련사항을 정리한 것이다.

〈표2-3〉 조선 중기 왕위계승 관련사항 (국왕의 평균 재임기간: 22년)

왕		선왕과의 관계	즉 위	즉위 연령	재위 기간	왕위승계 관련 특기사항
10대 燕山君	r.1494~1506 (1476~1506)	적장자	1494년 12월 29일	19세	11년 9개월	방벌당함〔中宗反正〕
11대 中宗	r.1506~1544 (1488~1544)	이복형제(성종의 차적자)	1506년 9월 2일	18세	38년 2개월	왕비의 폐위, 왕비 책봉갈등, 왕위승계 문제로 외척간 갈등
12대 仁宗	r.1544~1545 (1515~1545)	적장자	1544년 11월 20일	30세	9개월	후사 없이 급서
13대 明宗	r.1545~1567 (1534~1567)	이복형제(중종의 차적자)	1545년 7월 6일	12세	22년	을사사화(1545), 문정왕후 윤대비의 수렴청정, 외척세력의 전횡, 후사 없음
14대 宣祖	r.1567~1608 (1552~1608)	숙질관계(중종의 7서자인 덕흥군의 3적자)	1567년 7월 3일	16세	40년 7개월	방계출신 최초의 왕위계승, 왜란(1592~1598)
15대 光海君	r.1608~1623 (1575~1641)	부자관계(선조의 차서자)	1608년 2월 2일	34세	15년 1개월	서자출신 왕위계승, 방벌당함〔仁祖反正〕
16대 仁祖	r.1623~1649 (1595~1649)	숙질관계(선조의 5서자인 정원군의 적장자)	1623년 3월 13일	28세	26년 2개월	자신의 생부를 왕으로 추숭〔元宗〕, 호란(1627, 1636)

현실정치의 장에서 기왕의 군신관계의 성격이 변하게 되는 계기는 보는 관점에 따라 다양하게 찾을 수 있을 것이다. 하지만 조선 전기에서 군신

의 왕권과 관료제』(서울: 국학자료원 1999) 133면.

관계의 성격이 변화하는 하나의 분수령이 될 만한 정치적 '사건'을 찾으라면, 그것은 조선의 10대 국왕의 폭정과 이에 따른 두차례의 대규모 정치탄압, 그리고 이에 대한 신하들의 폭군방벌〔中宗反正, 1506〕이라는 연쇄적 사건을 지적해야 할 것이다.[73] 주지하는 바와 같이, 국왕의 자의적 통치에 대한 언관들의 간쟁이 이어지는 속에서, 국왕의 폭정은 정면으로 부딪칠 수밖에 없었다.[74] 결국 연산군의 공포정치가 극한적 상황으로 치닫게 되자, 국가의 기강확립을 외치면서 국왕의 편에 서 있던 훈구세력은 왕에게 반기를 들게 된다. 연산군의 폭정은 정치권력을 공론과 공의에 입각한 공공성의 원리 내에 한정시키고자 했던 조선정치의 기본이념과 전면적으로 대치되는 것이 아닐 수 없었는데,[75] 11대 중종이 새로 왕위에 오르게 되는 장면을 『조선왕조실록』은 다음과 같이 기록하고 있다.

〔실질적으로 궁궐을 완전히 장악한 반정 주도세력이〕 일치된 의견으로 대비(大妃)에게 말씀드리기를, "지금 위에서 '임금의 도리〔君道〕'를 잃어 정령(政令)이 혼란하고, 민생은 도탄에서 고생하며, 종사(宗社)는 위태롭기가

73) 9대 성종은 훈구세력을 견제하기 위해 김종직(金宗直) 등을 비롯한 사림파를 중앙정치에 적극적으로 기용하였고, 이들 사림파는 언론기관을 중심으로 훈구세력을 강력히 견제해나갔다. 그런데 10대 군주 연산군이 즉위하면서 군주의 전횡이 이어지자, 사림파는 훈구세력과의 갈등과 아울러 군주를 강력히 견제하게 되었고, 이러한 대결구도 위에서 김종직의 세조 비판의 내용을 담은 「조의제문(弔義帝文)」이 사초(史草)에 실린 것을 빌미로 하여 군주와 훈구세력의 정치적 반격을 받게 된다〔戊午士禍, 1498〕. 이처럼 무오사화를 통해 사림파의 대다수가 제거되고 언론기관이 크게 위축되자, 군주의 전횡은 날로 심해진다. 이후 연산군은 자신의 생모인 윤씨의 복위문제를 계기로 자신을 견제할 만한 세력을 거의 망라하여 제거하는데〔甲子士禍, 1504〕, 이에 대한 훈구세력이 주축이 된 반격이 바로 중종반정이었다. 조선의 10대 군주인 연산군대의 군신간의 권력관계와 중종반정에 의한 정치권력의 재편에 관해서는 김돈, 앞의 책 제2장 「연산군대의 군신권력관계연구」와 제3장 「중종반정과 정치권력의 재편」 등을 참조.

74) Edward W. Wagner, 앞의 논문(1980).

75) 『燕山君日記』 총서 12집 623면, 12年 9月 2日(己卯條).

더 말할 나위 없으니, 신 등은 자나깨나 근심이 되어 어찌할 줄 모르겠습니다. 신민의 마음이 진성대군(晉城大君, 11대 군주인 중종)에게 쏠린 지 이미 오래이니 이제 추대하여 종사의 계책을 삼고자 감히 대비의 분부를 여쭙니다." (…) 〔이에 대해 대비가 굳이 사양하자〕 "여러 신하들이 계책을 협의하여 대계가 정해졌으니, 고칠 수 없습니다〔群臣協策, 大計已定, 不可更改〕." 〔왕이 생포된 후〕 대비가 교지를 반포하였는데, 그 내용은 다음과 같다. "우리나라가 덕을 쌓은 지 백년에, 깊고 두터운 은택이 민심을 흡족하게 하여, 영원토록 흔들리지 않을 기초를 마련하였는데, 불행하게도 지금 임금이 지켜야 할 도리를 크게 잃어 민심이 흩어져 도탄에 빠졌다〔惟我國家積德百年, 深仁厚澤洽于民心, 以基萬世不拔之業, 不幸今者大失君道, 民心嗷嗷若墜塗炭〕. 대소 신료가 모두 종사(宗社)를 중히 여겨 폐립(廢立)의 일로 와서 아뢰기를, "진성대군은 일찍부터 인덕(仁德)이 있어 민심을 얻고 있으니, 모두가 그분을 추대하기를 바랍니다"고 하였다. 내가 생각하니, 어리석은 이를 폐하고 밝은 존재를 세우는 것은 고금에 통용되는 의리이다〔予惟廢昏立明 古今通義〕. 그래서 여러 사람의 의견에 따라 진성대군을 사저에서 맞아다가 대위(大位)에 나아가게 하고 전왕(前王)은 폐하여 교동(喬桐)에 안치하게 하노라. 백성의 목숨이 끊어지려다가 다시 이어지고, 종사가 위태로워지려다가 다시 평안하여지니, 나라에 어찌 이보다 더욱 큰 경사가 있겠느냐."[76]

이 기록에서 새삼스럽게 확인하게 되는 사실은 이와 같은 폭군방벌의 경험을 계기로 하여 군주가 군주다운 군주가 되도록 신하들이 부단히 개입하여 견제할 필요가 있으며, 심지어 경우에 따라서는 왕자들 가운데 현인의 자질이 있다고 판단되는 인물이 군주가 될 수 있도록 신하들이 왕위 계승 과정에 적극적으로 관여할 수 있다는—그 누구든 드러내놓고 공론

76) 『中宗實錄』 1年 9月 2日(戊寅條).

화하기는 어려우나 누구라도 내심으로는 이에 대해 공감하는―하나의 역사적 선례를 조선정치사에 뚜렷이 남김으로써, 현실정치에서 국왕의 권위가 '상대화'되는 구체적 계기가 마련되었다는 점일 것이다. 기왕에 조선왕조의 왕위계승자를 결정하는 과정에서 신하들의 의견을 묻는 경우는 있었지만, 신하들이 주도가 되어 왕족 가운데서 왕위계승자를 실질적으로 결정한 사례는 이른바 중종반정이 처음이었다. 하지만 그와 동시에 여기서 간과해서는 안될 사실은 반정을 주도한 세력들이 선왕의 폭정을 왕정 자체의 문제이기보다 군주답지 못한 군주의 등장과 왕정의 잘못된 운영에서 비롯된 비극이라고 인식하고 있다는 점이다.[77] 이것은 조선정치사에서 왕권이라는 공간과 왕의 개인적 능력 내지 인품이 기본적으로 분리되어 인식되었을 뿐만 아니라, 반정의 경험이 왕조국가의 정치적 구심축이자 예질서의 정점으로서 정통성의 근거로 간주되었던 왕권의 상징적 위상을 바꾸어놓지 못했음을 뜻한다는 점에서 이후 조선왕권의 독특한 정치적 위상을 이해하는 데 대단히 중요한 의미가 있는 것으로 생각된다. 이러한 점에서 조선정치사에서 중종반정이라는 폭군방벌의 체험은 왕권을 중심으로 한 왕조국가의 정치질서가 기본적으로 유지되면서도, 정치운영의 실질적인 주체가 점차 신하들에게 기울게 되는 하나의 구체적 계기를 이루는 사건이라고 말할 수 있을 것이다. 이와 같은 군신관계의 변화는 중종반정 이후의 왕위계승 과정에 반영되어 나타났다. 그러면 지금부터 중종

77) 반정(反正)이란 용어는, 주지하는 바와 같이, 『春秋公羊傳』의 「哀公」에 나오는 "발란세반제정(撥亂世 反諸正)"이란 구절에서 따온 것으로서, '난세를 다스려 바른 세상으로 돌이켜세움'을 의미한다. 반정을 주도한 세력들의 의식이 기본적으로 맹자의 폭군방벌론과 완전히 동일한 문맥에 있는 것임은 두말할 나위가 없을 것이다. 널리 알려진 바와 같이, 맹자는 제(齊)나라의 선왕(宣王)과의 대화에서 흉악한 군주는 이미 군주라고 할 수 없으며, 그에 대한 응징은 당연한 것이라는 입장을 밝힌 바 있다〔齊宣王問曰, "湯放桀, 武王伐紂, 有諸?" 孟子對曰, "於傳有之." "臣弑其君, 可乎?" "賊仁者謂之'賊', 賊義者謂之'殘'. 殘賊之人謂之'一夫'. 聞誅一夫紂矣, 未聞弑君也"〕. 『孟子』 梁惠王 下篇.

반정 이후의 왕위계승 과정을 통해서 왕권의 위상을 비롯하여 군신관계가 변화해가는 양상을 검토해보기로 하자.

반정으로 왕위에 오른 11대 중종은 재임기간 중에 자신에게 왕위를 부여한 정치세력 앞에서 종종 무기력한 모습을 드러냈다. 예컨대 이러한 상황을 단적으로 보여주는 사례로서, 반정주모자들이 중종에게 정비(正妃)인 신씨〔단경왕후端敬王后, 1487~1557〕를 폐위시키도록 종용하여 결국 승인하게 한 사실 등을 들 수 있다.

〔반정 주도세력이〕 한 목소리로 말하기를 "거사할 때 먼저 신수근(愼守勤)을 제거한 것은 대사를 성취하고자 했기 때문이었습니다. 지금 그의 친딸이 대궐 내부에 있습니다. 그녀를 만약 중전으로 삼는다면 인심이 불안해지고 인심이 불안해지면 종사(宗社)에 관계됨이 있으니, 은정(恩情)을 끊어 밖으로 내보내시옵소서." 〔中宗이〕 전교하기를 "아뢰는 바가 심히 마땅하지만, 그러나 조강지처인데 어찌 그리할 수 있겠는가〔糟糠之妻 何以爲之〕?" 이에 모두 아뢰기를, "신 등도 이미 알고 있사옵지만, 종사(宗社)의 대계(大計)로 볼 때 어찌 다른 방도가 있겠습니까? 주저하지 마시옵고 쾌히 결단을 내리소서." 왕이 전교하기를 "종사가 무엇보다 중하니 어찌 사사로운 정을 생각하겠는가. 마땅히 여러 사람의 논의에 따라 밖으로 내보내겠노라〔宗社至重, 何計私情, 當從群議, 出外〕."[78)]

이처럼 마땅히 왕비가 되어야 할 신씨를 신하들이 '용납'할 수 없다고 주장한 주된 근거는 신씨의 부친인 신수근(愼守勤, 1450~1506)이 연산군의 처남이기에 미래의 화근을 없앤다는 것이었다. 이러한 상황하에서 국왕의 정치적 리더십이 자율적으로 발휘되기 어렵다는 것은 불문가지의 사실이

78) 『中宗實錄』 1年 9月 9日(乙酉條).

다. 예컨대 조선왕조사에서 가장 대담한 개혁정책 중의 하나로 알려진 이른바 '조광조(趙光祖)의 개혁'이 중종대의 중반(중종 10~14년, 1515~1519년)에 시행된 것이나, 개혁이 갑자기 극적인 반전(己卯士禍)에 의해 파국에 이르게 되는 경위는 왕권을 둘러싼 권력관계의 문맥을 종합적으로 고려하지 않으면 이해하기 힘든 것이다.[79)]

앞에 제시한 〈표2-3〉 '조선 중기 왕위계승 관련사항'에서도 확인할 수 있는 바와 같이, 중종대 후반부터 나타났다가 인종의 왕위승계로 잠잠

---

79) 국왕 중종은 즉위 후에 정통성의 문제에 휘말렸다. 이러한 사실은 중종 즉위 직후 명 황제에게 왕위교체의 경위를 보고하고 이에 대한 윤허를 요청하는 조선 측의 주문(奏文)에서 확인할 수 있다. 갑작스런 왕위승계가 전왕(前王)의 질병으로 인한 것이라고 표현되어, 반정의 불가피성이나 정당성을 분명히 밝히지 못하고 있으며, 전체적으로 상황을 은폐하고 있다는 느낌을 강하게 전해준다(『中宗實錄』 1年 9月 21日(丁酉條), 9月 27日(癸卯條)). 이러한 상황은 실질적으로 왕위를 찬탈했다고 할 수 있는 7대 세조가 단종으로부터 왕위를 승계하는 내용을 적은 주문(奏文)에서 승계의 정당성과 불가피성을 밝히고 있는 내용(『世祖實錄』 1年 윤6月 29日 癸酉條)과는 뚜렷이 대비되는 것이었다. '조광조의 개혁'이란, 주지하는 바와 같이, 중종반정 이후 조광조를 필두로 하여 언론기관을 중심으로 포진되어가던 당시의 사림세력들이, 자신의 정통성 결여를 보완하면서 정국을 돌파해가려는 국왕 중종의 비호하에서, 위로는 제왕학에 근거하여 군권을 강화하고 아래로는 일련의 교화정책을 실시하여 요순삼대의 '지치(至治)'의 경지를 구현하고자 했던 정치쇄신 운동이자 사회적 실천운동이었다. 과감한 개혁이 성공적으로 진행되면서 자신감을 가진 조광조를 비롯한 개혁주도세력은 '정국공신 76인의 위훈삭제'를 실현함으로써 반정주도세력에 대한 정면돌파를 시도하게 되는데, 이는 처음에는 중종의 협력으로 성공하는 것 같았지만 결국 왕과 훈구세력의 담합에 의해 순식간에 반전되고 만다. 이것이 바로 중종 14년(1519)의 기묘사화이다. 이러한 거듭된 정치적 반전은 중종의 국왕으로서의 정통성 결여와 그로 인해 국정을 주도해갈 최종적인 자신감 부족이라는 측면을 감안하지 않으면 이해하기 힘들 것이다. 정국공신들의 위훈삭제와 기묘사화에 대한 『조선왕조실록』의 중요한 기록으로는 『中宗實錄』 14年 10月 25日(乙酉條), 11月 11日(辛丑條), 15日(乙巳條), 17日(丁未條), 18日(戊申條) 등을 참고할 것. 조광조의 개혁과 기묘사화에 관한 전문적인 연구로는 Edward W. Wagner, "The Recommendation Examination of 1519: Its Place in Early Yi Dynasty History," 『朝鮮學報』 15(天理大學 1960); E. W. Wagner, 앞의 책(1974); 이태진 「조선성리학의 역사적 기능」, 『조선유교사회사론』(서울: 지식산업사 1989); 김돈, 앞의 책 등을 참고할 수 있다.

해진 듯이 보였던 왕위계승을 둘러싼 갈등이 12대 인종의 급서(急逝) 이후 정치적인 반전의 형태를 띠면서 현실정치의 표면으로 부상한 것은, 12세 소년 명종이 13대 국왕으로 취임하고 그의 모후(母后)인 문정왕후(文定王后) 윤대비(尹大妃, 1501~1565)가 섭정을 시작한 바로 직후였다〔乙巳士禍, 1545〕.[80] 이후 윤대비의 8년에 걸친 섭정과 명종대의 거의 종반까지 드리워진 그녀의 정치적 영향력 하에서 이루어진 이른바 외척세력에 의한 권력의 전횡은 기왕의 조선정치사에서 선례를 찾아보기 어려운 것이었다.[81]

왕위계승을 둘러싼 문제는 명종 이후에도 반복되어 나타났다. 명종 역시 후사를 남기지 못하여 중종의 서자였던 덕흥군(德興君, 岩, 1530~1559)의 셋째아들을 옹립하여 왕위를 계승하게 하는 상황이 벌어졌다. 왕의 적자(嫡子)나 적손(嫡孫)이 아닌 방계출신의 인물이 조선왕조의 왕위를 승계한 것은 선조의 경우가 최초였다. 하지만 선조의 즉위 이후 국왕의 정통성이 공식적으로 문제시되거나 그것이 직접적 빌미가 되어 정치적 사건으로 비화하지는 않았다.[82] 다만 이러한 방계출신의 국왕의 출현이 왕실의 독특한

---

80) 중종대 후반 왕위계승을 둘러싼 갈등이 나타나는 상황에서 사림세력 및 언론기관은 전반적으로 세자(후일의 인종)를 옹호하는 입장을 취하고 있었다. 그런데 인종이 급서하면서, 윤대비 세력 등은 새로운 국왕 명종의 왕위를 굳건히 한다는 명목으로 지난날 인종을 옹호했던 인물들을 다수 제거하게 되는데, 이것이 바로 명종의 즉위와 함께 벌어진 을사사화였다. 을사사화에 관해서는 『이회재의 사상과 그 세계』(서울: 성균관대학교 대동문화연구원 1992)에 수록된 이우성 「을사사화의 일고찰: 회재의 현실대처방식을 중심으로」; 이병휴 「중종 명종대 권신 척신정치의 추이와 회재의 대응」; 최이돈(1994); 김돈(1997)을 참고할 수 있다.

81) 명종대 문정왕후의 수렴청정과 명종의 친정체제에 들어선 이후 왕권의 위상에 관한 논의로서는 김우기 「조선 명종대 군신관계의 추이와 성격」, 『국사관논총』80(서울: 국사편찬위원회 1998); 김돈, 앞의 책 6장 「명종대 왕권의 약화와 중외유생층의 동향」을 참고할 수 있다.

82) 이범직 「조선후기 왕실구조 연구—인조대를 중심으로」, 『국사관논총』80집(서울: 국사편찬위원회 1996) 282~83면; 이영춘 『조선후기 왕위계승연구』(서울: 집문당 1998) 97~98면.

예법인 '오례(五禮)적 예론'에 의해 정당화될 수 있는 것이었다고 하더라도, '가례(家禮)적 예론'이 정착되고 중시되던 사회적 분위기에서[83] 국왕의 권위가 타격을 받았을 것임은 불을 보듯 명백한 것이었다. 따라서 명종 말기에 윤대비가 죽은 이후 이른바 외척 및 권신세력들이 제거되면서 사림세력들이 정계의 주도권을 폭넓게 장악하게 되는 상황을 감안하면, 방계 출신의 인물이 왕위를 계승하게 되는 정황은 군신간의 타협의 여지를 자연스럽게 확대시켰을 개연성이 크다. 그리고 이는 좀더 적극적인 의미에서 이른바 '군신공치(君臣共治)에 의한 정국운영'이 이루어질 여건이 실질적으로 마련되어가고 있었음을 의미하는 것이었다. 『조선왕조실록』의 기록 가운데 선조대에 군신공치에 의한 정국운영이 공론화되었음을 보여주는 사례가 여기저기 눈에 띄는데, 그중에서도 성혼(成渾, 1535~1598)이 선조에게 올린 유명한 상소문「신사봉사(辛巳封事)」는 그것이 구체적으로 거론되는 레토릭을 '전형적'으로 보여주는 사례라는 점에서 음미할 만한 가치가 있다고 생각된다.

> 삼대의 융성한 시대에는 임금이 왕도를 세우고 현명한 임금과 충량한 신하가 서로 만나서 임금의 마음을 바르게 하여, 나라를 안정시키고, 상하가 교접하여 태평을 이루었으니, 치화(治化)의 훌륭함이 이보다 더할 수 없었습니다. 중세에 이르러서도 시대마다 인재가 있었는데, 임금 역량의 크고 작음이 인재를 얻는 성쇠(盛衰)의 관건이 되었습니다. (…) 대체로 현명한 인재를 등용하는 것이 임금의 직무입니다. 현명한 인재는 나라를 다스리는 기구인 것이니, 훌륭한 공인(工人)이 무딘 기구로 일을 잘할 수 없듯이 명철한 임금이 아둔한 인재를 써서 공적을 성취할 수 없는 것입니다. 그러므로

83) 이 시기 예학의 변천 양상에 관해서는 윤사순, 앞의 책; 이범직, 앞의 책; 고영진, 앞의 책 등을 참고할 수 있다.

> 인재를 제대로 잘 쓰면 임금이 아무리 범용한 인물일지라도, 족히 나라를 유지할 수 있고, 인재를 제대로 쓰지 못하면, 실덕(失德)하지 않은 임금일지라도 위망(危亡)에서 벗어나지 못하는 것입니다. (…) **천하의 정치는 실로 임금에게서 나오는 것이지만, 천하의 일은 임금이 혼자 맡아서 다스릴 수 있는 것이 아닙니다**〔天下之治, 固出於一人, 而天下之事, 則非一人厥能獨任也〕. **전하께서 총명과 예지가 백왕들보다 뛰어나시지만 또한 어떻게 혼자서 나라를 다스릴 수 있겠습니까**〔殿下雖聰明睿智, 卓冠百王亦安能獨治國事乎〕.[84]

이러한 정황들을 종합적으로 감안해볼 때, 선조의 대통을 이은 15대 국왕이 선조의 적자가 아닌 서자 출신이라는 사실은 간과할 수 없는 정치적 의미를 지닌다고 하지 않을 수 없다. 왜냐하면 선조의 차서자(次庶子)인 광해군이 세자로 결정되어[85] 후일 15대 국왕이 되었다는 것은, 기왕의 군신공치의 공론화 추세를 자연스럽게 더욱 가속화하지 않을 수 없었을 것이기 때문이다. 실제로 광해 2년에 선조대부터 끊임없이 논란의 대상이 되어온 이른바 '사림오현(士林五賢)'을 문묘(文廟)에 종사(從祀)하는 사안을 국왕이 재가한 사실은 이러한 정치적 흐름을 상징적으로 보여주는 사건으로서, 군자나 성현의 위상이 가지는 정치적·사회적 중요성이 확대되고 있음

---

84) 『宣祖修訂實錄』 14年 4月 1日(甲午條).

85) 선조의 차서자(次庶子)인 광해군이 세자로 결정된 데는 불가피한 사정이 있었다. 광해군이 왕세자로 결정된 것은 임진왜란이 발발한 선조 25년(1592), 곧 조선이 국가적 위기상황에 처하여 선조가 피신하려는 긴급상황에서였다. 이때 신하들은 '종묘사직의 장래와 민심의 수습'이라는 차원에서 부득불 세자를 결정하지 않으면 안된다고 강하게 제안했는데, 당시 선조에게는 적자는 없고 서자만이 여럿 있는 상황이었다. 광해군이 세자로 결정된 것은 선조가 이 제안을 수용하여 대신들을 모은 자리에서 광해군을 전격적으로 세자로 지명했기 때문이다. 광해군이 세자로 결정되는 경위에 대해서는 『宣祖實錄』 25年 4月 28日(丁巳條)을 참고할 것. 광해군에 관해서는 대체로 한명기의 연구에 의존했음을 밝혀둔다. 한명기 『임진왜란과 한중관계』(서울: 역사비평사 1999); 『광해군』(서울: 역사비평사 2000).

을 단적으로 드러내는 것이라고 할 수 있다. 오현(五賢)의 문묘종사의 의미에 대해 『조선왕조실록』은 다음과 같이 표현하고 있다.

하늘이 대현(大賢)을 낸 것은 우연치 않은 일로서 이는 실로 소장(消長)의 기틀에 관계되는 것이다. 유덕한 자에게 상사(常祀)를 베풀어야 함은 의심할 나위가 없는 일이니 존숭하여 보답하는 전례(典禮)를 거행하는 것이 마땅하다. 이에 반포하여 귀의(歸依)할 바가 있게 한다. 우리 동방을 돌아보건대, 나라가 변방(邊方)에 치우쳐 정학(正學)의 종지(宗旨)를 전수받은 일이 드물었다. 기자(箕子)에 의해 홍범구주(洪範九疇)의 가르침이 펼쳐져 예의의 방도를 알고 있었다. (…) 그러다가 우리 조종(祖宗)께서 거듭 인덕(仁德)을 베푸시는 때를 만나 참으로 문명을 진작시키는 운세〔文明振作之運〕를 맞이하게 되면서 김굉필(金宏弼), 정여창(鄭汝昌), 조광조(趙光祖), 이언적(李彦迪), 이황(李滉)과 같은 다섯 신하가 나오게 되었으니, 이들이야말로 염락관민(濂洛關閩)의 제자(諸子)〔송대 성리학의 대가들〕의 전한 바를 터득하고 격물, 치지, 성의, 정심의 공을 이룩한 이들로서 그 법도가 매한가지라 하리니, 참소하고 질시하는 무리들과 어찌 함께 둘 수 있겠는가. 포부를 펴고 못 펴는 것은 시대상황과 관련이 있는 것으로서 설령 한 시대에 굴욕스러운 일을 당했다 할지라도 시비(是非)는 저절로 정해지는 것이니, 어찌 오랜 세월을 기다려야만 그 시시비비를 알 수 있겠느냐. (…) 이에 문묘에 종사하여 제사를 받들면서 백세토록 사표로 삼게 하는 동시에 40년 동안 고대했던 사람들의 마음에 응답하고 천만세에 걸쳐 태평의 기업(基業)을 열게 되기를 바라노라.[86]

86) 이 글은 오현(五賢)을 문묘에 종사하게 되는 경위를 중외(中外)에 선포하는 광해군의 교서 중의 일부이다. 『光海君日記』 2年 9月 5日(丁未條).

하지만 광해군의 왕위계승 과정의 정치적 의미는 여기에 머무르지 않았다. 그것은 당시의 대내외적 정치상황과 깊숙이 맞물려 훨씬 구체적이면서도 좀더 복잡한 정치적 파문을 일으키게 된다. 주지하는 바와 같이, 이 시기는 전란의 위기에 명이 조선에 대규모의 원병을 파견하여 조선이 대외적 위기를 모면할 수 있도록 도와줬다는 이유로, 명의 조선에 대한 정치적 영향력은 전례없이 강화되어가는 상황이었다. 이러한 상황에서 명 측에서는 "적자(嫡子)도 아니고 하물며 장자(長子)도 아닌" 광해군을 왕세자로 책봉하는 것이 예에 부합하지 않으며, 후일 재앙의 근원이 된다는 이유를 들어 조선의 책봉 주청을 강경하게 거부하는 입장을 취한다.[87] 조선으로서는 왕조개국 이래 명 측의 이처럼 강경한 책봉 거부를 처음 경험하는 일인 만큼 난감한 문제가 아닐 수 없었다. 더욱이 당시의 대륙정세가 변동기에 접어들면서 명의 위상이 흔들리던 상황이었음을 감안할 때, 조선의 명에 대한 의존 심화와 명의 조선에 대한 영향력 강화로 집약되는 명과 조선의 관계 변화는 이후 조선의 정치적 입지에 대한 강한 압박으로 작용할 수밖에 없는 것이었다.[88]

---

87) 조선은 광해군을 세자로 결정한 이후 명에 5차례에 걸쳐 왕세자 책봉을 주청한 바 있었다. 조선의 책봉 주청을 거부하는 명의 공식적 이유에 관해서는 『宣祖實錄』 36年 5月 16日(辛未條)을 통해 확인이 가능하다.

88) 예컨대 광해군이 왕으로 즉위한 지 1년 이상의 세월이 지난 후에야 도착한 명나라 황제의 국왕 책봉조서에는 명의 조선에 대한 전례없이 강화된 영향력이 상징적으로 잘 드러난다. 다음에 소개하는 명 황제의 칙서는 왜란 당시 "명이 조선의 위기를 구하여 지켜 준 은혜〔再造之恩〕"를 천명하고 있는데, 이는 얼마 후 만주에서 건국(1616)하여 새로운 강자로 부상하게 되는 후금세력과 위기상황에 처한 명의 틈새에서 조선이 처하게 될 협소한 정치적 입지를 미리 가늠하게 해준다. "지난 조선국왕〔선조〕은 어린 나이에 작위를 이어받아 동방을 다스렸는데, 〔지난 전쟁 때〕 위태로움을 넘기도록 짐이 나라를 새로 지어 준 바 있었다. (…) 〔새로운 조선의 국왕은〕 수신(修身)하여 정사(政事)를 세우고 왕업을 계승하여 백성을 편안하게 하여, 여러 대 동안 내려온 아름다운 명성을 떨쳐 드러내고 중국의 아름다운 교화에 흠뻑 젖어들라. 이에 특별히 조서를 내리니, 모든 이들이 알도록 해야 할 것이라." 『光海君日記』 1年 6月 2日(辛亥條).

더구나 선조가 1602년 뒤늦게 왕비로 맞이한 인목왕후(仁穆王后, 1584~1632)와의 사이에서 적자인 영창대군(永昌大君, 1606~1614)이 태어나면서 정치적 갈등이 표면으로 드러나 광해군에 대한 견제세력들이 등장하게 되고 정국은 더욱 미묘한 갈등과 대립양상을 보이며 전개되어, 광해군은 글자 그대로 사면초가의 상황에 몰리고 있었다.[89] 조선왕조사 전체에 걸쳐 서자가 이미 왕세자로 결정된 후에 정비(正妃)에게서 적자가 태어난 것은 이때가 유일한 경우였다.[90] 이처럼 왕위승계 과정을 둘러싸고 나타났던 대내외적인 정치적 위기의 와중에서, 광해군은 대내적으로는 왕권강화와 민생안정을 추진하는 한편으로 대외적으로는 명과 후금 사이에서 명분과 실리를 동시에 추구해나가는 태도를 견지하게 되지만,[91] '안과 밖'의 정치적 갈등에 종종 휘말려 정치적 반대파에 의해 종국에는 방벌되고 말았음은 주지하는 바와 같다(仁祖反正, 1623).[92]

지금까지 살펴본 중종반정에서 인조반정에 이르는 왕위승계 과정상의 불안정성이 앞서 언급한 조선의 정치적 소통구조의 변화와 상호 상승작용을 일으켰음은 두말할 나위가 없다. 다만 조선 중기의 정치적 역학관계를 좀더 입체적이고 계기적으로 이해하기 위해서는 이른바 '공신(功臣)'이라는 존재를 함께 거론해야만 할 것으로 생각된다. 공신세력들은 조선개국 이래 항시 존재해왔다. 하지만 나라의 안정을 기하기 위하여 마련된 공신제도는 그 취지와는 달리 새로운 정치적 불안을 초래할 소지가 있기 때문

89) 한명기, 앞의 책(2000) 71~77면.

90) 이영춘 『조선후기 왕위계승연구』(서울: 집문당 1998) 97면.

91) 재위기간 중의 광해군의 대내외적 정치적 상황과 리더십에 관해서는 앞서 언급한 한명기의 연구가 상세하다. 한명기(1999) 185~301면; 한명기(2000) 78~251면.

92) 광해군의 왕위계승 과정이 이후 인조반정으로 이어지게 되는 과정 등에 관한 상세한 논의로는 다음을 참고할 것. 이영춘, 앞의 책 103~78면; 한명기, 앞의 책(1999) 187~95면; 이범직 「조선후기 왕실구조 연구—인조대를 중심으로」, 『국사관논총』 80(서울: 국사편찬위원회 1996).

에 왕조 초기에는 그 운영이 대단히 신중했다. 이러한 경향은 7대 세조가 왕위를 찬탈한 이래 점차 다른 양상을 띠지 않을 수 없게 된다. 왜냐하면, 각각의 왕위승계 과정에서 정치적 갈등과 대립이 더욱 격렬해지면서, 새로이 즉위한 왕이 왕정의 안정을 위하여 자신을 보위하며 반대세력을 제압하는 데 공을 세운 인물들에게 각종 특권을 남발하는 경향을 보였기 때문이다. 이러한 이유로 세조 이후 중종반정 등을 거쳐 인조반정에 이르는 동안 수많은 공신들이 계속 배출되었으며,[93] 또한 이렇게 공신에 오른 자들은 대체로 현실적인 정치적 권력관계에 민감할 수밖에 없었던 까닭에 왕권을 보좌한다는 명목 하에 권력을 배타적으로 독점하려는 성향을 드러내는 경우가 많았다. 이들 공신세력이 조선 중기 내내 현실정치의 장에서 막강한 영향력을 발휘할 수 있었던 것이나, 새로운 공신세력이 핵심권력으로 등장했다가 사라지는 순환의 주기가 각각의 왕위승계 과정과 밀접히 맞물리는 것 등은 이러한 사정에서 비롯되었다.

이처럼 권력지향적 성향이 강한 공신세력이 조정의 핵심권력층으로 등장하게 됨에 따라 중앙의 정치적 역학관계는 끊임없이 재편되지 않을 수 없었다. 물론 여기서 말하는 정치적 역학관계의 재편이란 단지 강력한 권력지향적 공신들이 재상이나 대신과 같은 고급관리로 진출한다는 일방적인 의미는 아니었다. 그것은 오히려 권신의 등장과 이에 대한 강력한 비판세력의 정치적 부상이라는 '쌍방간' 관계의 변화를 의미하는 것이었고, 나

93) 중종반정을 거쳐 인조의 재임기간에 이르기까지 17차례나 훈봉공신 책봉이 이루어진 바 있었다. 그런데 그 가운데서도 왜란과 호란을 겪게 되는 선조, 광해군, 인조대에 무려 14차례나 훈봉공신의 책봉이 이루어졌다는 것은 이 시기가 다른 시기에 비해 얼마나 위기상황이었는가를 그대로 반증해 보여주는 것으로 생각된다. 한편 조선 중기의 공신 책봉 중에서 국내정치적으로 특히 중요하다고 생각되는 것으로서 중종반정 직후의 정국공신(靖國功臣)과 명종 즉위시의 위사공신(衛社功臣), 광해군 때의 평난공신(平難功臣), 인조반정 직후의 정사공신(靖社功臣) 등을 들 수 있을 것이다. 이에 관해서는 신명호 『조선의 공신들: 공신을 통해 본 전환기의 조선역사』(서울: 가람 2002) 등을 참조.

아가 정치적 질서의 표상인 국왕의 실질적인 위상과 군신관계의 전반적인 성격이 '미묘하게' 변화해가고 있음을 의미하는 것이었다. 여기서 권신에 대한 비판의 선두에 서 있던 세력이 바로 삼사(三司)에 포진한 사림세력들이며, 이들을 측면에서 지원한 세력이 낭관권을 바탕으로 강한 연대의식을 강화시켜가던 실무담당층 곧 낭관(郎官)이었다는 사실, 그리고 이처럼 삼사를 비롯한 중앙의 정치적 소통구조가 변화할 수 있었던 실질적인 정치적 배경에는 이들에 대한 국왕의 비호가 있었으며, 이러한 비호의 배경에는 권력지향적인 공신세력들을 견제하려는 국왕의 정치적 의도가 있었다는 점에 대해서는 이미 언급하였다. 이러한 사실을 종합해볼 때, 공신세력의 권력지향적 성향이 오히려 공신 비판세력들의 정치적 입지를 강화해주는 역설적 상황이 지속되었으며, 동시에 국왕은 자신의 실질적인 정치력을 확보하기 위하여 이러한 정치적인 역학관계를 활용하려 했음을 알 수 있다.

조선 중기에 해당하는 시기 동안 크고 작은 사건들이 계속 벌어졌고, 정치적인 역학관계는 끊임없이 유동하고 있었다. 당시 정치권력을 사유화하려는 정치세력과 이에 대해 공론을 주도하고 이를 대변한다고 자임하던 비판세력이 동일하게 권력지향적인 성향을 가진 것은 아니라 하더라도, 이들간의 대립은 피아간의 준별이라는 권력관계의 속성상 정파간 갈등의 양상을 보이지 않을 수 없었다. 이에 따라 정치적 이상이나 현실적 이해관계가 다른 세력들이 치열하게 대립하면서 팽팽한 긴장관계에 놓이는 상황이 일상적으로 전개되었다. 하지만 이처럼 개별적인 '사건'들의 경과를 미시적으로 들여다보면 서로 엎치락뒤치락하며 전개되는 듯한 쌍방간의 정치적 대립 양상이, 장기적인 문맥에서 보면 지그재그의 과정을 겪으면서도 몇가지 주요한 경향성을 띠고 진행되고 있었음을 알 수 있다. 당시 정치적 흐름을 크게 군신관계의 측면과 국왕을 제외한 정치세력들간의 관계의 측면에서 정리해보면, 대체로 다음과 같은 특징적 양상들을 추출해볼 수 있다.

우선 연산군 이후 조선 중기의 군신관계 역시 기본적으로는 '상호의존적 긴장관계'의 양상을 띠었다. 그러나 상호의존의 내용이나 성격에는 조선 전기와는 다른 중요한 변화가 나타나고 있었다. 요컨대 조선 중기의 군신관계에서는, 연산군의 폭정과 반정사건을 계기로 군주가 신하에게 오히려 '비대칭적'으로 의존하는 상황이 나타나기 시작했고, 이후 다소간의 변동은 있었다고 하더라도 그 기본적인 추세는 별다른 변화 없이 지속되었다. 그런데 이처럼 상호의존의 양상이 조선 전기와는 달라짐에 따라 군신간의 긴장은 전반적으로 증폭되는 경향을 보이게 되었고, 군주는 '공론의 수용'이라는 이름으로 신하들로부터 거의 모든 사안에 대해 자신의 결정에 대한 정당성을 철저히 확인받지 않으면 안되는 상황에 이르렀다. 앞에서 왕위계승 과정을 다루면서 언급한 바와 같이 '군신공치'가 공론화되는 상황이 돌이킬 수 없는 시대적 대세로서 나타나게 된 것도 이와 같은 정치적 흐름을 전형적으로 반영하는 것이라 할 수 있다.[94] 하지만 이처럼 군주의 '상대적 자율성'의 여지가 제한되고 실질적 권력이 현저하게 감소하는 상황에도 불구하고 건국 이래 '왕조국가의 정치적 구심축이자 질서의 정점으로서 정통성의 근거'라는 왕권의 '상징적'인 위상마저 변화한 것은 아니었다는 사실이 간과되어서는 안될 것이다. 오히려 이처럼 국왕의 권력

94) 여기에서 거론하는 '군신공치'란 "군주가 한 나라의 현자들과 더불어 천위와 천록을 함께하며 천공을 대신한다〔人君所以與一國賢者, 共天位共天祿, 而代天工也〕"(『成宗實錄』 8年 윤2月(乙丑條))는 것과 같은, 이른바 '군신간의 협력에 의한 통치'라는 평면적 의미만을 지닌 것이 아니다. 군신공치가 단지 이러한 의미를 지닌 것이라면, 조선왕조의 정치는 건국 이후 5백년간 명실상부한 군신공치였다고 해야 할 것이다. 오히려 여기에 언급한 군신공치라는 용어에는 실질적으로 군주와 신하가 '다 같이' 통치의 '주체'라는 의미가 담겨 있어, 군신간의 '이질성'보다는 치자(治者)로서의 '동질성'을 강조하는 정치적 뉘앙스가 들어 있으며, 바로 그런 점에서 조선 중기에 본격적으로 드러나기 시작한 특별한 현상이라고 할 수 있는 것이다.

은 상대적으로 위축되었으나 왕권의 상징적 위상은 여전히 건재한 상황, 그리고 거기서 끊임없이 나타나는 군신간의 상호의존적 긴장관계의 지속이야말로 조선 중기의 왕권이나 군신관계의 성격을 드러내는 주요한 특징이라고 해야 할 것이다.

한편 이처럼 왕권 및 국왕의 위상에 미묘하면서도 주목할 만한 변화가 나타날 때, 권신세력과 이에 대해 비판적인 사림의 정치적 위상에도 중대한 변화가 가시화되고 있었다. 여기서 우선 주목할 필요가 있는 것은 조선 중기 내내 공신세력의 배출이 계속되었음에도 불구하고, 이들이 동일한 정치적 이해관계나 정치적 이상을 지닌 정치세력이라고 간주하기 어렵다는 사실이다. 왜냐하면 공신세력들은 모두가 당대의 최고 기득권층이라는 점에서는 동일한 성격을 공유하고 있었지만, 지그재그로 변화하는 각종 정치적 위기상황에서 '결과적으로' 공훈을 세웠다고 인정된 사람들이 공신책봉의 대상이 될 수 있었던 만큼, 유동하는 정치적 결과의 향배에 따라 배출되는 공신들의 구체적인 정치적 이해관계는 얼마든지 다를 수 있었고, 심한 경우에는 서로가 동시에 존재하기 어려운 정적 관계인 경우도 있었기 때문이다.[95] 이처럼 공신세력이 왕위승계와 맞물려 전체적으로는 수를 불리면서도 근본적으로는 불연속적인 존재일 수밖에 없었던 반면, 역설적이지만 공론을 표방하며 현실정치를 비판하는 사림세력들은 정치적 사건들을 거듭하면 할수록 정통성의 담지자로서 자신의 정치적·사회적 위상을 공고히 해갔다는 점은 흥미로운 사실이 아닐 수 없다. 그러면 『조

95) 조선 중기에는 왕위계승 과정과 맞물려 정국이 불안한 관계로 여러차례 공신이 책봉된 만큼, 새로이 이해관계를 달리하는 정치세력이 득세하게 될 경우 기왕의 사건에 대한 평가가 달라지면서 관련된 공신이 자격을 박탈당하는 경우도 있었는데, 명종 때의 위사공신(衛社功臣)이 선조대에 삭적(削籍)된 것이나, 광해군대에 네차례에 걸쳐 배출된 공신들이 인조반정 이후 삭적된 것이 이에 해당한다. 위사공신과 광해군대에 배출된 공신들의 위훈(僞勳) 삭제에 관해서는 『宣祖修訂實錄』 10年 12月 1日(癸未條); 『仁祖實錄』 1年 3月 18日(戊申條)을 참고.

선왕조실록』에 나오는 기록 중에서 이러한 정황들을 이해하는 데 도움이 될 수 있다고 생각되는 내용들을 조금 길지만 몇가지 인용하고 넘어가기로 하자.

(가) 사습(士習)이 국가에 관계되는 바는 중대합니다. 사습이 바른지 그렇지 않은지에 따라, 국가가 다스려지고 어지러워지는 것이 결정됩니다. (…) 그러나 그 사습을 바로잡는 방법이란 임금이 호오(好惡)를 밝혀서 추향(趨向)하는 길을 보이는 데에 달려 있으니 그런 뒤에야 아랫사람도 보고 느끼는 바가 있어서 따라야 할 바를 알게 되는 것입니다. 아! 지금의 사습은 거칠어진 지 오래되었으니, 거칠어지게 된 근원을 생각하여 바로잡지 않을 수 있겠습니까. 신들이 생각하건대, 조광조라는 인물은 호걸스러운 재목으로 성현의 학문에 종사하였는데, 우리 선왕〔중종〕께서 정성스럽게 잘 다스리려 하는 절호의 기회를 만나서 일심으로 나랏일에 힘써 지치(至治)의 경지에 이르게 되기를 기약하였습니다. 그러나 나라가 불행하여 간사한 자가 화를 꾸밈으로써, 임금을 사랑하고 나라를 근심하는 선비 모두가 뜻만을 지닌 채 하직하여 구천(九泉) 아래에서 원한을 머금게 하였으니, 뜻이 있는 선비라면 누구인들 하늘을 우러러 탄식하고 가슴을 치면서 피눈물을 흘리지 않을 수 있겠습니까? 조광조의 학문이 바른 것은 전해온 데에 유래가 있습니다. 젊어서부터 개연히 도를 찾는 뜻이 있어서, 김굉필에게서 업을 이어받았습니다. 김굉필은 김종직에게서, 김종직의 학문은 그의 아비 김숙자(金叔滋)에게서 전해졌고, 그의 학문은 고려의 신하 길재에게서 전해졌으며, 길재의 학문은 정몽주에게서 전해졌는데, 정몽주의 학문은 실로 우리 동방의 시조이니, 조광조 학문의 연원이 이와 같습니다. 조광조는 (…) 학문이 정밀해질수록 실천하는 데 더욱 힘썼습니다. 큰 근본이 확립되어 공과 이해관계에 흔들리지 않았으므로, 금세(今世)를 상심하고 옛날을 사모하였으며, 왕도를 귀하게 여기고 패도를 천하게 여겼습니다. 공정한 마음과 행실이 금석

처럼 변하지 않아 신명이 보시기에도 틀림없는 것이었으니 그 처신이 이처럼 바를 수 있었던 것이옵니다.[96)]

(나) 영의정 윤원형은 국구(國舅, 국왕의 장인)라는 세력을 믿고, 위사공신(衛社功臣)임을 빙자하여 전하의 위복(威福)의 권한을 빼앗아 (…) 권세는 임금보다 더하고 부유함은 왕실과 같으므로 온 나라 사람들이 윤원형이 있는 것은 알아도 전하가 계신 것은 모르니, 전하를 외롭게 만들어 위에서 실권 없는 빈자리만 지키게 한 지가 여러 해가 되었습니다. 그런데도 조정의 상하를 막론하고 감히 따져 묻지 못하는 것은 기세가 왕성하고 크나큰 권세가 사람들의 입을 막기에 넉넉하기 때문입니다. (…) 신하된 자로서 이러한 요소 중에 한가지라도 해당하면 나라를 망치기에 넉넉한 것인데, 더구나 소인배의 나쁜 점을 모두 가졌으니, 하루라도 조정에 있게 함으로써 후일에 한없는 재앙을 빚게 할 수는 없습니다. 전하는 속히 공론을 따르시어 대중의 마음을 위로하소서.[97)]

조선 중기 내내 각종 정치적 사건 때마다 정치적 피해를 보았던 순절지사(殉節之士)들은 항상 등장하였다. 그러나 위의 기록에서도 명확히 확인할 수 있는 것처럼, 예컨대 중종반정(1506) 이후 무오사화(1498), 갑자사화(1504)와 관련된 피해자를 추앙하게 되고, 조광조 개혁이 기묘사화(1519)로 비극적인 막을 내린 후 얼마 지나지 않아 이른바 '기묘명현(己卯名賢)'에 대한 소통 논의로 이어졌으며, 그리고 명종 때 문정왕후와 외척세력이 몰락한 이후 을사사화(1545)의 피해자들에 대한 사회적 신망이 더욱 고조되었고 반면 권세가들의 권위는 공론의 직접적인 비판 대상이 되었다는 것

96) 『仁宗實錄』 1年 3月 13日(乙亥條).
97) 『明宗實錄』 20年 8月 3日(丁卯條).

은 실로 흥미로운 사실이 아닐 수 없다. 이러한 정치적 문맥에서 사림의 명망가들은 정치적 위기를 거듭하면 거듭할수록, 성리학적 원리에 충실한 실천적 '군자'이자 조선이 추구해야 할 도의 계통을 세운 '성현'으로서 추앙받는 존재가 될 수 있었다.

(2) 조선성리학의 사회적 내면화와 규범주의적 경향성

조선성리학의 사상체계가 이황(李滉, 1501~1570), 이이(李珥, 1536~1584)를 비롯한 수많은 유자(儒者)들의 사상적·실천적 고투를 통하여 비로소 하나의 완결된 체계로서 집대성될 수 있었던 것은 바로 이러한 시대적 흐름 속에서였다.[98] 아울러 사림세력의 성장에 힘입어 유교적인 향촌질서의 확립을 위한 행위규범이자 공동체조직인 향약(鄕約)이 개별적으로 시행되기 시작한 것이나 사학기관으로서 서원(書院) 등이 중종 후반기에 설립되기 시작하여(1543) 점차 광범위하게 확산된 것도 이러한 시대적 추세를 반영하는 것이었다. 이러한 향약이나 서원의 확산이 이후 사림세력의 정치적·사회적 권위를 공고하게 하는 버팀목이 되었음은 이론의 여지가 없는 사실이다.[99] 조선왕조가 건국 이래 정치적 이해관계에 따른 '붕당'을 철저

98) 흥미롭게도 이황과 이이 두 사람은 각각 『성학십도(聖學十圖)』 『성학집요(聖學輯要)』라는 제왕학에 관한 독립적인 저술을 남겼다. 두 사람이 모두 당시의 변화한 군신관계를 반영하여 다소 다른 뉘앙스에서 '바람직한 군주 및 군신관계'에 대한 견해를 천명하고 있다. 이들 저작이 현실정치적 문맥에서 가지는 정치적 의미 등에 관해서는 조선 후기를 다룰 때 종합적으로 언급하도록 하겠다.

99) 조선에서의 향약의 성립과 시행과정 등에 관해서는 이태진 「사림파의 향약보급운동」, 『한국문화』 4(서울대학교 한국문화연구소 1983); 한상권 「16, 17세기 향약의 기구와 성격」, 『진단학보』 58(서울: 진단학회 1984) 참고. 그리고 사림세력의 정치적 성장과 서원간의 상관관계에 관한 연구로는 이태진 「사림과 서원」, 『조선유교사회사론』(서울: 지식산업사 1989) 등을 참고할 수 있다. 아울러 중종대 이후 계속하여 생겨나는 서원들 중에서 조정이 사액서원을 결정하는 과정에서 나타났던 군신간, 중앙과 지방 간의 정치적 긴

히 금지했음에도 불구하고[100] 학문적 배경과 정치적 지향성 및 동일한 이해관계를 가진 인물들이 붕당을 이루어 정치에 참여하는 이른바 '붕당정치' 현상이 조선정치사에 나타난 것은〔乙亥黨論, 1575〕 이처럼 조선의 정치적 소통구조가 더욱 활성화됨에 따라 사림의 정치적 자신감이 증대되고 군신공치를 지향하는 의식이 시대적인 대세가 되어가는 상황에서였다.[101]

장관계에 관해 고찰한 연구인 Milan G. Hejtmanek 「조선중기 賜額書院을 둘러싼 군신간의 갈등」, 조선시대 사학회 편 『동양삼국의 왕권과 관료제』(국학자료원 1999)의 경우에도 서원의 정치적 의미에 관해 흥미로운 시각들을 제시하고 있다.

100) 조선왕조는 건국 이래로 명의 기본 형법전인 『대명률(大明律)』을 일반 형법으로 수용함으로써, 신하들이 무리지어 붕당을 이루는 현상을 엄격하게 금지하고 있었다(『太祖實錄』 卽位敎書, 元年 7月 28日(丁未條)). 조사한 바에 의하면, 조선 전기에 해당하는 『조선왕조실록』에만 붕당에 관한 논의가 120여차례 등장하는데, 모두가 붕당이라는 현상을 오로지 부정적인 뉘앙스로만 사용하고 있는 것은 이러한 정황을 극명하게 드러낸다고 할 수 있을 것이다. 관견에 의하면, 붕당정치에 대한 부정적인 해석 일변도에서 벗어나 보다 적극적인 관점에서 붕당정치를 변호하는 논의가 조선의 공적인 소통공간에서 이루어지기 시작한 것은 사림세력이 정계에 본격적으로 등장하던 중종대 조광조의 개혁기부터인 것으로 생각된다(『中宗實錄』 12年 2月 23日(己巳條), 3月 7日(壬午條), 4月 4日(己酉條), 10月 30日(壬申條), 12月 11日(壬午條), 13年 1月 16日(丙辰條), 2月 2日(辛未條), 4月 28日(丁酉條), 14年 5月 7日(己亥條)). 하지만 조광조의 개혁이 실패한 이후 다시 붕당에 관한 논의는 일방적으로 금기시되었는데 조선성리학이 향약, 서원 등을 통해 전국적으로 깊이 뿌리를 내려가고 사림세력의 정치적 위상이 좀더 확고해지면서 선조대에 학문적 배경과 정치적 지향성, 그리고 이해관계를 함께하는 유학자들이 그룹을 이루어 정치운영에 참여하는 붕당정치의 양상이 구체적으로 가시화되어 나타나게 된다.

101) 널리 알려진 바와 같이, 조선에서 붕당정치를 긍정하는 명분으로 원용되었던 대표적인 논리는 북송대 구양수의 진붕론(眞朋論)과 남송대 주자의 인군위붕설(引君爲朋說)이었다(歐陽修 『歐陽文忠公集』 卷17 「朋黨論」; 朱子 『朱子大全』 卷28 「與留正書」). 붕당의 성립을 긍정하는 논리의 요지는 대체로 다음과 같이 요약할 수 있을 것이었다. 인간은 군자(君子)와 소인(小人)으로 나누어지는데, 군자는 도를 함께할 사람과 벗을 이루고 소인은 이해관계를 같이하는 사람과 벗을 이룬다. 그런데 소인들은 이해관계가 같을 경우 잠정적으로 붕당을 이루게 되지만 이(利)가 사라지면 서로의 관계는 다시 소원해지고 서로 해치게 되는 반면 군자들은 명예와 절의를 존중하고 도의로써 시종일관하게 되니, 전자가 위붕(僞朋)이라면 후자는 진붕(眞朋)이라 할 만하며 오히려 천하에 크게 이로운 것

이러한 양상은 근본적으로 현세의 사회적·정치적 운용에 강한 관심과 책임의식을 가지고 기회가 닿는 대로 자신의 견해를 구체적으로 표현하려는 유학자들이 지속적으로 양산되는 조선왕조의 특수한 정황에서 연유하는 바 크지만, 정치적 이견을 좀더 능동적으로 수렴하여 이를 본격적으로 활용하는 근대적 정당제도와 같은 제도적 장치가 마련되지 않았던 왕정체제하에서는 오히려 정치적 견해의 활발한 표현은 역설적으로 소모적인 정치적 긴장과 갈등으로 치달을 높은 개연성을 지니는 것이기도 했다.

이러한 상황들을 종합적으로 고려할 때, 앞서 언급한 것과 같이 광해군대(광해군 2년, 1610년)에 사림의 5현을 문묘에 종사하기로 결정한 것은 당시 예조(禮曹)가 "이는 실로 세도(世道)를 북돋우고, 지치(至治)의 경지를 만회하는 하나의 거대한 기회"이며, "역대에 없었던 성대한 경사"라고 논평하고 있는 것처럼,[102] 하나의 시대가 무르익어감과 동시에 새로운 정치적 국면이 전개될 것을 암시하는 상징적인 사건이라고 해야 할 것이다. 더욱이 문묘에 종사된 사람들이 정도전 등 건국 이데올로그들과 정적관계를 유지해온 정몽주와 그의 계통을 잇는 인물들 일색이었음을 감안하면, 이는 적어도 건국 이래 '국가'의 중앙에서 구축해나간 위계질서와는 다른 의미를 지닐 수 있는 '사회적' 권위가 조선 중기의 후반에 들어오면서 확고하게 성립되었음을 의미하는 것이라고 생각된다.[103]

이다. 따라서 군자들은 스스로가 붕당이 되는 것을 꺼리지 않아야 하며, 나아가 군주를 그 당에 끌어들이는 것조차 꺼리지 말아야 한다(又將引其君以爲黨而不憚也). 한편 군주는 군자의 진붕과 소인의 위붕을 변별할 수 있는 능력을 갖추어, 소인들의 위붕을 멀리하고 군자들의 진붕을 적극적으로 활용하게 되면 천하가 두루두루 평안하다. 이에 관해서는 정만조 「조선시대 붕당론의 전개와 그 성격」, 『조선후기 당쟁의 종합적 검토』(서울: 한국정신문화연구원 1992) 등을 참조.

102) 『光海君日記』 2年 7月 18日(辛酉條).

103) 예컨대 경연의 자리에서 국왕에게 아뢰는 조광조의 다음과 같은 말은 당시 유자들의 기풍을 압축적으로 전해준다고 할 수 있을 것이다. "왕안석 같은 이는 학술이 정밀치 못하여 제왕의 대도를 알지 못하고 도리어 부국강병의 패술(覇術)을 본받고자 하였으

〈표2-4〉 조선왕조의 문묘종사 관련사항

결정 시기		문묘종사로 결정된 인물
조선 중기	중종 12년(1517)	정몽주(鄭夢周, 1337~1392)
	광해군 2년(1610)	김굉필(金宏弼, 1454~1504), 정여창(鄭汝昌, 1450~1504), 조광조(趙光祖, 1482~1519), 이언적(李彦迪, 1491~1553), 이황(李滉, 1501~1570)
조선 후기	숙종 8년(1682)	이이(李珥, 1536~1584), 성혼(成渾, 1535~1598)
	숙종 43년(1717)	김장생(金長生, 1548~1631)
	영조 32년(1756)	송시열(宋時烈, 1607~1689), 송준길(宋浚吉, 1606~1672)
	영조 40년(1764)	박세채(朴世采, 1632~1695)
	정조 20년(1796)	김인후(金麟厚, 1510~1560)
조선 말기	고종 20년(1883)	조헌(趙憲, 1544~1592), 김집(金集, 1574~1656)

이는 앞서 '신유학적 리얼리즘'이라고 지칭했던 조선 전기의 의식태도와는 구별되는, 규범주의적이고 좀더 원리에 충실한—어떤 의미에서는 서구의 청교도주의에 비견되는 측면을 갖춘—'조선성리학적 엄격주의'가 소통의 공간을 점차 장악해가고 있음을 보여줄 뿐만 아니라, 아울러 조선의 위계적 신분질서의 독특한 '권위'체계와 대비되는 새로운 '사회적 구심축'들이 형성되고 있음을 반영하는 주목할 만한 '정치적 사건'이라고 할 수 있을 것이다.[104)]

니, 학자가 단순히 부국강병으로 계책을 삼는다면 이를 어찌 유자라 할 수 있겠습니까?" (『中宗實錄』 13年 4月 28日(丁酉條)) 흔히 신법(新法)으로 불리는 왕안석(王安石, Wang An-shih, 1021~1086)의 개혁정책에 관해서는 James T. C. Liu(劉子健), *Reform in Sung China: Wang An-shih and His New Policies*, Univ.(1959) 등을 참고할 수 있다.

104) 조선왕조의 국왕이 사림의 대표적인 인물들을 공자를 모시는 문묘에 종사할 것을 결정한 사건이 갖는 '정치적' 의미를 이해하기 위해서는 우선 이들이 표상하는 '군자'가 무엇인지를 상기해볼 필요가 있을 것이다. 예컨대 율곡은 군자에 관해 다음과 같이 말한다. "군자는 왕을 사랑하기 때문에, 사직(社稷)을 위하여 마음을 먹고 백성을 위하여 염려를 하니, 의리가 직책을 지키는 데에 있으면 왕의 명령에도 따르지 않는 바가 있고, 말을 다해야 할 것이 있으면 왕의 권위에도 물러서지 않는 바가 있다."(『肅宗實錄』 14

이처럼 한편으로는 군신관계를 비롯한 정치적 역학관계의 전반에 걸쳐 변화가 나타나고 다른 한편으로는 성리학의 사회적 내면화가 진행되는 가운데, 중화질서의 문화적 중심을 지향하는 조선의 이른바 '소중화' 의식이 성리학적 소양을 몸에 갖춘 사람들의 일상 속으로 파고들었던 것은 매우 자연스러운 흐름이었을 것이다. 이러한 사실을 구체적으로 확인하는 것은 그다지 어렵지 않다. 이를테면 『조선왕조실록』에는 이러한 의식이 다음과 같이 나타나고 있다.

> 예조판서 이정구가 아뢰기를, "삼가 생각건대, 우리 동방은 기자(箕子)의 팔조(八條)의 가르침에 힘입어 오랑캐에서 중화(中華)로 변하여, 미개인이 되는 것을 면할 수 있었을 뿐만 아니라, 예의와 문명의 성대함이 천하에 칭송을 받게 되었으니, 이는 실로 만세토록 변치 않을 은혜가 아닐 수 없습니다. 따라서 (…)"[105]

조선 중기에 들어서면서 소중화로서의 자존의식이 얼마나 일상화되었는지는, 예컨대 조선 중기의 초반인 11대 중종 때 편찬되어 『천자문』과 함께 어린이들의 한문 학습의 기본적인 텍스트로 가장 널리 사용되었던 『동

年 6月 14日(乙卯條)에 실린 이조판서 박세채의 「시무12조(時務十二條)」에서 간접인용) 한편 미국의 동아시아 사상 전문가인 드 배리는 군자에 관해 다음과 같이 묘사하고 있다. "〔공자에 의하면〕 군자란 혈통과 세련된 교양에 의해 시대착오적인 사회질서를 영속시키는 진부한 존재가 아니다. 군자의 광대한 영혼은 낮은 신분을 극복하고, 깊은 실천적 지혜는 그를 사람들의 스승으로 만들어준다. (…) 공자는 군자가 '비록 인정받지 못할지라도 실망하지 않는' 존재로서, (…) 자신에게 오는 모든 것을 자연적이고 불가피한 것으로 받아들이기보다는 세상을 바꾸기 위한 끊임없는 투쟁에 참여함으로써 역경에 대해 일생 동안 단호히 분투할 것을 요구했다." Wm. Theodore de Bary, *East Asian Civilizations: A Dialogue in Five Stages* (Cambridge: Harvard University 1986).

105) 『光海君日記』 4年 4月 27日(辛卯條).

몽선습(童蒙先習)』을 보면 좀더 분명히 드러난다.[106)]

> 동방(東方)에 (…) 나라 사람들이 임금을 세웠는데, 요(堯)임금과 병립하여 국호를 조선이라 하였으니, 이가 곧 단군이다. 주(周)의 무왕이 기자를 조선에 봉하여 백성들에게 예의를 가르쳐서 팔조의 교법(敎法)을 세웠으니 인현(仁賢)의 교화가 있게 되었도다. (…) 아! 우리나라가 비록 바다 모퉁이에 치우쳐 땅은 좁고 작으나, 예악 법도와 의관 문물은 실로 중화의 제도를 준수하여 인륜이 위에서 밝고 교화가 아래에서 행하여 풍속의 아름다움이 중화와 같으니, 중국인이 이를 가리켜 소중화라 칭한다. 이것이 어찌 기자가 남긴 교화의 덕이 아닐쏘냐! 아, 너희 아이들은 마땅히 이를 보고 느껴 떨쳐 일어나야 할 것이라.[107)]

자국의 역사에 관한 이와 같은 압축적인 서술이 당대 가장 기초적인 텍스트에 수록되어 있었다고 하는 사실은, 이미 언급한 바 있는 조선 개국기에 정도전 등 이데올로그들이 새 왕조의 정체성을 모색하는 과정에서 당대에 '문명 기준'이라고 간주한 중화문명 질서와의 관계라는 문맥에서 '전통을 재발견하고 재해석'하였던 경향이 기본적인 상식으로 통용되고

---

106) 『童蒙先習』은 조선 중종 때 박세무(朴世茂, 1487~1554)가 아동들에게 기본적인 유교적 윤리와 역사를 가르치기 위한 목적으로 저술한 작은 분량의 책으로서, 「경부(經部)」와 「사부(史部)」로 나누어졌다. 「경부」는 오륜의 가치와 의미를, 「사부」는 자국의 역사와 중국의 역사를 사론(史論)과 사실(史實)에 따라 극히 간략하게 서술하는 내용이다. 『동몽선습』은 이후 언해본(한글본)으로 간행되기도 하였으며, 21대 영조는 여기에 직접 서문을 써서 발간하기도 하였다. 『英祖實錄』 18年 6月 28日(乙卯條).

107) 『童蒙先習』 「史部」, "東方에 (…) 國人이 立以爲君하니 與堯로 竝立하야 國號를 朝鮮이라 하니 是爲檀君이라, 周武王이 封箕子于朝鮮하신대 敎民禮儀하야 設八條之敎하시니 有仁賢之化러라. (…) 我國이 雖僻在海隅하여 壤地褊小나 禮樂法度와 衣冠文物을 實遵華制하여 人倫이 明於上하고 敎化가 行於下하여 風俗之美가 侔擬中華하니 華人이 稱之曰 小中華라, 玆豈非箕子之遺化耶아, 嗟爾小子는 宜其觀感而興起哉인저."

있었음을 명료하게 드러내준다. 덧붙여 말하면, 이러한 사실은 한편으로는 단군조선과 기자조선을 통해 '한반도의 유구한 역사'와 '한반도 문명화의 역사'를 강조하고, 다른 한편으로는 스스로의 문화적 자존의식과 문명국가로서의 포부를 펼치려는 태도가 조선 중기에 사회적으로 더욱 확고하게 정착, 확산된 것이라 하겠다. 요컨대 '소중화'로 집약되는 조선의 문화적 자존의식은 화이질서를 복합적으로 구성하는 여러 요소에 중대한 변화가 발생하지 않는 한, 앞서 언급한 예적 원리를 표방한 화이질서의 독특한 문화지향적 성격과 어우러지면서 별다른 갈등 없이 일상의 생활공간에 이르기까지 침투할 수 있었던 것이다.

(3) 혼돈 국면의 계기들: 전쟁, 기상이변, 화이변태

17세기를 전후하여, 조선이 일련의 대외적 충격과 동아시아질서의 변동을 겪게 되면서 상황은 크게 변화하지 않을 수 없었다. 당시 조선이 처한 위기상황을 이해하기 위해서는 우선 이 시기가 조선의 정치사에서 전면전의 형태를 띤 국가간의 전쟁이라는 극단적인 '사건'이 한번도 아닌 수차례에 걸쳐 연속적으로 나타난 유일한 시기였다는 사실을 염두에 두지 않으면 안된다. 당시의 기록에 따르면, 우선 왜란으로 인한 민생의 파탄적 상황은 광범위한 민심의 이반으로 이어졌으며, 국가적 위기상황으로 인한 왕조 및 위정자에 대한 불만은 반역의 조짐으로까지 확산되는 경향을 보이고 있었음을 알 수 있다.

(가) 양사(兩司)가 합계(合啓)하기를 "(…) 백성들이 서울을 떠나면서 말하기를 '중국의 장수들은 그래도 서울을 지키려고 날마다 형세를 순시하고 있는데, 우리나라 임금과 신하는 종묘사직이 망하는 것은 생각지도 않고 항시 도망가는 것을 상책으로 여긴다'고 하고 있습니다. 소민(小民)은 지극히

어리석으면서도 신령스러운 법인데, 그 말이 너무도 절박한 말이 아닐 수 없습니다. 하늘의 뜻을 알려면 백성의 태도를 보고 백성의 말을 들으면 하늘의 뜻을 알 수 있다고 했습니다. 그런데 백성의 여론이 이와 같으니 국가의 존망이 이미 결판났으므로 신들은 통곡을 금할 길 없어 차라리 죽고 싶은 심정입니다. (…) 주상은 구중궁궐에 계신다고 하나 어찌 이런 소문을 듣지 못하셨겠습니까. 임금은 배요 백성은 물과 같으니, 임금이란 백성을 어루만질 때 임금이지 학대하면 원수가 되는 법입니다. 오늘날 임금된 도리를 다하지 못하고 백성을 구제할 계책을 생각하지 않으신다면, 백성들의 원수가 되는 것이 또한 당연한 것이 아니겠사옵니까!"[108]

(나) 사신(史臣)은 논한다. (…) 임진년(1592)의 변란 때에 백성으로서 창을 거꾸로 들이댄 자까지 있었고, 임진년 이후에는 반역하는 백성이 잇따라 일어났으니, 그 까닭이 무엇인가. 왕자, 제궁(諸宮)들이 민전(民田)을 빼앗아 차지하는 등 못하는 짓이 없으므로 소민(小民)이 생업을 잃고 불평하여 배반하기 때문이다. 이 때문에 임해군(臨海君), 순화군(順和君)〔당시의 왕자들, 곧 광해군의 형제들〕이 북쪽 지방 백성들에 의해 묶여 적에게 보내졌으니, 극도로 사무친 원망이 아니면 어찌 이렇게 하였겠는가.[109]

뿐만 아니라 예컨대 왜란 이후 지방의 향교가 부서지는 사태가 빚어지는가 하면,[110] 교육기관 중 최고의 권위를 가진 성균관의 성묘(聖廟)에 벽서(壁書)사건 등이 발생하기도 하였다.[111] 또한 불교도들이 도성의 주변에서 모임을 개최하면 수많은 도성 남녀가 철시하고 구름같이 집회에 몰려

108) 1597년, 『宣祖實錄』 30年 8月 14日(壬申條).
109) 1603년, 『宣祖實錄』 36年 8月 6日(己丑條).
110) 1603년, 『宣祖實錄』 36年 12月 9日(庚寅條), 12月14日(乙未條).
111) 1606년, 『宣祖實錄』 39年 6月 4日(辛丑條).

들 만큼,[112] 기존질서에 대한 반발은 심각한 수준에 이르고 있었다. 이러한 사태는 왕조의 통치이념, 곧 성리학적 질서에 대한 불신과 불만이 확산되는 분위기를 상징적으로 드러내주는 의미심장한 사건이 아닐 수 없었다.

하지만 왜란(1592)이라는 외부로부터의 최초의 큰 충격이 있었던 이래 조선의 정치적 상황이 뚜렷한 국면전환의 모습을 보이기까지는 두차례의 호란을 거쳐 명청교체(1644)가 이루어질 때까지 반세기 이상의 시간이 소요된 것으로 생각된다. 본서가 조선에서 위기상황이 시작된 16세기말부터 약 반세기 남짓한 시기까지를 조선 중기에 포함시킨 중요한 이유가 여기에 있다. 계기적으로 전개되었던 조선정치사가 장기간에 걸친 위기를 겪으면서 맞이하게 되는 새로운 국면은 이미 기왕의 그것과는 대단히 중요한 차이를 드러내고 있었다. 그러면 일련의 위기상황을 경험하면서 조선의 정치사에서는 국면전환이라고 부를 만한 어떠한 중요한 변화들이 나타났던 것일까.

지금까지 축적된 학제간의 연구에 의하면, 동아시아의 전환기적 상황은 흔히 '전반적인 위기의 시대'라고 설명되는 17세기 유럽 질서의 변동과도 깊이 맞닿아 있었을 뿐만 아니라,[113] 당시의 전지구적 차원의 기상재해와도 관련되어 있었으며, 조선의 정치 역시 동아시아질서의 변동 과정에서

---

112) 1606년, 『宣祖實錄』 39年 6月 2日(己亥條).

113) '17세기의 위기'는 유럽의 역사에서 비교적 오래 전부터 논의되어왔다. 유럽에서의 위기를 '17세기 위기론'이라는 관점에서 다루는 논의는 1950년대 영국에서 발행되는 잡지 *Past and Present*에서부터 다루어지기 시작했는데, 당시의 논의는 주로 유럽의 봉건사회가 해체되어가는 과정에서 파생된 정치·경제·사회 분야에서 나타났던 위기에 초점을 맞추고 있었다고 할 수 있을 것이다. 이와 관련해서는 E. J. Hobsbawm, "The General Crisis of the European Economy in the 17th Century," *Past and Present* No. 5 (1954); "The Crisis of the 17th Century I," *Past and Present* No. 6 (1954); H. R. Trevor-Roper, "The General Crisis of the 17th Century," *Past and Present* No. 16 (1959); T. H. Aston, ed., *Crisis in Europe, 1560-1660: Essays from Past and Present* (London: Routledge & Kegan Paul 1965)를 참조.

발생한 주요한 사건들과 연동되면서 전개되었다고 할 수 있을 것이다.[114)]

---

114) 일찍이 브로델은 17세기에 경제적 후퇴, 인구감소, 대재난 등이 전지구적 차원에서 왜 그처럼 같은 시기에 일어났는가 하는 의문을 제기하면서, 17세기의 위기가 세계적인 현상이었던 근원적인 원인으로서 '기후변화'라는 측면에 주목한 바 있다. F. Braudel, *Capitalism and Material Life 1400-1800* (New York: Harper 1973). 실제로 17세기를 전후하여 지구의 기온이 전체적으로 내려갔다는 사실이 자연과학적 연구성과로 인정되면서, 17세기의 위기에 관한 논의는 점차 세계적 차원의 기근 및 이상기온 현상으로 확대되어 진행되었다. 그리고 17세기의 동아시아 지역의 변동을 전세계적인 차원의 위기와 관련지어 파악하려는 논의들도 꾸준히 증가하고 있는 추세이다. 이러한 흐름과 관련하여 필자가 확인한 연구를 소개하면 다음과 같다. R. Mousnier, *Peasant Revolts in Seventeenth-Century France, Russia and China* (London: Harper & Row 1972); H. Dunstan, "The late Ming epidemics: a preliminary study," *Ch'ing-shih wen-t'i* III. 3 (Nov. 1975); Geoffrey Parker and Lesley M. Smith, eds., *The General Crisis of the Seventeenth Century* (London: Routledge & Kegan Paul 1978, 1997); K. Takaheshi and M. M. Yoshino, eds., *Climate Change and Food Production* (Tokyo: University of Tokyo Press 1978); G. Parker, *Europe in Crisis, 1598-1648* (Brighton 1980); F. E. Wakeman, "China and the seventeenth-century crisis," *Late Imperial China* VII. 1 (June 1986); William S. Atwell, "Some Observations of the 'Seventeenth-Century Crisis' in China and Japan," *Journal of Asian Studies* Vol. 45 No. 2 (1986); 나종일 「17세기 위기론과 한국사」, 『역사학보』 94·95 합집(서울: 역사학회 1987); 荒野泰典 『近世日本と東アジア』(東京: 東京大學 1988); J. M. Grove, *The Little Ice Age* (London: Routledge 1988); W. S. Atwell, "A Seventeenth-Century 'General Crisis' in East Asia?" *Modern Asian Studies* Vol. 24 No. 4 (Cambridge Univ. Press 1990); 朝尾直弘 編 『日本の近世 I: 世界史のなかの近世』(東京: 中央公論社 1991); 宇田川武久 『東アジア兵器交流史の研究』(東京: 吉川弘文館 1993); Tae-jin Yi, "Astronomical causes for the Little Ice Age (1500-1750): an analysis of the annals of the dynasty of Choson(Korea) (A paper prepared for the International Congress of Historical Sciences, Montreal 1995); 小野和子 編 『明末清初の社會と文化』(京都大學人文科學硏究所 1996); 이태진 「소빙기(1500-1750) 천변재이 연구와 『조선왕조실록』: Global History의 한 장」, 『역사학보』 149집(서울: 역사학회 1996); Tae-jin Yi, "Meteor Fallings and Other Natural Phenomena Between 1500-1750: As Recorded in the Annals of the Choson Dynasty(Korea)," *Celestial Mechanics and Dynamical Astronomy* No. 69 (Netherland: Kluwer Academic Publisher 1998); 岸本美緒 「東アジア·東南アジア傳統社會の形成」, 『岩波講座世界歷史13＝東アジア·東南アジア傳統社會の形成』(東京: 岩波書店 1998); 岸本美緒·宮嶋博史 『明淸と李朝の時代』(東京: 中央公論社 1998); 이태진 「외계충

명청교체기 전후의 문제를 폭넓게 다룬 최근의 논의를 빌리면, "16세기 후반 이후 17세기 전반의 동아시아와 동남아시아는 명을 중심으로 하는 국제 교역질서의 해체와 과열된 상업 붐이 진행되는 가운데 새로 일어난 상업=군사세력이 급속히 성장하면서 필사적으로 충돌"하고 있었고,[115] 이러한 변동의 추세는 대체로 새로운 '상업=군사적 국가 형성'이라는 흐름으로 이어지고 있었다.[116] 대륙세력과 해양세력의 경계라는 지정학적 조건을 가진 한반도가 이러한 동아시아 세계질서의 변동기라는 상황으로부터 자유로울 수는 없었다. 주지하는 바와 같이, 일본열도와 만주지역에서 발흥한 신흥 군사세력이 대략 삼십여년의 시간차를 두고 차례로 조선을 침입하면서, 한반도는 전쟁터로 화하고 조선왕조는 '안과 밖의 위기상황'으로 깊숙이 빠져들어갔던 것이다. 7년여에 걸친 왜란이 한반도의 생활공간을 유린했다면, 두차례에 걸친 패배를 통해 조선 국왕이 삼전도에서 무릎을 꿇고 청에 대한 사대의 예를 서약한 호란은 조선을 끝없는 무력감과 자괴감에 휩싸이게 했다.[117]

이처럼 당대의 민심이반이나 왕조국가의 기강이 무너지게 된 직접적인 계기가 전쟁이라는 미증유의 사건이었음은 이론의 여지가 없다. 하지만

격 대재난설(Neo-Catastrophism)과 인류역사의 새로운 해석」, 『역사학보』 164집(서울: 역사학회 1999); 김덕진 『대기근, 조선을 뒤덮다: 우리가 몰랐던 17세기의 또 다른 역사』(서울: 푸른역사 2008).

115) 岸本美緖 「東アジア·東南アジア傳統社會の形成」, 『岩波講座世界歷史13=東アジア·東南アジア傳統社會の形成』(東京: 岩波書店 1998) 31면.

116) 岸本美緖·宮嶋博史, 앞의 책 200~201면.

117) 병자호란의 패배(1637)는 조선의 유자들에게 오래도록 '금수'들에게 굴복한 사건으로 기억되었다. 예컨대 윤휴(尹鑴, 1617~1680)의 상소를 보면 다음과 같이 묘사되고 있다. "아! 병자 정축년의 일은 하늘이 우리를 돌봐주지 않아 일어난 사태입니다. 금수들이 사람을 협박하여〔禽獸逼人〕 남한산성으로 몰아넣고, 삼전도(三田渡)에서 곤욕을 주었으며, 우리 백성을 도륙하고 우리 의관을 갈기갈기 찢어버렸습니다." 『顯宗實錄』 15年 7月 1日(癸亥條).

민생의 파탄적 상황과 왕조 및 위정자들에 대한 민심의 이반, 통치이념에 대한 전반적인 회의와 총체적인 국가의 기강문란 등으로 요약되는 조선의 위기상황의 실태를 제대로 파악하고,[118] 이같은 위기가 이후 장기간에 걸쳐 일상의 공간에서 지속된 정황을 총체적으로 이해하기 위해서 위기의 내막에는 전쟁 이외의 또 다른 요소가 존재하였다는 것을 주목하지 않으면 안될 것이다. 이와 관련해서 17세기의 전반적 위기에 관한 서구의 논의를 염두에 두고, 『조선왕조실록』에 나타난 '자연재해와 대규모의 기상이변' 현상에 관한 기록을 상세히 분석하고 있는 이태진의 논의는 대단히 시사적이라 하겠다.

> 『실록』에서 수집된 소빙기(小氷期, the Little Ice Age, 17세기에 지구의 기온이 내려갔다는 사실이 자연과학적 연구성과로 인정되면서 붙여진 별칭) 현상은 이 팀〔Luis Alvarez 연구팀-인용자〕이 추론한 '충격'의 연관현상들과 거의 일치하였다. 『실록』 쪽은 목격된 것에 대한 기록이기 때문에 이들의 추론보다 더 자세하고 구체적인 것이었다. 우박, 서리, 때 아닌 눈 등 기온강하와 관련되는 기상이변, 한발과 홍수, 해일, 지진 등의 지상, 해상의 재앙, 이로 인한 실농, 기근, 전염병, 충해 등의 연쇄고리는 기존의 17세기 위기설을 뒷받침하고도 남았다. 이런 지상의 재앙에 못지않게 사람들을 놀라게 한 것은 하늘에서 벌어지는 광경들이었다. 굉음과 함께 빛을 발하면서 날아가는 유성, 광풍과 함께 쏟아지는 우박과 눈, 여름에도 내리는 눈과 서리 덩어리, 겨울철에도 그치지 않고 계속되는 천둥 번개, 수없이 일어나는 지진, 이상한 모양새의

118) 왜란 이후 조선이 직면하게 되는 정치적 위기상황에 관한 논의로서는 정홍준 「임진왜란 직후 통치체제의 정비과정: 성리학적 질서의 강화를 중심으로」, 『규장각』 11(서울대학교 규장각 1988); 한명기 「임진왜란 시기 '재조지은'의 형성과 그 의미」, 『동양학』 29(서울: 단국대학 동양학연구소 1999); 김준석 「양란기의 국가재조 문제」, 『한국사연구』 101(서울: 한국사연구회 1998) 등이 참고가 된다.

겹겹의 해·달무리, 빛을 잃어 보라색이나 붉은 색이 된 태양, 두셋으로 나타난 태양, 대낮에 하늘 가운데서 밝게 빛나는 금성(태백성), 끊이지 않고 출현하는 적흑백색의 유색 천기(天氣), 하늘 이쪽저쪽 가장자리에서 번쩍이는 화기(火氣), 전광(電光) 등 수많은 이상 현상들이 끊이지 않고 일어났다. 이 모든 현상들은 운석형 유성(meteorite)의 대기권 폭발에 따라 발생한 연관 현상들로 분석되었다.[119)]

물론 이러한 논의가 일반적으로 일컬어지는 17세기 전후의 이상기후 현상이 세계의 한쪽 끝에서 다른 한쪽 끝에 이르기까지 거의 전지구적 범위에 걸친 것이었는지에 관한 진위 여부를 판단하는 근거가 될 수 있는지는 본서가 논할 수 있는 성격의 것은 아니다. 하지만 이같은 연구가 적어도 당시 한반도의 상황을 이해하는 데 중요한 의미를 가지는 것임은 틀림이 없다. 왜냐하면 대규모의 전쟁과 장기간 지속된 엄청난 기상이변으로 인하여 농산물 생산력이 기왕의 수준과는 비교할 수 없을 만큼 감소하였으며, 그 결과 기근이나 전염병 등이 만연하면서 수많은 사람들이 '생존위기'에 장기적으로 노출되는 상황이 지속되었으리라 생각되기 때문이다.[120)] 당시의 상황을 구체적으로 논증하기는 어렵다 하더라도, 신분사회이자 농업국

119) 이태진 「외계충격 대재난설(Neo-Catastrophism)과 인류역사의 새로운 해석」, 『역사학보』 164집(서울: 역사학회 1999) 14~15면. 기상재해와 관련된 이태진의 일련의 연구는 조선의 대외적 환경의 변동과 함께 조선사회사에 관한 전체사석 안목을 가지고 17세기 조선 국내의 위기상황 및 정치적 국면전환의 양상에 접근해야 할 필요성을 확인해주었다는 점에서 각별한 의미를 갖는다.

120) 이에 관해서는 각주 118)에 소개한 논문들과 아울러 권태환·신용하 「조선왕조시대 인구추정에 관한 일시론(一試論)」, 『동아문화』(1977); Ki-baik Lee, *A New History of Korea*, tr. Edward W. Wagner and Edward Shultz (Cambridge, Mass. 1984); W. S. Atwell, "A Seventeenth-Century 'General Crisis' in East Asia?"(1990) Geoffrey Parker and Lesley M. Smith, eds., *The General Crisis of the Seventeenth Century* (London: Routledge & Kegan Paul 1997) 670~71면 등이 참고가 된다.

가인 조선의 여건을 감안해볼 때, 이러한 생존위기가 한편으로는 유교적 왕도정치를 표방하던 조정의 입지를 압박하고, 다른 한편으로는 경제적·사회적·정치적 대립과 갈등을 어떤 식으로든 격화시키는 요인이 되었을 것임은 이론의 여지가 없을 것이다,

당시의 『조선왕조실록』에는 이러한 상황을 웅변이라도 하듯 천재지변과 관련된 사항이 대단히 빈번하게, 그리고 이에 따른 위기의식이 '전에 없이' 심각하게 드러나 있다. 다음에 소개하는 기록들은 당대의 재이(災異)에 관한 관념을 보여주는 동시에,[121] 이러한 기상이변 현상이 당시 빈번

121) 유학자들에게 천재지변, 곧 재해란 독특하고 중요한 의미를 갖는 것이었다. 하지만 유자들의 재이에 관한 관념이 원시유교나 신유학에서 동일한 근거에 의거한 것은 물론 아니었다. 그럼에도 불구하고, 유자들의 재이론(災異論)이 대체로 '천지 코스몰로지'와 천인감응사상, 천인합일설(天人合一說) 등으로 요약되는 독특한 세계관과 '천명사상'과 '민본의식'으로 요약되는 정치책임론 등이 결합되어 성립한 것임에는 의심의 여지가 없다. 따라서 조선왕조 건국 이래 자연재해 현상은 일찍부터 국가의 주요 관심대상이 되지 않을 수 없었고, 이에 대한 관측이 일정한 자리에서 꾸준히 진행되어 그 기록이 『조선왕조실록』에 전해져 내려올 수 있었던 것이다. 흔히 천견의식(天譴意識)으로 대변되는 유자들의 재이론은 후일 근대적 세계관으로 무장한 근대인들에 의해 '윤리'의 세계와 '물리'의 세계가 아직 분화되지 않은 후진적 가치관의 표상으로 비판의 도마 위에 오르게 되는데, 이에 관해서는 별도의 논의가 필요하다. 다만 여기에서는 『조선왕조실록』에서 기상현상과 정치를 관련지은 논의들이 이루어지는 맥락과 구체적인 내용들을 검토하는 과정을 통해, 이들의 재이(災異)에 관한 관념이 윤리와 물리의 세계가 변별되지 않은 미분화(未分化)의 수준에서 이루어졌다기보다는 오히려 양자간의 '단절적인 분리'를 지양함으로써 현실세계에 항상성(恒常性, homeostasis)을 견지하려는 지혜와 의지가 반영되어 있다는 느낌을 강하게 받았다는 필자의 견해만을 우선 밝혀두고 넘어가기로 하겠다. 조선의 유교적 정치지형에서 재이론이 가지는 각별한 정치적 의미와 아울러 정국운영 과정에서 재이론을 둘러싼 구체적 논쟁들에 관해서는 권연웅 「조선전기 경연의 재이론」, 『역사교육논집』 13·14 합집(경북대학교 1990); 平木實 「朝鮮朝中宗·明宗代の旱魃をめぐる天譴意識とその社會」, 『朝鮮學報』 134(天理大學 1990); 장학근 「연산군의 재이론에 대한 인식변화: 군권·언권논쟁을 중심으로」, 『경남사학』 7(경남사학회 1995); 이석규 「조선초기의 천인합일론과 재이론」, 『진단학보』 81(1996); 김갑천 「인조조 정치의 이기론적 패러다임: 재이론을 중심으로」, 『한국정치학회 추계학술회의』 발표논문

한 전쟁과 기근, 흉년, 역병 등 경제적·사회적·정치적 '위기상황'과 상호 상승작용을 일으켜 말세의 '위기의식'을 더욱 부추기지 않을 수 없었던 정황을 보여준다.

(가) 국왕〔선조〕이 전지(傳旨)를 내렸는데 그 내용은 다음과 같다. "내가 부덕한 자질로 외람되이 대통(大統)을 이어받았으나 액운의 시대를 만나 국가에 참화가 몰아닥쳤다. 다행히도 조종(祖宗)의 영령과 황상〔명의 황제인 神宗〕의 은덕에 힘입어 옛 강토를 되찾았을 수 있었다. 그리하여 전화에 휩싸여 폐허가 된 나라를 수습하고자 밤낮으로 조심하고 두려워하면서 위기를 전환시켜 태평의 시대를 이루려고 생각하였는데, 아래로는 백성들이 원망하고 위에서는 하늘이 노하여 화기(和氣)가 손상되고 음사(陰邪)한 기운이 일어나기만 하였다. 항성(恒星)이 떨어지고 객성(客星)이 나타나며, 겨울에 천둥이 치고 태백성이 보이며, 해마다 가뭄이 일어 기근이 잇따르고 목석(木石)의 괴변과 금수의 요변(妖變)이 나타나 하늘이 견책을 보이는 것이 한두가지가 아니었다. (…) 이는 실로 나의 부덕한 소치이니 말하기에도 부끄러울 뿐이다. 누구 나를 도울 사람은 없는가!"[122]

(나) 사헌부가 아뢰기를 "현재 천재(天災)가 매우 절박하고 나랏일이 위급하여, 밖으로는 노적(老賊)이 틈을 엿보고 있으며 안으로는 역적의 옥사가 끝나지 않고 있습니다. 그리고 기타 위기의 패증(敗證)의 조짐이 이미 드러나 있으니, 이는 신들이 통곡할 일입니다."[123]

(다) 삼가 보건대, 근래 천심(天心)이 순탄치 못하여 경계가 잦아 심상치

(1998) 등이 참고가 된다.

122) 1605년, 『宣祖實錄』 38年 8月 6日(戊申條).

123) 1618년, 『光海君日記』 10年 10月 3日(戊午條).

않은 재해가 역사에 끊임없이 되풀이되고 있습니다. 영두성(營頭星)이 땅에 떨어지고 연못의 물빛이 붉고 사람의 얼굴 모양을 한 우박이 내리는 재변(災變)이 몇달 사이에 거듭 나타나며, 강도가 국경을 압박하여 큰 불화를 초래하였으니, 이러한 이변은 모두 병화(兵禍)의 조짐에 해당합니다. 하늘이 우리나라를 경계하는 모습이 마치 귀에 대고 가르쳐주는 듯합니다.[124)]

(라) 지금 천재(天災)에 대해서도 말을 해야 하고 시변(時變)에 대해서도 말을 해야 하고 백성들의 고통에 대해서도 말을 해야 하고 변방(邊方)에 관한 근심거리도 말을 해야 합니다만, 우선 이런 것들을 버려두고 임금 마음의 잘못부터 언급하겠습니다. (…) 전하께서는 오늘날의 천재가 무엇 때문에 발생했고 오늘날 백성들의 원망이 누구로 말미암아 일어났다고 여기십니까! 이는 임금의 마음이 날로 잘못되어가고 국사(國事)가 날로 잘못되어가기 때문인 것이옵니다.[125)]

(마) 재앙은 헛되이 일어나지 않고 반드시 그 까닭이 있사오니 인사(人事)가 아래에서 잘못되면 재앙의 징조가 위에서 나타나게 마련이오니, 하늘과 사람이 서로 가까이할 즈음에 어찌 매우 두렵지 않겠습니까? 전하께서 즉위하신 이래로 정신을 모아 치도(治道)를 이룩하려는 계책이 지극하지 않았던 것이 아닙니다. 그러나 하늘의 견책이 없는 해가 없었는데, 오늘에 이르러서는 극도에 달했습니다.[126)]

(바) 신이 삼가 요즈음 제도(諸道)의 장본(藏本)을 보니 재이(災異)에 대한 보고가 다 기록할 수 없을 정도인데 (…) 이는 실로 지난 역사에 없었던 바

124) 1633년, 『仁祖實錄』 11年 5月 29日(庚申條).
125) 1648년, 『仁祖實錄』 26年 1月 28日(甲子條).
126) 1652년, 『孝宗實錄』 3年 10月 15日(癸丑條).

이고 국조(國朝) 삼백년간 듣지 못했던 바이며, 전하께서 즉위하여 나라를 다스린 이래 재앙이 일어나지 않은 해가 없었지만 또한 오늘날처럼 참혹한 경우는 없었습니다. 비록 시대가 평온하고 나라가 다스려져 인간과 만물이 태평스러워서 모든 것이 믿을 만하고 한가지도 우려할 만한 것이 없다 하더라도, 상제(上帝)가 견책을 내림이 이토록 심한 데 이르렀다면 군신 상하가 오히려 근심하고 두려워하면서 각기 분발하고 면려(勉勵)하기를 생각하여 하늘에 응답하고 국가의 운명을 기원하기를 도모해야 합니다. 그런데 하물며 현재 국세는 쇠약하여 시사(時事)가 계란을 포개놓은 듯 위태로우며 한 가닥의 실오라기처럼 위망하여 넘어질 듯 겨우 보존되고 끊어질 듯 요행히 이어지고 있는 형국입니다. 그런데 하늘이 바야흐로 노여워하여 갖가지 흉포함을 이르게 하니, 반드시 망하겠다는 근심과 보전하기 어렵다는 염려는 밝은 지혜를 가진 사람이 아니더라도 알 수 있을 것입니다.[127)]

(사) 홍문관(弘文館)이 차자(箚子)를 올리기를, "신들이 듣건대 국가가 장차 도를 잃어 패망하게 될 경우 하늘이 먼저 재해를 내려 견책하고 타이르며, 그래도 스스로 살필 줄 모르면 또 괴이(怪異)를 내려 경계하고 두렵게 하며, 그래도 오히려 변화할 줄 모르면 화패(禍敗)가 이르게 된다고 합니다. (…) 신들이 삼가 생각건대, 변괴가 누적되는 것은 반드시 무도한 세상이나 어지러워 망하는 나라에서 나타나는 법입니다."[128)]

(아) 대저 재변(災變)이라 하는 것은 곧 상도(常道)를 잃고 이치에 어긋남을 이르는 것입니다. 하늘이 상도를 잃으면 천재(天災)라 하고 땅이 상도를 잃으면 지변(地變)이라 하고, 사람이 상도를 잃으면 인요(人妖)라고 합니다.

127) 1656년, 『孝宗實錄』 7年 9月 19日(甲子條).
128) 1657년, 『孝宗實錄』 8年 11月 2日(庚子條).

(…) 현재 천재지변과 초목금수의 괴이한 일이 일어나지 않는 것이 없고, 기근과 전염병이 한창 급하여 백성들의 시체가 길에 널렸으니 심히 경계할 만한 것이 이보다 앞설 것이 없습니다.[129)]

(자) 천지와 삼광(三光)의 변(變)이 한 해에 중첩되게 발생하였고, 강상(綱常)과 윤기(倫紀)의 문란이 거의 금수의 지경에 이르렀으며 군민(軍民)들의 가슴에는 원기(怨氣)가 가득 찼으니, 하늘이 견책을 보이지 않았더라도 진실로 이미 써늘한 두려움을 느낄 수 있습니다. 더구나 큰 변이(變異)가 잇따라 중첩되게 나타난 것이 이처럼 극도에 이르렀는데 말해 무엇하겠습니까.[130)]

이자성(李自成)의 반란과 명나라 숭정제(崇禎帝)의 자살, 만주족의 북경 입성 등 일련의 소식이 조선에 전해진 것은 이러한 위기상황이 한창 진행되어가던 와중에서였다. 『인조실록』은 "이 소식을 듣게 되자 비천한 신분의 사람들까지도 모두가 놀라 눈물을 흘렸다"고 전한다.[131)] 명나라의 멸망과 만주족의 중국 정복은 소중화로서의 문화적 자존의식과 문명국가의 건설을 지상의 가치로 여기고 지향해온 조선 지식인들에게 있어, 단순히 동아시아세계의 패권국가의 교체라는 '권력이동' 현상에 머무르는 사건이 아니라, 이제껏 삶의 준거가 되어온 문명세계의 표상이 눈앞에서 사라지고 본격적으로 금수들이 횡행하는 난세가 도래하는 것을 상징하는 듯 보였다. 그것은 마치 "태양이 모습을 감추고 땅속에 들어간 상태로서, 밝고 지혜로운 사람들이 상처를 입고 때를 기다리는 형국"이자,[132)] "화(華)가 이

129) 1663년, 『顯宗改修實錄』 3年 1月 26日(庚子條).

130) 1665년, 『顯宗實錄』 6年 12月 26日(丁丑條).

131) 1644년, 『仁祖實錄』 22年 5月 7日(甲午條).

132) 이에 관해서는 黃宗羲 『明夷待訪錄』(1662); 後藤基巳·山井湧 編譯 『中國古典文學大系 58: 明末淸初政治評論集』(東京: 平凡社 1971) 61~62면; 諸橋轍次 『大漢和辭典』(東京: 大修

(夷)에 의해 교체되는〔是華變於夷態也〕 이른바 화이변태(華夷變態)의 사태" 이며,[133] "하늘이 무너져 내리고 땅이 뒤집어지는〔天地飜覆, 天崩地壞〕" 것 같은 '혼돈의 상황'과 다르지 않았다.

3. 조선 후기: 전환기 정체성의 변용과 정치적·사상적 구심축의 불안한 균형

(1) 천하질서의 변동과 새로운 정체성 모색

조선 전기나 조선 중기의 정치적 국면의 전개나 전환의 양상이 본질적으로 왕조국가 '내부'의 사정에서 비롯되었다고 하면, 조선 후기는 중화질서의 구체적 변화라고 하는 이른바 '외부로부터의 충격'에서 좀더 직접적인 국면전환의 계기를 맞이하게 되었다고 할 수 있다. 실제로 조선 후기는, 16세기 말엽 이후 격렬하게 진행되었던 대내외적 위기가 약간 진정되는 기미를 보이기 시작하면서, 흐트러진 국가기강과 질서의 재구축을 위한 정치적·사상적 모색이 본격화되지 않을 수 없었고 이에 따른 새로운 국면전환의 양상이 가시화되던 시기였다. 왕조건국 이후 축적되어온 조선성리학적 정서와 이상에 부합하는 '국가와 사회 질서의 재건'이 이 시기의 시대정신으로 부상한 것은 바로 이러한 시대적 이유에서였다. 따라서 조선 후기는 이러한 위기국면이 조정되고 그에 따라 새로운 정치적 갈등이 파생되고 또한 새로이 조율되어가는 시기라고 할 수 있으며, 따라서 조선 후기에 나타났던 사유와 실천이란 것도 어떤 식으로든 이러한 정치사적 문

館書店 1980) 5403면 등을 참고.

133) 林春齋『華夷變態』上/中/下(東京: 東洋文庫 1958).

맥과 맞물려 있을 수밖에 없었다.

그러면 조선정치사에 있어서 17세기라는 기나긴 위기의 시대를 겪으면서 조선의 사상적·정치적 모색과 대응은 대체로 어떠한 양상으로 전개되었던 것일까. 그리고 조선 국왕의 위상을 비롯한 군신간의 정치적 역학관계는 이러한 상황전개와 맞물리면서 어떻게 계기적으로 진행되어갔던 것일까.

'국가와 사회 질서의 재건'이라는 문제가 시대적 과제로 대두된 것은 이처럼 안과 밖에서 "신뢰공동체"[134]의 기저가 와해되어가고 '혼돈'의 상황이 일상화되어 나타나고 있을 때였다. 장기간에 걸친 위기상황 곧 혼돈의 상황에서 조선정치사의 새로운 국면은 일상에 만연한 무력감, 현실적 자괴감으로 인해 잃어버린 방향감각을 되찾으려는 조선 측의 주체적인 모색들이 이루어지면서 점차 가시화되기 시작했다. 환언하면 조선 후기는, 기존의 중화문명질서와 조선왕조를 지탱해온 동아시아 정치지형이 전면적으로 재편되는 과정에서 나타난 '혼돈'의 상황 속에서, 왕조건국 이래 축적되어온 조선성리학의 세계관과 가치기준에 입각하여 현실세계에 '질서에의 동기'를 강력하게 부여할 수 있는 아이덴티티와 비전을 새롭게 끌어내어 다듬어가는 과정 속에서 전개되었다.

기나긴 혼돈의 상황 속에서 새로운 비전에의 '구체적' 단서가 보이기 시작한 것은, 아마도 병자호란의 패배로 청에 볼모로 잡혀갔던 왕자 봉림대군(鳳林大君)이 7년여 만에 조선에 돌아와 17대 왕위—곧 효종—에 오른 뒤, '복수하여 치욕을 씻겠다〔復讐雪恥〕'는 와신상담의 의지를 불태우며 강력한 군대의 양성을 추진하게 되고 이를 둘러싼 거듭되는 공방과 숱한 시행착오를 거치는 과정에서였을 것이다.

---

134) Tu Wei-ming, *Centrality and Commonality: An Essay on Chung Yung* (Honolulu: Univ. of Hawaii Press, 1976) 52~99면.

아 효종대왕께서는 10년 동안 왕위에 계시면서, 새벽부터 주무실 때까지 군사정책에 대해 묻고 인사를 불러들여 사전에 대비하셨으니, 북쪽으로 전진해보려는 마음을 하루라도 잊은 적이 없으셨습니다![135]

하지만 일반적으로 믿어지는 것과는 달리, 왜란 때 명(明)으로부터 '재조지은(再造之恩)'을 입고 호란 때 '금수의 권력' 앞에 굴복한 조선에서 대명의리론(對明義理論)과 대청복수론(對淸復讐論)이 팽배했음에도 불구하고, 효종의 군사정책과 북벌(北伐) 준비는[136] 강렬한 비판의 공론에 부딪혔다.[137]

(가) 미리 빈틈없이 준비하는 것은 나라에서 소홀히 할 수 없는 일이나, 역시 완급을 논하지 않을 수 없습니다. 군기(軍器)를 군병(軍兵)과 비교하면 군기는 말(末)에 해당되고 군병은 근본이 되며, 군병을 민심과 비교하면 군병은 말에 해당되고 민심은 근본에 해당됩니다. 군기가 잘 갖추어졌어도 군병이 정예롭지 못하면 어떻게 쓸 것이며 군병이 정예롭다 해도 민심을 얻지 못하면 어떻게 부리겠습니까? 그렇다면 백성을 편안히 하는 것이 오늘의 급한 사무가 아닐 수 없습니다.[138]

---

135) 1674년, 『顯宗實錄』 15年 7月 1日(癸亥條)에 수록된 윤휴의 상소.

136) 임진왜란 이후 수도방어군영이 강조되면서 점차 5군영제도가 확립되어갔는데, 효종은 중앙군영의 병권을 장악하고 중앙군영을 강화시켜나갔다. 이에 관해서는 차문섭 「조선후기 중앙군제의 개편」, 『한국사론』 9(서울: 국사편찬위원회 1981); 이태진 「17세기 붕당정치와 중앙군영제」, 『조선후기의 정치와 군영제변천』(한국연구원 1985) 참조.

137) 북벌론에 관해서는 조종업 「북벌과 춘추대의」, 『백제연구』 10(1979); 우인수 「조선 효종대 북벌정책과 산림」, 『역사교육논집』 15(역사교육학회 1990); 오항녕 「조선 효종대 정국의 변동과 그 성격」, 『태동고전연구』 9(1993) 등을 참고했다.

138) 1654년, 『孝宗實錄』 5年 6月 17日(乙亥條).

(나) 재해가 어느 시대인들 없겠습니까만 어찌 요즘처럼 참혹한 적이 있었겠습니까. 천인(天人)이 감응하는 때에는 그 이치가 지극히 미묘하고 그 효험이 지극히 빠릅니다. (…) 예로부터 백성을 보호하지 못하고 나라를 다스릴 수 있었던 경우가 있었습니까? 사전에 대책을 준비하는 것은 나라의 급선무인데 더구나 지금처럼 위태롭고 혼란한 때에는 목전의 적을 막을 준비도 필요할 것이오나, 진실로 일을 점차적으로 해나가고 백성들이 농사에 지장을 받지 않게 함으로써 동요를 막는다면 누가 불가하다고 하겠습니까. 그런데 지금은 축성이나 훈련, 무기나 화약을 만드는 역사(役事)가 일시에 모두 거행되어 전국이 모두 이와 같은 상황입니다. (…) 나라의 근본은 한번 흔들리면 다시 견고해질 수 없고 민심은 한번 흩어지면 다시 모을 수 없는데, 비록 훌륭하고 튼튼한 성지(城地)와 견고하고 날카로운 갑병(甲兵)이 있다 하더라도 전하께서는 누구와 더불어 지키며 누구와 더불어 싸우실지 신은 모르겠습니다. (…) 아, 민심의 험함이 두려운 것은 적국보다 더 참혹하니, 신은 아마도 나라의 걱정이 남〔倭〕과 북〔淸〕에 있지 않고 국내의 사정에 있다고 여겨집니다. 삼가 원하옵건대 전하께서는 자신의 상처를 살피는 것 같은 마음으로 의지할 곳 없는 불쌍한 백성들에게 은혜를 베푸시어, 우선 동원시키는 역사(役事)를 늦추어 백성들의 힘을 펴게 하고 힘써 진정시키는 계책을 강구하여 백성들의 원망을 풀어줌으로써 기필코 백성이 견고하여 국가가 편안해지는 데 이르게 하소서.[139)]

(다) 전하께서 왕위에 오르면서부터 먼저 융정(戎政)을 일으켜 크게 정비를 다하셨으니, 전하의 뜻을 신도 잘 압니다. (…) 그러나 근본적인 계책을 생각하지 아니하고 구구하게 지엽적인 데만 힘을 쓰심으로써 모든 조치가 적절함을 상실하고 민심이 국가에 복종하지 않는 것이 이미 선왕의 조정 때

139) 1656년, 『孝宗實錄』 7年 2月 27日(丙子條).

와는 크게 다르옵니다.[140]

(라) 옛사람이 말하기를 '천재지변이 오는 것은 백성의 원한이 부른 것이다'고 하였는데, 전하께서는 오늘날의 민심이 어떠하다고 생각하십니까? (…) 웅성거리며 난리라도 났으면 하는 생각들을 너나없이 하고 있어 잠시도 나라를 보존할 수 없게 되었습니다. 그리하여 사는 것이 즐겁지 않고 일하고 싶은 의욕도 없으며 윗사람을 질시하는 마음만 있으니, 설령 창고가 조금 차 있고 군대가 조금 정돈되고 병기가 훌륭하다 해서 어찌 믿을 수 있겠습니까![141]

(마) 민심의 좋고 나쁨은 치란(治亂)의 표상이고, 상서(祥瑞)와 재앙의 징조는 치란을 반영하는 그림자라고 할 수 있습니다. 근래에 변괴가 거의 끊어지지 않아, 때론 달마다 나타나기도 하고 때론 날마다 나타나기도 하니, 이 무슨 조짐입니까? (…) 큰 난리를 겪은 후로 민심이 날로 어지러워지고, 천변(天變)이 날마다 일어났습니다. 전하께서 이 점을 깊이 생각하고 남몰래 근심하시며 환란을 생각하고 미리 걱정하심이 이르지 않은 곳이 없을 것입니다. 용기있고 힘있는 사람들을 뽑아 군비를 갖추시며 하루도 편안하게 마음을 갖질 않으셨으니, 이는 참으로 나라를 강하게 하는 중요한 일입니다. 그러나 신이 근심하는 것은 (…) 무기나 갑옷의 견고함만으로는 나라를 강하게 하기에 부족하다는 것입니다. 나라를 다스리는 도는 백성들을 가르치는 것이 가장 큰 일입니다. (…) 이것이 천하에 왕도를 행하는 자의 군대가 천하에 대적할 상대가 없게 되는 까닭입니다.[142]

---

140) 1656년, 『孝宗實錄』 7年 9月 19日(甲子條).

141) 1657년, 『孝宗實錄』 8年 5月 14日(丙辰條).

142) 1657년, 『孝宗實錄』 8年 10月 11日(庚辰條), 허목(許穆, 1595~1682)의 상소.

(바) 지금의 융정(戎政)은 외관상으로는 잘 갖추어진 듯해도 그 근본은 그렇지가 않습니다. 옛말에 백성이 모두 군병이라고 했습니다. 백성의 마음을 얻으면 삼군(三軍)의 무리를 모두 쓸 수 있는 것이지만 백성의 마음을 잃으면 백만의 무리가 있은들 무슨 소용이 있겠습니까. 이른바 근본이란 것이 무엇인가 하면 인정(仁政)을 행하는 것인데, (…) 지금 백성이 부역에 시달려 추워도 옷을 입지 못하고, 굶주려도 밥을 먹지 못하며, 공사의 부채를 있는 힘을 다해도 갚을 수가 없는가 하면 이웃 종족의 침징(侵徵)으로 피를 빨리고 살을 도려내는 지경에 이르렀으므로 모두 떠나 흩어질 마음을 품고 있으니, 어찌 급할 때 백성의 힘을 얻을 수 있겠습니까. (…) 지금 울부짖는 원망이 길거리에 가득한 실정입니다. (…) 아! 죄가 있어 감옥에 오래 갇혀 있는 것도 옛사람은 위로 화기(和氣)를 손상시키게 된다고 했는데 더구나 이 호소할 데 없는 곤궁한 백성이 굶주린 나머지 수화(水火)에 빠져 허덕이는 데도 〔나라의 관리들은〕 질곡과 침학(侵虐)을 가하는 데야 더 말할 것이 뭐가 있겠습니까.[143)]

여기 나타난 비판의 내용을 들여다보면, 당시 유자들을 비롯한 위정자들의 정치의식과 위기의식의 소재, 그리고 아울러 후일 조선의 이데올로그들이 제시하게 될 정치적 비전의 성격을 대체로 엿볼 수 있다.[144)] 이러한 관점에서 최근의 연구를 종합해보면,[145)] 조선 측 이데올로그들의 고민은

143) 1665년, 『顯宗實錄』 6年 12月 26日(丁丑條).

144) 여기에 소개한 기록들은 공자의 다음과 같은 논의를 연상시킨다. 子貢問政. 子曰, "足食, 足兵, 民信之矣." 子貢曰, "必不得已而去, 於斯三者何先?" 曰, "去兵." 子貢曰, "必不得已而去, 於斯二者何先?" 曰, "去食. 自古皆有死, 民無信不立."(『論語』「顔淵」)

145) 이영춘 「우암 송시열의 존주사상」, 『청계사학』 2(1985); 정옥자 「대보단의 창설」, 『조선후기 문화운동사』(서울: 일조각 1988); 김준석 「조선후기 국가재조론의 대두와 그 전개」(연세대학교 사학과 박사논문 1990); 이태진 「조선후기 대명의리론의 변천」, 『아시아문화』10호(서울: 한림대학교 아시아문화연구소 1995); 정옥자 『조선후기 조선중화사

국왕인 효종의 강병책에 입각한 복수설치(復讐雪恥)의 구상과는 달리, 한편으로 현실적으로 정책으로 구체화되기 어려운 북벌대의(北伐大義)의 기상과 대명의리(對明義理)의 정신을 살려나가면서도, 다른 한편으로 '안'으로는 민생안정과 흐트러진 국가기강을 바로세우고, '밖'으로는 변화한 중화질서 안에서 대외적인 정치적 안정을 유지할 수 있는 현실정치적 대안을 마련하려는 다분히 신중하고도 전략적인 접근태도에서 기인한 것으로 생각된다.[146]

장기간에 걸친 혹독한 위기상황의 와중에서 정치적 의견대립과 갈등을 거듭하는 가운데, 조선이 직면한 시대적 과제에 대한 해법으로서 서서히 하지만 점차 광범위하게 사회적 '동의'를 확보해간 논리는, 한편으로는 정통성과 명분을 지극히 중시하는 듯하면서도, 다른 한편으로는 대단히 현실적인 성격을 견지하려는—일종의 양면가치적 성격을 지닌—정치적 의도를 담은 것이었는데, 이를 요약한다면 '존주대의(尊周大義)'에 입각하

상연구』(서울: 일지사 1998); 지두환 「우암 송시열의 생애와 사상」, 『한국사상과 문화』 12(서울: 한국사상문화학회 2001); 지두환 「우암 송시열의 정치사상: 효종대를 중심으로」, 『한국학논총』 23(서울: 국민대학교 한국학연구소 2001).

146) 예컨대 산림(山林)의 거두이자 조선 후기를 대표하는 이데올로그였던 송시열이 효종의 사후, 선왕의 북벌의 대의야말로 조선이 맞이한 혼돈의 상황을 타개할 비전이라는 입장을 견지하였음은 널리 알려진 바와 같은데, 그러한 그가 효종의 생존시에 그의 군비확장 정책에 대해 명백히 반대하는 입장을 취했던 것도 이처럼 양자간에 문제의식의 '간격'이 존재하고 있었기 때문이라고 생각된다. 주지하는 바와 같이, 송시열은 효종 8년(1657)에 「정유봉사(丁酉封事)」를 통해, "백성을 보전하는 것과 군대를 양성하는 것은 서로 배치된다[養民養兵必相妨論]"는 자신의 입장을 밝히면서, 국왕 주도의 무리한 군비확충을 공박한 바 있다(『宋子大全』「丁酉封事」, 『孝宗實錄』 8年 8月 16日(丙戌條)). 뿐만 아니라, 그 자체가 조선역사에서 극히 예외적 사건이라고 할 수 있는 국왕과 송시열의 독대의 장(1659년 3월 11일)에서도, 송시열은 효종의 북벌에 관한 구상을 듣고 북벌의 취지에는 공감한다는 입장을 보이면서도 현실적으로 부적절한 정책이라고 지적하고 있다("對曰聖意如此 非但我東 實天下萬世之幸. 然諸葛亮尙不能有成 乃曰難平者事 萬一蹉跌 有覆亡之禍 則奈何", 『宋子大全』「幄對說話」).

여 '우선 내치를 닦은 후에 외적을 물리친다(內修外攘)'는 논리였다.[147] 조선의 이데올로그들이 당시의 '화이변태(華夷變態)' '천지번복(天地飜覆)'의 상황에서 이처럼 정통 중화질서의 수호논리인 존주대의를 내면화할 것을 주장한 데는 그만큼 절실한 정치적 의도가 내포되어 있었다. 즉 조선 후기에 등장한 존주대의를 둘러싼 언설에는, 한편으로는 '숭명반청(崇明反淸)'으로 표상되는, 요컨대 무력으로 조선을 정복하고 더 나아가 '중국'(central kingdom)의 패권마저 장악한 청국에 대한 생생한 피해의식과 근원적인 거부감, 그리고 중화문명의 적통(嫡統)일 뿐만 아니라 심지어 재조지은까지 입은 명나라에 대한 변함없는 심정적 지지를 확인하는 즉자적(an sich) 성향을 띠고 있으면서도, 다른 한편으로는 명나라가 현실적으로 사라진 상황에서 꺼져가는 문명의 불씨를 '소중화'인 조선이 온전히 보전해가겠다는 조선성리학자들의 대자적(für sich)인 의지와 비전이 담겨 있었다. 그것은 당시 일종의 '문명기준'으로 간주되어온 중화문명의 정통성을 명으로부터 승계함으로써 스스로의 아이덴티티를 '현존하는 문명의 유일한 담지자'로서 새롭게 천명하는 것일 뿐만 아니라, 이러한 문화주의적 성향을 지닌 자존의식의 재확인을 통해 장기간의 '위기'로 와해되어가던 '신뢰공동체'와 무너져내린 '국가기강'을 재건하기 위한 강력한 내적

147) 춘추시대(B. C. 770~403)에 정통성을 보유한 주(周)나라 왕실이 쇠미하고 제후들이 쟁패하는 혼란기에 접어들자, 노(魯)나라 공자(孔子, B. C. 551~479)는 '춘추대일통지의(春秋大一統之義)' 곧 춘추대의(春秋大義)를 실현하기 위한 일종의 실천이데올로기로 '존주양이(尊周攘夷)'론을 제시한 바 있다. 17세기 조선에 등장한 존주대의 또한 존주론이라는 공자의 존주양이론의 조선식 변용이라고 할 수 있다. 주자(朱子)의 표현을 빌리면, 원래 존주대의의 고전적 의미는 "이적을 배척하고 주나라 왕실을 존중하여 모두가 천하를 바르게 세운다(攘夷狄尊周室 皆所以正天下也)"는 의미를 지닌 것으로서, '혼돈'의 상황을 극복하고 마땅히 있어야 할 바람직한 '질서'를 부여하려는 실천적 함의를 지닌 것이었다(朱子『論語集註』「憲問篇」). 존주론과 내수외양론이 양란 이후 조선의 정치·사상계를 주도하는 과정에 관해서는 정옥자『조선후기 조선중화사상연구』(서울: 일지사 1998)의 연구가 독보적이라고 할 것이다.

응집력을 확보하려는 대단히 현실적인 고민과 전략적인 의도를 담고 있었던 것이다.[148] 다만 이러한 논리가 이루어지고 나아가 광범위한 사회적인 동의를 얻을 수 있었던 배경에는 앞서 조선 중기를 다루면서 고찰한 바와 같은 조선성리학의 사회적 내면화 과정과 규범주의적 경향성의 심화라는 현실적인 상황이 존재하고 있었음을 간과해서는 안될 것이다.

---

148) '존주대의'라는 언설에 담긴 조선의 주체적 자존의식의 모색이란 오늘날의 시각에서 볼 때 대단히 모순적인 성격을 갖는 것처럼 보일지 모른다. 왜냐하면 대외적인 '독립'을 가장 중요한 특징의 하나로 간주하는, 우리에게 너무나도 익숙한 근대적 의미의 주권(sovereignty) 개념에 비추어볼 때 조선의 자존의식을 중화문명의 정통성의 구현이라는 측면에서 설명한다는 것은 마치 '주체적인 종속' 혹은 '종속적인 주체'와 같이 심각한 논리적 모순에 빠질 수밖에 없어 근본적으로 성립되기 어려운 것처럼 보이기 때문이다. 하지만 근대국제질서와 주권국가라고 하는 것이, 아무리 인간과 사회에 관한 여러가지 보편적 속성을 담아내고 있다고 하더라도, 16·17세기를 전후해서 유럽이라는 기독교 문명권에서 생겨나기 시작한 독특한 국가간 관계를 배경으로 비로소 등장한 주권(主權)이라는 '역사적'인 개념—장 보댕(Jean Bodin)이 주권이라는 독특한 개념을 처음 사용한 것은 *Les six livres de la république*(『國家論』 6卷, 1576)에서였다—에 근거하고 있음을 고려한다면, 중화문명을 '문명 기준'으로 간주하고 있던 조선에서 중화문명의 문법에 비추어 스스로의 주체적 자존의식을 확보하겠다는 논리는 적어도 당대의 역사적 상황 속에서는 자연스러운 것이었음을 이해할 필요가 있을 것이다. 환언하면, 사대자소(事大字小)라는 위계적 예법에 입각한 질서 속에서 이루어지는 '주체'의 레토릭이란 '남의 보호나 간섭을 받지 않고 홀로 선다'는 사전적 의미에서의 '자주'나 '스스로 선다'는 '자립'을 특징으로 하는 근대적 주체의 레토릭과는 다른, 천하·중화관념의 정통성론에 입각한 '관계적' 레토릭이자 '우회적' 레토릭으로 표명될 수밖에 없었던 것이다. 근대적 의미의 주권개념과 그 역사성에 관해서는 O. Brunner, R. Koselleck and W. Conze, eds., *Geschichitliche Grundbegriffe: Historisches Lexicon zur Politisch- Sozialen Sprache in Deutschland* Vol. 7 (Stuttgart: Klett-Cotta 1972); F. Hinsley, *Sovereignty* (Cambridge: Cambridge University Press 1986); Jean Bodin, *On Sovereignty: Four Chapters from the Six Books of the Commonwealth*, ed. and tr. J. Franklin (Cambridge: Cambridge University Press 1992) 등을 참고할 수 있다. 주권이라는 개념이 19세기 서세동점의 시기에 동아시아에 수용되는 구체적인 과정에 관해서는, 강상규 「동아시아 문명권에서 '주권'과 '국제'개념의 탄생: 『만국공법』의 판본 비교와 번역」, 『중국학보』 62(한국 중국학회 2010년 12월)를 참고할 수 있다.

하지만 당시의 대다수 유자들은 안으로는 민생의 파탄적 상황이 이어지고, 밖으로는 무력으로 중화질서를 제패한 청에게 사대의 예를 행해야 하는 조선의 대내외적 '현실'에서 존주대의의 '이념'을 곧바로 실천에 옮기는 것은 너무도 요원한 일임을 통감했다. 이러한 현실과 이념의 간격을 메우기 위해 이들이 제시한 것이 바로 '내수외양(內修外攘)'의 논리였다. 조선 후기 가장 중요한 현실적 영향력을 행사한 이데올로그라고 할 수 있는 송시열(宋時烈, 1607~1689)은 이에 관하여 다음과 같이 설명하고 있다.

(가) 하늘이 해우(海隅)를 돌보셨기에, 기자(箕子)가 동쪽으로 오시어 홍범(洪範)의 도로써 여덟 조목의 가르침을 베풀었으니, 오랑캐〔夷〕가 변하여 문명국〔夏〕이 되었고, 우리가 동쪽의 주(周)나라가 되었습니다. 우리 조정에 이르러서는 성왕들이 서로 계승하여 공렬(功烈)이 높고 빛났으며, 예와 악을 제작하여 성주(聖主)에 견주어서 융성하기로는 또 세종대왕의 성세(聖世)만한 것이 없을 것입니다. (…) 그런데 마침 병자년과 정축년의 변란을 당하였으니, 하늘과 땅이 뒤집히고〔天地飜覆〕 의리가 꽉 막혔습니다.[149)]

---

149) 1683년, 『肅宗實錄』 9年 2月 21日(癸巳條). 위에 소개한 송시열의 '조선 동주론(東周論)'은 그의 다음과 같은 논리와 함께 검토될 필요가 있을 것이다. "중원인(中原人)은 우리 동인(東人)을 가리켜 동이(東夷)라고 부르니, 명칭이 비록 유쾌하지 못하지만 중요한 것은 작흥(作興)이 어떠하냐에 있을 뿐이다. 맹자가 말하기를 순(舜)은 동이의 사람이라 하고 문왕(文王)은 서이(西夷)의 사람이라 하였으나, 그들은 진실로 성인·현인이 되었다. 곧 우리나라는 추(鄒)·노(魯)나라가 되지 못한 것을 근심할 필요가 없는 것이다〔則我東不患不爲鄒魯矣〕. 옛날에 칠민(七閩)의 땅이 실상은 남이(南夷)의 구역이었으되, 주자가 이 땅에서 우뚝 일어난 뒤에는 중화의 예악문물의 땅이 되어 도리어 귀하게 여겨졌다. 옛적에 오랑캐의 땅이 지금은 중화가 되었으니, 오직 변화가 이루어졌는가에 달려 있을 따름이다〔土地之昔夷而今夏 惟在變化而已〕." 『宋子大全』 권131 雜著, 「看書雜錄」. 흔히 이해되는 것과는 달리, 송시열은 이적(夷狄)인 조선이 진정한 의미에서 중화일 수 있음을 논증하기 위해 '지역'이나 '종족'이라는 일종의 귀속적인 틀을 벗어나 예악과 문물이라는 중화문명의 양보할 수 없는 '가치'의 성취 여하에 따라 화이(華夷)가 결정된다는 입장을 '원칙적'으로 견지하고 있었다고 할 수 있다. 왜냐하면 이처럼 화이의 상호변화

(나) 그렇다면 어떻게 해야 하겠습니까? 우리는 이처럼 나라가 작고 힘이 약하니, 오직 통분함을 참고 원통함을 품으면서, 급박하여 어찌할 수 없다는 마음을 버리고, 편하려는 생각을 경계하여, 근검하는 착실한 덕을 쌓아가되, 한결같이 우리 백성을 보호하는 것과 힘써 선을 행하는 것을 임무로 삼아, 우리의 힘을 기르면서 저들의 틈이 생기기를 기다린다면, 하늘이 우리의 소원을 이루어주게 되지 않겠습니까? (…) 더욱 성상의 뜻을 가다듬고 더욱 성학(聖學)에 힘쓰시며, 더욱 인정(仁政)을 닦고 더욱 무비(武備)를 갖추시어, 우리 성조(聖祖)들이 뜻을 두었던 일을 받들어 이어가소서.[150]

그런데 흥미로운 사실은 이처럼 존주론과 내수외양의 논리가 부상하는 과정에서 조선왕조 건국 이래 견지되어온 '소중화의식'의 성격에 간과할 수 없는 변화가 나타난다는 점이다. 그러면 기왕의 '소중화의식'과 그것의 변용된 형태라 할 수 있는 '조선이 중화문명의 정통성을 유일하게 계승하고 있다는 의식'(이하 편의상 정옥자의 표현대로 조선중화사상이라고 칭함)은 도대체 어떻게 대비되는 것일까.[151]

가능성에 근거하지 않고는 동이인 조선이 중화의 정통성을 계승한다는 논의의 정당성이 원천적으로 봉쇄되어버리기 때문이었다. 그러나 화이의 가변성을 송시열이 '원칙적'인 수준에서 인정하고 있다고 해서 그것이 이적들의 중화로의 변화 가능성에 대해 낙관하는 의식으로 나아가는 것은 아니었다는 점에 유의할 필요가 있다. 왜냐하면 송시열의 관심은 어디까지나 문명세계에서 가지는 조선의 특별한 위상을 강조하는 것이었지 이화이의 가변성 여부 일반을 논증하기 위한 논의가 아니었기 때문이다. 이러한 송시열의 논리는 이후 수많은 논쟁의 초점이 되었으나 조선 후기 정통의 권위로서 자리를 잡아가게 된다.

150) 1687년, 『肅宗實錄』 13年 2月 4日(壬子條).

151) 이와 관련하여 정옥자는 "조선 전기에 있어서 중화가 명(明)이었고 조선이 소중화라고 설정되었던 것이 조선 후기에 이르러 명이 망하자 조선이 그 주체가 되어 명을 계승한 적통이라 표방하고 나선 것은 바로 조선이 중화라는 주장 이외의 다름이 아니다"고

우선 양자는 기본적으로 '문명 기준'이라고 간주되던 중화문명질서와의 관계라는 문맥에서 '전통을 재발견하고 재해석'하면서 '문명으로서의 중화'가 축적해온 문명의 정신을 동국(東國)인 조선이 구현해간다는 '문화적 자존의식'의 표방이라는 점에서, 그리고 무력에 의한 패권주의에 대해 강한 비판의식을 견지한다는 점에서 '연속'선상에 있었다. 바로 그러한 점에서 양자 모두는 화이질서의 독특한 문화지향적 성격과 맞물려 있다고 해야 할 것이다.[152] 하지만 양자는 분명히 다른 차이도 드러내었다. 우선 소중화의식은 명(明)이 화이질서의 명실상부한 중심이라는 사실을 일단 인정하면서, 화이질서의 주변으로서 동이(東夷)인 조선이 중국(中國, Central Kingdom)에 비견될 만한 '문명화의 역사'를 가졌을 뿐만 아니라 이를 충실히 계승·성숙시켜가고 있음을 '소중화'라는 중국인들의 표현을 빌려 스스로에게 내면화한 것이라고 할 수 있다. 반면 조선중화사상은 17세기 조선이 처한 대내외적 환경이 치세에서 난세로의 대전환기로 접어들게 되고 명이라는 화이질서의 중심이 사라진 '혼돈의 상황'에서, 중화문명의 정통성의 맥락에 극도로 의존하는 존주론적 언설의 '형식'을 통해 조선이 '문명으로서의 중화'의 맥을 유일하게 계승하고 있음을 좀더 극적으로 표현한 일종의 자기암시적 성격을 지닌 것이었다.

지적하면서, 이를 기왕의 소중화의식과 구별하여 '조선중화사상'이라고 변별하여 부를 것을 주장하고 있다. 정옥자, 앞의 책(1998) 108면. 본서가 소중화의식의 변용을 간과해서는 안된다는 이유에서 편의상 정옥자의 '조선중화사상'이라는 표현을 빌려 쓰지만, 당대에는 이러한 의식—즉 조선이 유일하게 중화문명의 정통성을 계승하고 있다는 관념—이 기왕에 사용되어온 '소중화'라는 동일한 표현을 통해 이루어지고 있었음은 두말할 나위가 없다.

152) 화이질서의 독특한 문화지향적 성격에 관해서는 de Bary(1986), Fairbank(1991), 浜下武志(1997), 佐藤愼一(1996) 등을 참고할 수 있으며 이미 제1장에서 상세히 언급한 바 있다.

(2) 존주대의와 비판적 지식인들의 현실인식

국토가 여러차례 전쟁터로 화하고, 장기간에 걸친 기온강하 현상과 속출하는 기상이변 사태를 겪는 상황에서 농업국가인 조선의 신분질서 전반에 걸쳐 실질적인 동요가 격렬하게 진행되었다. 뿐만 아니라, 기상이변 현상이 이후 18세기에 들어서까지도 일정기간 지속되고 있었다는 점 등을 감안해볼 때,[153] 이데올로그를 비롯한 위정자들의 정치적 선택은 현실적으로 불안한 계층간 이해관계와 맞물리면서 심각한 정치적 갈등을 수반하지 않을 수 없었다. 아울러 당시의 정치적 대응이 어느정도 구체적인 성과와 결실을 거두어 정치적·사회적인 안정을 기하는 데는 적지 않은 시간이 소요될 수밖에 없었을 것이다.[154] 다음의 기록은 당대의 어려운 정황을 생

---

153) 이태진에 의하면, 이상기후 현상은 18세기 중엽에 이르기까지 지속되고 있었던 것으로 생각된다. 그는 『조선왕조실록』의 기록에 나타난 재이현상을 종류별, 시기별로 통계를 작성해 제시하고 있는데, 이에 관해서는 이태진 「소빙기(1500-1750) 천변재이 연구와 『조선왕조실록』: Global History의 한 장」, 『역사학보』 149집(1996) 210~24면; Tae-jin Yi, "Meteor Fallings and Other Natural Phenomena Between 1500-1750: As Recorded in the Annals of the Choson Dynasty(Korea)," *Celestial Mechanics and Dynamical Astronomy* No. 69 (Netherland: Kluwer Academic Publisher 1998) 4~19면을 참고할 수 있다.

154) 예컨대 16세기 이이가 제시한 대동법이 갖은 우여곡절을 겪으며 시행되어가는 과정은 당대의 정치적·경제적·사회적 갈등을 대변해 보여준다고 해야 할 것이다. 요컨대 광해군이 즉위한 1608년에 대동법이 경기도 지역에 처음 시험적으로 시행된 후 뜨거운 논쟁을 거듭하며 강원도·충청도·전라도·경상도·황해도 등으로 확대시행되기까지 백여년의 시간이 걸린 배경에는 당시 위기상황에 따른 신분질서의 동요와 아울러 그에 대한 해법을 둘러싼 의견대립, 그리고 정치적·경제적 이해관계가 첨예하게 맞물려 있었던 것이다. 대동법에 관해서는 김윤곤 「대동법 실시를 둘러싼 찬반양론과 그 배경」, 『대동문화연구』 8집(서울: 성균관대학교 대동문화연구원 1971); 최완기 「대동법 실시의 영향」, 『국사관논총』 12(국사편찬위원회 1990); 김준석 「조선후기 국가재조론의 대두와 그 전개」; James B. Palais, *Confucian Statecraft and Korean Institutions: Yu Hyongwon and the Late Choson Dynasty* (Seattle and London: University of Washington 1996) Part VI

생하게 전해준다.

(가) 병자년〔1696〕에 팔도의 감사에게 하교하기를, "금년은 바로 병자년이다. 지나간 해를 돌이켜보고 우리 백성들의 일을 생각해볼 때 참담할 따름이다. 창과 칼이 난무하는 어지러운 때에도 재난을 피하여 몸을 보전할 수 있는 여지는 있었으나, 지금은 팔도에 대기근이 들어 백성들이 위급한 상황에 처하였으니, 어느 곳에서도 살아남기를 바랄 수 없게 되었다. 감사와 수령들은 모름지기 나의 뜻을 깊이 새겨 각별히 백성을 보살피도록 하라. 만약 재리(財利)를 빙자하여 백성들의 죽음을 서서 구경만 하는 자가 있다면, 나는 그들을 노륙(孥戮)하여 결단코 용서하지 않을 것이다. 도적을 다스리는 데 있어서는 오로지 체포하는 것만을 능사로 여기지 말고 반드시 먼저 위로하여 따라오게 하고 안정시켜 모여들게 하라. 그리고 또 농사는 천하의 근본이니, 여러 고을에 단단히 타일러 경계하도록 하여 백성들의 축말(逐末)을 금하고, 힘들여 논밭을 가꾸도록 하여 가을에 수확을 얻을 수 있게 하라" 하였다. 그리고 사직단에 거동하여 〔조선 건국기에 원구단이 폐지된 이후 실질적으로 사라진 것과 다름없던—인용자〕 기곡제(祈穀祭)를 거행하였다.[155]

(나) 국왕이 비망기(備忘記)를 내리기를, "아! 국가가 불행하여 기근이 거듭 닥쳐 팔도 백성들의 목숨이 거의 끊어지려 하는데, (…) 이번 재이에 관해 올린 장계(狀啓)를 살펴보니, 사망한 사람이 아마도 만명이 넘는 듯하다. 그러니 이밖에 누락된 자들이야 어찌 다 헤아릴 수 있겠는가? 아! 극심

"Financial Reform and the Economy"; 지두환 「선조 광해군대 대동법 논의」, 『한국학논총』 19(서울: 국민대학교 한국학연구소 1996); 지두환 「인조대의 대동법 논의」, 『역사학보』 155(1997) 등이 참고할 만하다.

155) 『肅宗實錄』 附錄 「肅宗大王 行狀」 중 1696년에 관한 기록.

한 기근으로 인해 윤상(倫常)이 없어지고 끊어져, 사람이 인육을 먹는 지경에 이르렀으니, 참혹한 해독이 극에 달했다고 하지 않을 수 없다. 비록 전쟁의 재앙이라 하더라도 어찌 이보다 더하겠는가? (…) 현재 구제책(救濟策)을 비록 마쳤다고 하더라도 내년에 대한 염려는 틀림없이 갑절이나 될 것이다. 더구나 금년 농사에 다시 다른 재해가 없으리라는 것도 또한 기약할 수가 없다. (…) 그러니 자애로운 아비가 어린 자식을 보호하듯, 큰 병에 걸린 자를 잘 간호하듯이 백성을 대한 연후에야 비로소 만번 죽을 고비를 넘기고 살아남은 백성들이 소생할 희망이 있을 것이며, 조정에서 염려하며 구휼하는 혜택이 일관되어 있다고 할 수 있을 것이다."[156]

이러한 점들을 고려해볼 때, 왜란 때 조선을 도운 명 황제 신종(神宗)과 마지막 황제인 의종(毅宗)을 조선이 제사지낼 수 있도록 해야 한다는 송시열의 유지에 따라 만동묘(萬東廟)를 세운 것(1703, 숙종 29년)이나,[157] 명이 멸망한 지 일주갑(一周甲, 60년)이 되는 해(1704)를 맞아 국왕의 적극적인 의도를 반영하여 대보단(大報壇)을 설치한 것은 앞서 언급한 조선중화사상이 향후 '국내적인' 차원에서 이루어지는 언설을 주도해갈 것임을 분명히 보여준 주목할 만한 사건이 아닐 수 없었다.[158] 그러면 국가적 사업으로 진행

---

156) 1697년, 『肅宗實錄』 23年 7月 5日(癸未條).

157) 만동묘란 송시열의 제자인 권상하(權尙夏, 1641~1721)가 스승의 유지를 받들어 충청도 화양리에 세운 사당으로서 명의 마지막 황제인 의종의 어필(御筆)인 '비례부동〔非禮不動=예가 아니면 움직이지 않는다, 곧 예에 부합하지 않으면 행동으로 옮기지 않는다〕'이 보관되어 있는 곳이기도 하다. '만동(萬東)'이란 용어는 선조의 어필인 '만절필동〔萬折必東=물이 만 구비를 꺾어 흘러 결국에는 동해로 들어간다〕'에서 취한 것으로서, 그 의미에서 드러나는 바와 같이 조선의 문화적 자존의식을 집약하고 있는 것으로 생각된다. 이후(1717) 송시열을 제향한 화양서원(華陽書院)으로 이전하였다.

158) 황단(皇壇)이라고도 불리는 대보단은 명이 패망한 후 일주갑을 맞아 이른바 '재조지은(再造之恩)'을 입은 명의 신종을 추모하여 창덕궁의 금원(禁苑)에 마련된 제단이다. 후일 영조 때부터 명 태조와 마지막 황제인 의종에게도 함께 제사를 드리게 된다. 정옥자

된 대보단의 설치를 전후하여 군신간에 오간 기록들을 통해 '명분론'적 제례행위에 담긴 '전략적' 고민과 의도를 확인하고 넘어가기로 하자.

(가) 황조(皇朝=明)의 은혜에 보답하는 길은 오직 내수외양하여 존주대의를 밝히고 선왕의 유지를 성취하는 데 있습니다. 사업의 크기로는 이보다 더한 것이 없으니 비록 그대로 이루지 못한다 하더라도 나라를 굳건히 하고 민생을 안정시켜 자립의 기틀이 마련될 것이니 이것이 그 실효입니다.[159]

(나) 위로부터 능히 대지(大志)를 품고 분발하여 실심으로 실정(實政)을 시행하고 정성을 다해 그 덕에 힘쓰는 것으로 내수(內修)의 근본을 삼고, 무비(武備)를 잘 다스리는 일로써 외양(外攘)의 대책을 삼는다면, 비록 지금의 형세로 군사를 일으켜 〔청을〕 쳐서 징벌하고 수치와 원한을 풀지는 못한다 하더라도 이것이 역시 자강(自强)의 도를 다하는 일이 될 것입니다.[160]

(다) 조선국왕 신(臣) 이돈(李焞)은 감히 대명(大明)의 의종황제에게 밝게 고하옵나니, 빛나는 황명(皇明)에 엎드려 화이주〔華夷主=中華와 夷狄의 주인, 즉 천하의 주인〕가 되어 이제 몸소 제사를 행합니다. (…) 이러한 일은 비록 예에 기록이 없으나 의로써 세운 것이오니, 생각건대 황제의 영령께서 오르내리시어 하토(下土)에 굽어 임하신들, 고국은 융적(戎狄)의 것이 되었으니 누

는 "대보단의 창설이 조선성리학에 대한 자부심과 조선을 무력으로 짓밟은 야만족 청에 대한 적개심이 혼합되어 조선이 문화적으로 당시 세계(천하로 표현된 동아시아)에서 가장 우월하다는 것을 강조하는 일종의 자기 시위였고, 나아가 자기극복의 한 방법이었다"고 지적한다. 정옥자, 앞의 책(1998) 97면.

159) 『大報壇事筵說』(奎-3288), 甲申 正月 初十日, 13ㄱ, 김준석, 앞의 논문 「조선 후기 국가재조론의 대두와 그 전개」 4면에서 재인용.

160) 『大報壇事筵說』(奎-3288), 甲申 正月 初十日, 6ㄱ, 김준석, 같은 논문) 4면에서 재인용.

가 제사를 받들겠습니까. 우리나라가 비록 누추하지만 우리의 정성은 지극합니다. 바라건대, 감림(監臨)하시어 이를 큰 기쁨으로 삼는 것입니다.[161)]

(라) 임금이 비망기를 통해 이르기를, "아! 세월이 빨리 흘러 갑신년이 거듭 돌아왔다. 하늘이 무너지고 땅이 허물어진 것〔天崩地拆〕이 바로 이 해이니, 눈물이 앞을 가리는구나. 친히 제사를 지내지 아니하면 어찌 슬픔을 일컫겠는가?〔不有親祀于何寓哀〕 이에 내가 의로 일으켜 과감히 행하리니〔肆予義起斷然行之〕, 이는 대개 천리를 밝히고, 백성들이 지켜야 할 법도〔民彝〕를 튼튼히 심으려 하기 때문이다〔盖所以明天理植民彝也〕. 아! 신종황제가 이 나라를 재조(再造)한 은혜는 천지와 같이 크고 하해로도 헤아릴 수 없으니, 실로 우리나라가 세세토록 잊어버리지 못할 일이다. 이제 〔황제를 추모하는〕 묘를 세우는 일에 누가 이의를 달겠는가마는, 그간에 〔제후국으로서의〕 예법에 벗어난다는 말도 있고, 이 일이 〔청에게〕 누설될 것을 염려하는 소리도 있었으나, 이는 그렇지 않다. (…) 나의 숭보(崇報)의 정성이 진실로 이와 같으니, 하늘에 있는 신종황제의 신령 역시 어찌 이 동쪽의 땅에 마음을 두지 않겠는가?〔予崇報之誠亶在於此, 神皇在天之靈亦安知不戀玆東土耶〕 존주의 의리는 일성(日星)과 같이 밝고 나의 뜻이 결정됨은 굳기가 금석과도 같으니, 이제 이 일을 결코 그만둘 수가 없다〔尊周之義, 皎如日星, 予志之定, 堅如金石, 斷不可已也〕."[162)]

161) 1704년, 『肅宗實錄』 30年 3月 19日(戊午條), "朝鮮國王臣李焞, 敢昭告于大明毅宗烈皇帝. 伏以, 於赫皇明, 爲華夷主, 功隆德厚, 丕冒率溥. (…) 禮雖無文, 可起以義. 想帝陟降, 臨睨下土, 故國爲戎, 誰奉籩豆. 我邦雖陋, 我誠則至, 尙翼監格, 右此大禧," 정옥자, 앞의 책(1998) 86면에서 재인용. 위의 기록은 숙종이 명의 마지막 황제인 의종에게 친히 제사를 드리면서 올린 제문이다.

162) 1704년, 『肅宗實錄』 30年 4月 10日(己卯條).

이후 만동묘, 대보단에서 행하는 사회적·국가적 차원의 제의(祭儀)행사는 계속 이어졌다. 또 영조대에 민간 차원에서 이루어진 이수이(李壽頤)의 『존주록(尊周錄)』(1743)이나 이재(李縡)의 『존양록(尊攘錄)』(1747)의 편찬을 비롯하여 조정의 차원에서 이루어진 『황단의(皇壇儀)』(1748)나 『황조사전(皇朝史傳)』(1749) 등의 간행, 그리고 정조대에 국왕이 중심이 되어 『존주휘편(尊周彙編)』이나 『황단배향제신목록(皇壇配享諸臣目錄)』 등이 편찬된 것은 숙종대의 존주의식이 조선의 중흥군주로 일컬어지는 영조(재위 1725~1776), 정조(재위 1777~1800)대에 이르기까지 국가적 차원에서 함양되었음을 보여주는 구체적인 사례라 할 수 있다.[163] 이와 관련하여 서연(書筵)에서 이루어진 영조와 왕세손 정조의 대화장면은 무척 시사적이다.

국왕이 조강(朝講)을 행하여 『맹자』를 강(講)하였다. 왕세손에게 묻기를 (…) "너는 소국을 다스리는 왕의 모범이 되고 싶으냐, 천하를 다스리는 자의 모범이 되고 싶으냐?" 하니, 대답하기를 "원컨대 천하를 다스리는 자의 모범이 되고 싶습니다" 하였다. 국왕이 말하기를, "그 뜻만은 크다. 사신(史

163) 대보단과 관련하여 규장각에 소장된 자료들은 존주대의가 확고하게 정착되어가는 경향을 시사해준다고 할 수 있을 것이다. 그중에서 중요한 것들로 생각되는 것만을 소개하면, 대보단 설치에 관한 경연의 논의를 모아놓은 기록인 『大報壇事筵說』(奎-3232)을 비롯하여, 대보단을 설치할 때의 기록 『大報壇謄錄』(奎-12894), 영조가 대보단의 의절(儀節)을 정리한 『皇壇儀』(奎-14308), 영조 때 명 의종을 대보단에 함께 제사하게 된 경위 등을 기록한 『皇壇重修儀』(奎-14310), 영조 때 대보단을 증수한 과정과 의궤절목 등을 기록한 『大報壇增修所儀軌』(奎-14315), 정조 말년에 편찬한 것으로서 호란 중 청에 항쟁하며 충절을 지킨 여러 신하들의 사적(事跡)을 기록한 『皇壇配享諸臣目錄』(奎-1325), 1822년 순조 때 황단에 모신 세 황제에 각각 한명의 신하를 함께 배향하게 하면서 이를 기록한 『皇壇從享儀軌』(奎-14316) 등이 그것이다. 이에 관해서는 『奎章閣韓國本圖書解題』(서울: 서울대학교 규장각)를 참조. 아울러 대보단 제사가 숙종 이후 정비되는 과정에 관해서는 桑野榮治 「朝鮮小中華意識の形成と展開: 大報壇祭祀の整備過程を中心に」, 朴忠錫·渡辺浩 編 『國家理念と對外認識: 17-19世紀』(東京: 慶應義塾大學 2001)를 참고할 수 있다.

臣)은 기록해두어라. 만일 천하를 다스리는 자의 모범이 못 되고, 또 소국을 다스리는 왕의 모범도 못 된다면 특별히 저 사신에게 부끄러울 것이다"라고 하였다. 또 하교하기를, "중국의 문물을 고증할 곳이 없으나 유독 우리나라에만 기송(杞宋)을 고증할 수가 있어 한조각 건정지(乾淨地)가 오직 황단〔대보단〕에 있다. 황하가 맑아지는 시기는 점칠 수 없으나, 우리나라의 삼단〔三檀=대보단〕은 만세가 지나도록 길이 남을 것이니, 너도 의당 이러한 뜻을 알아야 할 것이다."[164]

후일 국왕 정조는 존주대의와 관련해서 다음과 같이 말하고 있다.

(가) 제후의 나라가 천자를 제사지냄은 예에 없는 사례이다. 우리 영릉〔寧陵=효종〕께서 오로지 복수설치(復讐雪恥)하려던 논의는 역사에 오래도록 남을 일이었지만 지업(志業)은 성취되지 못하였고 물이 맑아지는 일은 기약할 수 없게 되었다. 이에 연정(緣情), 기의(起義)하여 북원(北苑)에 단(檀)을 설치, 하늘에 제사지내는 예로 제사하고 있으니 한모퉁이 동쪽의 땅이 홀로 춘추대일통지의(春秋大一統之義)를 잡았도다.[165]

(나) 아, 도의 근원은 하늘에서 나왔기 때문에 하늘이 성인을 내어 그를 왕으로 삼고 스승으로 삼아 그 도를 온 천하에 퍼뜨리게 한 것이다. 그 대표적인 이들이 복희(伏羲), 황제(黃帝), 요(堯), 순(舜), 우(禹), 탕(湯), 문(文), 무(武)였고, 공부자(孔夫子)만은 왕이라는 지위를 못 얻었기 때문에 『시(詩)』 『서(書)』를 손질하고 『춘추(春秋)』를 저작하여 소왕(素王)으로서의 일을 했던 것이다. (…) 정자(程子), 주자(朱子)시대가 멀어지자 사설(邪說)들이 또

164) 1764년, 『英祖實錄』 40年 3月 13日(甲子條).
165) 正祖 『弘齋全書』 권184, 정옥자(1998) 136~37면에서 재인용.

일어나고 중구난방으로 너도나도 떠드는 통에 표준이고 법식이고 도무지 없었는데, 이때 하늘이 문운(文運)을 열어 그 도가 드디어 우리나라로 오게 된 것이다.[166]

하지만 이처럼 조선이 만동묘나 대보단의 창설과 계승이라는 기왕에는 존재하지 않았으며 존재할 수도 없었던 방식을 통하여 '문명의 유일한 계승자'라는 문화적 자존의식을 견지해나가며 점차 정치적 안정을 모색해갈 수 있었던 데는, 현실적으로 강희제(康熙帝, 재위 1661~1722), 옹정제(雍正帝, 재위 1722~36), 건륭제(乾隆帝, 재위 1736~95)로 이어지는 청의 번영[167]과 전국시대(戰國時代) 이후 들어선 일본 토꾸가와 바꾸후(德川幕府, 1603~1868)의

166) 『正祖實錄』「附錄/正祖大王 墓誌文」.

167) 다음에 소개하는 표는 18세기의 청 중흥기 중국의 생산력과 19세기 이후 상대적 생산력의 극적인 변화를 대체로 잘 보여준다고 생각된다.

〈표2-5〉 세계 제조업 총생산량에서 문명권별·국가별 비율, 1750~1900년 (숫자는 %)

국가 \ 시기	1750년	1800년	1830년	1860년	1880년	1900년
서양	18.2	23.3	31.1	53.7	68.8	77.4
중국	32.8	33.3	29.8	19.7	12.5	6.2
일본	3.8	3.5	2.8	2.6	2.4	2.4
인도/파키스탄	24.5	19.7	17.6	8.6	1.7	1.7
러시아	5.0	5.6	5.6	7.0	8.8	8.8
브라질과 멕시코	-	-	-	0.8	0.7	0.7
기타	15.7	14.6	13.1	7.6	2.8	2.8
세계	100	100	100	100	100	100

* 表示出典: Paul Bairoch, "International Industrialization Levels from 1750-1980," *Journal of Europe Economic History* 11 (Fall 1982), Samuel P. Huntington, *The clash of civilizations and the remaking of world order* (New York: Touchstone 1996) 86면에서 재인용. 여기에서 제조업 총생산량을 어떤 기록을 근거로, 어떠한 방식으로 산출하여 비교하였는지 의문의 여지가 적지 않다. 그러나 정확한 수치를 구하려는 의도에서가 아니라 전반적인 추이를 개관하는 데는 도움이 될 것으로 생각된다.

안정된 통치 등 동아시아의 평화기라는 대외적인 여건 및 청과 왜와 조선의 사대교린 질서의 재구축,[168] 그리고 당대 화이관념의 개방적 풍토 등이 맞물려 있었다.

이미 여러 연구들이 지적한 바와 같이, 중원의 새로운 패자(覇者)로 등

168) 청에 대한 연행사의 파견이나 일본 토꾸가와 바꾸후에의 통신사절단 파견은 왜란과 호란 이후 사대교린 질서가 현실적으로 재구축되었음을 의미하는 것이었다. 예컨대, 1706년 청의 강희제가 대학사(大學士)에게 조선이 청을 섬기는 데 성의를 다하면서도 명을 배반하지 않았던 사실을 본받아야 할 것이라고 이른 것("諭大學士等曰 觀朝鮮國王凡事 極其敬愼 其國人亦皆感戴 (…) 且彼更有可取者 明之末年 彼始終未嘗叛之 猶爲重禮義之邦也,"『淸聖祖實錄』 권227, 康熙 45年 10月 23日(丁未條))이나, 대보단을 창설할 때 청에게 알려질까 염려하던 숙종이 십여년이 지난 1713년 대보단을 만든 일이 청에 알려져도 크게 문제될 것이 없으리라는 여유있는 태도를 보인 것(『肅宗實錄』 39年 7月 20日(乙丑條))은 현실적으로 조선과 청의 관계가 안정되고 있음을 상징적으로 보여준다고 할 수 있을 것이다. 이에 관해서는 노대환 「정조시대 서기수용 논의와 서학정책」, 『정조시대의 사상과 문화』(서울: 돌베개 1999) 205면을 참조. 참고로 일본에 파견한 통신사절단 현황을 표로 정리하면 다음과 같다.

〈표2-6〉 조선에서 일본에 파견한 통신사절단

	연도(조선연호/일본연호)	정사(正使)/인원수	일본 쇼군
1회	1607년 (선조 40년, 慶長12년)	呂祐吉/504명	2대 德川秀忠
2회	1617년 (광해 9년, 元和3년)	吳允謙/428명	2대 德川秀忠
3회	1624년 (인조 2년, 寬永1년)	鄭岦/460명	3대 德川家光
4회	1636년 (인조 14년, 寬永13년)	任絖/478명	3대 德川家光
5회	1643년 (인조 21년, 寬永20년)	尹順之/477명	3대 德川家光
6회	1655년 (효종 6년, 明曆1년)	趙珩/485명	4대 德川家綱
7회	1682년 (숙종 8년, 天和2년)	尹趾完/473명	5대 德川綱吉
8회	1711년 (숙종 37년, 正德1년)	趙泰億/500명	6대 德川家宣
9회	1719년 (숙종 45년, 享保4년)	洪致中/475명	8대 德川吉宗
10회	1748년 (영조 24년, 延享5년)	洪啓禧/477명	9대 德川家重
11회	1764년 (영조 40년, 明和1년)	趙曮/477명	10대 德川家治
12회	1811년 (순조 11년, 文化8년)	金履喬/328명	11대 德川家齊

* 조선과 일본 간의 대외관계에 관해서는 田中健夫 『中世對外關係史』(東京大學 1975); 荒野泰典 『近世日本と東アジア』(東京: 東京大學 1988) 등을 참고할 수 있다.

장한 청은 비한족 지배자로서 자신들의 통치에 대한 '피지배자들의 도덕적 승인'을 얻기 위하여 중국 내부에서의 전통적 화이관념의 종족적·지역적 성격을 탈피하고 실질적인 중화문명의 보호자로서의 역할을 자임하는 유연한 태도를 취하고 있었고,[169] 이러한 경향에 발맞추어 화이론의 내용에 다양한 변용이 이루어지면서, 동아시아 국가들 각각의 경우에 따라 제각기 독자적인 아이덴티티의 기반을 제공하는 상황이 나타나고 있었던 것이다.[170] 청의 옹정제의 명령에 의해 편찬된 『대의각미록(大義覺迷錄)』에는 이른바 '화이변태'의 상황에서 전통적인 화이관의 변용이 전형적으로 전개되고 있는데, 그 대략적인 요지는 다음과 같다.

'이적'과 '중국'을 나누는 기준은 보편적인 윤리를 알고 있나 없나 여부

169) 이에 관해서 예컨대 페어뱅크는 다음과 같이 표현하고 있다. "청대 초기의 황제들은 유교적인 용어·형식·사상을 받아들였고 당연히 이것들을 정치적 권위의 유지와 지지를 위해서 이용했다. 그들은 열심히 경전을 공부하고 조상을 받들었으며, 공자에 대한 국가적인 제례를 행하고, '왕도'를 이야기하고 그에 대해서 글을 썼으며, 유교적인 미덕을 칭송하고, 군주는 자신의 덕으로 나라를 다스려야 한다는 이상을 받아들였다. (…) 청조의 황제는 문학의 후원자가 되었고, 도서비평과 편찬이라는 거대한 사업을 지원했다." J. K. Fairbank, *China: A New History* (Cambridge: Harvard Univ. Press 1992), 김형종 역 『신중국사』(까치글방 2005) 189~202면.

170) 예컨대 에도(江戶)시대 일본에서는 이른바 '일본형 화이의식'을 통해 탈(脫)중화의 경향을 확립해가고 있었는가 하면, 월남에서도 '소천하(小天下)사상'의 논리하에 황제 칭호와 독자적인 연호를 사용하는 등 분명한 변화의 움직임을 보여주고 있었다. 에도시대의 '일본형 화이의식'에 관해서는 渡辺浩 『近世日本社會と宋學』(東京: 東京大學 1985); 荒野泰典 「日本形華夷秩序の形成」, 『日本の社會史 1 =列島內外の交通と國家』(東京: 岩波 1987); 荒野泰典 『近世日本と東アジア』(東京: 東京大學 1988); 酒寄雅志 「華夷思想の諸相」, 『自意識と相互理解=アジアのなかの日本史(V)』(東京: 東京大學 1993); 桂島宣弘 「華夷思想の解體と國學的自己像の生成」, 『江戶の思想』 4(東京: ペリカン社 1996); 박홍규 「17세기 도쿠가와 일본에 있어서의 화이문제: 중국 조선과의 비교관점에서」, 『한국정치학회보』 35-4(한국정치학회 2001) 등이 참고가 되며, 월남의 소천하사상에 관해서는 유인선 「중월관계와 조공관계」, 『역사학보』 114(1987) 등을 참고할 수 있다.

에 있다. 공자가 『춘추』에서 화이의 구분을 강조한 것은 예의의 있고 없음을 준별하려는 것이었지, 땅의 위치를 구별하려는 것이 아니었다. 종족이라는 의미에서 만주족은 확실히 '이(夷)'이며, 이러한 사실을 본조(本朝=淸朝)가 감추고자 하는 바가 아니다. 그러나 그렇게 말한다면, 옛 성왕이던 순(舜)도 '동이(東夷)의 사람'이며, 주(周)의 문왕(文王)도 '서이(西夷)의 사람'이지 않은가? 역대왕조가 화이를 구별하였던 것은 중외(中外)를 통일할 힘이 없었기 때문에, 천하를 일가(一家)로 간주하지 못하고, 경계를 분명히 구별해서 방위하지 않을 수 없었던 까닭에서였다. 우리 청조는 천명을 입어, 몽고·중국을 병합하여 일통의 대업을 실현하고, 동란에 지친 인민은 나아와 청조에 몸을 맡겼다. 그리하여 오늘에 이르러서는, 중국의 판도는 극대화되고, 천하만민은 청조의 성군 하에서 그 생활을 즐기고 있다. 이것은 인민 모두가 경하할 만한 일인데, 어찌 이제 와서 중외, 화이와 같은 구별을 할 필요가 있겠는가.[171)]

중화문명권에서 나타난 혼돈의 상황이 급속히 질서를 찾아가며 치세(治世)로 전환되어가는 양상은 조선이 '문명의 유일한 계승자'라는 문화적 자존의식을 견지하며 점차 정치적 안정을 모색해가는 대외적 여건이 될 수 있었다. 그러나 역설적으로 이러한 상황은 존주대의에 의존한 조선이 새로운 딜레마에 봉착하였음을 의미하는 것이다.[172)] 왜냐하면 우선 사상적

171) 淸雍正帝 撰『大義覺迷錄』近代中國史料叢刊 第36輯(文海出版社)에 수록, 岸本美緒「東アジア·東南アジア傳統社會の形成」,『岩波世界歷史13: 東アジア·東南アジア傳統社會の形成』(東京: 岩波書店 1998) 48~49면에서 재인용.

172) 조선중화사상이 노정하게 되는 이율배반적 성격은 '화이관념의 가변성'을 둘러싼 당대 이데올로그들의 논의를 통해 확인해볼 수 있을 것이다. 예컨대 앞서 지적한 바와 같이 조선중화사상의 가장 중요한 이데올로그라고 할 수 있는 송시열은 화이관념이 가변적인 것으로서 동이(東夷)인 조선이 중화문명의 정통을 계승한 진정한 의미의 화(華)일 수 있음을 기왕의 성리학적 언설을 통해 제시했다는 점에서 정치적으로 래디컬

으로 총체적인 혼돈의 양상을 띠며 전개된 17세기의 위기상황 속에서 정립된 이른바 조선중화사상이란은 어디까지나 '숭명반청(崇明反淸)'이라는 의리론에 입각한 중화문명의 정통성의 언설에 의존하여 조선의 자존의식을 천명하는 것이어서 '정통 vs. 이단' '화(華) vs. 이(夷)' '의(義) vs. 이(利)'를 준별하려는 이분법적 인식태도를 견지하였고, 따라서 눈앞에서 전개되는 동아시아의 새로운 국면을 담아내기에는 근본적인 한계가 있었던 것으로 보이기 때문이다. 더구나 안정복(安鼎福, 1712~1791)이 언급한 것처럼 "서양서적이 선조 말년에 조선으로 전래된 이후 고관이나 명유(名儒)로서 이를 보지 않은 사람이 없었으며, 이를 보기를 제자(諸子)나 도(道), 불(佛)

한 논리의 단서를 제공했다고 할 수 있을 것이다. 이러한 화이관념의 가변성은 이후 조선에서 당연한 것으로 수용되는 양상을 보였는데, 당대의 주요 이데올로그로 평가되는 ① 한원진(韓元震, 1682~1751), ② 황경원(黃景源, 1709~1787), ③ 김이안(金履安, 1722~1791)의 다음과 같은 논의는 이러한 분위기를 잘 전해준다. ① "옛적의 소위 중국이 혹 도리어 이적의 땅이 되고 야만의 나라가 혹 화이의 땅이 되었으니, 땅에 내외가 없음과 인간에 화이가 없음이 이와 같다〔昔之所謂中國者 或反爲夷狄之藪 所謂蠻邦者 或反爲華夏之區 則地之無內外 人之無華夷 皆如是也〕," 한원진 『南塘集』 II 拾遺, 권6 雜著, 「拙修齋說辨」(민족문화추진위원회 1999) ② "대저 이른바 중국이란 무엇인가. 예의일 따름이다. 예의가 밝으면 융적(戎狄)도 중국이 될 수 있고, 예의가 밝지 않으면 중국도 이적이 될 수 있다. 한 사람의 몸이 때로는 중국에 있을 수 있고 때로 이적에 있을 수 있으니, 이는 진실로 예의가 밝고 밝지 않음에 있는 것이다〔夫所謂中國者, 何耶. 禮義而已矣. 禮義明, 則戎狄可以爲中國, 禮義不明, 則中國可以爲夷狄. 一人之身, 有時乎中國, 有時乎戎狄, 固在於禮義之明與不明也〕," 황경원 『江漢集』 권5 「與金元博書」 ③ "지금은 융적이 중국에 들어가 중국의 백성이 융적의 군주를 군주로 섬기고, 융적의 풍속을 풍속으로 삼고, 서로 결혼하여 종족이 서로 섞였다. 이에 땅으로는 족히 화이를 분별할 수 없고 그 사람을 논할 수 없다. 그런즉 지금의 세상에 우리가 중화가 아니면 누구이겠느냐. 이것이 이른바 예전과 상이한 점이다〔今也戎狄入中國, 中國之民 君其君俗其俗 婚嫁相媾 種類相化 於是地不足辨之而論其人也. 然則當今之世 不歸我中華而誰也. 此所謂異者也〕," 김이안 『三山齋先生文集』 二, 권10 雜著, 「華夷辨」 下. 그러나 이처럼 급진적인 성격을 지닌 논의는 조선에서 정통의 권위를 확보하게 되면서 현실적으로 점차 보수적 성격을 강하게 드러내게 된다. 요컨대 조선의 화(華)의 가능성은 당연히 인정하지만, 다른 이적들의 화로의 변화 가능성은 봉쇄하고 있었다.

을 보듯이 하여 서실의 놀이감으로 갖추고 있었던(西洋書, 自宣廟末年, 已來于東, 明卿碩儒, 無人不見, 視之如諸子道佛之屬, 以備書室之玩)" 당시의 상황을 감안하면,[173] 기왕의 가치체계를 고수하려는 의식과 새로운 사유체계에 대한 열망이 어떤 식으로든 치열한 정치적 긴장과 갈등을 야기하였을 것임은 두말할 나위가 없다. 환언하면 17세기라는 위기상황에서 대두되어 국내적으로 여러가지 순기능을 하던 조선중화사상이 새롭게 변화하는 동아시아세계의 현실로부터 스스로를 고립시키는 역설적인 상황이 도래하였다는 의미이다.

명청교체 이후 점차 청조가 정치적 안정과 번영을 누리고 화이관념에 관한 유연한 해석이 동아시아의 시대적 대세를 이루는 상황에서 존주론(尊周論)으로 표상되는 조선중화사상이 직면하지 않을 수 없었던 문제를 사상적인 측면에서 가장 명료하게 지적하고 나선 것은 오늘날 이른바 '실학자'라고 일컬어지는 비판적 지식인들이었다.[174] 이들은 조청관계가 현실적으로 안정되었던 영조와 정조 시대를 전후하여 등장했는데, 대체로 근기(近畿) 남인 계열의 성호학파(星湖學派)와 노론 계열의 북학파(北學派)라는 두 계통으로 대별된다. 이들은 17세기 이래 매년 평균 세차례의 연행사절(燕行使節)을 통해 조선에 전해지는 천문·지리·역법 관련의 다양한

173) 安鼎福 『順菴集』 권17 「天學考」. 17세기 들어서면서 다양한 분야의 서학(西學)이 전래되는 과정에 관해서는 강재언 『西洋と朝鮮: その異文化格闘の歴史』(東京: 文藝春秋 1994)를 참고할 수 있다.

174) 주지하는 바와 같이 17세기 유형원(柳馨遠, 磻溪, 1622~1673) 이후의 비판적 유학자들을 이른바 '실학자'라고 일컫고, 이들의 학문을 선학들의 '허학(虛學)'과는 대조되는 '실학'이라고 지칭하는 것은 조선시상사의 흐름에 관한 상식이 되었다. 여기서는 이러한 논의에 대한 비판적 논의 중에서 참신하고 과감한 문제의식이 돋보이는 연구 두편만 지적해두기로 하겠다. 金容沃 「朝鮮朱子學と近代: アジア未來社會における作爲と整體」, 『アジアから考える』 5卷(東京: 東京大學 1995); James B. Palais, *Confucian Statecraft and Korean Institutions: Yu Hyongwon and the Late Choson Dynasty* (Seattle: Univ. of Washington Press 1996).

'한역(漢譯) 서학서(西學書)' 등에 지적 자극을 받았으며, 특히 북학파로 분류되는 이들은 연행(燕行)을 직접 체험한 인물들이었다.[175] 이들은 당시 조선 왕조의 주류를 이루던 존주론자들의 문화적 자존의식과 거기 담겨 있는 현실정치적 취지에는 대체로 공감하면서도 주관적인 기원이나 바람의 차원과 객관적인 현실세계 간에 나타나는 다양한 층위의 '괴리'에 주목하고 있었다. 이들의 비판이 구체적이고 실질적인 문제에서 비롯된 것인 만큼, 북학파의 경우처럼 배척 대상이던 청조를 현실적인 배움의 대상으로 간주하는 등 대담한 인식의 전환이 가능했던 것이다.

(가) 도구와 수리(數理)의 법도는 뒤에 나온 것이 교묘하다. 비록 성인의 지혜라고 하더라도 다하지 못함이 있으니, 이들은 후일 더욱 연마하여 시간이 지날수록 더욱 정교해진다. 지금 행하는 시헌력(時憲曆)은 서양인 탕약망(湯若望, Adam Schall)이 만든 것으로 역도(曆道)가 지극하여 일식(日蝕)과 월식(月蝕)에 착오가 없다. 따라서 성인이 다시 나와도 반드시 이를 따를 것이다.[176]

175) 조선은 매년 정기적으로 한차례의 동지사(冬至使)를 보내고 필요에 따라 추가로 사신을 청에 파견했는데 전체 평균으로 매년 거의 세차례 사행을 파견한 것으로 알려졌다. 조선이 청에 파견한 연행사에 관해서는 조선의 『통문관지(通文館志)』 등에 관련내용이 상세하게 기록되어 있다. 한편 조선에 전래된 한역(漢譯) 서학서는 현재 확인된 것만 100여 종을 넘어서는 것으로 알려졌다. 조선의 대청사행(對淸使行)에 관해서는 전해종 「청대 한중조공관계 종고(綜考)」, 『진단학보』 29·30합집(서울: 진단학회 1966)를, 그리고 조선에 전래된 한역 서학서에 관한 최근의 연구로는 차기진 「성호학파의 서학 인식과 척사론에 대한 연구」(한국정신문화연구원 박사논문 1996); 노대환 「정조시대 서기(西器) 수용 논의와 서학정책」, 정옥자 편 『정조시대의 사상과 문화』(서울: 돌베개 1999); 원재연 「조선후기 서양인식의 변천과 대외개방론」(서울대학교 박사논문 2000) 등이 상세하다.

176) 李瀷 『星湖僿說』 권2 「天地門」 〈曆象〉.

(나) 유학이 나라를 망치고 있으나, 어찌 이것이 유학 자체의 탓이겠느냐. 식견이 좁은 유자들이 오로지 유학의 이름을 도용하여 천하를 어지럽히는 것이니 모두가 유학의 썩은 찌꺼기들이라.[177)]

(다) 이용(利用)이 있은 연후에야 후생(厚生)이 될 것이요, 후생(厚生)이 된 후에야 정덕(正德)이 될 것이다. 대체 이용(利用)이 되지 않고서는 후생(厚生)할 수 있는 이는 드물 것이니, 생활이 이미 넉넉하지 못하다면 어찌 그 마음을 바로 지닐 수 있겠는가.[178)]

(라) 성인이 『춘추(春秋)』를 지은 것은 진실로 존화양이를 위한 것임에 틀림없다. 그러나 이적이 중화를 어지럽힌 것에 분개하여 중화의 존숭할 만한 내용까지도 한꺼번에 물리쳤다는 사실은 들어보질 못했다. 그러므로 지금 오늘날의 사람들이 진실로 이적을 물리치려 한다면, 중화의 유법(遺法)을 남김없이 배워 우리 풍속의 유치함과 우둔함을 변화시켜야만 할 것이니, 경잠도야(耕蠶陶冶)로부터 통공혜상(通工惠商)에 이르기까지 모조리 배워야 할 것이라. 남이 열을 하면 나는 백을 하여 먼저 우리 백성들을 이롭게 한 다음에, 우리 백성들로 하여금 회초리를 마련해두었다가 저들의 견고한 갑옷과 날카로운 무기를 족히 매질할 수 있도록 한 연후에야, 중국에는 볼 만한 것이 아무것도 없다고 이를 수 있을 것이다.[179)]

---

177) 朴趾源 『燕巖集』 권14 「熱河日記」 〈鵠汀筆談〉, "余曰, 經術壞國, 豈經術之罪也. 陋儒只盜經術之名, 所以亂天下者, 皆經術之糟粕也."

178) 朴趾源 『燕巖集』 권11 「熱河日記」 〈渡江錄〉, "利用然後, 可以厚生, 厚生然後, 正其德矣. 不能利其用, 而能厚其生鮮矣. 生旣不足以自厚, 則亦惡能正其德乎."

179) 朴趾源 『燕巖集』 권12 「熱河日記」 〈馹汛隨筆〉, "聖人之作春秋, 固爲尊華而攘夷, 然未聞憤夷狄之猾夏, 竝與中華可尊之實, 而攘之也. 故今之人, 誠欲攘夷也, 莫如盡學中華之遺法, 先變我俗之稚魯, 自耕蠶陶冶, 以至通工惠商, 莫不學焉. 人十己百, 先利吾民, 使吾民制梃, 而足以撻彼之堅甲利兵然後, 謂中國無可觀也."

(마) 이제 오랑캐를 물리치려면 먼저 오랑캐가 누구인가를 알아야 하고 중국을 높이려면 그 법을 더욱 존중해야 한다. 만약 명을 위하여 복수설치 하려면 힘써 중국을 배운 20년 후에 더불어 의논해도 늦지 않을 것이다.[180)]

(바) 일본은 근래 명유(名儒)가 배출되고 있다고 한다. 그 가운데 물부쌍백〔物部雙柏=오규우 소라이荻生徂徠〕 같은 사람이 있는데, 호는 조래(徂徠)이고 해동부자(海東夫子)로 불리고 있으며 제자들이 매우 많다고 한다. 지난번 통신사행(通信使行)의 사행원을 통해 소본염〔篠本廉=사사모또 치꾸도篠本竹堂〕의 글 3편을 얻어 보았는데 글이 모두 정예하더라. 대개 일본은 본래 백제를 통해 서적을 얻어 보았는데 처음에는 아주 몽매하였다. 그런데 중국의 강소(江蘇) 절강(浙江) 지방 등과 직접 교역을 하면서부터는 중국의 좋은 책을 사가지 않은 것이 없다 한다. 또 일본에는 과거제도의 폐단이 없으므로 지금에 와서는 그들의 학문이 우리나라를 능가하게 되었으니 심히 부끄러운 일이다.[181)]

이들 비판적 지식인들은 조선중화사상의 '숭명반청'의 의리론에 입각한 '정통 vs. 이단' '화(華) vs. 이(夷)' '의(義) vs. 이(利)'의 이분법적 인식태도가 국내외의 상황을 자가당착적으로 해석하는 오류에 빠진 것을 다양한 측면에서 통렬하게 논박하였다. 비판론자들의 문제의식은 다양한 분야에

180) 朴齊家『北學議』「尊周論」, "故今之人, 慾攘夷也, 莫如先知夷之爲誰, 慾尊中國也, 莫如盡行其法之爲逾尊也. 若復爲前明復仇雪恥之事, 力學中國二十年後共議之, 未晩也."

181) 丁若鏞『與猶堂全書』1집 제21권「詩文集」, "日本近者名儒輩出. 如物部雙柏號徂徠, 稱爲海東夫子, 其徒甚多. 往在信使之行, 得篠本廉文三度而來, 文皆精銳. 大抵日本本因百濟得見書籍, 始甚蒙昧. 一自直通江浙之後, 中國佳書無不購去. 且無科擧之累, 今其文學, 遠超吾邦, 愧甚耳"; 『增補與猶堂全書』1권(서울: 경인문화사 1970) 443면, 하우봉『조선후기 실학자의 일본관연구』(서울: 일지사 1989) 223면에서 재인용.

걸쳐 있어서 그만큼 세부적으로는 서로 편차가 드러나기도 하지만, 기왕의 권위를 상대화하면서 유교적 이상에 입각한 문명의 정신을 실질적으로 구현하려 한다는 점에서 서로 닮아 있었다. 중국을 상대화하는 시각이 자연스럽게 나타나고 기왕의 화이관념에 대한 다양한 반성들이 나타난 것은 이러한 정치적·사상적 맥락에서였다. 이들 비판적 지식인들에게 다음과 같은 '국가평등관념'이라고 부를 만한 사유가 나타나는 것은 실로 흥미로운 사실이라 하겠다.

(가) 오늘날 중국이라는 것은 대지 중의 한 조각에 불과하다. (…) 크게는 구주(九州)도 하나의 나라이지만 작게는 초(楚)도 하나의 나라이고 제(齊)도 하나의 나라이다. 따라서 만국은 땅덩어리의 대소와 관계없이 한 나라라는 점에서 같다.[182]

(나) 숭정기원후(崇禎紀元後)라는 다섯 글자가 전국에 널리 사용되고 있는데 이것은 비단 가문의 우환으로 될 뿐만 아니라 반드시 나라의 근심이 될 것이다.[183]

(다) 중국은 서양에 대하여 경도의 차이가 180도에 이르는데, 중국인은 중국을 정계(正界)로 삼고 서양을 도계(倒界)로 여기며, 서양인은 서양을 정계로 삼고 중국을 도계로 여긴다. 그러나 실제로 사람들이 하늘을 이고 땅을 밟은 곳이면 지역에 따라 모두 그러한 것이니 실은 횡계(橫界)도 없고 도계도 없으며 모두 함께 정계인 것이다.[184]

182) 李瀷 『星湖僿說』 권2 「天地門」 〈分野〉, "今中國者, 不過大地中一片土, (…) 大則九州亦一國也, 小則楚亦一國也, 齊亦一國也, 萬邦均是."

183) 李瀷 『星湖先生全集』 권28 「答李汝久」, "崇禎紀元後五字 遍於郊原 此不但爲家憂必將迤及國患."

(라) 하늘에서 보면 어찌 내외의 구분이 있겠는가. 그러므로 각 나라마다 자기 나라 사람과 친하고 그 군주를 존중하며 그 나라를 수호하고 그 풍속을 편안해한다는 점에서 화와 이가 한가지이다. (…) 공자는 주(周)나라 사람이다. 왕실이 날로 기울고 제후가 쇠약해지자 오(吳)와 초(楚)가 중화를 어지럽히고 침략하고 죽이는 데 만족할 줄 몰랐다. 『춘추(春秋)』는 주나라 책이다. 내외의 구별이 엄한 것은 당연하지 않은가. 그러나 가령 공자가 바다를 건너 구이(九夷)에 거(居)하여 중화를 이용하여 이(夷)를 변하게 하고 역외(域外)에서 주나라 도를 일으키게 했다면 내외의 구분과 존화양이의 의(義)가 그의 역외춘추(域外春秋)에 마땅히 있었을 것이다. 이것이 바로 공자가 성인인 까닭이다.[185)]

(마) 성인의 법은 중국이 이적이 되면 이적으로 간주하고, 이적이 중국이 되면 중국으로 간주한다. 중국과 이적의 구분은 그 도와 다스림에 있지 강역(疆域)을 지배함에 있지 않다.[186)]

(바) 이른바 중국이라는 것이 왜 '가운데〔中〕'가 되는지 모르겠고, 이른바 동국(東國)이라는 것이 왜 동(東)이 되는지 모르겠다. (…) 대저 동서남북의

---

184) 洪大容『湛軒書』內集 권4「醫山問答」, "中國之於西洋 經度之差 至于一百八十 中國之人 以中國爲正界 以西洋爲倒界 西洋之人 以西洋爲正界 以中國爲倒界 其實戴天履地 隨界皆然 無橫無倒 均是正界."

185) 洪大容『湛軒書』內集 권4「醫山問答」, "自天視之, 豈有內外之分哉. 是以各親其人, 各尊其君, 各守其國, 各安其俗, 華夷一也. (…) 孔子周人也. 王室日卑, 諸侯衰弱, 吳楚滑夏, 寇賊無厭, 春秋者周書也. 內外之嚴, 不亦宜乎. 雖然使孔子浮于海, 居九夷, 用夏變夷, 興周道於域外, 則內外之分, 尊攘之義, 自當有域外春秋, 此孔子之所以爲聖人也."

186) 丁若鏞『與猶堂全書』1집 제12권 詩文集「拓跋魏論」, "聖人之法 以中國而夷狄 則夷狄之 以夷狄而中國則中國之. 中國與夷狄, 在其道與政, 不在乎疆域也."『增補與猶堂全書』1卷(서울: 景仁文化社 1970) 243면.

중심이면 어느 곳이나 중국 아닌 곳이 없는데 이른바 중국이란 것이 어디에 있단 말인가?[187]

따라서 이들 비판적 지식인들의 이러한 상대적 관점의 수용과 화이관념에 대한 반성은 조선중화사상의 국수적 성격의 주체의식과는 달리, 좀더 개방적 성향을 지니는 국학(國學)에 대한 관심으로 자연스럽게 이어졌다고 생각된다.

(가) 오늘날 사람들은 동방(東邦)에서 태어나 우리나라 사실(史實)을 전혀 성찰하여 깨닫지 못하고 있다. (…) 동국(東國)은 스스로 동국인 것이니 그 규칙이나 체제가 자연히 중국사와는 달라야 한다. 그 사대교린의 관계는 옛것을 징험하고 오늘의 것을 비교하여 진실로 불가불 생각해야 할 것이 있는데 우리나라 사람들은 대체로 전혀 모르고 있다.[188]

(나) 동국이 역대에 흥하고 폐함은 대략 중화와 서로 시작과 끝을 같이한다. 단군(檀君)은 요(堯)와 더불어 나란히 흥하였고, 무왕(武王)에 이르러 명을 받아서 기자(箕子)가 제후로 정해졌으니, (…) 기준(箕準)이 위만(衛滿)을 피해서 남쪽으로 옮겨 마침내 마한(馬韓)이라 칭하였다. (…) 이러한즉 동방의 정통은 끊어지지 아니하였다. (…) 그러므로 나는 마한이야말로 곧 동국(東國)의 정통이라고 말하는 것이다.[189]

---

187) 丁若鏞『與猶堂全書』1집 제13권 詩文集 序「送韓敎理致應使燕序」, “其所謂中國者, 吾不知其爲中 (…) 夫旣得東西南北之中, 則無所往而非中國.”『增補與猶堂全書』1卷(서울: 경인문화사 1970) 270면.

188) 李瀷『星湖先生全集』권25「答安百順」, “今人生乎東邦 惟東事全不省覺 (…) 東國自東國 其規制體勢 自與中史有別 其事大交隣之間 驗古準今 誠有不可不商量者 東人蓋昧昧然也,” 송찬식「성호의 새로운 사론」,『한국의 역사인식』하(서울: 창작과비평사 1976) 379면에서 재인용.

(다) 수십년 이래로 일종의 해괴한 논의가 횡행하여 조선의 학문을 한창 배척하고 있다. 무릇 선배들의 문집이라면 거들떠보지도 않는데 이는 큰 병통이다. 사대부의 자제가 자기 나라의 고사(故事)를 모르고 선배의 논의를 보지 않는다면 비록 그 학문이 고금을 꿰뚫는다고 하더라도 그 자체가 조악한 것이다.[190]

(3) 중심의 분산과 기우뚱한 균형

지금까지 조선 후기에 나타난 조선중화사상이 전반적으로 어떠한 정치적·사회적 문맥에서 대두되어 부상하게 되는지, 그리고 이에 대한 주요한 비판론자들의 새로운 현실인식은 대체로 어떠한 내용을 담고 있었는지에 관해 검토해보았다. 그러면 조선국왕의 위상을 비롯한 군신간의 정치적 역학관계는 이러한 상황과 맞물리면서 어떻게 계기적으로 전개되어갔을까. 이에 관한 논의에 앞서 우선 조선 후기의 왕위승계에 관한 사항을 표로 정리하면 대체로 다음과 같다.

---

189) 李瀷『星湖先生全集』권47「三韓正統論」, "東國之歷代興廢, 略與中華相終始, 檀君與堯並興, 至武王受命, 而箕子定封, (…) 箕準避寇南遷, 遂稱馬韓 (…) 是則東方之正統不絶 (…) 余故曰馬韓者, 則東國之正統也," 이우성「이조후기 근기학파에 있어서의 정통론의 전개: 역사파악에 있어서 체계성과 현실성」,『한국의 역사인식』하(서울: 창작과비평사 1976) 358면에서 재인용.

190) 丁若鏞『與猶堂全書』1집 제21권 詩文集「寄二兒」(壬戌 12月 22日, 康津謫中), "數十年來 怪有一種議論 盛斥東方文學 凡先獻文集 至不欲寓目 此大病痛 士大夫子弟 不識國朝故事 不見先輩議論 雖學貫穿今古 自是鹵莽."『增補與猶堂全書』1권(서울: 경인문화사 1970) 440면.

〈표2-7〉 조선 후기 왕위승계 관련사항 (국왕의 평균 재임기간: 25년 1개월)[191]

왕		선왕과의 관계	즉위	즉위 연령	재위 기간	왕위승계 관련 특기사항
17대 孝宗	r.1649~1659 (1619~1659)	부자관계(인조의 차적자)	1649년 5월 13일	31세	10년	적장자인 소현세자의 죽음으로 대신 왕위 승계
18대 顯宗	r.1659~1674 (1641~1674)	적장자	1659년 5월	19세	15년	3개월 예송논쟁(기해예송, 갑인예송)
19대 肅宗	r.1674~1720 (1661~1720)	적장자	1674년 8월 23일	14세	45년 10개월	세자에 의한 대리청정 4년(숙종43~46년)
20대 景宗	r.1720~1724 (1688~1724)	부자관계(숙종의 서장자)	1720년 6월 13일	33세	4년 2개월	
21대 英祖	r.1724~1776 (1694~1776)	이복형제(숙종의 차서자)	1724년 8월 30일	31세	51년 7개월	세자에 의한 대리청정(영조25~34년)과 세자 사사(賜死)(임오화변, 1762년)
22대 正祖	r.1776~1800 (1752~1800)	영조의 장손(사도세자의 적장자)	1776년 3월 10일	25세	24년 3개월	

조선 후기 정치운영상의 주요한 변화 가운데 하나는 중종 때 변방의 방어를 위해 설치된 비변사(備邊司)가 왜란을 치르는 동안 대신(大臣)과 당상관들의 최고 정책심의 및 집행기구로 격상되어 기왕의 의정부의 기능을 사실상 대신하게 된 것이다.[192] 전쟁이라는 특별한 국가위기시에 임시로 의정부의 기능을 이전받은 비변사가 전쟁 이후에도 그 기능 수행을 계속했다는 사실은 총체적인 위기가 장기간에 걸쳐 지속된 조선 후기의 정치적 상황에서 현지 사정에 밝고 실무경험이 풍부한 인물들을 중심으로 국

191) 이영춘 『조선후기 왕위계승연구』(서울: 집문당 1998)를 주로 참고했다.

192) 비변사에 관해서는 오종록 「비변사의 조직과 직임」, 『조선정치사 1800-1863』 하(서울: 청년사 1990); 정홍준 「16·17세기 권력구조의 개편과 대신」, 『한국사연구』 84(서울: 한국사연구회 1994); 이재철 「17세기 사림정치기 비변사의 기능」, 『한국사연구』 99·100 합집(서울: 한국사연구회 1997) 등을 참고할 수 있다.

정을 운영해야 하는 당대의 긴박한 정황과 긴밀한 관련이 있다 하겠다. 하지만 조선 후기의 정국운영과 군신간의 정치적 역학관계와 관련하여 본서가 무엇보다 주목하고 싶은 점은 '17세기의 위기'의 와중에 와해된 국가기강과 무너진 조정의 권위 회복을 위하여, 조선성리학의 정통으로 인정되며 사회적으로 널리 존경받던 재야의 명망가를 국가가 국정운영에 적극적으로 활용했다는 사실과, 또한 그것이 가지는 정치적 의미이다. 당시 조정에 의해 중용된 재야의 명망가는 산림(山林) 혹은 유현(儒賢) 등으로 칭해졌는데, 조선정치사에서 막강한 정치적 영향력을 지닌 '산림'의 출현은 대체로 17세기 초엽 광해군대 정인홍(鄭仁弘, 1535~1623)에까지 거슬러올라간다.[193] 이와 관련하여 후일 황현(黃玹, 1855~1910)은 다음과 같이 언급한다.

광해군 때 이이첨(李爾瞻)이 집권하면서 정인홍을 기용하여 삼공(三公)의 자리에 앉혀놓고 매번 대사가 있으면 표리상화(表裏相和)하여 정인홍의 말을 유현(儒賢)의 말씀이라고 내세우고 그러한 명분 아래 자신의 사리사욕을 자행하였다. 이로부터 역대 집권자들이 그것을 본받아서 정국이 한번 바뀔 때마다 곧 재야의 어느 한 사람을 추대하여 영수(領袖)를 삼았으니, 비록 현명하고 어리석음의 차이는 있겠지만 정치를 행함에 있어서 '산림'을 구실로 삼지 않는 이가 없었다.[194]

193) 일반적으로 산림(山林)이란 학문적 권위로 인해 과거〔大科〕를 거치지 않고 조정에서 불러들인 재야의 명망가를 지칭하는 말로 쓰였다. 이에 반해 유현(儒賢)이란 효종 8년 송시열과 송준길을 불러들이면서, 성현(聖賢)에 준하는 대학자라는 의미에서 쓰인 호칭으로서 좀더 특별한 의미를 갖는다. 본서에서는 이러한 점을 감안하여 각각의 용어를 사용하였다.

194) 황현 『매천야록』 卷之一上(서울: 국사편찬위원회 1955) 10면, "光海朝, 李爾瞻用事, 起鄭仁弘, 列之三公, 每大事, 表裏相和, 憑藉儒賢之論, 以行其胸臆, 自是以來當局者踵之, 朝局一變, 輒推林下一人, 以爲領袖, 雖賢奸不同, 未有不藉口山林者."

최근의 연구에 의하면, 국가에 의해 특별히 중용된 유현은 당대의 일반 관료들에 비해 전례(典禮)를 비롯한 경전 일반에 좀더 정통한 만큼 경연을 비롯한 다양한 국정운영의 장에서 국가가 공인하는 최고의 이데올로그로서의 기능을 담당하면서, 왕정을 보도(補導)한다는 명분하에 인재를 천거하는 데도 특별한 권한을 행사하는 등, 현실적으로 공론을 '대변'하는 역할까지 수행했다.[195] 앞으로의 논의를 위해, 조선정치사에서 유현의 정치적 비중이 가장 컸던 시기라고 할 수 있는 효종대 후반 이후 숙종대까지의 유현의 변동 상황을 정리하면 다음과 같다.

〈표2-8〉 조선 후기 효종·현종·숙종대 유현의 변동[196]

	시기	유현	소속 붕당	각 시기의 유현이 교체되는 계기
A	효종 8년~현종 14년 (1657~1673)	송시열(1607~1689), 송준길(宋浚吉, 1606~1672)	서인	갑인예송(1674)
B	숙종 즉위년~숙종 5년 (1674~1679)	허목(許穆, 1595~1682), 윤휴(尹鑴, 1617~1680)	남인	경신환국(1680)
C	숙종 6년~숙종 15년 (1680~1689)	송시열, 박세채(朴世采, 1632~1695), 윤증(尹拯, 1629~1714) *서인이 노론과 소론으로 분열	서인	기사환국(1689)
D	숙종 15년~숙종 20년 (1689~1694)	이현일(李玄逸, 1627~1704)	남인	갑술환국(1694)
E	숙종 20년~경종 원년 (1694~1721)	박세채, 윤증	소론	임인옥사(1721)

195) 17세기 이후 재야의 명망가들을 국가가 중용하게 되는 경위나 이들의 정치적 역할에 관해서는 이우성 「이조 유교정치와 산림의 존재」, 『한국의 역사상』(서울: 창작과비평사 1982); 우인수 「17세기 산림의 세력기반과 정치적 기능」(경북대학교 박사논문 1992); 정만조 「17세기 중엽 산림세력의 국정운영론」, 『허선도정년기념한국사학논총』(서울: 일조각 1992); 정홍준 「17세기 대신과 유현의 역학관계」, 『국사관논총』 65집(서울: 국사편찬위원회 1995). 본서는 산림에 관해 이들 논문에서 많은 시사를 받았음을 밝혀둔다.

그런데 이러한 유현의 중용이란 사건은 재야의 사림세력이 현실정치의 중요한 구심축으로 본격적으로 등장한다는 의미를 넘어, 또 다른 별개의 의미를 지닌 것이었음에 주목할 필요가 있다. 조선 중기를 다루면서 이미 언급한 바와 같이, 조선정치사에는 선조대(1575) 이래 '붕당정치' 현상이 나타나고 있었다. 이러한 상황에서 국가가 공인하는 막강한 유현의 등장은 현실적으로 다른 학풍이나 정치적 이견을 가진 재야의 유림들에게 상대적인 소외감과 저항감을 불러일으키는 것이었다. 즉 유현이라는 존재가 학문적 정통성을 국가적 차원에서 인정받은 상징적인 존재라 하더라도 동시에 그들은 현실적으로 어떤 하나의 붕당을 대표하는 존재였다. 따라서 이러한 유현의 국정 핵심관직으로의 진출은, 이처럼 대립하는 세력 간의 이론적·사상적 차원의 논쟁이 여과되지 않은 채 그대로 국가적 차원의 '정치적' 갈등으로 비화할 소지를 안고 있었다. 예컨대 현종대에 있었던 두차례의 '예송(禮訟)논쟁'은 바로 이러한 상황을 극명하게 드러내는 사건일 것이다.[197] 게다가 〈표2-8〉에서 나타나듯 A에서 B, C, D, E로 유현의 교

196) 유현의 관직 경로를 분석한 우인수「17세기 산림의 세력기반과 정치적 기능」(경북대학 박사논문 1992)과 정홍준「17세기 대신과 유현의 역학관계」,『국사관논총』65집(서울: 국사편찬위원회 1995)에 의하면, 이들 유현들은 모두 세자시강원(世子侍講院)직과 사헌부직 및 이조 당상관을 역임하였고 재야의 당대 최고 학자를 위해 특별히 마련된 좨주(祭酒)라는 관직을 거쳤으며 주요 관직을 대체로 섭렵하면서 국정 전반에 걸쳐 의견을 개진할 수 있는 지위를 보장받고 있었다.

197) 예송논쟁이란 효종의 장례와 그로부터 15년 후의 효종왕비의 장례에 임하여 아직 생존해 있는 인조의 계비(繼妃)인 대왕대비의 복상(服喪)기간을 삼년으로 해야 하는가(남인의 입장), 일년으로 해야 하는가(서인의 입장)를 둘러싸고 이루어진 두차례의 논쟁으로서, 흔히 전자는 기해예송(현종 즉위년, 1659) 그리고 후자는 갑인예송(현종 15년, 1674)으로 불린다. 논쟁의 요점은 적장자가 아닌 효종의 상(喪)을 왕실의 특수한 예법에 의거해 치러야 하는가(王子禮不同士庶, 남인의 입장), 아니면 보통의 일반적인 예법에 의해 치러야 하는가(天下同禮, 서인의 입장)라는 것이었다. 이는 환언하면 예법이라는 언설체계에 입각한 '왕권의 위상설정'에 다름아니었다. 그런데 기해예송에서는 서인

체가 이루어지는 직접적인 계기가 갑인예송(甲寅禮訟, 1674), 경신환국(庚申換局, 1680), 기사환국(己巳換局, 1689), 갑술환국(甲戌換局, 1694), 임인옥사(壬寅獄事, 1721) 등 붕당정치와 밀접하게 관련된 사건들과 각각 대응한다는 점을 감안하면, 유현이라는 존재가 역설적으로 조선의 붕당간의 갈등을 확대재생산하고 있었음은 의심의 여지가 없어 보인다. 이는 환언하면, 17세기 장기간에 걸친 위기국면에서 국가가 중용한 재야의 명망가들이, 역설적으로 '군자' 대 '소인'의 이분법적 인식이 일상적으로 횡행하는 지적·정치적 풍토를 조장함으로써, 새로운 갈등을 초래하고 소모적인 정치적 긴장과 갈등의 양상으로 치닫게 하는 현실적인 계기로 작용하고 있었음을 강력히 시사해준다.

18세기 영조와 정조에 의해 수행된 '탕평〔無偏無黨, 王道蕩蕩, 無黨無偏, 王道平平〕'[198]의 정치는 이처럼 정치적 갈등이 고조되면서 경색되어가는 정국을 군주가 주도적으로 풀어내겠다는 의지에서 진행된 것이라 할 수 있다. 다만 영조와 정조대의 탕평정치에 관해서는 이미 많은 연구가 나와 있으므로,[199] 여기에서는 조선의 유교적 정치지형 위에서 경연이라는 장

의 주장이, 갑인예송에서는 남인의 주장이 정설로 인정되었는데, 이처럼 국가왕실의 전례문제와 같은 '이론적' 문제가 첨예한 '정치적' 이슈로 비화한 데는, 무엇보다 그 사안이 왕권의 위상과 관련한 상징적 성격의 논쟁이었다는 점, 그리고 '산림'이라는 존재가 17세기 위기의 와중에서 현실적으로 가장 중요한 정치적 구심축으로 부상하였던 당대의 독특한 시대적 문맥 등이 고려되어야 할 것이다.

198) 『尙書注疏』 권12 洪範, 皇極의 註; 『書傳大典』 권6 洪範, 皇極의 註. 이에 관해서는 諸橋轍次 『大漢和事典』 참조.

199) 본서에서는 직접 다루지 않으나, 영조와 정조대의 탕평정치와 관련하여 빼놓을 수 없는 연구라고 생각되는 것만을 소개하면 대체로 다음과 같다. 설석규 「규장각연구: 정조대의 정국과 관련하여」 상·하, 『대구사학』 29, 31집(1986, 1987); JaHyun Kim Haboush, *A Heritage of Kings: One Man's Monarchy in the Confucian World* (Columbia Univ. Press 1988); 박광용 「조선후기 '탕평'연구」(서울대학교 박사논문 1994); 김성윤 『조선후기 탕평정치연구』(서울: 지식산업사 1997); 정옥자 외 『정조시대의 사상과 문화』(돌베개 1999); 박현모 「정조의 성왕론과 경장정책에 관한 연구」(서울대학교 정치학

이 가지는 특별한 의미를 감안하여, 당대의 경연을 중심으로 군신간의 긴장관계와 지식과 정치의 미묘한 권력관계에 관해 살펴보기로 하겠다. 영조와 정조는 한편으로는 앞서 언급한 바와 같이 존주대의(尊周大義)의 정통론을 적극적으로 옹호하고 견지하면서도, 다른 한편으로는 산림이 "스스로 의리를 조작하여 오히려 의리를 어지럽게 하는" 존재로서,[200] "조정의 분란을 초래"하고 정치적 갈등을 격화시키고 있다고 하면서 강력한 경계의 고삐를 늦추지 않았다.[201] 영조는 "붕당의 풍습은 망국의 단서인데, 그 원인은 산림에게서 말미암은 것"[202]이라고 간주하였고, 이러한 영조의 입장을 정조는 충실히 계승하였다.[203]

영조와 정조는 당대의 정치적 풍토라는 현실공간 위에서 자신의 정치적 신념을 관철할 수 있는 실질적인 리더십을 확보하기 위해 우선적으로 국왕 자신이 유교경전에 대한 지적 권위와 아울러 성군으로서의 도덕적 권위를 확보하지 않으면 안되었다. 앞서 이미 언급한 바와 같이, 경연제도가 마련된 기본적인 취지는 성현의 가르침과 선인들의 행적을 음미하고 경사(經史: 經書경서와 史記사기)라는 척도를 현실정치의 지표로 삼아 왕도정치를 구현하려는 것이었다. 하지만 군신관계라는 현실정치의 정치적 역학관계의 측면에서 바라보면, 경연제도는 유교경전에 해박한 '학자관료'들이 유교경전에 관한 지식을 이용하여 왕권을 견제하고 궁극적으로는 왕권을 왕

과 박사논문 1999); 김준석 「18세기 탕평론의 전개와 왕권」, 『동양삼국의 왕권과 관료제』(서울: 국학자료원 1999).

200) 『英祖實錄』 7年 7月(戊寅條).

201) 『英祖實錄』 9年 9月 20日(戊戌條), 16年 7月 5日(癸酉條), 16年 9月 22日(庚寅條).

202) 『英祖實錄』 40年 11月 28日(乙亥條). 영조가 산림을 붕당간 갈등의 근원으로 지목하고 있음은 이외에도 여러 기록에서 눈에 띈다. 32年 5月 29日(丙申條), 39年 7月 1日(丙辰條), 40年 11月 30日(丁丑條), 42年 10月 24日(庚申條), 50年 6月 6日(戊子條).

203) 탕평정국기 국왕과 산림 간의 관계에 관해서는 우인수 「18, 19세기 산림의 기능 약화와 성격변화」, 『대구사학』 55집(1997)을 참고할 수 있다.

조사회의 상징적 구심으로 묶어두는 기능을 하고 있었다. 이러한 경연의 일반적인 정황을 감안할 때, 영조와 정조대의 경연에서 특히 흥미로운 것은 국왕이 스스로의 지적·도덕적 권위를 확보하고 나아가 자신의 정국운영의 정당성을 설득해내는 현실정치의 공간으로 경연의 장을 오히려 능동적이고 적극적으로 활용하고 있다는 점이다.[204]

이러한 해석을 가능하게 하는 근거를 영조대의 경연을 중심으로 살펴보기로 하자. 우선 첫번째로 지적할 수 있는 사실은 영조가 경연을 통해 성리학의 고전으로 간주되던 거의 모든 텍스트를 철저하게 섭렵하고 있다는 점이다.[205] 영조는 재위 52년 동안 확인된 것만 3,458회의 경연을 실시한 것으로 알려졌다. 그리고 경연에서 다룬 텍스트로는 사서(四書)와 육경(六經), 『자치통감(資治通鑑)』, 『자치통감강목(資治通鑑綱目)』 등의 각종 경서와 역사서를 비롯하여 『성학십도(聖學十圖)』, 『성학집요(聖學輯要)』 등 조선성리학의 제왕학(군주의 정치지침을 제시하는 학문) 관련서적, 그리고 『동국통감(東國通鑑)』, 『고려사』 등 조선의 역사서에 이르기까지 이른바 당대 성리학의 고전으로 불리던 서적들이 거의 총망라되었으며, 그중 중요한 것은 여러차례 반복되어 사용되었다. 이러한 국왕의 지적 성실성은 산

204) 이러한 관점을 분명히 한 선구적인 연구로는 JaHyun Kim Haboush, "A Heritage of Kings: One Man's Monarchy in the Confucian World (Ph. D. diss., Columbia University 1978); *A Heritage of Kings: One Man's Monarchy in the Confucian World* (New York: Columbia Univ. Press 1988); "Confucian Rhetoric and Ritual as Techniques of Political Dominance: Yongjo's Use of the Royal Lecture," *The Journal of Korean Studies* Vol. 5 (1984)을 들 수 있을 것이다.

205) 영조대의 경연에서 사용된 텍스트에 관해서는 다음 연구들을 종합적으로 참고할 필요가 있다. 권연웅 「조선 영조대의 경연」, 『동아연구』 17집(서울: 서강대학교 1989); 지두환 「조선후기 영조대 경연과목의 변천: 조선성리학 확립과 관련하여」, 『진단학보』 81(진단학회 1996); 정경희 「영조전반기(1724-1748년) 조선성리학에 대한 영조의 대응」, 『한국사연구』 103(서울:한국사연구회 1998); 정경희 「영조후반기(1749-1776년) 경연과 영조의 의리론 강화」, 『역사학보』 162집(서울: 역사학회 1999).

림을 비롯한 학자관료들의 학문적 권위를 상대화할 수 있는 현실적인 자산이 됨으로써 영조의 학문적 정통성과 지적인 권위로 이어졌음은 물론이다. 아울러 존주대의를 중시하던 당시의 상황을 감안할 때, 이를테면 『황명통기(皇明通紀)』『명기편년(明紀編年)』『국조역대명신주의(國朝歷代名臣奏議)』『심양일기(瀋陽日記)』『명사(明史)』『황명강목(皇明綱目)』과 같은 대명의리서(對明義理書)를 텍스트로 다수 사용한 것은 영조의 도덕적 권위를 강화하는 역할을 했을 것이다.

두번째로 지적할 수 있는 점은 영조가 학문적 자신감을 배경으로 자신이 관심을 갖는 경서들에 직접 서문을 지어 붙였을 뿐만 아니라, 많은 어제서(御製書)를 편찬하여 이를 경연의 텍스트로 활용했다는 사실이다.[206] 이러한 사실은 역대 국왕에게서는 좀처럼 선례를 찾아볼 수 없는 것으로서, '군주이면서 동시에 스승'의 입장, 곧 군사(君師)의 자격으로 정치를 주관하겠다는 영조의 의지를 우회적이면서도 분명한 형태로 반영하고 있는 것으로 생각된다. 예컨대 영조가 쓴 「대학어제서(大學御製序)」(영조 34년, 1758)에는 이러한 영조의 의지가 다음과 같이 드러나고 있다.

> 아! 밝은 덕〔明德〕은 어디에 있는가? 곧 나의 일심(一心)에 있다. 밝은 덕을 드러내는〔明明德〕 공〔工=匠人〕은 어디에 있는가? 이것 역시 나의 일심에 있다. (…) 삼대 이후로 사도(師道)가 아래에 있고 학교가 흥기하지 않아 마음을 깨끗하게 하는 가르침〔灑掃之敎〕이 행해지지 못하고, 힘줄과 뼈〔筋骸〕

206) 영조는 자신이 중요하다고 생각하는 경서들에 스스로 서문을 지어 붙였는데, 『성학집요(聖學輯要)』『정관정요(貞觀政要)』『대학(大學)』『동몽선습(童蒙先習)』 등에 붙인 서문이 대표적인 것들이다. 아울러 영조가 편찬하여 경연에서 활용한 어제서로는 『어제상훈(御製常訓)』(영조 21년), 『어제자성편(御製自省編)』(영조 22년), 『어제심감(御製心鑑)』(영조 24년), 『어제정훈(御製政訓)』(영조 25년), 『어제훈서(御製訓書)』(영조 32년), 『어제경세문답(御製經世問答)』(영조 37년), 『어제군감(御製君鑑)』(영조 39년), 『어제조훈(御製祖訓)』(영조 40년), 『어제소학지남(御製小學指南)』(영조 42년) 등이 있다.

는 이미 강해 있으니, 사리(私利)와 욕구가 서로 뒤섞여 나에게 있는 밝은 덕〔明德〕이 스스로 드러나지 못하였다. (…) 능히 그 본성을 다할 자가 있다면 하늘이 반드시 그를 명하시어 억조 만백성의 군사(君師)로 삼으리라.[207]

세번째로 지적할 수 있는 점은, 영조대 경연에서 다루어진 제왕학 텍스트들이 조선의 성리학자들이 전통적으로 중시해온 범주를 넘어선 것이었다는 사실이다.[208] 성리학이 제시하는 제왕학의 핵심은 요컨대 '군주의 일심은 온갖 정무〔萬幾〕의 근본이므로, 군주가 가장 중시해야 할 공부는 심성을 부단히 닦고 수양하는 것'이라고 할 수 있다. 하지만 구체적인 방법론에 관해서는 간과할 수 없는 편차가 존재하였다. 기왕의 연구들이 밝히고 있는 바와 같이, 조선의 경연에서 전통적으로 가장 중시된 제왕학 텍스트는 진덕수(眞德秀, 1178~1235)의 고전적 저작인 『대학연의(大學衍義)』와

207) 英祖「御製大學序」, "噫, 明德在何, 卽在我一心. 明明德之工在何, 亦在我一心. (…) 三代以後, 師道在下, 學校不興, 莫能行灑掃之敎, 故筋骸已强, 利欲交中, 在我之明德, 不能自明. (…) 一有盡其性者, 天必命之, 以爲億兆之君師." 이에 관해서는, 윤정「조선 중종, 영조대『대학연의보』진강의 의미」,『규장각』23집(서울: 서울대학교 규장각 2000) 95면에서 재인용.

208) 송대 이전에 제왕의 정치지침서로 가장 널리 주목받던 것은『서경(書經)』을 비롯하여 당태종의『제범(帝範)』, 범조우(范祖禹)의『제학(帝學)』, 오긍(吳兢)의『정관정요』등이었다. 그런데 송대에 신유학이 성립하게 되면서 제왕학의 경서로서 새롭게 부상하게 된 것이 바로 삼대 성왕들이 시행한 이상적인 통치를 다루고 있는『대학』이었다. 제왕학으로서의『대학』의 중요성은 예컨대 주자의 제자 진덕수가 쓴『대학연의』의 서문에 다음과 같이 명확히 지적된 바 있다. "『대학』은 천하를 다스리는 군주의 율령이자 격식이다. 따라서『대학』을 근본으로 하면 반드시 다스려지고, 이를 어기면 반드시 어지러워진다〔臣嘗妄謂, 大學一書, 君天下者之律令格例也, 本之則必治, 違之則必亂〕."(眞德秀『大學衍義』「卷首」〈眞西山讀書記乙集上大學衍義序〉) 성리학적 관점에서 군주의 정치지침을 제시하는 제왕학 관련 저작들이『대학』의 3강령 8조목 체계와 일정한 관계 하에서 구성된 것은 이러한 이유에서 비롯된다고 할 수 있다.『대학』의 제왕학적 성격에 관해서는 김철『유가가 보는 평천하의 세계:『대학』의 이론 구조와 평천하 사상』(서울: 철학과현실사 2001); 김기현『대학: 진보의 동아시아적 의미』(서울: 사계절 2002) 등이 포괄적인 문맥에서 다루고 있어 참고하기 좋다.

조선의 군주상으로서 이른바 성학군주의 길을 집대성했다고 평가되는 율곡의 『성학집요』 등이었다.[209] 반면 군주의 실질적인 정치적 역할을 중시하고, 재정과 국방 등 실용적인 경세방안을 상대적으로 중시하는 오긍의 『정관정요』를 비롯하여, 구준(丘濬)의 『대학연의보(大學衍義補)』 등은 이른

---

209) 조선에서 사림세력이 정계에 등장하기 시작하면서 군주의 정치지침으로 가장 존중되었던 텍스트는 진덕수가 집필한 『대학연의』라고 할 수 있다. 인종대 경연의 장에서 언급된 다음의 논의는 이러한 분위기를 상징적으로 전해준다. "치평(治平)을 이루는 규구(規矩)로는 『대학』보다 나은 것이 없습니다. 성의·정심·수신·제가·치국·평천하의 도리가 모두 이 글에 기록되어 있고, 진덕수가 『대학연의』를 지었는데 다스리는 도리가 밝은 거울처럼 환하여 더할 것이 없습니다."(『中宗實錄』 1年 4月 11日(癸卯條)) 43권으로 되어 있는 이 책은 경사일체(經史一體)의 형식으로 되어 있으며 제왕을 정치의 주관자로 간주하면서도 치국과 평천하의 도에 관해서는 별도로 다루지 않고 있다는 점에서 독특하다고 할 수 있다. 한편 『성학십도』는 17세의 어린 군주 선조를 위하여 조선성리학의 대가인 이황이 말년에 자신의 학문적 온축을 결집하여 쓴 간결한 글이다. 이황은 여기서 조선의 성리학이 성인 혹은 성왕의 길로 인도하는 학문이라는 점에서 성학이라고 일컬으면서, 조선의 국왕이 오로지 성학에 근거한 군주—곧 성학군주—가 되어 요순의 이상정치를 실현해갈 것을 당부하였다. 또한 이이의 『성학집요』는 진덕수의 『대학연의』와 이황의 『성학십도』의 연장선상에서 조선성리학이 제시하는 성학군주의 요체를 집대성한 글로서 13권 7책으로 되어 있으며 후대 가장 널리 애용되었다. 이이는 「위정편」에서 치국, 평천하의 방안에 관해서 논의하고 있는데, 군주가 정치를 행하는 가장 중요한 요체는 성학에 힘쓰면서, 현명한 인재를 변별하여 등용하는 것이라고 지적하였다. 또한 한당대의 역사적 사례를 대부분 제거하고 삼대의 이상군주를 모델로 하여 조선성리학의 군주상을 제시하는 것도 『대학연의』와는 구별된다. 아울러 신하는 군주가 '내성외왕(內聖外王)'—즉 안으로는 성인과 같은 인격을 갖추고, 밖으로는 백성을 편안하게 할 수 있는 군주—이 될 수 있도록 성학의 길로 인도하는 존재이며 군주와 신하는 최종적으로는 상호간에 선택할 수 있는 관계로 파악하고 있다는 점에서 『대학연의』와 미묘하게 대비된다. 진덕수의 『대학연의』와 이황의 『성학십도』, 그리고 이이의 『성학집요』가 제왕학 텍스트로서 가지는 각각의 특성에 관해서는 정재훈 「조선전기 〈대학〉의 이해와 성학론」, 『진단학보』 86(서울: 진단학회 1998); 「『성학집요』를 통해 본 조선중기의 정치사상: 『대학연의』와의 비교를 중심으로」, 『규장각』 22집(서울: 서울대학교 규장각 1999); 「조선전기 유교정치사상연구」(서울대학교 국사학과 박사논문 2001); 권연웅·설석규 「16세기 퇴계학파의 군주성학론」, 『대구사학』 67집(2002) 등을 참고할 수 있다.

바 '순정'한 성리학의 범주를 넘어선다는 이유로 경연에서 사용이 금기시되는 경향이 있었다.[210] 그런데 영조는 경연의 장에서 전통적으로 사용된 『대학연의』와 『성학집요』 이외에 제왕학 교재로 금기시되어오던 『정관정요』를 비롯하여 『대학연의보』 등을 높이 평가하고 경연의 텍스트로서 이를 탐독하고 활용했다.[211] 예컨대 영조가 『정관정요』에 붙인 후서(後序)에

---

210) 『정관정요』는 오긍(吳兢, 670~749)이 당태종의 정치를 모범으로 삼아 태종이 신하들과 더불어 정사를 논한 것을 편찬한 고전적인 정치지침서이다. 10권으로 되어 있는 이 책은 조선건국 이래 대표적인 제왕학 관련서로 인정되어 경연의 텍스트로 널리 사용되었으나, 성리학의 내면화가 진행되면서 경연에서 점차 배제되어가고 있었다. 한편 구준(丘濬, 1421~1495)의 『대학연의보』는 진덕수의 『대학연의』에 대해 치국과 평천하의 요체를 보충한다는 취지하에 쓴 것으로서, 도덕적 경세관으로 일관되어 있는 『대학연의』와는 달리 재정과 국방 등 실용적인 경세방안이 상대적으로 비중있게 다루어진 책이다. 160권의 분량으로 되어 있는 이 책은 성종대에 처음 조선에 전래되어, 중종대에 경연 교재로 사용된 적이 있는데, 분량이 지나치게 방대할 뿐만 아니라 내용이 순정치 못하다고 하여 여러차례 논쟁 끝에 경연의 교재로 채용되지 않았다. 『정관정요』 및 『대학연의보』에 관해서는 윤정분 「『대학연의보』 연구: 15세기 중국경세사상의 한 분석」(연세대학교 박사논문 1992); 윤정 「조선 중종 영조대 『대학연의보』 진강의 의미」, 『규장각』 23집(서울: 서울대학교 규장각 2000); 윤정분 「『대학연의보』의 조선전래와 그 수용(상, 하)」, 『중국사연구』 14, 17집(2001, 2002) 등을 참고했음을 밝혀둔다.

211) 이러한 영조의 제왕학 취향이 정조에게 이어지고 있었음은 다음 기록들을 통해서 확인할 수 있다. "내가 일찍이 『대학연의보』를 특별히 좋아하여 수시로 펴놓고 열람하여도 싫증이 나질 않는다. 이제 바야흐로 그 가운데서 긴요한 구절을 뽑아내어 늘 볼 수 있는 자료로 삼으려 한다." "『대학연의보』는 곧 나라를 다스리는 큰 법칙으로서 그 글이 참으로 진선진미(盡善盡美)하여, 내가 일생 동안 좋아한 것이 바로 이 글에 있었다." 『正祖實錄』 5年 2月 27日(庚午條), 22년 4월 19일(癸丑條). 이러한 점을 감안해볼 때, 정조가 재위 말년에 직접 완성한 『어정대학유의(御定大學類義)』에는 군주가 중심이 되어 정국을 주도하려 했던 영조와 정조의 의지가 집약되어 있다고 할 수 있을 것이다. 정조는 21권으로 된 이 책에서 『대학』의 8조목의 체제에 맞추어 진덕수의 『대학연의』와 구준의 『대학연의보』 중 군주의 정치지침으로 가장 중요하다고 생각되는 구절들을 뽑아 재구성해놓았는데, 치국과 평천하에 관해 다룬 『대학연의보』가 상대적으로 더욱 비중있게 다루어짐은 두말할 나위가 없다. 현실적으로 사대부들의 인도를 따를 것을 주장하는 성학군주론과는 대비되는 새로운 제왕학 교과서를 군주가 직접 완성했다는 것은 대단히

는 상황주의적 인식의 중요성과 실용적인 경세방안의 필요성이 다음과 같이 잘 드러나고 있다.

> 이미 상성(上聖)의 자질을 갖춘 것이 아니라면 학문의 도는 마땅히 얕은 곳을 거쳐 깊은 곳으로 나아가야 하고, 가까운 데를 거쳐 먼 곳에 이르러야 하니 어찌 이를 귀감으로 삼고 성찰하지 않을쏘냐. (…) 삼대의 광대한 다스림을 한당(漢唐)의 인(仁)을 차용한 정치에 비한다면, 왕도와 패도의 구분이 마치 흑백처럼 확연히 드러날 것이다. (…) 〔그러나 오늘 우리의 상황은〕 그 박덕함으로 인하여 다스림의 효과를 내지 못하고 있으니 한당에 비교하더라도 역시 멀다.[212)]

이처럼 독특한 제왕학적 성격의 텍스트인 『대학연의』(영조 4년) 『성학집요』(영조 7년) 『정관정요』(영조 10년) 『대학연의보』(영조 13~16년)가 처음 강독된 후 다시 필요에 따라 반복하여 읽어가는 과정은 영조의 제왕학이 성학군주로 표상되는 조선성리학적 제왕학을 상대화하면서, 실용적 경세방안을 중시하고 국정운영 과정에서 국왕의 역할을 좀더 능동적이고 적극적인 방향으로 제고해가려는 것임을 보여주는 것으로서, 노련한 정치가로서의 영조의 의지를 반영하는 과정이었다. 『조선왕조실록』의 다음 기록은 이러

상징적인 의미를 지닌다고 할 수 있을 것이다. 정조의 『어정대학유의』와 그것이 가지는 의미에 주목하여 상세하게 다루고 있는 연구로는 다음 논문들을 참고할 수 있다. 이태진 「정조의 『대학』탐구와 새로운 군주론」, 『이회재의 사상과 그 세계』(서울: 성균관대 대동문화연구원 1992); 김문식 「정조의 제왕학과 『대학유의』 편찬」, 『규장각』 21(서울: 서울대학교 규장각 1998); 「정조의 주자서 편찬과 그 의의」, 정옥자 편 『정조시대의 사상과 문화』(서울: 돌베개 1999); 윤정분 「『대학연의보』의 조선 전래와 그 수용: 정조의 『어정대학유의』를 중심으로」 상·하, 『중국사연구』 14, 17집(2001, 2002).

212) 英祖 「御製貞觀政要後序」, "旣非上聖之資, 則學問之道, 當迪(=由)淺及深, 迪近而至遠, 可不鑑戒也哉. (…) 將三代之宏治, 比漢唐之借仁, 王霸之分, 判若黑白. (…) 因其凉德, 治效未聞, 比諸漢唐, 其亦遠矣."

한 영조의 의지를 상징적으로 드러내준다.

(가) 왕이 이르기를 "실사구시란 말을 크게 써서 벽에 걸어놓고 네 글자의 부신(符信)으로 삼고 있으니 경도 이를 보도록 하라."[213]

(나) 유생 홍계억(洪啓億) 등이 상소하기를 "우리 성명〔聖明, 전하〕께서는 '존주(尊周)' 두 글자로써 특히 조종(祖宗)을 본받은 선무(先務)로 삼으셨사온데, 〔『어제상훈(御製常訓)』의〕 간책(簡冊)을 인쇄하는 데 있어서 의리를 중도에 변경하여 갑자기 '주(周)' 자를 '왕(王)' 자로 바꾸었으니, 신 등은 여기에 '왕'이라고 한 것은 어느 왕을 가리키는지 모르겠습니다. (…) 삼가 원하옵건대, 『어제상훈』 가운데 '존주' 두 글자를 그대로 두어 선열들의 뜻을 밝히게 하옵소서" 하니, 왕이 비답(批答)하기를 "한 글자를 고치는 데도 역시 깊은 헤아림이 있었다. 아직 어린 너희들이 어찌 감히 경솔하게 이에 관해 논의하느냐?"[214]

정조의 기록 속에서도 이와 유사한 문제의식들이 눈에 띄는데, 그중 몇 가지를 소개하면 다음과 같다.

(가) 사람들은 일반적으로 부국강병을 패도(覇道)라고 말한다. 만약 제선왕(齊宣王)처럼 영토를 넓혀 주(秦)나라나 초(楚)나라를 굴복시키려 한다면, 이는 물론 왕이 해야 할 바가 아니겠으나, 영토 내에서 재물을 여유있게 하고 백성을 부유하게 만들며 병사를 훈련시켜 침략자를 막는 것에 있어서야 어찌 왕도나 패도의 구분을 따질 수 있겠느냐![215]

---

213) 『英祖實錄』 5年 2月 10日(乙酉條), "上曰 (…) 實事求是之說, 大書揭壁以爲四字符, 卿視之也."

214) 『英祖實錄』 21年 8月 5日(甲辰條).

(나) 『서경(書經)』에 '오직 왕만이 극(極)을 만든다〔惟皇作極建極〕'고 하지 않았던가. (…) 북극성이 제자리에 자리잡고 있어야 수많은 별이 에워싸고 돌아가는 것이니, 황극(皇極)을 세우는 것도 이와 마찬가지이다〔北極居其所而列宿環拱, 皇極之建亦猶是也〕.[216)]

(다) 달은 하나이다. 강물은 모두 같다. 달이 강물에 비치면 앞에 흐르는 물에도 달이 비치고, 뒤에 흐르는 물에도 달이 비친다. 달과 물의 수가 같으니, 물이 만개라면 달도 또한 만개다. 그런데 하늘에 있는 달은 여전히 하나일 뿐이다. (…) 흐르는 물이 멈추면 달도 그렇게 멈추고, 멈춰 있던 물이 거슬러올라가면 달도 똑같이 거슬러올라가고, 거슬러올라간 물이 돌아가면 달도 그렇게 한다. 모든 그 물의 근본은 달의 정기인 것이다. 나는 그 물이 세상 사람들임을 알았다. 달이 비치어 밝게 하는 것은 사람의 모습이다. 달은 태극이다. 태극이란 바로 나다.[217)]

이처럼 국왕 스스로가 당대의 정치적 풍토 속에서 여러 비판들에 직면

---

215) 『正祖實錄』 15年 7月 17日(庚寅條), "人皆以富國强兵爲覇道, 而如欲闢土地朝秦楚, 則固非王者當務, 至於疆埸之內, 裕財而阜民訓兵而禦暴, 豈有王覇之可論乎."

216) 『正祖實錄』 24年 6月 16日(丁卯條). 정조가 인용한 『서경(書經)』의 구절은 「홍범편(洪範篇)」에서 유래하는 것이며, 국왕을 북극성에 비유하는 것은 『논어(論語)』 「위정편(爲政篇)」에 나오는 공자의 유명한 메타포인 "정치를 덕으로써 한다는 것은, 예컨대 마치 북극성이 제자리에 머물러 있고 뭇별들이 그를 향하는 것과 같다〔爲政以德, 譬如北辰居其所, 而衆星共之〕"에서 유래하는 것이다.

217) 正祖 『弘齋全書』 권10 「序引」. 이에 관해서는 原武史 『直訴と王權: 朝鮮·日本の「一君萬民」思想史』(東京: 朝日新聞社 1996) 한글판 102면에서 재인용. 이러한 정조의 의지는 그의 사후에 이만수(李晩秀)가 쓴 「(정조)행장」에 다음과 같이 요약되어 있다. "又著, 萬川明月主人翁序, 有曰, 月一也, 水之類萬也, 水者世之人也, 月者太極也, 太極者吾也, 盖天下之才, 皆爲王之用矣."(『正祖實錄』 「附錄」)

하면서도 '일군만민적(一君萬民的)' 관점을 견지하면서 임금과 민(民)이 하나임을 강조하고, 정치적 구심축으로서의 위상을 새롭게 제고해나가며, 아울러 현실정치에서 균형자 혹은 적극적 조정자로서의 역할을 수행할 수 있었던 것은 지적·도덕적 정통성을 견지하면서도 상대적으로 실용적 경세방안을 중시하던 영조와 정조라는 국왕 개인의 독특한 리더십을 감안하지 않으면 설명하기 힘들 것이다. 요컨대 '조선의 르네상스기'로 일컬어지는 영정조 시대의 치세와 문화적 성숙은, 지금까지 살펴본 바와 같이, 기본적으로 존주대의의 기치를 내건 강렬한 문화적 자존의식의 토양 위에서 이를 구체적으로 성찰하려는 비판의식들과의 긴장 위에서 이루어진 것이었다. 그리고 왕조국가 조선에서 그것이 현실적으로 가능했던 것은 유학적 레토릭을 자유롭게 구사하는 노련한 정치가로서의 국왕의 리더십이 존재했기 때문이라고 할 수 있을 것이다.[218)]

그러면 이제 제2부로 자리를 바꾸어, 19세기 서세동점으로 일컬어지는 동아시아에 나타난 일련의 거대한 전환의 과정에서 중화관념과 근대국제질서 관념이 교착 양상을 보이는 상황과 더불어 조선이 대내외적으로 직면하게 되는 객관적 위기상황과 주관적 위기의식 등에 관해 논의를 계속해가기로 하겠다.

218) 영조·정조대의 융성했던 문화에 관한 논의로는 정옥자 『조선후기 문화운동사』(서울: 일조각 1988); 박광용 『영조와 정조의 나라』(서울: 푸른역사 1998); 배우성 『조선후기 국토관과 천하관의 변화』(서울: 일지사 1998); 정옥자 외 『정조시대의 사상과 문화』(서울: 돌베개 1999); 이이화 『문화군주 정조의 나라 만들기』(서울: 한길사 2001) 등을 참고할 수 있다.

서세동점기 동아시아질서의 동요

제3장

청과 일본의 만국공법 수용양상과 상이한 위기의식

19세기 이후 동아시아 지역에서 진행된 거대한 전환의 과정이란 오래도록 지속되어온 기존의 중화질서가 동아시아 지역에서 현실적으로 붕괴되고, 서구의 근대국제질서권으로 편입되어가는 과정이었다. 본서의 모두에서 언급한 바와 같이, 동아시아 지역에 나타난 '서구의 충격'이란 실제로 동아시아 삼국이 처한 각각의 외압의 성격이나 강도, 타이밍의 차이, 지정학적 위치, 기존 정치질서의 안정성 등의 여부에 따라 그 충격의 객관적 여파 곧 '위기상황'의 내용을 달리하고 있었다. 게다가 중화문명 내에서의 위상과 중화문명의 수용 혹은 체감의 양상, 국가 내부의 구조와 전통, 그리고 하나의 국가 내부에서도 개개인의 정치적인 위상과 구체적 정황 등의 차이에 따라 주관적 '위기의식'의 성격에도 적지 않은 편차가 존재하고 있었다. 하지만 그럼에도 불구하고 동아시아 삼국은 문명사적 전환기의 상황에서 이른바 예의 관념에 입각한 '중화질서'와 국가평등 관념에 근거한 '근대국제질서'가 서로 얽혀 교착하는 양상을 보였다는 점에서는 동일한 경험을 공유하고 있었다고 해야 할 것이다.

본장에서는 "특정한 시간과 장소에 존재했던 문명권을 배경으로 한 국제사회 안에도 중심과 주변이 존재하여 그 국제사회에서 통용되던 규범 규칙에 대한 인식이나 현실적인 적용도 상이하게 나타난다"[1]는 점과 문명의 충돌이란 실상 거시적 차원에서 이루어지기보다는 오히려 미시적이고 구체적인 차원에서 나타나게 된다는 점을 감안하여,[2] 청과 일본에서 '만국공법'의 수용이 이루어지는 과정의 상이함을 고찰함으로써 19세기 동아시아 지역에서 중화질서와 근대국제질서라는 상이한 두개의 대외질서 관념이 교착하는 양상의 차이를 음미하게 될 것이다. '만국공법'이란 미국의 국제법학자 헨리 휘턴(Henry Wheaton, 1785~1848)의 국제법 서적 *The Elements of International Law*가 마틴(William Alexander Parsons Martin, 丁韙良, 1827~1916)에 의해 한문으로 번역되어 『만국공법(萬國公法)』이라는 책제목으로 출간(1864)되는 과정에서 처음 등장한 번역어로서, 동아시아 지역에서 반세기 남짓 생명력을 유지하고 사용된 용어이다. 하지만 『만국공법』에는 단지 국제법의 수용이라는 차원으로만 한정할 수 없는 매우 특별한 의미가 담겨 있다는 점을 주목할 필요가 있다.[3] 청조 말기에 '만국공

1) 김용구 『세계관 충돌과 한말 외교사 1866-1882』(서울: 문학과지성사 2001) 42면.

2) "문명은 문명의 차원에서 충돌하지 않습니다. 충돌은 미시적이고 구체적인 차원에서만 일어납니다." 함재봉 「David Hall 교수와의 대화: 동서문화의 상호이해는 가능하다」, 『전통과 현대』(서울: 전통과현대사 1997년 겨울호) 237면.

3) 한국학계에서 만국공법 이해는 처음에는 대체로 국제법사의 차원에서 진행되었다. 이것은 서양에서 전래된 중요한 서적의 하나로서 만국공법을 바라보는 관점이라고 할 수 있다. 이한기 「한국과 일본의 개국과 국제법」, 『학술원논문집』 19집(1980); 이광린 『한국개화사연구』(서울: 일조각 1982); 최종고 『한국의 서양법수용사』(서울: 박영사 1982); 이상면, "Korean Attitudes toward International Law after the Open-Door to the West (I, II)," 서울대학교 『법학』 28권 3-4호(1987); 김효전 「한국에 있어서 국제법의 초기수용」, 『한국국제법학의 제문제』(박영사 1987); 김효전 「근대법학에 있어서의 국제법발달」, 『동아법학』(1989); 김효전 『근대 한국의 국가사상』(철학과현실사 2000) 등의 연구는 만국공법 곧 국제법이 한국에 어떻게 수용되었는지를 실증적으로 검증하는 것에 역점을 기울인 작업이라고 할 수 있다. 이후 이러한 연구경향은 김용구의 단행본 『세계관 충돌의 국제정치학: 동양 예와 서양 공법』(나남 1997)을 계기로 만국공법에 대한

법관'의 변화를 '문명관'의 변화와 관련지어 고찰한 사또오 신이찌(佐藤愼一)는 문명사적 전환기 만국공법의 특별한 의미에 주목하면서 다음과 같이 지적한 바 있다.

> 만국공법과 국제법은 어느 쪽이건 international law의 번역어이다. 그렇다고 해도 19세기 후반의 중국인이 쓴 만국공법이라는 단어와 현재 우리들이 쓰는 국제법이라는 단어 사이에는 바로 치환할 수 없는 뉘앙스의 차이가 존재한다.[4]

이해의 폭이 문명사적인 관점, 국제정치적 관점으로까지 확대되어나간다. 이외에도 다음에 소개하는 일련의 연구들은 19세기 동아시아의 정치외교사에서 만국공법이 갖는 구체적인 의미를 고찰하는 연구라 할 수 있다. 金鳳珍「朝鮮の萬國公法の受容下開港前夜から甲申政變に至るまで」,『北九州大学外国語学部紀要』 78(1993); 金鳳珍「近代における東アジア地域秩序の再構築」, 加藤祐三 編『近代日本と東アジア』(東京: 筑摩書房 1995); 金鳳珍「'礼'と万国公法の間―朝鮮の初期開化派の公法観」,『北九州市立大学外国語学部紀要』 102(2001); 유재곤「韓·日 兩國의 萬國公法 受容·認識」,『韓日關係史硏究』(1997); 강상규「근대일본의 만국공법 수용에 관한 연구」,『진단학보』 87집(서울: 진단학회 1999. 6); 강상규「중국의 만국공법 수용에 관한 연구」,『동양철학』 25집(서울: 한국동양철학회 2006); 강상규「동아시아 문명권에서 '주권'과 '국제'개념의 탄생: 만국공법의 판본 비교와 번역」,『중국학회』 62(서울: 한국중국학회 2010년 12월); 김세민『한국근대사와 만국공법』(서울: 경인문화사 2002); 김수암「1870년대 조선의 대일관」,『한국정치외교사논총』 25권 1호(한국정치외교사학회 2003); 김홍수「개항전『만국공법』의 수용과 이해」,『논문집』 49권(2002); 오영섭「개항후 만국공법 인식의 추이」,『동방학지』 124권(2004); 김현철「개화기『만국공법』의 전래와 서구 근대주권국가의 인식」,『정신문화연구』 제28권 제1호(2005); 김용구『만국공법』(서울: 소화 2008). 한편 이와는 별도로 이근관은「동아시아에서의 유럽 국제법의 수용에 관한 고찰:『만국공법』의 번역을 중심으로」(『서울국제법연구』 제9권 2호, 2002)에서 근대적 번역어들을 통계적으로 정리하여 비교하는 치밀함을 보여주었고, 윤영도는「중국 근대 초기 서학 번역:『만국공법』 번역 사례를 중심으로」(서울: 연세대학교 박사논문 2005)에서 19세기의 언어-문화공간에서 번역이 갖는 거시적 의미를 만국공법을 중심으로 검토함으로써 만국공법에 대한 이해를 심화시켰다고 생각된다.

4) 佐藤愼一『近代中國の知識人と文明』(東京: 東京大學 1996) 45면.

왜냐하면 19세기 후반의 동아시아 상황에서 '만국공법'은 어떤 의미에서 '국가들간의 새로운 질서를 표상하는, 생경한 대외질서관념이 함축되어 있는 집적물'로서 부상하여 인식되고 있었기 때문이다. 따라서 이미 근대국제질서 체계 '안'에서 살아가는 현대인에게 느껴지는 국제법과, 19세기 상이한 대외질서관념들간에 각축이 벌어지던 동아시아에 등장한 만국공법 사이에는 매우 다른 차원의 간극이 존재한다고 할 수 있다. 실제 19세기 동아시아의 문명사적 전환기 상황에서 근대국가간 질서를 상징하는 만국공법은 서구와의 대규모 물리적 충돌과 그에 따른 불평등조약의 체결이라는 새로운 위기의 접점에 놓여 있었을 뿐만 아니라 주권국가(sovereign state)라는 '새로운 국가형식'과 함께 조약체제(treaty system)라는 '새로운 국가간의 교제 및 교섭 방식' 등을 다루고 있다는 점에서 흔히 간과되어온 것과는 달리 대단히 상징적이면서도 구체적인 의미를 동시에 지니고 있었다. 따라서 만국공법의 구체적인 내용은 교섭사 혹은 관계사적 관점에서 보면 실무적인 차원에서 중요하며, 문명사적 전환기의 거시적 맥락에서 보면 만국공법의 전파와 수용이라는 문제는 대외인식의 변화와 아울러 문명관 내지 세계관의 변용과도 맞물려 있는 것이었다.

그러므로 본 장에서는 우선 서구 국제법의 성격으로부터 논의를 시작하여 중국과 일본이 국제법 관련서적을 번역·수용하는 데 따르는 특징적인 양상을 고찰함으로써, 근대 국제법에 스며 있는 근대 서구문명의 편견과 함께 당시 중국과 일본에 존재하던 위기의식의 소재와 온도차 등을 검토해보기로 하겠다.

1. 근대 국제법의 권력정치적 측면과 문명주의적 성격

근대 이전의 인류 역사에서 보편적인 정치질서는 문명권을 단위로 하는 제국(帝國)과 제국 내에 존재하는 여러 형태의 정치체였다. 그리고 이때 개인의 윤리에서부터 사회조직의 운영, 정치적 권위, 우주관까지를 규율한 것은 유교·이슬람교·힌두교·기독교·불교 등의 가르침이었다. 제국의 중심을 지배하는 정치세력은 어느 한 문명의 중심으로서 주변의 정치세력들을 위계적으로 복속시켰다. 제국 내에서 복수의 평등한 정치적 권위는 대체로 인정되지 않았다. 따라서 제국의 정치영역 안은 '문명'의 영역으로 그리고 그밖은 '야만'의 세계로 간주되고 있었다.[5]

동아시아 문명권을 지칭하는 중화(中華)질서 혹은 천하(天下)질서 역시 이러한 정치질서의 일환으로서 이해될 수 있을 것이다. 요컨대 천하질서란 기본적으로 개인간의 관계를 규율하는 예의에 근거한 위계적 원리를 천하를 구성하는 일종의 '복합적 행위주체'간의 관계로까지 확대하여 적용한 일종의 이념적으로 상상된 세계라고 할 수 있다. 여기서 "예 혹은 예의라고 하는 것은 사람이 반드시 지켜야 할 행동규범이라는 좁은 의미에서 시작하여 귀천이나 상하의 구별, 나라의 법제, 나라 사이의 관계, 모든 사물의 통일된 법칙 등을 지칭하는 매우 폭넓은 의미를 지닌 개념"이라고 할 수 있다.[6] 이러한 이념체계로서의 천하질서는 춘추전국시대에 성립된 이래 각 지역의 국가들에 의해 편의적으로 활용되다가 이민족의 지배를 탈피하고 한족(漢族)에 의해 명(明)이 성립(1368)된 이후 더욱 체계적으로 확립되어가는 양상을 보이게 되며, 막강한 중국의 정치적·문화적 권위와

5) 강상규·이혜정 「1장. 근대 국제정치질서와 한국의 만남」, 하영선·남궁곤 편저 『변환의 세계정치』(을유문화사 2012) 40면.

6) 김용구 『세계관 충돌과 한말 외교사, 1866-1882』, 66~67면.

군사력에 의해 보호되고 변형·유지되며 지속되어나간다.

앞서 이미 언급한 바와 같이, 전통적인 천하질서의 국가간 관계에서, '사대'나 '사대자소(事大字小, 큰 것을 섬기고 작은 것을 품어준다)', 혹은 '일시동인(一視同仁)'의 원리가 강조된 것도 이처럼 예의를 중시하는 천하질서의 성격에서 비롯되는 것이었다. 한반도의 대외관계의 원리가 흔히 '사대교린(事大交隣)'으로 표현되었던 것이나 중화질서 내부에 오늘날처럼 외교를 전담하는 부서가 없고 사실상의 외교업무를 중국의 예부(禮部)나 조선의 예조(禮曹)가 담당한 것도 이러한 이유에서였다. 중화질서의 이념은 현실정치 공간에서 군사적 기반에 의해 지탱될 수 있는 것임에도 불구하고 기본적으로는 이처럼 문화주의적 성격이 강한 것이었다. 다시 말해서 예치(禮治)나 덕치(德治)라고 부르는 보편적인 통치이념이 추구되고 있었고, 이러한 통치이념에 기초한 천하관념이 중화 이외 세계의 이질적 요소를 포섭하고 있었다.

반면 서구의 근대'국제'질서는 유럽이라는 특정한 사회에서 형성된 질서체계로서 기존의 다른 질서와는 구별되는 역사적 기원을 갖고 있다. 근대'국제'체제는 정치권력들이 이슬람문명권을 타자화(他者化)하고 중세 유럽의 교황과 같은 보편화된 권위에 대항하는 과정에서 생겨났다. 즉 국가보다 상위의 권위체를 부정하고 복수의 국가들이 독립적이고 경쟁적으로 싸우고 공존하는 가운데 가시화되어 나타나기 시작한 것이다. 요컨대 서구의 근대'국제'질서는 몇개의 강국과 다수의 군소국가 간의 '경쟁적 공존'이라는 역사적 배경에서 성립되었다.

근대'국제'질서의 주요한 특성은 이러한 역사적 맥락에서 형성되었다고 할 수 있다. 즉 유럽에 등장한 국가들이 경쟁적으로 공존하는 상황에서, 이 국가들은 과거의 중세국가와는 달리 선(線) 개념으로 명확하게 표현되는 '영토' 내에서 단일하고 배타적인 권력을 행사하는 영토국가(territorial state)로서의 성격을 지녔다. 그리고 대외적으로는 비교적 협소한 유럽권

역 내부에서 서로 국경을 접하며 대치하여 무력으로 우열을 가려야 할 상황이 항시적으로 지속됨에 따라, 국가의 안전과 독립, 자국의 국가이익을 다른 모든 것보다 우선시하는 의식이 자연스럽게 형성되었다. 무정부상태에 가까운 이딸리아의 정치적 상황에서 니꼴로 마끼아벨리(Niccolo Machiavelli, 1469~1527)가 군주에게 강력한 통일국가를 이룩하는 방법과 그 정당성을 역설하는 『군주론』(1513)을 내놓은 것도 이처럼 유럽에서 근대국가가 태동하던 역사적 문맥에서였다.[7)]

이러한 역사적 배경 위에서 대내적으로는 최고성, 대외적으로는 배타적 독립성을 특징으로 하는 '주권'(sovereignty)이라는 새로운 개념이 국가의 속성으로 등장하여 서서히 정착하게 되는데, 이 용어는 16세기 프랑스의 장 보댕(Jean Bodin, 1530~1596)의 『국가론』(1576)에서 처음 사용되었다.[8)]

이런 상황에서 유럽의 종교전쟁인 30년전쟁(1618~1648) 이후 성립한 이른바 '베스트팔렌체제'는 유럽의 국가간 질서가 로마교황이나 신성로마제국의 황제로 대표되던 중세적 권위로부터 해방되어 '주권'국가간의 근대'국제'체제로 넘어가는 하나의 역사적인 전환점을 이룬다는 점에서 특별히 기억할 만하다.

아울러 '주권'국가들의 탄생과 근대'국제'체제가 형성되는 과정에서 간과해서 안될 사실 중의 하나는 서구 근대국가들이 대내적으로는 군주의 위신과 국력을 과시하여 국내의 모든 계급 및 계층의 '강렬한 충성심'을 환기시키고 대외적으로는 국부(國富)의 원천이라 할 수 있는 영토의 확장과 식민지정책을 추구하면서 가장 선호했던 정책이 바로 '전쟁'이었다는 점이다.[9)]

---

7) Henry Wheaton, *Elements of International Law*, Preface to the Third Edition (1846); Niccolo Machiavelli, *The Prince* (1532), tr. George Bull (London: Penguin Books 1999).

8) 장 보댕과 그의 주권론에 관해서는 장 보댕 『국가론』, 임승휘 역(책세상 2005); 박상섭 『국가, 주권』(소화 2008)을 참조할 것.

전쟁이 기존의 질서를 변화시키는 데 결정적 역할을 했다는 사실은 국내 정치에 국한된 것이 아니라 국제적 수준에서도 동일하게 나타났다. 예컨대 지난 4~5세기에 대규모의 전쟁과 그 전쟁을 마무리하는 국제적 협약들이 유럽식 근대국가체제—국제정치적 의미와 국내체제 양면 모두에 걸쳐—의 모습을 결정짓는 결정적 요인이었음은 우리가 익히 알고 있는 사실이다. 즉 30년전쟁과 베스트팔렌조약(Treaty of Westphalia), 스페인 왕위계승 전쟁과 유트레히트 조약(Treaty of Utrecht), 나폴레옹 전쟁과 빈회의(The Congress of Vienna), 1차대전과 베르사유 조약(the Treaty of Versailles), 2차대전과 얄타협정 등이 가장 대표적인 예들로 지적될 수 있을 것이다. 이러한 점에서 국가들이 전쟁을 만들어냈지만 동시에 바로 그 전쟁이 오늘날과 같은 모습의 국가들을 만들어냈다고 하는 말은 단순히 인상주의적 표현 이상의 의미로 이해하여야 할 것이다.[10]

9) 근대국가와 근대국제체제의 형성과정에서 전쟁이 갖는 중요성에 각별히 주목하는 영어로 나온 연구를 일부 소개하면 다음과 같다. Perry Anderson, *Lineages of the Absolutist State* (London: New Left Books 1974); Charles Tilly, ed., *The Formation of National States in Europe* (Princeton: Prinston Univ. Press 1975); Gianfranco Poggi, *The Development of the Modern State: A Sociological Introduction* (Stanford: Stanford Univ. Press 1978); Robert Gilpin, *War and Change in World Politics* (Cambridge: Cambridge Univ. Press 1981); Anthony Giddens, *Nation-State and Violence* (Berkeley and Los Angeles: University of California Press 1985); Geoffrey Parker, *The Military Revolution: Military Innovation and the Rise of the West, 1500-1800* (Cambridge: Cambridge Univ. Press 1988).

10) 박상섭 「근대국가의 군사적 기초: 근대국가 형성기 유럽의 군사와 정치」, 『정경세계』(국제사회과학학술연구소) 287~88면. 전쟁과의 관련성 속에서 근대국가를 합리적으로 운영하는 핵심적 장치라고 할 수 있는 근대 관료제도가 탄생할 수 있었다는 것은 매우 흥미로운 사실이 아닐 수 없다. 이에 관해서는 "근대 관료제가 이루어질 수 있었던 데는 권력정치에 의해 규정된 상비군(常備軍) 창설의 필요성과 군사기구와 관련된 공공재정의 발전에 의해 주로 영향을 받았다"는 막스 베버(Max Weber, 1864~1930)의 논의와 아울러 "모든 국가조직은 원래 전쟁을 위한 군사조직이었다"는 오토 힌체

계속되는 전쟁은 '주권'국가를 주요 행위자로 하는 '국제'체제가 본질적으로 얼마나 무질서한지를 명백히 드러내주는 것이었다. 대외적으로 배타적 독립성을 지닌 '주권'국가간의 '국제'체제가 본질적으로 무질서한 속성을 갖고 있기 때문에, 가급적이면 전시나 평시에 이들 국가간의 관계에 규칙과 질서를 부여하려는 모색들이 이루어졌다. 근대적 의미의 '국제법'(law of nations)의 윤곽이 점차 명료해지는 것은 이러한 노력들이 그로티우스(Hugo Grotius, 1583~1645)나 푸펜도르프(Samuel von Pufendorf, 1632~1694), 바텔(Emmerich de Vattel, 1714~1767) 등에 의해 결실을 보게 되면서부터였다.

다만 오늘날 영어로 '국제법'을 의미하는 international law라는 용어를 처음 사용한 것은 제레미 벤담(Jeremy Bentham, 1748~1832)인 것으로 알려진다. 벤담은 당시 국제법의 의미로 사용되던 law of nations라는 용어가 국내법과 분명히 구별되지 않는 등 국제법이 담고 있는 특징을 제대로 전달하지 못한다고 생각하여, '주권국가 상호간의 법'이라는 뜻을 좀더 분명히 담을 수 있도록 international law라는 용어를 처음 사용했는데, 이 과정에서 '국내'라는 의미를 가진 기왕의 'internal'이라는 단어와 대비되는 의미로 'international'이라는 형용사가 새로 만들어졌다고 한다.[11] 오늘날 한

(Otto Hintze, 1861~1940)의 언급만을 환기해둔다. Max Weber, *Economy and Society: An Outline of Interpretive Sociology*, ed., Günther Roth and Claus Wittich (Berkeley, Los angels and London: Bedminster 1968) 972면; Otto Hintze, "Military Organization and the Organization of the State," ed., Felix Gilbert, *The Historical Essays of Otto Hintze* (New York: Oxford University Press 1975) 181면.

11) 벤담이 그의 저서 *Introduction to the Principles of Morals and Legislation*(1789)에서 'international law'라는 용어를 사용하게 된 경위 등에 관해서는 Arthur Nussbaum, *A Concise History of the Law of Nations* (New York: Macmillan Company 1954) 136면; Hidemi Suganami, "A Note on the Origin of the Word of International," *British Journal of International Studies* 4 (1978) 226~32면 등을 참조할 것.

자문명권에서 흔히 '국제(國際)'라고 이해되는 international이라는 용어가 이처럼 바야흐로 근대'국제'체제가 새로이 형성되어가는 역사적 과정에서 만들어졌다는 사실은 그만큼 이 개념에 담긴 의미가 새로운 가치로서 인식되고 있었음을 말해준다고 해야 할 것이다. 아울러 근대'국제'체제의 형성 및 전개 과정에서 '국제법'의 형성 및 전파가 가지는 비중이 얼마나 큰 것인지를 상징적으로 보여주고 있다는 점을 간과해서는 안될 것이다.

한편 유럽에서 국가간의 교섭을 지칭하는 단어로 diplomatie, diplomacy가 사용되기 시작한 것도 나뽈레옹전쟁 시기를 겪으면서였다. 유럽의 중세질서 행위자들간의 교섭을 négotiation이라고 표현한 것과 구별하여 근대국제질서의 행위자들간의 교섭을 diplomacy라고 다르게 부른 것이다.[12] 원래 근대유럽의 기독교문명의 소산으로서 기독교문명권 내의 국가간 관계를 규율하려는 의도에서 형성되어가던 국제법이 다른 문명권의 국가들과 접촉하는 과정에서 처음에 유럽문명국만을 국제법의 주체로서 상정한 것은 유럽문명의 세계지배라는 역사적 상황에서 빚어진 것이었다. 기독교문명국간의 논리가 형식적으로 상호간의 권리의무관계 이행이라는 '상호주의'에 입각한 이상, 유럽문명국과 이질적인 문명국가 간의 관계는 법적 무질서의 상태로 인식되지 않을 수 없었다. 왜냐하면 이질적인 문명이란 또다른 '문명기준'에서 보면 '야만'과 다름없었기 때문이다.

유럽의 국제법이 비유럽문명권으로 확대되는 과정에서—미합중국의 탄생은 유럽 기독교문명의 계승이자 특별히 유럽국가의 지리적 확대로 간주되었지만—형식적으로는 종교적인 요소가 분리되어나가고 대신에 '국제'사회(family of nations)의 일원—국제법적으로는 국제법적

12) 나뽈레옹전쟁 이전 국제사회의 행위자들간 교섭행위를 지칭하는 용어는 négocier, negotiate였다. 당시까지만 해도 diplomatique, diploma와 같은 용어는 '문서'의 의미에 국한되어 사용되었다. 이에 관해서는 김용구 『세계관 충돌과 한말 외교사 1866-1882』, 참조할 것.

주체—이 될 수 있는 요건으로서 '문명'이라는 자격요건이 요구되었다.[13] 이 과정에서 이른바 '국제기준' 혹은 '문명국 표준주의'가 거론되었으며, 결국 문명기준에 미치지 못한다고 구미국가에 의해 판단된 국가는 국제법을 준수할 능력이 없어 국가로서의 '승인'이 불가한 것으로 간주되었다.

따라서 비서구권 국가들은 서구의 문명기준이 요구하는 여러 조건을 갖추었다고 구미열강에 의해 판단되기 전에는 국제법의 영역 '밖'에 놓이게 되며, '문명의 신성한 의무'라는 미명하에 서구 문명국가의 '보호' 대상으로 전락하기 십상이었다.[14] 예컨대 19세기 동아시아 국가들이 서양국가와 맺은 조약이 예외없이 불평등조약이었던 것은 기본적으로 이러한 문명적 요소의 미비라는 명분에 의한 것이었다. 이러한 의미에서 볼 때, 기독교 문명국가의 비서구권에 대한 포섭과정은 스스로를 '보편'이자 '문명기준'으

13) 19세기 국제법학자들은 문명의 기준으로 여러가지를 제시했는데, 이들이 제시한 문명기준은 대체로 다음과 같은 다섯가지로 귀착된다고 한다. 중요한 내용이므로 여기서 소개하고 넘어가기로 하자. "첫째, 문명국가(a 'civilized' state)는 생명, 권위, 그리고 재산 등의 기본권과 아울러 여행, 무역, 종교의 자유를 보장한다. 둘째, 문명국가란 어느정도 효율적인 국가운영능력과 자위(自衛)수행능력을 갖춘 조직화된 정치적 실체이다. 셋째, 문명국가란 전쟁법을 포함한 국제법을 준수해야 하며, 또한 내국인과 외국인을 불문하고 자국의 관할권에 있는 모든 사람들에게 법적 정의(legal justice)를 보장해주는 재판소, 법전 등 제반 사법제도를 유지해야 한다. 넷째, 문명국가는 외교적 상호교환과 소통을 위하여 적절하고 상설적인 수단을 유지함으로써 국제적인 제도의 의무를 이행한다. 다섯째, 문명국가는 대체로 문명화된 국제사회의 승인된 규범과 관행을 준수한다. 예컨대 아내의 순사(殉死), 일부다처제, 노예제도 등은 비문명적인(uncivilized) 것으로 간주된다." 이에 관해서는 Gerrit W. Gong, *The Standard of "Civilization" in International Society* (Oxford: Clarendon Press 1984) 14~15면 참조.

14) 국제법의 문명적 편견에 대해서는 Georg Schwarzenberger, "The Standard of Civilization in International Law," *Current Legal Problems* Vol. 8 (London: Stevens & Sons Limited 1955); 筒井若水「現代國際法における文明の地位」,『國際法外交雜誌』66卷(1967); Gerrit W. Gong, *The Standard of "Civilization" in International Society* (Oxford: Clarendon Press 1984); 김용구『세계관 충돌의 국제정치학: 동양 예와 서양 공법』(나남 1997).

로 인식해가는 과정인 동시에 그것을 비서구권에게 인식시켜가는 과정이었다고 할 수 있을 것이다.

한편 이러한 근대국제질서 체제가 형성되는 데는 이른바 '물적 토대'가 존재하고 있었다. 전지구적 차원의 세계사 성립은 유럽의 산업혁명과 자본주의의 발전과 병행해서 진행된 것이었다. 서구의 대외확장을 촉구한 요인이 성장하는 '자본(資本)'이었다면, 신흥자본가들의 해외활동을 법적으로 보장하는 국제법규의 존재는 그만큼 필수적인 것이었다. 따라서 서구 근대국가가 발전함에 따라 경제적 부와 군사력의 관계는 더욱 긴밀하게 밀착되어갔으며, 신흥자본가 세력의 해외에서의 자유로운 활동을 법적으로 보장하는 국제법과 그것을 물리적으로 지원해줄 군사력의 존재는 그만큼 상호보완적 성격을 갖지 않을 수 없었다. 결국 유럽의 근대국가들은 유럽 내에서는 주권국가간의 수평적이고 독립적이며 대등한 관계, 즉 이른바 '국제'관계를 지향하고 있었지만, 지구의 대부분에 해당하는 비서구 지역에서는 '제국(帝國)'의 모습을 추구하는 이중성을 드러내고 있었다.

2. 청의 경우: 조약체제의 전통적 해석과 현상유지책으로서의 만국공법

(1) 중국적 세계질서에 있어 조약체제의 등장과 국제법 서적의 번역

장기적인 안목에서 볼 때, 아편전쟁(1839~1842)은 서세동점으로 일컬어지는 서구제국주의의 물리적 공세가 시작되는 신호탄이 되었다는 점에서 세계사적 의미를 지닌 사건임에 틀림없다. 그리고 장구한 역사 위에 구축된 중국적 세계질서의 관점에서 보더라도 향후 나타나게 되는 '거대한 전환'의 양상을 예고하는 하나의 획기적 사건이라고 해야 할 것이다. 아울러 아편전쟁으로 인해 체결한 난징조약(南京條約, 1842)은 서구제국과의 불평등조약의 원형이 되었고 이후 거듭되는 전쟁에 따른 톈진조약(天津條約, 1858)과 베이징조약(北京條約, 1860) 등으로 이어짐으로써 중국이 '조약체제'(treaty system)라는 '새로운 국가간 교제방식'에 따라 서양 제국(諸國)과 접하게 되는 구체적 계기가 되었다.[15)]

19세기 서세동점의 위기상황에서 동아시아 삼국은 국가의 존재방식이라는 측면에서 볼 때, 이른바 '예의관념'에 기반한 중화질서로부터 '주권관념'에 입각한 유럽발 근대'국제'질서로 동아시아 국가들간 관계의 패러다임 변동을 겪게 된다.[16)] 이것은 동아시아 국가'간' 관계의 패러다임이 중

---

15) 중국은 난징조약보다 약 150여년 전 러시아와 최초의 근대식 조약이라고 할 수 있는 네르친스크 조약(1689)을 체결한 바 있다. 이 조약은 강희제(康熙帝)가 국경문제로 러시아와 충돌이 일어나지 않도록 하려는 전략적 의도 하에, 베스트팔렌회의 이후 유럽에서 형성된 국제법의 호혜평등의 원칙과 절차에 따라 동등한 자격에서 맺은 것으로서, 조약의 원본도 라틴어로 작성된 것으로 알려진다. 그러나 당시만 해도 이러한 평등한 관계의 수립 자체는 중국적 세계질서의 예외적 사건일 수밖에 없는 것이어서 이후 국제법에 관한 언급은 1839년까지 중국에서 등장하지 않는다. 이에 관해서는 Tieya Wang, *International Law in China: Historical and Contemporary Perspectives* (Martinus Nijhoff Publishers 1990) 227~28면 참조. 그리고 강희제가 예수회 신부들을 활용하여 조약을 맺게 되는 구체적 내용 등에 관해서는 吉田金一『ロシアの東方進出とネルチンスク條約』(東京: 東洋文庫 近代中國硏究センター 1984) 등을 참고할 것. 한편 아편전쟁과 중국에서의 조약체제의 성립에 관한 고전적 설명으로는 다음의 저작들을 참조할 것. J. K. Fairbank, E. O. Reischauer and A. M. Craig, *East Asia: The Modern Transformation* (Boston: Houghton Mifflin Company 1965), Ch. 2; 坂野正高『近代中國政治外交史』(東京: 東京大學 1973) 제5, 6장; J. K. Fairbank, ed., *The Cambridge History of China* (Cambridge: Cambridge Univ. Press 1976), Ch. 4, 5; Jonathan D. Spence, *The Search for Modern China* (New York: W. W. Norton & Company 1990), Ch.7.

16) 천하질서와 근대'국제'질서는 흔히 '위계적'인 질서공간과 '수평적'인 질서공간으로 표현된다. 그러나 이러한 표현은, 동일한 권력적 차원에서 '차별' 공간과 '평등' 공간이라는 식으로 평면적으로 비교되기 쉽다는 점에서 주의를 요한다. 왜냐하면 두개의 질서는 그 근거를 이루는 우주관이나 가치체계가 다르기 때문에 이러한 맥락을 무시한 채 비교해서 논의하게 되면, 오히려 당시 상황에 대한 피상적인 논의로 이어지기 쉽기 때문

화질서하의 조공책봉관계에서 근대 국제질서의 수평적이고 독립적이며 따라서 전체적으로는 '무정부적인 관계'로 전환하는 것을 의미했고, 또 중화문명권의 관점에서 보면 이것은 기존의 '문명기준'이 완전히 '역전'되는 사태의 발생을 의미하는 것이었다.

이처럼 19세기 들어 이루어진 서구와의 대규모 물리적 충돌과 그에 따른 불평등조약 체결이라는 새로운 위기의 접점에 놓여 있었던 것이 바로 국제법이라는 점에 주목할 필요가 있다. 이러한 상황을 대변해주는 최초의 사례는 아마도 영국과의 아편문제를 처리하는 책임을 맡게 된 린 쩌쉬(林則徐, 1785~1850)가 외국상품에 대한 상대국의 처리방식을 이해하기 위해 바텔(Emerich de Vattel)의 저서 『국제법(*Le Droit des gens*)』(1758) 중 외국인과의 분쟁해결과 대외무역을 관리하는 국가의 권리에 관한 일부 내용을 번역하여 이를 참고자료로 활용한 경우라 할 수 있을 것이다. 이때 린 쩌쉬는 바텔 저서의 관련구절을 참고하여 1839년에 아편을 수출입금지품(contraband)으로 선언하고 아편을 몰수하도록 명령하였으며, 영국 빅토리아 여왕에게 아편무역의 중지를 지시하도록 요청하는 편지를 보내기도 하였다. 그리고 이러한 조치들이 기대한 결과를 가져오지 못하자 린 쩌쉬는 강제적인 물리력을 행사하여 이를 해결하는데, 자신의 행동이 도덕적으로나 법적으로 정당하다는 확신을 갖게 해준 근거 또한 바텔의 관련구절이었던 것으로 알려졌다.[17] 이처럼 린 쩌쉬가 정당성의 근거로 삼은 바텔의 국제법 저서의 관련 번역문은 얼마 후 중국의 아편전쟁 패배에 자극

이다. 예의 관념에 기초하는 위계적 질서공간이든, 주권과 국가평등 관념에 입각한 수평적 질서공간이든 공히 권력적 측면이 내재되어 있다고 보아야 한다. 하지만 두개의 질서공간 모두 지식과 권력이 긴밀히 결합되어 있어, 상대적인 차이는 있겠지만 권력장치의 폭력성이 잘 드러나 보이지 않는 공통점을 갖고 있었다.

17) Immanuel C. Y. Hsü, *China's Entrance into the Family of Nations: The Diplomatic Phase 1858-1880* (Cambridge: Harvard Univ. Press 1960) 123~25면; Tieya Wang, 앞의 책 228~30면.

받은 웨이 위안(魏源, 1794~1856)이 '이이제이(以夷制夷)'적 의도[18]를 가지고 쓴 『해국도지(海國圖志)』에 「각국율령(各國律令)」이라는 이름으로 그대로 수록된다.[19] 이에 따라 『해국도지』는 서구 국제법에 관한 아주 단편적이나마 구체적 내용을 담고 있는 중국 최초의 저서가 되었다.

그런데 이처럼 이이제이책과 같이 상대방을 이용하는 전략에 익숙하고, 아편전쟁 이전 이미 린 쩌쉬의 경우와 같이 국제법에 주목하여 이를 이용한 선례가 있었음에도 불구하고, 그후 위기가 심화되는 와중에서 중국이 국제법에 관심을 기울이지 않은 것은 흥미로운 사실이 아닐 수 없다. 불평등조약으로서 난징조약이 체결된 이후 국제법이 동시대 중국의 지식인이나 위정자들의 관심을 끌었다는 기록이 나타나는 것은 그로부터 20여 년의 세월이 흐른 뒤 선교사 마틴이 휘턴의 국제법 서적을 한문으로 번역하여 내놓는 상황을 전후해서부터였다.[20] 과연 당대의 대외적 위기상황에

18) 웨이 위안은 『해국도지』의 집필동기에 관해 서문에서 다음과 같이 분명히 밝히고 있다. "이 책을 왜 썼는가 하면, 오랑캐(夷)로써 오랑캐를 공격(攻)하게 하고, 오랑캐로써 오랑캐를 달래며(款), 오랑캐의 장기를 스승(師=모범)으로 삼아 오랑캐를 제압(制)하기 위하여 지은 것이다(是書何以作, 曰爲以夷攻夷而作, 爲以夷款夷而作, 爲師夷長技. 以制夷而作)." 『海國圖志』「自序」, 第2版 60卷本, 1847.

19) 『해국도지』는 초판이 50권으로 1842년 완성되어 1844년에 간행되었으며, 제2판은 60권으로 1847년에, 제3판은 100권으로 1852년에 간행되었다. 바텔 원저의 번역문은 2판에서는 42권에 3판에서는 83권에 수록되어 있다. 당시 중국에 소개된 서양관련 정보를 총망라하고 있다고 할 수 있는 『해국도지』는 세계의 지리 및 각국의 연혁, 그리고 서양의 종교 및 기술 등에 관해 기왕의 중국인의 지술이나 서양인 저술의 번역본을 웨이 위안이 편집한 것으로 저자의 독창적인 창작은 해방론(海防論)에 해당하는 1권과 2권의 주해편(籌海篇)이다. 이에 관해서는 小野川秀美 『清末政治思想研究』(みすず書房 1969) 8~11면; 김용구, 『세계관 충돌의 국제정치학』(1997) 119~24면 등을 참조할 것. 한편 린 쩌쉬가 흠차대신(欽差大臣)에서 물러나면서, 자신이 수집한 자료를 웨이 위안에게 전해주고, 서양세력의 침투에 대한 경각심을 일깨우는 저서의 집필을 종용하는 내용에 관해서는 Jane Kate Leonard, *Wei Yuan and China's Rediscovery of the Maritime World* (Cambridge: Mass, 1984)가 상세하게 다루고 있다.

20) Hsü, 앞의 책 125면; Wang, 앞의 책 230면; 佐藤愼一, 앞의 책 202면.

서 '국가간의 교섭 혹은 교제의 방식'을 담고 있던 국제법이 이처럼 철저히 외면당한 것은 무엇 때문일까? 이것은 당시 중국이 서구국가들과의 관계—그것이 전쟁이든, 협약이든—를 실제로 진지하게 의식하고 있지 않은 데 기인한 것일까, 아니면 반대로 이러한 위기상황을 의식하면서도 외면하려 했던 것일까?

이와 관련하여 가장 먼저 주목해야 할 사실은 "아편전쟁이 영국에게는 국가의 전쟁이었으나, 청국에게는 회민기의(回民起義)나 백련교도(白蓮教徒)의 난과 같은 지방적인 사건"[21]이었던 한편, 태평천국의 난(1850~1864)이나 염군(捻軍)의 난(1853~1868) 등 중국사회에서 내부문제의 심각성이 외부문제를 현실적으로 압도하는 상황이 존재하고 있었음을 지적해야 할 것이다. 중국 전문가 폴 코헨은 이러한 상황에 대해 다음과 같이 지적한 바 있다.

> 19세기 중엽, 서양인은 중국의 연해지대에 산재해 있는 몇개의 조약항(條約港)을 획득했다. 이러한 새로운 사태가 중국인의 신경을 거스르는 것이었을지도 모른다. 하지만, 청조의 지위와 수억의 중국민중의 생활을 직접 위협하였다는 점에서 본다면, 같은 시기에 발생한 중국 국내의 불안한 정황이 압도적으로 중요했다.[22]

이와 아울러 지적하고 싶은 사항은, 이처럼 내적 모순이 외적 모순을 압도하는 상황이었고, 아울러 본말론(本末論)적인 관점에서 볼 때 전통적으

21) 浜下武志「東アジア國際體系」, 山本吉宣·渡辺昭夫 外 編『講座國際政治1卷: 國際政治の理論』(東京: 東京大學 1989) 72면.

22) Paul A. Cohen, *Discovering History in China: American Historical Writings on the Recent Chinese Past* (New York: Columbia Univ. Press 1984), 佐藤愼一 譯『知の帝國主義—オリエンタリズムと中國像』(東京: 平凡社 1988) 47면.

로 중화질서에 있어서 전자의 경우가 후자의 위험보다 훨씬 본질적인 문제라고 간주되고 있었다는 점을 감안한다고 하더라도, 당시 중국의 위기가 현실적으로 대내적인 문제와 대외적인 문제가 서로 긴밀히 맞물려 얽히면서 빚어지는 상황임을 중국의 위정자들이 전혀 인식하지 못했을 리가 없다는 점이다. 예컨대 흠차대신 공친왕(恭親王, 奕訢, 1833~1898)의 다음 상주문(上奏文)은 이러한 정황을 잘 담고 있다고 할 수 있다.

> 저희들은 오늘날의 정세를 다음과 같이 판단합니다. 태평천국과 염군이 서로 이용하면서 반란을 일으키는 것은 이른바 마음과 배〔心腹〕가 아픈 것에 해당합니다. 러시아는 우리나라와 국경을 접하고 우리나라를 잠식하려는 야욕을 품고 있어, 팔꿈치와 겨드랑이〔肘腋〕의 문제라고 말할 수 있습니다. 영국은 통상을 원하면서도 포악하여 사람의 도〔人道〕를 그르치니 이를 제한하지 않으면 우리나라는 자립할 수가 없게 되므로 팔다리〔肢體〕의 근심이라 할 것입니다. 따라서 태평천국과 염군의 진압을 최우선해야 하며, 그 다음으로 러시아, 영국의 순으로 대책을 강구해야만 합니다.[23]

23) 『籌辦夷務始末』(咸豊朝) 卷71 咸豊10年庚申 12月壬戌條, "臣等就今日之勢論之. 髮捻交乘心腹之害也. 俄國壤地相接, 有蠶食上國之志, 肘腋之憂也. 英國志在通商暴虐無人理, 不爲限制, 則無以自立, 肢體之患也. 故滅髮捻爲先, 治俄次之, 治英又次之." 이에 관한 페어뱅크의 묘사에 의하면, "공친왕이 표현한 바와 같이, 반란은 중국의 치명적인 질병이었고, 양이(洋夷)들은 단지 손발의 고통에 불과한 것이었다(As Prince Kung put it, the rebels were a disease in China's vitals, the barbarians an affliction only of the limbs)." J. K. Fairbank, E. O. Reischauer and A. M. Craig, *East Asia: The Modern Transformation* (Boston: Houghton Mifflin Company 1965) 174면. 공친왕의 이러한 표현은 상당히 일반화된 인식의 표현인 것으로 생각된다. 예컨대 1861년 열하문안사행의 부사(副使)로서 청을 방문한 조선의 박규수(朴珪壽, 1807~1877)는 태평천국군과 염군의 형세에 관해 다음과 같이 표현하고 있다. "各省賊匪之猖獗 已多年所 根盤藪鋸 漸益滋曼 勢不可制矣 (…) 此兩處賊最爲心腹之患," 『瓛齋叢書』 卷5(서울: 성균관대학교 대동문화연구원 편 1996) 「熱河副使時抵人書」.

더욱이 당시 맺어진 조약은, 주지하는 바와 같이 요컨대 영사재판권(領事裁判權), 협정관세권(協定關稅權), 편무적 최혜국조항(片務的 最惠國條項)을 포함하는 일방적인 '불평등'조약이었다. 따라서 비록 우선순위에 밀려 대외적인 문제에 중국의 총역량을 집결한 최선의 방책이 취해지기는 어렵다 하더라도, 중국적 세계질서를 운영해오던 청국정부로서는 어떤 식으로든 이에 대한 관심과 나름대로의 대응조치 혹은 적어도 당시의 상황에 관한 정당화의 논리를 펼치지 않을 수 없었을 것이다.

이처럼 상대에 대한 대응논리가 필요함에도 불구하고 상대방이 교섭 근거로 삼는 서구 국제법에 관심을 기울인 흔적이 보이지 않는다는 것은, 중국의 '당국자'들이 서구의 이른바 국가간 평등관계라는 것을 전제로 성립한 '조약'관계, 그것도 독소조항을 포함하고 있는 불평등조약을 거의 무의식적으로 고유의 중국적 세계질서의 논리 안에서 이해하고 있었고, 이러한 경향이 지식인에 이르기까지 일반적으로 수용되고 있었다는 것을 의미하는 것으로 생각된다. 그렇지 않았다면, 각각의 불평등한 조항에서 실제로 파생될 물질적 손해와 국가적 권위의 손상 등을 고려해 볼 때, 조약의 불평등성이 어디에서 기인하는지 중국인의 관심이 생겨나지 않을 리 없을 터이고, 나아가 그것은 결국 국제법에 관한 관심으로 이어질 수밖에 없을 것이었기 때문이다.

바꿔 말하면, 중국이 국제법 관련 서적이 번역되어야 할 필요성을 구체적으로 느끼기 전까지는 불평등조약에서 발생하는 불이익이 당시 고유한 중국적 세계질서의 논리 안에서 어떤 식으로든 받아들여질 수 있는 여지가 있었음을 의미한다고 할 수 있다. 이와 관련하여 사또오 신이찌는 다음과 같이 지적한다.

> 난징조약에 이은 일련의 조약과 협정에 영사재판권이나 편무적 최혜국대우 등, 장기에 걸쳐 중국을 괴롭히게 되는 불평등특권이 포함되어 있는

데, 이들 조약의 교섭과정에 있어 중국 측이 이들 조항을 거부해야만 할 쟁점이라고 자각하고, 논쟁을 벌였다는 기록은 보이지 않는다. **오히려 사태는 반대여서, 중국 측은 이들 문제를 스스로의 틀 내에서 긍정적으로 위치설정하고 있었다.**[24)](강조는 인용자)

기왕의 연구들을 종합적으로 검토해보면, 중국 측이 불평등조약을 중국적 대외질서관의 틀 내에서 긍정적으로 해석할 수 있었던 근거는 대체로 다음과 같이 요약할 수 있다. 우선 영사재판권(consular jurisdiction) 혹은 치외법권(extraterritoriality) 조항은 중국 측에서 보면, 오륜을 알지 못하는 서양인이 장기적으로는 교화의 대상이겠지만 단기적으로는 중국의 고도의 예법을 그들이 이해할 능력이 부족한 만큼, 사소한 분쟁에 중국이 휘말리는 것은 바람직하지 않다는 점에서 현명한 방식이며, 이것은 예로부터 내려오는 방식의 연장선상에 있다는 것이다. 그리고 협정관세권 조항과 관련해서는 전통적으로 중국이 조공국이나 호시국(互市國)에 대해 시혜적인 입장에서 두루 관대한 조처를 취해왔기 때문에 보호관세와 같은 방식을 실시한 바 없으며, 협정관세율은 청국정부의 입장에서는 과거에 비해 오히려 높은 관세 획득이 이루어진 측면이 있다는 것이다. 한편 편무적 최혜국조항의 경우, 청은 외국과의 조약에서 서양의 여러 나라가 획득하게 되는 특권을 기본적으로 천자(天子)가 이적(夷狄)에게 베푼 은혜라고 간주했기 때문에 어차피 서양 기준의 일방적인 성격이 강할 수밖에 없으며, 오히려 상국(上國)인 중국의 편벽되지 않은 공정한 은혜(一視同仁)를 반영하는 것이라는 점에서 별다른 거부감 없이 수용되었다는 것이다.[25)] 이와 관

24) 佐藤愼一, 앞의 책 57면.

25) 이에 관한 좀더 구체적인 내용에 관해서는 Hsü, 앞의 책(1960) 138~41면; Alexandrowicz, "Treaty and Diplomatic Relations between European and South Asian Powers in the Seventeenth and Eighteenth Centuries," *Recueil des Cours* Vol. 2 (1960) 207~17면; J. K.

련하여, 하마시따 타께시(浜下武志)의 논의는 무척 시사적이다.

청국 측에서 보면, 조약은 은혜를 베푼 것이지 쌍무적인 이행의무의 규정으로 여기지 않았으며, 문제를 지방에서 처리함으로써 중화의 영향이 확대된 것으로 여겼다. 반면에 영국 측은 청국을 '주권'의 보유자로 간주함으로써 국가간 관계로서 조약 체결이 행해졌다고 주장하였는데, 실제로는 지방관과의 우회적인 '교섭'이 반복되었을 뿐이다. 유럽이 자신의 원리와 주장을 계속 반복한 것은 사실이지만, 이것이 설령 조약이란 표현을 취하더라도 상대방한테는 전혀 다른 문맥으로 인식되어 받아들여진 셈이다. 이것은 압력이나 강제에 의한 것이라기보다는 청국과 러시아, 일본, 유럽국가들이 화이질서 속에서 상호적인 통상국 즉 호시국(互市國)으로 취급되었던 것처럼, 이 범주의 연장선상에서 근대유럽도 위상이 설정된 것이라고 간주할 수 있을 것이다.[26)]

즉 애초에 조약이 체결된 것이 천하질서의 종주국(宗主國)을 자임하는

Fairbank, ed., *The Chinese World Order: Traditional China's Foreign Relations* (Cambridge: Harvard Univ. Press 1968) 260면; 佐藤愼一, 앞의 책 57~59면 등을 참조할 것.

26) 浜下武志 『朝貢システムと近代アジア』(東京: 岩波書店 1997) 25~26면. 하마시따의 이러한 해석은 조선에서 중국에 연행사절로 다녀온 인물들의 보고를 통해서도 간접적으로 확인이 가능하다. 그중 일부만 소개하면, "영국〔英咭唎國〕이 난을 일으켰는데, 이를 절멸하여 평안케 하는 것을 보지 못하고 돌아왔다. 심각한 걱정거리는 아니지만, 소요는 적지 않다"(1841년 3월, 進賀謝恩兼冬至行 正使 朴晦壽)고 하여, 아편전쟁을 영국이 일으킨 난이자 소요사태 정도로 파악하고 있는가 하면, "전쟁이 끝나고 영국〔英夷〕과 통상장정을 맺었다"(1842년 12월 賚咨官 李埅)고 하여 난징조약의 성립을 기왕의 통상장정의 차원에서 이해하고 있음을 알 수 있다. 또한 "앞서는 영국〔英咭唎〕에게 광둥 한 곳에서만 호시를 허락했던 반면, 소요 후에는 네곳이 늘어났다. 이로 인해 소요의 우려가 없어지고 중외(中外)가 평안하다"(1844년 2월, 告訃使行 書狀官 徐相敎)고 하여 '조약'을 기미책으로 호시무역의 연장선상에서 바라보고 있음을 알 수 있다. 각각은 『日省錄』 憲宗7年 3月 19日字, 憲宗8年 12月 4日字, 憲宗10年 2月 6日字에 수록되어 있다.

청의 입장에서는 이적을 달래서 전쟁을 종결짓기 위한 중국의 전통적 기미책(羈縻策) 내지 회유책(懷柔策)의 일환이었다는 사실, 그리고 그 과정에서 이처럼 조약 당사국 쌍방간의 일종의 '편의적 오해'가 동반되었다는 사실은 서로가 상대를 각자의 대외질서 관념에 근거하여 자신의 틀 내부에서 사태를 해석하고 있었음을 의미한다고 할 수 있다.[27] 이러한 사실들을 감안해볼 때, 중국에서 아편전쟁 이후 20여년 동안 국제법에 관한 관심이 나타나지 않은 것은 기본적으로 중국 내부문제의 심각성이 외부문제에 관한 관심을 압도하고 있었기 때문이며, 아울러 서양 각국과의 양국간 수평적 관계를 전제한 조약의 형식이나 혹은 불평등조항에서 발생하는 현실적 불이익이 고유한 중국적 세계질서의 논리 안에서 전통적 회유책 내지 시혜의 관점으로 포섭해야 할 문제로 간주되고 있었기 때문이라고 할 수 있다.

하지만 1860년 영불 연합군에 의해 북경이 함락되고 함풍제(咸豊帝, 재위 1850~1861)가 열하로 도망가는 사태〔庚申變亂〕가 벌어지면서, 서양문제는 청국정부가 더이상 미룰 수 없는 가장 중요한 정치적 사안으로 떠올랐다. 1861년 중국이 "외국과의 문제에 대한 책임의 소재를 분명히 하기 위해"[28] 중국 최초의 외교전담기구인 총리아문(總理衙門, 공식적인 명칭은 總理各國事務衙門)을 만든 것은 이러한 와중에서였다.[29] 다만 총리아문이 관할한

27) 사또오 신이찌는 이처럼 불평등조항이 중국에 무리 없이 수용된 데는 현실적으로 중국 측의 교섭당사자들이 교섭에서 열강의 압력에 노출되어 타협하지 않을 수 없었으면서도, 그들이 관료세계의 대의명분에 입각하여 자신의 타협을 의식적으로 정당화했을 가능성이 크다고 지적한다. 그런데 이처럼 자기기만성이 내포되어 있다고 하더라도, 중국 측이 자기기만적 상황에 대해 자각하지 못하게끔 하는 자기완결적 사유구조가 존재하고 있었기 때문에 스스로의 무지에 대해 둔감하였다는 것이다. 佐藤愼一, 앞의 책 59~60면.

28) 『籌辦夷務始末』(咸豊朝) 卷71 咸豊10年庚申 12月(壬戌條), "京師請設立總理各國事務衙門, 以專責成也, 査各國事件."

29) 1860년 영불 연합군의 북경 점령을 전후하여 총리아문이 설립되기까지의 과정을 상세하게 다루는 연구로는 坂野正高 「總理衙門の設立過程」, 近代中國硏究委員會 編 『近代中

것은 '조약(條約)'관계를 맺은 국가들과의 관계이며 기존의 조공국 등과의 관계는 여전히 예부(禮部)의 관할이었기 때문에, 중국의 입장에서 보면 총리아문의 발족은 기존의 중국적 세계질서권 내에 '조약'관계가 명실공히 등장하는 것을 의미했다. 이후 애로우호전쟁에서 강화를 주도한 공친왕파가 궁정 쿠데타로 실권을 장악하면서 국내 정국의 상대적 안정과 열강들의 '협력정책'이라는 국제적 조건을 배경으로 하여, 중국의 대외관계에서 서구제국과의 관계가 차지하는 비중은 급속히 증가하게 된다. 공친왕 등의 상주문은 조약관계의 중요성을 다음과 같이 지적하고 있다.

> 이제 우리에게 당면한 일은 조약을 준수하고 조약에 규정되어 있는 것 이외에는 조금도 양보하지 않으며, 표면상으로는 신뢰와 친목을 돈독히 하고, 은밀히 교묘한 꾀로 도모해간다면, 앞으로 수년간 설령 예기치 않은 요구가 있다 하더라도, 느닷없이 커다란 해악을 초래할 일은 없으리라고 생각됩니다.[30]

이러한 사고는 요컨대 스스로가 조약을 지키는 것이야말로 구미제국으로 하여금 조약을 준수하게 하는 일종의 억지력이 될 수 있다는 의식이 생겨나고 있음을 반영하고 있다고 할 수 있을 것이다. 이처럼 당국자들이 조약이 갖는 중요성을 자각하기 시작하면서, 서구국가간의 교제 및 교섭 방식 등에 관한 구체적인 관심이 생겨나는 것은 너무도 당연한 것이었다. 공친왕의 다른 상주문에는 이러한 관심이 다음과 같이 생생하게 묘사된다.

國硏究』 1輯(東京: 東京大學 1958); Banno Masataka, *China and the West 1858-1861: the Origins of the Tsungli Yamen* (Cambridge: Harvard Univ. Press 1964)을 참조할 것.

30) 『籌辦夷務始末』(咸豊朝) 卷71 咸豊10年庚申 12月(壬戌條), "若就目前之計 按照條約 不使稍有侵越 外敦信睦 而隱示覊縻 數年間卽係偶有要求 尙不遽爲大害."

> 외국인들은 중국문자를 깊이 학습하고 중국의 서적도 또한 탐색하여, 중국과 어떠한 사건이 발생하여 논쟁하는 경우 중국의 전제(典制)와 율례(律例)를 그 전거(典據)로 들어서 우리를 당혹스럽게 합니다. 그러나 중국은 외국인들에게 논박하려 할 때, 외국문자를 알 수 없어서 외국의 관례나 선례들을 전거할 수 없으니 통탄스러운 일이 아닐 수 없습니다. 동문관(同文館)의 학생들이 외국문자를 마스터하기에는 아직 시간이 필요합니다. 신(臣) 등이 여러 국가들이 서로간에 불화가 일어났을 때 어떻게 하는지를 여러모로 조사해본 바에 의하면, 외국인들에게는 『만국율례(萬國律例)』와 같은 그러한 서적이 있음을 알게 되었습니다. 그러나 우리가 그것을 찾아 외국인들에게 번역해줄 것을 요구하면, 그들이 숨기고 드러내지 않을까 걱정입니다.[31]

더욱이 흥미로운 사실은 총리아문이 거둔 최초의 외교적 승리가 바로 아직 발간되지 않은 마틴의 번역원고를 원용해서 이루어졌다는 점이며, 그것이 바로 국제법 서적이 번역되어 간행될 필요성을 구체적으로 확인시켜주는 계기가 되었다는 점이다.[32] 공친왕은 상주문에서 다음과 같이 국제법 번역서의 유용성을 인정하고 간행을 촉구하고 있다.

> 지난(1863년) 9월 미국 공사 벌링게임(Anson Burlingame, 蒲安臣)이 마틴을 데리고 나타나 『만국율례(萬國律例)』 네 책을 증정하였습니다. 그들이 말

---

31) 『籌辦夷務始末』(同治朝) 卷27 同治3年甲子 7月(丁卯條)(1864년 8월 30일), "外國人無不留心學習 其中之尤爲狡黠者 更於中國書籍 潛心探索 往往辯論事件 援據中國典制律例相難 臣等每欲借彼國事例以破其說 無如外國條例 俱係洋字 苦不能識 而同文館學生 通曉尙需時日 臣等因於各該國彼此互相非毁之際 乘間探訪 知有萬國律例一書 然欲徑向索取 並託繙譯 又恐秘而不宣." Hsü(1960) 125면도 참조.

32) 1864년 프러시아와 덴마크 간의 전쟁에 중국이 연루되어 일어난 외교적 분쟁에서 마틴이 번역한 원고의 초고가 사용되는 좀더 자세한 경위에 관해서는 Hsü, 앞의 책 132~34면; Tieya Wang, 앞의 책 232~34면 참고.

하는 바에 따르면, 이 책은 조약을 체결한 나라가 모두 주의하지 않으면 안 될 내용이며, 외국과의 사이에 사건이 생겼을 경우에는 참고하여 원용할 수 있다는 것입니다. (…) 신(臣) 등이 이 책을 조사해보니, 대체로 그 내용은 동맹이나 전쟁에 관한 것이며, 전쟁시에는 적을 제압하거나 구속하는 데 지켜야 할 것들이 적혀 있습니다. (…) 외국 율례에 관한 책이 중국 제도와 완전히 합치되는 것은 아니지만, 그럼에도 불구하고 거기에는 우리가 역시 채택할 만한 것이 있습니다. 예컨대 본년 프러시아가 톈진의 해구(海口)에서 덴마크 선박을 억류한 사건이 있어서 신 등은 이 율례 중의 말을 은밀히 채용하여 프러시아에 변론(辯論)해 보았습니다. 그랬더니, 프러시아 공사 레퓨스(von Rehfues, 李福斯)는 곧 착오를 인정하고는 더이상 변명 없이 수긍하였습니다. 이것은 『만국율례』가 유용하다는 하나의 증거라고 할 것입니다.[33]

마틴이 번역한 원고가 중국인 조력자들의 교정작업을 거쳐 동문관[34]에서 『만국공법(萬國公法)』이라는 제목으로 300부가 간행되어 나온 것은 1864년 겨울이었다.[35] 이 책에는 두개의 서문이 달려 있는데 그 내용이 대

---

33) 『籌辦夷務始末』(同治朝) 卷27 同治甲子3年 7月(丁卯條), "適美國公使 蒲安臣來言 各國有將大清律例繙出洋字一書 並言外國有通行律例 近日經文士丁韙良譯出漢文 可以觀覽 旋於上年九月間 帶同來見 呈出萬國律例四本 聲稱此書凡屬有約之國 皆宜寓目 遇有事件 亦可參酌援引 (…) 臣等窺其意 一則誇耀外國亦有政令 (…) 檢閱其書 大約俱論會盟戰法諸事 (…) 臣等查該外國律例一書 衡以中國制度 原不盡合 但其中亦間有可採之處 即如本年布國在天津海口扣(=抑)留丹國船隻一事 臣等暗採該律例中之言 與之辯論 布國公使 即行認錯 俯首無詞 似亦一證." Hsü(1960) 134면도 참조.

34) 동문관(同文館)은 1862년 총리아문에 부설된 중국 최초의 관립양학교(官立洋學校)로서 양무운동의 심벌 중 하나라고 할 수 있다. 주로 인재육성과 양서번역에 종사했다. 동문관과 마틴의 관계 등에 관해서는 伊原澤周 『日本と中國における西洋文化攝取論』(汲古書院 1999) 251~348면에 상세하게 나온다.

35) 마틴은 1850년 장로교 선교사의 자격으로 중국 영파(寧波)에 건너온 후 일생을 중국

단히 상징적인 의미를 담고 있다. 그 내용을 간략하게나마 살펴보자. 먼저 퉁 슌(董恂)이 짧게 붙인 서문을 보면,

> 오늘날은 중국 이외에 나라가 수풀처럼 많이 존재한다. 만일 그들을 다스릴 법이 없으면 어찌 그 나라들이 존재할 수 있겠는가. 이것이 바로 정위량(丁韙良=Martin) 교사가 만국공법을 번역한 이유이다.[36]

에서 보냈다. 그는 영파에 체류하면서 중국 지식인들의 기독교에 대한 편견을 고치겠다는 의도 하에 1854년에는 『천도소원(天道溯源)』(*A Book on the Evidence of Christianity*)이라는 책을 간행하였으며, 1858년에는 미국 공사 리드(William B. Reed, 列衛廉)의 통역으로 톈진조약에 참여하기도 했다. 마틴은 『만국공법』을 간행한 후, 1865년부터 동문관에서 영어와 국제법 등을 담당하는 교사로 근무했으며, 1869년에는 당시 중국의 총세무사(=稅關長)였던 영국인 하트(Robert Hart, 赫德, 1835~1911)의 추천으로 동문관의 총교습(總敎習=교장)이 되어 25년간 재임했다. 마틴이 특히 국제법 서적의 소개에 힘쓴 기본적인 이유는 그가 '기독교 문명의 가장 중요한 성과'라고 생각하는 국제법을 통해서, '서양에도 하나님의 정의와 이성에 입각한 보편적인 성격을 지닌 교제의 규칙들이 국가간에 통용되고 있다는 것'을 보여주려는 것이었다. 그는 국제법의 번역이 이질적인 세계라고 간주되던 쌍방간에 상호 소통할 수 있는 길을 제시하는 것이라고 믿었다. 마틴의 의도가 최종적으로 한자문명권에의 기독교 포교임은 두말할 나위가 없을 것이다. 그가 국제법 번역이 성경 번역 다음으로 중요하다고 확신한 것은 이러한 신념에서 비롯되었다고 할 수 있다. 마틴이 동문관을 영어로 'International Law and Language School'이라고 표현하기를 좋아한 것도 동일한 이유에서라고 할 수 있을 것이다. 마틴은 동문관 재임기간 중 국제법 관련 번역서를 비롯하여 『格物入門』(1868), 『西學考略』(1883), 『中國古世公法論略』(1884) 등의 저작을 남겼다. 이후 마틴은 1898년 북경대학교의 전신인 경사대학당(京師大學堂)의 초대 총장을 2년간 역임했다. 마틴에 관해서는 W. A. P. Martin, *A Cycle of Cathay* (New York: Fleming H. Revell 1897); Peter Duus, "Science and Salvation in China: The Life and Work of W. A. P. Martin," Kwang Ching Liu, ed., *American Missionaries in China* (Cambridge: Harvard Univ. Press 1966); Ralph Covell, *W. A. P. Martin, Pioneer of Progress in China* (Washington D. C. 1978) 등을 참조.

36) 『萬國公法』「董恂之序」, "今九州外之國林立矣. 不有法以維之, 其何以國. 此丁韙良教師, 萬國公法之所由譯也."

라고 되어 있어, 만국이 병립하는 새로운 국제사회에는 마치 자연에 질서가 있는 것처럼, 국가간의 관계를 규율하는 보편적인 법규범의 체계가 주어져 있다고 파악하는 듯한 인상을 준다. 여기에 이어지는 장 쓰구이(張斯桂)가 쓴 서문은 전반적으로 동일한 논의를 하면서도, 오늘의 형세가 춘추시대의 만국병립 현상과 동일한 형국이며 중국은 여전히 세계의 중심이라는 것, 그리고 만국공법이 원래 중국에서 서구로 전래된 것인데, 그것을 마틴이 다시 번역하였으니 중국인이 일시동인의 관대함으로 『만국공법』을 살펴보면 나라를 방어함에 도움되는 바가 적지 않을 것이라고 지적하고 있다.

> 일찍이 천하의 형국을 살펴보니, 중화(中華)는 으뜸이 되는 곳이라서, 온 세상이 모두 다 모이고 만국이 찾아오니 아득히 먼 곳에서부터 오지 않는 바가 없다. 이렇게 외부에 있는 여러 나라들은 옛날 춘추시대의 대열국(大列國)과 크게 닮았다. (…) 지구상의 판도를 살펴보니 크고 작은 나라가 수십개가 넘는다. 그런데 그들이 아직까지 어떻게 존재할 수 있었는가. 이는 다행히 선왕(先王)의 명령을 맹부(盟府)에 실어 의지하며, 변함없이 대대로 이를 지킨 덕분이었다. 이러한 맹약(盟約)을 깨뜨리는 자가 있으면 천지신명이 이를 용서하지 않았다. 즉 이 『만국율례』라는 한권의 책은 바로 그 맹약을 담고 있는 책이었다. 그러자 서양 각국에서 (…) 이를 '번역'하여, 모두가 이를 지켰다. 지금 미국 교사인 정위량이 이 책을 〔역수입하여〕 '번역'하는 것은 우리 중화가 몸을 숙여 그러한 사정과 논의를 이해하고 따르기를 바라기 때문이다. 우리 중화는 일시동인의 관대함으로 이 책을 깊이 천착하여야 할 것이다.[37)]

37) 『萬國公法』「張斯桂之序」, "間嘗觀天下大局, 中華爲首善之區. 四海會同, 萬國來王, 遐哉勿可及 已. 此外諸國一春秋時大列國也. (…) 統觀地球上版圖, 大小不下數十國, 其猶有存焉者. 則恃其先王之命載在盟府, 世世守之, 長享勿替有渝此盟, 神明殛之. 卽此萬國律例一書耳. 故西

요컨대 『만국공법』은 '좋은 것'일 뿐만 아니라 '원래 자기 것'이었다는 논리이다. 이는 천하질서의 중심이자 '문명으로서 중화'를 자부하던 청국의 지식인들이 스스로의 문명기준에 집착하는 정황을 여실히 반영하는 것이라고 할 수 있을 것이다. 한편 마틴은 이 책 앞부분에 붙인 범례에서 『만국공법』이 모든 나라에 공통으로 통용되어야 할 보편적인 법규범이며, 자신의 개인적인 의견은 당연히 들어 있지 않으며 번역이 명쾌한 것이 되는데 주력했다고 언급했다.

> 이 책은 조례를 기록한 책으로서, 만국공법이라고 부른다. 이것은 여러 나라에 통용되는 것으로서 어느 한 나라가 사사로이 어찌할 수 없는 것이다. 또한 이 책은 각국의 율례와도 닮았다는 점에서 '만국율례(萬國律例)'라고도 부른다. (…) 역자는 오로지 그 정밀한 뜻만을 추구하여 감히 자신의 견해를 덧붙이지 않았다. 원서에 있는 모든 조례는 모두 수록하였으나 다만 그 이끌어낸 증거들이 너무 번잡한 곳은 약간 삭제하였다.[38]

다음 표는 마틴의 손을 거쳐 동문관에서 한문으로 번역되어 나온 국제법 관련 저서들을 정리해본 것이다.[39]

洋各國, 公使大臣水陸主帥領事繙譯教師商人. 以及稅務司等, 莫不奉爲著蔡. 今美利堅教師丁韙良, 繙譯此書, 其望我中華之曲體其情, 而俯從其議也. 我中華一視同仁, 邇言必察行見."

38) 『萬國公法』「凡例」, "是書所錄條例, 名爲萬國公法, 盖係諸國通行者, 非一國所得私也. 又以其與各國律例相似, 故亦名爲萬國律例云. (…) 譯者惟精義是求, 未敢傍參已意. 原書所有條例, 無不盡錄, 但引證繁冗之處, 少有删減耳."

39) 동문관에서 간행된 국제법 서적 이외에 중요한 것으로는 강남기기제조국(江南機器制造局)에서 1894년에 간행한 『각국교섭공법론(各國交涉公法論)』을 들 수 있다. 이 책은 영국인 국제법학자 필모어(Robert Phillimore, 羅巴德, 費利摩)의 *Commentaries upon International Law: Private International Law of Comity* (London: W. G. Benning and Co. 1854, 1879)를 존 프라이어(John Fryer, 傳蘭雅) 등이 완역한 것인데, 청말에 번역되어

〈표3-1〉 중국의 동문관에서 한역(漢譯)되어 간행된 국제법 서적목록

저자	번역자	원서명(초판) 및 번역에 이용된 판본	한역 제목	간행년도
Henry Wheaton (惠頓, 1785~1848)	W. A. P. Martin (丁韙良)	*Elements of International Law*(1836)/1855년 제6판	萬國公法	1864
Charles de Martens (馬爾頓, 1790~1863)	聯芳, 慶常	*Le Guide Diplomatique; précis des droits et des fonctions des agents diplomatiques et consulaires*(1832)/1866년 증보판	星軺之掌	1876
Theodor D. Woolsey (吳爾璽, 1801~1899)	W. A. P. Martin	*Introduction to the Study of International Law*(1860)/1874년 제4판	公法便覽	1877
Johann C. Bluntschli (步倫, 1808~1881)	W. A. P. Martin	*Das moderne Völkerrecht der civilisierten Staaten als Rechtsbuch dargestellt* (1868)/프랑스어 판본	公法會通	1880

위의 표를 통해서 확인할 수 있는 것처럼, "『만국공법』은 번역되어 나온 이후 십여년 이상을 중국인에게 국제법 지식의 유일한 공급원"으로서의 역할을 담당했다.[40] 『만국공법』의 간행과 더불어 새로이 등장한 '만국공법'이라는 용어의 일종의 원형적 이미지는 후일 정 관잉(鄭觀應, 1842~1922)의 『이언(易言)』(1880-36편본, 1882-20편본)의 제1편인 「논공법(論公法)」에 집약되어 나타난다 할 수 있다. 정 관잉은 "대제국이 횡포를 부릴 때에 타국이 서로 우호를 다지면서 안정을 찾을 수 있는 것은 만국공법을 믿고 따르기 때문이다. 공법(公法)의 '공(公)'이란 어떤 한 나라가 그것을 사사로이 할 수 없다는 것이며, '법(法)'이란 것은 각국이 함께 그 법을 행

소개된 국제법 서적 중 가장 방대한 내용을 담고 있다. 이에 관해서는 林學忠 「日清戰爭以降中國における國際法受容過程について」, 『東アジア地域研究』 二號(1995年 7月) 53면 참조.

40) 佐藤愼一, 앞의 책 46면.

한다는 것〔其所謂公者 非一國所得而私 法者各國胥其範〕"이라고 지적하면서, 역사적 전환기에 놓여 있는 천하가 지탱하는 근거를 만국공법에서 찾고 있다. 그리고 이어서 다음과 같이 말한다.

> 만국공법을 구성하는 명시적이거나 묵시적인 성법〔性法＝自然法〕이나 예법〔例法＝實定法〕은 이성과 정의를 그 준승〔準繩＝基準〕으로 삼고 있다.

> 감히 공법(公法)을 배반하고, 강하다고 하여 약한 이를 업신여기거나, 무언가를 빙자하여 폭력을 저지르는 자 있거든 각국이 회동하여 응징해야 할 것이다.[41]

(2) 중화질서 중심의 위기의식과 현상유지책으로서 만국공법의 활용

총리아문의 지원으로 동문관에서 서양의 국제법 서적이 간행된 이후, 청은 비로소 '만국공법'이라는 구미의 새로운 문명기준에 접할 수 있게 되었다.[42] 그러나 흥미롭게도 청이 만국공법을 적극적으로 수용했다는 흔적

---

41) 鄭觀應『易言』第1篇「論公法」.

42) 마틴이 번역한 휘턴의 저서는 국제법의 발전과정에서 특별한 역할을 한 것으로 평가된다. 우선 그의 저작은 국제법에 관한 연원을 비롯하여 국제법의 주체, 국가의 다양한 기본권, 평시 및 전시에서의 국가의 권리 등 국제법의 전체상을 최초로 체계적으로 제시했다는 점 자체만으로도 주목할 만한 것이다. 더욱이 휘턴은,『전쟁과 평화의 법 (*De jure belli ac pacis*)』을 발간한 직후 이 책이 로마 교황청에 의해 금서로 낙인찍히게 되면서 국제법학사에서 별 비중을 갖지 못한 그로티우스를 발굴하여 복원함으로써 국제법의 시조로서의 그로티우스 신화를 만드는 데 결정적인 역할을 했다고 평가되기도 한다. 뿐만 아니라 헤겔의 국가에 관한 견해를 승인론에 접목시켜, 절대적 존재인 국가는 다른 기왕의 절대적 존재에 의해 인정을 받아야 비로소 국제사회에 주체로서 참여할 자격이 주어질 수 있다는 이른바 승인의 '창조적 효과설'을 최초로 창안해냈다는 사실 등도 함께 기억해둘 만하다. 한편 휘턴은 '국제법은 문명국인 기독교국가간의 법'이라는 입장을 줄

은 지적인 의미에서든 정치적 의미에서든 찾아보기 어렵다. 이러한 사실은 뒤에서 다루게 되겠지만 일본의 만국공법에 대한 높은 관심과는 매우 대조적이라고 할 수 있다. 그러면 청에서 만국공법에 관한 천착이 본격적으로 이루어지지 못한 이유는 무엇이며 거기에 담긴 문명사적 함의는 무엇일까.

『만국공법』의 간행 이후에도 이에 관한 본격적인 논의가 이루어지지 않은 가장 직접적인 이유는, 앞서 공친왕의 상주문에서 살펴보았듯이, 만국공법 자체가 어디까지나 처음부터 서양제국을 견제하기 위한 도구라는 전략적 차원에서 수용되었기 때문일 것이다. 이것은 역설적이지만 만국공법의 수용이 제한적인 수준에 머무를 수밖에 없었던 구체적인 이유라고 생각된다. 왜냐하면 청의 입장에서 만국공법은 상대방을 배우고 닮아가겠다는 의도에서 기꺼이 수용한 것이 아니라, 기본적으로 적의 논리로 적을 공박하기 위해 잠시 빌린, 어디까지나 타자(他者)의 법규범이자 타자적 가치의 집적물에 불과한 것이었기 때문이다. 즉 이처럼 '지피지기(知彼知己)'의 전략적 차원에서 이이제이(以夷制夷)적 의도를 가지고 간행된 만큼, 역설적으로 외교적 참고문헌이자 실무적 지침서 이상의 의미를 만국공법에서 발견하기는 어려웠던 것이다.

한편 이와 관련해서 덧붙여두고 싶은 것은, 앞서 잠시 언급한 바와 같이 '조약체제'로 대변되는 서구국가들과의 관계도, 중국의 입장에서 볼 때 상황에 따른 임기응변적 적응이라는 성격을 지녔다는 사실이다. 이와 관련

곧 견지하였는데, 중국을 비롯한 일부 비(非)기독교 국가들에 관한 언급들이 휘턴의 저서에 등장하는 것은 3판(1846) 이후부터인 것으로 알려진다. 이러한 점들을 고려한다면, 주권국가의 요건으로서의 '문명', 이를 뒷받침하는 제도로서의 '승인'이라는 국제법의 틀이 휘턴에 이르러서 비로소 갖추어졌다고 할 수 있을 것이다. 이에 관해서는 Arthur Nussbaum, 앞의 책; Gerrit Gong, 앞의 책 27~28면; 松隈淸 『國際法史の群像』(東京: 酒井書店 1992) ; 김용구, 앞의 책 53~61면 등을 참조할 것.

하여 쉬(Hsü)의 논의는 대단히 시사적이다.

역사적으로, 중국인들은 외부로부터 나타나는 문제는 항상 내적 취약성에서 비롯된 것이라고 느껴왔다. 만일 중국이 강하다면 야만인들의 문제는 부상하기 전에 벌써 해결되었을 것이다. 그러므로 마음에 내키지 않는 조약 규정의 부분적인 폐지보다는 자강(自强)이야말로 야만인으로부터 야기된 문제를 해결하는 더욱 중요하고 기본적인 해결책이 아닐 수 없었다. 더구나, 자강을 위해서나 국내의 반란들을 제압하기 위해서 외국의 도움과 협력이 요구되는 당시 상황에서, 외국인들의 여러 권리를 제한하는 운동은 좋은 전략이 되지 못했다. (…) 그러므로 동치기(同治期, 1861~1874) 청의 외교정책은 조약의 준수와 아울러 실책(faux pas)을 피하는 것이었다. 이러한 접근방식은 좋은 결과를 낳기도 하였으나 그것은 근본적으로 더할 나위 없이 방어적인 것이어서, 불평등조약의 폐지와 같은 국민적 운동에 필요한 적극적이고 역동적인 정신을 결여하고 있었다."[43]

조약관계를 둘러싼 이처럼 소극적이고 방어적인 태도는 "조약이 비록 비용이 들기는 하지만 야만인들을 일정한 경계 안에 묶어두기 위하여, 인내심을 가지고 준수해야 할 필요악"[44]이라고 간주한 중국인들의 인식과 맞물려 있다고 할 수 있을 것이다. 따라서 중국이 조약을 현실적으로 이행하려는 의지가 있다고 해서, 그것이 서구 제국과의 조약관계를 지탱하는 내재적 가치 및 원리를 포괄적으로 수용하겠다는 것은 아니었다.

하지만 청이 만국공법에 대해 소극적인 태도를 보인 데는 좀더 본질적인 차원의 문제가 놓여 있었다는 사실을 간과해서는 안된다. 그것은 앞

43) Hsü, 앞의 책 144면.

44) Mary C. Wright, *The Last Stand of Chinese Conservatism: The T'ong-chih Restoration, 1862-1874* (Stanford: Stanford Univ. Press 1957) 232면.

〈표3-2〉 휘턴의 *Elements of International Law*와 번역본 『萬國公法』의 목차 비교

휘턴의 *Elements of International Law*(1855) 목차	마틴 번역본 『萬國公法』(1864) 목차
Part I. Definition, Sources, and Subjects of International Law	第一卷 釋公法之義明其本源題其大旨
Ch.1. Definition and Sources of International Law Ch.2. Nations and Sovereign States	第一章 釋義明源 第二章 論邦國自治自主之權
Part II. Absolute International Rights of States	第二卷 論諸國自然之權
Ch.1. Rights of Self-preservation and Independence Ch.2. Rights of Civil and Criminal Legislation Ch.3. Rights of Equality Ch.4. Rights of Property	第一章 論其自護自主之權 第二章 論制定法律之權 第三章 論諸國平行之權 第四章 論各國掌物之權
Part III. International Rights of States in Their Pacific Relations	第三卷 論諸國平時往來之權
Ch.1. Rights of Legation Ch.2. Rights of Negotiation and Treaties	第一章 論通使 第二章 論商議立約之權
Part IV. International Rights of States in Their Hostile Relations	第四卷 論交戰條規
Ch.1. Commencement of War and its Immediate Effects Ch.2. Rights of War as between Enemies Ch.3. Rights of War as to Neutrals Ch.4. Treaty of Peace	第一章 論戰始 第二章 論敵國交戰之權 第三章 論戰時局外之權 第四章 論和約章程

서 지적한 바와 같이 만국공법 곧 서구의 근대 국제법이 청으로서는 근본적으로 수용하기 어려운 이른바 '국가평등관념'에 근거한 '주권국가'(sovereign state)라는 행위자를 전제로 하여 구축된 국가간 질서체계라는 사실과 관련되어 있다. 이러한 사정은 『만국공법』의 구성과 그 내용을 통해 쉽게 드러날 수 있다. 휘턴의 원저와 『만국공법』의 목차를 비교하여 소개하면 위의 〈표3-2〉와 같다.[45]

45) 휘턴의 저서가 만국공법을 제목으로 하여 번역되었으나, 실제 『만국공법』이라는 책을 펼쳐보면 본문에는 만국공법이라는 용어는 등장하지 않는다. 〈표3-2〉의 목차비교에서도 드러나는 것처럼 international law가 그냥 '공법(公法)'으로 번역된다는 사실은 주목할 필요가 있다. 실제로 마틴의 『만국공법』 1권 전체를 살펴보아도, 만국공법이라는 용

한자문명권에서 오늘날 사용하는 의미의 '주권(主權)'이라는 신생어는 마틴의 『만국공법』을 통해 처음 사용되었다.[46] 이에 관해서는 『만국공법』이 근대적인 서구 국제질서의 행위주체인 주권국가의 권리와 규범 등을 다루는 책이라는 점을 상기해볼 필요가 있을 것이다. 전술한 바와 같이 서구 주권국가로부터의 승인(承認, ratification)을 통해 국제사회의 행위주체인 주권국가로서 인정받지 않으면 비서구국가는 국제사회에서 국가의 권리를 향유할 수 없다. 그런데 대내적 최고성과 배타적 독립성을 기본특징으로 하는 주권이라는 개념을 청이 단지 천하질서 내의 예외적 일부로서

어가 사용되는 것은 책의 제목과 서문, 그리고 범례에서뿐이고, 정작 본문 중에서는 모두 '공법'이라고만 번역되어 있음을 확인할 수 있다. 이런 상황이 발생한 이유는, 마틴이 번역을 하는 과정에서 international law라는 개념에 대해 '일국(一國)'이 아닌 '여러 나라 간(間)'이라는 의미를 담아 '공(公)법'이라고 번역어를 선정하여 일단 작업을 마쳤으나, 마지막에 최종적으로 책 제목을 붙이고 서문을 쓰는 과정에서 international law의 자연법적인 측면을 특별히 강조하기 위해 '공법'이라는 번역어 앞에 '만국'이라는 용어를 새로 넣어 이 책의 권위를 더욱 강조하려 하였기 때문이라고 생각한다. 앞서 〈표3-1〉에서 보듯이 마틴이 번역하여 간행한 만국공법 관련 서적들의 이름이 『공법편람』『공법회통』과 같이 그냥 '공법'으로 된 것도 이러한 연유에서라고 할 수 있다. 이에 관해서는 강상규「동아시아 문명권에서 '주권'과 국제개념의 탄생: 『만국공법』의 판본 비교와 번역」, 한국중국학회 『중국학보』 62집(2012) 참조.

46) 이에 관해서는 Hungdah Chiu, "The Development of Chinese International Law Terms and the Problem of Their Translation into English," Jerome Alan Cohen, ed., *Contemporary Chinese Law: Research Problems and Perspectives* (Cambridge: Harvard Univ. Press 1970) 142면; マジーニ·フェデリコ「宣教師が中國語に與えた影響について」, 狹間直樹 編『西洋近代文明と中華世界』(京都: 京都大學 2000) 등을 참조할 것. 다만 휘턴의 원서와 마틴의 『만국공법』을 대조해보면, sovereingty라는 용어가 『만국공법』에서 주권(主權), 자치자주지권(自治自主之權), 자주지권(自主之權), 관할지권(管轄之權), 국권(國權) 등 문맥에 따라 다양하게 한역(漢譯)된 점에 주목할 필요가 있다. 이러한 사실은 주권이라는 용어가 확고하게 정착되기 전에는 조선을 비롯한 동아시아 문명권에서 여러가지 용어로 불렸을 가능성을 시사해준다는 점에서도 대단히 중요하다. 이에 관해서는 나중에 다시 다룰 것이다.

포용하는 수준이 아니라 있는 그대로를 수용하는 것은, '제국으로서의 중화'라는 정치적 관점에서 보면, 기왕의 중국적 세계질서의 '해체'를 의미하는 사태나 마찬가지라는 점에 청의 근본적인 딜레마가 놓여 있었다. 따라서 청이 이러한 내용을 담고 있는 『만국공법』에 적극적인 관심을 기울이는 것은 중화질서의 포용력의 한계를 넘어서는 것이라는 점에 주목할 필요가 있다.

게다가 만국공법으로 표상되는 서구의 문명기준을 전면적으로 수용하는 것은 기왕의 '화이관념'에 입각해 보면, 지금까지 중화문명권에서 문명의 정수(精髓)를 구현하며 '문명기준'을 제공하던 화(華)의 입장이던 중국이 새로운 문명기준인 유럽 기독교문명에 의해 스스로를 재편해야만 하는 이(夷)의 입장으로 전락하는 것을 의미하는 것이기도 했다. 왜냐하면 화이관념의 이념적 차원에서 보면 "화와 이의 관계란 문명의 완전태와 결여태의 관계와 다르지 않기" 때문이다.[47] 따라서 이민족들에 의해 수차례 정복당하는 와중에서도 수천년간 문명의 중심을 견지해온 '중(中)'국인들로서 이러한 상황은 유례를 찾을 수 없는 '역사적 단절'이자 스스로 정체성의 근간을 흔드는 상황이며 청조의 흥망성쇠를 무력화하는 상상하기조차 어려운 사태라고 느끼지 않을 수 없었다.

이처럼 문명사적 전환기에 청의 위기의식을 구성하는 내용이 문명중심을 자부해온 중국인들의 정체성 의식과 깊숙이 관련되어 있음은 청이 대표적인 불평등조항들은 별다른 저항 없이 수용했으면서도, 기존연구에 의해 분명해진 바와 같이, 다수의 동심원의 형태로 되어 있던 천하질서의 공간적 중심이라고 할 수 있는 베이징에 외국사절이 상주하는 문제와[48] 천

---

47) 佐藤愼一, 앞의 책 53면.

48) 천하질서가 다수의 동심원 형태로 구성되어 있다고 파악한 견해에 관해서는 浜下武志 『近代中國の國際的契機—朝貢貿易システムと近代アジア』(東京: 東京大學 1990); 『朝貢システムと近代アジア』(東京: 岩波書店 1997) 등을 참조할 것.

자의 절대적 권위를 불가피하게 상대화할 고두지례(叩頭之禮)의 폐지에 대해서는 완강하게 거부한 사실들을 통해서도 분명히 확인할 수 있다.[49)]

하지만 아주 예외적인 경우라고 할 수 있지만, 급박하게 변화하는 세계의 대세를 감지하고 있던 몇몇 인물들이 시대의 흐름이라고 할 수 있는 만국공법 질서로의 패러다임 전환이라는 상황에 적극적으로 대처하지 못하고 있는 중국에 대해 비관 섞인 전망을 내놓으면서, 아울러 새로운 문명의 패러다임으로 전환할 것을 주장하는 입장을 취했음은 주목할 만하다. 예컨대 최초의 영국 주재공사가 된 궈 쑹따오(郭嵩燾, 1818~1891)는 "서양이 국가체제를 갖춘 지 이천년이며, 정치와 교화(敎化)가 정비되어, 본말(本末)을 겸비하고 있다"[50)]는 인식을 갖게 되면서, 중국의 정교(政敎)와 풍속이 이적(夷狄)의 그것만 못하다는 결론에 이르게 된다.

> (가) 근년 영국, 프랑스, 미국, 독일 등 모든 대국들이 일어나 서로 강함〔雄〕을 칭하면서도 만국공법을 만들어 신의를 서로 앞세우고 나라 교제의 도리를 심히 중하게 여긴다. 그들은 정을 나누며 예를 극진히 하여 '질(質)'과 '문(文)'을 구비하고 있으니 춘추시대 열국들의 관계에 비해 훨씬 우수하다고 여겨진다. (…) 그리고 서양에서 나라를 세우는 데에는 본말(本末)이 있는데, 실로 그 도를 얻어 부강해지게 되면 천년 동안 나라를 보존하는 것이 가능하리라. 그러나 그 도를 얻지 못하면 그 화가 미쳐 정반대의 상황이 될 것이라.[51)]

---

49) 베이징 상주사절 문제와 고두 문제를 둘러싼 중국 측의 집요한 집착과 이와 관련된 구체적인 갈등 및 정치적 긴장관계에 관해서는 Hsü, 앞의 책 2~7장에 상세하게 다루어져 있다.

50) 郭嵩燾『使西紀程』(光緖2年11月18日), 佐藤愼一, 앞의 책 79면에서 재인용.

51)『使西紀程』光緖2年 12月 初6日, 郭嵩燾『倫敦與巴黎日記』(長沙: 岳麓書社 1984) 91면; 佐藤愼一, 앞의 책 78면, "近年英法俄美德 諸大國角立稱雄, 創爲萬國公法, 以信義相先, 尤重邦交之誼. 致情盡禮, 質有其文, 視春秋列國殆遠勝之. (…) 而西洋立國自有本末, 誠得其道, 則

(나) 삼대(三代) 이전에는 오로지 중국만이 교화(敎化)가 있어서, 〔미개한 나라에 대해서는〕 요복(要服), 황복(荒服)이란 호칭이 있었으니 중국으로부터 먼 곳은 하나같이 이적(夷狄)이라고 불렀다. 한(漢)나라 이후 중국의 교화가 날로 서서히 쇠하여지는 반면 정교(政敎)와 풍속은 유럽 각국이 이내 홀로 뛰어난 경지에 이르게 되었다. 그들이 오늘날 중국 보기를 역시 삼대에 번성할 때 중국이 이적을 보는 것과 같이 한다. 중국 사대부 중에 이러한 이치를 아는 자가 아직 없으니, 아, 슬프도다![52]

또한 앞서 잠시 언급한 바 있는 정 관잉 역시 『이언』의 「논공법」편에서 당대의 상황을 일대 격변기라고 규정하고 "만국공법이란 반드시 자국을 만국 중 하나의 나라라고 간주했을 때만 비로소 작동하는 것이며, 따라서 청도 이제 스스로가 세계의 중심이라는 '중(中)'국 의식을 버리고 만국 중에 일국의 자격으로서, 열강의 사신들과 함께 중국 자신의 율례와 만국공법 간의 같은 점과 다른 점을 서로 의논하여, 같은 것은 서로 지키고 다른 점은 서로 비교하여 타협점을 찾아야 한다"는 주장을 편다.[53]

한편 일찍이 「응조진언소(應詔陳言疏)」라는 장문의 상소문을 통해 "『만국공법』을 각 성(省)에 다량으로 배포할 것"[54]을 주장한 바 있는 쉐 푸청

相補以致富强, 由此而保國天年可也. 不得其道, 其禍亦反是." 궈 쑹따오의 일기가 그의 양해 없이 총리아문에서 간행된 것이 『使西紀程』이다. 궈 쑹따오는 이 글의 간행 이후 반역자라고 규탄되어 불가불 귀국하지 않을 수 없었고 이후 여생을 고향에 칩거하며 지내게 된다. 坂野正高, 앞의 책 291~92면; 김용구, 앞의 책 137~40면.

52) 郭嵩燾 『使西紀程』 光緒4年 2月 初2日, 『倫敦與巴黎日記』(長沙: 岳麓書社 1984) 491면, 김용구(1997) 139면에서 재인용. "三代以前, 獨中國有敎化耳, 故有要服荒服之名, 一皆遠之于中國而名曰夷狄. 自漢以來, 中國敎化日益微滅, 而政敎風俗, 歐洲各國乃獨擅其勝. 其視中國, 亦猶三代盛時之視夷狄也. 中國士大夫知此義者尙無其人, 傷哉."

53) 鄭觀應 『易言』 第1篇 「論公法」.

54) 쉐 푸청은 일찍이 1875년의 「응조진언소」에서 서양인들은 조약에서부터 전쟁 관련

(薛福成, 1838~1894)은 다음과 같이 말한다.

(가) 양인(洋人)들이 중국을 협박한 것은 그 유래한 바가 하루이틀이 아니다. 도광(道光) 연간(1820~1850)에 화전(和戰)을 정하지 못할 때부터 시작하여 전쟁을 거듭할 때마다 계속 패하니 이미 양인들이 업신여겼다. 그에 이어 함풍(咸豊, 1850~1861) 말년에 성에서 내려와 불리한 조약을 정하면서 양인들의 업신여김은 더해졌다. 그후 비록 총리각국사무아문을 설치하였으나 각 부서의 관리들은 서양 사정을 알지 못하여 능히 결정치 못하였다. (…) 그래서 중국은 필요 이상으로 강하여 다투지 않아도 될 것을 다투고, 필요 이상으로 부드러워 양보하지 않아야 할 것을 양보하였다.[55]

(나) 중국이 서양사람과 조약을 처음 맺을 때 만국공법이 무슨 책인지 몰랐다. 이때 서양사람들은 공법을 원용하여 서로 힐책(詰責)하는데, 〔중국의〕 담당자들은 이에 응하여, 우리 중국은 너희들의 공법에 들어가길 원하지 않으며 중국과 서양의 풍속을 어찌 억지로 같게 할 수 있겠는가 하고 말하였다. 너희는 공법을 말하지만 우리는 실로 이를 모르겠다고 하였다. 이때 이후로부터 서양사람들은 곧 말하기를 중국은 공법의 밖에 있기 때문에 공법

업무에 이르기까지 『만국공법』이라는 한권의 책에 의거하므로, 지방에서 일어나는 외국과의 분쟁을 교섭으로 해결하기 위해서는 현지 지방관이 국제법이나 조약에 관한 명확한 지식을 가질 필요가 있으니, 만국공법이나 조약문을 내량으로 인쇄하여 지방행정의 최말단인 주현(州縣)급의 지방관에 배포하라는 주장을 한 바 있다. 『庸庵文編』 卷1 25~26면, "西人風氣, 最重條約, 至於事關軍國, 尤當以萬國公法一書爲憑. (…) 似宜將萬國公法, 通商條約等書, 多爲刊印, 由各省藩司頒發州縣, 將來有布漸廣"; 김용구, 앞의 책 142면. 쉐푸청에 관해서는 佐藤愼一, 앞의 책 209~10면을 참조할 것.

55) 『出使日記續刻』 光緒18년 6월 20일, 『庸庵文別集』(1983) 218~19면; 김용구, 앞의 책 145면, "且洋人之恣挾制於中國也, 其所由來, 非一日也. 始於道光年間之和戰無定, 屢戰屢敗, 旣爲洋人所輕. 繼以咸豊季年爲城下之盟, 定喫虧之條約, 益爲洋人所輕. 厥後雖設總理各國事務衙門, 而堂司各官皆未洞識洋情, 因應不能得訣(=結?), (…) 其剛者爭非所爭, 柔者又讓非所讓."

안에서 응당히 향유할 권리를 〔중국에〕 부여할 필요가 없다고 하였다.[56)]

이와 같이 중국이 기왕의 중국적 세계질서에 집착함으로써 중국 외교가 본말이 전도되어 예양(禮讓)이나 의전(儀典)절차와 같은 '교제'의 예절에 대해서는 강경하고, 막상 국가이익에 관계되는 '교섭'에서는 허약한 상황에 이르렀으며, 결국에는 만국공법에 의해 운영되는 국제사회에서 배제되어 행위주체로서의 권리를 누리지 못하는 운명에 놓이게 되었다고 비판하고 있다.

이처럼 서구 국제사회의 문명기준을 수용하기 어려운 근본적인 한계를 가진 상황에서 청이 만국공법으로 대변되는 근대국제질서에 동참하기는 어려웠고, 결국 청의 만국공법 활용이란 어디까지나 '현상유지책'의 차원에 머무르지 않을 수 없었다. 예컨대 청이 외국에 유학생이나 재외사절을 파견하는 것이 십여년 후에나 이루어지며, 그리고 후일 이들의 역할이 상대적으로 제한된 범위를 벗어나지 못한 것도 이러한 사정에서 연유하였다.

2. 일본의 경우: 서구적 보편의 이중성이 구현된 새로운 문명기준으로서의 만국공법

(1) 일본의 전통적 대외관념과 위기의식

에도시대(1603~1867) 대외관념의 기본적 이미지는 유교의 화이사상에

---

56) 「論中國在公法外之害」, 『庸庵海外文編』 卷3; 김용구, 앞의 책 146면, 佐藤愼一 87면에서 재인용. "中國與西人立約之初, 不知萬國公法爲何書, 有時西人援公法以相詰責. 秉鈞者嘗應之曰, 我中國不願入爾之公法, 中西之俗, 豈能强同. 爾述公法, 我實不知. 自是以後, 西人輒謂中國, 爲公法外之國, 公法內應享之權利, 闕然無與."

근거하고 있었다. 당시 유교가 지배적인 사상체계로서 널리 보급되어 신봉되었다고 말하기 어려움에도 불구하고 '대외관계'라는 측면에서는 유교적인 화이사상의 틀에 입각한 이해가 일반적인 것이었으며, 이러한 화이사상의 영향은 중국 중심의 사고에 가장 비판적이었던 국학자(國學者)들에게서도 나타났다.[57]

그러나 그렇다고 해서 일본열도에서 유교적 화이관념의 구체적 내용이 중국대륙과 동일한 양상으로 전개된 것은 물론 아니었다. 주지하는 바와 같이 중국인의 화이사상은 주변지역을 압도하는 거대한 문명의 구축으로써 형성 발전되었는데, 그 담당세력인 사대부 세력이 갖는 자신감에는 문화적 우월감, 문명의 중심이라는 의식이 깊숙이 자리하고 있었고, 정치이론으로서의 유가(儒家)사상은 일반적으로 덕에 의한 통치 즉 왕도정치와 무력에 의한 통치인 패도정치(覇道政治)를 엄격히 구별하고 있었다. 이 점에서도 드러나듯이, 원래 유가사상에서의 바람직한 통치란 덕화(德化)로 일컬어지는 도덕적 교화(敎化)와 다르지 않았으며, 이러한 원리는 중화 내부뿐 아니라 이적(夷狄)에게도 통용되는 것이었다. 따라서 대외관념이라는 측면에서 나타난 이적에 대한 배외(排外)적 사고는 천하적 포용주의 즉 이른바 사해일가(四海一家)라는 식의 사고와 미묘한 긴장관계를 유지한 채 지속되었다.

반면에 에도시대 일본의 지배층이란 본래 전투를 직업으로 하는 사무라이로 대표되는 무사(武士)계급이었다. 무사계급이 지배하는 일본은 애당초 유교적 문명권의 중심이 되기 어려웠으며, 이러한 의미에서 일본에는 중국식의 화이사상이 있는 그대로 수용되어 성숙되기는 곤란했다. 하지만 고대 이래 중국문명을 섭취해온 역사적 배경으로 인해 중국에 대한 경외

57) 丸山眞男「近代日本思想史における國家理性の問題」(1949),『忠誠と反逆──轉形期日本の精神史的位相』(筑摩書房 1992) 294~95면.

감이 전통적으로 뿌리 깊게 존재하고 있었고, 그런 만큼 '문명으로서의 중화'를 부정하기 어려웠던 데 일본 지식인들의 고민이 있었다. 이러한 딜레마에 대한 반응은 열도 내에서 다양한 형태로 나타나게 되는데, 중국은 문명국, 일본은 소국이라는 인식이 지배적인 정서였다. 하지만 일부 지식인층에서는 문명으로서의 중화와 당시 구체적으로 존재하는 제국으로서의 청국을 구별해서 파악하려는 경향이 강하게 나타나기 시작했으며,[58] 비록 소수이긴 하지만 일본이야말로 '중화'라는 일본 중심적 사고도 나타나게 된다.

문명의 중심으로서 일본을 설정하는 코꾸가꾸(國學)와 미또가꾸(水戶學)는 존황(尊皇) 내지 국체(國體) 관념의 정립으로 나아가는 경향을 지니고 있었다. 이들 양자의 차이가 있다면 코꾸가꾸가 『고사기(古事記)』, 『일본서기(日本書紀)』 등의 고전의 문헌학적 연구에 입각하여, 유교와 불교가 도래하기 이전의 일본 고유의 문화 및 정신세계를 밝힘으로써 일본이 세계의 중심임을 주장하고자 한 반면, 미또가꾸는 기본적으로 유교적 명분론의 관점에 서서 코꾸가꾸론자들의 입장을 수용해 만세일계(萬世一系)의 천황이 존속해왔다고 하면서 이 점을 중심으로 일본 국체의 우수성을 강조했다.[59] 요컨대 여기서 지적하고 싶은 점은, 에도시기의 화이사상이란

58) '문명으로서의 중화'와 '제국으로서의 청국'을 구별하는 사고는 해방론(海防論)의 선구적 저작으로 절대적인 가치를 인정받고 있는 하야시 시헤이(林子平, 1738~1793)의 저작 『해국병담(海國兵談)』(1786)에 잘 드러나 있다. 여기서 하야시는 서양제국의 직접적인 일본 침략 위험성은 낮은 반면, 서양문명의 영향을 받은 청국이 일본에 침략해 들어오는 것을 가장 위험한 것으로 논하고 있다. 이러한 식의 사고는 에도 중기 이래 점차 현실로서의 제국인 중국을 시나(支那)라고 호칭하게 되는 이유가 된다.

59) 丸山真男, 앞의 논문. 이러한 일본중심주의가 문명으로서의 중화에 대한 열등감의 극복이라는 치열한 문제의식에서 비롯되었다는 사실은 이후 일본근대사의 역동성을 이해하는 중요한 실마리가 되기도 하지만 동시에 이러한 작위적 사고에서 드러나는 파행적 성격은 이후 일본근대사의 비극적 전개의 모티브를 이루게 된다는 점에서 주목하지 않으면 안될 것이다. 전후 일본 정치학계에서 최고 권위를 자랑하는 마루야마 마사오(丸山

중국 화이관념의 '실체적' 의미와는 여러가지로 다른 의미를 담고 있었다는 사실이다. 바꿔 말하면 중국의 경우에는 그 역사적 유래에서도 살필 수 있듯이 천자(天子)의 덕이 미치는 중화제국과 그 주변에 위치한 이른바 동이(東夷), 서융(西戎), 남만(南蠻), 북적(北狄)으로 일컬어지는 이적(夷狄)이 구체적인 실체로서 인식된 반면, 일본의 화이관념은 그 '문화적 내용'을 사상한 채 그 '형식'만이 살아남아 하나의 기능적인 개념에 머물러 있었다는 것이다.[60] 이처럼 중국의 화이관념에 비해 일본의 화이관념이란 중화라는 관념 자체의 실체적 내용이 애매하고 가변적이어서 상대적으로 자유롭게 여러가지 내용을 담을 수 있는 것이기도 했지만 그만큼 변질될 소지도 많았다.[61]

유교적 화이사상이 에도시기 대외관의 기본적인 이미지를 규정지었음

真男, 1912~1996)가 『일본정치사상사연구』에서 오규우 소라이(荻生徂徠, 1666~1728)라는 유학자에게서 나타나는 작위적 사고에서 일본의 근대적 맹아를 찾으려 했다는 사실은 마루야마가 살았던 시대, 당시 지식인들의 '근대적'인 것에 대한 지나친 강박관념에서 비롯된 것이라는 것이 필자의 생각이다. 이러한 강박관념은 한국근대사 연구에서도 비슷하게 되풀이되어 영향을 끼쳐왔다.

60) 植手通有「對外觀の轉回」,『近代日本政治思想史』(有斐閣 1971) 39~41면.

61) 일본의 주자학자 하야시 라잔(林羅山, 1583~1657)의 아들인 하야시 슌사이(林春齋, 林鵞峰, 1618~1680)가 1674년에 편찬한 『화이변태(華夷變態)』의 서문에는 이러한 기능적인 화이관념의 의미가 독특하게 드러나고 있다는 점에서 흥미롭다. "숭정제(崇禎帝)는 홍거(薨去)하고, 홍광제(弘光帝)는 달로〔韃虜=女眞〕에 패했다. 당왕(唐王)이나 노왕(魯王)이 불과 남쪽의 한구석을 간신히 지키고 있을 뿐으로, 중원(中原)은 여진(女眞)이 횡행하고 있다. 이것은 화(華)가 이(夷)에 의해 대체되는 사태이다. (…) 얼마 전에 오삼계(吳三桂)와 정경(鄭經)이 각성(各省)에 격문을 보내 명조(明朝)의 회복(恢復)을 위해 서병하였다. 그 승패의 행방은 알 수 없으나, 만약 이(夷)가 화(華)로 대체되는 사태가 일어난다면, 이역(異域)의 일이기는 하지만, 이 또한 통쾌한 일이 아니겠는가〔崇禎登天, 弘光陷虜, 唐魯纔保南隅, 而韃虜橫行中原, 是華變於夷態也 (…) 頃間(=聞)吳鄭檄各省, 有恢復之擧. 其勝敗不可知焉. 若夫有爲夷變於華之態. 則縱異方域, 不亦快乎〕." 林春齋 『華夷變態』(1674) 上/中/下(東京: 東洋文庫 1958); 岸本美緒·宮嶋博史, 앞의 책(1998) 196~97면 등을 참조할 것.

을 보여주는 하나의 전형적인 사례로서 무엇보다 '이적관(夷狄觀)'으로 대표되는 일본의 전통적 서구관념을 들 수 있을 것이다. 왜냐하면 이는 유교적 문화권으로부터 소외된 이질적이고 도덕적으로 열등한 존재로서의 타자관념과 다를 바 없다 할 수 있을 것이기 때문이다. 하지만 동시에 일본이 서구를 전통적으로 멸시하는 눈으로 본 것은 중국에서의 양상과는 달라서 '실체로서의 서양'에 대한 관심을 봉쇄하지는 않았다.[62] 이러한 사실은 일찍이 18세기 초 유학자 아라이 하꾸세끼(新井白石, 1657~1725)가 『서양기문(西洋紀聞)』을 저술할 때 서양의 문화를 내면의 도덕이나 정신의 영역과 분리시켜 외형적인 과학기술 영역을 인정한 데서도 드러난다 하겠고,[63] 그리고 그러한 사고방식이 에도 말기 사꾸마 쇼오잔(佐久間象山, 1811~1864)의 '동양의 도덕, 서양의 예술(=기술)'이라는 전형적 묘사로 이어지기까지 나가사끼(長崎)와 란가꾸(蘭學) 등을 통해 면면히 지속되고 있었다는 사실로도 분명히 확인된다. 이처럼 일본의 서양관에서 볼 수 있는 상대적 유연성은 중국의 천하개념에서 드러나는 자기완결성이 결여되었기 때문에 가능한 것이기도 했다.[64]

또한 에도시기 대외관으로서의 유교적 화이사상은 중국의 경우가 상대

62) 이에 관해서는 荒野泰典 『近世日本と東アジア』(東京: 東京大學 1988)를 참조할 것.

63) 吉野作造 「新井白石とヨワンシローテ」(1922), 『吉野作造全集』 11卷(岩波書店 1995).

64) 이처럼 중심보다도 주변이 변화의 상황 곧 전환기의 상황에서 더욱 유연하고 능동적으로 대처할 수 있는 경우가 역사적으로 반드시 예외적이라고는 할 수 없다. 역사적으로 다소 역설적이라 할 이와 같은 상황은, 예컨대 종속이론(dependence theory)의 관점에서는 결코 수용하기 어려운 문제이겠으나, 거쉔크론이 말하는 이른바 '후발주자의 이익'(advantages of backwardness)이라든가 강대국들의 흥망성쇠를 역사적으로 검토한 폴 케네디의 저작들이 보여주는 것처럼 역사의 가변적이고 역동적인 상황을 이해하는 데 간과해서는 안되는 측면이라고 할 수 있다. Alexander Gerschenkron, *Economic Backwardness in Historical Perspective, A Book of Essays* (Cambridge: Harvard University Press 1962); Paul Kennedy, *The Rise and Fall of the Great Powers* (New York: Random House 1988).

적으로 문화적 경향을 지녔던 것과는 대조적으로 정치적·군사적 경향성이 현저했다.[65] 이것은 당시 일본의 특수한 사정, 요컨대 에도시대의 지배층이 사무라이 집단이었으며, 화이사상을 지탱한 문화적 기반이 상대적으로 결여되었고, 그리고 지역에 기반을 둔 각각의 쿠니〔國〕가 정착되어 독립적인 권력으로 부상할 소지가 상존했다는 사실 등에서 비롯되었다. 서세동점이 진행되면서 외국의 선박이 빈번히 접근해오고 대외문제가 점차 일본인들의 관심을 끌게 되면서 한동안은 '상대하지 않겠다〔置之度外〕'는 태도를 보이기도 하지만, 서양제국에 대한 위기감이 고조되면서 이런 태도는 점차 정치적 색채를 강하게 지닌 배외주의적 경계심으로 바뀌게 된다.[66] 이러한 상황에서 벌어진 아편전쟁은 일본이 기존에 서양에 대하여 가지고 있던 침략적이고 잔인한 이미지를 실질적으로 확인해주는 계기가 되었고, 양이(攘夷)로 대표되는 배외주의적 기운은 일본열도 구석구석까지 침투해 들어갔다.

이처럼 배외의 기운이 확산되는 가운데 주목되는 현상은 화이라는 명분보다 이기느냐 지느냐, 죽느냐 사느냐라는 긴박한 위기의식이 대두되었다는 사실일 것이다. 이러한 위기의식은 앞서 언급한 '일본식 화이사상의 정치적·군사적 경향성', '무사사회 특유의 긴장감'과 깊이 맞닿아 있는 것으로, 서양제국의 군사적 우월성을 인식하고 그 저변에 놓인 서양의 과학기

65) 植手通有, 앞의 논문 41~43면.

66) 막부가 일본 연안에 접근하는 모든 외국 배들을 쳐부수라는 명령〔異國船無二念打拂令, 1825년〕을 내릴 무렵의 분위기를 상징적으로 대변해주는 것이 후기 미또가꾸〔水戶學〕의 아이자와 세이시사이(會澤正志齋, 1782~1863)의 『신론(新論)』이다. 존황양이론을 고도로 체계화하여 이후 에도 말기 사상계에 대단히 광범위한 영향을 미친 『신론(新論)』은 태양이 떠오르는 나라, 신이 지배하는 땅이라는 의미의 신주(神州)라는 용어와 함께 '중국' 혹은 '중화'라는 단어를 일본열도를 지칭하는 의미로 사용하면서, 서양국가들의 해외활동을 문명이 미치지 않는 서역의 야만적 행위라고 규정하고 있다. 會澤正志齋「新論」, 『日本の思想 20: 幕末思想集』(筑摩書房 1973).

술을 섭취해서 국력을 충실히 하는 것이 핵심적인 문제라는 전략적 인식이 확산되는 배경이 되었다. 양이의 한편에서 움튼 이러한 현실적 사고는, 앞서 언급했듯이 서양의 문화를 내면의 도덕이나 정신의 영역과 분리시켜 외형적인 과학기술 영역을 인정하는 태도와 아울러 구체적으로는 나가사끼와 란가꾸의 전통의 연장선에서 해석할 수 있을 것이다. 서양문명을 자연과학적 합리주의에 초점을 맞춰 이해하려는 이러한 자세가 문명의 이질성을 제쳐두고 비교 가능한 것, 수용 가능한 것을 찾아내어 동질감을 형성하는 주요한 계기가 되었음은 물론이다. 양이의 기운이 일본열도에 달아오르고 있을 때 이처럼 막부의 지도부에서는 이미 양이론의 비현실성이 진지하게 인식되고 있었다.[67)]

(2) 개국과 만국공법의 수용

막부가 흑선(黑船)으로 상징되는 '외압'에 굴복하는 형태로 개국을 단행(1854)한 후 일본열도 내에 대외적인 위기감이 한층 고조되면서 국내정국의 회오리는 한치 앞을 내다보기 어렵게 진행되어갔다. 막부말〔幕末〕의 격변하는 정치정세와 복잡하게 얽히고설킨 양이와 개국, 그리고 갖은 우여곡절 끝에 막부가 무너져내리는 드라마틱한 과정은 지금까지 근대일본의 신화로 끊임없이 회자되고 있다. 바로 그 어지러운 현장 한복판에 서양국가와의 '조약체결'이라는 문제가 놓여 있었다. 이러한 사실은 '외압과 열도 내부의 위기감의 접점'이 바로 이적(夷狄)과의 조약이었다는 점을 감안

67) 적어도 막부 지도부 한편에서는 양이론(攘夷論)이 혼네〔本音〕 즉 본심이 아니라 정치적 슬로건 혹은 하나의 정치적 방침, 이른바 타떼마에〔建前〕의 차원에서 거론되었다는 것이 페리의 내항 이후의 교섭 진행과정에서 그대로 드러난다. 당시의 이러한 상황을 이해하는 데 도움이 되는 논문으로는 佐藤誠三郎 「川路聖謨」, 『「死の跳躍」を超えて』(東京: 都市出版 1992)를 들 수 있다.

할 때에야 제대로 이해할 수 있을 것이다.

페리(Matthew Perry, 1794~1858)의 내항 이후 막부는 심각한 고민 끝에 미국과 화친조약(1854)을 맺게 된다.[68] 이후 같은 해 영국 및 러시아와의 조약이 맺어졌고, 4년 후 미국을 비롯한 5개국과의 '수호통상조약(修好通商條約)'이 막부의 주도하에 조인되었다. 이러한 과정에서 '국가적 자각'과 강력한 지도력을 갖는 쇼오군(將軍, 막부의 최고지도자)의 출현을 요구하는 소리가 높아갔으나, 현실은 병약한 쇼오군의 후계자 문제를 둘러싸고 오히려 첨예한 의견대립으로 치닫고 있었다. 서양국가들과의 조약 자체를 반대하는 배외적 기운이 고조된 상황에서 조약체결과 관련된 불만은 막부를 향할 수밖에 없었고 이러한 와중에서 지금까지는 감히 정치적 견해를 표명하는 것조차 어려웠던 천황이 정치권력의 전면에 부상하였다. 이처럼 천황이 부상해가는 과정은 후기 미또가꾸나 코꾸가꾸 계통에서 줄곧 제시해온 존황양이(尊皇攘夷)론이 당시 일본이 겪는 위기에 대한 해법으로서 당대의 지사들의 마음을 사로잡는 과정이기도 했다.

서구의 근대국제법이 일본에 알려지기 시작한 것은 이러한 상황에서였다. 일본이 서구의 근대국제법을 처음 접한 것은 조약교섭 당사자들의 교섭과정에서 비롯된 것으로 알려졌다. 일본에 영사(領事)로 처음 부임한 미

68) 이러한 조약체결은 그때까지 지속되어온 막부의 대외관계가 다른 방식으로 진행된다는 것을 의미하였다. 당시의 막부의 외압에의 대응논리에 대해 타나까 아끼라(田中彰)는 다음과 같이 지적한다. 첫째, 조상들의 방식(祖法)을 지키는 것이 기본적인 방침이었다는 것이다. 이것은 막번체제가 조상들의 방식을 근간으로 250여년 지속되어왔다는 사실에서 비롯되었다. 둘째, 현실의 외압은 조상들의 방식의 차원을 넘어서는 국가의 존망이 걸린 문제라는 것이다. 이 논리는 막말기의 막부의 가장 기본이 되는 논리였다. 그렇기 때문에 막부는 유례없이 조정(朝廷)과 그리고 다이묘오(大名) 이하의 무사들에게도 의견을 구하였다. 일본열도에 '일체감'이 형성되는 것은 이러한 맥락에서 가능했다는 것이다. 셋째, 시세의 변화에 주목한다는 상황주의적 태도이다. 이는 세계적 상황의 변화에 따라 당연히 규칙도 변하고 법도 변한다는 것이다. 田中彰, 앞의 논문 440~41면; 遠山茂樹「幕末外交と祖法觀念」,『遠山茂樹著作集 2: 維新變革の諸相』(岩波書店 1992).

국의 해리스(Townsend Harris, 1804~1878)가 국서를 봉정하러 에도〔江戶, 현재의 토오꾜오〕에 왔을 당시(1857), 국가간의 관계를 규율하는 법이란 어떤 것이며 외교사절을 외국에 주재시키는 목적과 외교사절의 특권은 무엇인가 등의 질문을 던지는 것이 국제법에 관한 지식이라고는 전혀 없던 당시 막부 측의 수준이었다.[69] 막부는 당시 서양국가와의 교제에 필요한 지식이나 구미의 선진제국의 문물을 빨리 배울 필요성을 통감하였다.[70] 막부가 서구에 파견한 사절단〔遣外使節團〕은 이러한 막부의 의지에서 비롯된 것으로 그 이문화(異文化) 경험이 향후 일본의 행로에 가지게 되는 의미는 실로 심대한 것이었다. 그 규모와 목적 그리고 방문국가를 개략적으로 소개하면 〈표3-3〉과 같다.

69) 尾佐竹猛 『近世日本の國際觀念の發達』(共立社 1932), 26~27면. 이에 대해서는 해리스의 일기 『日本滯在記』(岩波文庫 1953~54) 1857년 12월 21일자에서 확인할 수 있다. 통상조약을 체결하기를 원하던 해리스는 이후 막부 측에 이를 설명한 '각서'까지 제출하였다고 알려졌다. 이에 관해서는 香西茂 「幕末開國期における國際法の導入」, 『法學論叢』 97卷 5號(1975); 田中彰 「黑船から岩倉使節團へ」, 『日本近代思想大系1卷: 開國』(東京: 岩波書店 1990), 429~30면. 이때 일본 측 대표는 카와지 토시아끼라(川路聖模, 1801~1868)라는 인물이었는데, 그에 대해 자세히 언급하고 있는 논문이 앞서 소개한 佐藤誠三郞 「川路聖謨」, 『「死の跳躍」を超えて』(東京: 都市出版 1992)이며, 해리스의 일기와 비교해서 읽으면 당시의 정황을 이해하는 데 유익하다.

70) 마쯔자와 히로아끼(松澤弘陽)는 이러한 사절단들이 이문화의 세계를 접함으로써 보편적 인간을 의식하게 되었고, 막번체제의 이적관, 전통적 세계관을 바꾸지 않을 수 없게 되었으며, 막번체제의 질서와 이데올로기에 대한 회의와 함께, 만국공법의 세계가 일본의 국제무대 등장의 규범으로서 인식되게 되었다고 지적한 바 있다. 1860년 그리고 1862년의 사절단에 참여한 후꾸자와 유끼찌(福澤諭吉)는 그 전형적인 예라 할 것이다. 松澤弘陽 『日本思想大系 66: 西洋見聞集』 解說(岩波書店 1974) 참조. 막부가 파견한 사절단에 대해서는 松澤弘陽 『近代日本の形成と西洋經驗』(岩波書店 1993); W. G. Beasley, *Japan Encounters the Barbarian: Japanese Travellers in America and Europe* (Yale Univ. Press 1995); 田中彰, 앞의 논문 등에 상세히 나와 있다.

〈표3-3〉 토꾸가와 막부가 서양에 파견한 사절단 일람

시기	사절단의 명칭	규모	사절단의 목적	방문국가
1860년	遣美使節團	77명	미일 수호통상조약의 비준서 교환, 칸린마루(咸臨丸)에 의한 항해술 훈련	미국, 하와이
1862년	遣歐使節團	36명	江戶/大阪/兵庫/新潟의 開市 및 開港 연기, 런던각서 조인, 樺太(사할린)의 러일경계선 문제 등	佛/英/蘭/普/露/葡
1864년	遣佛使節團	33명	橫浜鎖港담판, 빠리 約定調印	프랑스
1865년	遣佛使節團	10명	제철소 건설을 위한 준비	프랑스
1867년	遣露使節團	16명	樺太의 러일국경문제	러시아
1867년	遣佛使節團	30명	빠리박람회 참가, 조약체결국 방문	佛/스위스/蘭/벨기에/伊/英

서구사회에서 통용되는 '국가간의 관계를 규율하는 법'에 대한 막부의 관심이 얼마나 진지한 것이었는가는 이후 유학생의 파견이나 이에 관련된 문헌의 도입과 번역 등의 방식에서 확연히 드러난다. 막부는 1862년에 네덜란드에 군함을 주문하게 되는데, 이를 계기로 최초의 유학생을 유럽에 파견한다. 특히 니시 아마네(西周, 1829~1897)와 츠다 마미찌(津田眞道, 1829~1903), 에노모또 타께아끼(榎本武揚, 1836~1908) 등은 국가의 정사를 담당하는 데에 필요한 학문을 배우도록 지시받아 네덜란드 레이던(Leiden)대학의 비세링(Simon Vissering, 1818~1888)으로부터 국제법을 포함한 사회과학 일반에 관해 배우게 된다. 이들은 귀국 후 주목할 만한 역할을 하게 된다.[71]

71) 니시 아마네와 츠다 마미찌는 귀국한 후 막부 개성소의 교수가 되어 각각 만국공법과 국법학을 강의했다. 니시 아마네는 이후 1868년 비세링 교수의 국제법 강의노트를 일본어로 번역해 『和蘭畢洒林氏 萬國公法』으로 출간하였으며, 철학(哲學), 심리학(心理學)과 같은 번역어를 처음 고안하기도 한다. 츠다 마미찌는 1871년 청일간에 수호조약을 맺을 당시 직접 참여하였고 이후 민법(民法)이라는 용어를 처음 사용하였다. 에노모또 타께

앞서 살펴본 바와 같이, 청국의 동문관에서 마틴에 의해 휘턴의 국제법 저서가 『만국공법』이라는 제목으로 번역되어 300부가 나온 것이 1864년의 일이다. 그런데 이것이 수입되어 막부의 개성소(開成所)에서 『만국공법』(和裝6冊)이라는 번각본(飜刻本)으로 출간되어 나온 것은 그 이듬해였다. 이 한역서(漢譯書)가 다루는 내용은 너무도 생소하여 난해하기 이를 데 없었다.[72] 하지만 이후 이 책에 주석을 붙이거나 이를 다시 일본어 특히 일상의 구어체로 번역한 것, 혹은 직접 휘턴의 저작을 번역한 작품이 속속 출간된 사실은 『만국공법』이 당대에 얼마나 주목을 받고 있었는지를 방증한다.

(가) 지금까지 나라 문을 닫고 살아오던 우리 국민은 처음으로 각국의 교통에도 조규(條規)가 있다는 것을 알아 식자(識者)들은 다투어 이 책을 읽는 모습이었다.[73]

(나) 막말(幕末)의 2대 베스트셀러는 뭐니 뭐니 해도 후꾸자와 유끼찌의 『서양사정(西洋事情)』과 휘턴의 『만국공법』입니다.[74]

아끼는 막부의 편에서 메이지유신을 맞이하여 무진전쟁(戊辰戰爭)을 치르는 도중 처음 교전단체로서의 승인과 아울러 열강에 국외중립을 요청하기도 했으며, 이후 메이지정부에서 외교관으로서 조약 개정운동에 힘썼다. 一又正雄『日本の國際法學を築いた人々』(日本國際問題研究所 1973) 참조.

72) 『만국공법』이 당시 얼마나 이해하기 어려웠는가에 대해서는 김용구, 앞의 책; 丸山眞男『翻譯と日本の思想』(東京: 岩波書店 1998)을 참조할 것.

73) 尾佐竹猛『近世日本の國際觀念の發達』(共立社 1932) 34면.

74) 丸山眞男·加藤周一『翻譯と日本の近代』(岩波 1998) 119면. 이러한 사정을 잘 보여주는 것이 로야마 마사미찌(蠟山政道)의 『日本における近代政治學の發達』(1949)에 수록된 부록 「日本近代政治學著作年表略」일 것이다. 한편 마루야마의 근대일본사 연구에서 만국공법에 관한 관심은 특별한 것일 수밖에 없었다. 왜냐하면 그의 연구테마의 한 축이 바로 '문화접촉에 의한 사상변용'이라는 문제라고 생각되기 때문이다. 그의 이러한 관심을 특히 명료하게 보여주는 것이 위의 책과 그가 편집에 참여한 『開國=日本近代思想大系1卷』, 그리고 『忠誠と反逆』(1992)에 수록된 「開國」과 「近代日本思想史における國家

휘턴의 저작 *Elements of International Law*는 다음의 〈표3-4〉에서 보는 바와 같이 다양하게 일본에 번역·소개되었다.

〈표3-4〉 메이지유신 전후 일본에 소개된 휘턴의 국제법 저서에 관한 번역서 일람

간행년도	번역서명	번역자	특기사항
1865년	『萬國公法』	마틴	和裝6冊
1868년	『萬國公法釋義』	堤穀士志	4冊, 마틴의 한역(漢譯)을 일역(日譯), 원문의 제2권 제2장 제3절까지
	『交道起源 一名 萬國公法全書一號』	瓜生三寅	和裝3冊, 휘턴의 영문 원저를 직접 번역, 제1권 제1장 제12절까지
1870년	『和譯萬國公法』	重野安繹	和裝3冊, 마틴의 한역 원문과 일역을 함께 수록, 제1권 제2장까지
1875년	『萬國公法』(始戰論)	大築拙藏	和裝2冊, 사법성(司法省)의 지시에 의한 것, 휘턴의 영문 원저를 직접 번역한 것으로 제4권 제1장의 전쟁 개시 부분을 번역한 것, 이 무렵 대만 출병이 이루어짐에 따라 출판된 것
1876년	『萬國公法蠡管』	高谷龍洲	和裝8冊, 마틴의 한역을 싣고 필요에 따라 한문에 주석을 붙인 것
1882년	『惠頓氏萬國公法』	大築拙藏	洋裝1冊, 사법성의 지시에 의해 휘턴의 영문 원저를 직접 완역한 것

만국공법류의 서적은 휘턴의 저작 이외에도 다수가 번역 소개되었다.[75)]

理性の問題」라는 논문이다.

75) 1869년에는 福地源一郎 譯 『外國交際公法』(和裝2冊, 마르텐스Charles de Martens의 저서 *Le Guide Diplomatique; précis des droits et des fontcions des agents diplomatiques et consulaires*, 제1편에서 제8편까지의 번역), 1873년에는 箕作麟祥(미즈꾸리 린쇼오) 譯 『國際法 一名 萬國公法』(和裝6冊, 울지Theodore D. Woolsey의 저서 *Introduction to the Study of International Law*를 번역한 것으로 국제법이라는 용어를 최초로 사용), 1876년에는 蕃地事務局 譯, 大音龍太郎 校正 『堅士氏萬國公法』(洋裝1冊, 미국의 켄트James Kent의 저서 *Commentaries on International Law*를 완역한 것으로 대만정벌 후에 청국과의 관계조정을 위해 국제법의 지식이 요청되어 번역한 것), 1877년에는 荒川邦藏 · 木下周一 譯 『海氏 萬國公法』(洋裝1冊, 독일의 국제법학자 헤프터August Wilhelm Heffter의 저

여기서 특히 눈에 띄는 것은 신속함인데, 청국에서 만국공법 관련 서적이 번역되어 나오기가 무섭게 일본에 소개되었음은 물론이고, 오히려 점차 청국보다 빨리 번역되어 소개되기에 이르렀다.[76)] 이처럼 만국공법에 관한 관심이 제고된 것은 기본적으로는 서구의 국제관계를 규율하는 규칙이나 법규 등에 막부가 상대적으로 일찍이 깊은 관심을 갖고 있었고, 외국과의 교제를 담당하는 실무자의 차원에서 교본을 찾지 않으면 안될 현실적 이유가 강했기 때문이다. 하지만 이 어려운 서적이 일반 지식인이나 사무라이들에게 그토록 반향을 일으킨 좀더 근본적인 이유는 앞서 잠시 언급한 대로 '외압'과 열도 내부의 위기감의 접점에 만국공법이 위치하고 있었기 때문일 것이다. 중화제국을 유린할 힘을 가진 서구국가들간에 통용되는 국가간 관계란 대체 어떤 것이며 기존의 중국적 천하질서와는 어떻게 다른가란 문제는 중화질서의 주변에서 화이사상을 섭취하고 있던 일본, 더 정확하게는 막부를 비롯한 지배세력과 지사(志士)라 불리는 하급 사무라이들, 그리고 지식인들의 최대 관심이 아닐 수 없었다.

그러면 막말기(幕末期)에 만국공법은 일본열도에 어떻게 이해되고 있었던 것일까. 이를 논하는 것은 뒤에서 다루게 될 메이지 시기의 만국공법 인식의 문제보다 더욱 어렵다. 왜냐하면 동일한 개인에게서도 상황에 따라 '정치적 인식'과 '정책', '정치적 표현'이 얼마든지 다르게 나타날 수 있다

서 *Das Europäische Völkerrecht der Gegenwart*의 불역판을 번역한 것), 1878년에는 마틴 譯『訓点 公法便覽』(洋裝1冊, 울지의 저서에 대한 마틴의 한역에 훈점(訓點)을 붙여 출판한 것), 1881년에는 마틴 譯『公法會通』(和裝5冊, 마틴이 블룬츨리J. C. Bluntschli의 저서 *Das Moderne Völkerrecht der Civilisierten Staaten als Rechtsbuch Dargestellt*를 한역한 것에 훈점을 붙여 출판한 것) 등이 그것이다.

76) 마틴의 3대 번역이라 할 수 있는『만국공법』(1864),『공법편람』(1877),『공법회통』(1880)은 번역되어 나오자 곧 일본에 소개되었다. 그리고 울지의 저서는『공법편람』으로 한역되기(1877) 수년 전에 이미 번역(1873)되었고, 마르텐스의 저서 역시『성초지장(星軺指掌)』으로 한역되기(1876) 훨씬 이전에 번역·소개(1869)되었다.

는 점 등을 고려할 때,[77] 막말의 정치적 혼돈, 다양한 정치세력들—막부 권력, 사쯔마(薩摩) 쵸오슈우(長州)로 대표되는 강력한 번〔雄藩〕, 천황이 있던 조정(朝廷)—과 애국적 열정에 불타는 하급무사들의 할거, 이들 각자의 정치적 입장이 고정된 것이 아니라 계속 변화하는 상황에서 이를 섬세하게 포착해내기는 난제가 아닐 수 없기 때문이다. 하지만 그럼에도 불구하고 분명한 것은 서양을 견문하고 돌아온 인물들이 만국공법의 세계를 일본의 국제무대 등장의 규범으로서 대체로 긍정적으로 인식하고 있었다면,[78] 당시 중국을 보고 돌아온 인물들은 반식민지화의 위험성이라는 불안에 사로잡혀 부정적으로 서구를 이해하고 있었다는 점이다.[79]

뿐만 아니라 더욱 흥미로운 사실은 막부말기 만국공법이 국제관계를 규율하는 규범의 차원을 넘어서 국내를 비롯하여 만국에 통용되는 보편적인 질서이자 원리로서 이해되는 경향을 보였다는 것이다.[80] 이것은 마틴의 한역본인 『만국공법』에 나타나는 다분히 자연법적인 경향과 긴밀한 관계가 있다. 하지만 일본판 『만국공법』들이 마틴의 번역 이상으로 자연법적 사

---

77) 대외관 분석의 시점으로 '대외인식'과 '정책', '정치적 표현'을 구분할 것을 제시한 관련연구로서는 入江昭 『日本の外交』(中央公論社 1966); 坂野潤治 『明治·思想の実像』(創文社 1977) 등이 참고가 된다.

78) 가령 후꾸자와 유끼찌는 자신의 최초의 저작인 『唐人往來』(1865)에서는 "유일의 도리를 지켜서 행동하면, 적이 대국이라도 무서울 것이 없고 병력이 약하더라도 타인의 모멸을 받지 않으리"(慶應義塾 編 『福澤諭吉全集』 1卷(岩波書店) 21면)라고 했고, 그리고 1866년 11월 7일자 서신에서는 "오늘날 한 나라의 문명개화를 방해하는 자는 세계의 죄인이어서, 만국공법이 용서하지 않을 것"(『福澤諭吉全集』 17卷 31면)이라고 했다.

79) 양이론의 급선봉이었던 타까스기 신사꾸(高杉晋作, 1839~1867)가 그 대표적인 예라 하겠다. 松本弘陽 『日本思想大系 66: 西洋見聞集』 解說(岩波書店 1974). 이외에도 오꾸마 시게노부(大隈重信, 1838~1922), 요꼬이 쇼오난(横井小楠, 1809~1869), 사까모또 료오마(坂本竜馬, 1836~1867) 등의 만국공법 인식에 관해서는 尾佐竹猛 『近世日本の国際観念の発達』(共立社 1932) 35~37면 참조.

80) 渡辺浩 「조선국, 일본국 관계와 '도리': 17-19세기」, 『21세기 한일관계』(서울: 법문사 1997).

상을 강조하고 있었다는 분석에서도 알 수 있는 바와 같이,[81] 마틴의 번역에 대한 평가와는 상관없이 『만국공법』에는 유교문명권에 친화적인 요소가 많이 담겨 있었고 이러한 요소가 처음 만국공법이 이해되는 과정에서 전통적인 도리(道理)와 같은 보편원리로서 인식되는 주요한 요인이 되었다는 사실은 주목되지 않으면 안될 것이다.[82]

그렇다면 일본이 신국(神國)이며, 사해만국(四海萬國)은 모두 종국에는 일본의 지배에 귀속되리라고 보았던 국학자들은 당시 유행한 『만국공법』을 어떻게 보았을까.[83] 만국에는 이를 통솔하는 군주가 없다 하고, 이들 국

81) 住吉良人「明治初期における國際法の導入」, 『國際法外交雜誌』 76권(1978).

82) 휘턴의 책 1권 1장 1절에는 공법이 정의의 원칙(the principles of Justice)에 그 연원(source)을 두고 있다고 밝히고 있다. 휘턴의 국제법 서적이 국제법사(國際法史)에서 자연법주의에서 실정법주의로 전환하는 과도기에 위치하여 절충적인 성격이 강했다는 것은 여러 연구에서 이미 지적되었다. 더구나 그것이 선교사 마틴에 의해 번역되는 과정에서 자연법적 혹은 성법(性法)적 성격이 강조됨으로써 서구 근대 국제법에 관한 이미지가 동아시아 문명권에서 왜곡되어 인식될 소지가 한층 커졌다는 지적도 제기된 바 있다(尾佐作猛, 김용구 등). 이에 대해 기독교 문명권과 유교권역의 차이를 감안하면 당시 상황에서 시대와 장소에 합치하는 번역이었다는 반론도 꾸준히 제기되고 있다. 여기에서는 실정법 특유의 선점 원리, 무차별전쟁 원칙, 영사재판제도를 정확히 이해·번역하고 있다는 점이 근거로 제시된다(住吉良人, 田岡良一 등). 마루야마 마사오의 경우는 처음에는 마틴 번역의 정확성에 대한 문제를 비판적으로 지적하는 입장이었으나 점차 문명사적인 문맥에서 상당히 호의적인 입장으로 변화하고 있는 것으로 생각된다. 丸山眞男「近代日本思想史における國家理性の問題」, 『展望』 1949年 1月; 丸山眞男「黎明期の日本外交: 明治外交史上の政治家群像」, 『世界』 1960年 1月; 丸山眞男·加藤周一『翻譯と日本の近代』(岩波新書 1998). 마틴의 번역을 둘러싼 논쟁은 서로 다른 사유체계를 가진 이질적인 문명들의 접촉에서 '번역'이 갖는 문명사적 함의를 함축적으로 보여주는 전형적인 경우라고 할 수 있을 것이다. 이러한 의미에서 마틴의 번역은 본서의 제1장 주) 13에서 지적한 이른바 '격의불교(格義佛敎)'의 경우와 여러가지 점에서 비교할 수 있다고 생각한다.

83) 막부 말기 이후 국학자(國學者) 및 신도가(神道家)들이 대거 정계에 등장하게 된다. 이에 대해서는 安丸良夫『近代天皇像の形成』(岩波書店 1992) 167~86면 참조. 한편 이와 관련하여 국체론(國體論)이 근대 일본에서 갖는 의미에 대해서는 강상규 『19세기 동아시아의 패러다임 변환과 제국 일본』(서울: 논형 2007) 3장 「제국 일본의 자기정체성 모색

가간의 관계는 평등하다고 일컫는 만국공법이 국학자들의 입장과 근본적으로 충돌하는 것이라는 점은 두말할 나위가 없다. 그런데 흥미로운 것은 앞서 언급한 '보편원리 혹은 도리로서의 만국공법'이라는 인식이 이들 국학자들에게도 수용되고 있음이 확인된다는 것이다. 막말기 영향력 있던 국학자 오오꾸니 타까마사(大國隆正, 1792~1871)의 『신진공법론(新眞公法論)』(1867)은 당시 국학자들의 공법관은 물론 일본의 만국공법에 관한 이해를 전체적으로 가늠하게 해준다는 점에서 특히 주목된다. 그 요지를 간단히 소개하면, 유교와 불교 등은 낡은 공법〔舊公法〕이라 할 수 있으며, 호가(虎哥, 휴고 그로티우스)의 만국공법은 새로운 공법〔新公法〕이라 할 수 있다. 하지만 진정한 공법〔眞公法〕은 일본 천황이 지구상의 만국을 관할하는 것이다. 서양의 공법학은 진정한 공법은 아니지만 일본으로부터 진정한 공법이 나오기까지는 만국에서 통용될 만하다는 것이다.[84] 이처럼 막부시대 말기에 만국공법은 유교와 불교를 대체하는 보편원리 즉 보편성을 체현한 새로운 문명원리로 이해되고 있었다.

마틴이 후일 회고록에서 밝힌 "서양제국의 정치행동은 '도리'에 의해 좌우되는 것으로, 무력이 유일의 법이 아니라는 것을 이 번역을 통해 중국인이 이해하길 바란다"[85]는 그의 번역의 취지는 이와 같이 중국이 아닌 일본열도 내에서 이해되고 수용되었다고 할 수 있을 것이다.[86] 교육시찰차

과 국체론의 전개」를 참조할 것.

84) 오오꾸니 타까마사의 『新眞公法論』. 이러한 인식은 다른 국학자 하따 토모노리(八田知紀)의 『대공법논략(大公法論略)』이나 『대이론략(大理論略)』에서도 거의 같은 맥락으로 나타난다. 그는 이치〔理〕에는 큰 이치〔大理〕와 작은 이치〔小理〕가 있는데, 황도(皇道)가 전자라면 만국공법에서 논히는 천법(天法), 왕법(王法), 성법(性法), 이법(理法) 등은 후자에 해당한다고 주장한다. 국학자들의 만국공법 인식에 관해서는 吉野作造 「我國近代史における政治意識の發生」(1927), 『吉野作造選集』 11卷(岩波書店 1995) 270~79면 참조.

85) W. P. Martin, *A Cycle of Cathay* (New York: Fleming H. Revell 1900).

86) 동아시아에서 근대문화의 형성은 외래와 고유라는 신구(新舊) 관념이 서로 친화적이거나 부딪치고 대립하는 가운데 진행되었다. 이는 서양 선진제국에 의해 근대국제질서

1880년에 일본을 방문한 마틴은 중국과 일본의 상황에 관해 다음과 같이 비교, 언급하고 있다.

나는 일본인이 극히 잘 변한다든지, 새로운 것을 좋아하고 낡은 것을 싫어한다는 말을 자주 들었다. 하지만 만세일계(萬世一系)의 천황제가 아직도 존속하고 있다. 이것은 항심(恒心)이 없다면 도저히 불가능한 것으로 생각된다. 막말(幕末)의 일본에서는 보수적 세력이 아직 강했는데, 개국 후 곧장 그러한 정황이 일변했다. 국정으로부터 풍속에 이르기까지 변화가 극히 빨랐다. 이것은 변덕스럽기 때문에 그런 것이 아니라, 그렇게 하지 않으면 일본이 부강해질 수 없기 때문이다. 중국인은 서양국가들을 보고 익히고 있지만 서양국가들의 정치제도를 채택하여 자국의 체제를 바꾸는 것을 전혀 생각하고 있지 않다. 중국의 개항은 일본보다 십년 정도 빨랐음에도 불구하고, 서양문화의 흡수가 일본보다 훨씬 떨어져 있다. 이제 일본의 전국 각지에 전선, 기선, 우편 등의 연락이 이루어지고, 농촌 도시를 불문하고 각종 학교가 설치되어, 이과(理科)와 기예(技藝) 등의 교육이 중시되고 있다. 그 발전 속도는 1858년에 내가 일본을 방문했던 시기와 실로 비교할 바가 아니다.[87)]

로 편입된 모든 국가, 특히 유구한 역사와 전통문화를 간직한 비서구국가들에게 어떤 식으로든 공통적으로 나타날 수밖에 없는 현상이었다. 동아시아의 근대에 대한 비교연구의 필요성은 여기서 비롯된다. 비교사의 시각이란 주관적 혹은 자의적으로 빠지기 쉬운 역사해석에 상대적 관점이라는 차원의 시선을 도입함으로써 객관적 긴장감을 부여할 수 있는 매력을 지니고 있기 때문이다. 다만 이러한 개연성이란 실제로는 사실(史實)에 대한 천착이 상당정도 축적되어 있음을 전제로 한다. 따라서 각각의 역사와 문화를 깊이 천착하지 않은 채 이들 국가의 근대를 이해하거나 비교하는 것은 피상적인 관찰에 머무르는 것이 되지 않을 수 없다. 그렇지 않은 비교란 자칫 그 논의를 자족적이고 피상적인 수준으로 표준화시켜, 오히려 당대 공간의 진면목, 생생한 삶의 고투와 긴장감을 이해하는 데 장애가 되기도 한다. 여기에 비교연구의 어려움이 있다.

87) 丁韙良『西學考略』(北京: 同文館 1883) 上卷 5~7면, 伊原澤周『日本と中國における西洋文化攝取論』(東京: 汲古書院 1999) 281면에서 재인용.

그러나 얼마 전까지 이적으로 간주되던 서구세력이 군사력과 과학기술에서 앞섰다는 것을 설령 막부 지도층을 비롯한 일부 정치세력과 지식인이 인정했다고 해도 만국공법으로 대변되는 서구적 국제질서가 일본열도에서 문명 혹은 문명기준으로 간주되었던 것은 아니다. 막부시대 말기에 서구의 국제관계가 투쟁적이라는 인식, 혹은 군사적인 위협으로서의 서구의 이미지는 적어도 왕정복고(王政復古)가 이루어지는 순간까지는 지배적이었다. 이는 막부를 무너뜨린 에네르기가 외압에 대한 위기감, 현실적으로는 '존황양이'라는 기치에 담겨 있었다는 사실을 상기해보더라도 명백하였다.

(3) 메이지유신과 '문명의 문법'으로서의 만국공법 활용

막부시대 말기의 혼란 과정에서 국체론의 '존황'과 '양이'의 논리는 분리되어 존황론은 막부타도(倒幕)와 왕정복고라는 논리에 이르게 되고 이후 드라마틱한 과정을 거쳐 일본열도에 새로 성립한 신정부는 '양이론'이라는 배외주의로부터 '문명개화론'이라는 적극적인 수용 입장으로 이른바 '전향(轉向)'을 하게 된다. 즉 메이지정부는 존황론과 문명개화론이라고 하는 이질적인 요소, 환언하면 복고적 성격과 혁신적 성격의 결합체로서 출발하게 된 것이나. 하지만 존황양이를 기치로 내건 막부 타도 세력이 왕정복고 이후 지금까지의 자신의 대외적 원칙이었던 '양이론'을 뒤집어 오히려 이를 억누르면서 '개국화친'을 주장하는 것이 현실정치의 장에서 실제로 어떻게 가능하였을까.

이러한 국가적 방향전환을 성사시키기 위해서 메이지 신정부에 의해 채택되어 널리 선전된 것이 바로 '새로운 국제사회를 지배하는 보편적 규범으로서의 만국공법'이라는 존재였다. 유신정부의 「대외화친, 국위선양의

포고」(1868년 1월 15일)는 이러한 전향을 명시적으로 선언한 것으로서, 향후 새로운 국제사회의 대세인 '천하의 공법(宇内の公法)' 즉 만국공법에 따라 외국과 교류할 것이며, 유신정부가 구막부의 조약 및 채무를 포함한 외교 관계를 계승할 것임을 다음과 같이 밝히고 있다.[88)]

> 외국과의 의례는 선제(先帝=孝明天皇, 재위 1846~1866)가 다년간 걱정하신 것으로서 막부의 실수와 착오로 인하여 오늘에 이르게 되었지만, 세태가 크게 일변하여 대세가 참으로 막을 수 없으므로 과감히 화친조약을 체결하게 되었다. (…) 다만 지금까지 막부가 체결한 조약 중에는 폐해가 있어 이해득실을 공정하게 논의한 결과 개혁해야 하겠으나, 역시 외국과의 교제의 례는 '우내지공법(宇内之公法)'으로 다루어야 하는 것을 이해해야 한다.[89)]

며칠 후 메이지 신정부가 최초로 개국방침을 선언한 「개국대방침의 천명」(1868년 2월 17일)은 더욱 분명하게 세계의 대세가 만국공법에 의해 운용되어가고 있다고 강조하면서, 국가간의 새로운 질서에 합류할 필요성을 강조한다.

> 일시 막부의 실책이라고 하면서도 황국정부(皇國之政府=일본)에서 서약한 것은 그때그때의 득실에 따라 그 조목은 개정되어야 하겠지만, 큰 틀에서는 함부로 움직일 수 없는 만국보통의 공법(萬國普通之公法)이며, 이제 와서 조정에서 이것을 변혁한다면 오히려 해외 각국에 신의를 상실하게 되며

---

88) 유신정부가 구막부의 조약을 계승하겠다는 의지를 천명한 것은 『만국공법』의 제1권 제2장 11절 「易君變法=International effects of a change in the person of the sovereign or in the internal constitution of the State」에 근거하여 이루어진 것으로 생각된다.

89) 「對外和親, 國威宣揚の布告」(明治元年 正月 15日), 『日本近代思想大系12: 對外觀』(岩波書店 1988) 3면.

참으로 쉽지 않은 대사(大事)이기에 금지될 수 없다. 막부에서 정한 조약으로 이미 화친을 체결하였으니 황국 고유의 국체(國體)와 만국공법을 참작하여 채용하도록 한 것은 막을 수 없는 것이다.[90]

한편 메이지 초기 신정부가 제시한 국시(國是)라고 할 수 있는 이른바 「5개조 서문(五箇條の御誓文)」에는 새로운 국제질서의 문명기준을 만국공법에 의거하여 설명하고 이를 본격적으로 수용하겠다는 의지가 잘 드러난다고 할 수 있다.[91] 즉 국시의 네번째 항목과 다섯번째 항목을 보면 다음과 같다.

一. 예로부터의 좋지 못한 습관을 버리고 '천지(天地)의 공도(公道)'에 근거해야 할 것.

一. 지식을 세계에 구하고 크게 황기(皇基)를 진기(振起)해야 한다.

즉 위의 내용은 의역하면, 예전부터 전래되어온 누습을 깨고 '천지의 공도'인 만국공법을 새로운 시대의 문명기준으로 하여 세계로부터 문명을 능동적으로 배우고 익혀 일본국의 기초를 적극적으로 다져나가겠다는 뜻이며, 만국공법으로 상징되는 새로운 시대를 열어가겠다는 태도를 천명하고 있다.[92] 일찍이 타이쇼오(大正) 시기 정치학자 요시노 사꾸조오(吉野作

90) 「開國大方針의 闡明」(1868년 2월 17일), 太政官 編 『復古記』 卷2(東京: 內外書籍 1930) 398면.

91) 「王政復古의 大號令」(1867년 12월 9일)과 「개국대방침의 천명」(1868년 2월 17일) 이후 같은 해 3월 14일 천황의 명의로 새로운 통치방침이 하사되는데, 이것이 「5개조 서문(五箇條の御誓文)」과 「國威宣揚의 신한(宸翰)」이다. 천황은 이를 국시로 해서 '협심노력' 할 것을 당부한 것으로 알려지는데, 이같은 방침이 관제(官制)에 구체화되어 나타난 것이 윤4월에 삼권분립의 원칙을 기조로 해서 발포된 『정체서(政體書)』임은 주지하는 바와 같다.

造, 1878~1933)는 이와 관련해서 다음과 같이 지적한 바 있다.

우리는 외국인을 이적금수로 생각해왔다. 따라서 그들과 결코 사귀려 하지 않았던 것이다. 그런데 잘 들어보니 그들도 천하의 공의〔宇內の公義〕에 대해 이해하고 있으며, 우리들에 대해서는 천지의 공도〔天地の公道〕로써 교제한다고 하니 우리도 또한 그들의 이른바 공법을 사용해야 하지 않겠는가. 함부로 이를 배척한다면 예로부터 전해오는 인의의 도〔仁義の道〕를 저버리는 것일 뿐만 아니라, 필시 그들의 업신여김을 당하게 될 것이라고 〔메이지 신정부는〕 말하곤 했다. 이렇게 적극적으로 공도(公道)를 남용한 것은 대외관계에 있어 정부의 새로운 태도를 변호한 것이었다. 실제 메이지 초기에는 공법(公法)이다 공론(公論)이다 공도(公道)다 하는 문자가 대단히 유행하였다. '문명개화(文明開化)'나 '자주자유(自主自由)'의 문자와 함께, 그림 등에도 이 말을 써서 득의양양하였음은 주지하는 바와 같다. 단 당시 공도나 공법은 모두 구별 없이 쓰였다. '공도'라고 하든 '공법'이라고 하든 같은 것을 의미하는 것이다. 이때 공법이 본래 '만국공법'을 말한다는 것은 두말할 필요도 없는 것으로, 정부가 이 문자를 끌어다 쓰기 시작한 것도 바로 이러한 의미에서였을 것이다. 하지만 사람들에게 이렇게 직접 만국공법을 지칭하는 것으로 받아들여지지는 않았다. 인간교제의 도리〔人間交際の道〕라는 정도로 이해된 것이다. 법률과 도덕의 구별도 아직 제대로 이루어지지 않았다는 것을 감안하면 막연히 예전부터 전해 내려오는 '선왕의 도〔先王の道〕'에 대신하는 것 정도로 이해되었다고 판단된다.[93]

---

92) 예컨대 마루야마 마사오는 '천지의 공도'라는 표현에 대해서 유교식 조어법의 뉘앙스가 풍기지만 막부말기에 사용된 이 말의 의미는 만국공법을 염두에 둔 것이며, 따라서 「5개조 서문」의 문맥은 만국공법에 의거하여 신시대를 열겠다는 자세라고 해석한다. 丸山眞男 『翻譯と日本の近代』(岩波書店 1998) 120면.

93) 吉野作造 「我國近代史に於ける政治意識の發生」(1927), 『吉野作造選集』 11(東京: 岩波書店 1995) 226~27면. 민본주의를 주창하여 타이쇼오 시기(大正期, 1912~1925) 데모크

메이지정부는 당시 일반화된 투쟁적 이미지와 달리 서양세계에도 '보편적 도리'가 지배한다는 인식을 널리 불러일으켜야 했던 것이다. 서양 과학기술을 비롯한 서구문물의 섭취가 일본이 기왕에 중국문명과 화이사상이라는 발달된 외래문명을 수용해온 전통과도 맞닿아 있다는 시각도 눈에 띈다. 이렇게 전통적인 '도리' 관념을 매개로 하여 국제사회를 이해하게 되고 모든 국가의 대등한 권리, 만국교제의 필요가 주창되면서 근대 제반 서구문명의 논리는 적극적인 수용근거를 마련할 수 있게 된다. 이처럼 만국공법은 프로파간다의 근거로서 유신 당시의 정치가에게 실로 유용하게 활용되었으며, 개화를 논하는 지식인들에게 매우 인기있는 것이 되지 않을 수 없었다. 메이지 초기부터 자유민권(自由民權)의 이념이 활발하게

라시의 상징적 인물로 알려진 요시노 사꾸조오는 1921년 이래 줄곧 메이지 연구에 몰두하게 된다. "내가 연구하려는 주제는, 오랜 기간 봉건제도에 억눌려 천하를 다루는 정치에 입을 놀리는 것이 일대 죄악이라고 배워온 일본국민이 근대에 이르러 어떻게 돌연 정치를 자신의 일이라고 확신하기에 이르게 되었는지를 천명하는 것이다. (…) 요컨대 정치는 이미 관리들의 일이 아니라 우리 국민들의 일이며, 또한 그렇게 되어야 한다고 하였다. 그런데 이러한 정치의식을 당시의 일본인이 갖게 된 것이 전혀 이상할 것이 없는 것처럼 여기곤 하는데, 그러나 그것은 오늘의 시각에서 생각한 것이다. 메이지유신 당시의 상황에서 생각해보면, 실로 그것은 대단한 사건이 아닐 수 없다"(앞의 논문 223면). 당시 현실정치에 대한 예리한 비판가로 유명했던 그가 이처럼 메이지 정치문화 연구에 몰두한 것은 일본정치의 개혁과 그 실태를 해명하려는 의도에서 비롯되었다. 요시노는 항간에 회자되는 천황 중심의 메이지 이해가 사실과는 대난히 동떨어진 것이라는 인식하에 이후 『明治文化全集』 24권을 편집·간행했는데, 이러한 그의 열정이 집대성되어 완성된 논문이 바로 만국공법을 중심으로 일본의 메이지 초기를 분석한 「我國近代史に於ける政治意識の發生」(1927)이다. 요시노 사꾸조오의 메이지시대 연구의 핵심은 요컨대 유신을 전후하여 근대적 정치의식이 발생하는 전환기적 상황에서 만국공법이 어떻게 정치적·사상적인 매개고리로서의 역할을 담당하게 되는가를 해명하는 데 있다고 해도 과언이 아닐 것이다. 이후 요시노의 문제의식과 연구성과를 받아들여 좀더 체계화한 것은 아마 앞서 언급한 로야마 마사미찌(蠟山政道)의 『日本における近代政治學の發達』(1949)일 것이다.

거론된 것은, 봉건시대 이래 '도리'에 익숙하도록 훈련된 일본인들에게 초월적 원리로서의 서양의 만국공법이라는 일종의 매개고리가 존재했기에 가능하였다.[94] 또한 삼권분립의 원칙을 기조로 한 신식관제를 밝히고 있는 『정체서(政體書)』(1868년 윤4월 21일)가 무엇보다 의거한 것이 만국공법, 특히 '국가의 자치 자주의 권리를 논한' 제1권 제2장이었으며, 그중에서도 제24절의 미국의 국제(國制)를 설명한 부분이었다는 사실도 간과해서는 안될 것이다.[95]

하지만 메이지 초기 정부인사들의 만국공법에 대한 실제 '인식'은 도리와 같은 식의 추상적이고 보편적인 입장이라기보다 현실적이고 복합적인 성격이었음을 주목할 필요가 있을 것이다. 예컨대 메이지유신의 3대 공신으로 일컬어지는 키도 타까요시(木戸孝允, 1833~1877)는 그의 일기에 "병력이 정비되어 있지 않을 때는 만국공법도 원래 신뢰할 수 없는 것이다. 약자에 대해서는 공법의 이름으로 이익을 도모하는 일이 적지 않으니 만국공법은 약자를 빼앗는 하나의 도구"라고 쓰고 있다.[96] 그리고 노무라(野村素介) 앞으로 보내는 서한에는 다음과 같이 만국공법에 대한 비관론을 전개하고 있다.

만국공법이 이렇다 저렇다 하는데, 이것 역시 남의 나라를 빼앗는 도구에

94) 이에 관해서는 吉野作造, 앞의 논문; 蠟山政道, 앞의 책; 丸山眞男, 앞의 책(1998); 渡辺浩 「'朝鮮國' '日本國' 관계와 '道理': 17-19세기」, 『21世紀 韓日關係』(서울: 법문사 1996) 등에 이미 상세하게 논의된 바 있다.

95) 흔히 후꾸자와 유끼찌의 『西洋事情』과 미국의 역사와 제도를 한역(漢譯)해서 소개한 『연방지략(聯邦志略)』이 『정체서』에 미친 영향이 주로 지적되어왔으나(尾佐竹猛 『維新前後に於ける立憲思想』), 이네다 쇼오지(稻田正次)는 이보다 더 중요한 영향을 끼친 것이 마틴의 한역본 『만국공법』임을 입증한 바 있다. 稻田正次 『明治憲法成立史』 上(東京: 有斐閣 1960). 이에 대해서는 井上勝生 「萬國公法 解題」 479~80면 참조.

96) 『木戸孝允日記』 1(東京: 東京大學 1967) 1868년 11월 8일자, 芝原拓自 「對外觀とナショナリズム」, 『日本近代思想大系12: 對外觀』(岩波書店 1988), 466~67면.

불과하므로 추호도 방심하지 말아야 한다. 오늘 종횡으로 왕래가 서로 열려 명목이 없으면 함부로 남의 나라를 빼앗을 수 없기 때문에 불가피하게 이러한 법을 세운 것이 아닌가 하는 생각이 든다. 약소국이 이 법을 통해 빼앗고 강국이 이 법으로 인해 빼앗겼다는 말을 아직 들어보지 못하였으니, 도무지 안심할 수 없는 세계이다.[97]

얼마 후 내란(戊辰戰爭)이 실질적으로 일단락된 후 키도가 정한론(征韓論)을 거론할 때(1869년 2월), '황국대흥기(皇國大興起)'를 위해 조선의 '무례함'을 정벌하는 것은 '만국공법(宇內の條理)'에 의거한 것이라고 주장한 것은 유명한 사실이다.[98] 또한 메이지정부에서 특히 대외방침의 결정에 주도적 역할을 담당한 이와꾸라 토모미(岩倉具視, 1825~1883)는 외교 및 내치의 최고 현안을 지적한 의견서 「외교회계하이지개척의견서(外交·會計·蝦夷地開拓意見書)」(1869년 2월)에서 봉건적 배외주의를 비판하면서도 국제사회에서의 힘의 논리를 강조하고, 자국의 독립을 보전하는 길은 부강 개명하는 길 이외에는 없다고 하면서 불평등조약 개정의 의지를 처음으로 명확히 밝힌다.[99] 2년 후 이와꾸라는 사절단의 목적과 사명을 명시한 다른 의견서 「구미사절파견사유서(米歐使節派遣の事由書)」를 통해 서양제국간에 만국공법이 통용되는 것과 대조적으로 동양제국의 공법으로부터의 소

97) 「野村素介宛書翰, 1868年11月13日」, 『木戶孝允文書』 卷3(東京: 日本史籍協會 1930), 188면.

98) 「三條實美, 岩倉具視宛書翰, 1869年2月朔日」, 『木戶孝允文書』 卷3(東京: 日本史籍協會 1930) 239면; 永井秀夫 『明治國家形成期の外征と內政』(北海島大學 1990) 397~98면.

99) 이 의견서는 국제적인 신의를 국권강화를 위한 약소국의 자기주장의 거점으로 간주하고 치외법권(capitulation) 등의 불평등 현상을 거론하면서 조약개정 의지를 처음으로 분명히 했다는 점에서 특히 주목된다. 이 의견서는 이후 북해도개척사 설치(1869년 7월)와 구미파견사절단(일명 이와꾸라 사절단, 1871) 등으로 구체화된다. 岩倉具視 「外交·會計·蝦夷地開拓意見書」, 『日本近代思想大系12: 對外觀』(岩波書店 1988) 5~12면에 수록.

외 현상을 지적하면서 일본의 헌법을 비롯한 여러 법률을 만국공법에 따라 제정하여 굴욕적인 조약을 개정해나갈 것을 주장하게 된다.[100]

하지만 메이지정부는 만국공법에 근거한 국가간의 신의와 평등 관념에 입각하여 서구국가에 호소하는 조약개정운동의 한계를 절감하게 된다. 그 결정적인 계기가 바로 이와꾸라 사절단의 구미시찰이라는 사건이었다. 1871년 후반부터 거의 2년간에 걸친 이와꾸라 토모미를 특명전권대사로 한 구미사절단의 구미제국 시찰은 근대적 산업시설과 금융제도, 정치제도, 군대, 교육 등 다방면에 걸친 것이었다.[101] 조약개정 교섭에 실패한 일행은 제국주의 전야의 유럽 국제정치를 견문하고 서양문명의 양면성에 대한 확고한 인식을 갖게 된다.[102] 적어도 이들의 눈에 비친 근대서구의 국제

---

100)「大使派遣事由書」,『日本近代思想大系12: 對外觀』(岩波書店 1988) 17~26면에 수록.

101) 사절단의 목적은 크게 조약개정 교섭, 서양의 제도 및 문물의 시찰 두가지로 요약할 수 있을 것이다. 그러나 최초로 방문한 미국에서 조약개정 교섭이 현실적으로 불가능하다는 것을 깨닫고, 유럽국가 시찰에 전념하게 된다. 사절단에는 이와꾸라 토모미를 비롯하여 오오꾸보 토시미찌(大久保利通, 1830~1878), 키도 타까요시, 이또오 히로부미(伊藤博文, 1841~1909) 등 메이지의 거물들이 대거 참여하고 있었다. 이와꾸라 사절단에 대해서는 田中彰『「脫亞」の明治維新: 岩倉具視を追う旅から』(NHKブックス 1984)가 참조하기 좋다.

102) 국제정세와 각국의 사정을 조사하던 사절단의 수뇌부가 서구제국 중 특히 프러시아의 정치체제에 주목한 것은 자국과의 공통된 사정에서 비롯되었다. 더욱이 프러시아의 재상 비스마르크(Otto von Bismarck, 18151~1898)나 몰트케 장군(Helmuth Moltke, 1800~1891)으로부터 들은 정치외교의 철학은 수뇌부에게 매우 중요한 의미를 지니게 되었다. 비스마르크는 "오늘날 세계 각국은 모두 친목과 예의로써 서로 사귄다고 하지만 이는 완전히 표면상의 명분이며, 은밀한 곳에서는 강약이 서로 업신여기고, 대소가 서로 경시하는 실정이다. (…) 소위 (만국)공법이라는 것이 열국의 권리를 보전하는 법이라지만, 대국이 이익을 다투는 데 있어 이미 이로움이 있으면 공법을 붙들어 움직이지 못하게 하고, 만일 불리할 경우에는 병위(兵威)로써 이를 뒤집는다. 애초에 상수(常數)란 없는 것이다"(久米邦武 編『特命全權大使 米歐回覽實記』3권, 岩波書店 1992, 329면)라 하였고, 몰트케는 "법률·정의·자유의 이치는 국내를 보호할 수는 있지만, 경외(境外)를 보호하는 것은 병력이 아니면 불가하다. 만국공법이란 단지 국력의 강약에 관련될 뿐으

질서란 '열국평등(列國平等)'보다는 '약육강식(弱肉强食)' '만국대치(萬國對峙)' 상황에 가까운 것으로, 이는 일본 무사사회의 전통적 관념인 '실력상응원리'로서 해석되었다.[103] 그리하여 이들은 약소국에서는 만국공법이 어떠한 역할도 할 수 없으며, 국가의 자주적 권리를 잃지 않으려면 애국심을 고양하고 국력을 진흥시켜 실력으로써 국권을 보전해야 한다는 인식을 얻게 되며, 아울러 '소국이라는 관념에서 대국 지향으로' 근대일본이 지향할 방향을 바꾸어 설정하게 된다.

이러한 과정을 통해 일본의 위정자들은 일본이 만국공법으로 상징되는 새로운 국제질서 '밖'에 놓여 있는 나라가 아니라는 것에 눈을 뜨고 명실공히 새로운 국제질서의 행위주체가 되는 것을 확고한 국가목표로 인식해가게 된다. 이들에게 불평등조약의 개정이란 단순히 불평등관계에서 빗어지는 현실적 불이익의 차원을 넘어서, 일본이 과연 새로운 국제관계의 문명기준을 충족시키는 완전한 구성원의 자격을 가질 수 있는가를 결정한다는 차원에서 더욱 중요한 문제라고 인식된 것으로 보인다. 이후 정한론을 둘러싸고 메이지정부 내에 갈등이 비등할 때 귀국한 이와꾸라 토모미가 천황 앞으로 보낸 의견서(1873년 10월)에서 "조약개정이야말로 국권을 회복하기 위한 유신 이래의 기본과제이며, 이를 달성하려면 국정의 정비에 힘쓰고 문명진보의 길에 매진하는 것이 가장 시급하며, 조선문제는 국력을 충실히 한 후에 해결해도 늦지 않다"고 단언하였다. 사절단에 참여한 세력이 확고하게 '내치'에 우선순위를 두고 반대파를 축출하게 되는 과정〔西南戰爭〕은 이러한 인식에 근거하였다.[104]

로, 국외중립해서 공법만을 의지하는 것은 소국이 하는 바이고, 대국에 이르러서는 국력으로써 그 권리를 충족시켜야 한다"(久米邦武 編, 같은 책 340면)라 하였다.

103) 坂本多加雄「萬國公法と文明世界」,『日本は自らの來歷を語りうるか』(筑摩書房 1994).

104) 岩倉具視·多田好問 編『岩倉公實記』下卷(岩倉公舊蹟保存會 1927). 이에 대해서는 芝原拓自「對外觀とナショナリズム」,『近代日本思想大系12: 對外觀』(岩波書店 1988) 469~71면.

한편 이처럼 일본은 서구의 문명기준에 입각하여 실력을 갖추어야 하며, 또한 그것을 통해서 궁극적으로 일본이 만국공법 질서의 독립된 행위 주체가 되는 것이 일본인에게 '시대정신'이어야 함을 가장 명확히 주장한 사례로서 아마도 후꾸자와 유끼찌의 『문명론의 개략』(1875)을 들 수 있을 것이다.

(가) 서양제국(諸國)을 문명국이라고 말한다 해도 바로 현재의 세계에 있어서만 그런 명칭을 부여할 따름이다. 자세히 따져보면 그 명칭에 부합하지 않은 점이 매우 많다. 전쟁은 세계에 둘도 없는 불행이지만 서양제국은 항상 전쟁을 일삼아왔다. (…) 하물며 외교상의 법률과 같은 것에 이르면 권모술수를 쓸 대로 쓴다고 해도 과언이 아니다. 다만 전반적으로 볼 때, 선(善)의 방향으로 가고 있을 뿐이며, 결코 현재의 양상을 두고 지선(至善)의 경지라고 말할 수는 없는 것이다. (…)

서양제국의 문명은 따라서 만족스러운 것이 아니다. 그렇다면 이를 버리고 취하지 말 것인가. 만일 취하지 않는다면, 어떤 처지에 만족해야 할 것인가. (…) 문명이란 죽은 물건이 아니라 살아 움직이는 것이다. 살아 움직이는 것은 반드시 일정한 과정을 순차적으로 밟아나가는 법이다. 다시 말해서 야만은 반개(半開)로 향하고 반개는 문명으로 향하며, 그 문명이라는 것도 순간순간 진보하는 과정에 있다. 유럽이라고 해도 그 문명의 유래를 따지면 필연적으로 이 과정을 순차적으로 밟아 현재에 이른 것이므로 현재 유럽 문명은 현재 세계 사람들의 지력으로써 겨우 도달한 정상의 위치라고 말해야 할 것이다. 따라서 현재 세계 여러 나라에 있어서 국가 문명의 진보를 꾀하는 자는 모름지기 유럽의 문명을 목표로 삼아 논의의 본위(本位)를 정립하고, 그 본위에 의거해서 사물의 이해득실을 논하지 않으면 안될 것이다. 이 책의 전체에 걸쳐 논하는 이해득실이란 오로지 유럽의 문명을 목표로 설정하고 그 문명에 비추어 이해가 있고 그 문명에 비추어 득실이 있다는 입

장이므로 학문을 연구하는 사람들은 이 전체적 취지에 오해가 없기를 바란다.[105)]

(나) 외국과의 모든 관계에서 표면상으로는 너와 내가 대등하고 같은 권리를 갖는 듯하지만, 사실은 대등한 동권(同權)의 취지가 철저히 지켜지고 있는 것이 아니다. 외국과 이미 대등한 권리를 누리고 있지 않음에도 불구하고, 이 사실에 주목하는 자가 없다면 일본 국민의 행위는 나날이 더욱 비굴해지지 않을 수 없을 것이다. (…) 생각이 얕은 사람은 최근의 세상이 옛날과 다른 양상을 띤 것을 보고 이것을 문명이라 부른다. 그리고 일본의 문명은 대외관계 덕분이고 그 관계가 더욱 긴밀해지므로 문명 역시 함께 진보하리라고 기뻐하는 예가 없지 않다. 그러나 그들이 문명이라고 이름지은 것은 다만 외형의 체제에 불과하다. 그것은 물론 일본이 바라는 바가 아니다. 비록 그 문명을 매우 고차적인 것으로 발전시킨다고 해도 전국의 국민에게 한 조각의 독립심이 없다면 문명 역시 일본에는 소용이 없으며 그것을 일본의 문명이라고 이름지을 수 없다.[106)]

이처럼 막부말기 메이지 초기에 존재하던, '서구의 국제질서에는 힘을 초월하는 부분이 있다'는 믿음이 이렇게 깨져가면서, 문명은 오로지 힘과의 관련성 하에서 이해되기에 이른다.[107)] 이러한 노골적인 권력관계는 '개

105) 福澤諭吉『文明論の概略』(東京: 岩波文庫 1995) 28~29면.

106) 같은 책 283, 292면.

107) 후꾸자와의 만국공법관의 변화는 근대일본의 대외관념의 변용을 보여주는 하나의 전형적인 사례라고 할 수 있을 것이다. 후꾸자와 유끼찌는 최초의 저작인『당인왕래(唐人往來)』(1865)에서 "유일의 도리를 지켜서 행동하면, 적이 대국이라도 무서울 것이 없고 병력이 약하더라도 타인의 모멸을 받지 않으리"(慶應義塾 編『福澤諭吉全集』1卷(岩波書店) 21면), 그리고 1866년 11월 7일자 후꾸자와 에이노스께(福澤英之助) 앞으로 보낸 서신에서는 "오늘날 한 나라의 문명개화를 방해하는 자는 세계의 죄인이어서, 만국

화의 등급'으로 표현된 '문명 대 야만'의 이분법적이고 차별적인 세계관으로 뒷받침되고 있었으며, 거기에서 국권론적 성격을 띤 부국강병 논의가 자연스레 부상하게 되었던 것이다.

이무렵 만국공법에 대한 주된 관심은 법의 본질이나 근원에 대한 근본적인 사상에 관한 탐구보다는 당시 구미의 선진국가들간에 실행되고 있는 실정법에 대한 구체적인 내용으로 이미 옮겨가 있었다.[108] 이는 울지(Theodore D. Woolsey)의 저작을 번역한 미즈꾸리 린쇼오(箕作麟祥,

---

공법이 용서하지 않을 것"(『福澤諭吉全集』 17卷 31면)이라고 말한다. 그런데 『통속국권론(通俗國權論)』(1878)에서는 다음과 같이 언급한다. "결국 지금의 금수와 같은 세계에서 최후에 호소해야 할 길은 필사적인 수력(獸力)이 있을 뿐이다. 말하자면 두가지 길이 있는데, 죽이는 것과 죽음을 당하는 것이다. 일신처세(一身處世)의 길 역시 이와 같다. 그렇다면 만국교제의 길도 또한 이와 다르지 않다. 화친조약이나 만국공법은 대단히 우아하게 보이지만 그것은 오직 명목상 그렇고, 교제의 실제는 권위를 다투고 이익을 탐하는 것에 불과하였다. 세계 고금의 사실을 보라. 빈약무지(貧弱無智)의 소국이 조약과 만국공법에 잘 의뢰하여 독립의 체면을 다한 사례가 없는 것은 모두가 익히 아는 바이다. 오직 소국뿐 아니라 대국들도 바로 대립하여 서로 그 틈을 엿보며 파고들어갈 틈이 있으면 그것을 간과하지 않는다. 이를 엿보고 살피며 아직 발하지 않는 것은 병력강약(兵力强弱)의 한가지에 달려 있을 뿐이며 그다지 의뢰할 만한 방편이 없다. 백권의 만국공법은 여러 대의 대포만 못하며, 여러 화친조약은 한 상자의 탄약만 못하다. 대포와 탄약은 있을 수 있는 도리를 주장하는 준비가 아니라 없는 도리를 만드는 기계이다. 각국 교제의 도는 죽느냐 죽이느냐에 있을 뿐이다"(慶應義塾 編 『福澤諭吉全集』 4卷(岩波書店) 636~37면). 또 다음의 언급도 참조할 것. "오늘날 세계에 만국공법이라 하고 국가간 예의라고도 하는 법례(法禮)는 오로지 표면을 가꾸는 허례허문(虛禮虛文)에 불과하다. 실제 있는 그대로를 살펴보면 이른바 약육강식 이것이야말로 국제관계의 진면목이며, 기댈 수 있는 것은 오로지 무력뿐이다"(福澤諭吉 「對外の進退」(1897. 11. 28), 『福澤諭吉全集』 16卷 163~65면).

108) 조약개정을 위한 실증적 차원의 공법 연구는 외국에서 고빙(雇聘)된 법률고문들의 활약을 거론하지 않고서는 제대로 이해할 수 없다. 메이지 시기 다방면에서 활약한 수많은 고빙 외국인들이 근대일본의 교사 역할을 했기 때문이다. 이에 대한 개략적인 수준의 설명으로는 一又正雄 『日本の國際法學を築いた人々』(日本國際問題研究所 1973)을 참조할 것.

1846~1897)의 『국제법(國際法), 일명만국공법(一名萬國公法)』(1873)의 번역 방식에서 그대로 드러난다. 역자는 처음의 제1조부터 35조까지의 부분—여기서 저자는 국제법의 정의, 국제법 성립의 법률적·도덕적 기초, 국제법의 연원 등을 밝히고 있다—의 번역을 생략하고 있다. 이에 대해 역자의 설명은 "역자가 생략한 부분의 이론은 대단히 교묘하여, 그 의의를 이해하더라도 오늘날의 현실에 그다지 도움이 되지 않기 때문에 생략하였으며, 오직 현재의 국제교류 및 통상관계에 실질적 도움을 주기 위해 36조부터 번역했다"고 되어 있다.[109] 보편적인 도리의 이미지가 강한 '만국공법'이라는 용어를 실정법적 뉘앙스를 주는 '국제법'으로 바꾼 것도 이러한 역자의 의도에서 비롯된 것임은 부언할 필요가 없을 것이다.[110]

다음에 소개하는 대화는 일본이 조선과의 강화조약을 체결하기 직전 청과의 사전조정을 위하여 급히 주청공사로 임명된 모리 아리노리(森有禮, 1847~1889)와 리 훙장(李鴻章, 1823~1901)의 회담기록 중 일부로서, 만국공법을 편의적으로 활용하려는 양국의 입장이 흥미롭게 드러나 있다.

리 훙장: 우리 동방의 여러 나라들 중 청이 가장 크고 일본이 그 다음이지만 그외의 소국들도 한결같이 마음을 합쳐나간다면 국면을 만회하여 서양에 대항하는 것이 가능할 것이오.

모리 아리노리: 제 생각에는 수호조약 등은 아무런 도움도 되지 않을 것입니다.

리 훙장: 양국간의 우호와 평화(和好)는 조약에 의존하는 것인데, 어떻게

109) 伊藤不二男「國際法」,『近代日本思想史7: 近代日本法思想史』(有斐閣 1979) 469면.

110) 일본에서 미즈꾸리 린쇼오가 국제법이라는 용어를 사용한 후에도 만국공법이라는 용어는 계속 혼용되어 사용되었는데, 1881년 동경대학에 국제법학과가 설치된 후 국제법이라는 용어가 서서히 정착되었다. 하지만 보편원리로서의 공법이 가지는 이미지를 활용해야 할 필요성 때문에 만국공법, 만국교제의 법, 외국교제공법, 천하의 공법 등등의 용어는 상당히 지속적으로 사용되었다.

그것들을 믿지 못한다고 말할 수 있습니까?

모리: 통상과 같은 분야는 조약에 비추어서 행해진다고도 할 수 있겠습니다만, 국가의 대사에 관한 일은 다만 누가 얼마나 힘이 강한가에 의해 결정된다고 해야 할 것입니다. 따라서 반드시 조약 등에 의거할 필요는 없을 것입니다.

리 훙장: 그것은 잘못된 말씀이오. 무력에 의지하여 조약을 위반하는 것은 만국공법도 이를 용납하지 않을 것이오.

모리: 만국공법 또한 무용한 것입니다.

리 훙장: 약조를 어기고, 만국공법을 저버리는 일은 세계 각국이 용납하지 않을 것입니다. 〔포도주를 가리키며〕 화친은 하나의 시대정신이며, 조약은 사람의 마음을 구속하여 그것을 지탱하게 하는 것입니다. 인간의 마음은 이 포도주와 같을 것입니다. 그리고 이 술잔은 그것들을 제한된 범위 내에 담아둡니다.

모리: 이러한 화친의 정신은 여러가지 틈새와 구석으로 들어왔다가 쏟아져 흘러나갑니다. 하나의 술잔이 어떻게 그것을 막을 수 있겠습니까?[111]

이처럼 실리적인 목적에서 진행된 실증 국제법에 관한 관심이 '군대'로 옮겨가는 현실적인 계기는 조선의 임오군란(1882)이었던 것으로 알려진다.[112] 이 사건으로 군인간부들에게 국제법 지식을 갖추게 할 필요성이 부각되어 육해군학교 등에서 국제법 강의가 이루어지고 실용적인 성격의 국

111) 이에 관해서는 王芸生·長野勳 外 日譯『日支外交六十年史』1卷(東京: 建設社 1933) 138~39면; T. F. Tsiang, "Sino-Japanese Diplomatic Relations 1870-1894," *The Chinese Social & Political Science Review* Vol. XVII (April 1933) 59면; 芝原拓自「對外觀とナショナリズム」,『對外觀: 日本近代思想大系』(東京: 岩波書店 1988) 476면 등을 참조할 것.

112) 伊藤不二男, 앞의 논문 470면. 임오군란은 청과의 잠재적 갈등이 표면화되는 계기가 되었다는 점에서 근대일본의 국제관계가 긴박하게 돌아가는 하나의 분수령이 되는 사건이었다. 藤間生大『壬午軍亂と近代東アジア世界の成立』(東京: 春秋社 1987).

제법 특히 전시법규 등이 실제 현장에서 교범으로 사용되게 된다.[113] 이후 일본이 청일전쟁과 러일전쟁을 문명의 전쟁이라고 선전한 것은 이러한 문맥과도 깊은 연관이 있었다.[114]

113) 이후부터 청일전쟁까지 육해군학교에서 행해진 강의가 출판된 것으로 다음과 같은 것이 있다. 西周譯稿 『萬國公法手錄』(1882)(육군 군인을 대상으로 행해진 강의록, 육전(陸戰)의 법규를 간단히 해설한 것, 원본은 불명); 藤田隆三郎 編述 『萬國公法·附判決例』(寶文社 1891)(해군대학교에서 강의한 국제법의 요약 및 판례를 모토로 저술한 것, 권말에 판결사례집이 붙어 있는데, 주로 전시공법(戰時公法) 판결로 이뤄졌다); 態野敏三 『國際法講義錄』(要塞砲兵幹部練習 1891)(포병간부 연습소에서 행해진 국제법 강의록); 藤田隆三郎 『海上萬國公法』(博文館 1894)(해전에 관한 전쟁법규에 대한 미국의 해군학교의 강의록 *Marine International Law* (1885)를 토대로 해군대학교에서 강연한 강의록, 해상포획에 관한 국제법규 부분만을 간단히 해설한 것). 이외에 직접 전장에서 군인들에게 도움을 주기 위해 출판된 것도 있었다. 大谷熊太郎 編纂 『萬國公議交戰條規』(有文堂 1882)(1874년에 브뤼셀에서 열린 육전의 법규관례에 관한 만국회의의 결의를 번역한 것, 임오군란으로 시국이 절박할 때 출판된 것); 原敬 譯 『陸戰公法』(報行社 1894)(1880년 옥스포드에서 열린 국제법학회에서 결의된 육전법규안(陸戰法規案)을 번역해서 간단한 주석을 첨가한 것, 청일전쟁이 시작되자 실전에 도움을 주기 위해 출판). 이에 관해서는 信夫淳平 「我國における戰時國際法の發達」, 『國際法外交雜誌』 42권 1호(1943) 17~18면; 伊藤不二男, 앞의 논문 470~71면 등을 참조할 것.

114) 일본정부는 청일·러일 양전쟁에 육해군에 법률고문을 두어 종군시켰다. 육군에 전시법률고문으로 파견된 아리가 나가오(有賀長雄, 1860~1921)는 실전경험을 바탕으로 쓴 그의 저서 『日清戰役國際法論』(*La guerre sino-japonaise au point de vue du droit international* (A. Pedone 1896))에서 "문명국민이 지켜야 할 전시규율을 일본이 엄격히 준수한 것은 일본 전시공법의 역사상 하나의 획을 긋는 사건일 뿐만 아니라, 세계 일반의 만국공법의 진보에 커다란 공헌을 한 것"이라고 술회하면서, 일본이 '문명의 전쟁'을 수행한 당사자임을 강조한 바 있다. 이 저서는 먼저 불어로 쓰였다가 유럽 국제법계의 호평을 받은 뒤 일본어로 번역되었다. 坂本多加雄 「萬國公法と文明世界」, 『日本は自らの來歷を語りうるか』(筑摩書房 1994) 16~17면.

제4장

19세기 조선의 정치공간과 위기의 징후들

건국 이래 형성된 독특한 조선의 유교적 정치지형은 구체적인 역사적 흐름 속에서 끊임없이 유동하며 몇차례 주목할 만한 국면전환을 보여주었다. 각각의 국면전환이 이루어지는 과정에서 그때그때의 상호 '계기적'인 관계의 추이에 따라 왕권의 위상, 군신관계 등을 비롯한 정치적 역학관계, 각 시대를 표상하는 시대정신이나 사상적 성향, 그리고 소중화의식의 성격 등에 주목할 만한 '변화'가 나타나고 있었음은 이미 제2장을 통해 상세히 고찰한 바 있다. 19세기 정치사는 본서의 관점에 의하면 조선정치사의 말기에 해당한다.

19세기 조선왕조는 국내외적으로 위기상황에 빠져들어가게 된다. 대외적으로는 우선 중국이 일찍이 아편전쟁에서 패배하였고 애로우호사건을 계기로 1860년에 영불연합군에 의해 북경이 점령되는 상황에 이르렀으며 내부적으로 태평천국의 난 등으로 위기를 겪고 있었다. 이러한 위기를 극복하기 위해 청조는 1861년에 총리아문을 창설하고 '자강(自强)'의 기치 아래 양무운동(洋務運動)을 전개하게 되었고, 청국정부는 위기의식에 휩싸여 '조선문제'에 깊이 간여하려 하지 않았다. 한편 일본의 경우 토꾸가와 막부(德川幕府)는 미국함대의 위협에 굴복하여 1854년에 미일화친조약, 1858년에 미일통상조약을 맺었다. 일본은 1863년 영불함대의 공격을 경험하면서 서방국가들에게 문호를 개방하고, 군사기술 개발에 박차를 가하여 대정봉환(大政奉還), 왕정복고(王政復古)의 형식으로 1868년 '메이지유신(明治維新)'을 실현하였다. 또한 '부국강병'과 '문명개화'의 기치 아래 적극적으로 서양문물과 제도를 수용하고 중앙집권국가 수립에 더욱 박차를 가하게 된다.

이러한 와중에서 한반도의 연해(沿海)에도 예외없이 서양 각국의 이양선(異樣船)이 계속 출몰했고, 또한 1860년부터 두만강을 경계로 러시아인들의 통상요구가 계속되었다. 기층세력에서는 평등한 사회질서를 지향하는 천주교와 동학의 기운이 성장하고 있었고 1862년에는 조선왕조 이래 최대의 농민민란〔임술민란〕이 일어나기도 하였다. 포경선과 군함을 포함한 이양선이 장차 밀어닥칠 서구 제국주의의 경제적·군사적 도전을 상징한다면, 조선에 들어와 퍼져가는 천주교는 서구의 이념적 도전을 상징하는 것이었다.

제4장에서는 조선 후기에서 말기로의 정치적 국면전환이 이루어지는 구체적 계기가 무엇인지, 그리고 새로운 정치적 국면이 전개되는 가운데 정치적 역학관계는 어떠한 양상을 보이는지를 고찰한다. 또한 이 시기 군신간의 '상호의존적 긴장관계'의 양상은 어떻게 앞 시기와 다르게 전개되는지를 다룸으로써 조선 말기의 정치적 국면의 특징을 검토한다. 아울러 19세기 중엽 '동아시아질서의 동요'라는 시대상황 하에서 조선의 위정자들이 어떠한 의식과 반응을 보이고 있었는지도 살펴볼 것이다.

한편 조선 말기의 정치적 문맥에서 고종이 26대 조선국왕으로 등극하는 경위를 비롯하여, 고종의 사친(私親) 흥선대원군〔興宣大院君=李昰應, 1820~1898, 앞으로 대원군으로 약칭〕이 추진한 정치개혁의 성격과 위기관리 방식에 관해 다룬다. 이에 관한 논의는 고종시대라는 관점에서 보면, 고종에게 객관적으로 주어진 정치적인 선택의 폭, 어떤 의미에서는 고종 정치력의 이른바 '원초적 한계'가 어떤 것인지 가늠해보는 작업이라고도 할 수 있을 것이다.[1)]

1. 19세기 조선정치의 국면전환

(1) 국면전환과 대내적 위기: 담합의 정치

조선 후기에 이루어진 영·정조대의 치세는, 17세기 이래의 장기간에 걸친 위기상황의 와중에서 국가질서와 사회질서의 재건이라는 시대적 문제의식 하에 규범주의적 정통론이 중시되는 가운데, 지적·도덕적 정통성을 견지하면서도 실용적인 경세방안을 중시하던 영조와 정조라는 국왕 개인의 정치적 안목과 노련한 리더십이 있었기에 가능한 것이었음은 제2장에서 살펴본 바와 같다.[2)] 정조의 정치 스타일을 엿보게 하는 한 구절만 소개

---

1) 조선국왕이 가지는 정치적 역량에 관해 단순화하여 논하자면, '외부로부터 주어진 조건'과 '국왕 스스로 획득한 조건'이라는 두가지 측면에서 생각해볼 수 있을 것이다. 여기서 고종 정치력의 '원초적 한계'(primitive limitations)라는 표현을 쓴 것은 고종이 왕으로서의 정치적 역량을 스스로 펼쳐 보이기 이전에 이미 엄연히 존재하는 외부로부터의 한계가 대단히 심각한 것이었음을 상기할 필요가 있기 때문이다. 이에 관한 논의는 앞으로 다루게 될 고종대의 내정과 외정을 구조적이고 역사적인 문맥에서 이해하는 데 꼭 필요할 뿐만 아니라, 그에게 주어진 '정치적 선택의 폭'을 가늠하는 데도 유용할 것이다. 왜냐하면 전체에 대한 역동적이고 일관된 이해 가운데 다음 장에서 다루게 될 개별적인 사건들이 비로소 제 의미를 획득할 수 있고, 역으로 그러한 의미들에 대한 착실한 이해가 쌓임으로써 전체상이 왜곡되지 않고 그려질 수 있기 때문이다.

2) 영조와 정조의 정치는 당대의 주류를 이룬 규범주의적 성향과 그에 대한 비판론을 현실공간에서 구체적으로 절충해갔다는 점에서 일종의 '건강한 보수주의'라는 정치적 경향성을 견지한 것이었다고 할 수 있다. 이러한 정치적 성향은 예컨대 앤서니 기든스(Anthony Giddens)가 20세기 말에 서구 사회민주주의 국가가 취해야 할 '제3

하기로 하자.

> 조급하게 마음을 먹으면 거꾸로 해치게 될 것이니, 서둘지도 말고 느긋하게 하지도 않으면서 완전하게 되기를 채근하지도 말아야 할 것이며, 편파적으로 기울거나 한쪽에 의지하지 않으면서 승리하는 것만을 힘써서도 안될 것이다. 그러면 처음에는 서로를 용납하지 못해 합쳐지기 어려운 듯하다가도 종국에는 공평무사하게 되어 모두 귀일(歸一)하게 되리니, 이렇게 되면 처음 지녔던 뜻이 관철되고 일을 성취할 수 있음은 물론, 백성이 원하는 정치를 펼치면서 편안한 시대로 진입하게 될 것이다.[3)]

그러나 중흥군주로 일컬어지는 영조와 정조 치세의 다른 한편에서는 정치적 '국면전환'을 초래할 심각한 위기의 징후가 도사리고 있었다. 여기서 위기의 징후란 17세기의 장기간에 걸친 '혼돈'의 와중에서 등장한 존주론(尊周論)의 언설에 근거한 조선중화사상이, 동아시아의 평화가 백오십년 이상 지속되는 가운데서도, 양반들의 이해관계와 맞물려 원론적 입장만을 관성적으로 반복하던 상황과 관련되어 있었다. 요컨대 조선 후기 조선왕조의 주류를 이루는 사대부 세력들이 주체와 객관적 세계 간의 소통의 필요성에 대해 유연하고 탄력적으로 인식하지 못하고 세계의 흐름과 변화에 대한 경색된 자세를 일상적으로 반복하고 있었던 것이다.[4)]

의 길'을 논의하는 과정에서, 그 정치철학으로 제시한 '현명한 보수주의'(philosophic conservatism)와 유사한 성격을 지니는 것으로 생각된다. Anthony Giddens, *The Third Way: The Renewal of Social Democracy* (Oxford: Polity Press 1998) 64~68면.

3) 『正祖實錄』 19年 1月 28日(辛亥條) 「우의정 채제공의 상소에 대한 정조의 비답」.

4) 조선중화사상이 전반적으로 경직된 양상으로 나아가고 있었음은 외국의 상황을 직접 견문하고 돌아온 당시의 대청(對淸)사절단이나 조선통신사들의 '견문기록'류 등에서 여실히 드러난다. 여기서는 그 가운데 통신사들이 남긴 기록 중 일부만 살펴보기로 하자. 예컨대 1719년 9번째 통신사행에 수행한 신유한(申維翰, 1681~?)은 『해유록(海游

이것은 기왕의 소중화의식이 주체와 세계, 주관과 객관 사이의 끊임없는 긴장과 그로 인한 균형 속에서 견지되고 있었던 반면, 조선중화사상은 주체의 내면적 의식 안에 객관적 세계가 용해되면서 주체와 세계, 주관과 객관 사이에 존재해야 하는 긴장과 균형이 그냥 해소되어버리는 양상을 보이고 있음을 의미했다. 즉 양자 모두 자기만족적이고 자부심이 강했지만 후자는 훨씬 더 고립주의적 경향을 드러내고 있었다. 이러한 양상은 환언하면, 그 다양한 경향에도 불구하고 항심(恒心)과 항산(恒産)의 두개의 날개로 왕도정치의 정치적 이상을 추구하던 조선성리학의 균형잡힌 사유체계가, 위기상황에 장기적으로 노출된 이후 항산의 보장 없는 항심의 강조를 통해 '정신주의'적 경향이 짙어져가고 있음을 반영하는 것이었을 뿐만 아니라,[5] 타협과 조정을 특징으로 하는 '정치'의 논리를 옳고 그름〔正

錄)』에서 "일본의 성리학은 하나도 들을 만한 것이 없다. 대개 그 정교(政教)와 민풍(民風)이 군사가 아니면 불교이므로 국내에 문묘(文廟)와 향교가 없으며, 제사를 지내는 곳도 없다. 또 왕과 부모의 상복(喪服)도 없으니 그 인민이 착한 본성을 하늘에서 타고났지만 어디로부터 도덕을 들어서 알겠는가?"라고 하고 있다(『海游錄』「見聞雜錄」). 또한 1764년 10번째 통신사행의 정사(正使)였던 조엄(趙曮, 1719~1777)은 『해차일기(海槎日記)』에서 "이른바 그들의 학술이란 대체로 이단에 가깝다. 이등유정〔伊藤維楨=伊藤仁齋, 이또오 진사이, 1627~1705〕이란 자는 『동자문(童子問)』이란 책을 저술하여 정자(程子)와 주자(朱子)를 헐뜯었다. 근래에 물부쌍백〔物部雙栢=荻生徂徠, 오규우 소라이, 1666~1728〕이란 자는 비록 본받아 배울 것은 없지만 그 문장은 모든 사람 가운데 뛰어났다. 하지만 그는 『논어징(論語徵)』을 저술하여 맹자 이하를 다 비방하고 주자의 주(註)를 위주(僞註)라 하고 있다. (…) 이로써 말하건대 양명(陽明)의 술(術)이 천하에 범람하는데 성리학은 오로지 조선에서만 행해진다고 할 만하다. 온갖 음(陰)이 횡행하는 가운데 한가닥 양(陽)을 붙드는 책임이 오직 우리나라 선비들에게 있다고 해야 하지 않겠는가? 일본의 학술은 긴긴밤이라고 할 수 있으며 문장으로 말할 것 같으면 눈먼 소경이라고 할 수 있다. 그중에서 굳이 말한다면 순수좌〔舜首座=藤原惺窩, 후지와라 세이까, 1561~1619〕파가 가장 정학(正學)이라 할 수 있다"(『海槎日記』 권5 甲申年 6월 18日條)라 하고 있다.

5) 항심과 항산의 관계는 주지하듯이 『孟子』「梁惠王上」에 명쾌하게 거론되고 있다. "떳떳한 생업이 없으면서도 떳떳한 마음을 가지고 있는 자는 오직 선비만이 가능한 것이요,

邪)의 분별을 중시하는 '규범과 윤리'의 논리로 재단하고 억압할 가능성이 일상화되어가고 있음을 시사해주는 것이라고 할 수 있다. 그것은 요컨대 조선의 사상계가 이단이 아닌 정통, 이(夷)가 아닌 화(華), 실리가 아닌 의리에 지나치게 집착하게 되면서, 견제와 균형, 타협과 조정을 독특하게 이끌어내던 조선의 유교적 정치지형의 유연한 소통공간이 심각하게 폐색화·경직화되고 있음을 의미하는 것이기도 했다.

그런 만큼 조선의 유교적 정치지형의 구심축을 자임하면서 적극적인 정치력을 발휘한 국왕 정조[6]의 예기치 않은 급작스런 죽음은 현실정치의 장에서 실질적 구심축의 '공백'을 의미하는 중대한 정치적 사건이 아닐 수 없었다. 영·정조기 70년 이상 국왕 개인의 정치적 리더십에 크게 의존하던

백성으로 말하면 떳떳이 살 수 있는 생업이 없으면 그로 인하여 떳떳한 마음이 없어지는 것입니다"(成百曉 譯註『孟子集註』, 서울: 전통문화연구회 1991, 40면). 맹자의 원문을 좀더 자세히 소개하면 다음과 같다. (孟子)曰, "無恒産而有恒心者, 惟士爲能. 若民, 則無恒産, 因無恒心. 苟無恒心, 放辟邪侈, 無不爲已. 及陷於罪, 然後從而刑之, 是罔民也. 焉有仁人在位罔民而可爲也. 是故明君制民之産, 必使仰足以事父母, 俯足以畜妻子, 樂歲終身飽, 凶年免於死亡, 然後驅而之善, 故民之從之也輕."

6) 예컨대 정조가 재위 24년간 연평균 3회꼴로 행행(行幸)을 실시하면서 백성들과의 소통의 경로를 확보해가는 과정은 조선정치사에서 정조의 리더십이 갖는 독특한 의미를 상징적으로 잘 보여준다고 할 수 있다. 조선 후기의 소원(訴冤)제도를 다룬 연구에 의하면, 정조가 행행 때에 접수한 '상언(上言)'과 '격쟁(擊錚)'의 횟수는 각각 3,217건과 1,298건에 이르렀다. 여기서 상언이란 국왕이 왕궁 밖으로 행차할 때 한문으로 쓴 소장(訴狀)을 직접 전하는 '가전상언(駕前上言)'을 가리키며, 격쟁이란 왕궁 안으로 몰래 들어가 국왕이 직접 들을 수 있도록 큰 북과 징, 꽹과리 등을 울려 말로 상소하는 '궐내격쟁(闕內擊錚)'을 가리킨다. 이러한 상황은 "국왕이 탄 가마 앞에서 격쟁하는 일이 일상사가 되어버렸다"고 부정적으로 바라보는 신하들에 대해, "왕궁 밖의 격쟁을 막지 않는 것은 민정(民情)을 통하게 하려는 방법이니, 그로 인해 혼잡한 상황이 일어나는 것은 불가피한 것"이라고 격쟁을 옹호하는 국왕 정조의 적극적 의지가 있었기에 가능하였다. 영조와 정조대에 이루어진 행행의 구체적 내용과 상언, 격쟁이 접수되는 상황에 관해서는 한상권『조선후기사회와 소원제도』(서울: 일조각 1996); 原武史『直訴と王權: 朝鮮·日本の一君萬民思想史』(東京: 朝日新聞社 1996) 등에서 자세히 다루고 있다.

조선의 정치공간이 노련하고 적극적인 조정자이자 구심축으로서 군주의 역할이 사라지면서 재편되는 것은 불가피한 상황이었다. 그런데 문제는 재편의 방식과 변화의 방향성에 있었다. 11살의 어린 군주 순조가 즉위한 지 얼마 후 사학(邪學)의 배척이라는 명목으로 이루어진 천주교 탄압〔辛酉邪獄=辛酉迫害, 1801〕[7]에서 황사영(黃嗣永)의 백서(帛書)사건,[8] 척사윤음

7) 조선에 천주교가 소개된 이후 줄곧 천주교가 유학자들 사이에 논란의 대상이었음은 주지하는 바와 같다. 다만 여기서 한가지 지적하고 싶은 사실은 천주교에 대한 조선 지식인들의 비판적인 태도가 흔히 일컬어지는 것처럼 단순히 천주교에 대한 조선 측의 무지나 몰이해에서 비롯된 것이라기보다는, 자신의 사유체계의 바탕을 이루는 세계관에 근거한 '신념'에 의거하였다는 점이다. 이러한 정황을 이해하기 위해서는, 조선의 사상계를 지배하게 된 신유학적 사유체계가 애초에 불교의 사상적 영향 하에서 이루어졌으면서도, 다른 한편으로 이 사유체계는 불교가 추구하는 내세적 지향과 반사회적 가치들에 대해 유교적인 관점에서 답을 제시함으로써 근본적으로 '현실세계'에서 이상적인 사회적 가치를 추구하는 사유체계였음을 상기할 필요가 있을 것이다. 오늘날 이른바 '실학자'로 불리는 거의 대다수의 유학자들이 당시 천주교 교리에 관해 평가하는 내용을 통해서도 이러한 사실을 확인해볼 수 있으나 여기서는 이에 관한 언급은 다루지 않는다. 천주교를 둘러싼 논란이 정부 차원에서 본격적인 '정치적' 쟁점으로 부상할 기미를 보인 것은 1791년 진산사건(珍山事件)이 터지면서부터라고 해야 할 것이다. 진산사건이란 천주교도 윤지충(尹持忠, 1759~1791)과 그의 외종형인 권상연(權尙然, 1751~1791)이 모친상을 당하여 제사를 지내지 않고 신주(神主)까지 불태워버린 사건으로서, 이러한 공개적 제사 폐지 행위는 곧 조정까지 알려졌으며, 당사자들은 '멸륜패상(滅倫敗常)', '무군무부(無君無父)'의 죄목으로 처형되었다. 그러나 정조의 교화를 위주로 하는 입장 등으로 말미암아 진산사건은 정치적 파장을 최소화하는 선에서 무마되었다. 반면 순조 원년의 신유사옥(辛酉邪獄)은, 평소 정조의 정책에 불만을 품고 있던 주로 노론벽파(老論僻派) 같은 정치세력과 정조 사후에 수렴청정을 담당하게 된 대왕대비 정순왕후가 '사학(邪學)을 배척함으로써 정학(正學)을 바로 세운다'는 명분하에 반대세력을 제거하려 한 정치탄압이자, 동시에 정치적 주도권의 장악을 의도한 일종의 '정치적' 반격으로서의 성격이 강하였다. 이후 사학(邪學)으로 규정된 서교(西敎) 곧 천주교의 탄압은 단순히 서교에 대한 억압을 넘어서 서학(西學)으로 불리던 서양으로부터 전래된 모든 학문에 대한 물리적 탄압과 배척으로 이어졌다. 이러한 사상탄압은 서세동점이라는 거대한 변화의 흐름에 직면하게 될 조선의 사상계에 시대를 직시할 수 있는 시야와 의지를 거세시켜버릴 수 있다는 점에서 매우 위험한 조치가 아닐 수 없었다. 조선 후기 천

(斥邪綸音)의 반포[9]로 이어지는 일련의 상황은 또 다른 차원의 정치적·사상적 국면이 전개될 것임을 예고하는 사태 바로 그것이었다. 1801년에 발생한 일련의 사태의 시발점이 되었다고 할 수 있는 대왕대비 정순왕후(貞純王后)가 내린 하교는, 유연하면서도 적극적인 조정자가 갑자기 사라진 조선의 정치공간에서 정치적·사상적 소통관계가 급격하게 경색되는 방향으로 전개될 것임을 다음과 같이 압축적으로 보여주고 있다.

> 선왕〔정조〕께서는 늘 정학(正學)이 밝아지면 사학(邪學)은 저절로 없어질 것이라고 하셨다. 그러나 지금 듣건대 사학은 여전히 한성에서 경기 및 충

주교 수용과 관련해서는 이능화 『조선기독교급외교사』(경성: 조선기독교창문사 1924); 조광 『조선후기 천주교사 연구』(서울: 고려대학교 민족문화연구소 1988); 姜在彦 『西洋と朝鮮: その異文化格鬪の歷史』(東京: 文藝春秋 1994) 참조. 그중에서도 특히 진산사건과 신유사옥에 관해서는, 한국기독교사연구회 『한국기독교의 역사 I』(서울: 기독교문사 1989) 77~90면; 오수창 「정국의 추이」, 『조선정치사 1800-1863』 상(서울: 청년사 1990); 국사편찬위원회 『한국사32: 조선후기의 정치』(서울: 국사편찬위원회 1997) 243~49면 등을 참조할 것.

8) 황사영 백서사건이란 순조가 즉위한 직후 5가작통법(五家作統法)의 시행으로 천주교도에 대한 탄압이 본격화되면서 위기감에 사로잡힌 천주교도 황사영(1775~1801)이 북경에 있는 교회에 '서양함대를 동원, 조선정부를 위협하여 강제적으로라도 천주교를 받아들이도록 해야 한다'는 내용을 담은 장문의 서한을 비단에 작성하여 보내려다 발각된 사건을 말한다. 앞서 언급한 진산사건과 더불어 황사영 백서사건은 조선의 성리학적 사유체계가 추구하던 가치 및 사회질서 전반에 대한 근본적인 도전으로 간주되어, 이후 오래도록 서학이 이른바 '무부무군(無父無君)'의 금수(禽獸)의 논리 곧 사학(邪學)임을 온 세상에 드러내는 구체적인 사례로서 널리 회자되게 된다. 뿐만 아니라, 후일 서구의 위협이 가시화되는 상황에서는 외부의 적과 내통하여 반역을 도모할지도 모르는 내부의 적으로서 감시의 대상이 되기도 하였다. 황사영의 백서사건에 관련해서는 『純祖實錄』 1年 10月 5日(戊申條), 10月 27日(庚午條); 石井壽夫 「黃嗣永の帛書について」 上·下, 『出口正之』 10卷 1號, 2號(1940); 山口正之 『黃嗣永帛書の硏究』(東京: 全國書房 1947); 山口正之 『朝鮮西學史』(東京: 雄山閣 1967); 최석우 「전근대 전통 지식인의 대서양 인식」, 『국사관논총』 76집(서울: 국사편찬위원회 1997) 등을 참조할 것.

9) 『純祖實錄』 元年 12月 22日(甲子條) 「討邪頒敎文」.

청도에 이르기까지 날로 더욱 거세게 번성해가고 있다고 한다. 이 얼마나 부끄러운 일인가.

사람이 사람됨은 인륜이 있기 때문이며, 나라가 나라다울 수 있는 것은 교화가 있기 때문이다. 그런데 지금 이른바 '사학'은 아버지도 없고 임금도 없어 인륜을 무너뜨리고 교화를 등져서 저절로 〔우리의 삶을〕 오랑캐와 금수의 수준으로 떨어뜨리고 있다〔人之爲人, 以有人倫 國之爲國 以有敎化 今之所謂邪學 無父無君 毁壞人倫 背馳敎化 自歸於夷狄禽獸〕.

(…) 각 고을의 수령들은 각기 자신의 관할지역 전역에 오가작통의 법을 만들어, 만일 다섯 집 가운데 사학을 따르는 자가 있으면 그 감시를 맡은 사람은 수령에게 보고하여 개심케 해야 한다. 그런 다음에도 마음을 돌리지 않으면 응분의 벌을 내려 진멸(殄滅)함으로써 남은 종자〔遺種〕가 없도록 하라.[10)]

이후 사학으로 규정된 서교 곧 천주교의 탄압은 서학으로 불리던, 서양으로부터 전래된 학문 전반에 대한 탄압과 배척으로 이어졌다. 뿐만 아니라 이러한 와중에서 조선의 정치공간이 왕실의 외척세력을 중심으로 한 소수의 세도가문에 의해 실질적으로 장악되어갔음은 널리 알려진 바와 같다.[11)] 박제형(朴齊炯)의 『근세조선정감(近世朝鮮政鑑)』(1886)은 당시의 정치적 상황을 다음과 같이 묘사하고 있다.

---

10) 『純祖實錄』 元年 1月 10日(丁丑條); 李晩采 編 『闢衛篇』 권5.

11) 헌종과 철종대의 가장 영향력 있는 산림 중의 한 사람인 홍직필(洪直弼=梅山, 1776~1852)은 당대의 정치상황을 다음과 같이 표현하고 있다. "망국에 이르는 일은 하나가 아니겠으나, 외척 환관으로 인한 화가 가장 심하다〔亡國之事非一, 而外戚宦官爲禍, 最酷焉〕."(洪直弼 『梅山集』 52 「雜錄」 12~13면), 우인수 「18·19세기 산림의 기능약화와 성격변화」, 『대구사학』 55집(1997), 34면에서 재인용. 또한 당시의 최고기구이던 비변사의 고위관직은 이들 유력가문을 대표하는 인물들로 구성되어 세도권력의 기구로서 남용되는 양상을 보이게 된다. 이에 관해서는 『조선정치사 1800-1863』 하(서울: 청년사 1990)에 실린 오종록의 글 참조.

무릇 군국기무(軍國機務)와 백관(百官)의 장주(狀奏)도 모두 먼저 세도재상(世道宰相)에게 의논한 다음에 왕에게 아뢰며 왕도 또한 세도재상에게 먼저 물은 다음에 결재하니 위엄과 복이 이 사람의 손에 달려 있고, 관직을 주고 뺏는 일도 이 사람의 마음에 달려 있다. 따라서 온 나라가 세도재상을 섬기기를 신명(神明)을 섬기듯 한다. 한번이라도 그 뜻을 거스르면 화환(禍患)이 따르니 비록 훌륭한 덕과 큰 재주를 갖고 있다 하더라도 세도재상이 알지 못하면 초야에 묻히게 된다.[12)]

〈표4-1〉 조선 말기 왕위승계 관련사항 (국왕의 평균 재임기간: 22년)

국왕		선왕과의 관계	즉위	즉위 연령	재위 기간	왕위승계 관련 특기사항
23대 純祖	r.1800~1834 (1790~1834)	부자관계 (정조의 차서자)	1800년 7월 4일	11세	34년 4개월	대왕대비의 수렴청정*①, 세자의 대리청정 중 세자 사망*②
24대 憲宗	r.1834~1849 (1827~1849)	적장손	1834년 11월 18일	7세	14년 7개월	대왕대비의 수렴청정*③, 후사 없음, 대왕대비가 국왕을 지명
25대 哲宗	r.1849~1863 (1831~1863)	친척관계 (종친범위 이탈)	1849년 6월 9일	19세	14년 6개월	대왕대비의 수렴청정*④, 후사 없음, 대왕대비가 국왕을 지명
26대 高宗	r.1863~1907 (1852~1919)	친척관계 (종친범위 이탈)	1863년 12월 13일	12세	43년 7개월	대왕대비의 수렴청정*⑤, 흥선대원군의 집정, 대한제국 이후 광무제 즉위, 일본통감부에 의해 강제 양위당함
27대 純宗	r.1907~1910 (1874~1926)	적장자	1907년 7월 20일	33세	3년 1개월	일본에 병합됨

① 대왕대비[정순왕후=영조계비, 1745~1805]의 수렴청정: 순조 즉위 이래 순조 3년 12월 28일까지[13)]
② 세자[효명세자, 1809~1830, 사후에 그의 아들 헌종에 의해 익종(翼宗)으로 추존됨[14)]]의 대리청정: 1827년 2월 18일부터 1830년 5월 6일까지[15)]
③ 대왕대비[순원왕후=순조비=안동김씨 김조순(金祖淳, 1765~1831)의 딸, 1789~1857]의 수렴청정: 헌종 즉위 이래 헌종 6년 12월 25일까지[16)]
④ 대왕대비[순원왕후]의 수렴청정: 철종 즉위 이래 철종 2년 12월 28일까지[17)]
⑤ 대왕대비[신정왕후=익종비=풍양조씨 조만영(趙萬永, 1776~1846)의 딸, 1808~1890]의 수렴청정: 고종 즉위 이래 고종 3년 2월 13일까지[18)]

이 과정에서 왕권은 전례없이 위축되어가고 있었다.[19] 〈표4-1〉은 조선 말기의 왕위승계와 관련된 사항을 표로 작성한 것이다.

이 시기에 들어서면 마지막 군주 순종을 제외한 모든 국왕이 어린 나이에 등극하여, 예외없이 대왕대비의 수렴청정을 겪었을 뿐만 아니라, 대왕대비가 후임 국왕을 선택하는 상황마저 반복되었다. 이처럼 국왕의 정통성이 약화되는 가운데 왕실의 외척세력이 정치권력을 장악해가고, 권력행사, 권력배분, 엘리뜨의 충원 등 정치의 가장 기본적인 기능이 폐쇄적으로 운영되는 현상이 거듭되면서 정치권력의 사유화 경향이 고착되는 양상을 보였다.[20] 조선 후기의 주요한 몇몇 시기에 핵심적인 관직에 있던 인물들의 통혼(通婚)관계를 실증적으로 분석한 연구에 따르면, 세도정치기에 들어

---

12) 朴齊炯 『近世朝鮮政鑑』(1886)(서울: 探求堂 1975) 125면.

13) 『純祖實錄』 卽位年 7月 4日(甲申條), 3年 12月 28日(己丑條).

14) 『憲宗實錄』 卽位年 11月 19日(庚辰條), 元年 5月 19日(丁丑條).

15) 『純祖實錄』 27年 2月 18日(甲子條), 30年 5月 6日(壬戌條).

16) 『憲宗實錄』 卽位年 11月 18日(己卯條), 6年 12月 25日(辛巳條).

17) 『哲宗實錄』 卽位年 6月 9日(乙亥條), 2年 12月 28日(己酉條).

18) 『高宗實錄』 卽位年 12月 8日(庚辰條), 3年 2月 13日(癸卯條).

19) 정조가 육성한 국왕의 친위대인 장용영(壯勇營)이 순조가 즉위하고 얼마 후 폐치되고 만 것은 이러한 사정을 대변하는 상징적인 사건이라고 할 수 있을 것이다. 이에 관해서는 『純祖實錄』 2年 1月 20日(壬辰條) 참조. 장용영의 설치 및 폐치가 각각 갖는 정치적 의미에 관해서는 이태진 「정조대의 왕권강화와 장용영운영」, 『조선후기의 정치와 군영제변천』(서울: 한국연구원 1985); 배항섭 『19세기 조선의 군사제도연구』(국학자료원 2002) 등을 참조할 것.

20) 이와 관련해서는 한국역사연구회 『조선정치사 1800-1863』 상/하(서울: 청년사 1990); 박광용 「19세기 전반의 정치사상」, 『국사관논총』 40집(서울: 국사편찬위원회 1992); 홍순민 「19세기 왕위의 승계과정과 정통성」, 『국사관논총』 40집(1992); 김명숙 「세도정치기(1800-1863)의 정치행태와 정치운영론」(서울: 한양대학교 박사논문 1997); 오수창 「세도정치의 성립과 전개」, 『한국사』 32(서울: 국사편찬위원회 1997); 박광용 「19세기 초·중반의 정치와 사상」, 『역사비평』(서울: 역사비평사 1996년 겨울) 등을 종합적으로 참조할 것.

서면서 유력가문들이 통혼관계로 연결되는 빈도가 이전 시기에 비해 현저하게 증가하고, 고위관직을 장악한 집권층의 통혼 대상이 정치적·사회적 특권을 세습하는 그 이전 시기보다 훨씬 소수의 가문—당대의 용어로는 이른바 '벌열(閥閱)'—에 집중되는 경향을 보이고 있음을 확인할 수 있다. 유력한 가문간의 정치적 '담합(談合)'이 이루어지고 권력집단의 폐쇄성이 매우 심화되고 있음을 드러내주는 현상이라고 할 수 있다. 이와 관련해 경연석상에서 드러낸 국왕 순조의 다음과 같은 자조적 어조는 여러모로 시사적이다.

> 어진 인재가 있는지 널리 구하여 잘 써야 할 텐데, 근래에는 점점 옛날 같지 않아서 청화(淸華)한 관직이 전부 벌열세족(閥閱世族)에게 돌아가고 소원한 인물에 이르러서는 미관말직의 자리를 얻은 자조차 거의 없다. 어떻게 소원한 지방의 선비들을 모두 올려 쓸 수 있는 방법은 없는 것인가?[21]

조선 말기에 들어오면, 조선의 군신관계에서 나타나던 '상호의존적 긴장관계'는 그 고유한 역동성과 정치적 탄력성이 쇠진된 채, 양자간의 관계는 '지배연합의 성격을 강하게 내포한 상호의존관계' 즉 일종의 '부정적인 의미의 공생'과 '담합' 관계로 변질되어갔다. 제1장에서 언급한 것처럼 제임스 팔레는 조선왕조의 군신관계 전반을 일괄하여 '공생관계'라고 묘사한 바 있다. 하지만 조선정치사에서 군신간에 '지배연합으로서의 상호의존관계'의 성격을 지닌 '부정적인 의미의 공생관계'가 지속적으로 드러나는 것은 조선 말기 특히 그중에서 세도정치기에 해당하는 시기라고 해야 할 것이다. 예컨대 순조 때의 사간이던 임선(任銑)은 상소문을 통해 왕권의 실

21) 『純祖實錄』 6年 5月 7日(甲寅條), "上曰, 有賢材廣求而盡用, 近則漸不如古, 淸華之職, 盡歸於閥閱世族, 而至於疎遠之人, 則得列於微官末職者亦無幾, 何以則疎遠遺逸, 皆得進用耶"; 권기석, 앞의 논문 165면 참조

질적 구심력이 형해화하고 소수의 세도가문들이 왕권이라는 정통성의 우산 아래서 권력을 사적으로 독점하는 현상을 다음과 같이 비판한 바 있다.

> 지금 우리 전하께서는 즉위하신 이후로 침묵이 너무 지나쳐, 정령(政令) 등 사무 일체를 뭇 신하에게 일임하시고, 장주(章奏)와 품계(稟啓)를 모두 윤허하시며, 가부(可否)에 대한 재결의 말씀이 전혀 없으시니, 이해(利害)의 구분이나 공사(公私)의 구별이 이제 기약하지 않아도 저절로 권병(權柄)에 의해 이루어지고 있습니다. (…) 선비가 비록 재행(才行)이 있더라도 권문(權門)에 인연이 없거나 뇌물에 힘입은 바 없으면 벼슬길에 오르는 것이 거의 나무에 올라가 물고기를 구하는 것과 같습니다.[22]

상소 이후 임선은 유배된다.[23] 조정을 모욕했다는 이유에서였다.[24] 임선의 사례는 당대의 정치적 소통의 통로가 경색되어가고 있음을 보여주는 단적인 사례 중의 하나이다. 이처럼 왕실의 외척세력을 중심으로 한 소수의 세도가문에 실질적인 정치권력이 집중될수록, 당시 조선성리학에 팽배해 있던 규범적인 경향을 비판하는 개혁적인 성향의 유학자들은 물론이고 전통적인 성리학적 가치를 고수하는 일반 사대부 세력까지도 정치권력으로부터 소외되어 주변적 엘리뜨로 전락하는 현상이 광범위하게 진행되었다.[25] 더욱이 19세기 초에는 가뭄과 물난리가 반복되고 전염병이 창궐하는 상황이 거듭되었다.[26] 이처럼 정치적·사회적 엔트로피가 전반적으로 증가

---

22) 『純祖實錄』 19年 4月 8日(己巳條).
23) 『純祖實錄』 19年 4月 24日(乙卯條).
24) 『純祖實錄』 19年 4月 29日(庚寅條), 4月 30日(辛卯條).
25) 진덕규 「조선후기 정치사회의 권력구조에 관한 정치사적 인식」, 『19세기 한국 전통사회의 변모와 민중의식』(서울: 고려대학교 민족문화연구소 1982).
26) 이호철·박근필 「19세기 초 조선의 기후변동과 농업위기」, 『조선시대사학보』 2(조선시대사학회 1997) 참조.

하는 와중에서 삼정(三政)의 문란으로 대표되는 수취체계의 모순 등으로 말미암아 홍경래의 난(1811)을 비롯하여 조선시대 최대의 민란으로 평가되는 임술민란(1862)에 이르기까지 피지배층의 불만과 저항 또한 격렬해지고 있었다.[27] 뿐만 아니라 일부 지식인의 '지적 호기심'의 단계에 머물러 있던 천주교에 관한 관심이 본격적으로 대중적인 차원의 '종교적인 신념'으로 전화되어 나타나는가 하면, 1860년 최제우(崔濟愚, 水雲, 1824~1864)가 창시한 동학(東學)이 인간의 존엄성을 바탕으로 모든 형태의 차별에 반대하면서 새로운 세상 곧 '후천개벽'을 선포한 이후 사회적으로 빠르게 확산되었다. 이는 조선 말기에 들어서 조선의 정치공간이 위로부터 아래에 이르기까지 전반적으로 동요하고 있음을 반영하는 현상이라고 해야 할 것이다.[28]

(2) 대외적 위기와 위기의식: 굴절된 자기정체성의 부상과 편승의 외교

조선을 둘러싼 대외환경도 점차 변화하는 조짐을 보였다. 아편전쟁 이전부터 조선의 해안에 이양선으로 불리는 서양 선박들이 나타나기 시작하여,[29] 시간이 갈수록 그 출현 빈도는 잦아지고 있었다.[30] 다음의 기록은 이

27) 여기서 삼정이란 전정(田政)·군정(軍政)·환정(還政) 즉 전세(田稅)와 군역(軍役) 그리고 환곡(還穀)을 말한다. 19세기 전반에서 중반에 이르기까지 나타난 피지배층의 저항에 관해서는 정석종 「홍경래난」, 『전통시대의 민중운동』 하(서울: 풀빛 1981); 진덕규 외 『19세기 한국 전통사회의 변모와 민중의식』(서울: 고려대학교 민족문화연구소 1982); 이이화 「19세기의 민란연구」, 『조선후기의 정치사상과 사회변동』(서울: 한길사 1984); 망원한국사연구실 『1862년 농민항쟁』(서울: 동녘 1988); 한명기 「사회세력의 위상과 저항」, 『조선정치사 1800-1863』 상(서울: 청년사 1990) 등을 참조할 것.

28) 동학에 관해서는 양적으로나 질적으로 풍성한 연구들이 축적되어왔다. 여기서는 동학의 정치사상적 특징과 관련해서 다음 두개의 인상적인 저작만을 지적해둔다. 金榮作 『韓末ナショナリズムの研究』(東京: 東京大學 1975); 趙景達 『異端の民衆反亂: 東學と甲午農民戰爭』(東京: 岩波書店 1998).

29) 『正祖實錄』 21年 9月 6日(壬申條); 『純祖實錄』 16年 7月 19日(丙寅條), 32年 7月 21日(乙

러한 정황을 상징적으로 대변해준다.

> 금년(1848) 여름 가을 이래로 이양선이 경상도, 전라도, 황해도, 강원도, 함경도의 대양(大洋) 가운데에 출몰하는데, 아득하여 끝이 없어(漫瀾) 추적할 수 없었다. 혹 뭍에 내려 물을 긷기도 하고 고래를 잡아 양식으로 삼기도 하는데, 거의 그 수를 헤아릴 수 없이 많았다.[31]

더욱이 조선의 경우는, 청과 국교를 갖지 않고 나가사끼(長崎)를 통한 통상관계밖에 없던 당시의 일본과는 달리 훨씬 신속하고 정확한 정보를 입수할 수 있는 입장에 있었다.[32] 조선정부는 매년 수차례 파견하는 연행사절 통로를 통해,[33] 예컨대 청이 인도로부터 흘러들어오는 아편에 대한

丑條).

30) Frederick M. Nelson, *Korea and the Old Orders in Eastern Asia* (New York 1967, 1975) 109~10면; 박천홍 『악령이 출몰하던 조선의 바다: 서양과 조선의 만남』(서울: 현실문화 2008).

31) 『憲宗實錄』 14年 12月 29日(己巳條), "是歲夏秋以來, 異樣船出沒, 隱現於慶尙全羅黃海江原咸鏡五道大洋中, 或漫瀾無以蹤跡之, 或下陸汲水, 或又鯨爲糧, 殆無以計其數也."

32) 原田環 「十九世紀の朝鮮における對外的危機意識」, 『朝鮮史硏究會論文集』 21集(1984) 75면.

33) 중국의 정세에 관한 조선 연행사절의 보고들은 여러 한계에도 불구하고 당시 조선의 정보력을 짐작하게 해주는 사례라고 할 수 있다. 原田環의 앞의 논문(76~86면)에는 1830년대부터 1894년 갑오경장에 이르기까지 청 칙사의 조선 방문단 일람과 조선의 연행사절단 일람이 상세하게 수록되어 있어 참고할 만하다. 이외에도 당시 조선의 중국 정세에 관한 정보 수집능력 수준을 가늠하게 해주는 연구로 하정식 「태평천국에 대한 조선정부의 인식」, 『역사학보』 107집(서울: 역사학회 1985); 민두기 「19세기후반 조선왕조의 대외위기의식」, 『동방학지』 52집(서울: 연세대학교 1986); 노대환 「19세기전반 지식인의 대청 위기의식과 북학론」, 『한국학보』(서울:서울대학교 1994); 하정식 「연행정보와 조선왕조의 태평천국 인식의 정치적 배경」, 『역사학보』 145집(1995); 하정식 「태평천국과 1850-60년대초 조선왕조의 위기의식」, 『동방학지』 87집(연세대학교 국학자료원 1995) 등을 들 수 있다. 본서는 위의 논문들에서 많은 시사점을 얻은 바 있다.

대책 마련에 얼마나 부심하고 있는지, 그리고 아편전쟁과 그후 이어진 사건의 경과라든가 태평천국의 난으로 인한 중국 정세, 영불연합군의 북경 점령 등에 이르기까지 세세한 보고를 받았다. 그러면 당시 서세동점이 진행되는 상황에 대하여 조선 지배층은 어떠한 의식을 가지고 어떻게 반응하고 있었을까.

당시 정부의 공식적인 반응은 외정(外政)과 내정(內政)이라는 양측면에서 볼 때 비교적 뚜렷한 경향을 드러내고 있었던 것으로 생각된다. 우선 외정과 관련해서는 예컨대 1832년(순조 32년), 영국 동인도회사 소속의 로드 암허스트(Lord Amherst)호의 교역요청에 대한 조선정부의 대응을 통해 그 전형적인 모습을 살펴볼 수 있다. 이는 서양국가로서는 최초로 조선 측에 교역을 요청한 사례였다. 다음은 조선이 영국 측의 교역요청을 거부한 후 중국 측에 보내는 자문(咨文, 1832년 7월 21일자)의 일부이다.

> 본년 6월 26일 유시(酉時)경에 이양선 한척이 (…) "귀국의 대왕에게 전계(轉啓)하여 우호를 맺고 교역하게 해주기를 바란다"는 연락을 해왔습니다. (…) 그래서 개유(開諭)하기를, "번방(藩邦)의 사체(事體)로는 다른 나라와 사사로이 교린(交隣)할 수 없고 더욱이 우리나라는 자래(自來)로 전복〔甸服=中國〕과 가까이 있어 크고 작은 일을 모두 아뢰고 알려야 하므로 임의로 할 수 없는데, 당신들이 상국〔上國=中國〕의 근거할 만한 문빙(文憑)도 없이 지금까지 없었던 교역을 강하게 요청하는 것은 매우 부당하니 요구에 응할 수 없다"고 하였습니다. (…) 주차(舟車)가 통하는 곳에서 서로 있고 없는 것을 교역하는 것은 나라의 떳떳한 일이나, 번신(藩臣)에게 외교(外交)가 없고 관시(關市)에서 이언(異言)을 살피는 것은 나라를 굳건히 하는 이전(彛典)에 속하는 것입니다. 작은 나라〔小邦〕인 저희는 분의(分義)를 아는 만큼 각별히 후(侯)의 법도를 지켜 비록 해마다 으레 열리는 개시(開市)에 있어서도 오히려 반드시 황제의 지휘를 기다려서 행하고 있습니다. 이번 영길리국〔英吉利國=

영국]은 지리상으로 동떨어져 있어 작은 나라인 저희와는 수로(水路)의 거리가 몇만리가 되는지도 모르는 처지에, 망령되이 교린을 핑계하고 교역을 억지로 요구하였으니 전혀 사리에 맞지 않아서 실로 예상밖의 일이었습니다. 그리하여 경법(經法)에 의거하여 시종 굳건히 방새(防塞)하였더니 저들도 더 어쩔 수 없음을 알고 바로 돌아갔습니다. 교역에 관한 한 조항에 대해서라면 더 말할 것이 없겠으나, **변경의 정세**에 관한 일인 만큼 마땅히 상세히 보고해야 하겠기에 이렇게 이자(移咨)하는 바입니다.[34](강조는 인용자)

위의 자문(咨文)에서 드러나는 바와 같이, 조선 측은 '서방국가'의 교역 요청에 대해 자국이 중국의 '번방(藩邦)'이자 '작은 나라〔小邦〕'라는 것을 명분으로 삼아 회피하고 있음을 알 수 있다. 뿐만 아니라 사건의 처리 이후 조선이 중화질서의 명분체계에 입각하여 '신하 된 자는 사적으로 외교를 하지 않는다〔人臣無外交〕'는 논리에 근거하여 서방국가와 관계하지 않고 있음을 청의 예부(禮部)에 알림으로써 조선이 청의 보호우산 아래 놓여 있다는 사실을 대내외적으로 분명히 밝히는 방식으로 대응하려 하고 있음이 드러난다.[35] 19세기 조선 말기에 들어 조선정부는 이러한 방식을 이후 서방국가와의 관계를 회피하는 하나의 전범(典範)으로 삼아 반복하게 된다.

---

34) 『純祖實錄』 32年 7月 21日(乙丑條). 이와 관련해서는 『備邊司謄錄』 純祖 32年 7月 9日(癸丑條); 『同文彙考』 4권(서울: 국사편찬위원회 1978) 3655~56면 「壬辰 報斥送暎吉利國商船咨」를 함께 참조할 것.

35) 여기서 사용된 전통적인 의미의 '외교'라는 용어가 오늘날 사용되는 근대적 의미의 '외교'(diplomacy)라는 용어와 대단히 다른 뉘앙스를 가진 것이라는 점을 간과해서는 안될 것이다. 본래 사대질서 관계에서 사용된 외교라는 용어는 "다른 사람의 신하 된 자로서 외교를 할 수 없으며, 감히 두 임금을 섬기지 않는다〔爲人臣者無外交, 不敢貳君也〕"는 『禮記』 「郊特生第十一」의 유명한 용례에서 드러나는 바와 같이, 신하 된 자가 은밀히 사적으로 교섭하는 행위를 일컫는 말로서 그 용어 자체에 대단히 부정적인 의미가 내포되어 있었다. 이에 관해서는 동덕모 「동양에 있어서의 전통외교의 개념: 한국의 전통외교를 중심으로」, 『논문집』 8호(서울대학교 국제문제연구소 1984) 등을 참조할 것.

한편 조선정부는 진산사건이나 황사영의 백서사건의 경험을 통해 만들어진 '아버지도 없고 임금도 없다〔無父無君〕'는 서학에 관한 부정적 이미지를 활용하고 청에서 점차 확산되어가는 태평천국군과 염군(捻軍)의 사례를 타산지석으로 삼아, 동아시아질서의 동요로 인한 위기상황에 대하여 '내수론(內修論)'의 명목 하에 서학에 대한 탄압을 한층 강화하는 방식으로 대응하였다. 서학에 대한 대대적인 탄압〔己亥邪獄, 1839〕과 아울러 또 한차례의 척사윤음이 반포된 것도 이러한 와중에서였다.[36] 프랑스 군함이 나타나 기해사옥 때 프랑스인을 살해한 책임을 추궁하고 협박하는 서신을 남기고 사라진 후,[37] 국왕에게 올려진 상소문에는 '바름〔正〕 대 그름〔邪〕'이라는 이분법적 사고에 근거한 맹목적이고 배타적인 사상탄압의 논리가 다음과 같이 드러나 있다.

> 적(賊)이 온 것에는 반드시 까닭이 있을 것이고 머무르는 데는 반드시 믿는 것이 있을 것입니다. 사당(邪黨)으로서 와주(窩主)가 된 자〔천주교도를 지칭–필자〕 중에 반드시 그런 인물이 있을 것인데 어찌 이를 불문에 부칠 수 있겠습니까. (…) 한갓 사술(邪術)에 속고 사적(邪賊)에 깔보이며 오직 요사(妖邪)를 보양(保養)하는 것을 화란(禍亂)을 늦추는 현명한 계책으로 여긴다면 장차 우리 소중화의 모든 지역이 함께 멸망하게 될 것입니다.[38]

이처럼 19세기 중엽의 동아시아질서가 동요하는 와중에서, 조선정부는

36) 『憲宗實錄』 5年 3月 5日(辛丑條), 5年 10月 18日(庚辰條), 기해사옥과 당시의 정황에 관해서는 한국기독교사연구회 『한국기독교의 역사 I』(서울: 기독교문사 1989) 94~106면 등을 참조할 것.

37) 『憲宗實錄』 12年 7月 3日(丙戌條); 이원순 「병인양요일고」, 『한불수교100년사』(서울: 한국사연구협의회 1986) 33~34면.

38) 『憲宗實錄』 13年 8月 9日(乙卯條) 「副司直 成近默(果齋, 1784~1852)의 上疏」.

‘밖’을 향해서는 번방이요 소국이라는 점을 명백히 하면서 ‘인신무외교(人臣無外交)’의 논리로 수미일관 대응해나가고, ‘안’으로는 내수론의 입장에 근거하여 사상탄압을 관철해나가는 방식을 반복했다. 여기서 사용되는 논리들은 그 외연만으로 판단한다면, 앞서 살펴본 바와 같이 조선정치의 맥락에서 반드시 특별히 생소한 것이라고 하기는 어렵다. 하지만 이러한 낯익음에도 불구하고, 거기에는 무시할 수 없는 ‘차이’ 혹은 ‘불연속’이 존재하고 있음을 간과해서는 안된다.

우선 대외적인 전략의 전면에 등장한 ‘인신무외교’의 논리는 이념적으로 천자를 중심으로 한 위계적 중화질서를 지탱하는 ‘명분상’의 규범이었지 구체적인 국가간 관계를 ‘직접적’이고 ‘실질적’으로 규율하는 원리까지는 아니었음에 유의할 필요가 있다. 이러한 점은 전통적으로 조선의 대외관계가 ‘사대(事大)’만이 아니라 ‘교린(交隣)’이라는 기본축을 중심으로도 또한 돌아가고 있었다는 사실을 상기해보는 것만으로도 확인할 수 있다. 더욱이 전술한 바와 같이, 건국 이데올로그 정도전 이래 조선은 중국과의 관계에서 한편으로는 이러한 명분을 존중하면서도, 다른 한편으로는 명분상의 레토릭과 현실전략 간에 끊임없는 긴장관계를 견지했다. 가깝게는 예컨대 조선 후기에 해당하는 17세기 중엽 이후 오래도록 조선을 풍미한 북벌론(北伐論)의 경우, 현실적인 중화‘제국’이던 청과 직접 대결하겠다는 의식이 장기간의 위기상황에 놓여 있던 왕조국가 조선을 내적으로 추동해내는 중요한 동인 가운데 하나가 되었음을 고려한다면, ‘번방’과 ‘소국’이라는 명분상의 의례적 표현을 현실 정치공간의 전면에 내세우며 중국의 보호우산에 거의 전적으로 의존하려는 태도는 그만큼 조선의 정치공간이 기왕의 탄력성을 잃고 ‘변질’되었음을 의미하는 ‘불연속’이자 ‘단절’의 반영과 다르지 않다고 해야 할 것이다.

한편 내정을 우선시하는 내수론(內修論)의 경우에도, ‘우선 내치를 닦은 후에 외적을 물리친다〔內修外攘〕’는 전통적인 논리의 연장선 위에 서 있는 것이었으나, 조선정치의 전통적 유산의 상속이라는 관점에서만 바라보기 어려운 '불연속'의 여지가 다분히 있었다. 그것은 현실의 정치 운영과정에서 명료하게 드러난다. 이 시기를 통틀어, 이른바 내치를 바로 한다는 명목하에 이루어진 사상탄압 외에는 구체적이고 일관되게 취해진 내치에 관한 정책다운 정책은 거의 존재하지 않았다.[39] 예컨대 조선 최대의 민란이라고 일컬어지는 1862년의 농민봉기가 일어나자, 국왕 철종이 실정을 파악하고 수습방안을 마련하기 위해 안핵사(按覈使)로 파견한 박규수(朴珪壽)가 조정에 제출한 개선책이 중앙에서 결국 흐지부지 처리되는 사례는 당대의 내수론이 얼마나 공허한 것이었는지를 보여주는 상징적인 예라고 할 수 있을 것이다.[40] 요컨대 이러한 '정치 실종'의 상황은, 전술한 바와 같이 명분상의 존재로 전락한 국왕과 이에 의탁한 소수 특권가문들의 정치적 담합관계가 일상화되고 정치권력의 사유화가 심화되는 와중에서, 조선의 유교적 정치지형의 소통기능이 마비되면서 조선의 정치공간이 현실적으로 일종의 거대한 '무책임의 구조'로 변질되어가는 양상을 그대로 반영하고 있다.

본서의 제2장에서 검토한 바와 같이 조선 전기, 조선 중기, 조선 후기라는 각각의 정치적 국면마다 객관적인 시대적 과제 혹은 시대정신과, 그것을 감지하고 이를 실천적으로 주도해나갈 핵심적인 정치세력이나 사회세력이 등장하였다. 아니 뒤집어 생각해보면, 시대의 흐름을 읽어내고 새로운 국면을 준비하고 주도해갈 만한 세력이 형성되었을 때 비로소 정치적

---

39) 19세기 중엽 정치운영에 관해서는 한국역사연구회 『조선정치사1800-1863』 하(서울: 청년사 1990)의 제3부; 이철성 「부세제도의 문란과 삼정개혁」, 국사편찬위원회 『한국사 32: 조선후기의 정치』(서울: 탐구당 1997); 박현모 『정조 사후 63년: 세도정치기(1800-63)의 국내외 정치 연구』(서울: 창비 2011) 참조.

40) 『哲宗實錄』 13年 2月 29日(壬午條), 3月 1日(癸未條), 4月 4日(丙辰條), 5月 22日(癸卯條), 5月 23日(甲辰條), 5月 27日(戊申條) 등 참조. 이와 관련된 연구로는 각주 27)에 소개한 논문들과 아울러 김용섭 「철종 임술년의 응지삼정소와 그 농업론」, 『한국사연구』 10(1974); 原田環 「晋州民亂と朴珪壽」, 『史學硏究』 126(廣島大學 1975) 등을 들 수 있다.

국면의 전환이 가시적으로 드러났다고 하는 것이 더욱 사실에 부합할지도 모른다. 그리고 각각의 국면마다 각기 다른 정치적 역할을 담당했음에도 불구하고 조선의 국왕들이 조선왕조의 상징적인 구심축으로서의 기능을 수행했다는 점에서는 기본적 연속성을 발견할 수 있다. 아울러 어떠한 경우에도 국왕의 정치적 리더십 여부가 현실정치의 수준을 가르는 중요한 요소로서 작용하고 있었다.

그런데 조선 말기, 그중에서도 세도정치기의 정치적 국면을 조선정치사의 다른 시기들과 대비해볼 때 무엇보다 주목하게 되는 사실은, 이 시기에 들어서면 시대적 과제와 비전을 제시하고 광범위한 동의를 끌어낼 수 있는 세력이 그 어디에서도 부상하지 않는다는 점이다.[41] 더욱이 당시에는 국왕의 능동적인 정치력도 존재하지 않았다. 이처럼 조선 말기에 들어서 공공의 영역이어야 할 조선의 정치공간이 사권화(私權化)되면서 심각하게 경직되고 무력화되는 가운데, 조선 후기 이후 사회 전반에 걸쳐 나타난 다분히 이분법적이고 규범주의적인 성향은 역설적으로 더욱 '내면적 의식 안에 몰입'되어가는 이른바 정신주의적 경향을 드러내었다. 결국 이러한 시대정신의 표류와 이러한 상황을 적극적으로 직시하려는 책임있는 정치세력의 부재 속에서, 소수 특권가문으로 대변되는 당대의 '주류' 지배층은 전통적인 지배계층과도 유리된 채 '번방'과 '소국'을 자의적으로 결합시킨 이른바 '번방소국(邊方小國)'으로서의 자기정체성에 의탁하는 경향을 보였다. 요컨대 세도정치기 조선의 주류 위정자들은 대내외적 위기상황에 대한 별다른 고민 없이 '번방소국'이라는 변질된 자기정체성을 바탕으

41) 18세기의 사상사적 문맥과 19세기의 대외적 여건의 변화를 감안할 때, 조선 말기의 정치국면에서 가장 웅대하고 진지한 시대적 문제의식을 견지하고 있던 인물로는 정약용(丁若鏞, 茶山, 1762~1836)과 최한기(崔漢綺, 惠崗, 1803~1877) 정도를 꼽을 수 있을 것으로 생각된다. 그러나 주지하는 바와 같이, 이들은 조선 말기의 폐쇄된 정치공간에서 주변 엘리뜨의 영역을 벗어날 수 없었다.

로, 중국의 보호우산 속에 무임승차하려는 '편승'의식으로 일관하는 모습을 보였던 것이다. 이후 조선 정계에 대두하기 시작한 청과의 공동운명체 운운하는 논의의 기저에 이러한 편승의식이 깔려 있었음은 두말할 나위가 없어 보인다.[42)]

다음에 소개하는 대화는 영불연합군에 의한 북경 함락 소식이 조선에 전해진 후,[43)] 조정에서 열린 회의내용을 담은 것이다. 당시의 주류적 지배층 사이에 만연한 '변방소국'으로서의 굴절된 자기정체성과 위기의식을 집약하여 보여주는 하나의 전형적인 사례라고 할 수 있다. 이 자리에서 국왕인 철종은 대신들의 견해를 재촉하면서 다음과 같이 말한다.

> 뇌자관(賚咨官)의 수본〔手本=특별 긴급보고〕을 읽으니 중국의 일이 실로 큰 걱정거리다. 대저 천하를 장악한 대국으로서도 적을 당하지 못하였으니, 〔서양 오랑캐의〕 무력의 표한(慓悍)함이란 가히 알 만한 것이라고 하겠다. (…) 연경(燕京)은 아국(我國)에게는 이와 입술〔脣齒〕의 관계라고 할 것이다. 만일 연경이 위태로우면 아국이라고 어찌 편안하겠는가. 또한 그들의 강화(講和)라고 하는 것에는 단지 교역에 관한 내용만이 있는 것이 아니다. 윤상(倫常)을 없애고 손상시키는 기술〔기독교〕을 세상에 전염시키려 하는 것이다. 그러니 아국도 그 해를 면할 수 없게 되었다. 더욱이 저들 선박의 우수함

42) 이른바 '조청운명공동체론(朝淸運命共同體論)'이 이후 오래도록 명맥을 유지했음은 기존연구를 통해 지적된 바와 같다. 청과의 공동운명체 논의에 관해서는 노대환 「19세기 전반 지식인의 대청 위기의식과 북학론」, 『한국학보』 76집(일지사 1994) 참조.

43) 뇌자관이던 김경수(金景遂)는 북경 함락 소식을 조정에 급히 보고하였다. 보고문에는, 북경이 함락되어 원명원(圓明園)이 불타고 청 황제가 열하로 피난해 갔다는 것, 그리고 서양 오랑캐 나라들과 새로이 규약을 맺어 천주교 전수와 학습을 금하지 않고 보호하게 되었으며, 각 항구에서 자유로이 통상하기로 되었다는 등 베이징조약의 내용 등이 담겨 있다. 이에 따라 곧바로 열하에 열하문안사(問安使)를 파견하는 결정이 내려지게 된다. 『日省錄』 哲宗11年 12月 初9日條(戊辰條).

은 순식간에 천리를 갈 수 있는 정도라고 하지 않는가. 그러니 장차 어찌하면 좋겠는가. 이제 불가불 대책을 강구하지 않을 수 없으니 그대들의 뜻은 어떠한가.[44]

이에 대해 영의정 조두순(趙斗淳, 1796~1870)의 답변의 요지는 "내수(內修)를 먼저 한 연후에 외적(外賊)을 막을 수 있다. 내수의 방법은 재력과 병력을 충실하게 하는 것이겠지만 다만 이는 시간을 필요로 하므로 이는 하루아침〔一朝一夕〕에 이루어질 수 있는 것이 아니다. 다른 방책이 있으면 수시로 상주(上奏)하겠다"는 것이었다. 이에 대해 국왕이 "대국이 저렇게 곤욕을 치르고 있는데 우리나라인들 어찌 무사하겠는가" 하면서 더욱 구체적인 방안을 촉구하자, 다른 대신들이 침묵하는 가운데 조두순이 국왕에게 올린 답변은 "중국이 곤욕을 치르는 것은 천지의 운세"이며, 지금 당장 할 수 있는 방책은 "국왕이 몸소 먼저 스스로를 닦고 행동을 조심하면 모든 신민이 게으름을 피우거나 소홀히 하지 않으리〔聖躬先自修飭 則百隷自無怠忽〕"라는 것이었다.

이후 열하문안사가 청에서 귀국하여 국왕에게 복명하는 자리에서 "이번 사행은 열국에서는 없었고 조선에서만 홀로 있었으니, 일심으로 사대하는 정성은 가히 깊이 흠모할 만하다. 참으로 예의의 나라이다〔今行卽列國所無, 東國獨有之, 一心事大之誠, 深可欽歎. 眞是禮義之邦〕"라는 황제의 칭찬의 말을 전하자, 철종은 한편으로 안도하면서 다음과 같이 말한다. "이처럼 어렵고 위급한 시기를 당하여 사대하는 도리에 있어 어찌 한번쯤 문안

44) 『承政院日記』 咸豐10(1860)年 庚申12月 初10日(己巳條), "見賫咨官手本 則中國事誠萬萬憂悶 夫以天下之大 猶不能抵敵 則其鋒銳之慓悍 推可知也 (…) 燕京至於我國 卽脣齒之比也 燕京若危 則我國豈晏然乎 且聞彼之所講和云者 不徒交易之計而已 以蔑倫悖常之術 欲爲傳染於四海者也 然則我國 亦難免其害 況舟楫之利 一瞬千里者乎 苟其然者 將如之何可乎 備豫之策 不可不講究 卿意以爲如何."

드리는 예가 없을 수 있겠는가〔上曰, 當此艱危之時, 其在事大之道, 豈可無一番問安之禮乎〕."[45)]

고종이 12세의 나이로 왕위에 오른 것은 국내외적으로 대체로 이러한 상황에서였다. 고종의 정치적 위상을 고찰하기에 앞서, 여기서 우선 지적하고 싶은 것은 고종이 왕위승계자로서 정통성이 극히 약한 인물이었다는 사실이다. 앞의 〈표4-1〉 '조선 말기 왕위승계 관련사항'에 명료하게 드러나는 바와 같이, 18세기 후반 영조 이후 조선의 왕위승계는 왕의 적장자(嫡長子)로 후계를 정하는 왕조국가의 일반적 기준에 비추어 대부분 비정상적 형태로 이루어졌다. 이러한 왕위승계 과정상의 문제는 19세기 왕들의 정치적 위상을 떨어뜨리는 중요한 요인이 되었다. 더군다나 왕의 직계가 끊어져 왕실 방계인물을 맞아들여 왕위를 계승한 25대 철종과 26대 고종의 경우는 더욱 그 정도가 심각했고, 특히 고종은 선왕이었던 철종보다 더 많은 문제를 지닌 채 왕위에 올랐다.

19세기 왕위의 승계과정을 다룬 연구에 의하면,[46)] 고종의 가계는 사도세자(思悼世子)－은신군(恩信君)－남연군(南延君)－흥선대원군(興宣大院君)－고종으로 이어진다. 사도세자(1735~1762)가 혜경궁 홍씨(1735~1815)에게서 얻은 아들이 후일의 정조이고 궁녀〔숙빈 임씨〕에게서 얻은 아들 셋 중에서 둘째아들이 은신군(1755~1771)이었다. 은신군이 17세에 죽어 대를 이을 아들이 없자 인평대군〔麟坪大君, 16대 인조의 삼남〕의 6대손인 채중(菜重)을 후사로 정하고 이름을 구(球)로, 군호(君號)를 남연군(1788~1836)으로 정하였다.[47)] 그러나 그의 가계는 이미 남연군의 할아버지인 진익(鎭翼)이 왕실

45) 『哲宗實錄』 12年 6月 19日(丙子條).

46) 고종의 왕위계승 문제에 관해서는 왕실족보류와 『선원계보기략(璿源系譜紀略)』에 있는 팔고조도(八高祖圖) 등을 활용한 연구인 홍순민 「19세기 왕위의 승계과정과 정통성」, 『국사관논총』 40집(서울: 국사편찬위원회 1992)에 주로 의지했음을 밝혀둔다.

47) 『純祖實錄』 15年 12月 19日(己巳條).

의 친족에게는 금지되는 벼슬인 진사(進士)를 거쳐 참판에 이르는 벼슬을 한 사실 등으로 비추어볼 때 왕실 종친의 범위에서 벗어나 있었던 것으로 보인다.

이렇듯 혈연적으로 흠이 있는 인물이었던 남연군의 손자 재황(載晃, 命福, 熙)을 국왕으로 정한 사람은 철종 말년 당시 왕실의 최고 어른이던 대왕대비 조씨 곧 익종비(翼宗妃)인 신정왕후(神貞王后, 일명 조대비, 1808~1890)였다. 철종이 죽은 1863년 12월 8일 당일에 그녀가 고종의 왕위승계를 전격적으로 결정함으로써 어린 소년은 세자의 과정을 거치지 않고 왕위에 올랐다. 고종은 즉위 당시 열두살에 불과한 어린 소년이었고 어떠한 기본적인 왕위승계 수업도 받지 않은 상태였다.[48] 여기서 주목해야 할 점은 선대인 순원왕후(純元王后)가 철종에게 사위(嗣位)를 명한 데는 철종이 영조의 유일한 혈맥이라는 명분이나마 있었지만, 고종이 왕위를 계승하는 데는 어떠한 선택의 근거도 공개적으로 제시되지 않았다는 것이다. 이러한 상황은 왕위승계가 공적인 명분을 잃고 대왕대비의 개인적인 결정에 의존했음을 여실히 보여줄 뿐만 아니라, 당시 왕위승계 과정의 난맥상을 그대로 반영하는 것으로서 적어도 국가권력의 정점으로 상징되는 국왕의 위상을 그만큼 끌어내렸으리라는 것은 두말할 나위가 없다. 이처럼 왕위승계상의 정통성이라는 측면에서 볼 때, 고종은 그 어떤 국왕들의 경우보다도 입지가 약화되었다. 이러한 점은 조선 말기에 들어 폐쇄회로처럼 경색된

---

48) 고종의 왕위승계와 관련하여 팔레(James B. Palais)의 지적은 음미해볼 만하다. "홍선대원군은 남연군 구(球)의 넷째아들이다. 그리고 그의 세 형들에게도 모두 아들이 있었다. 고종 역시 대원군의 차남이다. 달리 말해서 고종은 혈통·세대·계보·나이라는 특별한 규정에 의해 선택된 것은 아니었다. 선택범위가 있기 때문에 대왕대비의 영향력이 후왕의 선택에서 주요한 요인이 될 수 있었을지도 모른다. 어린 소년들은 섭정이나 다른 이들에 의해 쉽게 통제될 수 있으므로 성인보다 더 나았을 수 있다. 이것이 고종이 선택된 이유를 설명해줄 수 있을 것이다." James B. Palais, *Politics and Policy in Traditional Korea* (Cambridge: Harvard Univ. 1975) 295면 note18.

증상을 보이던 조선의 유교적 정치지형에서 이후 왕실을 둘러싼 세력관계, 그리고 고종의 정치적 위상을 고찰하는 데 간과해서는 안될 중요한 사실이 아닐 수 없다.

2. 전환기 대원군의 정치적 리더십과 위기관리책의 패러독스

(1) 문제적 인물 흥선대원군

조선정치사에 등장하는 인물 중 오늘날에 이르기까지 대중적인 호오(好惡)가 가장 극단적으로 교차하는 존재인 대원군(이하응, 1820~1898)이 정계에 등장한 것은 밖으로는 서세동점의 상황 하에서 동아시아 문명권의 전통적 질서가 동요하는 가운데, 안으로는 조선의 정치적 국면이 전술한 바와 같은 심각한 위기의 징후들을 드러내는 와중에서였다. 이러한 시대상황에서 강력한 카리스마를 지닌 대원군이 취한 일련의 과감한 '개혁'정책과 철저한 '쇄국'정책 양자가 빚어내는 선명하게 대비되는 상호모순적 이미지는 오늘에 이르기까지 끊임없는 논쟁과 포폄(褒貶)의 대상으로 회자되고 있다.

그중 흥미로운 사례로서, 일찍이 후꾸자와 유끼찌는 임오군란(1882) 직후 대원군에 대해 다음과 같이 평가한 바 있다.

> 대원군은 타고난 성품이 흉악하고 사나워서 사람을 해치고도 꺼리는 점이 없었다. 섭정한 시 10여년 동안에 여러차례 큰 사옥(邪獄)을 일으켜 조야(朝野)의 사람을 처형한 것이 십만여명에 이르니, 그의 음험한 성격은 세상 사람들에 널리 알려진 바 있다. 한편 그의 됨됨이를 보면 책을 읽는 것을 즐겨 주공(周公)과 공자(孔子)의 도를 말하면서도 늘 국체(國體)를 주장하였다.

이러한 그의 태도는 우리 일본으로 치면 유학자(儒學者)와 황학자(皇學者)의 정신을 겸비한 사람과 같다고 할 수 있는데, 나라의 완고한 백성들의 마음을 사로잡아 무모하고 과격하며 완고한 무리들이 그를 많이 따랐다. 또 늘 대우를 심히 후하게 하여 그의 문하(門下)에 식객이 항시 천여명을 헤아리며 또 각 지방의 뜻있는 자로서 그의 사람이 된 자도 적지 않았다.[49)]

뿐만 아니라, 황현은 『매천야록(梅泉野錄)』(1910)에서 "대원군이 십년 동안 집권하면서 그 위세를 내외에 떨쳤다. '대원위분부(大院位分付)'라는 다섯자가 삼천리 강산을 풍미하여 그 위세가 우레와 불 같으니 관리들과 백성들이 매우 두려워하였으며 항시 형벌을 받을까 근심하였다. (…) 논자들은 대원군이 물러나지 않았다면 나라는 이미 망해서 오늘을 기다리지도 않았을 것이라고 하였다"면서 대원군을 비판했다.[50)]

또한 정교(鄭喬, 秋人, 1856~1925)는 『대한계년사(大韓季年史)』(1910)를 통해 "대원군은 집권 10년 동안 토목공사를 일으키고, 함부로 사람을 죽였으며, 백성을 착취하고 측근 인사를 등용하는 등 정치가 혼란하여 백성들이 원망하였다"고 지적하기도 한다.[51)]

한편 박은식(朴殷植)은 『한국통사(韓國痛史)』(1915)에서 대원군의 배외정책에 대해 다음과 같이 애석해하고 있다.

대저 그 자리도 가히 할 만한 자리였고, 재주 또한 할 만했고, 시대적 운세 또한 할 만했으나, 꼭 필요한 것이 배움이었다. 고금을 회통하고 중외(中外)

49) 『福澤諭吉全集』 8卷 「朝鮮事變續報餘論」(明治15年 8月 8日) 265~66면.

50) 황현, 앞의 책 19면, "雲峴十年當國, 威行內外, 大院位分付五字, 風行三千里, 如雷霆湯火, 吏民惴惴, 恒憂攸司之律. (…) 論者謂雲峴不廢, 國家之亡, 不待今日."

51) 정교 『대한계년사』 상(1910)(서울: 국사편찬위원회 1957) 8면, "大院君秉國十載, 興土木濫殺戮務掊克用私人, 政亂民怨."

를 관찰할 만한 학식으로 그 힘센 팔을 걷어붙이고 새로운 조선을 건설하여 문명한 열강과 같이 바다와 육지로 함께 달리며 의젓하였어야 옳았는데, 그의 배움이 없어 내정을 다스리되 사사로운 지혜를 사용함이 많았고 거동이 지나쳤으며 외국에 대하여는 배척을 위주로 하고 폐쇄를 고집하다 스스로 소경을 만들어 화가 나라에 미쳤으니 반도(半島) 중흥의 기운도 마침내 회복되지 못하였다. 애석하도다. 아픈 역사(痛史)가 여기에서 비롯된 것이다.[52]

반면 식민지 시기 김동인(金東仁, 琴童, 1900~1951)은 그의 역사소설 『운현궁의 봄』에서 대원군 이하응을 가리켜 "조선 근대의 괴걸이요, 유사 이래 어떤 제왕이든 감히 잡아보지 못하였던 '절대적' 권리를 손에 잡고 이 팔도 삼백여 주를 호령하며, 밖으로는 불란서, 미국, 청국들을 내리누르고 안으로는 자기 백성의 복지를 위하여 그의 일생을 바친"[53] 난세의 영웅으로 묘사하면서, 다음과 같이 대원군을 그리고 있다.

시정(市井)에 영락되어 돌아다니는 몇 해, 이 공자(貴公子)는 고귀한 사람들이 알지 못하는 서민들의 불평불만이며, 그 성격이며 생활상태며 심리 등을 다 알았다. 그리고 그 원인이며 동기며 경로 등을 다 알고 있었다. 고귀한 집안에서 태어나서 그냥 귀한 공자로서 길러난 사람들은 짐작도 하지 못하는 모든 제도상의 결함이며 제도 운행상의 결함을 다 알고 있었다.[54]

이처럼 대원군은 당시 조선이 처한 국내외적 위기상황의 심각성, 선례를 찾아보기 힘들 만큼 과감한 일련의 개혁과 단호한 쇄국정책의 추진, 대

52) 박은식 『한국통사』 상(박영사 1974) 58~59면. 원문(249면)을 참조하여 다시 번역함.
53) 『조선일보』(1933. 4. 26~1934. 2. 6)에 연재. 김동인 『운현궁의 봄』(서울: 혜원 2002) 6면.
54) 김동인, 앞의 책 241면.

원군 개인의 강력한 카리스마와 리더십 등의 요인으로 인해 일찍부터 연구대상으로 주목되어왔다.[55] 하지만 병인박해(1866)로 불리는 대원군의 천주교 박해는 이후 조선이 이른바 '쇄국정책'—좀더 정확하게는 배외(排外)·척화(斥和)정책—을 펴는 결정적인 계기가 되었음에도 불구하고 그 구체적인 배경이나 사건의 경위를 살피지 않고 그저 '기정사실'로만 받

55) 대원군에 관한 연구는 광범위하지만, 그중 대원군이 행사한 권력의 '성격'에 주목하는 대표적인 연구만 소개하면 다음과 같다. 우선 대원군을 일종의 '근대지향적인 개혁가'로서 간주하고 대원군 개혁의 긍정적인 측면을 중점적으로 조명한 연구로는 이선근 「대원군의 정치」, 『한국사(최근세·현대편)』(을유문화사 1963); 梶村秀樹 「朝鮮近代史の若干の問題」, 『歷史學硏究』 288호(1964); 曺直亮, *The Rule of the Taewon'gun, 1864-1873: Restoration in Yi Korea* (Cambridge: East Asian Research Center, Harvard University 1972); 藤間生大 「大院君政權の性格」, 『近代東アジア世界の形成』(東京: 春秋社 1977). 반면, 대원군을 '반역사적이자 보수적인 정치가'라고 평가하면서, 대원군 개혁을 비판적인 시각에서 고찰하는 연구로는 진덕규 「조선후기 정치사회의 권력구조에 관한 정치사적 인식」, 『19세기 한국 전통사회의 변모와 민중의식』(고대민족문화연구소 1982); 성대경 「대원군정권 성격 연구」(성균관대학교 박사논문 1984) 등을 들 수 있을 것이다. 한편 제임스 팔레는 그의 유명한 저서 *Politics and Policy in Traditional Korea* (Cambridge: Harvard Univ. Press 1975)에서 기존연구가 '봉건 vs. 근대', '보수 vs. 진보'라는 지나친 단순화에 입각해 이루어지고 있음을 비판하면서, 대원군을 '실용주의적'이면서도 '보수적'인 성격을 지닌 개혁가로 평가한다. 팔레의 연구는 이분법적인 틀에 구애되지 않고 중층적인 해석을 시도한다는 점, 그리고 조선정치의 구조적인 측면을 천착하고 있다는 점 등에서 대원군의 집권시기를 보다 진지하게 이해하는 전기를 마련한 작업이라고 해야 할 것이다. 한편 팔레의 연구 이후 실증적인 분석을 통해 대원군 시기의 복합적인 성격을 검토한 것으로서 糟谷憲一 「大院君政權の權力構造」, 『東洋史硏究』 49권 2호(京都: 1990), 안외순 「대원군집정기 권력구조에 관한 연구」(이화여대 박사논문 1996), 그리고 연갑수 『대원군 집권기 부국강병정책연구』(서울대출판부 2000) 등도 빼놓을 수 없는 연구다. 다만 여기 소개한 주요 연구들이 모두 대원군 집권시기만을 다루고 있다는 사실에서도 드러나는 것처럼, 1873년 실권 이후 현실정치의 장에서의 대원군의 정치적 역할에 관한 체계적이고 면밀한 검토는 의외로 빈약하다는 느낌을 지우기 어렵다. 이러한 측면은 연구사적 관점에서 볼 때 문명사적 전환기의 주요한 시대를 풍미한 실질권력으로서의 '대원군'과 그가 구축한 유형 무형의 정치적 지지기반이 그의 실권 이후 국내외적으로 어떠한 현실정치적 의미를 가지고 있었는지를 간과하게 만드는 요인이 될 수 있다.

아들여지고 있을 뿐이다. 예외적으로 이 문제를 단편적으로나마 언급하고 있는 천주교회사 분야의 연구들이 있지만, 대체로 대원군의 변덕스러운 심경 변화의 측면에서 대원군의 천주교 박해를 설명하는 수준을 크게 벗어나지 않는다.

뒤에서 다루게 되겠지만, 대원군은 애초에 천주교에 대해 상당히 관대한 입장을 보였다. 대원군의 부인인 민(閔)부대부인(府大夫人, 1818~1898)은 일찍이 천주교를 받아들여 교리문답을 배웠으며, 자기 아들이 왕위에 오르자 이에 대해 감사의 미사를 드리기도 했다. 뿐만 아니라 고종을 키운 유모 박씨부인이 마르타(Maltha)라는 세례명을 가진 천주교 신자였다는 사실[56] 등은 애초에 대원군이 천주교에 대해 관용적인 태도를 갖고 있었음을 보여준다.

그러면 이러한 사실에도 불구하고 대원군은 갑자기 1866년 1월의 시점에서 '어떠한 경위로' 그리고 '무엇 때문에' 천주교를 그토록 철저하게 탄압한 것일까?[57] 대원군이 '실용주의적'이면서 보수적인 개혁가였다는 기존 연구성과에 비추어 보더라도 대원군의 천주교 탄압이라는 지극히 '정치적'인 행위를 단순히 종교사적 관점에서 해석한다거나 혹은 어떤 우둔한 정치가의 광기어린 돌발적 행위라는 식의 역사의 해프닝 정도로 치부하는 것은 지나치게 '비정치적'인 접근이라 생각된다. 혹시 천주교 탄압이 당시의 시대적 맥락에서 정치권력의 향방 혹은 국내세력간의 역학관계 변

56) 샤를르 달레 『한국천주교회사』 하권, 안응열·최석우 역주(한국교회사연구소 1996) 360~61면; 田保橋潔 『近代日鮮關係の硏究』(朝鮮總督府中樞院 1940) 56면; 조광 「대원군 부인의 영세 입교: 왕의 어머니의 영세」, 한국천주교 중앙협의회 『경향잡지』 96권(2004) 63면 등을 참조할 것.

57) 이에 관한 필자의 좀더 상세한 논의로서 강상규 「대원군의 천주교 탄압에 대한 정치학적 고찰: 전환기 한반도의 리더십 분석」, 『정신문화연구』 30권 1호(2007)를 참조할 수 있다. 이 논문은 강상규 『19세기 동아시아의 패러다임 변환과 한반도』(논형 2008)에 수록되어 있다.

화에 어떤 중요한 기능을 한 것은 아니었을까? 만일 그렇다면 대원군의 천주교 탄압은 현실정치의 장에서 특히 대원군의 정치권력과는 어떤 상관관계를 갖는 것이었을까?

조선정치의 기본적 '구조'와 구체적인 현실정치의 '과정' 속에서 이러한 문제들에 접근하기 위해 여기서는 우선 본서가 지금까지 논의해온 조선의 유교적 정치지형과 군신관계, 그리고 특히 조선 말기의 정치적 문맥에서 대원군의 정치적 위상의 특수성을 살펴보아야 하고, 병인박해가 시작된 1866년 1월 시점에 대원군이 어떠한 정치적 상황에 놓여 있었는지에 대한 이해가 선행되어야 할 것으로 생각된다. 따라서 이런 문제들에 관한 논의로 시작하여 대원군의 천주교 탄압이 이루어지게 되는 경위와 이와 관련된 사태의 전개, 그 정치적 결과 등에 관해 검토해보기로 하겠다. 그리고 이와 아울러 대원군이 당대의 다양한 '위기'의 징후들에 대해 대응하는 과정에서 '안과 밖'의 정치적 상황들이 어떻게 연동되었는지를 검토하고, 대원군의 위기관리 및 왕권강화 방식이 문명사적 전환기의 조선에서 어떠한 정치적 의미를 가지는지를 살펴보기로 하겠다.

(2) 대원군의 정치적 위상과 권력 실세로의 부상

흥선대원군의 정치적 위상과 관련하여 무엇보다 주목되는 사실은 그가 정치권력을 장악할 수 있는 어떠한 합법적 혹은 명분상의 근거도 갖지 못했다는 것이다. 후일 임오군란 이후 청에 의해 보정부(保定府)로 납치되어 간 대원군이 "내가 본국에 있을 때 재상의 윗자리에 있어 태공(太公)으로 자존(自尊)하였다"고 언급한 바 있는데,[58] 이는 대원군이 실질적인 권력의

58) 성대경 「대원군의 보정부담초」, 『향토서울』 40(서울특별시사편찬위원회 1982) 132~33면.

핵심이었음과 동시에 그의 권력이 공식적인 직위나 제도의 보장에 의한 것은 아니었음을 의미한다. 즉 대원군은 국가권력의 실질적인 중심으로 부상해 있었지만 공식기구의 합법적인 참여자로 간주되지는 않았다. 이러한 대원군의 정치적 위상은 19세기 조선의 정치적 국면에서 나타난 정치권력 '사유화' 경향의 연장선상에 위치하는 것이면서도, 조선정치사에서 유사한 사례를 찾아보기 어려운 독특한 것이었다.

이 점을 이해하기 위해서는 무엇보다 그가 국왕 고종의 '살아 있는' 아버지였다는 사실의 정치적 의미에 주목할 필요가 있다. 앞서 조선 전기를 다루는 과정에서 지적한 바와 같이, 선위(禪位)는 비록 왕도정치의 이념을 살린 이상적인 왕위승계 방식이긴 하나 그것이 현실정치의 장에서 현실화되면, 결과적으로 기존의 왕이 상왕(上王)이라는 형태의 권력을 갖게 되고 이것은 왕으로 상징되는 정치적 구심축이 부득불 이원화될 소지를 초래하기 마련이다. 따라서 7대 국왕 세조에 의해 형식적인 선위가 이루어진 이후로는 정치적 구심력을 분산시킨다는 이유로 조선의 정치에서 선위는 강력히 금하고 있었다. 이러한 선례를 통해서도 짐작할 수 있듯이, 국왕의 아버지가 생존해 있다는 사실은 그 자체가 현실정치에 있어서 대단히 민감한 사태가 아닐 수 없었다.[59] 흥선대원군은 '살아 있는' 대원군이라는 점에

59) 황현의 『매천야록』에 따르면, 아버지가 생존해 있는 고종이 왕이 되면 권력이 두개로 분산되는 상황이 불가피하게 발생하리라는 우려가 고종이 왕위에 오르기 이전에 이미 표출된 바 있었다. "철종이 승하한 후 후사(後嗣)가 없었다. 철종은 일찍부터 지금의 국왕에게 뜻을 두었으므로, 〔당시 대표적인 세도가문이던〕 안동김씨 세력들은 그를 옹립하려고 하였다. 이에 김흥근이 다음과 같이 말하였다. '흥선군이 있으니, 이것은 임금이 둘이 있는 셈입니다. 어찌 두 임금을 섬길 수 있겠습니까. 그만두지 않으려거든 차라리 흥선군을 〔왕으로〕 옹립하십시오〔哲宗薨, 無嗣, 哲宗嘗屬意於今上, 故諸金欲援立之, (金)興根曰, 興宣君在, 是二君也, 二君可得事乎, 毋已則直興宣君可耳〕'." 황현 『매천야록』 권1, 2면. 황현의 기록을 그대로 신뢰하기는 어려우나, 행간을 통해 적어도 당대의 일반적인 유자들에게 국왕의 생부가 살아 있다는 것이 얼마만큼 특별한 사태로 인식되었는지를 가늠할 수 있다.

서 조선정치사에서 유일무이한 존재였으며, 이러한 독특한 정치적 존재가 태어난 것은 기본적으로 고종의 왕위승계 과정의 비정상적 성격에서 비롯되었다고 할 수 있다.[60)]

따라서 이처럼 국가권력의 공식적인 주관자일 수 없는 대원군이 국왕이 아닌 몸으로 정치권력의 실질적인 핵심이 되었다는 사실은, 역설적이지만 전통적인 조선의 유교적 정치지형에서 국왕이라면 어느 누구라도 직면하지 않을 수 없는 여러가지 이념적·제도적인 틀에 상대적으로 구애받지 않고서 그만큼 자신의 정치력을 강력하게 발휘할 수 있는 여지가 발생했다는 의미이기도 했다. 대원군이 과감하고 결단력 있는 정책들을 추진할 수 있었던 것도 바로 이러한 독특한 정치적 위상으로 인해 현실적으로 가능했던 것이다. "대원군은 마치 '그림자'와 같은 국왕이어서, 국왕이라면 당연히 치러야만 했던 따분하고 사람을 무기력하게 만드는 의례를 피할 수 있었으며, 중요한 문제에 자신의 관심을 집중시킬 수 있었다"[61)]는 제임스 팔레의 언급은 바로 이러한 측면을 지적한 것이라고 할 수 있다.

이와 아울러 대원군의 위상과 관련하여 또한 간과해서 안될 사항은 대단히 견고하게 구축된 것처럼 보이는 대원군의 정치권력이 어떠한 제도적

---

60) 대원군이란 '방계(傍系)로서 대통(大統)을 이은 임금의 생부에게 주어지는 봉작'을 의미한다. 조선정치사에서 대원군의 칭호를 얻은 사람은 흥선 이하응 이외에도 세 사람이 더 있었다. 14대 선조의 아버지인 덕흥(德興)대원군, 16대 인조의 아버지인 정원(定遠)대원군, 그리고 25대 철종의 아버지인 전계(全溪)대원군이 그들인데, 이들 모두 사후에 아들이 왕이 되어 대원군으로 추존(追尊)된 경우라서, 조선에서 살아서 대원군의 칭호를 받은 인물은 흥선대원군이 유일했다. 따라서 흥선 이하응은 '살아 있는 대원군'이었다는 점만으로도 조선정치사에서 독특한 존재라 할 수 있다. 이에 관해서는 『宣祖修訂實錄』 2年 11月 1日(庚午條), 『仁祖實錄』 元年 5月 7日(丙申條), 『哲宗實錄』 卽位年 6月 17日(癸未條), 『高宗實錄』 卽位年 12月 9日(辛巳條) 참조.

61) "The Taewongun was like a "shadow" king who was able to avoid the boring and debilitating ritual that a king had to perform and concentrate his attention on important issues." James Palais, 앞의 책 28면.

합법성(institutional legitimacy)도 갖추고 있지 않았다는 사실 등으로 말미암아 왕권에 대해서만은 취약한 측면을 가졌다는 점일 것이다. 사실상 대원군의 실질적인 권력이 현실적으로 전통적인 왕권을 훨씬 능가하는 것이었다고 하더라도, 대원군이 행사한 권력의 정당성은 국왕의 명시적 내지 암묵적 '동의'를 전제로 해서만 견지될 수 있는 것이었기 때문이다. 뒤에서 다루는 바와 같이, 후일 대원군이 행사한 '사실상의 섭정'(de facto regent)이 자신의 정치적 견해를 분명히 표명한 국왕 고종의 공개적이면서도 강력한 전면적 비판에 직면했을 때 의외로 허무하게 무너져내리는 것도 기본적으로 조선의 유교적 정치지형에서 대원군이 갖는 정치적 위상의 특수성에 기인하는 것이었다.

이러한 대원군의 독특한 위상을 고려할 때, 구체적인 정치적 문맥 위에서 대원군의 정치권력을 더욱 사실적이고 역동적으로 파악하기 위해서는, 우선 다음과 같은 전형적인 서술이나 정형화된 이미지를 잠시 접어둘 필요가 있을 것이다.

> 대원군이 국정을 담당한 갑자년(1864)부터 계유년(1873)까지 십년 동안 나라 안이 온통 공포에 휩싸였다. (…) 옛 제도에서는 나라의 지시가 내려올 때 반드시 '왕이 이처럼 말씀하셨다'로 서두가 시작되었으나, 이때 십년간은 오로지 '대원위분부'라는 다섯 글자만이 바람처럼 전국을 횡행하였다.[62]

왜냐하면 이처럼 과장된 서술들은 대원군이 정치권력을 냉혹한 현실정치 공간과 구체적인 시간 속에서 역사적으로 획득해가는 측면을 간과하게 함으로써, 대원군의 권력이 마치 선험적으로 주어진 것 같은 이미지를 던

62) 황현, 앞의 책 3면, "雲峴當國, 甲子至癸酉十年之間, 邦內震恐. (…) 舊制, 教令之下, 必以王若曰起頭, 而伊時十年, 但以大院位分付五字, 風行內外."

져주기 때문이다. 다음에 소개하는 대화는 고종이 국왕으로 즉위하는 날, 대원군에 관한 예우문제와 관련하여 조대비가 대신들과 협의하는 장면이다. 여기에는 대원군의 정치권력에 관한 몰역사적 이해가 현실상황을 크게 왜곡할 수 있음이 잘 드러나 있다.

대왕대비: 〔살아 있는 생부에게〕 대원군 작위를 드리는 것은 나라에 처음 있는 일입니다〔大院君封爵, 國朝初有之事也〕. 모든 일은 대군(大君)의 사례에 의거하여 거행하는 것이 마땅할 듯한데, 대군이 출입할 때 팔인여(八人輿)를 타면 대신들이 모두 그에 경의를 표하여야 하므로 대원군이 완강히 사양하오. 그 말도 일리가 있으니 어쩌면 좋겠소?

정원용(鄭元容): 매사에 전례를 참작하면 좋은데, 이러한 예는 전례가 없으니 마땅히 상의해서 아뢰겠습니다〔每事援引前式則易行, 而比例無以援照〕.

대왕대비: 하지만 여러 대신들이 이미 자리에 왔으니 지금 의논해서 정하는 것이 좋을 듯싶소.

김흥근(金興根): 이것은 처음 있는 일이어서 갑자기 결정하기 어려움이 있습니다. 게다가 내외의 체통에 관한 규례가 매우 엄격하므로 아마 신 등이 대원군과 서로 접할 일이 없을 것 같습니다〔此是訟有之事, 有難遽爾決定, 而內外朝體例甚嚴, 臣等與大院君, 恐無相接之時矣〕.

대왕대비: 하지만 혹시 서로 마주치기라도 하면 어떻게 하는 것이 좋겠소〔然而或有相逢之時, 則如何爲好邪〕.

김좌근(金左根): 이미 서로 마주칠 일이 없는 이상, 예의규범을 미리 강구해야 할 필요는 없을 것 같습니다〔旣無相逢之時, 則禮數恐不必預講矣〕.

대왕대비: 대원군의 탈 것은 대신과 같은 것으로 하는 것이 어떻겠소. 자리에서 물러난 뒤 서로 의논해서 정하도록 하시오.[63]

---

63) 『日省錄』 高宗卽位年 12月 13日(乙酉條).

위의 대화에서도 드러나는 바와 같이, '살아 있는' 대원군이라는 존재는 그 독특한 위상으로 말미암아 고종이 즉위하는 날부터 정치적으로 민감한 문제가 아닐 수 없었다. 대왕대비가 대원군을 적극적으로 비호하고 있는 반면, 당시의 대신들은 '살아 있는 대원군'이라는 경우 자체가 조선정치에서 선례를 찾아볼 수 없다는 점을 지적하면서 대원군이 강력한 정치적 실세로 부상할 가능성에 대해 애써 외면하려는 태도를 보였다.

이처럼 당시 소수의 세도가문이 막강한 권력을 유지하고 있는 상황에서 대원군이 정계의 실력자로 급부상할 수 있었던 데는 중요한 정치적 '계기'들이 작용한 것으로 보인다. 아니 어쩌면 전환기 국내외의 위기상황 속에서 비범한 현실정치 감각을 지닌 대원군이 자신의 정치력 확보의 계기를 '발견'하고 이를 적극적으로 십분 '활용'했다고 하는 것이 좀더 사실에 가까운 표현일지 모른다.

이 시기 조대비는 철종이 후사 없이 죽은 뒤 당시 조선왕실의 최고 어른이라는 위상으로 인해 국왕을 결정하고 수렴청정까지 하게 되었으나, 자신에게 맡겨진 막중한 책임을 의식하지 않을 수 없었고, 또 이를 감당하기에는 궁정정치가인 자신의 현실적 정치력과 실질적인 권력기반이 매우 많은 한계를 가지고 있음을 자각하고 있었던 것으로 보인다. 다음의 기록은 이러한 정황을 이해하는 데 매우 시사적이다.

대왕대비가 지시하였다. "아! 오늘처럼 나라 형편이 걷잡을 수 없을 지경에 이른 적이 선대에 언제 있었는가. 어린 임금이 왕위를 계승하면서 종묘와 사직이 다시 편안해져서 무궁토록 계속될 것을 모두가 바라고 있는 바이다. 내가 밤새도록 잠들지 못하고 골똘히 생각하면서 참으로 백가지 천가지의 근심에 빠지는 것도 바로 이러한 위기를 극복할 수 있는 어떤 계책을 마련하기 위함이다. 지금 조정에 있는 신하들도 대대로 관직에 올랐던 가문의 사람들로서 좋건 싫건 나라와 운명을 같이해야 할 처지가 아니겠는가. 필경 〔이러한 위기상황에 대해〕 심각하게 우려하면서 원대한 생각을 가지고 머리를 맞대고 서로 토의하는 사람이 있을 것이다. (…) 좋은 의논과 좋은 대책이 날마다 제기되어 올라올 것을 나는 내심 바라노라. 만일 그렇지 않고 밤낮으로 분주하게 왕래하는 것이 오로지 부귀나 세력, 이익을 도모하려는 의도를 갖는 것이라면, 이는 나를 저버리는 것일 뿐 아니라, 선대부터 대대로 받아온 은덕마저 저버리는 것이 될 것이다. 모든 관리들은 모두 이런 점을 알아야 할 것이다."[64]

여기에 나타나는 것처럼, 수렴청정에 들어간 조대비는 당대의 정치적 상황에 대한 비판의 고삐를 늦추려 하지 않았을 뿐만 아니라 막혀 있는 공론을 열어 위기상황에 대처해갈 방안을 적극적으로 모색하고자 전전긍긍하였다. 그것은 단순히 수사적이거나 의례적인 차원을 넘어 이제까지 정치를 담당해온 안동김씨로 상징되는 세도가문 및 부패한 위정자들에 대한 심각하고 진지한 경고의 성격이 강하였다. 예컨대 선왕인 철종에 대한 공식적인 거상(居喪)이 끝나고 본격적인 집무에 들어가는 첫날 대왕대비는 다음과 같은 의미심장한 지시를 내렸다.

대왕대비가 지시하였다. "아! 선왕의 재위 14년간은 일기가 순조로워 해마다 풍년이 들었다. 따라서 국고가 충만하여 백성들의 생활에 곤궁함이 없으며 인구도 늘고 물산도 풍부해지는 보람이 뚜렷이 나타나는 것이 마땅할

64) 『高宗實錄』 卽位年 12月 22日(甲午條), "大王大妃敎曰, 嗚呼, 國事若無涯畔, 歷求前代, 豈有如今日者乎? 沖辟嗣位, 宗社再安, 期祝無疆, 大小同情, 而乃予之憧憧一念, 終夜不寐者, 誠以憂虞之集, 千百其端, 不知將何以爲計, 濟此艱危也. 在庭臣僚, 孰非喬木, 世祿, 休戚與共者乎? 其必有憂深思遠, 相與聚首而謀之者矣. (…) 則應有嘉謨嘉猷之日進於前者, 耿耿予心, 惟是之望焉. 如或不然, 日夜營營, 乃不過富貴勢利之圖, 則非負予也, 負祖宗世受之恩也. 大小臣僚, 其各知悉."

것이었다. 그런데 나라의 재정은 고갈되고 민생은 어려우며 기강은 해이한 데다가 풍속까지 날로 악화되어 수습할 수 없는 지경에 이르렀단 말인가. (…) 슬프다. 슬프다. 차마 무슨 말을 하겠는가. (…) 모든 관리들이 나라를 위해서 애쓴 것은 무엇이고 임금을 위해서 충성을 다한 것은 무엇인가. 지금 어린 임금이 왕위를 이은 초기에, 무엇이 좋고 그른 것인지를 똑똑히 밝혀 기강을 바로잡음으로써 억만년을 뻗어내려갈 우리의 크나큰 터전을 튼튼히 다지지 않을 거라면, 내가 불가불 수렴청정을 하면서까지 정사에 참여할 필요가 어디 있겠는가. (…) 옛사람들이 지조라고 하던 것을 지금 사람들은 중히 여기지 않고 옛사람들이 부끄러워하던 것을 지금 사람들은 대수롭게 알지 않는 탓으로, 절제하는 일반적 기풍은 자취를 감추고 개인의 탐욕만 늘어나니 이리저리 부산하게 돌아다니는 자들이 모두 이익만을 노리고 다니는 무리일 뿐이다.

굳게 지켜야 할 법조문은 빈 문서장으로 여기고 작고 큰 뇌물뭉치를 받아먹는 것을 경사로 여기건만 사헌부나 사간원에서는 강직하게 간쟁하는 말이 들리지 않고 관리를 임명하고 해임하는 관청에서는 공정하게 처리하는 일이 없다. 비위 좋게 아첨하는 것을 비루하다고 하지 않고 남들과 어울려 비웃거나 꾸짖거나 하는 것을 수치로 알지 않는다. 그래서 풍기가 날로 그릇되고 세상이 날로 저속해지면서 백성들의 비참한 생활과 나라의 애처로운 형편은 더 말할 나위조차 없이 되었다. 아, 말이 이런 지경에까지 이르게 되니 어찌 가슴이 쓰리고 머리가 아프지 않겠는가."[65)]

---

65) 『高宗實錄』 元年 正月 10日(壬子條), "大王大妃敎曰, 嗚呼, 惟我大行大王, 御極十有四年之間, 風調雨順, 歲以豐登, 宜其府庫有充溢之積, 黔黎無捐瘠之患, 旣庶且富之效, 庶幾乎其見之矣. 夫何國用之匱竭, 民生之困瘁, 綱紀之廢弛, 風俗之頹敗, 日甚一日, 莫可收拾? (…) 慟矣慟矣! 尙忍言哉? (…) 百執事之所分憂者何事, 所效忠者何事? 今當沖王初服之辰, 苟不能明示好惡, 整頓綱維, 以鞏固我萬億年丕丕基, 則又豈予勉御簾帷之意哉? (…) 昔人之以爲名節, 而今人則不以爲重, 昔人之以爲羞恥, 而今人則不以爲怪. 廉防蕩然, 私欲橫流, 營營逐逐, 惟利是求. 關和金石, 視同文具, 苞苴賄賂, 作爲勝事. 謇諤之風, 寂無聞於臺閣, 公平之政, 久未見於銓衡.

한편 대원군은 앞서 살펴본 바와 같이, 현실적으로 아직 공식적으로 정치의 장에 등장할 수 있는 여건이 아니었다. 이러한 상황에서 대원군은 정치적 후원세력을 간절히 필요로 하는 대왕대비의 막후에서 당시 조선에 나타나고 있는 심각한 위기의 징후들에 대한 적극적이고 구체적인 방안들을 제시하면서 쇠락한 '왕실의 권위 확보' 및 '왕조국가의 재건'을 추구하려 하였고, 대왕대비는 왕실의 최고 어른으로서 그같은 대원군의 현실정치적 감각과 비전에 대해 공감하면서 이를 적극적으로 정책에 수용하려고 했다.

이미 언급한 바와 같이, 조대비는 자신의 아들 헌종에 의해 왕으로 추존된 익종(翼宗)의 대통(大統)을 잇게 한다고 하면서 명복〔命福, 고종의 兒名〕을 왕으로 결정했다.[66] 대왕대비는 고종의 승계 직후 새 국왕의 대통을 둘러싸고 논란이 일자, "계통이 어찌 둘로 된다고 의심할 것이 있는가!〔豈有貳統之疑哉〕"라고 하면서, 고종이 철종의 뒤를 이으면서도 왕위를 물려받아 내려온 계통〔=대통=왕통〕은 정조-순조-익종-헌종의 뒤를 잇는 것이라고 밝히고, 자신의 남편인 익종이 왕통상 고종의 아버지가 된다는 입장을 분명히 했다[67]

이처럼 대왕대비는 왕통의 계통상 새로운 국왕의 어머니였고, 대원군은 그의 생부라는 점에서 두 사람은 고종이 국왕으로서의 정통성이 취약하다

甘自諂屈, 不以爲鄙, 從他笑罵, 不以爲恥. 駸駸然習俗日非, 世道日下, 生民之倒懸, 國計之哀痛, 遂至於無復可言. 言之及此, 寧不痛心而疾首哉?"

66) 『高宗實錄』 卽位年 12月 初8日(庚辰條). 대왕대비가 말하기를 "흥선군의 적실 몸에서 난 둘째아들 명복을 데려다가 익종대왕의 대통을 잇기로 결정하였다〔大王大妃曰, 以興宣君嫡己第二子命福, 入承翼宗大王大統, 爲定矣〕."

67) 고종의 왕통을 어떻게 설정할 것인가를 둘러싼 논란에 관해서는 『高宗實錄』 卽位年 12月 8日(庚辰條), 12月 30日(壬寅條); 황현 『매천야록』(서울: 국사편찬위원회 1955) 9면 참조.

는 문제에 극히 민감하지 않을 수 없었고, 이러한 요소가 왕실을 대표하는 두 사람의 정치적 연합을 공고히 하는 배경이 되었으리라고 생각된다.

어린 국왕이 자신의 사친(私親)인 대원군을 대하는 태도도 극진하여 대원군의 거처인 운현궁을 새로 수리하여 이곳으로 통하는 문을 만들도록 지시하고,[68] 대왕대비를 모시고 운현궁에 행차하여 대대적인 행사를 실시하는가 하면,[69] 대원군이 남연군의 묘소를 참배하고 돌아올 때 숭례문 밖에 나아가 그를 마중하는 정성을 보이기도 했다.[70] 이러한 국왕의 태도가 대원군의 위상을 새삼 확인시켜주는 것이었음은 두말할 나위가 없다.

뒷면의 〈표4-2〉는 대원군이 정치적 실력자로 부상하는 과정을 최대한 역사적 맥락에서 가늠할 수 있도록 당시 주목할 만한 정치적 사건들을 연대순으로 정리한 것이다.

이러한 와중에서 대왕대비와 대원군은 백성들의 봉기의 원인을 제공해온 요인들을 제거하는 조치들을 취함으로써 개혁의 명분을 확보해나갔다. 아울러 왕실기구를 종친부(宗親府)로 일원화하여 종친세력을 강화하면서, 대대적인 인사개편 단행과 아울러 세도가문의 현실적 권력장치로서의 역할을 담당하던 비변사를 폐지하고 의정부의 기능을 복구함으로써 세도정치의 존립기반을 해체하는 전기를 마련했다. 뿐만 아니라 본래의 취지와는 달리 지역 특권층의 부패의 온상이 되고 있던 서원의 폐단을 근절하려는 의도 하에 노론(老論)의 본거지이자 전국적으로 가장 큰 영향력을 지니고 있던 사우(祠宇)인 만동묘를 폐지하였으며, 새로이 국가의 기본법전을 정비하고 임진왜란 당시에 불탄 조선의 정궁인 경복궁의 중건을 추진함으로써 왕실의 권위와 국가기강을 회복하는 발판을 마련하려 했다. 이와 아울러 무비(武備)를 담당할 삼군부 설치 등을 통해 무관들의 고위관직 진출

68) 『高宗實錄』 元年 6月 6日(乙亥條).
69) 『高宗實錄』 元年 9月 24日(壬戌條).
70) 『高宗實錄』 2年 8月 30日(壬戌條).

〈표4-2〉 고종 즉위 이후 친정에 이르기까지의 주요사건 연표

1863. 12. 8 대왕대비, 이하응의 둘째아들 명복을 왕으로 결정, 대왕대비의 수렴청정 시작
12. 9 이하응, 흥선대원군으로 봉해짐
12. 13 12세 소년 명복, 국왕 즉위

1864. 1. 17 대왕대비 명의로 무명잡세의 혁파 선언
4. 종친부의 관제를 정비
4. 22 서원에 대한 전국적인 실태조사 지시
11. 세도정치의 온상 비변사의 개편 착수

1865. 3. 16 새로이 법전을 편찬토록 함 (동년 11월 30일 『대전회통』 완성)
3. 28 비변사를 폐지하여 의정부에 병합시킴
3. 29 대왕대비 명의로 당대 최고의 권위를 갖고 있던 만동묘(萬東廟)의 철폐 지시
4. 2 대왕대비, 왕실 권위의 회복 위해 경복궁 중건 결의, 대원군에게 이를 위임, 기공
5. 26 무비(武備)를 담당할 삼군부의 복설(復設)

1866. 1. 1 대왕대비, 전국에 금혼령 내림
1. 21 천주교에 대한 탄압 시작〔병인사옥〕
2. 13 대왕대비, 수렴청정을 거둠
3. 민치록(閔致祿)의 딸을 왕비로 결정, 국왕 결혼
*(6. 3 청국 주재 프랑스 대리공사 벨로네의 조선국왕 폐위 선언)
7. 미국 상선 제너럴 셔먼(General Sherman)호 사건
8. 3 「척사윤음」 반포
8~10월 프랑스 함대와 강화도에서 격돌〔병인양요〕, 프랑스군 퇴각

1867. 3. 7 일본인 하찌노헤 준스꾸(八戶順叔)가 청의 『중외신문(中外新聞)』(1867. 1. 18)에 기고한 정한설(征韓說)에 대해 일본 측에 항의
가을: 팔도 전국에 사창(社倉)제도 실시.
*(1867. 12 일본에서 왕정복고의 대호령(大號令), 메이지유신 시작)

1868. 4. 18(=陽5. 10) 독일 상인 오페르트 일당, 대원군의 선친 남연군의 묘지 도굴하다 도주
6. 8 최고군령기관으로서 삼군부의 정비 및 강화
7. 2 국왕, 경복궁으로 거처를 옮김
전국에 암행어사 파견, 지방 관리
9. 3 대원군, 전국의 사액서원 이외의 서원 철폐 지시

1869. 3. 7 『종친부조례』 작성
11. 4 대원군, 동래부사에게 일본 측 서계(書契)의 형식상 문제를 이유로 거부할 것을 지시

1871. 3. 9 국왕의 명의로 47개의 사액서원만 제외하고 전국의 서원 철폐 지시
4. 5(陽5. 23)~4. 24 미국 함대와 강화도에서 격돌〔신미양요〕, 철수
4. 25 전국각지에 척화비 건립
(9月 청일수호통상조약 체결)

1873. 10. 25 최익현의 대원군 비판 상소
11. 5 국왕의 친정 선포

기회를 확대함으로써, 국가권력의 물리적 기초를 새롭게 정비해가기 시작했다. 주로 대왕대비의 막후에서 당시의 위기상황을 돌파하는 방안을 제시하면서 자신의 정치기반을 다져가던 대원군은 1865년 4월 국가적 대사업인 경복궁 중건의 책임을 대왕대비로부터 위임받음으로써 현실정치의 수면 위로 분명히 모습을 드러내게 된다.[71]

대왕대비의 비호 아래 이루어진 대원군의 정책들은 대담한 것이어서 세인들의 이목을 집중시켰으며, 그런 만큼 크고 작은 저항에 부딪치는 것도 불가피했다. 예컨대 만동묘를 철폐하라는 지시는 처음에는 이를 철회시키려는 상소 등의 저항을 맞다가 그것이 받아들여지지 않자 유자들 사이에서 조정 및 대원군에 대한 비판의식으로 이어질 기미를 보였고,[72] 경복궁 중건에 필요한 노동력 동원이나 재원 마련은 정치적으로 대원군에게 커다란 부담으로 작용하지 않을 수 없었다.[73] 이러한 상황에서 정치적으로 좀더 심각한 결과를 초래할 수 있는 문제가 수면 아래서 진행되었다. 거기에는 대외적인 위기의식과 아울러 서교(西敎) 곧 천주교가 관련되어 있었다.

---

71) 『高宗實錄』 2年 4月 3日(丁卯條). 대왕대비가 말하기를, "이처럼 더없이 중대한 일은 나의 정력을 가지고는 부족해서 모두 대원군에게 위임하니 매사를 반드시 의논하여 처리하도록 하시오〔大王大妃曰, 如此莫大之事, 以予精力有所不逮, 故都委於大院君矣. 每事必講定爲之也〕."

72) 『承政院日記』 高宗2年 閏5月 2日(乙丑條)의 임헌회(任憲晦)의 상소; 高宗2年 5月 13日(丁未條)의 송래희(宋來熙)의 상소; 高宗2年 7月 26日(戊子條)의 김건수(金健秀) 등의 상소; 高宗2年 11月 26日(丁亥條)의 경상도 유생 성석청(成錫淸) 등 1,468인의 연합상소 등 참조. 만동묘 철폐를 둘러싼 정치적 역학관계에 관해서는 James Palais, 앞의 책 118~31면 참조.

73) James Palais, 앞의 책 38~42면; 이광린 『한국사강좌 V: 근대편』(서울: 일조각 1981) 23~24면 등을 참조할 것.

(3) 병인박해의 감춰진 경위

애초에 대원군이 천주교에 대해 비교적 관대한 입장을 보였음은 앞서 언급한 바 있다. 고종의 유모 박씨는 마르타라는 세례명을 가진 독실한 교인이었고, 대원군은 자신도 개인적으로 이미 오래 전부터 천주교 교인들과 접촉을 해왔으며, 더욱이 그의 부인은 천주교에 깊은 흥미를 가졌던 인물로 알려지고 있다.[74] 실제 대원군은 천주교 선교사들과 극비리에 접촉을 시도하고 있었는데, 당시 조선에 잠입하여 조선교구의 책임자로 있으면서 비밀리에 선교활동에 임하고 있던 베르뇌(Siméon François Berneux, 張敬一, 1814~1866) 주교가 중국의 프랑스 외방전교회(外邦傳敎會) 알브랑(François-Antoine Albrand) 신부에게 보낸 서한들에는 대단히 흥미로운 정황이 기록되어 있다.

(가) 이 사람〔대원군〕은 천주교를 좋게 여기며 선교사와도 좋은 관계에 있어 적대시하지 않습니다. 그는 우리 서양인 8명이 여기 있다는 것을 모르지 않고, 나와도 안면이 있는 한 관료와 주교인 나에 관해 이야기하기도 했습니다. 그것은 조선과 통상을 요청하는 러시아사람들의 편지가 왔을 때의 일이었습니다. 그는 내가 만일 러시아사람들을 쫓아낼 수만 있다면 종교의 자

74) 이에 관해서는 샤를르 달레 『한국천주교회사』 하권, 안응렬·최석우 역주(서울: 한국교회사연구소 1996) 360~61면; 田保橋潔 『近代日鮮關係の硏究』(京城: 朝鮮總督府中樞院 1940) 56면; 조광 「대원군 부인의 영세 입교: 왕의 어머니의 영세」, 한국천주교 중앙협의회 『경향잡지』 96권(2004) 63면 등을 참조할 것. 달레의 저서는 조선에서 천주교가 수난 속에서 정착되어가는 과정을 다루는 것이어서, 당연히 천주교를 탄압한 조선정부에 대해 비판적인 관점으로 일관되어 있다. 따라서 달레의 저작에 묘사된 조선의 정치적 상황에는 여러가지 편견이 담겨 있는 만큼, 이 책이 담고 있는 정보 자체도 선택적으로 수용할 필요가 있을 것이다. 본서에서는 달레의 저작의 내용 중 여러가지 정황에 비추어 신뢰할 수 있다고 생각되는 부분만을 참고하려고 했다.

유를 주겠노라고 그 관료에게 말했습니다.[75)]〔양력 1864년 8월 18일자 서한〕

(나) 나는 최근에 한 조선의 관리를 통해 조선 땅에 정착하기 위해 러시아인들이 하는 새로운 탄원에 대해 대원군과 몇차례 접촉한 바 있습니다. 대원군은 내 서한을 매우 호의적으로 받아들였습니다. 왕의 어머니인 그의 부인은 나더러 북경에 있는 우리측〔프랑스〕 공사에게 종교의 자유를 청하는 편지를 보내라고 비밀리에 전갈을 보내왔습니다. (…) 비록 여전히 금지된 상태이지만 우리의 상황은 좋으며, 내년에는 우리가 한층 더 편해지리라고 믿습니다.[76)] 〔양력 1865년 11월 19일자 서한〕

1860년 베이징조약 이후 러시아와 국경을 접하게 된 상황에서, 조선은 러시아를 대단히 위협적인 존재로 인식하고 있었다.[77)] 이러한 상황에서 러

---

75) 『베르뇌문서』(한국교회사연구소 1995), "Lettre de Mgr Berneux au P Albrand, Supérieur MEP," 453~54면; 샤를르 달레, 앞의 책 360면, "Cet homme n'est hostile ni à la religion qu'il sait être bonne, ni aux missionnaires qu'il connait sous de très bons rapports. Il n'ignore pas que nous sommes ici huit Européens. Il s'est entretenu de l'evêque en particulier avec un mandarin paien, avec lequel J'ai moi aussi qques relations. C'est à l'occasion d'une lettre des Russes qui demandaient à faire du commerce avec la Corée. Il dit à ce mandarin que si je pouvais faire qque chose pour le débarrasser des Russes, il accorderait la liberté religieuse."(원문의 오자를 수정한 것임)

76) 『베르뇌문서』, "Lettre de Mgr Berneux à Mr Albrand, supérieur MEP" 481면; 샤를르 달레, 앞의 책 374면, "Je viens d'avoir avec le prince régent par le moyen d'un mandarin, qques rapports, au sujet de la nouvelle instance des Russes, qui demandent qu'on leur permette de s'établir sur le territoire coréen. Le prince a reÇu avec bienveillance mes communications. Sa femme, mère du roi, m'a fait preier secrètement d'écrire à notre ministre à Péking, de venir demander la liberté religieuse. (…) Quoique toujours proscrits, notre position est bonne et je crois que l'an prochain nous serons encore plus à l'aise. N'oubliez pas de m'envoyer les portes-liqueurs ou caves que je destine au Régent etc." (원문의 오자를 수정한 것임)

77) 이와 관련해서는 『日省錄』 철종12年 3月 27日, 高宗元年 5月 23日을 참고할 것. 연갑수,

시아 측 상인들이 조선 국경지역으로 들어와 통상을 요구하는 일이 빈번하게 생겨났다.[78] 대원군은 이에 대한 대비책을 마련하기 위해 위에 소개한 서한에 나타난 바와 같이 선교사들을 통한 프랑스와의 교섭을 구체적으로 고려하고 그 가능성을 일찍부터 타진하였다. 더욱이 위의 서한에 나타나는 대원군의 부인 곧 민부대부인의 행위는 이미 예사로운 수준을 훨씬 넘어서고 있음에도 주목할 필요가 있다. 1866년 프랑스의 이른바 '조선원정'에 해군소위 후보생으로 참여한 쥐베르(M. Henri Zuber)의 원정기는 이와 관련된 상황이 당시 외부에 어느정도 알려졌음을 시사해준다.

> 1866년 3월, 사람들은 조선에서 한달 동안에 9명의 선교사들이 처형되었다는 소식을 중국에서 듣게 되었다. 이 사건은 근동(近東) 해안에 기지를 세우기 위한 러시아인들의 시도에 뒤이어 일어난 것이다. 살아남은 선교사들의 말에 따르면, 조대비의 양자인 어린 왕의 아버지인 섭정〔대원군〕은 러시아인들의 침입시에 베르뇌 주교를 소환토록 했었다고 한다. 그는 그 오랑캐들이 전쟁을 일으키지 않고 물러가도록 하기 위한 대책들을 주교와 상의하고자 했던 것이다. 그러나 러시아인들은 자발적으로 물러갔으며 그에 완전히 안심하여 선교사들의 조언이 더이상 필요치 않게 된 섭정은 선교사들을 몰아내기로 결정하기에 이르렀다.[79]

이처럼 쥐베르의 기록에는 대원군이 천주교 선교사들과 접촉을 시도한 내용뿐 아니라 대원군이 선교사들을 탄압한 이유까지 언급하고 있다. 하

앞의 책 79~80면 참조.

78) 『承政院日記』 高宗元年 2月 28日(己亥條), 元年 5月 15日(甲寅條), 2年 9月 12日(甲戌條), 11月 1日(壬戌條).

79) M. H. Zuber 「1866년 프랑스의 강화도원정기」(1873), 여동찬 역 『문학사상』 82(1979) 302면.

지만 러시아의 위협이 갑자기 사라져서 대원군이 안심하게 되어 자신이 협력을 구하고자 했던 선교사들을 탄압하게 되었다는 쥐베르의 언급은 사실과는 거리가 있어 보인다. 쥐베르의 이러한 상황파악은 사태가 갑자기 예측하지 않은 방향으로 전개되면서 대원군에 대한 배신감을 품고 조선을 탈출한 선교사들이 사건의 진상을 추론한 것을 그대로 옮겨놓은 것으로서, 사건의 진상을 객관적으로 파악한 것이라고 생각되지 않기 때문이다. 기존연구를 통해 지적된 바와 같이, 1860년 조선과 국경을 접하게 된 러시아가 1884년 조선과 조약을 맺기 이전에 조선과 조약을 맺으려 시도하거나 혹은 조선에 공세적인 정책을 채택한 적은 없었다.[80)]

요컨대 러시아에 대한 위기의식은 반드시 객관적인 위기상황에서 비롯되었다기보다는 대원군의 주관적인 대외정세 판단에 근거한 것이었다고 할 수 있다. 그는 고종의 왕위승계 이후 계속 발생하는 러시아인들의 국경부근에서의 사적인 교섭시도를 조선에 대한 잠재적인 위협요소로 간주하였고, 적으로써 적을 제압한다는 이른바 '이이제이(以夷制夷)'의 관점에서 이에 대한 대책을 마련하고자 한 것이다. 따라서 러시아로부터의 위협요소가 사라져서 이에 대원군이 안심하여 자신의 과거 약속을 깼다는 식의 선교사 측 기록이 설득력을 가지려면, 낙관적 전망을 피력한 베르뇌 신부의 최종 서한 이후 베르뇌가 구속되기까지의 불과 얼마간의 사이에 대원군의 러시아에 대한 경계심을 현저하게 해소할 만한 어떤 구체적인 계기가 있었음을 우선 증명하지 않으면 안될 것이다.

선교사와 접촉하려는 대원군의 시도들은 사건—지금부터 이 사건을 편의상 '대원군의 선교사 접촉 시도 사건'이라고 부르기로 한다—의 속성상 별다른 기록이 존재하지 않을 뿐 아니라, 얼마 후 벌어진 대원군의 천

80) Andrew Malozemoff, *Russian Far Eastern Policy 1881-1904: With Special Emphasis On the Causes of the Russo-Japanese War* (Berkeley and Los Angeles: Univ. of California Press 1958) 14~15면.

주교 대탄압〔병인사옥〕 때문에 위의 원정기에 나타난 바와 같이 일찍부터 하나의 역사적 에피소드에 불과한 사건으로 간주되었으며,[81] 지금까지도 주로 한국 교회사의 차원에서 부분적으로 다루어졌을 뿐이다.[82] 이러한 사정으로 말미암아 기존의 논의들은 기본적으로 이후 시기에 진행된 대원군의 천주교 탄압에 초점을 맞추고 있으며 그러한 '가해자'의 이미지를 전제로 논의를 전개한다. 따라서 대원군이 천주교와의 밀착으로 인해 오히려 정치적 위기에 직면했을 가능성에 대해서는 거의 주목하지 않는다.[83] 그러면 대원군은 어떠한 정치적 위기에 처하게 되었으며 그것은 이른바 '문명사적 전환기'에 놓여 있던 조선정치사에서 어떤 의미를 갖는 것일까.

이 사건을 다루는 달레의 관련기록에 의하면, 대원군과 프랑스 선교사 간의 중간연락책을 맡은 천주교 신자 남종삼(南鍾三, 1817~1866)은 당시의 사안이 대단히 민감한 것이었음에도 불구하고, 상황을 낙관하여 고종 2년 12월에 있은 대원군과의 면담 후 이렇게 말한다. "여러 사람에게 방금 가졌던 대화를 이야기하였다. 종교의 자유가 마침내 이루어지게 되었다는 소문이 사방에 퍼졌다. 신자들은 기뻐서 어쩔 줄을 몰라하며 서울에, 나라의 수도에 어울리는 큰 성당을 지을 이야기를 하고 있었다."[84] 그런데 그로부터 얼마 후 베르뇌가 서울에서 체포되면서, 주요 관련인물이 구속되는 '예기치 않은' 사태로 상황이 급전된다.

---

81) 전형적이면서도 중요한 사례로서 W. E. Griffis, *Corea: The Hermit Nation* (London: Alles 1882), 신복룡 역 『은둔의 나라 한국』(서울: 집문당 1998) 481~83면을 들 수 있다.

82) 유홍렬 「대원군의 천주교박해와 리델 신부의 조선탈출」, 『서울대학교논문집』 9호(1959); 최석우 「병인양요소고」, 『역사학보』 30집(서울: 역사학회 1966); 한국기독교사연구회 『한국기독교의 역사 I』(서울: 기독교문사 1989) 116면; 강재언 『서양과 조선: 그 이문화 격투의 역사』(한국어판) 209~10면.

83) 예외적으로 이러한 가능성에 관해 간략하게나마 언급하고 있는 저작으로서, 이선근 『대원군의 시대』(세종대왕기념사업회 1974) 147~49면을 들 수 있을 것이다.

84) 샤를르 달레, 앞의 책 388면.

포도청의 보고에 의하면, 두루마기 옷을 입고 있는 외국인〔베르뇌〕이 있어 이를 수상히 여겨 체포한 것이 고종3년(1866) 1월 9일의 일이었다. 그를 심문한 결과 한국말이 유창할 뿐만 아니라, 천주교도인 남종삼과 홍봉주 등과 교류하고 있음을 알게 되어 이들도 함께 구속하게 되었다며 좀더 자세한 내용들에 관해서는 현재 조사 중이라고 국왕에게 보고하였다.[85] 당시 막후에서 어떠한 일이 벌어지고 있었는지를 직접적으로 다루고 있는 신빙성 있는 사실 기록이 눈에 띄지 않아 사태의 전말을 분명히 파악하기는 어렵다. 다만 지금까지는 이처럼 관련인물들이 구속된 원인을 오로지 대원군의 심경변화로만 설명해왔다. 대원군에게 배신당했다고 믿는 측에서는 이와 같은 상황의 급전이 전혀 예기치 못한 상황이었을 것임은 두말할 나위가 없을 것이다. 그러나 후술하는 바와 같이 이후의 사태전개를 고려해 볼 때, 베르뇌를 비롯한 남종삼, 홍봉주 등의 구속사태는 대원군으로서도 전혀 예기치 못한 상황이었을 가능성이 오히려 높다.

선교사 체포에 관한 보고가 있은 직후, 전현직 대신들은 연명으로 왕에게 상소를 올려 '사건의 진상'을 정확하게 밝혀 관련자들을 모두 처형할 것을 주장하고 나서게 되고 사태의 진상을 전혀 모르는 어린 국왕 고종은 이들의 입장을 원칙적으로 수용하게 된다.[86] 실록은 당시의 상황을 다음과

---

85) 『承政院日記』 高宗3年 1月 11日(辛未條).

86) 위의 정황을 이해하려면 조선의 사법제도에 관한 얼마간의 이해가 선행될 필요가 있다. 주지하다시피, 조선왕조의 국왕은 최고재판관의 역할을 담당하도록 되어 있었다. 그러나 수없이 많은 사건을 왕이 직접 처리할 수 없으므로 첫째, 유교국가로서의 질서 및 안위와 관련되는 모반·불효·내란죄 등 이른바 십악죄(十惡罪)에 해당하는 사안과 둘째, 형조나 관찰사 등에 의해 최종적으로 사형에 해당하는 범죄라고 판단되었을 경우 국왕이 이에 대한 최종판결을 내렸다. 전자에 해당하는 경우가 발생하면 국왕은 궐내에 임시재판소를 설치하고 진상조사를 한 뒤 이에 대한 최종적인 판결을 내렸으며, 후자의 경우의 국왕의 개입은 인명을 중시하여 함부로 사형이 언도되지 못하게 하려는 취지 등에 의한 것이었다. 이에 관해서는 신명호 『조선의 왕: 조선시대 왕과 왕실문화』(서울: 가람기획 1998) 160~64면 등을 참조할 것.

같이 기록하고 있다.

전현직 대신들이 연명으로 차자(箚子)를 올리기를, "떳떳한 윤리를 밝혀 사람의 기강을 세우고 바른 학문을 장려하여 풍속과 교화를 바로잡는 것은 나라가 생긴 이래로 변함없는 원칙이었습니다. (…) 지금 일종의 불량한 무리들이 간사스럽게 은밀히 드나들면서 요망스러운 말을 꾸며내어 퍼뜨리고 있습니다. (…) 이러한 자들을 엄격히 처벌하지 않고 크게 성토하지 않는다면 그저 나라가 나라 구실을 못하고 사람이 사람 구실을 하지 못하는 데 그칠 뿐만 아니라, 종국에는 그들의 계책이 옛날의 황건적이나 백련교의 무리들과 같이 될 것이니 어찌 몹시 우려할 일이 아니겠습니까. 더구나 이 번 성해가는 무리들과 현재 포도청에 체포되어 있는 놈들은 들판에 번져가는 불길마냥 기승을 부리며 굴복하지 않습니다. 사람들은 통분하여 서로 이끌고 와서 연명으로 글을 올리고 있으니 대왕대비의 지시를 받아서 의금부로 하여금 포도청에 갇혀 있는 여러 놈들과 함께 남종삼을 잡아다가 추국청을 설치하고 진상을 밝혀낸 다음 빨리 사형에 처하여 나라를 어지럽히는 싹을 끊어버리며 사람들의 마음을 깨끗하게 하도록 해야 할 것입니다."

국왕이 이에 다음과 같은 비답(批答)을 내렸다. "사람이 사람으로서 구실하는 것은 바로 떳떳한 윤리가 있기 때문인데 만약 그것이 파괴된다면 오랑캐나 짐승과 같다. 그런데 더구나 높은 관리의 반열에 있는 자〔승지인 남종삼을 지칭-필자〕가 스스로 처단받을 죄를 범하였으니 더 말할 것이 있겠는가. 몹시 근심스럽고 원통하여 차라리 말하지 않으려고 한다. 옥에 갇혀 있는 여러 놈들과 함께 의금부로 하여금 남종삼을 잡아다가 조사하여 진상을 밝혀내도록 할 것이니, 경들은 그렇게 알라."[87)]

87)『高宗實錄』3年1月11日(辛未條), "時原任大臣聯箚 (領府事鄭元容, 領敦寧金左根, 領議政趙斗淳, 判敦寧李景在, 左議政金炳學) 略. 明彝倫以立人紀, 崇正學以匡風化, 卽有國以來不易之義也. (…) 而今有一種不逞之徒, 出入詭祕, 做出妖言. (…) 此而不嚴加處分, 大行誅討, 非

이러한 상황의 전개는, 만일 위의 대신들이 대원군이 사태의 실질적인 장본인임을 모르고 단순히 사건의 진상을 밝힐 것을 요구하는 것이었다고 하더라도,[88] 흔히 알려진 바와 같이 사건이 대원군의 지휘 하에 적어도 그의 의도대로만 수습될 수 있는 상황이 아님을 보여준다. 이미 사건은 공적인 심판의 도마 위에 올라, 어떤 식으로든 결말이 나야 했기 때문이다. 이것은 오히려 사태의 추이에 따라서는 대원군이 정치적으로 치명적인 위기에 놓일 수도 있음을 의미하는 것이었다고 보아야 할 것이다. 당시의 사태가 간단치 않았음은 의금부가 국왕에게 보고한 사건의 최종진상에서도 드러난다.

> 의금부에서 죄인 남종삼과 홍봉주 등의 최종 죄안에 대하여 보고하였다. "남종삼의 죄안은 이러합니다. 윤리 도덕을 파괴하는 것을 늘상 할 수 있는 일로 여기고 변란을 꾸미면서 감히 딴마음을 가졌습니다. 그리고 양학으로 말하면 아버지도 모르고 임금도 모르는 불순한 학문인데 자신이 높은 관리의 반열에 있으면서 오랫동안 〔양학을〕 전파하고 익혀왔습니다. (…) 심지어 러시아에 변고가 있다는 설과 프랑스와 화약(和約)을 맺을 계책이 있다고 하는 것은 애초에 명백히 근거할 만한 단서도 없는데 요사스런 말을 지어내어 사람들

徒國不國, 人不人而已. 止竟爲計, 不出於黃巾, 白蓮之包蓄, 豈不大可憂哉? 況寔繁之徒, 現有捕廳被捉之漢, 燎原滔天, 莫知攸屆. 憤惋之極, 相率聯籲, 稟承慈旨, 竝與捕囚諸漢, 亟令王府, 拿致鍾三, 設鞫得情, 快正典刑, 絶亂萌而淑人心焉. 批曰, 人之所以爲人, 卽是彝倫焉, 而苟或斁敗, 夷狄耳, 禽獸耳. 況居搢紳之列, 自干斧鉞之誅, 憂惋之極, 寧欲無言. 竝與在囚諸漢, 令王府拿鞫得情, 卿等其諒之."

88) 달레에 의하면, 남종삼은 대원군의 지시로 당시 좌의정이던 김병학을 찾아가 만나, 선교사들을 통해 영국, 프랑스와 동맹을 맺어 러시아에 대항하라는 내용의 서신을 전달했다고 한다(샤를르 달레, 앞의 책 387면). 만일 이 내용이 사실이라면 위에 소개한 대신들의 '사건의 진상'을 규명하라는 연명차자는 대원군의 정치적 생명이 걸린 정치적 위기로 이어질 수 있는 사태였다고 봐야 할 것이다.

을 현혹시켰으며 나라를 팔아먹을 계책을 꾸미면서 몰래 외적들을 끌어들일 음모를 꾸몄습니다(至於俄羅斯有患之說, 佛浪國定約之計, 初無眞的可據之端, 而倡出妖言, 眩惑衆聽, 敢懷賣國之計, 暗魔招冠之圖). 그의 죄상을 캐보면 만번 죽여도 가벼울 것입니다. 그리고 홍봉주의 죄안은 이러합니다. 본래 신유년(1801)의 불순한 천주교 무리의 잔당으로서 대를 이어 불순한 교리에 깊이 미혹되어 다른 나라의 교인들과 결탁하였습니다. 멀리 강남까지 건너가 서양사람인 장경일(베르뇌 주교)을 데려다가 그와 함께 한집에서 살면서 불순한 책을 읽고 불순한 교인들을 끌어들였습니다. 러시아에 장차 숨은 화단(禍端)이 있다는 것과 프랑스와 먼저 조약을 맺어야 한다(俄羅斯之將有隱憂, 佛浪國之先結條約)는 말을 장경일과 주고받은 것이 홍봉주였으며 남종삼을 부추기고 추동한 것도 역시 그였습니다. 여러 사람들을 현혹하는 요언을 퍼뜨리고 나라를 팔아먹을 흉계를 꾸몄으며 도리에 어긋나게 반란 음모를 꾸민 것이 확실하다고 이미 자복하였습니다. 그러므로 남종삼과 홍봉주는 다 같이 때를 기다릴 것 없이 참형에 처하는 죄에 해당합니다." (…) 임금은 그 제의를 승인하였고 뒤이어 추국청을 철수하라고 지시하였다.[89]

의금부의 진상보고를 살펴보면, '대원군의 선교사 접촉 시도 사건'의 핵심인 대원군의 이름이 거론되지는 않지만, 사태가 단순히 천주교 전파 차원이 아니라 러시아에 대항하기 위해 전략적으로 프랑스를 끌어들인다는 대원군과의 모의내용이 사실상 전부 들어가 있다는 점, 그리고 아직 알려지지는 않았지만 조선의 정치적 실력자가 연루되어 있을 가능성이 강하게 암시된다는 점 등, 사건의 진상조사가 마무리되었다고는 하나 여전히 경우에 따라서는 대원군의 정치적 위상을 근간에서부터 흔들어놓을 소지가

89) 『高宗實錄』 3年 1月 20日(庚辰條). 당시의 조사기록에 관해서는 『罪人鍾三鳳周等鞫案』(奎15149); 한국학문헌연구소 편 『推案及鞫案』 29(서울: 아세아문화사 1978)을 참조할 것.

여기저기 도사리고 있음을 간과해서는 안된다. 이러한 사정을 고려하면, 흔히 논의되는 것처럼 대원군이 사태를 자신의 의도에 따라 마음대로 조종하고 있었다고 생각하기는 어렵다.

이와 같은 점들을 종합적으로 고려해볼 때, 당시 조대비가 취한—지금까지 거의 주목되지 않은—일련의 조치는 대단히 의미심장한 것으로 여겨진다. 조대비는 이 사건이 공개된 지 며칠 후에 17대 효종 이후 효종의 잠저(潛邸, 종실에서 등극한 왕이 즉위하기 전에 살던 집)에서 국왕이나 세자의 혼례를 거행하던 전통적인 관례를 깨고 국왕의 혼인예식을 운현궁에서 치를 것을 지시했다.[90] 그리고 사건에 관한 진상조사가 일단 발표된 다음에는 천주교도들을 철저하게 발본색원하라는 교서를 전국에 내렸다.[91] 이처럼 전통적으로 지켜온 관례를 깨면서까지 국왕의 혼례를 고종의 잠저인 운현궁에서 치르게 한다는 것은 국왕의 살아 있는 생부인 대원군의 위상을 대내외에 분명히 각인시키려는 의지가 조대비에게 없었다면 이루어지기 어려운 일이었다. 아울러 전국적으로 천주교도를 결코 용납하지 않겠다는 의지를 밝힌 조대비의 교서는 대원군을 비롯한 왕실세력이 천주교를 적대시하고 있음을 분명히 밝힘으로써, 대원군이 이 사건과 관련되었다는 혐의가 제기될 수 있는 분위기를 차단하는 효과를 거둘 수 있었다는 점에서 주목된다.

더욱이 같은 해 1월 1일 조대비 자신이 국혼을 치르기 위해 내린 금혼령(禁婚令)으로 시작된 왕비의 간택절차가 진행되는 상황에서,[92] 조대비는 최초의 간택일인 2월 13일에 갑자기 수렴청정을 거둘 것임〔철렴撤簾〕을 발표했다.[93] 이러한 발표가 갖는 의미는 종전의 경우와 비교해보아야 비로소

90) 『日省錄』 高宗3年 1月 16日(丙子條).

91) 『承政院日記』 高宗3年 1月 24日(甲申條); 『龍湖閒錄』(서울: 국사편찬위원회 1979) 3卷 第17冊 No. 938 「大王大妃傳教」 496~97면.

92) 『日省錄』 高宗3年 1月 1日(辛酉條), 1月 15日(乙亥條).

93) 『日省錄』 高宗3年 2月 13日(癸卯條). 조대비가 철렴을 선언한 이날을 기해 고종은 형식

그 파격적인 정치적 측면이 드러날 수 있다. 요컨대 19세기에 들어 실시된 수렴청정을 살펴보면, 23대 순조 때 수렴청정을 한 정순왕후(1745~1805)는 12월 28일에, 24대 헌종 때 순원왕후(1789~1857)는 12월 25일에, 철종 때 다시 순원왕후는 12월 28일에 철렴을 발표한 바 있다.[94] 이것은 연말에 수렴청정을 거둠으로써 신년부터 국왕이 새로운 정치를 펼칠 수 있게 한다는 관념에 의한 것이었다. 그런데 연초, 그것도 국혼을 결정해야 하는 중요한 시점에 국왕의 어머니이자 왕실의 최고 어른인 조대비가 수렴청정을 갑자기 그만두겠다는 결정을 내린 것은 그냥 해프닝 정도로 받아들이기에는 너무 파격적인 것이라고 하지 않을 수 없다.[95] 이후 국혼을 치르는 과정에서 조대비는 국왕의 어머니로서 여전히 중요한 역할을 담당하게 되지만,[96] 그의 철렴이 국왕의 결혼상대인 왕비를 결정하는 과정에서 생부인 대원군이 영향력을 과시할 기회를 부여하였을 것임은 의심의 여지가 없어 보인다.

이처럼 왕실의 가장 중요한 행사를 앞둔 상황에서 대왕대비가 수렴청정을 거둔 것은 지금까지 살펴본 조대비와 대원군의 긴밀한 공조체계를 고려해볼 때 한편으로는 대원군의 강력한 후원자가 사라지는 것처럼 보일 수도 있다. 하지만, 이미 대원군이 현실정치의 실력자로서 전면에 등장해 있는 상황에서, 단지 왕실의 최고 어른인 자신이 정치현장에서 물러남으로써 대원군이 위기상황을 모면할 수 있다고 판단했다면 그것은 조대비로서는 어린 국왕이 성장하여 정치적 리더십을 충분히 발휘하게 될 때까지 대원군이 왕실의 권위와 왕조국가 재건의 기초를 다져나갈 수 있도록 강

적으로는 친정(親政)체제를 시작하게 되었다.

94) 『純祖實錄』 3年 12月 28日(己丑條); 『憲宗實錄』 6年 12月 25日(辛巳條); 『哲宗實錄』 2年 12月 28日(己酉條) 참조.

95) 대왕대비의 수렴청정이 파격적이라는 사실에 관해서는 연갑수, 앞의 책 88~89면에서 이미 지적된 바 있다.

96) 『日省錄』 高宗3年 2月 25日(乙卯條), 2月 29日(己未條), 3月 6日(乙丑條).

한 모멘텀을 제공해주려는 의도에서 일종의 정치적 승부수를 던진 것이라 생각된다.

따라서 조대비가 취한 조치들은 사태의 추이에 따라서는 치명적인 정치적 위기상황에 놓일 수 있는 대원군을 직접·간접으로 강력하게 후원하고 있다는 점에서 기왕의 두 사람의 협력관계의 연장선상에 있는 것이다. 아울러 대원군이 결과적으로 커다란 정치적 타격을 입지 않은 채 정치적 위기를 모면할 수 있었던 것도 왕실의 핵심인물로서 동일한 이해관계를 가졌으며, 대원군의 현실적인 정치감각과 추진력, 정치기반에 깊이 의존하고 있던 조대비의 후원이 있었기에 가능한 것이었다고 해야 할 것이다.[97]

그런데 여기서 주목하고 싶은 사실은 '대원군의 선교사 접촉 시도 사건'과 이후 사태의 전개양상이 동아시아 지역에서 진행된 '거대한 전환'의 과정에서 나타난 그저 작은 역사적 해프닝에 불과한 사건이 아니라, 이후 조선의 정치사 전개의 커다란 방향을 규정할 만큼 중요한 정치적인 '계기'로 작용했다는 점이다. 요컨대 애초에 천주교에 대해 관대하고 실용적인 입장을 보인 대원군이 이 사건의 '예기치 않은' 전개로 말미암아 결정적인 정치적 위기에 몰리게 되면서, 마치 천주교와 자신의 무관함을 과시하기라도 하듯 적대적 입장에 서서 천주교에 대한 대대적인 탄압을 시작한 것이다.[98] 그리고 이러한 조선의 정치적 대응에 대한 밖으로부터의 본격적인

97) 이러한 사실들을 종합해볼 때, 스스로 세도가문 출신이라는 이유로 인해 조대비가 오로지 당대의 가장 강력한 세도가문 안동김씨 세력에 맞서 자신의 가문인 풍양조씨 세력이나 자신의 권력을 유지하는 데 연연했다거나, 조대비가 수렴청정에 들어간 후 자신의 사적인 욕망을 채우기 위해 대원군에게 사실상의 실권을 넘겨주었다는 식의 일부 논의들은 사실과는 거리가 있어 보인다.

98) 이와 관련하여 앞서 소개한 쥐베르의 원정기를 상기해보기로 하자. 여기서 주목하고 싶은 것은, 당시 '조선원정'에 참여한 프랑스 장교후보생들조차 선교사 접촉 사건의 배후에 대원군이 존재한다는 사실을 알고 있는 실정이라면, 조선 정계의 관계자들이 이러한 사실을 알게 될 소지는 얼마든지 있었다는 것이다. 이러한 상황은 대원군의 정치적 위기의식을 끊임없이 부추기는 재료가 되었을 것이며, 현실적으로 그가 천주교를 지속

반향이 들려오는 데는 오랜 시간이 걸리지 않았다.

(4) 대원군의 위기관리와 왕권강화책의 역설

조선을 탈출한 리델(Felix-Clair Ridel, 李福明, 1830~1884) 신부로부터 조선에서의 프랑스 선교사 처형 소식을 전해들은 북경 주재 프랑스 공사 벨로네(Claude M. Henri de Bellone, 伯洛內, ?~1881)는 본국의 외무장관에게 다음과 같은 보고서를 보낸다.

> 본인은 조선을 식민지로 하거나 아니면 단순히 〔프랑스〕 황제의 보호령으로 함으로써 조선이 어떠한 이익을 제공할지에 관해 길게 설명하지 않겠습니다. 이 나라에 군대를 주둔시킨다는 것이 장차 중국과 일본에서 발생할 분쟁에서 얼마나 유용할지는 지도를 한번 보시면 충분할 것입니다.[99]

벨로네 공사는 다른 한편으로 청의 총리아문 총령대신(總領大臣) 공친왕(恭親王)에게 다음과 같이 서한을 보내, 가까운 시일 내에 함대를 파견하여 조선을 원정할 것임을 공언하고, 조선의 현 국왕을 폐위시키고 본국 황제의 명령에 따라 새로운 국왕을 옹립할 것과 아울러 중국이 조선에 대한 어떠한 권한도 갖지 않음을 선언하도록 종용한다.

> 조선의 소왕국에서 저지른 무시무시한 폭행을 전하에게 공식적으로 알려드림을 유감스럽게 생각합니다. (…) 프랑스 황제는 이렇게 잔인한 폭행이 처벌되지 않는 것을 용납할 수 없을 것입니다. 조선의 국왕이 우리의 불

적으로 탄압하는 중요한 이유 중의 하나가 되었으리라고 여겨진다.

99) Yongkoo Kim, *The Five Year's Crisis, 1866-1871: Korea in the Maelstrom of Western Imperialism* (Seoul: Circle 2001) 31면에서 재인용.

행한 동포들을 체포한 바로 그날은 그가 통치하는 최후의 날이며, 조선 국왕은 그의 멸망을 스스로 선언하였다고 본인은 오늘 엄숙하게 선언하는 바입니다. 며칠 후 우리의 군대는 조선을 정복하러 진군할 것이며 우리의 존엄한 〔프랑스〕 황제만이 이제 조선과 주인 없는 공석의 왕위를 규정할 권리와 권한을 갖습니다. 중국정부는 조선에 대해 권한도 권리도 없음을 본인에게 수차 선언한 바 있으니, (…) 이제 조선왕국에 대한 중국정부의 아무런 권위도 인정하지 않음을 분명히 해두는 바입니다.[100] (1866년 7월 13일자, 음력 6월 3일 서한)

이후 조선은 청의 예부로부터 프랑스 측이 천주교 탄압을 이유로 함대를 집결시키고 있다는 소식과 행동에 신중을 기할 것을 당부하는 내용의 공문을 받게 된다.[101] 이에 조선 측에서는 "천하의 문명국〔天下文明之國〕"으로서의 자부심과 "윤리도덕을 파괴하고 사람으로 하여금 오랑캐나 금수 같은 지경에 빠지게 하는" 천주교에 대한 배척을 근간으로 하는 척사윤음(斥邪綸音)을 발표하는 등 내부의 결속을 공고하게 할 방안을 모색해간다.[102]

이후 강화도에서 40여일에 걸쳐 프랑스 함대와 전투〔병인양요〕가 벌어지게 되는 것은 주지하는 바와 같다.[103] 병인양요는 조선으로서는 서구의

100) 벨로네의 조선국왕 폐위선언은 여러곳에서 그 내용을 확인할 수 있다. 『清季中日韓關係史料』 2卷 27면; 『籌辦夷務始末』 6卷 1012면; à Prince de Kung Bellonet, 13 Jeuillet 1866, Correspondance politique, Chine, No. 41, 293~94면, 최석우 역 「한불관계자료」, 『교회사연구』 2집(1979) 205면; U. S. Department of State, *Diplomatic Correspondence, China·Japan* (Washington: Government Printing Office 1866-1882), 1866, 420~23면, Bellonet to Prince Kung, July 13, 1866.

101) 『高宗實錄』 3年 7月 8日(甲子條).

102) 『高宗實錄』 3年 8月 3日(己丑條).

103) 병인양요에 관해서는 최석우 「병인양요소고」, 『역사학보』 30집(서울: 역사학회 1966); 백종기 「병인양요에 대한 사적고찰」, 『대동문화연구』 12(서울 1978); 김원모 「로즈함대의 래침과 양헌수의 항전(1866)」, 『동양학』 13집(서울 1983); 이원순 「병인양요

군대와 충돌한 최초의 사건이었다. 그것은 외연상으로는 물리력의 충돌이라는 형태를 띠었으나, 그 심층에는 상이한 세계관의 충돌이 내포되어 있었다. 이들 행위자들은 서로를 각자의 문명기준에 의거해 '야만'으로 간주하였다. 프랑스 함대와 전투가 목전에 임박한 상황에서 조선과 프랑스 간에 오고간 격문의 내용을 통해 이질적인 두 문명이 서로 소통하지 못하고 폭력적으로 대면하는 장면을 실록은 다음과 같이 전해준다.

(가)「조선 측에서 프랑스 함대에 보낸 격문〔巡撫營傳檄洋舶都主〕」

너희 무리들이 우리나라에 교리를 퍼뜨리려고 한다는데 이는 참으로 옳지 못하다. 문물과 제도는 나라마다 서로 다르고 각기 자기들이 숭상하는 것이 따로 있는데 그 옳고 그름에 관해 우리가 더 논할 것이 있겠는가. 우리는 우리의 학문을 숭상하고 너희가 너희들의 학문을 행하는 것은 마치 사람마다 각기 자기의 조상을 섬기는 것과 같다. 그런데 어떻게 감히 남에게 자기 조상을 버리고 남의 할아버지를 조상으로 섬기라고 가르칠 수 있는가. (…) 아무리 우리가 지극히 어질고 유덕한 존재라고 하더라도 너희들이 제멋대로 난동을 부리게 내버려둘 수는 없다. 따라서 수만명의 큰 군사를 거느리고 지금 바닷가에 나와 하늘의 뜻을 받들어 토벌하려고 한다. 그리하여 내일 이른 아침에 서로 만나자는 약속을 급히 보낸다. 어느 군사가 옳고 그른지, 누가 이기는지 판가름하자.

(나)「프랑스 측으로부터 돌아온 회답 격문〔大法欽命全權大臣統帶各哨勇軍羅〕」

선교사로 말하면 매우 어질고 의로운 사람으로서 털끝만치도 범죄를 저

일고」, 『한불수교100년사』(서울: 한국사연구협의회 1986); 서인한 『병인·신미양요사』(서울: 국방부 전사편찬위원회 1989); Yongkoo Kim, *The Five Year's Crisis, 1866-1871* (Seoul: Circle 2001) 등을 참조할 것.

지르지 않았을 것이다. 그런데 너희들이 천리를 어기고 그들을 죽인 죄악은 세상의 법으로는 더이상 용납할 수 없다는 것은 물어보지 않아도 알 수 있다. 중국이 지난 몇해째 어질지 못하게 마구 행동하였다가 우리 대국이 토벌하고 징벌을 가하자 부득이 머리를 숙이고 우리의 지시를 존중하게 된 사실을 듣지 못하였는가! 이번 프랑스 전권대신은 불인하고 불의한 나라인 조선을 징벌할 것을 확정하였으니 만약 귀를 기울여 우리의 지시를 따르지 않는다면 결코 용서받지 못할 것이다.[104)]

이때 대원군은 "서양의 오랑캐들이 수백년 동안 세계를 위협하다 최근에는 급기야 중국까지 침략하여 유린하고 있으나, 오직 조선에서만큼은 그렇게 하도록 내버려둘 수 없다"고 하면서, "저들이 조선에 와서 이곳에 예의가 있다는 것을 알게 될 것이고, 모든 이들의 마음이 하나로 뭉쳐 있음을 믿게 될 것(到此之地, 所知者禮義也, 所恃者衆心成城也)"이라는 서한을 의정부에 보냈다.[105)] 그는 서한을 통해 최후까지 요행을 바라거나 타협하려고 하지 말고 서양 오랑캐들에 맞서 일치단결된 모습으로 결사 항전할 것을 촉구하면서, 다음과 같이 선언했다.

고통을 참지 못해 화친을 허락하면 이는 나라를 파는 것이요, 저들의 공갈을 못 이겨 교역을 허락하면 이는 나라를 망하게 하는 것이다. 적들이 경성에 쳐들어왔다고 하여 만약 도성을 버린다면 이는 나라를 위태롭게 하는 것이며, 만일 귀신을 부리는 재주가 있어 설령 이로써 적을 물리친다 하더라도 이후의 폐단은 사학(邪學)보다도 심하리라.[106)]

---

104) 『高宗實錄』 3年 9月 11日(丁卯條); 田保橋潔, 앞의 책 65~68면.

105) 『高宗實錄』 3年 9月 11日(丁卯條).

106) 『龍湖閒錄』 4卷 第18冊 No. 994, 「九月十四日自雲峴書送政府堂上坐起處輪示錄紙」 44~45면, "今日上下, 若有疑惻, 則萬事瓦解, 國事去矣. 我有四件, 劃定矢心者, 諒此血誓, 隨

양헌수(梁憲洙, 1816~1888) 부대의 활약 등으로 프랑스 함대가 퇴각하자 조선은 승리의 분위기에 휩싸였다. 대외적인 위기의식이 고조되던 가운데 이루어낸 승전 소식은 대원군의 정치적 입지를 더욱 확고하게 해주었다. 그는 천주교 세력을 내부의 적으로 규정하고 탄압하면서, '배외적'인 태도를 한층 분명히 해나갔다. 대원군은 프랑스 함선이 정박한 곳에서 천주교도들을 탄압하고 다음과 같은 공시문을 포고했다.

> 양이들이 이곳에 온 것은 바로 천주교인들을 위한 것이었다. 우리의 강물이 이양선에 의해 더럽혀진 것도 바로 이 양이들 때문이다. 따라서 천주교도의 피로써 저들이 남긴 오점을 씻는 것이 당연하다.[107)]

그런데 이러한 대원군의 배외적 태도가 더욱 강경해지게 되는 데는 다음과 같은 사건들이 중요한 계기가 되었다. 그 첫번째는 중국에서 발행되는 『중외신문(中外新聞)』(1867년 1월 18일자, 음력 1866년 12월 12일)에 일본인 하찌노헤 준슈꾸(八戶順叔)가 투고한 정한설(征韓說)을 청의 예부가 조선에 알려옴으로써, 그동안 교린관계에 있던 일본에 대한 경계심이 급속히 확산된 사건이고,[108)] 두번째는 1868년 4월 18일 독일인 오페르트(Ernst Jacob Oppert, 吳拜, 1832~1903)가 대원군의 선친인 남연군의 묘를 도굴하려다 발

我跟後焉. 一, 不耐其苦, 若許和親, 則是賣國也. 一, 又不耐其毒, 許其交易, 則是亡國也. 一, 賊迫京城, 若有去邠, 則是危國也. 一, 若有怪術六丁六甲喚鬼喚神, 設或逐賊, 日後之弊, 甚於邪學" 田保橋潔, 앞의 책 71~72면.

107) W. E. Griffis 『은둔의 나라 한국』, 신복룡 역(집문당 1999) 496면.

108) 이와 관련해서는 『龍湖閒錄』 4卷 第20冊 No. 1029, 「禮部咨文: 三月初六日出來」 163~66면; 『籌辦夷務始末』 卷48, 同治6年, 1160면; 『同文彙考』 3권 2479~80면; 『高宗實錄』 4年 3月 7日(辛酉條), 4年 10月 1日(庚辰條); 『日本外交文書』 11卷 69~79면 등을 참고할 수 있다.

각되자 도주한 사건이었다. 정한설과 관련된 첫번째 사건은 이후 왕정복고를 선언한 메이지 신정부의 서계(書契, 교린국의 관청과 주고받은 문서)의 격식을 둘러싼 양국간의 갈등으로 이어지면서 일본과 서양이 다를 것이 없다는 이른바 '왜양일체론(倭洋一體論)'으로 나아가는 하나의 계기가 되었고,[109] 오페르트의 도굴사건은 양이의 야만성을 여지없이 확인시켜주는 것으로 인식되어 조선의 배외정책의 명분을 세워주는 더할 나위 없는 소재가 되었다.[110] 오페르트 도굴사건의 충격을 일찍이 그리피스(William Elliot Griffis, 1843~1928)는 다음과 같이 지적한 바 있다.

> 이번 사건으로 인해 조선인들은 무덤이 파헤쳐지지나 않을까 하는 두려움에 싸이게 된 것이 분명하다. 외국인들이 입국하는 주된 목적은 시체를 파헤치고 인간의 가장 성스러운 본능을 훼손하는 것이라는 의혹이 엄연한

109) 하찌노헤의 정한설 관련기사의 정치적 여파에 관해서는 田保橋潔, 앞의 책 103~31면; 권석봉 「임오군변시 청측개입의 배경」(1971); 「청(淸) 동치(同治)연대 양무관료의 대일관」(1984)(두 논문 모두 『청말 대조선정책사연구』(서울: 일조각 1986)에 수록); 金榮作, 앞의 책 33~37면; Key-hiuk Kim, *The Last Phase of the East Asian World Order: Korea, Japan, and the Chinese Empire, 1860-1882* (Berkeley, Los Angeles, London: University of California Press 1980) 71~76면; 안외순 「개항전 한일관계와 대일정책: 1864-1873년을 중심으로」, 『동방학』 2집(한서대학교 동양고전연구소 1996) 등 참조.

110) 주지하는 바와 같이, 오페르트는 이후 조선을 다룬 저작 *A Forbidden Land: Voyages to the Corea* (New York: G. P. Putnam's Sons 1880)를 출판한 바 있다. 여기에서 그는 자신이 도굴한 곳을 "왕실보물의 보관소"라고만 기록하고 있으며, 대원군이 폭정으로 나라를 다스린 인물이라고 강조한다. 한편 오페르트의 도굴사건이 당시 조선에 준 충격을 가늠하기 위해서는 임진왜란 당시의 상황을 참고해볼 수 있을 것이다. 왜군에 의해 왕릉인 선릉과 정릉이 도굴당한 사실은 임진왜란의 와중에서도 가장 야만적이며 충격적인 사건 중의 하나로 받아들여졌기 때문이다. 왜란이 끝난 후 일본 측에서 우호관계를 회복할 것을 청해왔을 때, 조선 측이 그 전제조건으로서 '선릉을 파헤친 범인'을 처벌할 것을 요구한 것은 당시의 정서를 상징적으로 대변해준다고 할 수 있을 것이다. 이와 관련해서는 『宣祖實錄』 26年 4月 13日(丁酉條), 4月 15日(己亥條), 4月 16日(庚子條), 39年 4月 5日(癸卯條), 7月 5日(壬申條), 11月 9日(甲戌條), 11月 17日(壬午條) 참조.

사실로 입증되었음을 그들은 목격한 것이다. 의심할 나위도 없이 서양인들은 야만족이며, 그들의 대부분은 도둑이라고 조선사람들은 확신하게 되었다. 1871년 미국의 선박이 나타났을 때 그들은 그와같은 눈길로 함대와 성조기를 바라보려 하고 있었다.[111)]

이 사건으로 대원군의 배외정책은 극한상황에 이르고 있었다. 박제형의 『근세조선정감』(1886)은 이에 관해 다음과 같이 기록하고 있다.

이〔오페르트 사건〕에 이르러 서교에 대한 금지령은 더욱 엄중해졌다. 여러 고을에 영을 내려 무릇 서교 신자는 〔종전처럼〕 믿음을 버리겠는가 하는 심문도 하지 않고 즉각 모두 베어 죽였다. 포도청의 관리로서 옷을 바꿔 입고 은밀히 수사하는 자가 국내에 쫙 깔려 있었다. 교도들 중에는 깊은 산속에다 집을 짓고 그 교를 익히는 이도 있었으나 이때에 이르러서는 거의 다 잡히다시피 하였다.[112)]

이러한 대원군의 배외정책은 페리의 일본개항(1854)을 재현하려는 미국의 로저스(John Rodgers, 1812~1882) 제독이 이끄는 함대와의 충돌〔신미양요, 1871년 음력 4월〕로 이어졌다.[113)] 강화도의 초지진(草芝鎭), 광성보(廣城堡)

111) W. E. Griffis, 앞의 책 511~12면.

112) 박제형, 앞의 책 28면, "於是益申嚴西教之禁, 下令郡縣, 凡係西敎信者, 不問其能背教與否, 盡行誅殺, 左右廳捕吏, 變服潛行者, 布萬域內, 教徒多築室於深山絶壑, 以習其書, 至是搜索殆盡."

113) 신미양요에 관해서는 田保橋潔, 앞의 책 81~101면; 서인한, 앞의 책 152~237면; 김원모「로저스 함대의 래침과 어재연의 항전(1871)」, 『동방학지』 29집(연세대학교 국학연구원 1981); 「미국의 조선원정과 제1차 조미전쟁(1871)」, 『동양학』 8(단국대학교 동양학연구소 1978); 「셔먼호사건과 미국함대의 침입(1866-1871)」, 『동양학』 28집 1호(단국대학교 동양학연구소 1998); Yong-koo Kim, 앞의 책 97~121면 등을 참조할 것.

등에서의 전투 결과 조선 측에 다수의 사상자가 발생했음에도 미국함대는 통상교섭에 실패하고 결국 후퇴했다. 미국함대의 철수 이후 대원군이 "서양의 배에서 나는 연기와 먼지가 온 천하를 뒤덮어도, 동방국의 광채는 의연하게 영원토록 빛나누나〔西船烟塵天下晦, 東方日月萬年明〕"라는 시를 지어 자축했는가 하면, "양이가 침범하는데 싸우지 않으면 즉 화(和)하는 것이요, 화를 주장하는 것은 나라를 파는 것이다. 우리의 자손들이 영원히 이를 경계하도록 병인년에 짓고 신미년에 세운다〔洋夷侵犯, 非戰則和, 主和賣國. 戒我萬年子孫, 丙寅作, 辛未立〕"[114]라는 내용의 척화비를 서울 종로 사거리를 비롯한 경향 각지에 세워 배외정책에 더욱 박차를 가했음은 유명한 사실이다.

지금까지의 논의를 종합해보면, 대원군이 정계에 등장할 무렵 조선의 위정자들은, 전술한 바와 같이 서세동점으로 상징되는 대외적인 위기상황에 대해 중국의 보호우산 속에 무임승차하려는 '편승'의식으로 일관하고 있었다. 뿐만 아니라, 대내적으로는 오로지 명분상의 존재로 전락한 국왕과, 왕권의 정통성에 기생하는 소수 특권가문들의 정치적 '담합'관계가 일상화되어 정치권력의 사유화가 고착되고 기층세력을 비롯한 사회적으로 소외된 세력들의 불만과 불안이 사회 전반에 광범위하게 누적되어가는 상황이었다. 이처럼 세도 특권가문에 의해 권력이 독점되고 책임있는 정국운영을 기대하기 어려운 와중에서 대원군은, 제임스 팔레가 지적하는 것처럼, "부패와 농민봉기의 원천을 없애고 효율적인 조세수취를 진흥시키며 강력한 군사기반을 확립하기 위하여 관직 진출에의 기회를 넓히고 행정·군사·기술 분야에 중점을 두어 인사가 이루어져야 한다는 것을 예민하게 느끼고 있었다."[115] 그는 자신의 독특한 위상과 조대비의 적극적인

114) 『承政院日記』 高宗8年 4月 25日(甲申條); 田保橋潔, 앞의 책 99~101면.

115) James Palais, 앞의 책 43면.

비호 아래에서 상대적으로 유교적 명분론에 구애받지 않는 과감한 정책들을 통해 왕권의 구심력을 회복하는 한편 당대의 국내적 위기상황에 대처해나가려 했다. 예컨대 그의 권력이 정점에 있을 때 추진한 서원철폐령이 전국적인 유림세력의 강력한 반대에 부딪혔을 때, "진실로 백성에게 해가 되는 것이 있다면 공자가 다시 살아온다 해도 결단코 이를 용서하지 않을 것이다. 하물며 서원은 선유(先儒)를 제사드리는 곳인데 지금은 도처에서 도적들의 소굴이 되지 않았는가!"[116]라면서 밀어붙인 대원군의 대응은 분명 조선의 전통적인 유교적 정치지형에서 선례를 찾아보기 힘든 것이다.[117]

한편 대원군은 대외적 위기상황에 대해 위정자들에게 만연해 있던 '변방소국(邊方小國)' 의식과 편승의식을 정면으로 돌파함으로써 국가적 차원의 자신감과 일체감을 불러일으켰다. 당시 조선의 '안과 밖'의 상황은 밀접하게 연동되어 변화하고 있었다. 대원군이 내건 척화론의 기치 아래 치러진 서양 공권력과의 두차례 전쟁은 그의 정치적 리더십을 확고하게 해주었다. 대원군은 '양이'의 위협과 이에 대한 정면돌파의 필요성을 강조하면서, 상설적인 최고 군령기관으로서의 삼군부의 복설 등 무관의 권한을 실질적으로 확대하였을 뿐만 아니라 의정부와 재정권, 군사적 통제권

116) 朴齊炯 『近世朝鮮政鑑』(1886) 38면, "朝廷恐其有變 諫曰 崇先賢之祀 所以培養士氣 乞收其命 大院君大怒曰 苟有害於民者 雖孔子復生 吾不恕之 況書院 乃祀本邦之先儒 而所在爲盜藪乎".

117) 기존연구에 의하면, 1871년 3월 전국의 모든 서원 중 오로지 사액서원 47개만이 인정받았다고 한다. 그런데 47개소의 서원 중에서, 16개소가 문묘에 종사된 인물을 모시는 서원이었던 반면, 그 배에 가까운 31개소는 왜란과 호란 등 국가의 전란기에 충절을 바친 인물을 모신 서원이었다. 이러한 사실은 서원철폐가 사회적·경제적 폐단을 시정함과 동시에, 당시의 대외적 위기상황에서 사회적 권위를 왕실과 국가의 권위로 흡수하려는 의도를 가진 것임을 명백히 보여준다고 할 수 있을 것이다. 이에 관해서는 윤희면 「고종대의 서원철폐와 양반 유림의 대응」, 『한국근현대사연구』 10집(1999)을 참조할 것.

까지 장악해나갔다.[118] 사실상 그의 책임 아래 서양의 함대와 전투를 치르고 난 후 나라 전체는 양이들을 격퇴했다는 승리감에 들떴으며, 대원군의 강경한 '배외적' 태도는 그의 국내정책에 대한 보수적인 유림세력을 비롯한 잠재적이면서도 완강한 반대세력의 비판을 현실적으로 무마하는 완충기능을 담당하고 있었다. 예컨대 다음에 소개하는 당대 유림의 대표적 존재인 이항로(李恒老, 華西, 1792~1868)의 상소와 그리피스의 지적은 이러한 정황을 이해하는 데 매우 시사적이라고 할 수 있을 것이다.

(가) 지금 국론에 하나는 화친하자는 것과 하나는 싸우자는 두가지 설이 있는데, 이른바 양이들과 싸우자고 하는 것은 나라의 입장에 선 사람이며 이른바 양이와 화친하자고 하는 것은 적(賊)들의 입장에 선 사람들입니다. 앞의 주장을 따르면 나라 안의 사람들과 문물제도를 예전과 같이 보전할 수 있으며 뒤의 주장을 따르면 사람들을 짐승이나 다름없는 지경에 빠뜨리게 되는 것입니다. 이는 판이하게 크게 구분되는 것으로서 조금이라도 떳떳한 사고를 하는 사람이라면 누구나 알 수 있습니다. 그러나 오로지 두려운 것은 위급한 화단이 눈앞에 닥쳐온 이때 이해관계를 타산하면서 요행을 바라는 논의이오니, (…) 이것이 신으로서는 가장 두렵게 여기는 문제입니다. (…) 백성들이 일단 흩어지면 다시 규합할 수 없으며 결정적인 형세도 한번 놓치게 되면 다시는 돌아오지 않는 것입니다. 이것이 신이 사태에 앞서 깊이 걱정하는 까닭입니다.[119]

---

118) 본서에서는 이 시기의 구체적인 정치적 역학관계의 변화에 관해서는 논의할 여유가 없어 생략한다. 당시의 정세를 파악하는 데는 다음과 같은 연구들이 참고가 된다. 서인한, 앞의 책 제4장; 안외순 「대원군집정기 권력구조에 관한 연구」(이화여대 박사논문 1996) 3장과 4장; 최병옥 『개화기의 군사정책연구』(서울: 경인문화사 2000) 제1장; 연갑수, 앞의 책 60~74면; 배항섭 『19세기 조선의 군사제도연구 』(서울: 국학자료원 2002) 제2장과 3장.

119) 『高宗實錄』 3年 9月 12日(戊辰條), "辭同副承旨兼陳所懷疏」則今日國論, 兩說交戰. 謂洋

(나) 이번 전쟁〔신미양요〕에 관해 조선사람들의 일반적인 생각을 들어보면, 미국인들은 해적질과 도적질을 하다가 죽은 자들〔제너럴 셔먼호 사건, 1866년 7월〕의 원수를 갚기 위해 왔으나 몇차례의 전투에서 너무도 완패했기 때문에 다시는 그와같은 응징을 위한 원정을 감히 시도하지 못하리라는 것이었다. 대원군의 입장에서 본다면 이번의 모든 사건은 그의 개인적인 영예의 계기가 되었다. 호랑이 사냥꾼들과 조정의 보수주의자들은 이번 사건을 통해 자신들이 프랑스와 미국에 성공적으로 항거했을 뿐만 아니라, 그들의 군대에게 큰 손실을 입혀 격퇴했다고 믿게 되었다. 신경(新京)에 있는 한 스코틀랜드의 선교사가 외국인의 힘과 전쟁에서의 우월함을 어느 조선사람에게 말했더니 그 사람은 화가 나 고개를 흔들면서 이렇게 대답했다고 한다. "당신네 외국인들이 쳐들어온다고 해서 우리가 끄덕이나 할 줄 아시오. 당신네 무기라면 우리 집 애들도 우습게 안다오."[120]

요컨대 대원군은 현실의 정치적 권력관계와 상황변화에 지극히 민감히 반응하였을 뿐만 아니라, 물리적·사상적 외압을 역으로 현실정치의 변화를 모색하는 기회로 활용하고자 했던 정치적 실천력과 카리스마를 갖춘 현실주의자였다. 그는 대외적 위기를 자신의 정치적 정당성을 확보하는 정치적 계기로 삼았을 뿐만 아니라, 실제로 이러한 '배외(排外)의 배타적인 정치공간' 위에서 '사실상의 섭정'의 위치에 올라 왕실의 권위 회복과 조선왕조의 정치질서의 재건을 도모해나간 것이다.

그러나 주지하는 바와 같이 '잃어버린 균형'을 회복하기 위해 대원군이

賊可攻者, 國邊人也, 謂洋賊可和者, 賊邊人也. 由此則邦內保衣裳之舊, 由彼則人類陷禽獸之域. 此則大分也, 粗有秉紛者, 皆可以知之. 但恐危急之禍, 迫於呼吸, 而計利琺倖之論. (…) 此愚臣之所大懼也. (…) 百姓一散, 不可復合, 大勢一去, 不可復來. 此愚臣所以先事深憂."

120) W. E. Griffis, 앞의 책 534~35면.

기울인 노력이 반드시 객관적인 성과로 드러난 것은 아니었다. 특히 대원군의 지나치게 강경한 배외적 태도는 서양열강 및 주변국과의 긴장을 극도로 고조시킴으로써 조선의 대외적인 입지를 위태롭게 하는 것이었을 뿐만 아니라, 세계정세에 관한 객관적 인식을 어렵게 하는 것이 아닐 수 없었다. 더욱이 조선에서 배외적 태도가 강력하게 견지되고 있던 이 시기는 청에서는 동치중흥(同治中興), 일본에서는 메이지유신이 추진된 시기였을 뿐만 아니라, 이후에 나타나는 것처럼 외국의 간섭으로 인한 선택범위의 제한이 크지 않았던 시기로서 상대적으로 주체적인 자강(自强)의 성공 가능성이 높은 시기였다는 점 등을 고려하면, 이러한 배외정책이 향후 조선의 정치적 선택의 폭과 가능성을 결정적으로 축소시키는 것이었음을 지적하지 않을 수 없다.[121)]

그러나 대원군의 이러한 강경한 배외정책이 흔히 지적되는 것처럼 그가 '쇄국'주의자라거나 아니면 단순히 그가 해외사정에 어두웠던 데서 연유한 것으로 설명하는 것은 그다지 적절치 않아 보인다. 왜냐하면 앞서 '대원군의 선교사 접촉 시도 사건'의 경우에서 살펴본 것처럼, 애초에 천주교에 친숙하여 선교사를 통해 프랑스와 대러시아 동맹 가능성을 진지하게 타진하던 대원군이 배외정책으로 급선회하여 배타적인 태도를 강화해나가는 것은 그가 '쇄국론자'이기 때문이 아니라, 오히려 그가 철저한 정치적 현실주의자였기 때문일 것이다. 아울러 그가 해외사정을 제대로 간파하지 못한 것은 식견의 부족함이나 무지, 정보 자체의 절대적 부족에서 비롯된 것이기보다는, 대원군이 당시의 주요 위정자들과 마찬가지로 당대의 대외정세의 변화를 전통적 화이관념에 입각하여 해석하고 있었기 때문이

121) 이와 관련하여 비교사적 관점에서 당시 한국과 일본의 차이를 포괄적으로 다룬 연구로서 Seizaburo Sato, "Response to the West: The Korean and Japanese Patterns," J. Craig ed., *Japan: A Comparative View* (Princeton Univ. 1990); 黑住眞「朝鮮文明と日本文明」, 『삼국통일과 한국통일』 상권(서울: 통나무 1994)을 소개할 수 있다.

라고 해야 할 것이다. 대원군은 화이관념의 연장선상에서 눈앞에 전개되는 대외정세를 서양 오랑캐라는 새로운 위협적 요소의 '양적' 증가라는 일종의 '현상적'인 차원의 변화로 해석함으로써, 조선이 속해 있는 동아시아 질서 자체가 근저에서부터 '질적'으로 변화하고 있음을 전혀 간파하지 못했다. 뿐만 아니라 그는 전통적인 방식과 다르지 않게, 대외적 위기상황에 대한 대응을 하나의 독립변수로서 관리하기보다는 국내정치 상황의 전개와 자신의 전략적 필요에 따른 종속변수 정도로만 간주했을 뿐이다.

조선이 오랜 기간 동안 중화질서의 내부에서 고유한 자기 전통과 강렬한 문명의식을 견지해왔음을 고려할 때, 전통적인 기준에 의거하여 새로운 사태를 해석하면서 일종의 "전통질서 내부에서의 혁신"(change within tradition)[122]을 추구한 대원군의 위기관리 방안이 크게 이상할 것은 없다. 오히려 문제는, 이러한 상황 하에서 유달리 승부욕이 강하고 권력의 추이에 민감한 대원군이 대내외적 위기상황에 대처하는 과정에서 극단적인 배외주의정책을 수단으로 하여 자신의 정치적 리더십에 대한 지지와 정당성을 확보하고자 함으로써, 정치적으로든 사상적으로든 유연하게 타협하고 조정해나갈 여지를 현실정치의 장에서 거의 봉쇄해버리고 말았다는 점일 것이다. 이것은 문명사적 전환기라는 시대상황에서 대원군의 상황추수적이고 현실주의적인 태도가 빚어낸 역설이라고 하지 않을 수 없으며, 아울러 당시 위정자들에게 만연한 '변방소국'의식과 '편승'의식을 정면으로 돌파하려 했던 대원군의 정책이 역설적으로 또 다른 차원에서는 균형을 잃고 있음을 보여주는 것이라고 해야 할 것이다.

아울러 잃어버린 왕실의 권위를 회복하고 왕권의 구심력을 확고히 하고자 한 그의 노력 역시 심각한 자기모순에 봉착하고 있었다. 그것은 전술한

122) Paul Cohen, *Discovering History in China: American Historical Writing on the Recent Chinese Past* (New York: Columbia Univ. Press 1984) 65면.

바 있는 '살아 있는 대원군' 곧 국왕의 생부라는 그의 독특한 위상과 깊이 관련되었다. 국가권력의 공식적인 주관자일 수 없는 대원군이 권력을 실질적으로 장악해가게 됨에 따라 국가권력의 구심축은 점차 이원화되는 양상을 보이지 않을 수 없었고, 이에 따라 왕실 내부의 긴장관계가 심화되어 나타나는 것 또한 피하기 어려웠다.

19세기 중엽 조선정치사에 대원군은 대단히 깊은 흔적을 남겼다. 그의 정치력이나 위기관리 능력의 적실성 차원과 무관하게, 대원군의 강력한 카리스마와 과감한 대내외정책, 그리고 특유의 추진력 등은 당시 위기의식에 휩싸인 조선의 수많은 사람들에게 하나의 전설이자 신화가 되었다. 앞서 소개한 바 있는 대원군에 관한 수많은 묘사들은 대원군에 대한 좋고 싫음을 떠나 그가 당대에 세인들에게 얼마나 강렬하게 각인되었는지를 반증하는 것들이다. 그는 당시의 조선사람들에게 "돌 같은 심장에 쇠 같은 창자〔石心鐵腸〕를 가지고 있는 인물"이며, "거리낌이나 인정, 두려움 같은 것은 모르는 사람"이라는 이미지로 기억되었던 것이다.[123] 이에 따라 국왕 고종의 본격적인 친정이 이루어진 이후 등장하는 주요한 정치적 세력들은 중요한 시기마다 대원군의 강력한 리더십과 카리스마를 정치적으로 활용하려는 유혹에 사로잡혔을 뿐만 아니라, 스스로 강렬한 승부욕과 자존심 등으로 인해 대원군은 역사적 고비마다 정치 전면에 등장하게 된다. 이에 관해서는 다음 장에서 다루기로 한다.

---

123) William E. Griffis 『은자의 나라 한국』, 신복룡 역(서울: 집문당 1999) 480면. 동일한 맥락에서 이사벨라 버드 비숍은 대원군이 조선인들에게 '강철의 심장과 돌의 내장〔鐵石心腸〕'을 가진 인물로 그려지고 있다고 언급한다. Isabella Bird Bishop, *Korea and Her Neighbours* (London: St. James Gazette 1898), 이인화 역 『한국과 그 이웃나라들』(서울: 살림 1994) 300면.

제3부

패러다임 전환기 왕권과 정치공간

제5장

고종의 정치의식과 새로운 대외관의 형성

동아시아의 19세기는 흔히 서세동점(西勢東漸)의 시기라 일컬어진다. 당시 동아시아세계는 중화질서라는 독자적인 문명권에 속해 있었고, 중화질서 고유의 문명의식과 자부심을 견지하고 있었다. 이러한 상황에서 동아시아 삼국은 압도적인 물리력을 앞세운 구미제국의 압력과 근대유럽의 문명기준에 입각한 상이한 가치체계와 마주하게 되었고, 이 과정에서 양측은 서로를 야만으로 간주하며 충돌하게 된다. 이러한 측면에서 보면, 동아시아의 19세기는 상이한 문명 곧 '동서문명'의 충돌이 이루어진 거대한 전환기로서, 외부로부터의 새로운 패러다임이 기왕의 고유한 패러다임을 밀어내는 과정이었음이 드러난다. 이는 중화문명권의 관점에서 보면, 기존의 '문명기준이 외래의 새로운 문명기준에 의해 전복되는 과정이자 '문명기준'이 완전히 '역전'되는 사태가 발생하였음을 의미하는 것이었다.

이는 당시 조선에서 쓰인 표현을 빌면, '숯불과 얼음'의 관계라고 부를 만한 서로 다른 패러다임들이 격렬하게 부딪친 위기상황이었다고 할 수 있을 것이다. 일본의 대표적인 사상가인 후꾸자와 유끼찌(福澤諭吉, 1834~1901)가 이 시기를 "마치 뜨거운 불과 차디찬 물이 만나는 것과 같고", "한 몸으로 두 인생을 겪는 것과 같으며 한 사람에게 두개의 신체가 있는 것과 같은" 충격과 위기의 시대라고 부른 것은 이러한 맥락에서였다.[1)]

본서의 제4장에서 살펴본 바와 같이, 19세기 중반 조선은 병인양요와 신미양요를 겪으면서 서구의 군사력과 직접 충돌한다. 그것은 외연상으로는 물리력의 충돌이라는 형태를 띠었으나, 그 심층에는 상이한 세계관의 충돌이 내포된 것이었다. 당사국 모두가 상대방을 야만으로 규정한 이 두차례의 충돌에서 조선은 승리한 듯이 보였다. 대원군의 리더십과 독려 속에 치러진 서양열강과의 싸움에서 패배하지 않고 조선을 방어할 수 있었다는 사실은 국가적 차원의 자신감과 일체감을 불러일으켰고 나라 전체를 오랑캐를 격퇴했다는 승리감에 들뜨게 했다. 이는 당시 중국이나 일본의 상황과 비교할 때 매우 특기할 만한 사태라 할 수 있다.

하지만 이 승리로 조선이 서세동점의 큰 물결을 거스를 수는 없었다. 오히려 이로 인해 외세를 배격하는 조선의 태도는 한층 확고한 원칙이 되어 좀처럼 바꾸기 힘들게 되었다. 나아가 이 승리가 서양열강 및 주변국과의 긴장을 극도로 고조시킴으로써 조선의 대외적인 입지를 위태롭게 하는 동시에 조선의 위정자 및 지식인들의 세계정세 및 시대 변화에 대한 객관적 판단을 더욱 어렵게 만든 것은 패러다임 전환기 조선정치의 패러독스였다. 조선의 지정학적 외벽인 중국과 일본이 이미 구미열강의 세력균형 구도 속에 편입되고 있었음에도 불구하고 조선은 전지구적 규모로 진행되는 세계의 대세를 외면함으로써 오히려 소중한 변화의 기회를 놓치고 있었다.

이처럼 외부세계와 정치적·사상적으로 유연하게 타협하고 조정해나갈 여지가 현실정치의 장에서 거의 봉쇄된 가운데 대다수 조선의 위정자와 지식인들은 눈앞에 전개되는 대외정세를 기존의 화이관념의 연장선상에

1) 福澤諭吉「緒言」,『文明論之概略』(東京: 岩波文庫 1995) 10~12면.

서, 서양 오랑캐라는 새로운 위협적 요소의 '양적' 증가라는 일종의 '현상적' 차원의 변화로만 해석하려 했다. 그리하여 조선이 소속한 동아시아의 질서 자체가 근저에서부터 '질적'으로 변화해갈 것임을 예측하지 못하고 구태의연하고 소극적인 대응으로 일관했으며, 가능한 한 중국의 보호우산 아래 들어가려는 생각에 빠지게 되었음은 앞장에서 살펴본 바와 같다.

하지만 조선 정계 '안'에서도 '밖'에서 밀려드는 새로운 패러다임에 관심을 기울이는 정치세력이 서서히 형성되고 있었다. 실제로 1880년대에 접어들면 조선에서 국왕을 중심으로 개혁 개방의 움직임이 가시적으로 진행되기 시작한다. 과연 그동안 어떠한 사연이 있었던 것일까. 1870년대와 80년대 국왕 고종은 세상을 어떻게 바라보고, 어떠한 대외관을 가지고 있었을까. 그는 과연 주권국가, 그리고 근대국제질서라는 새로운 패러다임에 상응하는 '자주', '독립' 국가를 만든다는 의식을 가지고 있었을까. 만약 고종에게 '자주'에 관한 의식이 있다면 그것은 언제 어떤 계기에 의해 형성되었으며, 그 구체적인 내용은 무엇일까.

본장에서는 조선의 유교적 정치지형이라는 '구조'와 국왕 및 주요 정치세력 곧 '행위주체' 간의 상호작용이라는 측면에 주목하면서, 군주 고종의 정치의식과 대외관이 어떤 과정을 통해 형성되었으며 구체적으로 무슨 내용을 담고 있는지, 그중에서도 '자주'의식의 형성과 그 실천적 의미가 무엇인지를 고찰해보기로 하겠다.[2)]

---

2) 정치행위자의 인식적 차원의 관(觀, view)과 실천적 차원의 정책(政策, policy), 그리고 정치현장에서의 정치적 수사(修辭, rhetoric)나 표현들이 반드시 일치하는 것은 아니다. 왜냐하면 현실적으로 선택가능한 정치적 폭을 고려했을 경우, '인식'이 곧바로 현실세계에서 '정책화'될 수 있는 것이 아니며, 역으로 '정책'이 정책결정자의 '인식'을 그대로 보여준다고도 할 수 없기 때문이다. 즉 정치가의 인식과 정책, 그리고 정치적 표현은 서로 긴밀히 이어져 있으면서도 각각 다른 층위의 것이어서 상황과 맥락에 따라 얼마든지 다르게 나타날 수 있다는 점을 간과해서는 안될 것이다. 그러나 정책이 인식을 어떤 식으로든 반영한다는 점을 감안하여, 본서에서는 필요하다고 생각될 경우, 드러난 정책과

1. 고종 초기의 정치의식과 전통적인 대외관의 형성

(1) 고종의 성격과 그에 관한 이미지들

고종에 관해 본격적으로 논의하기 위해서는 우선 고종이라는 인물의 성격에 관해 확인해둘 필요가 있다. 고종이라는 최고 정책결정자의 심리적 구조를 이해하는 것은 그가 정책의 우선순위를 결정하고 집행하는 과정을 이해하는 데도 중요한 의미가 있을 것이기 때문이다.[3)]

고종의 성품을 살필 수 있는 자료는 여러곳에서 산견된다. 그중에서도 고종의 곁에서 그를 지속적으로 관찰한 외국인들의 개인문서들이 그의 성격에 관해 언급하는 내용이 많다. 그런데 흥미롭게도 고종의 성격에 관한 대다수의 기록들은 그가 '친절하고 부드러운 심성을 가진' 인물이라는 점에서 일치한다.[4)] 초대 미국공사 푸트(Lucius H. Foote, 福德, 1826~1913)

의 상관관계를 통해 고종의 '자주'의식을 확인하고 그 실천적 의미를 더듬어보는 방식을 취했다.

3) 정책결정 과정에서 정책결정자의 심리적 구조가 정치의 우선순위를 결정하는 데 갖는 의미에 관해서는 Kenneth E. Boulding, "National Images and International Systems," *International Politics and Foreign Policy*, ed., J. N. Rosenau (New York: The Free Press 1969); 정종욱 「외교에 있어서의 Perception에 관한 연구: 사이버네틱 모델과 인지론적 접근을 중심으로」, 『논문집』 8호(서울대 국제문제연구소 1984); 土山實男 「認知構造と外交政策」, 『講座國際政治2: 外交政策』(東京: 東京大學 1989) 등을 참조할 것.

4) 이와 관련해서는 P. G. Möllendorff, *Ein Lebensbild* (1930), 신복룡 역 『묄렌도르프문서』(서울: 평민사 1987) 56~57면; H. N. Allen, *The Horace Newton Allen Manuscript Collection*, 김원모 역 『알렌의 일기: 구한말 격동기 비사』(서울: 단국대학교출판부 1991) 1885년 3월 3일자 일기; O. N. Denny, *China and Korea* (Kelly and Walsh 1888) 44~47면, 신복룡 역 『데니문서』(서울: 평민사 1987) 48~50면; William F. Sands, *Undiplomatic Memories: The Far East, 1896-1904* (London: John Hamilton 1930), 김훈 역주 『조선의 마지막 날』(서울: 미완 1986) 69면; Lillias H. Underwood, *Fifteen Years among the Top-*

는 고종을 "매우 분별력있고 계몽된 인간"(a most sensible and enlightened man)이라고 묘사했으며,[5] 외교고문으로 고종의 곁에 있었던 데니(Denny, 德尼, 1838~1900)와 교육가이자 언론인으로 다년간에 걸쳐 조선의 왕실과 관련을 맺어온 헐버트(Hulbert, 紇法, 轄甫退, 1863~1949) 등의 문서에 보면 그들이 고종에 대해 확고한 신뢰와 존경심을 지녔음을 알 수 있다.[6]

한편 고종 주변 외국인들의 기록 중에 고종을 위약하고 소신없는 인물로 묘사한 기록들도 보인다. 하지만 이러한 언급들이 이루어진 상황적 맥락을 구체적으로 고려해보면, 여러모로 신중하게 해석해야 할 필요가 있다고 생각된다. 이러한 경우로서 묄렌도르프(Möllendorff, 穆麟德, 1847~1901), 샌즈(Sands, 山島), 알렌(Allen, 安連, 1858~1932), 맥켄지(Mckenzie, 1869~1931) 등의 예를 들 수 있다.[7]

Knots or Life in Korea (Boston: American Tract Society 1904), 신복룡 역 『상투의 나라』(서울: 집문당 1999) 49면 등을 참조할 것.

5) Robert R. Swartout, Jr. and Fred C. Bohm, "An American Officer in the 19th Century Korea," *Journal of Social Sciences and Humanities* No. 52 (December 1980) 18~30면.

6) 데니는 고종에 대해 위대한 민족의 군주답게 위기상황에서의 민족의 군주에 걸맞은 과감함과 명쾌함, 인내심을 가졌으며 소신있는 인물이라고 역설하며 헐버트는 그의 저작에서 시종일관 고종의 의연한 자세에 대해 극찬한다. 오웬 데니 저, 신복룡 역, 앞의 책 48~50면; B. Hulbert, *The Passing of Korea* (New York 1906), 신복룡 역 『대한제국멸망사』(서울: 평민사 1984). 데니는 1886년 5월부터 1890년 2월까지 외무부 내무협판 겸 당상관으로 고빙되었으며, 헐버트는 1886년 7월부터 1891년 12월까지, 그리고 1897년 6월부터 1902년 6월까지 한성사범학교(漢城師範學校) 교사로서 고빙되었다. 외국인 고빙관과 관련해서는 김현숙 「한국근대 서양인 고문관 연구(1882-1904)」(서울: 이화여대 사학과 박사논문 1998); 김현숙 『근대 한국의 서양인 고문관들』(한국연구원 2008) 참조.

7) 이들과는 다소 성격이 다른 차원에서 고종을 비판하는 사료로서 황현의 『매천야록』을 지적할 수 있다. 황현이 고종을 비판하는 요지는 요컨대 고종이 대원군에게 부자간 윤리에 비추어 도리를 다하지 못했고, 또한 편파적으로 인재를 등용했으며, 매관매직 등과 관련하여 뇌물을 수수했다는 점 등이었다. 여기서 『매천야록』의 사료로서의 가치를 간단히 언급하기는 어렵지만, 이러한 비판은 당시의 전환기적 혼돈 상황에서 나타난 관리들과 왕실로 대표되는 기득권 세력의 총체적 부패와 무능력에 대하여 재야의 우국지사

그러면 우선 조선에서 해관사무(海關事務)와 외교사무(外交事務)에 관한 법률고문으로서 봉직하다 한러 밀약사건으로 인해, 좀더 정확하게는 청의 압력에 의해 해고된 묄렌도르프의 경우부터 살펴보자. 고종의 두터운 신임과 지지를 얻은[8] 묄렌도르프는 한러 밀약사건에 의해 해고된 후, 「데니의 '청한론(淸韓論)'에 대한 반박문」[9]을 통해 고종에 대한 전반적인 비난을 늘어놓는다. 그러나 이 글을 쓸 당시 묄렌도르프는 고종이 자신을 재계약하지 않고 데니를 고용한 데 대한 배신감에 복받쳐 있었음이 그의 유고문서에 전해진다.[10] 따라서 『묄렌도르프문서』에 등장하는 고종에 대한 평은 이러한 사정을 고려하여 읽어야 할 것으로 보인다.

한편 고종의 법률고문을 지낸 바 있는 샌즈는 후일 그의 글에서 고종의 무능력과 나태함을 다음과 같이 신랄하게 비판하였다.

> 나는 황제에게 기회가 닿는 대로 자주 그리고 상세하게 나의 단순한 구상을 설명하였다. 그는 항시 예의바르게 그리고 신뢰하는 자세로 경청해주기

로서의 절망적 탄식의 차원에서 이해하는 것이 오히려 정확할 것이다. 황현의 이러한 시각은 조선의 지배층 전체에 대한 당시 재야의 지식인과 비판적인 유자들의 '의식구조'를 이해하는 자료가 될 수 있을 뿐만 아니라, 역으로 문명사적 전환기 상황에서 조선의 정치가 얼마만큼 '소통'의 부재를 겪고 있었는가라는 관점에서 비판적으로 재검토될 필요가 있다. 한편 다른 조선인에 의한 고종 언급은 구체적인 정치적 맥락에서 논의할 필요가 있으므로 관련 부분에서 후술하도록 하겠다.

8) P. G. Möllendorf, 앞의 책 59, 69, 77면.

9) 묄렌도르프의 「데니의 '청한론'에 대한 반박문, A Reply to Mr. O. N. Denny's Pamphlet entitled: "China and Korea"」는 P. G. Möllendorff 저, 신복룡 역주, 앞의 책 125~37면; 최종고 『한국의 서양법수용사』(서울: 박영사 1982) 80~89면에 수록되어 있다. 묄렌도르프는 1882년 12월부터 1885년 8월까지 외교고문으로 고빙된 바 있다.

10) "왕이 데니와의 계약을 앞으로 2년간 연장해주었다. 이럴 수가 있단 말인가!" "왕이 그토록 나의 은혜를 모르고 있다니 참으로 유감스럽소." P. G. Möllendorff, *Ein Lebensbild* (1930), 신복룡 역주 『묄렌도르프문서』(서울: 평민사 1987) 91~92면, 그의 일기와 1885년 6월 13일자 부인에게 보낸 편지에서 인용.

는 했다. 그러나 그 가엾은 분은 그것의 기본적인 개요도 파악하지 못했다. 그의 머릿속에 든 철학이라고는, 자신은 코리아 백성의 주인이며 따라서 그들의 것은 곧 자신의 것이라는 것이 전부였다. (…) 황제는 때로 국사의 처리를 미루기도 했으며 어떤 때는 그 빈도가 아주 잦았다. 나라의 골치 아픈 여러가지 일들은 그를 지겹게 했다.[11)]

그런데 『알렌의 일기』를 보면,

돌연한 발병을 핑계로 황제의 접견이 연기된 것은 나에게는 다행스러운 일이었다. 연기된 주원인은 황제가 몹시 싫어하는 샌즈의 접견을 내가 요청했기 때문인 듯하다. 황제는 샌즈를 만나느니 차라리 모든 접견을 포기하였었다고들 한다.[12)]

라고 기록되어 있어, 샌즈가 이러한 언급을 하게 된 경위를 이해하게 해준다. 이로 미루어보건대 샌즈라는 인물을 고종이 전혀 신뢰하지 않았으며 그와 전혀 소통이 이루어지지 않았음을 알 수 있다.

그리고 『알렌의 일기』에 등장하는 고종을 비하하는 언급, 예컨대 "한국 황제는 허약하기 때문에"[13)] 운운하는 대목은 열강의 이권개입과 관련되어

---

11) William F. Sands, *Undiplomatic Memories: The Far East, 1894-1904* (London: John Hamilton 1930), 김훈 역주 『조선의 마지막 날』(서울: 미완 1986) 310면에서 인용. 샌즈는 1899년 11월부터 1904년 1월까지 궁내부 고문관으로 고빙된 바 있다.

12) H. N. Allen, *The Horace Newton Allen Manuscript Collection*, 김원모 역주 『알렌의 일기: 구한말 격동기 비사』(서울: 단국대학교출판부 1991) 574면 「1903년 6월 1일자 일기」에서 인용. "The audience was suddenly postponed to my great relief, on the plea of sudden illness. I fancy it was because I asked an audience for William. F. Sands, whom the Emperor now detests. He is said to have given up all the audiences rather than see Sands."

13) H. N. 알렌 저, 김원모 역주, 같은 책 664면 1903년 10월 14일자 일기에서 인용.

언급된 것이어서, 다분히 알렌의 사적 이해관계가 얽혀 있는 논의로 보인다. 따라서 엄밀하게 객관성을 가지고 진술된 것으로 간주하기 어렵다.[14)]

이외에도 후일 고종을 긍정적으로 평가한 런던의 종군기자 매켄지가 그의 저서에서 "일상생활에서 볼 수 있는 의기소침한 고종의 성격은 다른 동양의 군주들에 비하여 극히 두드러져 보인다"[15)]는 식의 언급을 한 바 있다. 이것은 매켄지가 조선을 방문하여 처음 고종을 알현할 당시의 시점이 러일전쟁이 발발한 이후이며, 이무렵 고종은 일본의 침략에 대한 극심한 위기의식에 사로잡혀 있었음을 상기할 필요가 있다. 고종의 위약한 성품을 전제하고 이루어진 지금까지의 연구들이 대체로 이러한 단편적인 부정적 언급들을 문맥을 고려하지 않고 액면 그대로 수용한 것이었음은 지적하지 않을 수 없는 문제라 하겠다.

그러면 이제 조선에 관한 여행기나 견문기를 남긴 서양인들은 고종에게 어떤 인상을 받았으며 그를 어떻게 묘사하고 있는지 살펴보자.

> (가) 왕은 나직한 음성으로 대신(大臣)에게 얘기하고, 대신은 묄렌도르프에게 중국어로, 그리고 묄렌도르프는 다시 우리에게 독일어로 통역을 했다. 친절하고도 인자한 왕의 모습이 우리 모두를 사로잡았다.[16)] 〔마이에트 Mayet〕

---

14) 알렌에 관한 가장 권위있는 연구로 알려진 해링턴의 연구는 알렌의 이러한 제국주의 자로서의 속성을 잘 지적한 바 있다. F. H. Harrington, *God, Mammon and the Japanese: Dr. H. N. Allen and Korea American Relations 1884-1905* (Univ. of Wisconsin 1944), 이광린 역 『개화기의 국제관계』(서울: 일조각 1973).

15) F. A. McKenzie, *The Tragedy of Korea* (London 1908), 신복룡 역주 『대한제국의 비극』(서울: 평민사 1985) 149면에서 인용.

16) P. Mayet, "Ein Besuch in Korea im Oktober 1883," *Mitteilungen der deutschen Gesellschaft für Natur und Völkerkunde* (1884), 김영자 편 『조선왕국이야기』(서울: 서문당 1997) 187면. 마이에트가 고종을 알현한 것은 1883년 10월말이었다.

(나) 왕의 첫인상은 무척 호감을 주었다. 그의 웃음은 특히 타인의 마음을 끄는 매력이 있었다. 왕의 따스한 눈길 속에서 나는 그가 비록 격식상 한 말이었지만, 진실로 이날의 만남을 기뻐하고 있다는 사실을 느낄 수 있었다.[17)] 〔퍼시벌 로웰 Percival Lowell〕

(다) 〔왕은〕 대단히 자비롭고 안색은 희색이 만면하였으며 매우 친절하였다.[18)] 〔리외니에 Riennier〕

(라-1) 폐하는 키가 작았고, 부드러운 표정에 노란 혈색, 검은 눈동자를 하고 있었다.

(라-2) 현재 왕의 아버지이자 얼마 동안 섭정이기도 했던 대원군은 아들의 왕위를 스스로 대신할 야망을 품고 있는데, 그 왕이라는 사람은 기질이 너무도 허약해서 아마 지적이며 강단있기로 유명한 왕비가 아니었던들 벌써 왕좌에서 물러났을 위인이다.[19)] 〔샤이에롱 Chaillé-Long〕

(마-1) 그의 체구는 작고 안색은 나빠 보였다. (…) 그러나 표정만은 유난히 부드럽고 명랑한 편이었다.

---

17) Percival Lowell(1855~1916), *Chosön the land of the morning calm* (Cambridge: Harvard Univ. Press 1885), 조경철 역 『내 기억 속의 조선, 조선 사람들』(서울: 예담 2002) 133면. 저자는 1883년 12월 보빙사(報聘使) 일행과 함께 초청되어 고종을 알현했다.

18) MAE(Ministère des Affaires Etrangères), *Correspondance Politique*, Séoul, Vol. 1, 1886. 6. 5, Jean-Claude Allain, "Les Relations de la France avec la Monarchie Coreenne Pendant le règne de Kojong; dernier souverain de Corée; 1864-1907," 이창훈 역 「고종재위기간의 한불관계」, 『한불외교사』 91면에서 재인용. 이것은 프랑스의 해군소장인 리외니에(Riennier)제독이 1886년의 조불조약의 연회에서 만난 고종의 인상을 기록한 것이다.

19) Chaillé-Long(1842~1917) 『조선기행』(1894)(서울: 눈빛 2001) 262, 266면. 샤이에롱은 1888년 11월 10일과 12월 18일에 고종과 면담을 한 바 있다.

(마-2) 조선 왕은 매우 온화한 성격을 지녔다. 그의 인간적 매력이나 태도에 관해서는 여러 이야기가 전해지고 있다. 그는 부친인 대원군처럼 완고한 성격을 갖고 있지 않지만 동시에 결연한 성품도 물려받지 못했다. (…) 일본인이 조선에 들어오기 전까지 그는 자신의 민족과 자신의 국가에 대한 맹목적인 믿음에서 벗어나지 못하고 있었지만, 그래도 새로운 세계에 대한 발견이나 새로운 문물의 발명에 대하여 예민한 관심을 가지고 있었다.[20] 〔조지 커즌 George Curzon〕

(바) 조선 군주를 알현할 기회가 있었던 이방인들은 한결같이 조선의 왕이 인자하고 잘생긴 편이며, 나라와 백성의 안녕을 위해 애쓰고 있다고 한다. 그러나 조정의 신하들은 오늘까지도 온갖 부조리한 정사로 백성을 도탄에 빠지게 한다.[21] 〔헤세 바르테크 Hesse-Wartegg〕

(사) 왕조는 영락하고 있었고, 늘 호의적이고 친절한 왕은 성격이 연약하여 음모가들에게 좌지우지될 수밖에 없었다. 이는 왕비의 강력한 영향력이 쇠잔해지면서 더욱 심해졌다. 나는 한국 국왕이 가슴속 깊이 조국을 사랑하는 통치자임을 믿는다. (…) 왕의 표정은 온화하다. (…) 나는 실제로 한국인들의 일반적인 감정에는 이처럼 착한 왕에 대한 애정 어린 충성심과 신하들이 저지르는 억압, 횡포와 실정에 대한 뿌리깊은 반감이 〔동시에〕 존재한다고 생각한다. (…) 통치자로서 그는 굉장히 근면하여 어떤 분야의 업무에도 익숙했다. 무한한 보고문과 상소문을 접수해서 꼼꼼히 검토했고 정부의 이름 하에 행해지는 모든 일에 관여했다. 흔히들 그는 보통 사람이 할 수

---

20) George N. Curzon(1859~1925), *Problems of the Far East* (Westminster 1894), 라종일 역 『100년 전의 여행, 100년 후의 교훈』(서울: 비봉출판사 1996) 112~13면.

21) Ernst von Hesse-Wartegg, *Korea, Eine Sommerreise nach dem Lande der Morgenruhe* (Dresden und Leipzig 1895), 김영자 편 『조선왕국이야기』(서울: 서문당 1997) 246면.

있는 것 이상을 세심한 주의를 기울여 해낸다고 한다. 그러나 동시에 그는 어떤 일을 단단히 장악하고 밀어붙일 만한 능력은 없다. 너무나 선했으며, 선진적인 생각에 대해서는 지나치게 감동적이었다.[22] 〔이사벨라 버드 비숍 Isabella bird Bishop〕

(아) 국왕의 배알은 너무도 자연스러웠다. 천자인 중국 황제는 백성이 두려워하여 감히 얼굴도 쳐들지 못하고 북경의 입성은 완전히 금지였는데, 이 나라 국왕은 완벽한 신사에 자연스럽고 억눌려 보이지도 않을뿐더러 참 다정했다. (…) 책상을 사이에 두고 가까이서 본 조선 왕은 조선민족만이 가지고 있는 온갖 장점은 다 가지고 있는 듯했다. 잘생긴 모습에 자비스럽고 인자해 보였으며, (…) 황제의 활기에 찬 음성은 부드럽고 친절하기가 그지없어 우리의 마음을 사로잡기에 충분했다. 백성을 사랑하고 백성의 안녕을 위해 진심으로 애를 쓰는 태도가 여실해 보였다.[23] 〔지그프리드 겐터 Sigfried Genthe〕

(자) 반백의 수염을 한 황제는 핏기 없는 누런 얼굴로 활짝 미소지었다. 불안에 찬 그의 매우 작은 눈은 살아 있었고, 높은 기품과 지성, 그리고 선함을 지니고 있었다.[24] 〔삐에르 로띠 Pierre Loti〕

22) Isabella Bird Bishop, *Korea and Her Neighbours* (London: St. James Gazette 1898), 이인화 역 『한국과 그 이웃나라들』(서울: 살림 1994) 298~301면. 비숍이 고종 내외를 네차례에 걸쳐 알현한 것은 1895년 1월이었다.

23) Sigfried Genthe, *Korea, Reiseschilderungen* (Berlin: Herausgegeben von Georg Wegener 1905), 김영자 편 『조선왕국이야기』(서울: 서문당 1997) 300~302면. 겐테가 고종을 만난 것은 1901년이다.

24) Pierre Loti, *La Troisième Jeunesse de Madame Prune* (1905). 프랑스의 저명한 문학가이자 해군장교인 삐에르 로띠(본명 Julien Viaud, 1850~1923)는 1901년 6월 17일부터 약 10일간 한국에 체류한 바 있다. 송덕호 「삐에르 로띠와 한국」, 『비교문학』 19집(서울: 한국비교문학회 1994) 225~26면에서 재인용.

위에서 보는 바와 같이, 당대의 견문기들은 고종을 직접 만난 후 거의 예외없이 그가 '친절하고 부드러운 심성을 가진' 인물이라는 인상을 받았다고 기록하고 있다. 한편 대체로 여행자라는 기록자들의 입장을 감안해볼 때, 아마도 주변으로부터 전해들은 것이겠지만 견문기의 내용 중에는 고종이 대원군이나 민왕후에 비해 결단력이나 과감함이 부족하다는 견해—위의 사례 중에서 (라-2), (마-2), (사)가 여기에 해당한다—도 볼 수 있다. 이중 민왕후에 관해서는 뒤에서 다루기로 하고, 대원군과 고종의 이분법적인 대비에 관해서는 간단히 부언하고 넘어갈 필요가 있다고 생각한다. 앞장에서 이미 고찰한 바와 같이, 대원군이 보여준 강력한 카리스마와 과감한 추진력은 독특한 그의 정치적 위상과도 관련된 것으로서 그 자체가 조선의 유교적 정치지형에서 매우 특별한 것이었다. 따라서 이런 문맥을 도외시하고 대원군과 고종을 '과감함 대 소심함', '강인함 대 무력함'과 같은 단순한 이분법적인 이미지로 그려내는 것은 고종의 리더십을 이해하는 데 도움이 되지 못할 수 있다. 이러한 이분법적 이해에 서게 되면, 국정운영의 최고 책임자에게 필요한 가장 중요한 덕목 중 하나인 '정치적 신중함'은 들어설 자리를 잃고 으레 정치적 소심함이나 무력함으로 단순하게 비춰질 수밖에 없기 때문이다.[25)]

그러면 지금부터 고종이 왕위에 오른 후 대내외적으로 '현실정치'를 체험하는 와중에 성왕(聖王)의 수련을 받고 국내외의 정치인이나 지식인, 외국의 각종 전래서적들을 접하면서 어떠한 정치의식과 대외관을 가지게 되는지 구체적으로 검토해가기로 하자.

25) 하지만 이와 같은 대원군과 고종의 상반된 이미지가 당시에 상당히 만연했다는 사실은 이후의 조선의 정치적 역학관계를 이해하는 데 있어서 간과되어서는 안될 중요한 의미를 지니는데, 이 점은 관련부분에서 상세히 다루게 될 것이다.

(2) 성왕 수련과 유교적 인군의식의 성장: 고종 정치의식의 토대

왕들은 즉위 초에는 즉위 이전에 받은 왕자수업 정도에 따라 다소 차이가 있기는 하지만 대개 국왕으로서 제 역할을 충분히 하지 못하고 그 결과 정치적 위상은 상대적으로 낮게 마련이다. 이후 정치적 감각을 익히고 정세를 파악하면서 정치적 역량을 강화하고 점차 위상을 높여간다. 즉위 초년의 고종은 앞장에서 살펴본 것처럼 선대의 어느 국왕보다 더 취약했던 왕위계승 과정과 조대비의 수렴청정, 그리고 생부인 흥선대원군의 실질적인 권력 장악 등으로 인해 현실정치에서 주목할 만한 정치적 역할을 하지 못하였다. 실제로 즉위 초기 고종의 공식적인 정치행위는 대체로 경연에 열중하는 것과 더불어 왕실행사와 같은 국가의 의례적이고 상징적인 차원에 머물러서 현실정치의 표면에 드러나지 않는 경우가 많았다.

즉위 초기 고종은 왕자수업을 전혀 받지 못한 채 왕위를 계승했다는 이유 등으로 인해 유교군주으로서의 내적인 역량을 다지는 경연수업이 특별히 중시되지 않을 수 없었다. 예컨대 고종의 즉위식이 이루어진 날 주요 대신들이 한 발언은 이러한 분위기를 잘 전해준다. 어린 국왕에 대한 당부의 말은 오로지 학문에 힘써야 한다는 것이었다.

> 가) 영부사(鄭元容) 왈, “본래 국왕이 정사(政事)를 처리하는 것은 반드시 공부에 기본을 두어야 하는 법인데, (…) 정사를 잘하는가 못하는가 하는 문제와 백성들이 잘사는가 못사는가 하는 문제는 순전히 국왕이 공부를 잘 하는가 그렇지 않은가에 달려 있습니다. (…) 지금 전하는 나이가 어려 공부가 아직 높은 경지에 이르지 못했을 것이고 필경 경사서(經史書) 중에 아직 읽지 못한 책이 많을 것입니다. 지금이야말로 바로 공부에 주력해야 할 때입니다.”

나) 판부사(金興根) 왈, "효성스럽고 어질고 부지런하고 검소한 것이 바로 성인(聖人)으로 되는 근본이며 역시 그렇게 되는 요점은 오로지 공부를 꾸준히 하는 데 있습니다. 공부를 꾸준히 하지 않는 사람이 성인이 될 수 없습니다. 언제나 이를 잊지 마시고 공부에 매진하셔야 할 것입니다."

다) 영의정(金左根) 왈, "효성스럽고 공경하고 부지런하고 검약하는 것이 성인이 되는 기본인데 덕을 이룩하는 것은 순전히 꾸준하게 공부를 하는가 여부에 달려 있습니다."

라) 좌의정(趙斗淳) 왈, "하늘을 공경하고 조상들을 본받으며 공부를 부지런히 하고 백성들을 사랑하는 것은 제왕이 훌륭한 정사를 이룩하는 기본입니다."

이에 대해 조대비는 "현재 임금의 몸을 보호하고 임금의 공부를 돕는 것보다 더 중요한 일은 없다"면서, "임금을 보호하는 것은 어머니인 자신의 책임이지만 공부를 돕는 일은 오직 경(卿)들의 몫"이라고 답하고, 고종에 대해서는 "아직 어린 나이이지만 자주 신하들을 접견하면서 경전과 역사서(經史書)를 강론하고 정사(政事)의 묘미를 익혀, 위로는 종묘사직에 대한 무거운 책임을 느끼고, 아래로는 백성(民)[26]의 기대에 부합할 수 있어야 한

26) 백성·평민·민중·중민·인민 등의 용어는 각 개념의 차별성에도 불구하고 아직 학술적으로 정밀하게 정립되지 않았다고 하겠다. 다만 피지배계층이 자기 스스로를 어떻게 인식하는가를 중심으로 이러한 여러 개념들을 이해하고자 한 정창렬의 「백성의식, 평민의식, 민중의식」, 『역사와 인간』(서울: 두레 1982)에 입각하여 말하면, 본서에서 이제부터 다루는 시기는 민중이라는 용어를 사용하는 것이 타당할 것으로 여겨진다. 하지만 그대로 수용하기에는 어려운 부분이 있어 본서에서는 일단 '백성(民)'이라는 표현을 사용하고자 한다.

다"고 당부하고 있다.[27] 실제로 즉위 이후 상당한 기간이 지나도록 신하들이 반복하여 강조한 것은 요컨대 성현의 가르침과 선인들의 행적을 기록한 경전과 역사서를 철저히 익히고 음미하여 이를 현실정치의 지표로 삼아 왕도정치를 구현하라는 것이었다. 예컨대 고종 원년 1월 10일 당시 우의정 이경재(李景在)는 다음과 같이 지적하고 있다.

> 왕위를 잇기 이전에 어떤 스승으로부터 어느 정도의 공부를 하셨는지 신이 감히 알지 못하지만 대개 공부를 하는 것은 바로 교화(敎化)를 할 수 있는 기초인 동시에 정사를 온전히 수행하는 것도 여기서 나옵니다. (…) 신이 듣건대, 선대의 옛 규례에 따르면 경연을 중히 여기고 학문을 아는 신하들을 친하게 대했다고 합니다. 아무리 거상(居喪) 기간이라 하더라도 아직 그만둔 경우가 없었는데, 글을 강론하다가 의심이 생기면 묻고 일을 처결하다가 막히는 데가 생기면 불러서 의논하였습니다. 비단 글 뜻에만 그치는 것이 아니라 반드시 실제의 체험을 생각하였고 종이 위의 빈말로 그치는 것이 아니라 반드시 실천할 방도까지를 찾았습니다. 그래서 성덕(聖德)이 날로 높아지고 교화가 날로 새로워지는 아름답고 성대한 실천을 보이기에 이르렀으니 이것이야말로 후대의 임금들이 꼭 본받아야할 점이 아니겠습니까. 전하가 덕으로 나아가고 교화를 새롭게 할 요체는 오로지 배움에 있사오니 아마 오늘의 급무로서 이보다 더 중요한 것은 없을 것입니다.[28]

27) 『高宗實錄』 卽位年 12月 13日(乙酉條). 위의 대화를 문화적·정치적 문맥에서 이해하기 위해서는 경연에 관해 본서의 1장에서 언급한 내용을 상기해볼 필요가 있다. '요컨대 경연은 사상적·문화적으로 축적된 역량을 군주의 일상화된 공간에서 정치와 소통시키기 위해 만든 특수한 교육제도인 동시에, 지식과 정치 간의 미묘한 권력관계를 상징적으로 반영해 보여주는 현실정치의 공간이기도 했다.' 조선의 유교적 정치지형에서 경연이 가지는 의미에 관해서는 본서의 제1장에서 이미 살펴본 바 있다.

28) 『高宗實錄』 元年 1月 10日(壬子條), "臣未敢知甘盤舊學, 已至幾分地界, 而蓋講學, 乃作聖之基出治之具也. (…) 臣伏聞祖宗朝故事, 重經筵而親儒臣, 雖在亮陰之中, 未嘗有間斷, 講書

그뒤 얼마 후 경연의 규정이 마련되었고,[29] 고종에게는 군주로서 견지해야 할 유교적 덕목과 교훈이 끊임없이 강조되었는데, 고종은 "자신이 미처 생각이 미치지 못해 묻지 못하더라도 경들이 일깨워달라"든지,[30] "자신이 잘못 읽을 때마다 기침을 하여 알려달라"는 주문을 하는가 하면,[31] 숙종 때의 고사를 인용하면서 "경연을 할 때 글 뜻만을 강론할 것이 아니라 반드시 일반 세상의 물정과 민초들의 어렵고 힘겨운 실상도 반복하여 상세히 알려주어 자신이 구체적으로 들을 수 있도록 하라"고 지시하는 등,[32] 경연의 장에 의욕적인 자세로 임하게 된다. 실제로 이러한 고종의 의욕은 예컨대 박규수와의 다음 경연 장면에서도 잘 드러난다.

고종: 이제부터 정규강의(勸講)든 특별강의(召對)든 교재를 읽을 때마다 내가 과연 잘 읽거든 잘 읽었다고 잘못 읽거든 잘못 읽었다고 그때그때 알려주는 것이 좋겠습니다.

강관(講官) 박규수: 신 등도 그렇게 하여야 한다는 것을 모르지는 않으나 황송한 느낌이 저절로 나서 감히 선뜻 말씀을 올리지 못하였는데 이것은 사실 바른말을 듣기 좋아하는 성상의 덕을 저버린 셈이 될 것입니다. 삼가 강관인 홍문관의 관리들에게 알리도록 하겠습니다.

有疑則召問, 臨事有晦則召對. 不惟講明文義而已, 必思體驗之實, 不止紙上空言而已, 必思施措之方. 故聖德有日進之盛, 聖化有日新之美, 豈非後聖之所當法乎. 在殿下進德新化之要, 惟在於學, 則今日急務, 恐無大於此也."

29) 『高宗實錄』 元年 1月 13日(乙卯條), 1月 15日(丁巳條).

30) 『高宗實錄』 元年 1月 10日(壬子條).

31) 『承政院日記』 高宗1年 1月 23日(乙丑條), 24日(丙寅條).

32) 『承政院日記』 高宗1年 11月 18日(乙卯條), "敎曰, 昨日玉堂書進故事曰, 肅廟朝講筵時, 非但講說文義, 必以閭巷物情艱難辛苦之狀, 反復曉諭, 使耳聞熟習可也爲敎. 今亦每於勸講召對時, 入侍諸臣, 依此敎陳奏爲好矣."

> 고종: 만일 바른말을 해주기가 어렵다면 내가 어찌 여러 신하들과 함께 정사를 돌볼 수 있겠습니까. 사리에 맞는 정당한 말이 귀에 거슬린다고 하여 내 어찌 들으려 하지 않겠습니까.[33)]

즉위 초기의 고종의 경연을 다룬 연구에 따르면, 고종이 즉위 10년간 개최한 경연의 횟수는 총 1,298회로 정규강의〔進講과 勸講〕는 754회, 특별강의〔召對〕는 544회에 이른다.[34)] 즉위 이후 어린 고종은 경연의 장에서 경사서를 익혀가는 과정에서 이른바 '학자관료'들과 정치적 현안에 대해 계속 대화를 나누었으며 군주로서 학문하는 기본적인 자세와 아울러 정치에서 추구해야 할 전통적인 유교적 가치체계들을 배워나갔다. 그가 경연의 장을 통해 어진 임금〔仁君〕의 자세를 구체적으로 체득해갔음은 여러 사례를 통해 확인할 수 있다. 요컨대 고종은 언로를 열어 정치적 소통이 활발히 이루어질 수 있도록 조정의 모든 신료들이 간쟁을 적극적으로 할 것을 당부하고 있는가 하면,[35)] 지방에 거주하는 경연관에 대해서는 그 지방 수령들의 치적 혹은 폐단, 그리고 그에 관한 백성〔民)〕의 반응을 구체적으로 물어 민정에 대한 관심을 보이고는 했다.[36)] 특히 대왕대비가 수렴청정을 갑자기

---

33) 『高宗實錄』 1年 12月 13日(庚辰條), "敎曰, 自今以後, 毋論勸講, 召對, 每於講讀之時, 予果善讀, 則告以善讀, 或有不善讀, 則告以不善讀, 而勿開嗣, 甚好. 如此行之可也. 講官朴珪壽曰, 臣等非不知如此, 而自然惶悚之念居先, 未敢輒陳, 實負聖上來諫之德意. 謹當出而相告於講官玉堂矣. 敎曰, 若以諫爲難, 則何以與諸臣共政乎. 當道直諫之言, 予豈逆耳而厭聽之乎."

34) 김세은 「고종 초기(1864-1873)의 경연」, 『진단학보』 89집(서울: 진단학회 2000) 128면 참조. 김세은은 고종 초기의 경연에 관해 주로 『日省錄』, 『承政院日記』와 『弘文館志』(규장각 4747), 『列聖朝繼講冊子次第』(규장각 3236), 『經筵故事比例』(규장각 1792) 등을 활용하여 실증적으로 검토하고 있다. 본서는 이 논문에서 많은 영감을 얻었음을 밝혀 둔다.

35) 『承政院日記』 高宗2年 5月 7日, "天子有爭臣七人, 則不失天下, 諸侯有爭臣五人, 則不失其國, 大夫有爭臣三人, 則不失其家. (…) 予之所望, 則朝廷皆爲爭臣矣."

36) 여기에서는 이러한 사례로서, 『承政院日記』 高宗元年 9月 21日의 경연(與講官張膺杓);

거두고(1866년 2월 13일), 국왕의 친정이 선포된 얼마 후 발표된 고종의 다음 언급은 당시의 정국에 대한 그의 기본적인 인식과 아울러 그의 정치의식을 어느정도 집약해서 보여준다.

국왕이 지시하기를 "내가 어린 나이에 나라를 다스리는 어려운 중책을 이어받았는데, (…) 백성이 없는데 관리가 어떻게 관리 노릇을 하며 나라가 어떻게 나라 구실을 할 수 있겠습니까. 목전에 놓여 있는 급선무는 요컨대 두가지로 압축되는데, 하나는 묘당〔의정부〕에서 사사롭게 대하지 말고 법령을 엄격히 세우는 것이며, 다른 하나는 지방의 토호들이 악습을 그만두어 〔백성들을〕 편안히 살면서 일에 종사하도록 하는 것이오. 조정의 법령이 엄격히 서면 나라의 규율도 서게 되며 시골의 토호들이 악습을 걷어치우면 풍속도 바르게 될 것이오.

그리고 지방의 토호들이 권세를 부리는 문제에 대해서는 내가 왕이 되기 전부터 이미 늘 많이 들었고 잘 알고 있는 바입니다. 지금 와서 어느 고을 어느 누구라고는 비록 일일이 거론하지는 않겠으나, 나라의 모든 것을 손금 보듯 상세히 알며 먼 지방이라고 해서 살피지 못하는 데가 없이 할 것이라는 글을 침실 벽에다 써 붙이고 그전부터 헤아려왔습니다. 오늘날 나라가 편안하게 되는가 아니면 위태롭게 되는가 하는 것은 여기 달려 있을 것입니

同年 9月 27日의 경연(與講官申櫶); 同年 11月 9日의 경연(與講官姜長煥); 高宗5年 8月 17日(與講官鄭基世); 高宗8年 8月 23日(與講官李參鉉) 등의 경우만을 지적해둔다. 이러한 점들을 고려할 때, 우의정 유후조(柳厚祚)가 고종의 경연 태도를 다음과 같이 평가한 것은 단순히 의례적 표현은 아니라고 생각된다. "신이 작년 겨울에 경연에 참가하여 전하가 글공부를 할 때에는 꾸준하게 묻기를 좋아하고 아랫사람들의 말을 들을 때에는 하찮은 말까지도 들어주고 언제나 백성들의 곤란과 어려운 형편, 그리고 수령들이 정사를 잘하는가 못하는가에 대하여 자주 신하들에게 물어보는 것을 보고 공경하며 우러르는 마음을 금할 수 없었습니다〔臣於前冬, 弓侍講筵, 仰覩殿下, 臨文有好問之勤, 聽言有察邇之德. 每以民生困瘁, 守令治忽, 屢屢下詢, 臣不勝欽仰萬萬〕." 『高宗實錄』 3年 2月 27日(丁巳條).

다. 그러므로 의정부에서 글을 만들어 팔도(八道)와 사도(四都)에 공문을 띄울 것이며 한문과 언문으로 베껴 써서 거리와 마을에 붙여 모두 다 알도록 하시오."[37]

요컨대 고종은 당시의 국가 기강이 대단히 쇠약할 뿐만 아니라 정치권력이 사적으로 남용되어 국가의 근본인 백성들의 생활이 심각하게 불안하다고 인식하고 있었고, 이러한 상황을 극복하기 위해서는 우선 경향 각지의 관리들이 솔선하여 '위민(爲民)'정치를 실천해나가지 않으면 안되며 그렇게 할 수 있도록 최종적으로 이끄는 것이 국왕인 자신에게 부여된 막중한 정치적 책임이라는 사실을 절실히 인식하고 있었다.[38] 더욱이 여기서 간과해서는 안될 것은 고종이 국가적 급선무로 간주한 두가지 사안, 즉 법령을 엄격히 세워 국가의 기강을 바로잡는 것과 민생을 안정시키는 문제에 대하여, 고종은 별개의 사안이라는 관점에서 접근하기보다는 오히려 '위민'이라는 하나의 축을 중심으로 두개의 문제를 동시에 풀지 않으면 안

37) 『高宗實錄』 3年2月27日(丁巳條), "敎曰, 予以沖年, 叨承艱大之責. (…) 無民而官何爲官? 國何爲國? 目下急先務, 只有二件事. 一則內而廟堂, 毋看顔私, 嚴立法令也. 一則外而居鄕土豪, 斂戢惡習, 安生樂業也. 朝廷之法令嚴正, 則紀綱擧矣. 在鄕之土豪, 斂戢惡習, 則風俗正矣. 且土豪武斷, 予自潛邸, 已有所慣聞稔知, 到今某邑某人, 雖不必一一枚擧, 階前萬里, 無遠不燭, 書諸寢壁, 自有斟量者矣. 今日國之安危, 在此而已. 自政府措辭行會於八道四都, 眞諺翻謄, 揭付坊曲, 使之咸須知悉."

38) 이와 같은 고종의 정치적 인식은 며칠 후의 지시문에 다음과 같이 드러나고 있다. "유교를 장려하여 풍속과 교화가 훌륭히 되어나가도록 하는 것은 곧 우리 조정의 가법이다. 때문에 나는 자나 깨나 오직 한마음, 여기에 마음을 두고 있다(而崇奬儒術, 敦尙風敎, 卽我朝家法也. 予所以寤寐一念, 亦惟在此)." (이 지시문은 도승지 이재황이 씀) 『高宗實錄』 3년 3월 1일(庚申條). 대부분의 경우, 지시문(敎書)은 학자관료들이 국왕을 위해 초안을 잡는 것이 일반적이었다. 따라서 조선의 관찬사료에는 국왕의 지시문을 관료가 작성했을 경우 특별한 경우를 제외하고는 작성자의 이름이 함께 수록되어 있다. 하지만 그 지시문들은 국왕이 정치적 판단능력이 크게 떨어지거나 혹은 완전히 명목상의 존재로 전락한 경우 등을 제외하고는 대체로 국왕의 의사를 전하는 것이라고 할 수 있다.

된다고 굳게 믿고 있었다는 사실이다. 이러한 고종의 '위민'의식이 왕도정치의 현장이라 할 수 있는 '백성은 나라의 근본이며 근본이 견고하면 나라가 안녕하다(民惟邦本 本固邦寧)'는 전통적인 민본주의적 사고방식에 기초한 것임은 새삼 거론할 필요가 없을 것이다.[39]

실제로 이러한 고종의 정치의식은 예컨대 형벌의 적용을 둘러싼 수차례의 논쟁을 살펴보면 가장 명확하게 확인된다. 즉 고종은 죄인들을 심판하고 형벌을 가하는 것과 관련하여, 법적 기강을 엄격히 하려면 가혹한 형벌도 불사해야 한다는 주변의 고위관리들의 주장과 반대에도 불구하고, 형벌을 주는 데 좀더 신중하며 가급적 관대한 태도를 보임으로써 법령을 남용하지 않도록 하고 최대한 억울한 경우가 발생하지 않도록 하는 것이 오히려 법의 기강을 세우는 방법이며, 아울러 생명을 소중히 여기는 하늘의 덕(生生之德)을 본받으려는 유교 본연의 가치를 정치적으로 구현하는 것이라는 입장을 끝내 관철했다.[40] 다음에 소개하는 내용은 제4장에서 다룬 바

39) 이러한 고종의 위민의식을 고종이 즉위 이후 가장 신뢰하고 의지한 인물 박규수의 '위민(爲民)'의식과 비교해보는 것도 흥미로운 일이 아닐 수 없다. 요컨대 두 사람의 위민의식은 논리적으로나 정서적으로 무척 닮아 있다고 평가할 만하다. 예컨대 박규수는 "평양감사 시절 전국적으로 병인박해가 자행되는 상황에서 '백성(民)이 교화의 혜택을 입지 못하여 바른 것을 등지고 사악한 것을 따르는 것이다. 진실로 선(善)으로써 능히 이들을 인도한다면 이들 모두가 우리의 선량한 백성(民)인 것을 많이 죽여 무엇을 할 것인가' 하면서 (평양시민을) 단 한사람도 죽이지 않았다"고 전해진다. "其在平壤時 朝廷方大斥西敎 所在敎人 令搜殺無遺 平壤素多奉敎之民 公曰民不蒙敎化之澤 背正趨邪 苟能導之以善 皆吾良民 多殺何爲 遂不戮一人." 『朴珪壽全集』(서울: 아세아문화사 1978) 20~21면 「節錄瓛齋先生行狀草」(門人金允植刪補). 고종과 박규수의 각별한 관계는 지금까지 거의 주목되지 않았는데, 이에 대해서는 뒤에서 다시 다루어질 것이다.

40) 고종 즉위 초기 『고종실록』에 수록된 이러한 사례로서 다음을 들 수 있을 것이다. 김구주(金龜柱) 및 김시연(金始淵)의 사례(1865년 1월 2일, 3일, 7일), 심이택(沈履澤)과 심의면(沈宜冕) 부자와 김진형(金鎭衡), 김상노(金尙魯)의 사례(1865년 10월 15일, 16일, 17일, 18일), 남종삼, 홍봉주의 사례(1866년 1월 21일, 23일, 24일), 정만식(鄭晩植)의 사례(1870년 9월 9일, 10일, 11일), 최석기(崔錫基)의 사례(1870년 11월 11일), 김응룡(金應

있는 '대원군의 선교사 접촉 시도 사건'과 관련하여, 사헌부와 사간원 그리고 의정부 대신들이 남종삼(南鍾三)과 홍봉주(洪鳳周)의 가족 모두를 처형할 것을 주장하는 것에 대해 고종이 이를 반대하면서 언급한 내용이다.

> 딴 나라 사람과 결탁하여 불순한 교리를 전달하고 익힌 것으로 말하면 〔죄인들의〕 부자(父子)가 모두 꼭 같다는 것은 지금 이들을 성토하는 글과 판결문건에 이미 나와 있다. 그러나 다만 그〔죄인의 아버지〕는 이미 늙은 몸이다. 두 죄인의 처자들을 처단하자고 한 제의도 나쁜 무리들로 인해 착한 사람까지 악한 사람으로 되지 않게 하려는 취지에서 나온 것인 만큼 곧바로 사형을 거행한들 무슨 애석함이 있겠는가만, 다만 그들의 나이가 아직 어리다. 그러므로 (…) 특별히 생명을 소중히 여기는 덕을 받들어 죄인의 아버지인 남상교(南尙教)는 공주 진영(鎭營)에 엄하게 가두고 두 죄인의 아들들은 다 같이 전주(全州) 진영에 엄하게 가두도록 하라.[41]

아마도 고종의 형벌 적용에 관한 의식을 가장 잘 보여주는 사례로는 1870년 9월 정만식(鄭晩植)의 경우를 들 수 있을 것이다. 고종은 수사상의 여러 결함들을 이유로 정만식에 대한 사형 결정이 여러모로 부적절하다는 입장을 표명하고, 죄인을 귀양보내는 것으로 최종판결을 내렸는데 승정원, 홍문관, 사헌부와 사간원, 의금부 당상관, 전현직 대신 등이 각기 연명으로 상소를 올려 이에 대한 지시 철회를 요구하고 나오지만 고종은 이를

龍)의 가족과 오윤근(吳潤根) 부자의 사례(1872년 5월 16일, 18일, 19일), 유흥영(柳興榮), 심담응(沈聃應), 김응연(金應淵), 서진규(徐震圭)의 사례(1872년 6월7일, 22일, 26일, 27일, 29일).

41) 『高宗實錄』 3年 1月 24日(甲申條), "教曰, 糾結異類, 傳習邪術, 是父是子, 一串貫來. 今於聲討之章, 斷案已成, 而第其年已老矣. 兩罪人謳戮之請, 寔出於毋礪易種之義, 則直施一律, 何所顧惜. 而且其年, 又未滿云矣. (…) 特推好生之德, (南)尙教嚴囚公州鎭營, 兩罪人子, 竝嚴囚全州鎭營."

끝내 승인하지 않았다.[42] 다음날 고종은 형벌의 적용에 관한 자신의 입장을 다음과 같이 좀더 체계적이고 분명하게 밝혔다.

법을 운용하는 데는 엄격해야 하며 형벌을 주는 데는 신중해야 한다. 죄가 있는지 판명되었을 때 벌을 주고 판단이 서지 않으면 용서해야 한다. 그렇게 해야 법이 엄격하게 이행되고 형벌은 조심스럽게 주어진다. 최근 몇차례의 심문을 시행하였다. 그런데 누구는 다른 이들의 참언에 의해, 누구는 그들이 왕조의 멸망을 예언한 도참죄가 있다고 하여, 그때마다 차마 듣기도 말하기도 어려운 죄목을 들씌워 마구 잡아 죽이기까지 하고 있으나 이를 문제삼는 사람은 없다. 이렇게 해서야 대저 사건의 실상을 얼마나 자세히 조사했다고 할 수 있겠는가. 이 어찌 인간의 생명을 소중히 다루는 것이겠는가. 그런데도 시시비비를 가리지 않고 손쉽게 서둘러 처리부터 하려고 하니, 나도 모르게 개탄하지 않을 수 없다.

이제부터는 범죄 사건에서 누구를 막론하고 중형의 죄가 들씌워지게 되면 반드시 끝까지 조사 확인하고 반복하여 따져야 할 것이다. 그리하여 진짜 범행을 저질렀으면 이는 법에 따라 처벌할 것이다. 하지만 만일 실제로 범행이 밝혀진 바 없는데, 그저 남에 의해 죄가 있다고 일컬어지는 사람이라면, 그때는 의정부의 결정에 따라 그의 죄에 의문이 있다고 하면 형량을 줄이는 것을 허용하여, 세상에 억울함이 쌓이지 않도록 해야 할 것이다. 내가 느끼기에는 이것은 앞으로 만년 동안 지켜야 할 절차가 되어야만 할 것이며, 나의 기대와 바람은 원통함이나 법을 굽히는 일도 없게 하여 크나큰 명운을 계승하고 국운을 면면히 이어가는 것이다. 높고 낮은 모든 신하들은 내가 고심하는 것을 체득하여 사건의 진상을 신중히 살피고, 인명을 소중히 여기는 원칙에 따라 '형벌을 내리는 데 절대 주의해야 할 것이다〔欽哉欽哉 惟刑

42) 『高宗實錄』 7年 9月 9日(壬申條).

之恤).' 그리고 이를 현판에 새겨 법정에 걸어놓고 늘 되새기도록 하라.[43]

여기 소개한 고종의 언급에서 분명히 드러나는 것은 고종의 천인합일적(天人合一的) 세계관과 유교적 위민의식이다. 고종에게 정치란 그것이 윤리적 이상을 사회적으로 실천하고 실현하는 과정일 때에만 진정한 가치를 가질 수 있으며(政者正也), 유자(儒者)에게서 일반적으로 나타나는 '정치의 윤리적 승화'라는 이상주의적 신념이 청년기에 접어드는 고종에게서 이미 확고하게 자리를 잡아가고 있었다.

고종의 유교적 위민의식은 이외에도 여러 곳에서 확인된다. 몇가지 흥미로운 사례를 소개하면, 예컨대 경복궁 중건이 결정된 직후 직접 궁궐의 터전을 둘러보던 도중 고종은 주위의 대신들에게 궁궐문 근처에 사는 백성들의 집이 철거될 것을 걱정하였다. 이에 대해 영부사와 호조판서 등이 이들 백성들이 불법으로 집을 짓고 사는 무단 거주자들임을 강조하면서 그냥 넘어가려 하자, 고종은 비록 선례가 없다 하더라도 집을 잃게 될 백성들에게 보상을 해줄 것을 지시한다. 그리고 며칠 후 고종은 이 문제를 다시 꺼내어 구체적인 장소를 직접 지목하면서 이들 모두에게 거처를 마련해줄 것을 지시한다.[44]

또한 1873년에는 홍수로 인해 수많은 피해자가 발생하자, 고종은 의정

---

43) 『高宗實錄』 7년 9월 10일(癸酉條), "敎曰, 今因鞫事, 予有一言者矣. 法不可以不嚴, 刑不可以不愼. 有斷案者罪之, 無斷案者宥之, 卽亦法之嚴, 刑之愼. 而自有幾番鞫獄以來, 或謂之推戴, 或謂之圖讖, 輒加不忍聞, 不忍說之目, 至有橫被罪戮而莫之恤者. 大抵獄情何等詳審, 人命何等關重. 而不分曲直, 輕先處置, 言念國體, 不覺慨然. 日後獄事, 勿論此人彼人, 如有不忍聞, 不忍說之橫罹者, 必須到底審覈, 反復推問. 有眞犯則以法處之, 無眞犯而只爲人所推戴者, 則傳生於議啓, 滌垢昭晰, 礪無干和之端. 而予則以此爲萬年法式, 期欲無僭無枉, 有以瞑續景命, 延綿國運矣. 大小諸臣體予苦心, 其於審獄情, 重人命之義, 欽哉欽哉, 惟刑之恤. 仍令揭板金吾, 常目顧諟焉." 이와 관련하여 『高宗實錄』 7년 11월 15일(丙午條)도 함께 참조할 것.

44) 『高宗實錄』 2年 4月 12日(丙子條), 4月 20日(甲申條).

부로 하여금 각도의 피해상황을 정확하게 파악하여 균등하게 조세를 면제토록 하라고 지시한다. 그러자 좌의정 강로(姜㳣, 1809~1887)가 조세를 감면하는 것이 국가재정과 관련된 것인 만큼 현실적으로 어렵다고 말하자 고종은 다음과 같이 언급한 후, 오히려 관개(灌漑)시설을 정비하고 각 지역에 조세대장에 누락된 토지가 많으니 이를 철저히 확인해서 시정하라고 지시한다.

> 옛말에 이르기를 백성(民)이 넉넉하면 나라도 부유해진다고 하였다. 만일 백성이 넉넉하지 못하다면 나라는 누구와 더불어 넉넉할 수 있겠는가. 재해를 구휼하는 도리에서는 나라에 치우치는 것보다는 차라리 백성에게 치우치는 것이 낫다. 한 올의 실이나 한 알의 쌀도 모두 다 백성에게서 나온 것이다. 이전에 궁전밖 행차를 할 때 백성의 집들에 곡식을 쌓아놓은 것을 볼 때마다 나라곡식을 창고에 쌓아둔 것이나 다름없이 흡족했다. 백성에게 저축이 없는데 나라에 남은 저축이 있다면 이것이 어찌 '위민의 길'이겠는가.[45]

이러한 고종의 유교적 '위민' 곧 '민본' 의식은 대원군의 패도적(覇道的) 성향의 정치와는 다른 정치를 직접 실천하려는 의지가 점차 구체화되는 사상적 배경이 되었다는 점을 아울러 부언해둔다.

한편 고종의 정치의식과 정치적 성향을 좀더 입체적으로 이해하기 위해서는 고종이 청년기에 들어가면서 경전류보다 상대적으로 역사서에 깊은 관심을 보였다는 사실에도 주목할 필요가 있다. 왜냐하면 민본사상이나 천인합일의 이상주의적 신념의 경우와는 또 달리, 역사서를 통해 자국의 역사를 비롯한 고금의 치란과 흥망성쇠의 자취에 밝아지는 것은, 기나긴

45) 『高宗實錄』 10年 7月 10日(丙辰條), "敎曰, 古語云民富則國富. 民若不足, 則國誰與足乎? 恤災之道, 與其偏於國無寧偏於民. 一絲一粒, 皆出於民. 曾前幸行時, 每觀民家積穀, 則心常喜之, 無異國穀之積置倉庫. 民若無儲而國有餘儲, 是豈爲民之道也?"

역사적 우여곡절을 되새김으로써 현재의 상황을 부단히 역사적으로 반추하여 더욱 냉철하고 객관적인 사고를 할 수 있게 하고, 아울러 자신의 정체성을 역사적이고 통시적인 맥락에서 설정하는 근거를 마련할 수 있게 해주기 때문이다.[46]

청년기 고종의 역사서에 대한 관심은 여러곳에서 확인되는데,[47] 예컨대 강관(講官) 박호양(朴顥陽)으로부터 "진강(進講)은 정지한 채 소대(召對)에서 역사서만을 읽는다"는 비판을 받는가 하면(1872년 4월),[48] 강관 김세균(金世均, 1812~1879)에게는 "정조가 지은 책자에 실린 역대 연기(年紀)를 보니, 기자(箕子) 이후 고려 이전까지의 역사 중에 아무래도 상세하지 않은 것도 있고 해서, 이를 보완하는 작업을 직접 하고 있으니 이에 참고가 될 역사서를 구해달라"는 지시를 내리기도 한다(1873년 2월).[49] 뿐만 아니라 강관 조기응(趙基應)이 역사서는 치란의 역사를 분명히 하고 있으니 더욱 열심히 익힐 것을 권유하자, 고종은 "매번 『통감』에서 치란을 논한 부분을 읽노라면 직접 그때를 보는 것 같은 느낌이 들고, 명군(明君)이 현자(賢者)를 임용하는 부분에 이르면 나도 모르게 감탄을 금할 수 없다"[50]고 하여

46) 유교적 사유체계에서 經〔經典〕과 史〔歷史〕가 항시 씨줄〔經〕과 날줄〔緯〕이 되어 강조된 것도 이러한 이유에서였다. 이에 관해서는 본서의 1장에서 이미 상세히 논한 바 있다.

47) 고종은 정규강의〔勸講과 進講〕에서 『효경(孝經)』과 『소학(小學)』을 시작으로 『대학(大學)』『논어(論語)』『맹자(孟子)』『중용(中庸)』『시전(詩傳)』 등을 차례로 익혔으며, 특별강의〔召對〕에서는 주로 『통감(通鑑)』『갱장록(羹墻錄)』『국조보감(國朝寶鑑)』 등의 역사서를 읽었다. 고종이 유교경전보다 역사서에 관심이 많았다는 사실에 관해서는 김세은, 앞의 논문 133, 135~44면을 참조할 것.

48) 『承政院日記』 高宗9年 4月 30日, "(講官朴)顥陽曰, 竊伏覩近以通史, 課日召對, 辨明問難, 誠不勝欽誦, 而第其歷代治亂, 繼有史篇之鑑戒, 若乃帝王心法, 可見經傳之昭載, 則豈可祇接召對而久停進講乎."

49) 『承政院日記』 高宗 10年 2月 1日, "上曰, 正廟祖有御定冊子, 自盤古以後歷代年紀, 而予已博考纂成摠目矣. 增加修葺 (…) 我國高麗以上箕子以後時事, 終有未詳者矣."

50) 『承政院日記』 高宗10年 9月 7日, "(講官趙)基應曰, 史書, 明於治亂, 伏願益加用工焉. 上曰, (…) 每覽通鑑論治亂處, 況如親見其時, 至於明君任賢之際, 不覺歎賞也."

역사서에 대한 관심을 토로하는 모습을 보여주기도 한다.

한편 고종 10년 9월 강관 박규수와의 대화를 보면 고종이 경연과는 상관없이 역사서를 즐겨 읽었음을 알 수 있다. 박규수가 고종에게 요즘 무슨 책을 읽는지를 묻자, 고종은 『만성통보(萬姓統譜)』를 읽고 있다고 답한다. 그러자 박규수는 이러한 책은 비록 빠르고 편하게 볼 수 있지만 명확한 근거를 갖고 있는 정사(正史)를 읽는 것만 못하다고 하면서, 이제 군주의 학문이 일정한 경지에 올랐으므로 사마천의 『사기(史記)』와 반고(班固)의 『전한서(前漢書)』, 범엽(范曄)의 『후한서(後漢書)』, 그리고 『명사(明史)』 등의 정사를 읽을 것을 권한다. 그러자 고종은 『사기』는 비단 국정에 도움이 될 뿐만 아니라 그외에도 볼 만한 것이 많다고 느꼈으며, 『명사』는 신종대(神宗代) 이후에 관한 묘사가 불만스러운 곳이 많은데 이는 필시 청국인이 썼기 때문일 것이라는 논평을 곁들인다.[51] 이러한 대화내용으로 미루어볼 때 청년기의 고종은 이무렵 역사서를 두루 섭렵했으며,[52] 아울러 조선 후기

51) 『承政院日記』 高宗10年 9月 10日, "又奏曰, 敢問卽者乙覽, 果何書乎. 上曰, 萬姓統譜也. (…) 珪壽曰, (…) 此等書, 雖捷於考訂, 而恐不如正史之有根據, 敬考周家世系, 則詳在馬史本記矣. 今則聖學漸臻高明, 閱覽史記漢書等冊子, 恐好矣. (…) 馬遷史, 始自三皇五帝而至漢武, 其後班固, 著前漢書, 范曄, 著後漢書, 而一代每有一代之正史, 至於皇明, 亦有明史矣. 上曰, 史記, 非但國政, 其外亦多可觀也. 珪壽曰, 明史尤不可不一覽矣. 上曰, 曾見明史神宗以後事, 語多不滿處, 必因淸人所作故也."

52) 고종이 역사에 해박했다는 것은 다음과 같은 자료들에서도 확인된다. ① "그〔고종〕는 특별한 기억력의 소유자로 한국 역사에 대해 썩 잘 알고 있어서 어떤 사건이나 구래의 관습에 대해 문제가 제기되면 어느 시대 모월 모일, 어떤 일이 일어났는가를 정확하게 언급하면서 조목조목 설명해낼 수 있다고 한다." Isabella Bird Bishop, 앞의 책 300~301면. ② "국왕은 자기 나라의 역사, 근대와 고대의 역사에 대해 나라 안의 어느 누구보다도 더 많이 알고 있으며, (…) 대신들 사이에 옛 관습과 과거에 대해 모르는 것이 생겼을 때 전하에게 물어보면, 어떤 역사적 사건이 일어난 시기와 특별한 점을 정확하게 지적해준다." *Korean Repository* 3권 11책(1896年 10月), "His Majesty, The King of Korea" 428면. ③ "지적인 면에서 황제는 복잡한 중국의 한자뿐만 아니라 언문(諺文)이라는 고유문자에 대해서도 매우 뛰어나다는 명성을 누리고 있는데, 이 두가지 자질을 모두 갖춘 예

이후 조선 사상계를 풍미한 '조선중화주의'의 사상적 영향을 받아 문명국가로서의 문화적 자존의식을 견지하는 한편 내심 '제국으로서의 중국' 곧 청에 대한 반감을 지녔음도 엿볼 수 있다.[53] 특히 그의 역사서에 대한 깊은 관심은 청년 군주의 의식 속에 자연스럽게 '일치일란(一治一亂)'의 전통적 역사인식을 심었을 뿐만 아니라, 더욱 리얼하게 현실을 인식하는 기반이 될 수 있었을 것이다. 이러한 사실은 이후 고종이 조선의 '안과 밖'의 상황 변화에 '민감'하면서도 상대적으로 '신중'하게 반응하게 하는 사상적 기반이 되었다는 점에서 주목할 만하다.

지금까지 경연의 장을 중심으로, 즉위 이후 고종의 기본적인 정치의식

는 극히 드물다. 그는 또한 한국의 고대사와 근대사에 대해서도 뛰어난 지식을 갖춰, 역사의 여러 논점이나 옛 관례에 대해 대신들 사이에 의문이 생겨날 때 경이로울 정도로 정확하게 문제를 해결해준다." Carlo Rossetti, *Corea e Coreani* (1904), 서울학연구소 역 『꼬레아 꼬레아니』(서울: 숲과 나무 1996) 90면. 까를로 로제띠는 1902년부터 1903년까지 이딸리아 총영사로 서울에 주재한 인물이다.

53) 황현의 『매천야록』은 이러한 고종의 문화적 자존의식과 문명국가로서의 포부를 엿보게 해주는 경연에서의 에피소드를 다음과 같이 기록하고 있다. "〔고종은〕 일찍이 경연에서 『孟子』를 풀이하다가 '탕이칠십리 문왕백리(湯以七十里 文王百里)'란 대목에 이르러 탄식하며 말했다. '칠십리와 백리의 작은 땅으로 천하에 떨치는 정치를 펼쳤는데, 하물며 우리나라는 삼천리나 되지 않는가. 어떻게 하면 연운(燕雲)을 평정하여 조종(祖宗)의 치욕을 씻을 수 있겠는가?'" 黃玹 『梅泉野錄』 卷之一上(甲午以前) 5면, "嘗御經筵, 講孟子, 至湯以七十里, 文王百里, 慨然顧曰, 七十里百里, 猶可以爲政於天下, 況我國三千里者乎, 何以則能秣馬燕雲, 洗祖宗之恥." 고종이 『맹자』를 경연에서 읽은 것이 고종 6년(1869)부터 고종 7년까지였음을 고려하면, 위의 경연이 진행된 무렵은 고종이 명에 대한 추모행사를 치르기 시작한 시점(『高宗實錄』 6年 5月 10日, 7年 7月 21日)과 일치함을 알 수 있으며, 얼마 후부터 고종이 대보단(大報壇, 皇壇)의 제사를 친히 지내기 시작한 것과도 흥미롭게도 맞물림을 알 수 있다. 고종이 대보단에서 친히 제사를 올린 것에 관해서는, 『高宗實錄』 8年 3月 3日(癸巳條), 7日(丁酉條), 10日(庚子條), 9年 5月 10日(癸巳條)을 참조할 것. 이무렵 국왕이 대보단에서 친히 제사를 드리기 시작한 것은 당시 대내외적 위기의식이 팽배한 상황에서 조선의 문명국가로서의 자부심을 천명하여 이를 널리 상기시킴으로써, 국가 기강을 세우기 위한 하나의 상징적 행위였던 것으로 생각된다.

과 정치적 성향 및 태도 등이 조선의 유교적 정치지형의 전통 위에서 성장하였으며, 또한 청년기 고종의 정치의식의 내용이나 그 질적 수준 등이 조선왕조에서 전통적으로 추구되어온 하나의 전형적인 군주상에서 크게 벗어나지 않았음을 고찰하였다. 지금까지 살펴본 고종의 유교적 인군(仁君) 의식은 그의 개인문집인 『주연집(珠淵集)』에서도 확인해볼 수 있다.[54] 그 중 몇편을 소개한다.

〔瑞雪〕瑞雪民豊殖, 民食吾亦食. 又此隆寒時, 貧者何以衣.[55]

상서로운 눈 내리니 백성들이 풍요롭고, 백성들이 잘 먹으면 나 또한 잘 먹겠지. 또 이리 추운 날에, 가난한 이들은 무엇을 입기나 하는지.

〔賞春〕花間看蝶舞, 柳上聽鶯聲, 群生皆自樂, 最是愛民情.[56]

꽃 사이로 나비들 춤추는 것 보이고 버드나무 위에 꾀꼬리 소리 들리네.

모든 생물들이 모두 스스로 즐거워하나 가장 좋은 것은 백성을 사랑하는 마음일세.

〔諭贊政崔益鉉〕朕之援卿以贊政之任, 豈徒然哉, 世級日降, 國步多難, 非有宿德藎臣, 左右匡濟, 曷由挽回而維持之乎. 卿之淸名直節, 朕之傾嚮, 厥惟久矣, 前後敦勉, 不啻懇摯, 而卿乃一味言病, 夫幼學壯行, 將欲何爲, 而越視時艱, 固守東岡, 有若巖阿高蹈之士乎. 決非中行之道也, 聞卿方在郊畿, 宿痾已痊, 其卽趣駕簉朝, 以副朕

---

54) 『주연집(珠淵集)』에는 그가 손수 지은 시가 40편, 악장이 21편, 치사(致詞)가 4편, 제문(祭文)이 75편, 교서(敎書)가 313편 등 여러 형식이 망라되어 있으나 그동안 거의 주목받지 못했다. 이 책은 1919년 7월에 주연선집(珠淵選集) 출판소에서 국판(菊版) 활자본으로 간행되었다. 고종 『주연집』(서울: 명문당 1983).

55) 고종, 같은 책 51면.

56) 같은 책 51면.

側席之望, 舒朕宵肝之憂.[57]

내가 경(卿)에게 찬정(贊政)의 임무를 맡기는 것이 어찌 생각 없이 하는 일이겠는가? 지금 세태가 날로 잘못되어가고 나라의 형편이 갈수록 어려워지니, 덕망을 가진 충신이 곁에서 크게 도와주지 않으면 어찌 태평한 세상으로 되돌릴 수 있으며 이를 유지할 수 있겠는가? 경의 청렴한 이름과 강직한 충절은 내가 관심을 기울인 지 이미 오래된지라, 전후로 계속하여 간곡히 권면하였는데도, 경은 한결같이 병을 칭하며 입궐치 않는구려. 벼슬에 오르지 않은 채 뜻을 지닌 것만으로, 장차 어찌하려고, 시국의 어려움을 남의 일처럼 건너다만 보고 있는가. 어찌하여 굳게 그 뜻만을 지키면서 속세에는 초연한 선비처럼 하려 하는가? 이는 결코 바른 행실이 아닐 것이오. 들으니, 경은 지금 서울 근방에 있고 가진 병도 이미 나았다 하니, 곧 수레를 타고 조정으로 달려와 내 어려운 자리에 희망을 불어넣고, 밤늦도록 근심하는 나의 마음을 덜어주도록 하라.

〔臨醞玉署, 恭述 先志〕臨御集賢殿, 論經此宴開, 惟今繼述意, 法醞又恩盃.[58]

집현전(集賢殿)에 거동하여, 경전(經典)을 강론하고 잔치도 베푸노라. 오직 지금은 선인(先人)들의 뜻을 이음이니, 좋은 술을 빚어 권하며 기리노라.

〔崇靈殿致祭文〕(…) 檀木鍾靈, 首出先春, 文明亭午, 竝堯甲辰, 厥初鴻濛, 于于其人, 猗歟聖作, 有君有臣, 宮室衣服, 粒哉蒸民, 文物燦備, 肇敍彝倫, 受天永命, 治化尨淳[59]

단군께서 처음으로 세상에 나오시니, 문명이 한낮같이 밝아지고, 요임금과 나란히 갑신년에 나라를 세우시니, 처음으로 큰 기운이 사람들에게 베풀

57) 같은 책 423면.
58) 같은 책 55면.
59) 같은 책 85면.

어졌다. 아아, 거룩한 임금의 다스림은, 임금이 있으니 신하가 있고, 궁실과 의복 등, 한 사람 한 사람의 백성으로 하여금 문물을 빛나게 갖추고, 사람다운 윤리를 처음으로 펼치게 하였다. 하늘의 거룩한 분부를 받으니, 다스림과 교화가 크고도 순후하구나.

이처럼 『주연집』에 수록된 그의 수많은 작품들에는 백성(民)에 대한 사랑과 충신에 대한 삼고초려의 태도, 학문에 대한 애정과 문명국가로서의 자부심 등이 듬뿍 담겨 있어 그의 성품과 유교적 인군의 자세를 헤아릴 수 있게 해준다.

(3) 화이론적 명분론에 근거한 전통적 대외인식

청년기의 고종은 전술한 바와 같이 '조선중화주의'로부터 사상적 영향을 받고 있었다. 여기서도 드러나는 바와 같이, 즉위 초기 고종의 대외관은 기본적으로 전통적인 유자들의 화이관념의 연장선상에 놓여 있었다고 할 수 있다. 다음에 소개하는 대화와 고종의 언급들은 이러한 사실을 선명하게 보여주는 사례들이다.

(가) 고종: 천하의 만국 가운데는 어찌하여 성인(聖人)들의 교화를 지키지 않는 자들이 있으며, 서양 오랑캐(洋夷)들의 사교(邪敎)가 나오는 것은 어째서입니까?

강관 박규수: 서양의 여러 오랑캐(夷狄)들이 중국에서 너무도 멀리 떨어져 있기 때문입니다. 너무도 멀리 떨어져 있기에 중화문명의 가르침이 아직 미치지 않은 것입니다. (…) 저들의 사설(邪說)이 끝내 천하의 사람들을 모두 물들게 하지는 못할 것입니다.

고종: 치우친 것이 바른 것을 어찌 해칠 수 있답니까. 치우친 것이 바른

것을 범하는 것은 마치 대낮에 구름이 태양을 가린 것과 같은 것이어서 머지않아 이는 저절로 해소될 것입니다.

박규수: 신이 일찍이 중국인들의 말을 듣건대, 저들 오랑캐들이 항시 중국의 경전을 많이 사들여 번역하여 읽고 있다 합니다. 그러니 이들도 필시 하루아침에 크게 깨달아 자신의 비뚤어짐을 자각하고 역시 모두 성인들의 가르침에 귀의하게 될 것입니다.[60]

(나) 고종: 중국의 경우, 양인(洋人)들과 어찌하여 무난히 화통할 수 있는 것이오? 강관은 얼마 전 북경에 다녀왔으므로 그 내용을 필시 알고 있을 텐데.

강관 강로: 명조 때부터 역법이 우수하여 통교가 시작되었습니다. 그런데 근래에는 공친왕이 양인들을 보호함으로써 감히 쫓아내지 못하고 있습니다.

고종: 명조 때는 이마두〔利瑪竇, 마테오리치〕란 사람이 있었소. 그런데 공친왕은 황제〔同治帝〕와 어떠한 관계요?

강로: 황제의 친숙부입니다. 즉 함풍제(咸豊帝)의 동생입니다.

고종: 양인들의 선박이 우리나라에 오는 것 또한 반드시 우리나라 사람의 내응이 있기 때문이오. 그들이 바라는 바가 비록 강화에 있다고 하더라도 만약 그들과 강화한다면 인륜이 무너질 것이며 '부자〔夫子, 공자〕의 도' 역시 유지할 수 없을 것이오.

강로: 대국인(大國人)들도 역시 모두가 한스럽게 여기고 있으나 그들을 축출하지 못하는 것은 공친왕이 두렵기 때문입니다. (…) 우리나라가 결코

---

60) 『承政院日記』 高宗7年 3月 7日, "上曰, 天下萬國, 豈有不守聖人之教化者, 而如洋夷之邪教, 胡爲而出乎. (講官朴)珪壽曰, 西洋諸夷及夷狄之絶遠於中國者也. 以其絶遠太甚之故, 華夏聖教所未之及. (…) 然彼之邪說, 終必不能陷溺天下之人也. 上曰, 邪豈可犯正乎. 邪之犯正, 如白日之有雲翳, 非久自消也. (講官朴)珪壽曰, 臣嘗聞中國人所言, 則彼夷每多買取中國經籍, 載歸其國者陸續, 而以其夷語, 翻譯讀之云. 其果如此不已, 則彼中許多衆生, 終必有一朝大悟者, 自覺其說之邪妄, 而悉歸於中國聖人之教也."

서양 오랑캐와 통상하지 않으리라는 것은 천하가 아는 일입니다. 만일 강화를 허락하면 천하의 웃음거리가 될 것입니다.[61)]

(다) 국왕이 말하기를 "비록 교역이라 하더라도 양이(洋夷)와 더불어 서로 교통하면 안되오. 만일 한번이라도 서로 교통하게 되면 사학(邪學)이 반드시 융성해져 '공자의 도'가 장차 폐지될 것이오."[62)]

(라) 고종: 양이들이 우리의 영역을 침범한 것은 매우 통분할 노릇입니다.

우의정 홍순목(洪淳穆): 이 오랑캐들은 원래 사나운 만큼 그 수효는 그다지 많지 않다 해도 그 형세는 미친 듯 날뜁니다. 계속 불리한 형편에 처해 있다는 보고만 들어오니 더욱 통분합니다.

고종: 이 오랑캐들이 화친하려고 하는 것이 무엇 때문인지는 알 수 없으나 수천년 동안 예의의 나라〔禮義之邦〕로 이름난 우리가 어찌 금수의 무리와 더불어 화친할 수 있겠소. 설사 몇해 동안을 버티더라도 끝까지 거절하고 말 것이니, 만일 화친하자고 말하는 자가 있으면 나라를 팔았다는 법조문을 적용하여 처단할 것이오.

홍순목: 우리나라가 예의의 나라라는 것은 온 세상이 다 알고 있는 바입니다. 지금 일종의 불순한 기운이 온 세상에 해독을 끼치고 있으나 오직 우리나라만이 유독 순결성을 보존하는 것은 바로 예의를 지켜왔기 때문입니

61) 『日省錄』 高宗8年 4月 17日, "予曰 大國則洋人何以無難通和乎 講官燕行而還必知之矣 (講官姜)渃曰 自皇明時因其善於曆法 始爲及通而近則恭親王曲庇洋人 遂不敢驅逐也 予曰 皇明時有利瑪竇矣 恭親王是皇帝之何親也 (講官姜)渃曰 皇帝之親叔也 咸豊之弟也 予曰 洋船之來泊 必有我國人內應而其所欲雖在於講和 若和之 則倫紀斁敗 吾夫子之道將不得行矣 (講官姜)渃曰 大國人亦皆人人恨之而不得逐出者以畏恭親王而然矣 (…) 則天下皆知我國之必不通商若一許和 則當爲天下笑矣."

62) 『日省錄』 高宗8年 4月 20日, "予曰 雖云交易 不可與外國 相通而若一相通 則邪學必熾夫子之道將淪矣."

다. 병인년(1866) 이후로부터 서양놈들을 배척한 것은 세상에 자랑할 만한 일입니다. 지금 오랑캐들이 이처럼 침범하고 있지만 화친에 대해서는 절대로 논의할 수 없습니다. 만약 억지로 그들의 요구를 들어준다면 나라가 어찌 하루인들 나라 구실을 하며 사람이 어찌 하루인들 사람 구실을 하겠습니까? 이번에 전하의 지시가 엄격한 만큼 먼저 정벌하는 위엄을 보이면 모든 사람들이 다 타고난 떳떳한 의리를 가지고 있는 이상 불순한 것을 배척하는 전하의 큰 의리에 대해 누군들 우러러 받들지 않겠습니까. 또한 저 적들이 이 소리를 듣는다면 간담이 서늘해질 것입니다.[63)]

이러한 내용들로 미루어볼 때, 즉위 초기 고종은 서양세계를 전통적인 화이관념에 의해 이상화된 문명세계의 모습과는 상극적인 이미지로 이해하고 있었음을 알 수 있다. 그것은 조선에서 전통적으로 이어온 문명관과 문화적 자존의식, 즉위 이후 형성된 고종의 유교적 정치성향, 그리고 당시 조선 전체를 위기의식에 휩싸이게 한 병인년(1866) 프랑스함대와의 격전을 비롯하여, 오페르트 도굴사건(1868), 신미년(1871)의 미국함대와의 격돌 등 서양과의 폭력적이고 적대적인 만남과 충돌의 상황을 종합적으로 고려해볼 때 지극히 자연스러운 것이라고 해야 할 것이다. 이는 환언하면 고종이 자기 정체성을 갖추어가는 과정에서 형성된 서양세계의 이미지가 '예의의 나라(禮義之邦)로서의 조선'이라는 일종의 '자기 정의'

---

63) 『高宗實錄』 8年 4月 25日(甲申條), "敎曰, 洋夷之侵犯我境, 極爲痛惋矣. 右議政洪淳穆曰, 此夷本是慓悍, 故厥數聞不甚夥. 而其勢猖獗. 所報連爲不利, 尤極痛惋矣. 敎曰, 此夷之所欲和者, 未知何事. 而以若數千年禮義之邦, 豈可與犬羊相和乎. 雖幾年相持, 必痛絶乃已. 若有以和字爲言者, 當施賣國之律矣. 淳穆曰, 我東之爲禮義之邦, 天下之所共知. 而見今一種陰邪之氣, 流毒四方, 惟此靑邱一片獨保乾淨者, 寔以禮義相守. 故自丙寅以後, 攘斥洋醜, 又可以有辭於天下. 今雖此夷, 若是侵犯, 和之一字, 斷非可論. 苟或强許其所欲, 國何以一日爲國, 人何以一日爲人乎. 今此聖敎嚴正, 先示狼鉞之威. 凡厥含生之倫, 皆具秉彝之天, 孰敢不仰體我聖上廓闢之大義. 亦可使彼賊聞此, 而膽破骨寒矣."

(self-definition)를 정합적 논리로 만들어가는 소재가 되고 있으며, 아울러 자신이 속해 있으며 자신이 수호해야 할 문명세계의 '역상(逆像, inverse image)'에 가까운 모습이었음을 의미한다. 그리고 이것은 단지 고종에 국한된 것이 아니라 동시대를 산 조선의 유자들 거의 모두가 기본적으로 공유하는 '자기에 대한 인식'인 동시에 '타자로서의 서양에 관한 인식'이기도 했다. 적어도 이러한 인식론적 상황에 있어서, 예컨대 동시대의 일본을 다루는 캐럴 글럭(Carol Gluck)의 논의 등이 시사해주는 바와 같이, 현실의 실재하는 서양세계는 중요하지 않은 것이었을 뿐만 아니라 무의미한(irrelevant) 것이기까지 했다.[64] 상상 속의 서양인들은 문명국가가 견지하지 않으면 안될 윤리적 가치를 알지 못하며 그것을 폭력적으로 해체하는 '야만'의 표상이었다.

2. 청년 고종의 국내외 현실정치 체험과 대외관의 전회

동아시아질서의 거대한 전환을 경험하는 과정에서 전통적인 인군(仁君) 의식을 몸에 익혀나가던 고종은 국내외의 다양한 사건을 겪고 각종 정보를 접하면서, 더욱 적극적이고 구체적으로 대외적 상황에 대한 관심을 보이기 시작한다. 그러면 이제부터 고종이 대외상황에 관해 어떠한 정보를 접했는지, 그리고 그러한 정보들이 고종에게 어떻게 인식되고 어떠한 구체적 계기를 통해 자신이 견지해온 기존의 대외관념의 수정으로 이어지게 되는지 집중적으로 살펴보기로 하겠다.

---

64) Carol Gluck, *Japan's Modern Myths: Ideology in the Late Meiji Period* (Princeton Univ. Press 1985) 137면. "The Westerners themselves had never been the point. (…) The real West was irrelevant; in the imagined West people were incapable of loyalty and filiality, and (…)"

(1) 고종의 정보 루트와 박규수

고종의 전통적인 대외관이 변화하는 경위를 당대의 제도적·정치적 맥락 속에서 다루기 위해서는 우선 다음과 같은 두가지 사실을 지적할 필요가 있어 보인다. 그 첫번째 사항은 고종이 즉위 이후 박규수(瓛齋, 1807~1876)와 인맥의 면에서나 사상적인 면에서 각별한 영향관계에 있었다는 점이고, 두번째 사항은 대외정보의 통로 및 국왕과의 관계에서 비롯되는 문제로서 조선 정치제도의 구조와 맞물려 있는 내용이다.

필자의 견해로는, 고종과 박규수의 각별한 관계를 이해하는 것은 이 시기 정치외교사의 심층을 이해하는 데 매우 중요한 의미를 갖는다.[65] 주지하는 바와 같이 박규수는 이른바 '개화사상의 선구자' 혹은 '북학파와 개화파를 잇는 실질적인 가교' 역할을 한 인물로서 널리 알려져 있다. 다음의 묘사는 지금까지 박규수를 이해하는 거의 정형화된 표현이라고 할 수 있을 것이다.[66]

---

65) 두 사람의 정치적 관계에 대한 필자의 좀더 본격적인 논의로는 강상규 「박규수와 고종의 정치적 관계 연구」, 한국/동양정치사상사학회 『동양정치사상사』 11권 1호(2012)가 있다.

66) 다음의 저작들은 '조선개화사'라는 맥락에서 박규수가 갖는 비중을 잘 보여주는 주요한 연구서들이다. 姜在彦 『朝鮮近代史研究』(東京: 日本評論社 1970); 이광린 『개화당연구』(일조각 1970); 金榮作 『韓末ナショナリズムの研究』(東京: 東京大學 1975); 姜在彦 『朝鮮の開化思想』(東京: 岩波書店 1980); 박충석 『한국정치사상사』(삼영사 2010); 이완재 『초기개화사상의 연구』(민족문화사 1989); 原田環 『朝鮮の開國と近代化』(廣島: 溪水社 1997); 이완재 『한국근대 조기개화사상의 연구』(한양대학 1998); 신용하 『초기 개화사상과 갑신정변연구』(지식산업사 2000); 김용구 『세계관 충돌과 한말 외교사, 1866-1882』(문학과지성사 2001); 김명호 『초기 한미관계의 재조명: 셔먼호 사건에서 신미양요까지』(역사비평사 2005); 하영선 『역사 속의 젊은 그들: 18세기 북학파에서 21세기 복합파까지』(을유문화사 2011).

환재(瓛齋) 박규수는 한국사에 있어서 가장 중요한 전환기였던 19세기의 60년대와 70년대를 대표할 만한 행동적 지식인이었다. 흔히 그를 일러 개화사상의 원조라고도 하고 혹은 실학사상의 최후를 장식한 학자라고도 하고 혹은 실학과 개화사상을 연결하는 가교자라고도 한다.[67]

박규수는 북학파의 거물 박지원(燕巖, 1737~1805)의 손자이다. 박규수의 제자였던 김윤식(雲養, 1835~1922)의 표현을 빌면, 그의 학문은 "크게는 체국경야(體國經野)의 제(制)로부터 작게는 금석(金石), 고고(考古), 의기(儀器), 잡복(雜服) 등의 일에 이르기까지 정밀하면서도 실사구시의 자세로 연구하지 않은 바가 없었다"고 일컬어진다.[68] 실제로 그는 1860년대 초에 웨이 위안(魏源, 1794~1856)의 『해국도지(海國圖志)』를 참고하여 직접 지구의를 제작하기도 했고,[69] 중인 신분의 오경석(鎭齋, 1831~1879), 유홍기(大致, 1831~1884?) 등과 더불어 후일 개화파로 알려지는 김옥균(古筠, 1851~1894), 박영효(春皐, 1861~1939), 박영교(1849~1884), 홍영식(琴石, 1855~1884), 서광범(緯山, 1859~1897), 유길준(矩堂, 1856~1914) 등에게 변화하는 세계정세를 인식하도록 지적 자극을 제공했을 뿐만 아니라 이들간에 일종의 인적 네트워크가 형성되게 하는 산파 역할을 담당하기도 했다.

정계 일선에서 물러난 박규수가 지구의를 돌리면서 김옥균에게, "오늘에 중국이 어디 있겠느냐, 저리 돌리면 미국이 중국이 되고, 이리로 돌리면 조선이 중국으로 되니 어떤 나라도 가운데로 오면 중국이 되는데 오늘날

67) 金泳鎬 「『朴珪壽全集』解題」, 『朴珪壽全集』 上(서울: 아세아문화사 1978) v면.

68) "(…) 大而體國經野之制, 小而金石考古儀器雜服等事 無不硏究精確 實事求是 (…)" 『朴珪壽全集』 上(서울: 아세아문화사 1978) 6면, 『瓛齋先生集』 「金允植序文」.

69) 이에 관해서는 金文子 「朴珪壽の實學: 地球儀の製作を中心に」, 『朝鮮史研究會論文集』 17집(1980); 김명호 「박규수의 〈지세의명병서〉에 대하여」, 『진단학보』 82(서울: 진단학회 1996) 참조.

어디에 정해진 중국이 있는가"라고 하면서 중화사상 극복의 단초를 제공했다는 에피소드나, "그 신사상은 내 일가 박규수 집 사랑(舍廊)에서 나왔소. 김옥균, 홍영식, 서광범 그리고 내 백형(伯兄, 박영교)하고 재동 박규수 집 사랑에 모였지요"라는 박영효의 회고담 등은 조선의 개화사를 논할 때면 빠지지 않고 등장하는 유명한 이야기들이다.[70] 하지만 기왕의 논의들은 박규수와 개화파 세력 간의 관계, 혹은 박규수의 사상 자체에 주로 관심을 기울일 뿐 고종과 박규수의 관계에 관해서는 거의 주목하지 않았다.

박규수와 고종의 개인적 관계를 이해하기 위해서는 잠시 시기를 거슬러올라갈 필요가 있다. 박규수의 생애를 다룬 연구에 의하면, 박규수는 고종을 왕위에 오르게 한 조대비의 남편 효명세자(翼宗, 1809~1830)와 개인적으로 매우 절친한 관계였던 것으로 알려진다.[71] 그런데 순조 때 대리청정(1827년 2월~1830년 5월)을 하던 효명세자가 요절하자, 실의에 빠진 박규수는 관직 진출을 포기하고 칩거하며 독서에만 전념하는 나날을 보낸다.[72] 이후 박규수는 조선의 국내외 사정이 점차 어려워져가던 1848년에 과거시험을 치르고 늦게 관직생활을 시작한다. 조대비가 이러한 박규수를 얼마나 마

---

70) 이에 관한 개인기록 혹은 회고담으로는 신채호 「지동설의 효력」, 『단재신채호전집』 하(을유문화사 1972) 384면; 이광수 「박영효씨를 만난 이야기: 갑신정변회고담」, 『동광』(1931년 3월호); 문일평 「명상 박규수의 옛터」, 『호암전집』 3(조광사 1939) 267~68면; 古筠紀念會 編 『金玉均傳』 上(東京: 慶應出版社 1944) 48~50, 52면; 金允植 「追補陰晴史」, 『續陰晴史』 下(서울: 탐구당 1971) 577~78면 등이 중요하다.

71) 효명세자는 23대 순조의 재위시에 대리청정을 하던 중 요절한 인물로서, 사후에 그의 아들 24대 헌종에 의해 익종으로 추존된 인물이다. 익종의 왕통상의 위치에 관해서는 본서 제4장의 〈표4-1〉 '조선 말기 왕위승계 관련사항'과 본서의 마지막에 수록한 「부록」 2. '조선왕조계도(朝鮮王朝系圖)' 등을 참고할 것.

72) "自是廢學, 以書史自娛, 家貧借書一讀, 終身不忘." 「節錄瓛齋先生行狀草」, 『朴珪壽全集』(서울: 아세아문화사 1978) 13면. 효명세자와 박규수의 관계에 관해서는 황현 『매천야록』 12~13면; 이완재 「박규수의 생애와 실학사상」, 앞의 책(1989); 김명호 「환재박규수연구」, 『민족문학사연구』 4(1993) 등을 참조할 것.

음에 담아두고 있었는가 하는 것은 고종 원년(1864) 1월 1일 원단에 그녀가 가장 먼저 내린 특별 전교(傳敎)가 효명세자 곧 익종(翼宗)과 절친했던 박규수의 직위를 특별히 올려주라는 것이었다는 데서 극명하게 드러난다.

> 이 사람이 옛날에 익종과 특별히 뜻이 합치되어 은혜를 받았음은 내가 깊이 알고 있는 바입니다. 오늘에 있어 이러한 뜻을 표시하는 조치가 없을 수 없으니, 부호군(副護軍) 박규수에게 특별히 자급(資級)을 올려주도록 하시오.[73)]

이러한 전후 사정을 고려해볼 때, 비정상적인 왕위승계 과정을 겪은 어린 고종에게 왕통상 자신의 부친인 효명세자가 가장 신뢰했던 박규수라는 인물이 남달리 각별한 느낌을 주는 존재였으리라는 것은 두말할 나위 없을 것이다. 같은 해 3월의 대신회의에서 대왕대비가 한 다음의 언급은 이러한 정황을 잘 드러내준다.

> 주상(主上)은 평소 도승지〔박규수〕를 어렵게 여깁니다. 며칠 전의 권강(勸講)에서 도승지가 경연에 오를 것이라는 말을 듣고 주상이 걱정하기를 "장차 도승지 박규수가 경연에 들어온다는데, 나는 아직 학문에 숙달하지 못하여 낭송이 이처럼 서투르니 어찌 부끄럽지 않겠습니까"라고 했습니다. 주상은 도승지가 학문이 깊은 것을 알고 있는데, 아마 잠저(潛邸)에 있을 때 대원군이 칭찬하는 말을 듣고 아는 것 같소. 이 사람이야말로 바로 강관의 직임에 합당하니, 특별히 가차(加差)하도록 하세요.[74)]

---

73) 『高宗實錄』 元年 1月 1日(癸卯條), "大王大妃敎曰, 此人之昔年受眷, 予所深知者也. 在今日不可無示意之擧, 副護軍朴珪壽特加一資." 한편 박규수의 『환재집』에 수록되어 있는 「행장」에는 이에 관해 다음과 같이 전하고 있다. "大王大妃敎曰 朴某受 翼廟特達之遇 於布衣之時 而未及試用 此時此人不可無示意之擧 其授嘉善階 時東廟垂簾同聽政 故有是命也." 「節錄瓛齋先生行狀草」, 『朴珪壽全集』(서울: 아세아문화사 1978) 15면.

74) 『龍湖閒錄』 卷3, 第15冊 no. 763 「二十日次對筵說」 279면, "大王大妃殿曰, 主上素以都令

실제로 박규수는 평안감사 시절(1866년 2월~1869년 3월)과 제2차 연행(燕行) 기간(1872년 7월~12월) 등을 제외하면,[75] 고종 즉위 이후 고종 10년에 이르기까지 예문관 제학(藝文館 提學), 홍문관 제학(弘文館 提學), 승문원 제조(承文院 提調), 홍문관 대제학(弘文館 大提學) 등 주로 문자제진(文字製進)을 담당하는 관직에 있으면서 대부분 고종의 경연관으로 꾸준히 참가한다.[76] 이는 환언하면 고종은 즉위한 이래 자신이 신뢰하는 박규수를 자신의 곁에 두고 싶어 했으며 아울러 그에게서 깊은 사상적 영향을 받았음을 의미한다.[77]

고종의 박규수에 대한 각별함과 애틋한 느낌은 여러 곳에서 확인할 수 있다. 예컨대 평안감사로 떠나는 박규수에게 고종이 내리는 교서는 다음과 같이 되어 있다.

爲難, 日前勸講聞都令之登筵, 主上憂之曰, 都承旨朴珪壽將入來矣, 予不能習熟誦讀如此, 豈非可愧之甚乎, 主上地都令之有文學, 似於潛邸時, 聞大院君稱道而知之矣, 此人正合講官之任, 特爲加差下."

75) 『高宗實錄』 3年 2月 4日(甲午條), 6年 4月 3日(乙巳條), 9年 7月 2日(甲申條), 9年 12月 26日(丙子條).

76) 이에 관해서는 김명호, 앞의 논문(2001) 225~30면을 참고할 것. 김성혜의 연구에 의하면, 박규수는 실제로 조대비의 수렴청정기에 고종에 대한 권강이 진행된 시기인 1864년 24회, 65년 27회로 경연에 참여했으며, 평안감사가 끝난 후에는 69년 4회, 70년 13회, 71년 8회, 72년 3회, 73년 8회, 74년 2회 도합 89회에 걸쳐 경연관으로 참석했다. 김성혜 「고종 재위 전기 강관의 구성(1864-1876)」, 『한국문화』 46(2009).

77) 2차 수신사로 일본을 방문하는 등 고종의 측근으로 활약한 김홍집(道園, 1842~1896)의 유고(遺稿)에는 이와 관련하여 다음과 같은 흥미로운 일화가 기록되어 있다. 조대비가 고종에게 "강관 중에 누가 낫습니까" 하고 물으니, 고종이 "여러 강관들이 실로 훌륭하지만 특히 박규수와 김영작(邵亭, 김홍집의 부친, 1802~1868)이 오로지 실심에서 바로잡아 이끌어줍니다"라고 답했다는 것이다. 김홍집 「先考贈領議政行吏曹參判府君家狀」, 『金弘集遺稿』(고려대학 1976) 94~97면; 김명호, 앞의 논문(2001) 228~29면 참조.

근래 평안도가 온갖 폐단으로 피폐해진 어려운 실정이어서, 이러한 폐정(弊政)을 바로잡을 적임자가 박규수라고 판단하였다. 짐이 즉위 초부터 박규수를 특별히 기용한 것은 평소에 그의 경세제민(經世濟民)의 학문을 맛보기 위함이었으며, 그는 지금까지 맡겨진 직무를 훌륭하게 수행하였다. 하물며 지금은 경연에서 나를 바른 길로 이끌어주고 있는데, 어찌 나를 두고 멀리 떠나게 할 수 있겠는가만〔今講席輔導之際 豈宜捨予遠離〕, 변경(邊境)을 안정시킬 방도를 생각하면 그와 잠시 이별할 수밖에 없으니, 내 어찌 헤어짐을 상심만 하고 있겠는가. 경은 가시오. 그러면 내가 다시 부르리다.[78)]

그렇다면 고종의 스승이라는 점과 관련하여 박규수의 정치적 경륜과 사상에서 특히 주목해 보아야 할 부분은 무엇일까. 필자의 견해로는 박규수가 당대의 그 누구보다도 국내외의 거대한 변화와 위기의 현장을 직접 자신의 눈으로 생생하게 목격한 매우 구체적이면서도 특별한 경험을 한 인물이라는 점에 주목할 필요가 있다는 것이다.

실제로 박규수는 태평천국 등의 내란과 열강에 의한 북경 함락 등으로 중국이 본격적으로 위기로 치닫는 바로 그 시점인 1861년에 연행사절로서 중국을 방문하여 동요하는 청국의 위기상황을 직접 목격하는 특별한 경험을 하고 돌아온다.[79)] 한편 이듬해인 1862년에는 조선조 최대의 민란으로

78) 『承政院日記』 고종 3년 3월 22일.

79) 1861년 당시 열하(熱河) 문안사행의 부사(副使)로서 청국을 방문하여 중국의 위기를 목격한 박규수는 서양 오랑캐들로 인한 고통보다는 태평천국군과 염군으로 인한 문제가 이른바 '심복지환'에 해당하는 본질적인 문제라고 보았다. "各省賊匪之猖獗 已多年所 根盤藪踞 漸益滋曼 勢不可制矣 (...) 此兩處賊最爲心腹之患." 『瓛齋叢書』 卷5(서울: 성균관대학 대동문화연구원 편 1996) 「熱河副使時抵人書」. 이처럼 외압보다는 내부적인 문제를 중시하는 박규수의 인식은 당시 조선 지식인들의 사고의 전형을 보여준다고 할 수 있다. 박규수의 이러한 인식에 구체적인 변화가 나타나는 것은 1872년의 제2차 사행이 끝나고 나서부터라고 여겨진다. 이에 관해서는 후술한다.

꼽히는 진주민란이 전국적으로 확산되는 가운데 이를 수습하기 위한 책임자〔안핵사按覈使〕로서 현지에 파견되어 흩어진 민심의 정황을 상세히 살필 수 있는 기회를 가지기도 하였다.[80] 비록 그가 제출한 개선안은 조정에서 처리가 흐지부지되고 말지만, 박규수 개인에게는 끓어오르는 민심의 현장을 파악할 수 있었던 매우 중요한 체험이었다고 할 것이다.

또한 고종 즉위 3년 후인 1866년 7월 마침 평안감사로 부임해 있던 시점에 공교롭게 평양 근교 대동강에 진입한 미국 상선 제너럴 셔먼호의 부당한 무력행사를 접하고, 교섭을 벌이다 결국 직접 화공작전을 펴서 이를 격퇴하는 경험을 하기도 했다.[81] 이 시기는 제4장에서 살펴본 바와 같이, 1866년 1월 병인박해가 시작되고 이와 맞물려 조선에 서양열강의 외압이 본격적으로 밀려들면서 조선의 내정과 외교가 구체적으로 위기로 휘말려드는 바로 그 시점이었다.

그러다 본격적으로 이른바 '쇄국정책'이라 일컫는 배외정책이 추진되던 와중인 1871년 조선은 신미양요를 치르게 되고, 청국과 일본 간에는 청일수호조규라는 기존의 중화질서와는 다른 새로운 국가간 관계가 성립하여 전개되었다. 1872년 바로 이러한 시점에 박규수는 고종의 지시로 연행정사(燕行正使)로서 사절단을 이끌고 다시 청국을 방문하여 중국의 이른바 '양무운동'의 현장과 함께 십여년 전과는 또 달라진 대외정세를 느끼고 돌아온다. 박규수의 이러한 독특한 현장체험은 당대 조선이 처한 대내외적 위기상황과 시대적 과제를 더욱 객관적으로 직시하고 고민할 기회를 가질 수 있게 했다는 점에서 특별히 주목을 요한다. 박규수가 활약하던 시

80) 『哲宗實錄』 13年 2月 29日(壬午條), 3月 1日(癸未條), 4月 4日(丙辰條), 5月 22日(癸卯條), 5月 23日(甲辰條), 5月 27日(戊申條). 이와 관련해서는 김용섭 「철종 임술년의 응지삼정소와 그 농업론」, 『한국사연구』 10(1974); 原田環 「晋州民亂と朴珪壽」, 『史學硏究』 126(廣島大學 1975) 등 참조.

81) 이에 관해서는 김용구, 앞의 책(2001); 김명호, 앞의 책(2005) 참조.

기에 박규수만큼 국내외의 굵직굵직한 위기의 현장을 직접 목격한 인물은 조선 정계 어디에서도 찾아보기 어렵다.

다음으로 지적하고 싶은 점은 박규수가 정치적으로 '신중'한 인물일 뿐만 아니라 전략적 사고에도 매우 익숙한 일종의 '유교적 현실주의자'이며 뛰어난 '정치적 균형감'을 가진 인물이라는 점이다. 관련 연구에서 자세히 검토된 바와 같이, 제너럴 셔먼호 사건 이후 와추세트호와 세난도어호의 내항이나 오페르트 도굴사건, 그리고 신미양요에 이르기까지 조선의 외교문서를 사실상 전담하는 과정에서 박규수는 외국과의 분쟁을 어떤 식으로든 평화적·외교적으로 해결하려는 노력을 게을리하지 않았으며, 원칙을 중시하면서도 실용적이고 절충적으로 문제를 해결하는 자세를 견지했다.[82] 만일의 사태를 대비하여 적극적이면서도 치밀하게 준비하였기에 뛰어난 협상력을 확보할 수 있었고, 상이한 견해들이 충돌할 때는 강경노선과 온건노선의 상호협력을 이끌어내는 모습을 보여주고는 했다. 이런 점에서 박규수는 19세기 조선의 위정자나 지식인들이 대단히 비타협적이고 경직된 사고를 보인 것과는 달리, 온화하면서도 상대적으로 유연한 사고의 소유자였다는 점에서 19세기 조선정치사에서 매우 특이한 지점에 서 있었던 인물이라고 할 수 있다.

이후 1873년 11월 5일 고종이 대원군에 의한 '사실상의 섭정'을 거부하고 스스로 친정(親政)할 것임을 선언한 후,[83] 곧바로 박규수를 우의정으로 임명하는 과정에서 고종의 박규수에 대한 신뢰는 다시 한번 분명히 드러난다.[84] 이때 박규수는 고종이 자신을 우의정으로 임명하자 이를 사양하였다. 이에 대해 고종은 다음과 같이 그를 설득하고 나선다.

82) 김명호, 앞의 책(2005) 참조.

83) 『高宗實錄』 10年 11月 4日(己酉條), 11月 5日(庚戌條).

84) 『高宗實錄』 10年 12月 2日(丙子條).

경을 크게 등용하고자 생각한 지 이미 오래되었소. (…) 경이 나랏일만 생각하고, 공적인 일만을 생각하며 고심하는 것은 내가 깊이 알고 있는 바이오. 법을 다루고 정사를 하자면 반드시 학문이 있어야 하는데 경이 그것을 가지고 있소. 근간부터 흔들리는 풍속을 바로잡자면 반드시 덕망이 있어야 하는데, 경이 바로 그러하오. 백성〔民〕이 고통을 겪고 있는 만큼 반드시 경세제민할 수 있어야 하는데, 경이 바로 그런 인물이오. 이것은 모두 중앙과 지방의 벼슬자리에 경을 등용하여 쓰면서 내가 확인한 것이며, 다른 사람 모두가 충분히 보고 들은 바입니다.[85)]

이에 대해 박규수는 자신의 재주와 덕이 부족함을 이유로 수차에 걸쳐 사양하다가[86)] 결국 수락하게 된다. 조정에 나타난 박규수와 고종의 대화내용은 다음과 같은 애틋한 것이었다.

고종: 정승〔박규수〕께서는 지난날 나의 돌아가신 아버지〔翼宗〕의 총애를 받았고 헌종이 뽑아 쓰셨으니, 경으로서는 이미 세상에 없는 남다른 우대를 받은 것이오. 그리고 우리 대왕대비가 의탁하고 또한 나 자신이 기대를 걸고 있는바 또한 어떠합니까. 경으로서는 선대왕들을 소급하여 생각하며 오늘에 와서 보답해야 할 때입니다. (…) 진실로 나를 안심시키려면 다시는 그렇게 거절하지 말아야 하오. 이것이 나를 안심시키는 길입니다.

85) 『高宗實錄』 10年 12月 3日(丁丑條), "諭右議政朴珪壽曰, 予之欲以卿大用久矣. 今乃斷自予衷, 拜卿以三事之職者, 豈徒然哉? 顧今國事之艱危, 惟在老成人共濟, 而卿之國耳公耳之一段苦心, 予所深知也. 治法政謨, 必須文學, 而卿乃有之, 頹風淆俗, 必須德望, 而卿乃有之, 民生困

86) 고종의 네차례에 걸친 설득과 박규수가 이를 사양하는 내용에 관해서는 『高宗實錄』 10年 12月 3日(丁丑條), 4日(戊寅條), 5日(己卯條), 6日(庚辰條), 7日(辛巳條), 8日(壬午條), 9日(癸未條)자를 참고할 것.

박규수: 전하의 지시가 이와 같으니 지난날과 오늘을 돌이켜볼 때, 저도 모르게 감격의 눈물이 납니다. 삼가 어떠한 지시라도 다 받들겠습니다.[87)]

이러한 상황에서 고종에 대해 박규수가 품게 된 느낌은 그가 젊은 날 효명세자에게 품은 애절한 마음과 겹쳐졌을지 모른다.

후일 박규수가 죽었을 때(1876년 12월 27일), 고종은 직접 교문(敎文)을 지어 자신의 박규수에 대한 심경을 다음과 같이 토로한다.

이 대신은 도량과 식견이 고명하고 문학이 박식해서 내가 의지하고 조야의 모든 이들에게 희망을 주던 사람이다. 근래에 업무상의 무거움을 벗고 특별히 거기에 머물러 살게 한 것은 바로 평소에 늘 정력적이어서 잠시 휴식하게 해주면 다시 등용할 날이 오리라고 믿어서인데 까닭 모를 병으로 갑자기 영영 가버릴 줄이야 어찌 생각이나 하였겠는가. 내가 품은 슬픔을 어찌 이루 다 말할 수 있겠는가.[88)]

다음 두번째로 지적하고 싶은 사실은 이른바 '대외정보'의 통로와 관련된 문제이다. 여기서 우선 상기하고 싶은 사실은 당시 조선의 폐쇄적인 정치적·사상적 풍토에서 외국 정황에 관한 비교적 풍부한 정보를 지속적으로 접할 수 있는 가장 유리한 위치에 있는 존재가 바로 국왕이었다는 점이

---

87) 『高宗實錄』 10年 12月 10日(甲申條), "敎曰, 大臣昔我寧考之所知照, 憲廟之所簡拔, 已於卿不世之殊遇. 而今我慈聖之所倚毗, 寡躬之所傾嚮, 又何如乎. 此於卿, 誠追先報今之會也. 不必果爲辭巽矣. (…) 苟欲使予安心, 更勿復擧. 是之爲安予心也. (朴)珪壽曰, 聖教及此, 俯仰今昔, 臣不覺感淚交迸. 謹當惟命之承矣."

88) 高宗 『珠淵集』 188면 「判府事朴珪壽隱卒敎文」, "此大臣, 器識之明剴, 文學之贍博, 寡人之所依毗, 而朝野之所想望也. 近因釋負, 特授居留, 正以平日精力强剛, 暫借優閒, 尙有復用之日, 豈意无妄之祟, 遽見長逝之單. 予懷愴囊, 曷有其極." 이 내용은 『高宗實錄』 13年 12月 27日(癸丑條)에도 수록되어 있다.

다. 주지하는 바와 같이, 동아시아 질서가 동요하는 상황에서 조선이 청 이외의 정보망을 확보해나가기 이전까지, 대외정세에 관해 거의 독보적이라 할 만큼 중요한 정보원(情報源)이 된 것은 바로 조선이 청에 보낸 연행사절단의 소견〔召見, 구두보고〕 및 견문별단〔聞見別單, 문서를 통한 보고〕 그리고 이들이 가지고 들어온 관련서적 등이었으며, 이외에도 청의 예부(禮部)로부터 조선의 예조(禮曹)로 보내온 서한 등이었다.[89]

〈표5-1〉은 앞으로의 논의를 위해 고종 재임기간 중의 견청(遣淸)사절단 상황을 표로 작성한 것으로서 순서에 따라 번호를 매겼다. 이중에서도 특히 견청사신(遣淸使臣)의 구두보고—〈표5-1〉에서는 도착보고일 기준—기록은 국왕과 사신 간의 대화를 그대로 수록하고 있어, 고종의 대외적 관심사나 그 구체적인 관심의 정도가 여과되지 않고 드러난다는 점에서 고종의 대외인식을 살피는 데 중요한 재료라고 할 수 있다.

〈표5-1〉 고종 재임 중의 견청사절(遣淸使節) 일람

조선 연호	임의 번호	사절 출발일	사절단 명칭	정사	부사	서장관	首譯	도착 보고일
高宗 1	1	1864/ 1/21	告訃請諡兼承襲奏請行 (哲宗昇遐와 高宗卽位)	李景在	林肯洙	洪必謨	李尙迪	1864/ 5/23
	2	1864/ 9/27	謝恩行 (淸使來朝의 答行)	徐衡淳	趙熙哲	鄭顯德	朴逌性	1865/ 2/6
	3	1864/ 10/20	謝恩兼冬至行 (定例使行)	兪章煥	尹正求	張錫駿	卞光韻	1865/ 4/8
高宗 2	4	1865/ 10/20	謝恩兼冬至行 (定例使行)	李興敏	李鍾淳	金昌熙	李宜敎	1866/ 4/1
高宗 3	5	1866/ 4/9	進賀兼奏請行 (王妃冊封奏請行)	柳厚祚	徐堂輔	洪淳學	玄鐸	1866/ 8/23
	6	1866/ 10/24	謝恩兼冬至行 (定例使行)	李豊翼	李世器	嚴世永	卞光韻	1867/ 4/2

89) 이에 관해서는 한우근 「개항당시의 위기의식과 개화사상」, 『한국사연구』 2(서울: 한국사연구회 1968); 原田環 「19世紀の朝鮮における對外的危機意識」, 『朝鮮史研究會論文集』 No. 21(1984. 3) 등을 참조할 것.

高宗 4	7	1867/ 10/24	冬至兼謝恩行 (定例使行)	金益文	趙性敎	洪大鍾	金景遂	1868/ 4/2
高宗 5	8	1868/ 11/5	冬至兼謝恩行 (定例使行)	金有淵	南廷順	趙秉鎬	韓文奎	1869/ 3/26
高宗 6	9	1869/ 10/22	冬至兼謝恩行 (定例使行)	李承輔	趙寧夏	趙定熙	韓文奎	1870/ 4/2
高宗 7	10	1870/閏 10/25	冬至兼謝恩行 (定例使行)	姜渃	徐相鼎	權膺善	玄鐸	1871/ 3/22
高宗 8	11	1871/ 10/22	冬至兼謝恩行 (定例使行)	閔致庠	李建弼	朴鳳彬	李應三	1872/ 4/4, 30
高宗 9	12	1872/ 7/2	進賀兼奏請行 (同治帝 結婚祝賀)	朴珪壽	成彝鎬	姜文馨	吳慶錫	1872/ 12/26
	13	1872/ 11/10	冬至兼謝恩行 (定例使行)	金壽鉉	南廷益	閔泳穆	尹夏楨	1873/ 4/9
高宗 10	14	1873/ 3/11	進賀兼奏請行 (皇帝親政 및 皇太后稱慶)	李根弼	韓敬源	趙宇熙		1873/ 8/13
	15	1873/ 10/24	謝恩兼冬至行 (定例使行)	鄭健朝	洪遠植	李鎬翼	吳慶錫	1874/ 3/30
高宗 11	16	1874/ 10/28	冬至兼謝恩行 (定例使行)	李會正	沈履澤	李建昌	李容肅	1875/ 4/12
高宗 12	17	1875/ 4/13	陳慰兼進香行 (同治帝 薨逝)	姜蘭馨	洪競周	姜瓚	韓文奎	1875/ 10/3
	18	1875/ ?/?	進賀兼謝恩行 (光緖帝 卽位)	李昇應	李淳翼	沈東獻	李泰秀	1875/ 5/25
	19	1875/ 7/30	奏請行 (世子冊封)	李裕元	金始淵	朴周陽	李尙健	1875/ 12/26
	20	1875/ 10/7	陳慰進香兼謝恩行 (皇后死亡)	李秉文	趙寅熙	鄭元和		1876/ 3/6
	21	1875/ 10/29	進賀兼冬至行 (定例使行)	南廷順	李寅命	尹致聃		1876/ 3/21
高宗 13	22	1876/ 5/16	進賀兼謝恩行 (定例使行)	韓敦源	林翰洙	閔種默	韓文奎	1876/ 9/24
	23	1876/ 10/27	謝恩兼冬至行 (定例使行)	沈承澤	李容學	尹升求		1877/ 4/4
高宗 14	24	1877/ 10/27	冬至兼謝恩行 (定例使行)	曺錫輿	李珪永	李敎榮	李容肅	1878/ 4/5
高宗 15	25	1878/ 6/22	告訃行	趙翼永		洪在瓚	李用俊	1878/ 11/28
	26	1878/ 10/27	冬至兼謝恩行 (定例使行)	沈舜澤	趙秉世	鄭元夏		1879/ 3/25
高宗 16	27	1879/ 11/7	謝恩兼冬至行 (定例使行)	韓啓源	南一祐	李萬敎	卞元圭	1880/ 4/2
高宗 17	28	1880/ 11/7	進賀兼冬至謝恩行 (定例使行)	任應準	鄭稷朝	洪鍾永		1881/ 4/8

高宗 18	29	1881/ 6/27	陳慰兼進香行	洪祐昌	趙昌永	柳宗植	白樂倫	1881/ 11/12
	30	1881/ 9/26	領選使行	金允植		尹泰駿		1882/ 7/7
	31	1881/ 10/29	進賀謝恩兼歲幣行 (定例使行)	洪鍾軒	金弘集	曺寅承		1882/ 3/23
高宗 19	32	1882/ 7/22	謝恩兼陳奏行	趙寧夏	閔種默	李祖淵 (從事官)		1882/ 9/7
	33	1882/ 11/ 6	進賀謝恩兼陳奏歲幣行 (定例使行)	沈履澤	李源逸	鄭夏源		1883/ 3/28
高宗 20	34	1883/ 11/ 2	冬至兼謝恩行 (定例使行)	閔種默	朴齊純	徐相雨		1884/ 4/12
高宗 21	35	1884/ 3/17	駐津行	南廷哲	(從事官)	成岐運 (書記官)		1884/ 6/12
	36	1884/ 11/ 2	冬至兼謝恩行 (定例使行)	金晩植	南廷哲	尹命植		1885/ 4/4
高宗 22	37	1885/ 6/11	陳奏行 冬至兼謝恩行	閔種默	趙秉式	金世基		1885/ 11/3
	38	1885/ 11/ 7	(定例使行) 駐津行	鄭海倫	徐相雨	李勛卿		보고 없음?
高宗 23	39	1886/ 7/	進賀兼謝恩冬至行	朴齊純	金嘉鎭 (從事官)			보고 없음?
	40	1886/ 11/ 8	(定例使行) 進賀兼謝恩行	徐相雨	沈相學	尹庾		1887/ 4/18
高宗 24	41	1887/ 4/22	(定例使行) 冬至行	李承五	金商圭	鄭誾朝		1887/ 9/29
	42	1887/ 11/ 2	(定例使行) 冬至兼謝恩行	趙秉世	金完秀	閔哲勳		1888/ 4/3
高宗 25	43	1888/ 11/13	(定例使行) 冬至行	李淳翼	金綺秀	宋榮大		1889/ 6/4
高宗 26	44	1889/ 11/ 8	(定例使行) 告訃行	李敦夏	李僖魯	尹始榮		1890/ 3/16
高宗 27	45	1890/ 5/24	冬至兼謝恩行	洪鍾永		趙秉聖		1890/ 11/6
	46	1890/ 11/13	(定例使行) 進賀兼謝恩行	李珪永	曺寅承	鄭雲景		1891/ 4/6
高宗 28	47	1891/ 8/ 6	(定例使行) 冬至行	徐正淳	趙東萬	李範贊		1892/ 2/6
	48	1891/ 11/13	(定例使行) 冬至兼謝恩行	李鎬翼	沈琦澤	鄭翰謨		1892/ 4/9
高宗 29	49	1892/ 11/ 6	(定例使行) 冬至兼謝恩行	李乾夏	李暐	沈遠翼		1893/ 4/12
高宗 30	50	1893/ 11/ 2	(定例使行)	李正魯	李冑榮	黃章淵		1894/ 4/13

高宗 31	51	1894/ 6/10	進賀兼謝恩行 (定例使行)	李承純	閔泳喆	李裕宰		?

* 『고종실록』, 『일성록』, 『승정원일기』와 原田環(1984)을 참고하여 작성.

당시의 구두보고(召見) 내용을 검토한 연구에서 지적된 바와 같이,[90] 고종이 대외적 상황에 대해서 구체적인 관심과 흥미를 표명하기 시작한 것은 '신미양요' 이후 연행사절(〈표5-1〉에서는 임의번호 11)로 다녀온 민치상(閔致庠, 1825~1888) 등이 고종에게 귀국보고를 하면서부터였다.

고종: 황제를 뵈었는가?

정사(正使) 민치상: 서너차례 연회가 있을 때에 뵈었습니다. (…) 근래에는 강학(講學)에 더욱 힘쓰면서 국무에 마음을 쓰고 계시니, 모든 정사를 친히 주관하실 것을 모두가 우러러 바라고 있습니다. 이에 황제에 대한 백성들의 바람과 존경심을 가히 알 수 있었습니다. (…)

고종: 떠날 때 이미 언급한 대로 과연 상세히 사정을 살피고 돌아왔는가?

민치상: 다른 사정이 있는지는 제가 잘 모르겠습니다만, 지난 가을에 양이들이 왜인들을 꾀어 와서 중국과 더불어 교역할 것을 요구하여 이미 문서로 약속했으며, 장차 교역을 행하게 된다고 합니다.

고종: 그렇다면 중국은 장차 왜인들을 어떻게 접대하게 되는가?

민치상: 〔왜는〕 이미 신하로서 복종하는 나라가 아니므로 왜인들을 신하라고 일컫지 않을 것이라고 합니다.[91]

---

90) 이에 관해서는 안외순「고종의 초기(1864-1873) 대외인식 변화와 친정: 견청회환사 소견을 중심으로」, 『한국정치학회보』 30집 2호(1996)를 참조. 본서는 안외순의 논문에서 크게 시사받았음을 밝혀둔다.

91) 『日省錄』 高宗9年 4月 4日, "予曰, 獲瞻皇上乎? (閔)致庠曰, 三四次宴禮時, 獲近皇上而擧止, (…) 近又篤勤講學留心事務, 親總萬機擧皆顒仰, 可見其愛戴期望之群情矣. 予曰, 去時已諭之, 而果詳探事情而來乎? (閔)致庠曰, 有他事情無以詳知, 而聞去秋洋夷利誘倭人, 而來要

요컨대 여기에는 주로 청과 일본 간의 청일수호조약 체결이라는 사건과 아울러 청의 동치제(同治帝)가 친정을 할 것이라는 소식 등이 담겨 있다고 할 수 있다. 그런데 이 대화 내용에 따르면, 고종은 청일간에 교역이 이루어지게 된 사건이 사대교린으로 상징되는 천하질서에서 대체 무엇을 의미하는 것인지 궁금해하고 있으며, '제국으로서의 중국'인 청국의 현실적인 권위와 물리력에 대해 다소 회의감을 품고 있음을 느낄 수 있다. 아울러 어린 황제가 공친왕을 대신하여 친정을 하게 될 것이라는 점 등도 고종에게 흥미를 끄는 대목이었던 것으로 보인다. 이러한 문제들에 대하여 고종이 적극적인 관심을 가지기 시작했다는 것은 이로부터 4주일 남짓한 시간이 흐른 뒤 고종이 서장관(書狀官) 박봉빈(朴鳳彬)을 따로 불러 위의 사항과 관련된 질문을 좀더 구체적으로 반복 확인하는 것을 통해서도 확인할 수 있다.[92] 이때 고종이 던지는 질문들은 아직 피상적이고 초보적인 수준

與中國通貨, 已有約書, 將行交易云矣. 予曰, 然則中國將何以接待倭人乎? (閔)致庠曰, 旣非臣服之國, 則倭人似不稱臣云矣."

92) 『日省錄』 高宗9年 4月 30日, "황제가 총명하고 배움을 좋아하여 서정(庶政)을 친히 다룸으로써 백성들의 기대에 부응한다는데 과연 그러하던가? (…) 양이가 왜인들을 끌어들여 중국과 더불어 장차 교역을 하리라고들 하던데 과연 그러하던가? (…) 왜가 본래 중국에 신하로서 복종하는 나라가 아니어서, 청국은 왜와 교역을 한다는 약속을 금지, 통제하거나 반대하지 않는 것인가? (…) 양이의 중국 침범이 공친왕이 내응하여 그렇다고들 하던데 과연 그러하던가? (…) 공친왕이 양이를 끌어들여 국가를 해치는 것에 대해서 신민들은 혹시 분통해하는 마음을 지니고 있지는 않던가? (…) 대국의 민심은 이전에 비해 어떠하던가? (…) 대국의 법령이 전에 비해 해이하다고 하던데, 이전의 도광(道光)이나 함풍(咸豊) 때와 비교하면 어떻던가? (…) 중국 조정의 신하 가운데 혹 재능 있는 인물은 있던가? 〔予曰, 皇上聰明好學, 親總庶政以副民望云, 果然乎? (…) 予曰, 洋夷招入倭人, 與中國將有通貨之說云, 果然乎? (…) 予曰, 倭國本非臣服於中國, 則胡不禁制乃反以通貨爲約耶. (…) 予曰, 洋夷之侵犯中國, 恭親王爲內應而然云, 果然乎? (…) 予曰, 恭親王招入洋夷內蠹國家臣民, 或不無憤惋之心乎? (…) 予曰, 大國民心比前何如? (…) 予曰, 大國法令比前解弛云矣, 比諸道光咸豊時則何如? (…) 予曰, 中原朝臣中或有才能之人乎?〕"

이기는 하지만 당시 동아시아에서 진행 중이던 물리적인 권력관계의 변동과 이에 따른 정치적 무질서도(無秩序度, entropy)의 증가라는 중화질서 동요의 한 핵심적 측면에 관한 지적이며, 또 당시 동치제와 중국의 실권자인 공친왕의 긴장관계는 곧 고종 자신과 조선의 실권자 대원군의 정치적 관계와 자연스럽게 오버랩될 수 있는 것임을 감안하면 대단히 흥미로운 내용이라고 할 수 있을 것이다.

한편 고종은 서장관 박봉빈을 접견한 바로 그날(1872년 4월 30일)에 차기 연행사절(〈표5-1〉에서 임의번호 12)의 정사(正使)로서 당시 최고의 대외관계 전문가이자[93] 자신이 가장 신뢰하는 박규수를 결정한다.[94] 이와 관련해서는 대외관계에 대한 국왕의 높아진 관심과 아울러 박규수에 대한 국왕의 특별한 신뢰를 이해하지 않으면 그 정황이 제대로 파악되기 어려울 것이다. 기존연구들이 박규수의 2차 사행에 대해 수없이 언급하였으나, 그것이 이루어진 전후 맥락에 대해 아무런 주의를 기울이지 않은 것도 바로 이러한 이해의 결핍 때문일 것이다. 그러면 박규수가 연행에서 돌아온 후 이루어진 귀국보고 자리에서는 어떤 대화가 이루어졌을까.

고종: 귀국 보고서는 이미 읽어보았소. 사신들이 보고 들은 것을 자세히 말씀해주시오. (…) 민심은 어떠하오?

정사 박규수: 물가가 올라 비록 어려움이 있지만 민심은 안정되어 있습니다. 내년 정월 황제의 친정을 모두가 우러러 바라고 있으니 그때에는 특별한 정령(政令)이 있을 것입니다.

93) 박규수가 당대 최고의 대외관계 전문가로 인정받고 있었음은 병인양요(1866) 전후부터 외국과의 분쟁 발생시에 조선 측의 입장을 대변하는 거의 대부분의 문서를 그가 작성했다는 사실만으로도 잘 드러난다. 박규수가 작성한 문서에 관해서는 原田環, 앞의 책(1997) 109면에 실린 「朴珪壽起草の洋擾期の咨文答狀一覽」과 이완재 『한국근대 초기 개화사상의 연구』(1998) 157면에 실린 「朴珪壽 起草 洋擾關係 咨文/答信文 一括表」를 참조할 것.

94) 『日省錄』 高宗9年 4月 30日.

고종: 양이가 아직도 황제의 거처인 성내에 있소?

박규수: 종전과 같이 시내에 거류하고 있습니다. 다만 그들의 왕래는 본래 정해진 것이 아니어서 그 수를 상세히 알지 못합니다. 그러나 전과 비교하여 마음대로 행동하지는 않습니다.

고종: 정사는 이미 두번째의 왕래이니 중국 조정 내의 여러 인사들과 교유가 많았을 것이고 따라서 여러가지 형편도 탐문할 수 있었을 텐데.

박규수: (…) 대개 저들 국가들은 상호 공격하여 전쟁이 그치지 않음이 곧 그 습속입니다. 그래서 지금도 역시 포국〔布國, 프러시아〕과 법국〔法國, 프랑스〕 사이에 전쟁〔普佛戰爭〕을 하고 있습니다. 따라서 중국에 거주하는 사람들이 교역과 매매에 힘쓸 겨를이 없어 종전에 횡행 방자하던 기운이 좀 수그러진 듯합니다. 대저 양이들이 연경의 도내에 거주한 지가 지금 벌써 여러해가 되었는데, 당초에는 양화(洋貨)의 매매가 심히 번성했습니다. 그런데 근래에는 중국인들이 모두 양물(洋物)이 사람들의 눈을 그저 현혹시키고 실용에 맞지 않는다는 것을 깨달아 그들과 교역함이 심하지 않게 되어, 양인들은 이익을 잃게 되었습니다. 그리고 예전에 강남에서 군사를 부릴 때 중국은 양인들의 포(砲)를 많이 사들여서 전투에서 사용했기 때문에 양인들은 포를 만들어서 이익을 얻었습니다. 그런데 요즘에는 중국이 저들의 포를 모방하여 만들어서 극히 편리하게 되었으며, 저들의 포를 이용하지 않게 되었기 때문에 양인들은 이익이 없어지게 되었습니다. 또한 종래에는 중국 상인이 화륜선〔汽船〕을 세내어 사용했기 때문에 양이는 그에 따른 이익을 챙겼는데 이제는 중국이 화륜선도 모방하여 만들어내게 되어, 서양제 화륜선을 돈을 내고 이용하지 않게 됨으로써 서양인들은 그 이익을 또 잃게 되었습니다 (…)[95]

95) 『日省錄』 高宗9年 12月 26日, “予曰, 聞見事件雖已覽矣. 而使臣之所聞所見更爲詳陳也. (…) 予曰, 民情何如. (朴)珪壽曰, 物價高騰雖爲疾若, 而民心則擧皆安堵, 明年正月皇上親政, 羣情顒望其有別般政令矣. 予曰, 洋夷尙在城內乎. (朴)珪壽曰, 依前留在都下, 而其坐其來本無

이 자리에서 고종은 자신의 주요 관심사와 관련해 대략 40여개에 달하는 질문을 던진다. 위에 소개한—보기에 따라서는 다소 장황하고 평이한 사실들의 서술처럼 보이는—박규수의 답변에는 대단히 중요한 정치적 함의와 무게가 실려 있음을 간과해서는 안된다. 박규수가 보고한 내용의 요지는 현재가 더할 나위 없는 '난세(亂世)'이며 이것이 이미 거부할 수 없는 시대적 상황이라는 것, 그러나 이러한 와중에서 중국의 경우에는 다소의 혼란에도 불구하고 예컨대 대포, 화륜선 등으로 대표되는 강력한 서양국가의 기술〔用=器=才〕들을 배척하지 않고 오히려 적극적으로 활용하려 하는 자세를 취함으로써 내실을 기해나가고 있다는 것, 그리고 이러한 상황에서 황제의 친정이 시작되기를 모두가 바라고 있다는 것이었다. 따라서 이러한 박규수의 보고는 비록 완곡하게 표현되고 있기는 하지만, 사실상 조선이 현재 시대적 대세를 외면함으로써 고립되는 국면으로 치닫고 있으며 이러한 조선 조정의 입장이 도리어 중장기적으로는 나라를 더욱 심각한 위기상황으로 몰고갈 것이라는 대단히 무거운 메시지를 담고 있었다. 이 메시지는 당시의 국내외적 위기상황을 통감하고 안타까워하던 박규수의 현실적인 위기의식을 그대로 반영하는 것이었으며 아울러 청년 국왕에게 '새로운 사고'(New Thinking)를 촉구하는 강력한 정치적 암시이기도 했다.[96)]

定數, 未詳其多寡比前何如, 而大抵不如前日之橫行矣. 予曰, 正使旣是再次往還, 則中原朝士應多新舊交遊, 諸般事情亦應有探問之道也. (朴)珪壽曰, (…) 蓋其各國互相擊爭戰不息, 卽其俗習, 而今亦有布法相戰之事, 故其留在中國者, 亦似不暇於交易賣買之務, 而稍歛其橫行蹤恣之氣矣. 大抵洋夷之來居都中, 今旣多年, 而當初則洋貨賣買甚盛矣, 近日中國人, 皆覺洋物之徒眩人眼, 不中實用, 故不甚與之交易, 洋人以此失利. 向於江南用兵時, 中國多買洋砲, 用於戰陣, 而洋人以造砲得利矣. 近日則中國倣造洋砲, 極爲便利, 不買彼砲洋人又爲失利, 向來則中國商賣貰用火輪船, 故洋夷以此得利矣, 今則中國亦倣造火輪船, 而不復貰用, 彼又失利 (…)"

96) 박규수는 전술한 바와 같이 고종의 즉위 이후 오래도록 경연관으로 참여하여 고종의

이듬해(1873) 4월 9일에 연행(〈표5-1〉에서 임의번호 13)에서 돌아온 견청사절단의 소견 내용 역시 고종의 관점에서 보면 박규수 보고의 연장선상에 놓여 있었다고 할 수 있을 것이다. 이때 고종은 50여개의 질문을 던지고 있는데, 여기서도 역시 "중국은 양이로 인해 곤혹을 치르고 있어 서양인들을 금수와 같이 여기면서도, 한편으로는 그들의 기술을 받아들임으로써 나름대로 실리를 취하고 있다"는 답변을 듣게 된다.[97] 한편 이무렵 대외관계에 대한 고종의 높은 관심과 위기의식은 동년 8월 13일(〈표5-1〉에서 임의번호 14)의 연행사절단 구두보고 자리에서 더욱 명료하게 드러난다. 그 내용이 무척 시사적이므로 일부를 여기에 소개한다.

고종: 아라사〔俄羅斯, 러시아〕는 서양 국가인가? (…) 아라사인들은 양이(洋夷)와 비교해 어떠하며 또한 군주가 있는가? (…) 왜인(倭人) 수십여명이 황성(皇城)에 와 있으면서 작년에는 복색(服色)이 아직 섬나라 복장을 유지한다고 하더니만 지금은 양이의 모양을 본받은 자가 많다고 하니 이는 양이

정치의식이나 성향을 어느 누구보다 잘 알고 있었다. 실제로 고종의 유교적 인군(仁君) 의식의 많은 부분이 박규수의 지적 영향으로써 이루어졌다고 해도 과언이 아닐 것이다. 하지만 박규수가 경연이라는 공식적인 자리를 통해 고종에게 자신의 정치적 견해를 피력하는 데는 어떤 식으로든 한계가 존재하지 않을 수 없었다. 공공성을 중시하는 조선의 정치적 전통에 따라 국왕과 개별적인 신하의 이른바 '독대'가 허락되지 않았던 사정과 아울러 당시 조정을 비롯한 조선 전국에 팽배한 배타적 대외정서를 종합적으로 고려하면, 이미 노년에 접어든 박규수가 연행사절의 정사로서 고종에게 객관적인 정세보고의 형식으로 자신의 정견을 전하기 위해 얼마나 많은 생각과 고민을 했을지 미루어 짐작할 수 있다.

97) "북경에 체재하는 양이는 아직도 수백명에 달하며 (…) 중국인들은 그들을 금수처럼 바라보고 있습니다. (…) 그러나 〔그들에게〕 의뢰하여 득이 될 수 있는 것은 곧 공사기교(工事奇巧)한 것들입니다. 중국인은 이것들을 보고 익혀 그 묘미를 얻기 때문에 그것의 기교에 현혹되는 바 없이 오로지 그것의 이로움을 얻을 수 있다고 합니다." 『日省錄』 高宗10年 4月 9日條, "洋夷之留北京者, 今猶數百名. (…) 中國人視之也如禽獸. (…) 且其所資以爲利者, 卽工事奇巧, 以中國人亦習見, 以得其妙, 故無所衒其巧, 以專其利云."

들의 꼬임에 빠져서 그들 본래의 복장을 바꾼 것인가? (…) 왜국에 지금 관백(關白, 쇼군)이 없으니 양이와 왜의 통교는 곧 왜주(倭主, 天皇)가 하는 것인가?

정사 이근필: 왜주가 양이를 불러들여 그 힘을 빌려 관백을 제거하고 스스로 총람권강(總攬權綱)하였다고 하지만, 그 실제인즉 홀로 빈산에 앉아 자위(自衛)하는 것과 같습니다.

부사 한경원: 이제는 양이와 왜는 차이가 없습니다.

고종: 서양 여러 나라 사람들이 중국황제를 알현할 때의 복장은 어떠했는가?

이근필: 각자 자기 나라 복장을 하고 조회 및 알현하였습니다.

한경원: 처음에는 중국의 복장으로 인견(引見)하도록 되어 있었으나 섬나라 무리들이 끝까지 따르지 않고 섬나라 복장으로 나아가서 알현하였다고 합니다.

고종: 서양의 여러 나라들은 조공(朝貢)을 안 하는가?

이근필: 통호(通好)라는 것은 조공이 아닙니다.

한경원: 조공하지 않아도 이웃나라와 더불어 교호(交好)하는 예(禮)는 서로 같은 것입니다.

(…)

고종: 양이들은 왕래할 때 화륜선을 타고 다니는데 중국 역시 화륜선을 만들어 쓰는가?

이근필: 강남의 상인들이 종종 그 제도를 모방하여 만들어 쓰고 있어, 점차 서양 선박을 임대하여 쓰지 않기 때문에 서양인들이 이익을 잃는다고 합니다.

고종: 그 배를 만드는 비용은 얼마나 드는가?

(…)

고종: 우리나라에서 양이를 배척하는 것은 중국에서 아주 많은 사람들의

화젯거리가 된다는데 그것이 과연 사실이오?

이근필: 우리나라가 사교(邪敎)를 배척하고 바른 것을 견지하는 것은 온 천하에 알려져서 중국인들도 경이롭게 바라보지 않는 자가 없다고 합니다.

(…)

고종: 양이가 심히 우리나라를 꺼린다고 하던데?

(…)

고종: 양이 가운데 황성에 있는 자들은 우리나라 사람들을 만나면 번번이 피한다고 하던데 과연 그러한가?

(…)

한경원: 서양 오랑캐들이 우리를 피하는 것은 마치 우리가 이들을 피하는 것과 서로 비슷합니다.

고종: 양이들이 중국인에 대해서는 이처럼 회피하지 않는가?

이근필: 중국인들은 회피의 대상이 아닙니다.[98]

위의 구두보고에서 드러나는 것처럼, 고종은 대외관계에서 나타나고 있

---

98)『日省錄』高宗10年 8月 13日, "予曰, 俄羅斯其爲西洋之國耶. (…) 予曰, 俄羅斯國人比洋夷何如, 而亦有君長耶. (…) 予曰, 倭人數十餘名來在皇城, 而年前則服色尙守渠國之制云矣. 今則多效洋夷之樣云. 爲洋夷之所誘, 變其本色也. (…) 予曰, 倭國今無關白, 則洋夷之通倭, 乃是倭主之所爲耶. (…) (李)根弼曰, 倭主引入洋酋, 籍其力而除去關白, 自以謂總攬權綱, 而其實則獨坐空山, 如引虎(=虎)自衛矣. (韓)敬源曰, 今則洋與倭無異矣. 予曰, 西洋諸國引見皇帝時, 服色何如耶. (李)根弼曰, 各服其服而朝見矣. (韓)敬源曰, 初以中國服色引見爲令矣. 渠輩不從, 終必以渠國服色進見云矣. 予曰, 西洋諸國, 無朝貢乎. (李)根弼曰, 乃是通好也, 非朝貢矣. 敬源曰, 無朝貢, 而與隣國交好之禮相同云矣. (…) 予曰, 洋夷之往來渠國者, 乘其火輪船, 而大國亦造火輪船用之耶. (李)根弼曰, 江南商賈, 往往倣其制而造用, 漸不賃用洋船, 故洋人失利云矣. 予曰, 其造船之費幾何云耶. (…) 予曰, 我國斥洋之說, 中國甚多之云, 果然也. (李)根弼曰, 我國之斥邪扶正, 聞于天下, 而中國之人, 莫不欽誦矣. (…) 予曰, 洋夷甚憚我國云耶. (…) 予曰, 洋夷之在皇城者, 見我國人, 輒避之云, 然乎. (…) (韓)敬源曰, 洋醜之避我人, 亦如我人之避洋醜相同矣. 予曰, 洋夷之於華人, 不如是回避耶. (李)根弼曰, 華人則不爲回避矣."

던 현실적인 권력관계의 추이에 적극적인 관심과 나름대로의 이해를 갖추고 있으며, 연행사절들의 보고를 일방적으로 전해 듣는 것이 아니라, 자신의 문제의식 속에서 이들이 견문하면서 얻은 정보들을 끌어내려고 하는 자세를 보이고 있다. 러시아와 서양의 관계, 일본과 서양의 관계, 일본 내부의 권력변동, 중국과 서양의 관계, 중국과 일본의 관계 등 고종의 다양한 질문 범주에서도 드러나는 것처럼 고종에게 있어 중국은 여전히 가장 중요한 나라이기는 하지만 이미 현실적으로 세계의 중심은 아니었다. 이러한 인식의 변화는 고종이 청에 대해 갖고 있던 '제국(혹은 대국)으로서의 중화'라는 신화화된 이미지가 근간에서부터 흔들리고 있으며, 나아가 그 동요의 와중에서 서양화된 일본과 강력한 서양열강들이 세력을 확산시켜 가고 있다는 것을 감지하게 되었음을 의미한다. 이것은 환언하면 고종이 요컨대 조선의 배외주의 정책이 시대적인 대세를 무시한 것으로서 조선이 현실적으로 점차 고립되는 국면으로 상황이 전개되고 있다는 위기의식과 불만을 가진 한편, 새로운 방향전환의 필요성을 강하게 느끼고 있었음을 시사하는 것이다.

한편 1873년 10월 25일, 최익현(崔益鉉, 勉菴, 1833~1906)이 유교적 명분론에 입각하여 조정의 정책을 총체적으로 강하게 비판하는 상소를 올린 것은 고종이 지금까지 언급한 바와 같이 내정과 외정에 있어 대원군과는 분명히 구별되는 정치적 견해를 다져가던 상황에서였다. 최익현이 올린 상소문의 요지는, '지금의 정치는 옛 법도를 변경하는 것이며 언로(言路)는 막히고 조정에는 아첨하는 무리들만이 득세하고 있다. 과중한 조세로 백성(民)의 삶은 힘겹고, 인륜이 무너져 선비들의 기상은 땅에 떨어졌다. 공적인 존재(국왕)를 섬기는 자는 보이지 않고 사사로운 존재(대원군)를 섬기는 자들만이 횡행하고 있다'는 것이었다.[99] 이에 대해 조정의 거의 대부

99) 『高宗實錄』 10年 10月 25日(庚子條), "且見挽近以來, 政變舊章, 人取軟熟. 大臣六卿無建白

분의 신하들은 상소를 올린 최익현이 조정을 부당하게 비방하였다고 하여 그를 사형에 처할 것을 주장하였으나, 고종은 최익현의 비판이 지극히 정당하며 소신있는 것이라며 신하들과 열흘 이상에 걸쳐 전면적으로 팽팽히 대치하다가 결국 자신이 앞으로 모든 정무를 주관할 것임을 선언하기에 이른다.[100)]

之議, 臺諫侍從避好事之謗. 朝廷之上, 俗論恣行而正誼消, 諂佞肆志而直士藏. 賦斂不息, 生民魚肉. 彛倫斁喪, 士氣沮敗. **事公者謂之乖激, 事私者謂之得計.** 無恥者沛然而得時, 有守者恭然而濱死."(강조는 인용자)

100) 『高宗實錄』 10年 10月 25日, 26日, 27日, 28日, 29日, 11月 1日, 2日, 3日, 4日, 5日. 주지하는 바와 같이, 1866년 2월 대왕대비가 수렴청정을 거둔 후 조선왕조는 형식적으로는 고종의 친정에 들어갔다. 그러나 대외적인 상황의 급박한 전개로 말미암아 강력한 지도력이 요청되는 정치적 상황이 계속되면서 현실적으로 대원군이 내외정치를 주도했음은 앞서 제4장에서 이미 살펴본 바와 같다. 하지만 왕실의 권위를 회복하고 중앙집권적 왕조질서를 재구축하려는 대원군의 집정(執政)이 지속되면 될수록 국가권력의 구심축은 점차 이원화되는 양상을 띠게 되었고, 이에 따른 왕실 내부의 긴장관계가 심화되어 나타나는 것은 피하기 어려웠다. 더욱이 왕실 내부의 긴장관계가 심화되는 것과 관련해서 주목할 만한 사실은 대원군이 자신에게 집중된 권력을 고종에게 돌려주겠다는 어떠한 합의도 정치적 언질도 하지 않았다는 것이다. 이러한 상황에서 어린 고종이 형식적인 군주의 권위에 머무르는 데 만족할 때에는 이러한 양두정치(兩頭政治, diarchy)가 가능했다. 그러나 고종의 정치적 성장과 더불어 정치적 견해차가 눈에 띄게 확대되면서, 고종은 대원군에 대한 명시적 혹은 묵시적 지지를 철회하고 자신이 직접 국정을 운영해갈 것임을 선언하게 된 것이다. 이러한 고종의 친정 선언이 현실적으로 가능했던 것은 대원군의 강력한 실질 권력이 기실 사적 권력이라는 취약성을 가졌기 때문이며, 따라서 대원군에게는 친정을 거부할 어떠한 공적인 명분도 없었다. 이 과정에 흔히 야사에 전해지는 대원군과 왕비 간의 사적인 갈등요소의 개입의 개연성은 여러 면에서 인정할 수 있지만, 그것이 고종이 친정을 선언하게 된 가장 주요한 혹은 실질적인 원인이라고 간주하는 일반화된 이해는 사태의 본질을 지나치게 왜소하게 파악하는 것이라고 할 수 있다. 고종 친정의 구체적 계기가 되는 최익현의 1차 상소(1873년 10월 25일)와 2차 상소(동년 11월 3일), 그리고 이를 둘러싼 군신간의 팽팽한 의견대립과 정치적 갈등관계의 전개에 관해서는 비교적 최근에 다양한 관점에서 연구가 진행되고 있다. 이와 관련해서는 James B. Palais, *Politics and Policy in Traditional Korea* (Cambridge: Harvard Univ. Press 1975), ch. 9; Martina Deuchler, *Confucian Gentlemen and Barbarian Envoys: The Opening of Korea,*

친정을 선포한 후 이러한 고종의 대외관계에 관한 각별한 관심과 일본에 대한 전략적 접근, 조선의 고립된 상황을 타개하려는 의식 등이 지속·확대되어갔음은 이후 계속되는 연행사절의 구두보고 대화 상황을 통해 확인된다.[101] 그리고 이러한 상황 하에서 기존의 배외정책과는 다른 대외적 입장을 취하려는 구체적인 노력이 가시화되어 나타나기 시작한다.[102] 그러나 고종이 정치적 정통성(legitimacy)의 현실적 근거가 되는 왕권의 위상을 이용하여 일단 친정을 선언했다고 하여 자신의 생부인 대원군의 광범위한 정치적 영향력을 배제할 수 있는 것은 물론 아니었다. 이것은 뒤에서 좀더 자세히 언급하는 바와 같이 단순히 대원군 개인의 직접적인 정치 참여 여부와 무관하게, 고종이 기왕에 대원군이 장악하고 있던 광범위한 인적·물

1875-1885 (Seattle and London: Univ. of Washington Press 1977) 11~13면; 김영수 「대원군의 하야와 고종의 정치적 역할」, 『한국정치사상사』(박영사 1991); 최병옥 「대원군의 하야에 대하여」(1992), 이후 최병옥 『개화기의 군사정책연구』(서울: 경인문화사 2000)에 수록; 안외순 「대원군 집정기 권력구조에 관한 연구」(서울: 이화여대 박사논문 1996); 김병우 「고종의 친정체제 형성기 정치세력의 동향」, 『대구사학』 63집(2001) 등을 참조할 것.

101) 이에 관해서는 특히 〈표5-1〉의 연행사절 임의번호 15, 16, 19, 21 등의 구두보고 장면에서 잘 나타나고 있다. 각 연행사절에 던지는 고종의 질문 및 대화 내용에는 고종의 대외적 관심의 폭과 고민이 잘 드러난다. 이에 관해서는 〈표5-1〉에 나온 각 연행사절의 도착보고 일자의 『承政院日記』, 『日省錄』 등을 통해 확인할 수 있다.

102) 고종이 친정을 시작한 이후 조선의 대외정책에 변화가 나타나고 있다는 사실은 당시 일본 측의 기록을 통해서도 확인할 수 있다. 예컨대, 조선의 초량왜관(草梁倭館)에 근무하던 오꾸기 이사무(奧義制)가 1874년 3월 14일자로 조선국왕이 친정을 하게 되어 대일관계의 창구 역할을 하던 동래부사의 경질이 있을 것이라는 보고를 모리야마 시게루(森山茂, 1842~1919)에게 전달했는가 하면, 당시 조선차견(朝鮮差遣)·외무성출사(外務省出仕)로 조선에 와 있던 모리야마는 1874년 6월 21일자로 작성한 「조선근정문서(朝鮮近情文書)」에 '작년 겨울 이후 대원군이 퇴진하고 국왕이 직접 일본 관계를 관장하고 있다. 조선은 일본의 정한론(征韓論)을 잘 알고 있으며 일본을 예의주시하고 있다'는 내용을 본국에 보고하고 있다. 『日本外交文書』 明治年間 7권, 749~50면 文書番號 206, 364~66면 文書番號 210.

리적 권력기반과 '동거'하면서 국정을 운영하게 되었음을 의미한다.

이러한 정치적 상황 하에서 고종이 어떠한 의식에서 현실적으로 대원군과 다른 대외적 입장을 취하려 했는지, 그리고 이 과정에서 얼마나 많은 현실적 제약과 정치적인 갈등이 있었는지를 무엇보다 잘 드러내 보여주는 것이 바로 1874년과 1875년에 있었던 박규수와 대원군 간의 일본과의 수교를 둘러싼 서신 논쟁일 것이다. 고종과 대원군의 미묘하고 불편한 정치적 관계와 당대의 정서 등을 고려해볼 때, 이 서한을 통한 논쟁은 비록 형식적으로는 박규수와 대원군 간에 이루어진 것이었지만 사실상 고종과 대원군의 대리전의 성격을 지녔을 뿐만 아니라, 이를 통해 당대의 핵심적인 이슈가 된 대외정책을 둘러싼 양자의 입장과 명분의 차이가 압축적으로 드러나고 있다고 생각되기 때문이다.

여기서 대원군은 '일본이 정책을 수정하기 전까지는 서양제국과 한통속인 일본 측의 서계(書契)를 접수해서는 안된다는 입장'을 끝내 고수하고 있었는데,[103] 이에 대해 박규수는 '일본이 양이와 함께 합치는 것을 분명히 들어 알고 계시면서, 무슨 이유로 화평을 잃어 적국을 하나 더 보태려 하십니까' 하고 반박하고 있다.[104] 여기서 박규수가 주장하는 대일(對日) 자세의 요지는 일본 측이 '의구통호지의(依舊通好之意)'를 표명하는 한 서계의 자구(字句) 따위에 구애받지 말고 대국적인 견지에서 이들의 서계를 받아들이는 것이 그들에게 무력행사의 빌미를 주지 않을 뿐 아니라 일본과 서양제국이 하나가 되어 조선을 고립시키는 형국으로 나아가는 것을 막을 수 있다는 것으로서, 다분히 현실적이고 전략적인 것이었다.[105]

---

103) 『龍湖閒錄』 卷4 第21冊, No. 1130 「大院位錄記」, No. 1131 「別論」 326~29면.

104) "大凡人之有書 果是和好 過去之地 忽地拒而不受 積有年所彼之慍怒 必然之勢 況分明聞知其與洋一片 而何故又失和好 添一敵國耶." 박규수 『박규수전집』 상(서울: 아세아문화사 1978), 「答上大院君」 甲戌(1874)年.

105) 박규수, 앞의 책, 「答上大院君」 甲戌(1874)年, 753면.

그러나 박규수의 대일접근 방식을 단순히 전략적인 차원으로만 해석하는 것은 적절하지 않아 보인다. 왜냐하면 박규수의 또 다른 서한들을 보면,

(가) 대체로 합하(閤下, 대원군)께서 깊이 우려하시는 것은 오로지 일본이 바야흐로 양이와 더불어 하나가 되는 데 있으며, 우리가 서계를 받아들인다는 것은 저들에게 약점을 드러낸다는 것입니다. 제가 깊이 우려하는 것 또한 왜와 양이가 한편이 되는 것에 있고, 또한 약점을 보여서는 안된다는 것에 있습니다. 그렇기 때문에 우리가 먼저 틈을 보여서는 안된다는 것이며, 서계를 받지 않으면 안된다고 말하는 것입니다. (…) 강하고 약함이란 서계를 받고 안 받는 데 달려 있는 것이 아닐 것입니다. 우리가 서계를 받지 않게 되면 저들은 구실을 삼아 군사력을 동원하는 명분으로 삼기에 족할 따름입니다. 무릇 강약의 세(勢)는 사리의 옳고 그름에 달려 있을 뿐입니다. 우리의 처사가 예(禮)에 따라 이치에 맞게 남을 대접한다면 비록 약하더라도 반드시 강해질 것이며, 그렇지 못하다면 비록 강한 것 같다 해도 반드시 약해지게 될 것입니다.[106)]

(나) 왕이 하는 정치란 백성(民)을 보호하는 것입니다. 삼면이 바다로 둘러싸인 우리나라는 어부들이 날마다 바다에 나가 일본에 표류하는 것이 매년 수십회에 이르고 그때마다 일본 배(日船)에 의해 구조되고 있습니다. 교린(交隣)하는 데 불가불 신의가 필요하다는 것은 이를 보더라도 알 수 있습니다. 그런데도 이제 만약 저들과 영원히 단절한다는 것은 곧 이들 백성의

106) "大抵自初至今, 閤下深憂遠慮, 專在於彼方與洋打成一片也, 專在於受此書契, 便是示弱也, 小生深憂遠慮亦在於倭洋一片, 故謂不宜自我啓釁也, 亦在於便是示弱, 故謂不宜不受書契也, (…) 强弱不係於書契之受與不受, 而足爲彼之執言以作兵名矣, 大凡强弱之勢, 只在於事理之曲直而已, 我之處事接人, 有禮而理直, 則雖弱而必强, 我處事接人, 無禮而理曲, 則雖强而必弱." 박규수, 앞의 책, 「答上大院君」(乙亥(1875)年 正月) 754~55면.

생명을 포기하는 것과 어찌 다를 바가 있겠습니까.[107]

라고 되어 있어, 박규수가 국가간의 관계에 대해 대단히 전략적인 태도를 취하면서도 어디까지나 전통적인 도리와 교린이라는 예(禮) 관념의 연장선상에서, '보민(保民)' 곧 '위민(爲民)' 정치의 대의에서 전개하고 있음을 알 수 있다.[108] 도리를 중시하는 박규수의 이러한 표현이 단순한 정치적 레토릭에 불과한 것이 아니라는 것은, 그가 웨이 위안의 『해국도지』 등의 영향을 받아 미국을 '공평무사'한 나라이며 '예의와 겸양'을 숭상하는 나라라고 하여 특별히 높이 평가한 데서도 확인할 수 있을 것이다.

(가) 내가 듣건대 미국은 지구 위의 여러 나라 중에서 가장 공평하고 곤란의 배제와 분쟁의 해결을 잘하며, 여섯개 주 가운데 최고의 부국(富國)으로서 영토 확장의 욕심도 없는 나라라고 한다. 그러니 그들이 말이 없더라도 우리는 마땅히 먼저 수교 맺기를 힘써 굳은 맹약을 체결하면 고립되는 우환은 거의 면할 것이다. 그런데도 이들을 도리어 밀어서 물리친다면 이것이 어찌 나라를 도모하는 길이겠는가.[109]

---

107) "王者之政保民而已, 三面環海之國, 商賈漁採之民, 日出海上而漂到彼國者, 每年不下數十次, 每見日船之救回狀啓, 則交隣之不可不信義, 於此可知矣, 今若與彼永絶, 則此等民命何處棄之乎." 박규수, 앞의 책 762면, 『瓛齋集』 卷11, 「答上大院君」.

108) 하라다 타마끼(原田環)는 박규수가 만국이 나름대로의 예(禮)를 갖춘 존재라고 믿었으며, 따라서 상대국이 서양 오랑캐인가 아닌가 하는 점이 문제가 아니라 그 나라와의 '관계'가 예에 입각해서 이루어지는가 아닌가를 중시했다고 지적한 바 있다. 이에 관해서는 原田環 「朴珪壽と洋擾」(1980), 「朴珪壽の對日開國論」(1979), 『朝鮮の開國と近代化』(廣島: 溪水社 1997)를 참조할 것.

109) "吾聞美國在地球諸國中最號公平, 善排難解紛, 且富甲六洲無啓疆之慾. 彼雖無言, 我當先事結交締固盟約, 庶免孤立之患. 乃反推而却之, 豈謀國之道乎." 『박규수전집』 上, 「允植謹按」 467면.

(나) 귀국〔미국〕은 습속이 예의와 겸양을 숭상하며 여러 성(省)을 합해서 국가의 명칭이 만들어진 나라라는 것을 중국을 통하여 알고 있습니다.[110)]

한편 고종은 대신회의(1875년 2월 5일, 5월 10일)를 통해 일본 측의 서계를 받아들이려 하지만 박규수를 제외한 대다수의 신하들이 신중론의 입장을 취하면서 벽에 부딪히게 된다.[111)] 이에 박규수는 대원군에게 다시 서한을 보내, "만약 저들이 대포소리를 울리기에 이르면, 그 이후에는 비록 서계를 받고자 해도 나라를 욕되게 하는 것이니 다시 기회가 없습니다. 그날이 오면 단연코 서계를 받을 도리가 없습니다"[112)]라면서 간곡히 설득을 시도했으나 끝내 대원군을 움직이지 못했다.[113)]

---

110) "貴國俗 尙禮讓 爲合省名邦 中國之所知也." 『박규수전집』 上 435면, 『瓛齋集』 권7, 咨文 「擬黃海道觀察使答美國人照會」.

111) 당시의 조정회의에서 피력된 신중론이란 예컨대 다음과 같은 것이었다. "서계가 격례(格例)를 어겼는데도 우리가 받기를 허락한다면 이는 나라의 체통을 손상시키는 것이 되며, 받지 않는다면 말썽이 생기기 쉽습니다."(홍우길洪祐吉) "저들이 이전과 달리 관례를 바꿨으니 갑자기 이를 받아들이는 것이 곤란하다는 것은 나라의 모든 사람들이 하나같이 하는 말입니다."(서상정徐相鼎) 일본 측의 서계를 접수하려는 의도 하에 고종이 주관하여 열린 당시 조정회의의 구체적 내용에 관해서는 『承政院日記』 高宗12年 2月 5日, 5月 10日字에서 확인할 수 있다. 한편 일본 측의 서계 접수 문제를 둘러싼 고종과 박규수의 고독한 투쟁에 관해서는 Martina Deuchler, *Confucian Gentlemen and Barbarian Envoys: The Opening of Korea, 1875-1885* (Seattle and London: Univ. of Washington Press 1977) 17~50면; 김용구 『세계관 충돌과 한말외교사, 1866-1882』(서울: 문학과지성사 2001) 163~209면 참조.

112) "若到彼之發一砲聲以後, 則雖欲受書, 其爲辱國更無餘地, 其日則斷無受書之道矣." 박규수, 앞의 책, 「答上大院君」(乙亥(1875)年 5月) 758면. 이후 박규수의 예언은 거의 그대로 적중하게 된다.

113) 이때 박규수가 대원군에게 서한을 보낸 것은 대원군을 설득함으로써 조정의 반대 분위기를 돌파하기 위한 것이었다. 후일 조일간에 교섭이 진행되는 동안, 오경석이 일본 측의 미야모또 고이찌(宮本小一, 1836~1916)와 모리야마 시게루에게 "현재 대원군은 물러나 있으나 거의 모든 대신들이 비밀리에 정사를 대원군에게 알리고 그의 결정에 따

(2) 일본에의 개항과 외국 전래서적의 영향

이후 주지하는 바와 같이 우여곡절 끝에 일본과의 수호조규가 맺어지게 되고, 이에 따른 반대여론이 심해지지만 고종은 이에 대한 더이상의 논의가 소모적일 뿐이며 현실적으로 도움이 되지 않는다는 입장을 견지해나간다.[114] 그리고 '구교(舊交)회복론'의 입장에서,[115] 윤치현(尹致賢)의 상소

르고 있다"고 한 것이나, "나라의 모든 사람들이 화합하려는 마음이 없는 것은 아니지만 모두 대원군을 두려워하여 감히 드러내고 말하지 못하고 있다"고 언급한 사실은 이러한 정황을 잘 보여준다. 『日本外交文書』 明治年間 9卷, 27~39면 문서번호 6; 金正明 『日韓外交資料集成』 1권(東京: 巖南堂書店 1966) 102~19, 189면, 「朝鮮國政府內部ノ和戰兩派ニ關スル件」(明治九年 二月 十三日). 이와 관련하여 제임스 팔레는 박규수의 위의 서한에 대해 본서의 입장과는 정반대의 해석을 내리고 있음을 지적해둔다. "박규수는 고종이 너무나도 용기가 모자라는 것에 대하여 타격을 받은 나머지, 국왕을 향한 신뢰를 상실하고 자신의 정강에 대한 성공을 보장할 수 있는 남아 있는 유일한 사람인 대원군에게로 돌아갔다. (…) 다시 말해서 박규수는 기왕에는 자신이 결코 인정하지 않았으며 늘 반대해온 대원군이 정책의 주도권을 장악하기를 간청한 것이다. 박규수는 고종의 영도력을 거의 믿지 않았기 때문에 고종을 지도자로 만드는 것보다는 대원군에게 그의 견해를 바꾸도록 설득하는 것이 더 쉽다고 결정했다." James B. Palais, 앞의 책 260~61면. 이러한 팔레의 해석은 다음과 같은 인식에서 비롯된다. 즉 팔레는 요컨대 당시의 정치적 상황을 "유교가치를 함양하는 엄격한 성왕(聖王)교육을 받은 고지식한 학생"에 가까운 고종이 자신과는 달리 "활동적이며 결단력이 월등하고" "전통적이면서도 실용적인 개혁가"인 그의 부친 대원군을 밀어낸 것으로 간주한다. 따라서 박규수가 지도력이 부족하고 유약한 고종을 포기하고 대원군에게로 돌아서게 되었다는 것이다. 고종에 대한 이러한 팔레의 관점은 개항 이후를 다루는 다른 논문 James B. Palais, "Political Participation in Traditional Korea, 1876-1910," *Journal of Korean Studies* Vol. 1 (1979)에서도 동일하게 반복된다.

114) "왜를 억제하는 것과 서양을 배척하는 것은 별개의 사안이다. 그런데 이번에 왜선이 온 것이 어찌 서양과 연합한 것이라고 확실하게 말할 수 있는가. 그리고 설사 왜가 서양의 앞잡이가 되어 온다 하더라도 역시 이에 대한 별도의 대응하는 방도가 있을 것이다." 『日省錄』 高宗13年 1月 23日條.

115) "이번 일은 일본과의 과거 우호관계를 회복한 것에 지나지 않는다(上曰, 今番事卽不過修舊好)." 『日省錄』 高宗13年 2月 5日條.

(1876년 1월 28일)에서 거론된 바 있는 "일본과의 수교는 그동안 잠시 끊겼던 교린관계의 복구이며 반면에 서양에 대해서는 척사적 입장을 고수한다"[116]는 논리에 따라 당시의 반대여론을 돌파한다.

하지만 일본의 포함(砲艦)외교에 의한 조약체결의 국내정치적 여파는 심대한 것이었다. 예컨대 고종의 친정에 결정적인 정치적 계기를 제공했던 최익현이 이번에는 도끼를 지참하고 화이론적 명분론에 입각하여 결사반대의 논리를 전개한 반대상소[117]는 고종의 정치적 입지가 얼마만큼 협소해지고 있는지를 상징적으로 보여주었다. 이것은 일본과의 수호조규를 계기로 하여 최익현과 같이 대원군의 국내정책에 반대하던—그런 만큼 고종을 지지하던—세력마저도 고종에게 압박을 가하는 형국으로 국내정치적 상황이 전개되고 있음을 의미했다.[118]

이러한 상황에서 일본과의 우의를 다진다는 명분하에 메이지 일본의

116) 『高宗實錄』 13年 1月 28日(庚申條).

117) 『高宗實錄』 13年 1月 23日(乙卯條); 崔益鉉, 『勉菴集』 卷3, 「持斧伏闕斥和議疏」. "신이 가만히 듣자오니 강화가 그들의 간청에서 나온 것이라면 이는 강함이 우리에게 있는 것으로서 우리가 족히 그들을 제어할 수 있을 것이니, 그 강화를 믿을 수 있습니다. 그러나 강화가 우리가 약점을 보인 데서 나온 것이라면 이는 주도권이 그들에게 있는 것으로서 그들이 도리어 우리를 제어하려 할 것이니 그런 강화는 믿을 수가 없을 것입니다. 이번 강화가 저들의 간청에서 나온 것인지 아니면 우리가 약점을 보인 데서 나온 것인지 아직 잘 모르겠사오나, 만약 우리가 준비도 없이 평안하게 지내고자 하고 또한 두렵고 겁이 나서 강화를 원하는 것이라면 그것은 단지 고식지계(姑息之計)에 불과할 뿐입니다〔臣竊聞之, 和出於彼之乞憐, 則是强在於我, 而我足以制彼矣, 其和可恃也, 和出於我之示弱, 則是權在於彼, 而彼反以制我矣, 其和不足恃也. 臣不敢知今者之和, 出於彼之乞憐耶, 出於我之示弱耶. 我之宴安而無備, 畏怯而求和, 爲目前姑息之計者〕."

118) 실제로 대원군은 양국간에 교섭이 진행되는 과정에서 조선 측 교섭대표 신헌(申櫶, 1811~1888)을 비롯하여, 의정부 앞으로 서한을 전달하여 조정의 대일화친 방침을 강력히 비판하였다. "試着今日之國家, 竟是誰人之國家乎, 不料朝議之猝亂, 至此極也, 書契之受不受, 廟堂自有之, 國家之保不保, 我一人在焉, 我有家僮, 可率以殉." 宋近洙 『龍湖閒錄』 4卷, 「丙子正月十八日雲峴書」 No. 1145, 353면; 田保橋潔, 앞의 책(上) 509~10면.

모습을 처음으로 직접 견문하고 돌아온 수신사(修信使) 김기수(金綺秀, 1832~1894)가 고종에게 올린 보고서 「문견별단(聞見別單)」에는 다음과 같은 내용이 기록되어 있다. 당시 유자의 눈으로 본 일본에 관한 생생한 기록이라는 점에서 그 내용이 흥미로울 뿐만 아니라 고종 역시 깊은 관심을 가지고 읽었다고 전해져,[119] 고종이 얻고 있던 정보의 대략적인 수준을 가늠하는 데도 도움이 될 것이기에 그중 일부분을 소개한다.

> 저들의 이른바 황제〔明治天皇〕는 나이가 지금 바야흐로 이십 오세인데, (…) 폐지해야 할 것 같으면 관백(關白)도 가히 폐지하고, 변경해야 할 것 같으면 제도도 변경했습니다. (…) 대체로 그가 총명하고 과단성이 있어 인재를 가려 임용하는 것은 취할 수 있는 바가 많은 것 같습니다. (…) 천하 각국의 사람들이 모두 영사관으로 와서 머물게 되므로, 그 사람들을 먹이면서 그 기술을 배우고 그들을 후대하면서 자기는 낮추게 되니, 요컨대 그 기술을 다 배워서 그 기계를 예리하게 하기 위한 것이었습니다. 곳곳마다 화륜선, 화륜차를 만들고 또 사람을 시켜 먼 곳에서 상업을 경영케 하였으니 요는 온 힘을 다해 재화를 모으기 위한 것입니다. 군신상하(君臣上下)가 부지런히 이로움〔利〕를 취하고 부국강병으로써 급선무를 삼고 있었으니〔以富國强兵爲急先務〕, 이는 그 정령(政令)이 옛 유법(遺法)에서 나온 것 같습니다. (…) 지금은 경전문자(經典文字)는 무용지물로서 서고에 넣어두고 다만 공리(功利)의 서(書)만을 매일 부지런히 읽기 때문에 그중에서 유식한 사람들은 또한 매우 개탄하는 이들도 있었습니다. 저들 기술의 기교는 눈으로 보아도 능히 다 볼 수 없으며 입으로 전하려 해도 자세히 알기 어렵습니다. (…) 곳곳마다 성소국(精造局)을 설치하고 사람마다 이기술(利器術)을 익히고 있으니 아무리 헤아려봐도 실상 그 방법을 다 알 수는 없었습니다. 한 나

119) 『修信使記錄』(1971) 129면.

라의 도회지가 한둘이 아니었는데, (…) 이를 여러차례 본 중국인들도 또한 말하기를 '중국보다도 더욱 크고 풍부하다'고 하였습니다. (…) 평소에 양성한 군대는 에도성〔江戶城〕 안에 봉급을 주어 양성한 사람만 7, 8만명이나 되었고, 그밖에 육군성, 해군성에서도 날마다 군사를 뽑기를 쉬지 않았는데, 모두 기계에 정통하고 군율에 숙련되어 있었습니다. (…) 배 위에서도 대포를 사용하고 차에서도 또한 대포를 사용하는데 대포를 사용하는 방법 또한 전적으로 기계를 사용하여 조금도 틀리지 않았습니다. 이러한 강병(强兵)과 이기(利器)를 갖추고도 오히려 부지런히 일하여 쉴 틈이 없었습니다. (…) 교묘하지 않은 기술이 없고 정교하지 않은 기예가 없어 (…) 외견상으로는 이보다 더 부강할 수 없으나, 곰곰이 그 기세를 생각해보면 〔부국강병책에 입각한 일본의 방책이〕 장구한 계책이라고는 할 수 없습니다.[120)]

당시의 긴박한 시대상황과 아울러 대외정세에 깊은 관심을 기울이고 있던 국왕 고종과 박규수의 수신사에 대한 각별한 기대 등을 고려할 때,[121)] 막중한 임무를 부여받은 김기수(金綺秀)의 보고내용은 의외로 기대한 만큼

---

120) 金綺秀 『日東記游』 卷4, 『修信使記錄』(서울: 국사편찬위원회 1971) 107~10면; 『同文彙考』 4, 4178~79면.

121) 메이지유신을 통해 크게 변화하고 있는 일본을 최초로 보고 돌아오게 될 수신사 김기수를 일본에 보내면서 고종이나 박규수가 보인 관심과 기대는 각별하였다. 고종은 "처음으로 가는 길인 만큼 모든 일을 반드시 잘 처리해야 하며 그곳 사정에 대해서 자세히 정탐해가지고 오는 것이 좋겠다. 보고할 일에 관해서는 하나하나 빠짐없이 기록해 가지고 오라"고 간곡히 당부하였다. 『高宗實錄』 13年 4月 4日(乙丑條). 한편 박규수는 수신사로 떠나는 김기수에게 별도로 서한을 보내 "내 나이와 지위가 헛되이 이에 이르러 이번 사행(使行)을 나의 벗에게 마침내 양보하게 된 것이 한스럽다(瓛齋朴相國 書以來曰 恨吾年位之公然到此 此游遂讓與吾友也)"고 하면서 독려했다. 김기수, 앞의 책, 권1 「差遣二則」 2면 참조. 일본과의 조약체결을 교린관계의 연장선상에서 바라보던 당시 조정의 분위기에서, 기존의 조선통신사의 정사(正使)의 관직이 참의(參議)였기 때문에 이미 우의정을 역임한 바 있는 박규수로서는 수신사로 갈 자격이 없었다. 따라서 박규수가 김기수에게 보낸 서한은 그의 안타까운 심경을 있는 그대로 드러낸 것이라고 볼 수 있을 것이다.

구체적이거나 적극적이지 못하다. 하지만 청이라는 필터를 통해서 걸러진 기존의 일본에 관한 보고를 접했던 고종에게 직접 일본을 견문한 김기수의 보고는 훨씬 실감나는 것이었음에 틀림없다. 재야는 물론 조정 내에서도 배외주의적 분위기가 팽배한 상황에서, 김기수의 「문견별단」이 보고하는 바와 같이, 실제로 일본이 서양으로부터 부지런히 배워 청보다 더욱 부국이 되었으며 그 강병(强兵)의 수준은 이미 조선과는 현격한 격차를 보이는 지경에 이르렀다는 것을 재삼 확인할 수 있었기 때문이다.

한편 수신사 김기수가 남긴 기록 가운데 간과해서 안될 사실은 단편적이기는 하지만 본서의 제3장에서 살펴본 바 있는 문제의 책 『만국공법』에 관한 언급이 등장한다는 점이다.[122] 즉 "소위 만국공법이란 여러 국가들이 맹약을 맺는 것으로서 마치 전국시대(戰國時代)의 합종연횡(合從連衡)의 법과 같은 것"이며, "그리하여 맹약을 맺은 어느 한 나라가 어려움에 처하면 만국이 그를 구하고, 또 어떤 나라가 맹약을 어기게 되면 만국이 그를 공격하는 것이니, 애증에 편벽됨이 없고 공격하는 데도 편벽됨이 없다. 이것은 서양인들의 법이어서 바야흐로 이를 잘 지키고 받들어 행하므로 감히 맹약을 어기지 못한다"는 것이다.[123] 김기수가 『만국공법』의 서문들

122) "其所謂萬國公法者, 諸國締盟, 如六國連衡之法, 而一國有艱, 萬國救之, 一國有失, 萬國攻之, 無偏愛憎, 無偏攻擊, 此西人之法, 而方規規奉行, 不敢有失." 김기수, 앞의 책, 권3「政法」 70면.

123) 마틴이 번역한 『만국공법』이 조선에 정확하게 언제 수입되었는지에 관해서는 아직 명확한 정설이 없다. 일반적으로 1877년 12월 일본의 대리공사 하나부사 요시모또(花房義質, 1842~1917)가 당시의 예조판서 조영하(趙寧夏, 1845~1884)에게 외교지침서인 『성초지장(星軺之掌)』과 함께 기증했다는 기록이 공공문헌에 나타난 것으로는 처음이라고 알려져왔다. 『倭使問答』 明治10年 12月; 田保橋潔, 앞의 책 上(1940) 623면. 그런데 최근의 연구에 의하면, 조일수호조규가 맺어질 때 조선 측이 『만국공법』을 이미 가지고 있었다는 기록이 있어 흥미롭다. 즉 주일 영국공사인 팍스(Harry Parkes, 巴夏禮, 1828~1885)는 조선과의 조약체결에 참여한 모리야마와의 대담을 바탕으로 1876년 3월 27일 본국 정부에 다음과 같이 보고하고 있다. "타국이 조선에 와서 일본이 한 것과

을 직접 읽고 만국공법에 관한 개요를 쓴 것인지 누군가의 설명을 듣고 쓴 것인지는 확인하기 어려우나, 크게 보면 이는 일본과의 새로운 관계 수립을 의미하는 '조약'체결을 전후하여 조선에 주권국가(sovereign state)라는 '새로운 국가형식'과 함께 조약체제(treaty system)라는 '새로운 국가간의 교제 및 교섭방식'을 다루는 만국공법에 관한 관심이 조선정계의 일각에서 아주 한정된 범위에서나마 생겨나기 시작하였음을 반영하는 것이다.[124)]

유사한 요구를 할 가능성을 그들〔조선대표들〕은 충분히 내다보고 있으며, 어느정도 이에 대해 준비가 되어 있다. 그들은 중국과 외국 열강들이 체결한 모든 조약의 사본을 갖고 있으며 휘튼의 『국제법』의 베이징 번역본〔『萬國公法』〕을 갖고 있다. 모리야마가 만난 한 관료〔오경석〕는 20년 동안 계속 베이징을 방문했으며 홍콩에도 다녀왔기 때문에 그들〔조선대표들〕은 유럽과 미국의 여러 다른 나라들을 알고 있다(The possibility of other nations coming to Corea and making similar demands to those made by Japan is fully foreseen by them, and they are in some measure prepared for it. They have copies of all the treaties concluded between China and foreign Powers, and possess the Peking translation of Wheaton's *International Law*. One of the officers met by Moriyama had been a constant visitor at Peking for twenty years, and had also been to Hong Kong, so that they are not uninformed as to the different nationalities of Europe and America)." Parkes to Derby, Mar. 27 1876, Il-keun Park, ed., *Anglo-American Diplomatic Materials Relating to Korea* (上) 45~47면, 김용구, 앞의 책(2001) 235~36면.

124) 오꾸무라 엔신(奧村圓心)의 『朝鮮國布敎日誌』 중 「東仁日本漫遊事情」을 보면, 승려 이동인(李東仁, 1849~1881. 3?)이 당시 혁신적인 사고를 가진 김옥균, 박영효의 경제적 후원과 일본 히가시 혼간지(東本願寺)의 부산별원(釜山別院)의 원주(院主)인 오꾸무라 엔신의 협력을 통해 일본에 밀입국(1879년 9월)하게 되는 경위가 간략히 기록되었다. 그런데 이에 따르면 일본에 건너가는 가장 중요한 이유가 '열국(列國)의 공법(公法)' 곧 만국공법을 배우기 위해서라고 되어 있다. "東仁ハ元來僧侶ナレトモ、居常愛國護法ノ神經家ニテ、挽近朝鮮國々運日々ニ衰頽シ、宗敎ハ旣ニ地ヲ拂ントス。此時革命黨朴泳孝·金玉均等國家ノ衰運ヲ奮慨シ、大ニ刷新セントス。又東仁モ意見符節セシユエ、朴泳孝·金玉均兩氏ヨリ東仁ヲ引見シ、重用スルニ至レリ。故ニ**列國ノ公法等ヲ知ラン爲メ**ニ我宗門ニ歸入シテ、日本へ渡ン事ヲ以テセリ。東仁ハ朴泳孝ヨリ送レル純金ノ丸棒四本、餘レニ示シ、是レヲ路費トシテ渡ントエヘリ。(…) 是レ卽チ韓國改革黨日本へ渡海スル始トス。" 조동걸 「오촌(奧村)의 조선국포교일지」, 『한국학논총』 7(서울: 국민대학 1985) 270면; 萩原延壽 『遠い崖: アーネスト·サトウ日記抄, 14卷＝離日』(東京: 岩波書店 2001)

이러한 상황에서 조선이 만국공법이라는 새로운 방식에 어떤 식으로든 노출될 수밖에 없음을 고종이 직시하게 되는 계기로서 아마도 조일간의 수호조규에 관한 협상이 한창 진행되는 과정(1876년 1월)에서 시작되어 1881년 2월까지 17회에 걸쳐 오고간 조선의 이유원(李裕元, 1814~1891)과 청의 리 훙장(李鴻章) 간의 서신교환을 빼놓을 수 없을 것으로 생각된다.[125] 여러 연구들이 이미 지적하고 있는 바와 같이, 여기서 리 훙장은 조선 측의 배외주의정책이 일본 및 서양열강과의 대립을 격화시킬 수 있음을 지적하고 조선이 새롭게 대외관계를 정립해나갈 것을 권고한다. 좀더 부언하면 리 훙장의 서한은 대체로 일본 측의 류우뀨우(琉球)병합〔1879년 4월, 일본에서는 류우뀨우처분이라고 칭함〕을 전후로 하여, 그 이전까지는 반(反)러시아와 연(聯)일본의 관점에서 조선이 일본과의 수호조규를 준수하면서 일본과의 관계를 긍정적이고 적극적으로 강화해갈 것을 주장하지만, 이후 일본에 대한 경계심이 증폭되자 반(反)러시아와 반(反)일본, 연(聯)구라파와 연(聯)미국론의 관점에서 서양국가들과의 동맹관계를 맺어나갈 것을 화이론적 명분론이 아닌 '만국공법'에 근거하여 설득하려 하고 있다.[126] 다음에 소개하는 글은 류우뀨우병합 직후에 리 훙장이 이유원에게 보내온 서

82~83면. 이러한 사실은 일본과의 조약체결을 전후하여 세계의 변화에 주목한 소수의 개혁지향 세력들이 가장 주목한 것 중 하나가 기존의 중국적 세계질서와는 구별되는 새로운 세계질서를 다루는 만국공법이었음을 분명히 보여준다.

125) 조선정부와 청의 실력자 리 훙장이 사적인 서신교환이라는 비공식적인 형식과 경로를 통해 조선의 대외정책에 관해 의견을 교환한 것은, 기존의 조청관계에 있어서 중국이 사실상 조선의 내외정에 간섭하지 않았던 관례 때문이라고 할 수 있다. 리 훙장과 이유원의 서신교환에 관해서는 原田環「朝·中'兩截體制'成立前史: 李裕元と李鴻章の書簡を通して」(1981), 『朝鮮の開國と近代化』(1997)를 참고할 수 있다.

126) 메이지정부의 류우뀨우병합이 한반도 정세와 동아시아질서의 변동에 미친 영향에 관해서는 강상규 「일본의 유구병합과 동아시아 질서의 변동: 한반도와의 정치적 관계를 중심으로」, 『지방사와 지방문화』 10권 1호(2007)를 참고할 수 있다. 이 논문은 강상규 『19세기 동아시아의 패러다임 변환과 한반도』(논형 2008)에 수록되었다.

한 가운데 일부인데, 그 내용이 당대의 정황을 이해하는 데 여러모로 시사적이므로 길지만 인용해둔다.

최근의 정황을 살펴보면 일본의 처사가 잘못되고 행동이 망측하여 미리 방어하지 않으면 안되겠기에 감히 은밀히 그 개요를 아뢰지 않을 수 없습니다. 일본은 근래 서양제도를 숭상하여 허다한 것을 새로 만들면서 벌써 부강해질 방도를 얻었다고 스스로 말합니다. 그러나 이로 말미암아 창고는 텅 비었고 국채는 쌓이고 쌓여서 도처에서 말썽을 일으키면서 널리 땅을 개척하여 그 비용을 보상하려고 하지 않을 수 없습니다. 그 강토가 서로 바라보이는 곳이 북쪽으로는 귀국〔조선〕이고 남쪽으로는 중국의 대만(臺灣)이니 더욱 주의해야 할 것입니다. 류우뀨우(琉球)도 역시 수백년의 오랜 나라이며 일본에 죄를 지었다는 소리를 들어본 적이 없는데도 올봄에 갑자기 병선을 출동하여 그 나라 왕을 몰아내고 영토를 먹어버리고 만 것입니다.

저들이 중국과 귀국에 대해서도 장차 틈을 엿보아 제멋대로 행동하지 않으리라고 보장하기 어렵습니다. 중국은 병력과 군량이 일본의 10배나 되기 때문에 스스로 견뎌낼 수 있겠지만 귀국을 위해서는 여러가지로 생각하게 됩니다. 지금부터 은밀히 군비를 준비해서 군량도 마련하고 군사도 훈련시키는 동시에 방어를 튼튼히 하면서 다른 기색을 보이지 말고 그들을 잘 다루어야 할 것입니다. (…) 그런데 귀국은 이전부터 문화를 숭상하는 나라로는 알려져온 반면에 경제력은 대단히 약하기 때문에 급격히 일을 도모하려고 할 때에는 짧은 시일에 효과를 거두지 못하리라고 생각합니다. 만일 사태가 엄중하여지면 중국이 힘껏 원조는 하겠지만 거리가 멀기 때문에 제시간에 미치지 못할까봐 우려됩니다. 더욱이 걱정되는 것은 일본이 서양사람들을 널리 초빙하여 해군과 육군의 전법을 훈련하고 있으므로, 그들의 대포와 군함이 우수한 측면에서는 서양사람들 것보다 만분의 일에도 미치지 못한다고 하더라도 귀국으로서는 대적하기 어려울 것입니다. 더군다나 일본이 서양의 여러 나라들에 아첨하면서 그들의 세력을 빌려서 이웃나라를 침략하려는 생각을 하지 않는 것이 아닙니다.

작년에 서양사람들이 귀국에 가서 통상을 하자고 했다가 거절당하고 갔으니 그들의 마음은 시종 석연치 못할 것입니다. 그런데 만약 일본이 뒤에서 개항에 대한 이득을 빌미로 영국·프랑스·미국 등 여러 나라들과 결탁하거나 혹은 영토확장의 음모로 북쪽의 러시아를 유인한다면 귀국은 고립 형세로 될 것이니 은근히 걱정이 큽니다. 현 정세를 짐작하는 중국사람들은 모두 입을 모아 '사건이 벌어진 다음에 뒤늦게 가서 구원하려고 하는 것은 사건이 벌어지기 전에 다른 대책을 생각하는 것만 못하다'고 합니다. 아무 말씸 없이 편안하게 시종일관 문을 닫아걸고 그냥 지켜낼 수만 있다면야 얼마나 좋겠습니까.

서양사람들은 가볍고 편리하고 예리한 자기들의 무기를 믿고 지구상의 여러 나라를 왕래하지 않은 곳이 없으니 사실 천지개벽 이후에 있어보지 못한 판국이며 자연적인 추세로서 사람의 힘으로는 막아내지 못할 것입니다. 귀국이 이미 할 수 없이 일본과 조약을 체결하고 통상을 한다는 사실이 벌써 그 시초를 연 것이니, 여러 나라들도 반드시 이로부터 생각을 가지게 될 것이며 일본은 도리어 이것을 좋은 기회로 삼을 것입니다.

지금의 형편으로서는 독으로써 독을 물리치고 적을 끌어들여 적을 제압하는 계책을 써서 이 기회에 서양의 여러 나라와도 차례로 조약을 체결하고 이렇게 해서 일본을 견제해야 할 것입니다. (…) 귀국에서도 어떻게 하든 방비할 대책을 세우지 않을 수 없는데, 일본이 겁을 내고 있는 것이 서양입니다. 조선의 힘만으로 일본을 제압하기에는 부족하겠지만 서양과 통상을 하면서 일본을 견제하게 된다면 충분하고도 남음이 있을 것입니다. 서양의 일반 관례로는 이유 없이 남의 나라를 멸망시키지 못합니다. 대체로 각 나라들이 서로 통상을 하면 그 사이에서는 만국공법이 자연히 실행되게 됩니다.

작년에 터키가 러시아의 침범을 당하여 사태가 매우 위험하였을 때에 영국, 이딸리아와 같은 여러 나라에서 나서서 시비하였기 때문에 러시아는 군사를 거느리고 후퇴하였습니다. 만약 이전부터 터키가 고립되어 있었고 원조를 받을 데도 없었더라면 러시아사람들이 벌써 제 욕심을 채우고 말았을 것입니다. 또 유럽의 벨기에, 덴마크도 다 아주 작은 나라이지만 자체로 여러 나라들과 조약을 체결하자 함부로 침략하는 자가 없습니다. 이것은 모두 〔만국공법 질서 하에서〕 강자와 약자가 서로 견제되어 존재한다는 명백한 증거입니다.

또한 남의 나라를 뛰어넘어서 먼 곳을 공략하는 것은 예로부터 어려운 일이라 했습니다. 서양의 영국·독일·프랑스·미국 등 여러 나라들은 귀국과 수만리 떨어져 있고 본래 다른 요구가 없으며 그 목적은 통상을 하자는 것뿐이고 귀국의 내를 지나다니는 배들을 보호하자는 것뿐입니다. (…) 만약 관세를 정하면 나라의 경비에 적으나마 도움이 될 수도 있으며 상업에 익숙하면 무기 구입도 어렵지 않게 될 것입니다. 더욱이 조약을 체결한 나라들에 때때로 관리들을 파견하여 서로 외교적인 예의를 차리고 개인적인 교분도 맺어둘 일입니다. 평상시에 연계를 맺어둔다면 설사 한 나라에서 침략해오더라도 조약을 체결한 나라들을 모두 요청하여 공동으로 그 나라의 비행(卑行)을 의논하고 함께 공격하게 될 것입니다. 그러면 아마 일본도 감히 함부로 날뛰지 못할 것이며 귀국에서 평소 먼 지방의 사람들을 접대했던 방식에 비추어봐도 어긋나지 않을 것입니다.

요즘 각국의 공사들이 우리 총리아문에다 자주 귀국과의 통상관계에 대해 말해오고 있습니다. 생각건대 귀국은 정사와 법령을 모두 자체로 주관해오고 있는데 이런 중대한 문제에 대하여 우리가 어떻게 간섭하겠습니까. 단지 중국과 귀국은 한 집안의 관계와 같으며 우리나라의 동삼성(東三省)을 병풍처럼 막아주고 있으니 어찌 이빨과 입술이 서로 의존하는 그런 정도에 비길 수 있겠습니까. 귀국의 걱정은 곧 중국의 걱정입니다. 그렇기 때문에 주제넘은 줄 알면서도 귀국을 위한 대책을 대신 생각하여 진정으로 솔직히 제기하는 것입니다. 바라건대 곧 귀국 국왕에게 이를 올려서 조정의 신하들을 널리 참가시켜 깊이 생각하고 널리 고려하여 어떻게 할 것인가를 비밀리에 토의하기 바랍니다.[127)]

127) “(…) 近察日本行事乖謬, 居止央測, 宜早爲之防, 有不敢不密陳梗勘者. 日本比年以來, 宗尙西法,營造百端, 自謂已得富强之術. 然因此, 庫藏空虛, 國斧累累, 不得不有事四方, 冀拓雄圖以償所費. 其疆宇相望之處, 北則貴國, 南則中國之臺灣, 尤所注意. 琉球亦數百年舊國, 竝未開罪於日本. 今春忽發兵船, 强廢其王, 呑其疆土. 其於中國與**貴國, 難保將來, 不伺隙以逞**. 中國兵力餉力十倍日本, 自恃尙可勉支. 唯當代貴國, 審度躊躇似宜. 及此時, 密修武備, 籌餉鍊兵, 愼固封守, 仍當不動聲色, 善爲牢籠. (…) **貴國向稱右文之邦, 財力非甚充裕, 卽令迅圖整頓, 非朝夕所能見功**. (…) 設有反覆, 中國宜竭力相助, 而道里遼遠, 終恐緩不及事, 尤可慮者. 日本廣聘西人, 教鍊水陸兵法. 其船茹之堅利, 雖萬不逮西人, 恐貴國尙難爲敵. 況日本諂事泰西各國, 未嘗不思藉其勢力, 侵侮紐邦. 往歲, 西人欲往貴國通商, 雖見拒而去, 其意終未釋然. 萬一日本陰結英法美諸邦, 誘以開阜之利, 抑或北與俄羅斯句合, 導以拓土之謀, 則**貴國勢成孤注, 隱憂方**大. 中國識時務者, 僉議以爲與其緩救於事後, 不如代籌於事前. 夫論息事寧人之道, 果能始終閉關自守, 豈不甚善. 無如西人恃其梁銳, 地球諸國無不往來, **實開闢以來, 未有之局面, 自然之氣運, 非人力所能禁瑁**. 貴國旣不得已而與日本, 立約通商之事, 已開其端, 各國必將從以生心, 日本轉若視爲奇貨. 爲今之計, 似宜以毒攻毒, 以敵制敵之策, 乘機, 次第亦與**泰西各國立約, 藉以牽制日本**. (…) 貴國固不可無以備之. 然日本之所畏服者, 泰西也. **以朝鮮之力, 制日本, 或虞其不足, 以統與泰西通商, 制日本, 則綽乎有餘. 泰西通例, 不得無故, 奪滅人國. 蓋各國互相, 通商而公法行乎其間**. 去歲土耳其爲俄所代勢幾岌岌. 英奧諸國, 出而爭論. 俄始領兵而退. 向使土國孤立無援, 俄人已獨亨其利, 又歐洲之比利時丹馬, 皆極小之國, 自與各與立約, 遂無敢妄肆侵陵者. 此皆**强弱相維**之明證也. 且越人圖遠, 古人所難. 西洋英德法美諸邦, 距貴國數萬里, 本無他求. 其志不過欲通商耳, 保護過境船隻耳. (…) 若定其關稅, 則餉項不無少裨, 熟其商情, 則軍火不難購辦. 更隨時派員分往有約之國, 通聘問聯情誼. 平時旣休戚相關, 倘遇一國有侵, 償無禮之事, 儘可邀集有約各國, 公議其非鳴鼓而攻之. 庶日本不敢悍然無忌. 貴國亦宜於交接遠人之道. 逐事講求務使剛柔得中, 操縱悉協, 則所以鈐制日本之術, 莫善於此, 卽所以備禦倭人之策, 亦莫善於此矣. 近日各國公使在我總理衙門, 屢以貴國商務爲言. 因思**貴國政教禁令, 悉由自主. 此等大事, 豈我輩所可干預**. 惟是中國與貴國, 誼同一家, 必爲我東三省屛蔽, 奚昧唇齒相依. **貴國之憂, 卽中國之憂**也. 所以不憚越俎, 代謀直紓衷曲. 望卽轉呈貴國王, 廣集廷臣, 深思遠慮, 密議可否.”(강조는 인용자) 『高宗實錄』 16年 7月 9日(辛巳條); 『龍湖閒錄』 4卷 23冊, 「直隸總督文淵閣大學士 李鴻章抵橘山李相國書」; 『淸季中日韓關係史料』 2,368면 문서번호 309-2.

리 훙장의 논지는 기존에 존재하던 러시아의 영토침탈의 위험뿐 아니라, 일본이 강력한 위협적 존재로 부상했다는 것을 기본전제로 하면서, 요컨대 다음과 같은 논리로 구성되어 있다. '작금의 세계정세는 역사상 초유의 위기상황으로서 조일(朝日)조약의 체결은 조선이 이러한 세계적 대세로부터 결코 자유로울 수 없음을 반영하는 것이다. 이러한 위기에 대비하려면 군사력을 구비해야 하는데 경제력이 취약한 조선으로서는 빠른 시일 내 이를 성취하기는 현실적으로 어렵다. 따라서 이이제이(以夷制夷)적 관점에서 구미제국을 활용하지 않으면 안된다. 서양의 만국공법질서에서는 조약(條約)을 통해 강대국과 약소국들이 서로 공존〔强弱相維〕한다. 조약을 체결한 국가들은 만일의 사태가 발생하면, 질서를 깨는 존재를 함께 응징하기 때문에 이러한 공존이 가능한 것이다. 이는 터키 등의 경우를 통해 명백히 확인할 수 있다. 따라서 조선이 더이상의 위기에 노출되기 전에 신속하게 구미국가와 '조약'관계를 맺은 다음 통상도 하고 점차 군사력도 정비해나가면 일본이나 러시아의 위협으로부터 조선의 안전을 확보할 수 있다. 조선은 정사(政事)와 법령(法令)에 있어 스스로 주관하는 나라이므로 중국이 이러한 중대한 문제에 관여할 수 있는 입장은 아니지만, 중국과 조선은 한 가족과 같은 사이이고 조선의 안전이 곧 중국의 안전에 직결되므로 이러한 계책을 권유하는 것이니, 국왕과 조정의 신하들이 이에 대해 깊이 논의하고 대책을 강구해야한다'는 것이었다.

리 훙장의 이러한 권고는 중화질서의 중심에 있던 중국이 '예의'에 입각한 처방이 아닌 '만국공법'과 '부강'에 기초한 해법을 조선에 제안한 것이라는 점에서 기존의 중화질서 패러다임이 근간에서부터 흔들리고 있음을 역설적으로 드러내준다고 할 것이다. 그러나 이처럼 리 훙장이 화이론적 명분론이 아닌 만국공법에 의거하여 서양국가들과 조약관계를 맺을 것을 권유했다고 해서, 조선이 만국공법질서에 완전히 귀속되는 것까지를 바란 것은 아니었다. 왜냐하면 제3장에서 중국의 만국공법 수용상의 특징을 고찰하는 과정에서 지적한 것처럼, 요컨대 청의 입장에서 볼 때 국가평등 관념에 기반한 만국공법질서의 전면적인 수용이란 결국 기왕의 중국적 세계질서의 해체를 의미하는 사태로 이어지는 것이기 때문이다. 따라서 리 훙장의 의도는 전략적 요충지인 조선의 위정자들에게 어디까지나 이이제이에 의한 '현상유지책'의 차원에서 만국공법을 활용할 것을 권유함으로써 중화질서와 만국공법질서의 절충과 동거를 모색하는 것이었다고 할 수 있다.[128] 후술하는 바와 같이, 이로부터 1년 후 조선에 전해진 『조선책략』에서 '친중국(親中國)'이 강조된 데는 바로 이러한 정치적·사상적 맥락이 배경이 되었다.

하지만 리 훙장의 이러한 권고는 조선 조정에서 공식적으로 수용되지 못했다. 이유원의 답서는 리 훙장의 제의에 대한 비판으로 가득 차 있다. 예컨대 리 훙장의 만국공법과 관련된 논의에 대해 답서는 다음과 같이 반박한다.

> 태서공법〔泰西公法=만국공법〕에는 이유 없이 남의 나라를 빼앗거나 멸망시키지 못하도록 되어 있기 때문에 러시아와 같은 강국으로서도 귀국에서 군대를 철수하였다고 하는데, 혹시 우리나라가 타국의 침략을 당하는 경

---

128) 리 훙장의 조선에 대한 인식과 그것이 정책화되어 변하는 사정에 관해서는 T. C. Lin, "Li Hung-chang: His Korea Policies, 1870-1885," *Chinese Social and Political Science Review* Vol. 19 No. 2 (1935); 권석봉 「이홍장의 對朝鮮列國立約勸導策에 대하여」(1963), 「임오군란시 청측 개입의 배경」(1971), 『청말 대조선정책사연구』(서울: 일조각 1986); 송병기 「19세기말 연미론서설: 이홍장의 밀함을 중심으로」(1975), 『근대한중관계사연구: 19세기말의 연미론과 조청교섭』(서울: 단국대학 1985); 김정기 「청의 조선정책(1876-1894)」, 『1894년 농민전쟁연구: 농민전쟁의 정치·사상적 배경』(서울: 역사비평사 1993); Key-hiuk Kim, "The Aims of Li Hung-chang's Policies toward Japan and Korea, 1870-1882," Samuel C. Chu & Kwang-Ching Liu, eds., *Li Hung-chang and China's Early Modernization* (New York: Armonk 1994); 茂木敏夫 「李鴻章の屬國支配觀: 1880年前後の琉球·朝鮮をめぐって」, 『中國: 社會と文化』 2號(1997) 등을 참고할 수 있다.

> 우에도 여러 나라에서 공동으로 규탄하여 나서겠습니까? 한가지 의심스럽고 석연치 않은 점이 있습니다. (…) 터키를 멸망의 위기에서 건져준 것으로 보아서는 공법(公法)이 믿을 만하다고 하지만, 멸망한 류우뀨우국을 일으켜 세우는 데는 공법이 실행되지 않는 것은 무엇 때문입니까? 또한 일본사람들이 횡포하고 교활하여 여러 나라를 우습게 보고 방자하게 제멋대로 행동해도 공법을 적용하지 못하는 것은 어째서입니까? 벨기에와 덴마크는 사마귀처럼 작은 나라로서 여러 큰 나라들 사이에 끼어 있지만 강자와 약자가 서로 견제함으로써 지탱된다고 하셨는데 류우뀨우는 수백년 된 나라이면서도 지탱하지 못하였으니, 그것은 여러 나라와 격리되어서 공법이 미치지 못했기 때문입니까?[129)]

그러나 이유원의 답서가 이처럼 만국공법에 대한 불신과 의문으로 가득 차 있고, 결국 배외정책을 견지하겠다는 것이었다고 해서 조정의 모든 인물이 이러한 의견을 가지고 있었다고 할 수 없음은 물론이다.[130)] 이는 오히

129) 『高宗實錄』 13年 7月 9日(辛巳條), "泰西公法既不復無故奪滅人國, 以俄之强, 亦斂兵於大國, 則弊邦之無辜, 或遇呑樓之毒, 亦庶幾諸國之所共禁乎. 惟獨有莫비懷疑, 而不釋然者. (…) 救土國於垂亡, 則公法可仗, 而與琉邦於已滅, 則公法有難行歟. 抑日人之桀黠輕視各國, 雖縱恣專制, 而公法莫能行歟."

130) 청의 리 홍장의 서한에 대한 이유원의 거절서한이 보내진 지 얼마 후에 고종은 비밀리에 이용숙(李容肅, 1818~?)을 리 홍장에게 보내 톈진(天津) 등에서 군기무비(軍器武備)들에 대해 배울 수 있는지〔製器鍊軍等事〕 가능성을 타진케 하였다. 中央硏究院近代史硏究所 編 『清季中日韓關係史料』 2(1972), 文件番號 327, 394~96면. 이것은 당시 고종의 견해가 이유원의 명의로 된 조선 측의 거절서한과는 분명히 다르다는 것을 분명히 보여주는 사례라고 할 것이다. 예컨대 다음 발언은 당시 고종의 대외적인 위기의식을 엿보게 해준다. "근래 일본의 동태가 갈수록 교활하게 변해가고 있다. (…) 이는 가히 여우가 호랑이의 위세를 빌린 것이라고 할 만하다. 대체로 왜인들은 양이의 법을 배워 그에 의지하여 위세를 부리니 실로 통탄할 일이다. (…) 중국 또한 러시아를 강국이라 하는 것을 보면 북측에 대한 근심이 남측으로부터의 근심보다 더욱 커서 마음이 놓이지 않는다." 『承政院日記』 高宗17年 1月 23日, "上曰, 近來倭情去益狡譎矣. (…) 上曰, 此可謂狐假虎威

려 수년 전 조일수호조약이 맺어지는 과정에서 고종 등 개항을 추진하려 한쪽의 견해가 소수의견으로 고립되었던 정치적·인식론적 상황이 기본적으로 여전히 지속되고 있었음을 의미하며,[131] 고종의 입장에서 보면 자신에 대한 비판세력에 둘러싸여 아직 기존의 배외정책을 본격적으로 돌파할 만한 설득력 있는 논리와 정치적 계기를 발견하지 못하고 있었음을 의미한다.

예컨대 다음에 소개하는 1880년 4월 30일의 조정회의는 당시의 고종의 정치의식과 조정의 분위기를 잘 전해준다. 이날 회의에서 고종은 중국에서 무기를 구입할 것과 유학생을 파견하여 그 기술을 배우고 싶다는 자문

也, 大抵倭人學洋之法, 倚以爲勢良可痛嘆. (…) 上曰, 中國亦謂俄人以强國, 則北憂反深於南憂爲之憧憧矣." 고종의 이러한 위기의식은 후술하는 바와 같이 얼마 후 일본에 제2차 수신사를 파견하는 배경이 되었다.

131) 이러한 정치적 상황은 김홍집이 제2차 수신사로 일본에 가서 청국공사 허 위장(何如璋, 1838~1891)과 대담하는 과정(1880년 7월 21일)에서도 잘 드러난다. 즉 허 위장이 앞서 언급한 리 훙장의 서한에 대한 조선의 공론을 묻자, 김홍집은 "근일의 정세에 비추어 소방(小邦)을 위한 계책을 내주신 데 온 나라가 감송(感頌)하고 있사오나, 조야(朝野)의 풍기(風氣)가 앞서 말씀드린 바와 같이 단지 상도(常道)를 지키는 것으로 바르다고 하기 때문에 하루아침에 나라를 열 수 없는 실정"이라고 답변한다. 송병기 편 「大淸欽使筆談錄」, 『개방과 예속: 대미수교관련수신사기록(1880)초』(서울: 단국대학교 2000) 29, 131면. 뿐만 아니라, 1881년 12월 4일(양력) 미국과의 조약 문제를 논의하기 위해 영선사(領選使)로 청에 파견된 김윤식(金允植)은 리 훙장에게 전달한 밀서에 이때의 정황에 관해서 좀더 구체적으로 밝힌 바 있다. 그 요지만을 간략히 소개하면, '일본과의 조약 이후로도 모든 사람들이 교린(交隣)할 필요도 없고 군사적 준비태세를 강구할 필요도 없다고 주장하고 있다. 그러나 국왕〔고종〕은 조선의 고립이 오래 지속되기 어렵다는 것을 알고 교린이나 연병(練兵) 같은 허다한 급무를 남몰래 시행하였으며, 통리기무아문을 설치하는가 하면, 젊은 인재들에게 외국어와 병술을 익히게 하였으며 톈진에 보내서 기기를 배우도록 하였다. 그러나 국왕의 뜻을 따르는 사람은 소수에 불과하니 국론을 주도하는 형국을 이루지 못하였다. 리 훙장의 서한을 이유원이 받아 이를 국왕에게 바치니 국왕이 이를 보고 동조하였다.' 金允植 『金允植全集』, 「上北洋大臣李鴻章書」 辛巳冬在保定府時, 2, 296~301면; 『淸季外交史料』, 「直督李鴻章奏朝鮮陪臣金允植密陳該國王議商外交情形相機開導摺」 附屬文書, 光緖7年 12月 4日, 1, 496~97면.

(咨文)을 발송하려 한다면서 대신들의 견해를 물었다. 이에 대해,

영부사(領府事) 이유원: 우리나라 사람들은 중국의 일에 익숙하지 못하여 자칫하면 실수를 할 수 있습니다. 만일 수모를 받을 일이 전 세계에 널리 퍼져 있는 각국의 신문에 게재된다면 애초에 하지 않는 것만 못할 것입니다. 또한 재원이라는 면에서 보더라도 이를 지원할 대책이 마땅치 않으니 지금으로서는 우선 적합한 인재를 구하고 또 재원을 모은 다음에 중국에 자문을 보내어 요청할 것이니 (…) 널리 문의해서 처리하기 바랍니다.

영돈령부사(領敦寧府事) 홍순목: 이 일은 처음으로 시작하는 일이기 때문에, 만약 우리가 자문을 보냈다가 중국에서 응하지 않는다면 애초에 하지 않는 것만 못할 것이며, 설사 혹시 응한다 해도 인재와 재원을 반드시 사전에 갖추어야 하니 저쪽에서 응했을 때의 대책을 널리 의논하여 처리하기 바랍니다.

판부사(判府事) 한계원: 이번에 신하들에게 물어보는 것은 참으로 국왕의 원대한 계획에서 나온 것이겠습니다만 이는 적합한 인재를 얻고 재력을 해결한 뒤에야 비로소 처리할 수 있는 문제입니다. 처음 하는 일이기 때문에 매우 신중히 하지 않을 수 없으니 바라건대 널리 문의해서 처리하시기 바랍니다.

영의정 이최응(李最應): 이번에 보내는 자문과 관련된 일은 규례를 창설하는 일이라서 극히 신중해야 하며, 현재로선 중국에서 허락할지 여부도 헤아리기 어렵습니다. (…) 설령 다행히 허락을 받게 될지도 모르나, 먼저 뛰어난 지혜를 가진 인재를 뽑고 또 적지 않은 재력을 마련한 다음에 토의에 부쳐야 할 것입니다. (…) 그러므로 충분히 살펴 완전하도록 한 다음에 진행하는 것이 타당할 것 같습니다.

판부사 김병국(金炳國): 이런 일로 자문을 보내서 요청하는 것은 처음 있는 일이므로 아주 신중해야 할 뿐만 아니라 또 적합한 사람을 구한 다음에

해야 할 것입니다. 우리가 배울 때에 만약 혹시 재주가 다른 사람만 못하다면 서툰 것을 드러낼 우려가 있사오니 널리 의견을 들어서 처리하기 바랍니다.

고종: 여러 대신들의 의견을 수합하면 모두 곤란하며 신중히 해야 한다고 하는데 물론 지당한 말이오. 그러나 우리 왕조사상 이러한 것으로 자문을 보내어 요청한 것이 한두번이 아니므로, 문제는 다만 이 안건이 중요한가 그렇지 않은가 하는 것이지 과연 실현될지의 여부는 고려할 사항이 아닐 것이오. 더구나 이 일은 방어하는 대책을 배우려는 것인데 무슨 더 말할 것이 있다는 것이오. 마땅히 다시 지시가 있을 것이오.[132]

이후 고종은 공식석상에서 다시 이 문제를 꺼내어 이처럼 공문을 보내어 도움을 요청하는 경우가 처음이 아니라는 사실을 강조하고, 유학생을 뽑는 것과 관련하여 직접 상세한 관련지침을 내리게 된다.[133] 그후 이 문제에 관한 공식자문〔軍械學造事〕을 북경의 예부에 보낸 것은 위의 조정회의가 열린 지 두달 이상의 시간이 경과한 뒤의 일이었다.[134]

이처럼 열악한 정치적 상황에서 고종에게 정책 전환의 명분을 제공해

132) 『高宗實錄』 17年 4月 30日(丁卯條), 『承政院日記』 同日條.

133) 『高宗實錄』 17年 5月 25日(壬辰條), 『承政院日記』 同日條. 이때 고종은 청에 파견할 인물을 천거할 때 사회적 신분에 구애받지 않을 것을 지시하면서, 선출기준으로서 여섯가지 사항〔六條薦選〕을 제시하였다. 그 내용은 학행이 독실한 자〔學行純篤〕, 관리로서 치적이 남다른 자〔吏治優異〕, 기예가 정밀하고 뛰어난 자〔技藝精敏〕, 사물을 처리하는 능력이 능숙한 자〔幹局通鍊〕, 병기를 수선하고 제조할 수 있는 자〔繕造兵機〕, 산술을 잘 이해하는 자〔能解算術〕라는 것이었다. 이때 제시한 인물 천거의 기준은 이후 고종이 자강정책을 담당케 하기 위해 통리기무아문을 설치한 후 이에 적절한 인물들을 등용하는 기준으로도 원용된다. 『備邊司謄錄』 高宗18年 2月 4日.

134) 『高宗實錄』 17年 7月 9日(乙亥條), 『承政院日記』 및 『日省錄』 同日條; 『同文彙考』 4卷 3733면 「請講究武備咨」. 이때 파견된 변원규(卞元圭, 1837~1896)의 청에서의 활동에 관해서는 Martina Deuchler, 앞의 책(1977) 99~100면을 참고할 수 있다.

준 것이 바로 『조선책략』이었다.[135] 이 책은 1880년 제2차 수신사로 일본에 건너간 김홍집(金弘集, 道園, 1842~1896)[136]이 귀국하면서 정 관잉(鄭觀應)의 『이언(易言)』와 함께 가져온 책으로서, 국내에 들어온 지 얼마 후 조선 정계에 태풍의 눈이 되어 수많은 논란을 불러일으킨다. 이 책의 내용은 대단히 논쟁적이라 할 수 있는데, 대강의 요지는 다음과 같다. '세계의 형세는 과거 전국(戰國)시대의 군웅할거의 상황으로도 견줄 수 없을 만큼 불안하다. 그런데 이러한 상황에서 동양에 가장 직접적인 위협이 되고 있는 것은 바로 조선도 근래에 영토를 마주하게 된 러시아의 남진(南進)이라는 사태이다. 게다가 조선이 지정학적으로 전략적 요충지여서 "조선을 소유하면 아시아의 전형세가 자기 손아귀에 들어가기" 때문에 조선은 열강들의 관심의 초점이 되지 않을 수 없다. 따라서 조선으로서는 마땅히 시세에 따라 친(親)중국(intimate relations with China), 결(結)일본(association with Japan), 연(聯)미국(alliance with America)이라는 기본전략 하에 자강의 방도를 찾아야 한다'는 것이다. 그런데 이 책에서 논하는 방책과 관련하여 우선 주목하고 싶은 사실은 연미론과 관련된 부분이다.

135) 『조선책략』을 다룬 중요한 연구로는 조항래 「黃遵憲의 조선책략에 대한 검토」, 『대구대논문집』 3호(1962); 이선근 「경진 수신사 김홍집과 黃遵憲 저 '조선책략'에 관한 재검토」, 『동아논총』 1호(1963); 송병기 「19세기말의 연미론연구」, 『사학연구』 28집(1978), 앞의 책(1985)에 재수록; 권석봉 「조선책략과 청측의도」(1979), 앞의 책(1986)에 재수록; 原田環 「『朝鮮策略』をめぐって: 李鴻章と何如璋の朝鮮政策」, 『季刊三千里』 17(1979); 김용구, 앞의 책(2001) 283~94면 등을 참고할 수 있다.

136) 제2차 수신사의 일본 파견을 결정하고 김홍집을 수신사로 임명한 것은 공식적으로는 일본 측 사신이 자주 오는 것에 대한 답례의 형식을 빌리고 있었으나, 사실은 고종이 앞서 소개한 바 있는 리 홍장의 일본 위협론에 관한 언급 등을 의식하여, 일본의 정세를 직접 확인하고 현안인 관세문제를 타결하기 위해서였다. 『承政院日記』 高宗17年 3月 23日條; 5月 28日條 「修信使入侍筵說」; 송병기 「해제」, 앞의 책(2000) 등을 참조할 것. 한편 김홍집의 일본 체류 일정에 관해서는 김용구, 앞의 책 323~27면을 참고할 것.

可謂聯美國 (…) **獨立一國** 自是以來 守先王遺訓 **以禮義立國** 不貪人土地 不貪人人民 不强與他人政事 其與中國 立約十餘年來 無纖芥之國 而與日本往來 誘之以通商 勸之以練兵 助之以改約 尤天下萬國之所共知者 (…) 其國之强盛 常與歐羅巴諸大地 驟於東西兩洋之間 故常能扶助弱小 維持公義 使歐人不能其惡 其國勢遍近大東洋 其商務獨盛大東洋 故友願東洋 各保其國 安居無事 使其使節不來 爲朝鮮者 (…) 可以結援 可以紓禍[137]

요컨대 아메리카 즉 '미국'이란 서구로부터 '독립'한 국가로서 '예의'의 국가일 뿐만 아니라 세계 최고의 강국이며, 항상 약소국을 돕는 국가임이 강조되고 있다. 따라서 미국을 끌어들여 우방으로 삼음으로써 도움을 얻고 화(禍)를 풀어낼 수 있다는 것이다. 『조선책략』의 이러한 미국에 대한 극찬이 앞서 소개한 바 있는 박규수의 미국에 대한 '공명정대'한 국가로서의 이미지나 『해국도지』의 미국에 관한 묘사와 겹치는 것이라는 점 또한 간과할 수 없음은 물론이다.

또한 『조선책략』에서 주목하게 되는 것은 만국공법에 관한 논의이다.[138] 『조선책략』을 통해 황 쭌셴(黃遵憲, 1842~1905)은 서구열강간에는 "이른바 균세(均勢, 오늘날의 세력균형)의 원칙이 지켜지고" 있을 뿐 아니라,[139] "서양

137) 黃遵憲 著, 趙一文 譯 『朝鮮策略』(서울: 건국대학교 1977) 13~15, 110~11면.

138) '김홍집과 주일 청국외교관의 필담'에 보면 김홍집도 공법을 인용한 발언을 하는 것으로 보아 그도 서양의 국제법체계인 『만국공법』에 대해 이미 어느정도 알고 있었던 것으로 보인다. 김홍집이 필담을 나누는 과정에서 공법을 인용하는 표현은 세번 나온다. "근래에 『만국공법』의 서문을 읽고 노(魯)선생이 간직하신 깊은 뜻을 일찍부터 이미 알고 있었습니다(앞의 책 48면)," "균세(均勢)라는 두자는 근래에 와서 비로소 공법에서 찾아볼 수 있습니다(앞의 책 52면)," "공법에 만국의 곡물가격은 늘 균형을 유지하려 한다고 되어 있으며…(앞의 책 65면)." 만국공법과 공법이라는 용어를 혼용하는 이유에 관해서는 본서의 제3장 주 45)를 참조할 것.

139) 黃遵憲, 앞의 책 20~21면. 허 위장 역시 김홍집과의 필담 중에서 다음과 같이 균세를 강조한 바 있다. "근일 서양 각국에는 균세의 법이 있어서, 만약 한 나라가 강국과 더불

의 공법은 남의 나라를 완전히 멸망시키지 못하게 되어 있다"[140]고 하면서 '조약'체결의 필요성을 강조한다. 따라서 "미국과의 조약을 통해 만국공법을 적용할 수 있으며 (…) 조선이 무사할 때 조약을 맺어야 공평한 조약을 체결할 수 있다"[141]고 역설하면서 만국공법의 효과에 대해 논하고 있다.

뿐만 아니라 만국공법에 관한 중요성은 김홍집이 가지고 온 또 다른 책 『이언』에서도 강조된다.[142] 제3장에서 이미 다루었듯이, 『이언』의 제1편인 「논공법(論公法)」에는 유럽의 여러 국가들간 관계를 규제하고 화목케 하는 것이 만국공법 때문이며, 중국도 여러 국가 중 하나에 불과하며 이들과 상대하려면 만국공법을 익혀야만 한다고 되어 있다.[143] 당시 조선의 지식인들이 만국공법류의 서적들을 비교적 호감을 갖고 대할 수 있었던 것은 이미 3장에서 살펴본 바와 같이 동양의 정서에 맞게 공법의 자연법적 성격이 과장되어 강조되고 있었기 때문이라 할 수 있다.[144]

어 이웃하여 후환의 두려움이 있으면 각국과 더불어 연합하여 견제를 도모하게 되는데, 이것 역시 급할 때 부득이 대응하는 한가지 방법입니다." 『修信使記錄』(1958) 177면 「對淸欽使筆談」, "近日西洋各國, 有均勢之法, 若一國與强國隣, 惧有後患, 則聯各國, 以圖牽制, 此亦目前不得已應接之一法也."

140) 黃遵憲, 앞의 책 21~22면.

141) 黃遵憲, 같은 책 27, 29면.

142) 『이언(易言)』은 『조선책략』과 함께 조선의 개화지식인들에게 많은 영향을 주어, 이후 1883년 3월경에 조선에서 복각본(複刻本)이 간행되고 이후 다시 한글번역본까지 간행되었다. 이 책은 상하 2책으로 되어 있고 36개 항목으로 편성되어 있는데, 그중 상권의 첫 항목이 '논공법(論公法)'이었다. 이광린 「한국에 있어서의 『만국공법』의 수용과 그 영향」, 『한국개화사의 제문제』(서울: 일조각 1986) 54면. 조선에서 『이언』이 끼친 영향에 대해서는 이광린 「『이언』과 한국의 개화사상」, 『한국개화사연구』(서울: 일조각 1969, 1993) 19~30면 참조.

143) 이광린 「한국에 있어서의 『만국공법』의 수용과 그 영향」, 앞의 책 154~55면 참조.

144) 김용구는 만국공법 이론 중에서 당시 조선인들에게 가장 호소력을 지녔을 내용으로 균세(balance of power)에 관한 부분과 자주국의 권리에 관한 부분을 든다. 그리고 마틴(Martin)이 이들을 번역하는 과정에서 원문하고는 다소 다르게 공법의 친화적 요소가 더욱 강조 부연됨으로써 동양의 지식인들에게 강력하게 어필할 수 있었다고 지적한다.

또한『조선책략』의 내용 중에서 지적해두고 싶은 사실은 '개화(開化)가 곧 자강의 유일한 방법'[145]인 것처럼 논의된다는 점일 것이다.[146] 이러한 사실은 서양에 대한 문호개방을 의미하는 '개화'라는 개념과 '자강'을 사실상 동일한 개념인 것처럼 이해하게 할 수 있다는 점에서 주목해야 할 부분이다.[147]

(가) 조선 한 나라의 힘을 기울여보아도 소(小)는 대(大)를 대적하지 못하며 과(寡)는 진실로 중(衆)을 대적하지 못하며 약(弱)은 진실로 강(强)을 대적하지 못하기 때문에 러시아를 방어하지 못한다.[148]

(나) 친중국, 결일본, 연미국을 힘써 행하는 것이 계책 중 으뜸〔策之上〕이며, 주저하여 결단하지 못한 채 참으면서 시간만 보내고 친(親)중국하되 옛 장전(章典)을 지키는 데 불과하고, 결(結)일본하되 새 조약을 행하는 데 불과하고, 연(聯)미국하되 표류한 배나 건져주고 관문 개방을 요구하는 글이나 받고, 격변이 일어나지 않기만 바라는 것은 좋은 계책이라 할 수 없다〔策之下〕. 내가 속을 것을 근심한 나머지, 스스로 그 날개를 잘라버리고 소수의 병력으로 관문을 굳게 닫아 일체를 거절하고 남을 오랑캐라 배척하여 더불어 섞이기를 달갑게 여기지 않으며 변이 일어난 뒤에야 비로소 비굴하게 온

김용구「서양국제법이론의 조선전래에 관한 소고(1)」,『태동고전연구』제10집(1993) 515~18면 참조.

145) 이 단어의 의미를 이해하기 위해서는 당시 '개화'라는 용어가 '서양에 대한 문호개방'이라는 의미와 거의 동일한 개념으로 이해되고 있었다는 점을 상기해볼 필요가 있을 것이다. 이에 대해서는 이광린「『해국도지』의 한국전래와 그 영향」,『한국개화사연구』(서울: 일조각 1969, 1993) 참조.

146) 개화가 바로 자강을 도모하는 길이요 그 터전이 된다는 식의 언급은 적은 분량의『조선책략』안에서만 다섯번 반복된다. 黃遵憲, 앞의 책 10~11, 28, 29, 31, 32면.

147) 李光麟, 앞의 논문 21~23면.

148) 黃遵憲, 앞의 책 34~35면.

전하기를 바라고 다급하여 어찌할 바를 모르는 것은 계책이 없는 것〔無策〕이라 할 것이다.[149)]

지금까지 언급한 사실들을 종합적으로 고려해볼 때, 『조선책략』은 고종이 조선의 엄중한 국내외 정세에 대응하는 데 있어, 균세(均勢)를 통한 '외교론'에 경도되게끔 할 내적 논리를 일관되게 담고 있다고 할 수 있으며, 또한 고종은 확신을 가지고 미국과의 '수호통상조약' 체결을 적극적으로 추진할 수 있는 정책전환의 명분과 논리를 여기서 발견했다고 할 수 있을 것이다.

하지만 당시의 현실정치의 장에서 '조선책략'이 가지는 정치적 함의를 이해하기 위해서는 『조선책략』의 내용 분석 이상의 작업이 필요해 보인다. 왜냐하면 그 이전에도 연행사절을 통해 수많은 외국서적들이 유입되고 있었지만,[150)] 당시의 전국적인 배외주의적 분위기로 말미암아 사상적 통제가 이루어짐으로써 정치적인 소통의 여지가 거의 차단되었던 점을 감안하면, 『조선책략』이 불러일으킨 파문은 단순히 서적에 담긴 파격적인 내용만으로 설명할 수 있는 문제가 아니기 때문이다. 그러면 『조선책략』은 어떻게 그렇게 광범위한 정치적 파문을 불러일으킬 수 있었던 것일까?

---

149) 黃遵憲, 앞의 책 37면.

150) 예컨대 북경주재 미국영사 윌리엄(William)이 1874년 본국에 보고한 내용을 보면 연행사절의 서적 구입에 관한 내용이 다음과 같이 시사적으로 언급되어 있다. "At any rate we know that some of the Coreans in this city last year purchased many copies of all the books about foreign countries, including the monthly magazine published in this city to carry back with them." *Foreign Relations of the United States Diplomatic Papers* No. 141, Mr. William to Mr. Fish, Peking, March 30, 1874. 이 시기가 앞서 언급한 바와 같이 고종의 대외적 관심이 높아지면서 많은 정보를 수집하기 시작한 시기라는 것을 염두에 둘 필요가 있을 것이다. 고종이 중국에서 구입한 서양관련 서적목록은 『內下冊子目錄』(藏2-4960, 1884年) 등에 기록되어 있는데, 이에 관해서는 이태진 「1880년대 고종의 개화를 위한 신도서 구입사업」(1996), 『고종시대의 재조명』(서울: 태학사 2000)을 참조할 것.

이러한 상황은 오히려 『조선책략』의 전략적 가치를 발견한 국왕이 이를 현실정치 공간에서 적극적으로 쟁점화하여 긍정적인 방향으로 공론화함으로써 기존의 배외주의 정책을 전환하는 하나의 구체적 계기로 삼으려 한 측면을 간과하고서는 설명하기 어렵다. 이러한 측면을 이해하기 위해서 『조선책략』이 국내에 들어온 후의 고종의 발언과 태도를 주목해보기로 하자. 다음은 김홍집의 귀국보고 장면 가운데 일부이다.

고종: 러시아가 중국을 치려 한다면 어떤 길을 거친다고 하던가요?

김홍집: 저들에게서 들은 바로는 대개 우리나라 동남 해로를 거쳐서 중국으로 들어간다고 합니다.

고종: 그 동정을 살피건대 저 나라가 우리나라에게 과연 나쁜 뜻이 없던가요?

김홍집: 지금 본 바로는 아직 가까운 시일 내에 걱정은 없습니다. 신이 이 일을 청사(淸使)에게 물었더니 역시 실정이 그러하다 하였습니다.

고종: 그러면 가히 〔조선의 안전을〕 영구히 보장할 다른 방도가 없을까요?

김홍집: 이 일은 신이 감히 다짐해서 대답하기 못하지만, 앞으로 오직 우리가 응접하는 것에 따라 길이 열릴 따름입니다. 이런 까닭에 청사 역시 자강(自强)에 힘쓰라고 하였습니다.

고종: 자강은 부강(富强)을 일컫는 것인가요?

김홍집: 자강이란 비단 부강만이 아니라, 우리의 정교〔政治와 敎化〕를 닦고 우리의 백성〔民〕과 나라를 지켜 분쟁이 일어나지 않도록 하는 것으로, 이것이 실로 자강에 이르는 가장 급선무라 할 것입니다.

고종: 청사가 러시아 문제로 근심하면서, 우리나라 일에 힘써 서로 도와나가려는 의지가 있던가요?

김홍집: 신이 청사를 만났을 때 몇차례 〔그가〕 말한 바가 모두 러시아에 관한 문제였으며, 우리나라를 위해서 간곡하고 간곡했습니다.

고종: 저들〔중국인〕이 비록 우리나라와 더불어 마음을 함께하고 힘을 합하자고 하지만, 이를 어찌 깊이 믿을 수 있겠소. 그런즉 우리도 역시 부강지술(富强之術)을 시행하는 것이 요구될 따름이오.[151]

고종은 제2차 수신사 김홍집의 귀국보고(1880년 8월 28일)를 받은 직후 미국과 조약을 체결할 결심을 굳히고, 김홍집이 귀국시 일본에서 데려온 개화승 이동인(李東仁)을 중용하여 일본 측에 비밀리에 국왕의 '밀사'로 파견할 것을 결정(1880년 9월 3일=양력 10월 6일)하게 된다. 요컨대 고종은 조정회의를 거치지 않은 채 주일 청국공사 허 위장에게 미국과의 수호통상조약교섭을 알선해줄 것을 요청하도록 이동인에게 특명을 내린 것이다.[152] 그리고 『조선책략』 등에 관한 논의를 조정회의(1880년 9월 8일, 양력 10월 11일)에 부쳐, "작금의 조선의 배외주의 정책이 조선을 고립무원의 지경으로 빠지게 하며, 조선의 전통적인 관례가 되어온 '교접원인지도(交接遠人之道)' 즉 유원지의(柔遠之義, 먼 곳에서 온 친구를 편안히 대해줌)의 뜻에 비추어 보더라도 항간에 퍼져 있는 구미국가들에 대한 나쁜 선입견에 맹목적으로 사로잡힐 것이 아니라 오히려 이들과 우호적인 관계를 정립해가는 것

---

151) 『承政院日記』 高宗17年 8月 28日條, 「修信使入侍筵說」; 송병기 편, 앞의 책 95, 185~86면. "俄羅斯, 欲向中國, 當由何路云耶. 彼中所見, 槩(=概)云由我國東南海路, 轉入中國矣. 察其動靜, 彼國於我國, 果无尤惡意耶. 以今所見, 枯无近慮. 臣以此事, 問於淸使, 亦以爲實情則然矣. 然則可以永保無他乎. 此事臣未敢質對, 向後惟在我應接之得其道而已. 以故淸使, 亦以自强相勉矣. 自强是富强之謂乎. 非但富强爲自强, 修我政教, 保我民國, 使外釁無從以生, 此實自强之第一先務也. 淸使亦以俄羅斯爲憂, 而於我國事, 多有相助之意乎. 臣見淸使, 幾次所言, 皆此事, 爲我國懇懇不已也. 彼人, 雖欲與我國, 同心合力, 而此何可深信乎. 卽要我亦行富强之術而已."

152) 『淸季中日韓關係史料』 2卷 437~47면, 文書番號 342. 한편 이동인이 고종의 '밀사' 자격으로 일본에 건너가서 행한 발언 중에는 당시 조선 조정의 정황을 알 수 있는 중요한 단서들이 포함되어 있다. 이에 관해서는, 당시 주일본 영국 서기관이던 어니스트 사토(Ernest M. Satow, 1843~1926)의 일기를 정리한 萩原延壽 『遠い崖: アーネスト·サトウ日記抄, 14卷=離日』(東京: 岩波書店 2001) 99~112면을 참고할 수 있다.

이 향후 조선에 있어 바람직할 것"이라는 결론을 암묵적으로 유도해내고 있다.[153] 뿐만 아니라, 주요 대신들에게 『조선책략』을 읽고 이에 대한 입장을 명확히 밝혀줄 것을 이례적으로 요구함으로써,[154] 미국과의 조약을 맺는 데 대한 동의를 '문서' 형식으로 받아내기도 했다.[155] 이후 고종은 1881년 1월 이용숙(李容肅)을 청에 파견하여 미국과의 수교 의사를 리 훙장에게 전달하고 문호개방 정책을 추진하는 과정에서 예상되는 사항을 8개 항목(請示節略)으로 정리하여 자문을 구하는가 하면,[156] 후술하는 바와 같이 대내외적인 자강책 마련에 매달리게 된다.

(3) '친(親)중국' 및 '연(聯)미국'의 협소한 전략공간과 고종

대원군 세력의 강력한 정치적 영향력, 조야에 팽배한 뿌리깊은 화이관념, 조선의 유교적인 정치지형에서 발생하는 왕권에 대한 전통적인 견제구조 등으로 인해 고종은 문명사적 전환기의 위기상황에도 불구하고 대내외적으로 별다른 정치적 선택지를 찾지 못하고 있었다. 이러한 와중에

---

153) 『承政院日記』 고종17年 9月 8日; 『日本外交文書』 明治年間 13, 394~96면, 附記 2 「國王大臣對話書」.

154) 『修信使記錄』 「諸大臣獻議」 189면; 송병기, 앞의 책 109, 201면.

155) "오늘날 세계 각국이 모두 연합하여 힘을 합쳐서, 타국을 경멸하는 러시아의 위세를 저지하려 하지 않는 나라가 없습니다. 하물며 우리나라는 바다로 통하는 요충지에 위치하고 있으면서도 외로이 의지할 데가 없사오니, 연합은 좋은 계책이라 할 수 있으며 나쁜 계책이라 할 수 없습니다." 『修信使記錄』 189~90면 「諸大臣獻議」, "今天下各國, 無不合從, 以沮俄國輕蔑之威, 況我國處在海路要衝, 孤立無據, 其所聯好者, 非不良策."

156) 『淸季中日韓關係史料』(2) 461~69면, 文書番號 353-1, 353-2. 한편 고종의 지시를 받은 이용숙이 청에서 한 활동 및 청에 제출한 8개조의 자문(請示節略) 내용에 관해서는 송병기 『근대한중관계사연구: 19세기말의 연미론과 조청교섭』(서울: 단국대학 1985) 126~31면; 구선희 『한국근대 대청정책사연구』(서울: 혜안 1999) 25~37면; 김용구, 앞의 책(2001) 307~10면을 참조할 것.

서 제2차 수신사 김홍집이 일본에서 가져온 『조선책략』에 담긴 전략적 가치에 주목한 고종이 한편으로 『조선책략』의 논의를 공론의 장으로 끌어냄으로써 정책전환의 불가피성을 호소하고, 다른 한편으로 대미수교 방침을 확정짓고 중국이 이를 알선해줄 것을 요청하는 자세를 보였음은 앞서 언급한 바와 같다. 그러면 이무렵 고종은 한편으로는 미국과의 수호조약을 통해 만국공법질서에의 참여를 모색하면서, 동시에 다른 한편으로는 중국과의 예적(禮的) 질서관념에 입각한 전통적 사대관계를 계속 지속시켜가겠다는 구상을 가졌던 것일까? 만약 그렇지 않다면, 만국공법질서에 깊은 관심을 보이며 대미수교 방침을 결정한 고종은 기왕의 배외주의정책을 전환해가는 과정에서 중국과의 관계를 어떻게 새롭게 정립하려 한 것일까? 아니 좀더 거시적인 차원에서 볼 때, 고종은 거대한 전환의 와중에 있던 조선을 기존의 중국적 세계질서와 새로운 만국공법적 세계질서라는 상이한 두개의 질서공간 중 과연 어느 쪽으로 이끌어가려 한 것일까?

청의 리 훙장과 미국의 슈펠트(Robert W. Shufeldt, 1822~1895) 간에 조미수교조약의 교섭이 한창 진행 중이던 1882년 2월 17일(양력 4월 4일),[157] 문의관(問議官)이라는 명칭으로 어윤중(魚允中, 一齋, 1848~1896)과 이조연(李祖淵, 浣西, 1843~1884)을 청에 파견하면서 고종이 내리는 지시는 위의 문제와 관련한 고종의 의도를 명확히 엿볼 수 있게 해준다.

왕이 지시하기를 "사대(事大)의 절목(節目)은 마땅히 성의껏 해야 하지만, 형식에 구애되어 백성(民)의 나라에 해를 끼치는 것은 과거에 그랬다고 하

157) 리 훙장과 슈펠트 간의 조미조약 체결협상에 관해서는 송병기, 앞의 책 222~42면; 김용구(2001) 348~63면에 상세하게 다루어지고 있다. 김용구는 리 훙장과 슈펠트 간의 일련의 회담의 성격과 관련해, "중국은 사대질서를 국제법질서로 단순히 대체하려고 하지 않았다. 사대질서에서 말하는 종주관계를 국제법질서에서 규정된 속국관계로 전환시키려고 하였으며, 양자간의 회담이 이루어진 것은 이러한 노력의 일환이었다"고 표현하였다.

더라도 그대로 할 수 없다. 사신의 파견 문제와 북도(北道)의 호시(互市) 문제는 하나하나 총리각국사무아문 및 통상대신〔리 훙장〕과 의논하여 편리하게 하도록 힘쓸 것이다." 또 지시하기를 "일본과는 이미 개항하고 통상할 것을 허락하였는데 중국에 대해서는 아직도 해금(海禁)을 고수하고 있으니 친(親)중국의 뜻에 어긋난다. 중국은 우리나라에 이미 여러 항구를 개방하여 서로 무역을 하면서 지장 없이 왕래하므로 힘써 약속을 준수할 것에 대한 문제도 총리각국사무아문 및 통상대신과 의논할 것이다." 또한 지시하기를 "근래에 외국이 우리나라를 엿보려는 뜻이 있다고 하는데 사전에 치밀한 대책을 세우지 않을 수 없으니 통상대신과 톈진에 머무르고 있는 〔우리 측〕 사신〔영선사 김윤식〕과 의논하여 나라에 유익한 모든 것에 대해서 각별히 강구하여 확정할 것이다."[158]

즉 고종은 이전부터 내려오는 사대자소(事大字小)의 예(禮) 관념은 존중되어야 하지만, 현재의 상황에 비추어 부적절한 것은 고쳐야 하며, 일본과도 통상수교하는 마당에 더욱 각별한 관계인 중국과 좀더 자유롭게 교역이 이루어지는 것이 '친중국'의 관점에서도 바람직하다는 것, 그리고 국가에 유익한 바를 철저히 강구하여 청국 측과 꼼꼼히 협조해나갈 것 등을 지시하고 있는 것이다. 이에 따르면 요컨대 고종의 구상이란 조선이 당장 안과 밖에서 직면한 정치적 위기를 돌파하기 위해서는 '친중국'의 입장을 가능한 적극적으로 활용하지 않을 수 없지만,[159] 중국과의 관계도 어디까지

158) 『承政院日記』 高宗19年 2月 17日 酉時, "上曰, 事大之節, 益當親恪, 而其拘於文具, 貽弊民國者, 不可以安於舊例而止. 使价及北道互市事, 一一就議於總理各國事務衙門及通商大臣, 務歸便宜也. 上曰, 旣許日本開港通商, 而於中國, 則尙守海禁, 有乖親中國之意. 中國與我國, 已開各港, 互相貿易, 無碍往來, 勉遵約束之意, 亦就議於總理各國事務衙門及通商大臣也. 又上曰, 近來外國有窺伺之意云, 不可不先事綢繆, 往議於通商大臣及留津使臣. 凡有益於國家者, 各別講確也." 『高宗實錄』 同日條; 魚允中 『從政年表』(서울: 국사편찬위원회 1971) 128~29면.

159) 『조선책략』에 나오는 친(親)중국의 문맥을 분석한 통찰력이 돋보이는 연구로서, 姜

나 만국공법적 질서에 맞추어 재정립해가는 것이라고 할 수 있을 것이다.

전술한 바와 같이, 고종은 대외정세에 관한 정보들을 관심있게 접하게 되면서, 조선에게 중국이 여전히 가장 중요한 나라이면서도 이미 현실적으로 세계의 중심이 아니라는 인식을 갖고 있었다. 이러한 상황에서 앞서 소개한 리 훙장의 서한 등의 사례에서도 드러나는 바와 같이 청이 조선의 내치와 외정의 자유를 존중한다는 입장〔貴國政敎禁令悉由自主 此等大事豈我輩所可干預〕을 견지하면서 조선에 대해 호혜적인 관계 강화를 강조하는 만큼, 고종은 이것이 한편으로 청의 전략적 태도임을 의식하면서도,[160] 현실적으로 청을 일종의 후원자로 삼아 가능한 최대한 활용하면서 미국 등 구미국가들과 '조약'관계를 체결하려 한 것이다.[161] 이후 톈진에 간 어윤

東局「中國的世界秩序の變容と言說: 『朝鮮策略』の「親中國」をめぐる議論を中心に」, 『思想』(東京: 岩波書店 2002. 12)을 들 수 있다.

160) 이러한 관점에서 앞서 소개한 바 있는 김홍집의 귀국보고시의 대화를 다시 음미해볼 필요가 있을 것이다. 『承政院日記』 高宗17年 8月 28日條, 「修信使入侍筵說」.

고종: 청사(淸使)가 러시아 문제로 근심하며, 우리나라 일에 힘써 서로 도와나가려는 의지가 있던가요?

김홍집: 신이 청사를 만났을 때 〔그가〕 몇차례 말한 바가 모두 러시아에 관한 문제였으며, 우리나라를 위해서 간곡하고 간곡했습니다.

고종: 저들〔중국인〕이 비록 우리나라와 더불어 마음을 함께하고 힘을 합하자고 하지만, 이를 어찌 깊이 믿을 수 있겠소. 그런즉 우리도 또한 부강지술(富强之術)을 시행하는 것이 요구될 따름이오.

161) 고종이 이러한 구상을 하게 된 데는 『이언』의 제1편 「논공법(論公法)」에서 영향받은 바가 있을 것이라는 점도 간과해서는 안된다고 생각한다. 『이언』에는 본서의 제3장에서 언급한 바와 같이 "만국공법이란 반드시 자국을 만국 중 하나의 나라라고 간주했을 때만 비로소 작동하는 것이며, 따라서 청도 이제 스스로가 세계의 중심 곧 '중(中)'국이라는 의식을 버리고 만국 중 일국의 자격으로서 공법에 임해야 한다"고 나와 있다. 고종이 한편으로는 청을 활용하면서도 다른 한편으로는 조청관계를 만국공법적 질서하에 놓으려 한 것은 이러한 논의를 구체적으로 검토한 결과라고 해야 할 것이다. 고종이 만국공법적 질서하에 대(對)중국관계를 재정립할 것을 구상하고 있었음은 1881년 11월 통리기무아문의 기구개편에서 대외관계를 담당하는 이원화된 기구인 사대사(事大司)와 교

중은 조선의 청에 대한 '사대형식의 폐기'를 주장하게 되는데,[162] 이것이 위에 언급한 것과 같은 고종의 구상에 의한 것임은 부언할 필요가 없을 것이다.

이후 우여곡절 끝에 체결한 미국과의 조미수호통상조약(1882년 4월 6일) 제1조에 이른바 흔히 '거중조정(居中調停)'이라고 잘못 알려진 'Good office' 의무[163]가 규정되어 있다는 사실은 너무나 유명하다.[164] 고종을 비

린사(交隣司)를 동문사(同文司)로 통합한 사실에서 여실히 드러난다(『承政院日記』 高宗 18年 11月 9日條, 11月 24日條). 하지만 이때의 기구개편 이전 시점에도 고종이 중국과의 관계를 전통적인 방식대로 끌고가려 한 것은 아니었던 것으로 보인다. 고종이 1880년 겨울에 통리기무아문을 만들어 사대사와 교린사를 처음 설치할 때부터, '신설아문절목(新設衙門節目)' 제15항에 드러나는 바와 같이, 이 두 조직의 운영자를 공식적으로 겸직하게끔 했다는 사실은 이러한 고종의 의도를 암묵적으로 반영하는 것이라 생각된다(『高宗實錄』 17年 11月 21日). 즉 국내외적으로 대단히 열악한 정치적 여건에서 정책전환을 모색하고 있던 고종으로서는 현실적으로 기존의 중국과의 전통적인 관계를 어떤 식으로든 적극적으로 활용해야만 했고, 따라서 중국과의 우호적인 관계를 유지하면서 국내외적으로 가급적 안정적인 변화를 유도해가기 위해서 형식상으로나마 사대사와 교린사라는 이원적인 대외기구를 만든 것으로 보인다.

162) 문의관 어윤중은 청의 주복(周馥, 1837~1921)과의 회담에서 "과거의 사대전례를 폐지하고 자강을 도모하는 것이 오늘날의 계책〔爲今日計, 只守舊典, 恐不如自强而拱衛上國也〕"이 될 것이라면서 사대형식의 폐기를 요청한다. 『清季中日韓關係史料』(2) 591~92면, 문서번호 417-1. 어윤중이 청에서 한 활동에 관해서는 김경태 「중화체제, 만국공법질서의 착종과 정치세력의 분열」, 『한국사』 11권(서울: 한길사 1994) 99~100면 참조.

163) 국제법상의 분쟁이 일어날 경우 제3자가 분쟁당사국간에 개입하는 데는 주선(周旋, good office)과 중개(仲介, 居中調停, mediation)의 두가지 방식이 있다. 주선은 제3자가 분쟁의 내용에는 개입하지 않고 당사자간의 외교교섭의 타결에 조력하는 것이며, 중개는 제3자가 분쟁의 내용에까지 개입하여 양당사국의 의견을 조정하거나 또는 자진하여 분쟁의 해결책을 제시하는 것으로서 주선에 비하여 제3자의 개입의 정도가 높다. 이한기 『국제법강의』(서울: 박영사 1985) 336면; 박관숙 『국제법』(서울: 법문사 1986) 297면; Harold Nicolson, *Diplomacy* (Oxford Univ. Press 1969), appendix. 이에 따르면 위의 'Good Office'조항은 '거중조정' 조항이 아니라 선위조처(善爲調處) 조항 혹은 주선조항이라고 불러야 할 것이다.

164) 『高宗實錄』 19年 4月 6日(辛酉條).

롯한 조선의 위정자들은 이 조항을 유사시에 미국이 중개하여 분쟁을 해결할 수 있는 근거로 인식하였고, 따라서 미국과의 조약체결을 일종의 동맹관계를 맺은 것으로 확대 해석했다.[165] 당시 미국에 대해 좋은 이미지를 가지고 있었던 고종을 위시한 조선의 위정자들의 입장을 감안한다면,

第一款 大朝鮮國君主 大美國伯理爾天德並其商民各皆永遠和平 若他國有何不公輕藐之事 一經照知 必須相助 從中善爲調處 示友誼關切.[166]

이라고 되어 있는 조약문의 내용, 즉 '필수상조(必須相助)' 혹은 '선위조처(善爲調處)' 운운하는 구절이 이들에게 커다란 기대를 불러일으켰으리라는 것은 가히 짐작하고 남음이 있다 할 것이다. 그러나 흥미로운 사실은 이러한 애매모호한 표현이 조약의 영문에는 다음과 같이 좀더 명료한 형태를 갖추고 있다는 점이다.

Article I. There shall be perpetual peace and friendship between the President of the United States and the King of Chosen and the citizens and subjects of their respective Governments. If other Powers deal unjustly or oppressively with either Government, the other will exert their good offices, on being informed of the case, to bring about an amicable arrangement, thus showing their friendly feelings.

즉 '만일 타국이 상대국 정부에 대하여 부당하게 혹은 억압적으로 행동할 때에는 상대국 정부는 그 사건의 통지를 받는 대로 원만한 타협을 가

165) 동덕모 『조선의 개국과 국제관계』(서울: 서울대학교 1980) 72면; 김원모 「미국의 대한 거중조정(1882-1905)」, 『사학지』(서울: 단국대학 사학회 1984) 52면.
166) 『舊韓國條約彙纂』 中卷(國會圖書館 立法調査局) 294~307면.

져오도록 주선(周旋, good office)에 진력함으로써 그 우의를 표해야 한다'는 것이다. 그러나 당시 위정자들 중 영어를 아는 사람이 극히 드물었고 더군다나 만국공법에 관한 구체적이고 실무적인 지식이 없어 'good office'와 같은 국제법 용어를 제대로 이해하기란 불가능한 상황이었기 때문에 이 조항이 가지는 마력은 지속될 수밖에 없었을 것으로 생각된다. 더구나 본 조약은 제12조에 "본 조약은 불완전하나마 우선 이에 규정된 모든 조항은 시행될 것이며 상세한 통상장정에 대해서는 5년 후에 반드시 만국공법의 통례를 참조하고 대조하여 양쪽에 평등하도록 헤아려 맺는다"[167]라고 명시하고 있어, 고종으로서는 조선이 미국과의 조약체결을 통해 만국공법 질서에 참여하게 되었으며 이에 따라 균세(均勢)[168]의 원리에 따라 조선의

---

167) "第十二款 玆朝鮮國初次立約所訂條款姑從簡略應遵條約已載者先行辦理其未載者俟 五年後兩國官民彼此言語稍通再行議定至通商詳細章程須酌照萬國公法通例公平商訂無有輕重大小之別." "Article XII. This being the first Treaty negotiated by Chosen, and hence being general and incomplete in its provisions, shall, in the first instance, be put into operation in all things stipulated herein. As to stipulations not contained herein after an interval of five years, when the officers and people of the two Powers shall have become more familiar with each other's language, a further negotiation of commercial provisions and regulations in detail, in conformity with *international law* and without unequal discriminations on either part shall be had." 최문형 『제국주의 시대의 열강과 한국』(서울: 민음사 1990), 「부록: 한말 각국의 동맹조약 및 수교조규」 참조.

168) 『萬國公法』 卷一, 10節(서울: 아세아출판사 1981) 82면에서는 균세에 관해 다음과 같이 설명하고 있다. "所謂 均勢之法者 乃使强均平其勢 不得以相凌 而弱國賴而獲安焉 實爲太平之要術也 …" 즉 '소위 균세의 법이란 강국이 세력균형을 이뤄 서로 침범함이 없고 약소국은 이에 의뢰하여 안녕을 얻는 법'이라고 되어 있으며 그 예로서 터키의 경우를 들고 있다. 앞서 소개한 리 홍장의 서신 내용은 이 부분을 인용한 것임을 알 수 있다. 그러나 이와 같은 내용은 휘튼(Wheaton)의 원저 *Elements of International Law*(1855)에는 나오지 않는 부분으로서 마틴이 덧붙인 것이다. 김용구, 앞의 논문 17면 참조. 마틴에 의해 1880년 번역된 또 다른 공법 관련 서적인 『公法會通』(원서는 Bluntschli의 *Das moderne Völkerrecht der civilisierten Staaten als Rechtsbuch dargestellt*이다. 이에 관해서는 제3장 〈표 3-1〉 '중국의 동문관에서 한역(漢譯)되어 간행된 국제법 서적목록' 참조)의 제1권 98장

'자치자주지권(自治自主之權)' 혹은 '자주지권(自主之權)[169]이 보호받을 수 있을 것이라는 기대를 가졌을 것으로 판단된다.

이후 고종은 영국(1882년 4월 21일) 및 독일(동년 5월 15일)과도 계속하여 조약을 체결하게 된다.[170] 이처럼 만국공법질서에의 참여를 적극적으로 모색하면서 공법에 관한 좀더 구체적인 지식의 필요성을 느낀 고종은 1882년 8월에 연경에 조영하(趙寧夏)를 보내 청에게 『선유육조(宣諭六條)』를 전

도 역시 균세에 관해 거의 동일한 문맥에서 설명하고 있다. "公法所謂均勢, 無論國之大小, 以彼此不相侵奪爲要, 遇强横之國, 侵奪他國自主自立之權者, 各國應羣起而匡救之, 務使彼此相安."

169) 다만 여기서 '주권(主權)'이라고 하지 않고 '자치자주지권(自治自主之權)', '자주지권(自主之權)'이라고 한 데는 약간의 설명이 필요할 것이다. 이미 본서의 3장에서 지적한 바와 같이, 오늘날 사용하는 의미의 주권이라는 신생어는 마틴의 『만국공법』에서 처음 사용된 것이다. 그런데 마틴의 번역본에서 sovereignty는 주권 이외에도 자치자주지권, 자주지권, 관할지권(管轄之權), 국권(國權) 등 문맥에 따라 다양하게 번역되었다. 더욱이 제3장의 〈표3-2〉 '휘튼의 *Elements of International Law*와 번역본 『만국공법』의 목차'에 소개한 마틴의 번역본 목차에서 드러나는 바와 같이, 당시의 독자들이 『만국공법』의 내용을 접하게 되면, 요컨대 공법이란 국가의 '자치자주지권'을 비롯한 다양한 국가의 권리를 논하는 것으로 이해했을 가능성이 크다. 따라서 공법질서 하에서의 국가의 권리를 '주권'이라는 생소한 용어보다는 당대 독자들에게 훨씬 익숙한 '자치자주지권' 혹은 '자주지권'이라는 용어를 통해 이해했을 것으로 생각된다. 예컨대 조일수호조규(1876) 제1조 역시 '조선은 자주국이며 일본과 평등한 권리를 보유한다(朝鮮國自主之邦保有與日本國平等之權)'라고 되어 있음을 함께 상기해볼 필요가 있다. 실제 이 시기에 사용된 용어로 자주지권, 자치지권 등은 많이 눈에 띄지만, 주권이라는 용어가 등장하기 시작한 것은 『漢城旬報』(1883년 10월~1884년 10월?까지 발행)와 『漢城周報』(1886년1월~1888년 7월까지 발행) 정도에서이고, 본격적으로 사용되는 것은 박영효의 「내정개혁을 위한 건백서」(1888), 유길준의 『서유견문』(1895)에서 정도이다. 고종은 기왕의 화이론적 명분론에 입각한 대외관에서 벗어나면서 '자주'라는 용어를 사용하게 되었는데, 이것은 고종이 대체로 전통적인 의미에서의 '자주자(自主者)'라는 개념, 즉 "자기 생각대로 행하여 자기 행동이 다른 사람에 의해 좌우되지 않는 것"(『大漢和事典』 卷9 409면)의 연장선상에서 공법을 이해하고, 이를 만국공법질서에 참여한 국가의 고유한 권리로서 믿게 되었기 때문이라고 생각된다.

170) 영국 및 독일과의 조약체결에 관해서는 김용구(2001) 370~82면을 참조할 것.

달케 하여 근대적 실무에 밝은 외국인 전문가를 고문으로 파견해줄 것을 요청한다.[171)]

흥미로운 것은 조약체결 후 미국이 보인 영국 및 독일과 구별되는 우호적 태도이다. 영국과 독일이 조약의 조건에 불만을 제기하면서 조약의 비준을 거부하고 나선 반면에, 미국은 영국과 일본 등의 끈질긴 방해에도 불구하고 조미조약을 비준하고 푸트를 베이징 및 토오꾜오 주재공사와 동격인 특명전권공사의 지위로 조선에 파견하였다. 푸트가 조선에 부임해오자 고종은 "기뻐서 춤을 출" 정도였다.[172)] 『만국공법』에 "국가의 승인이란 그 나라가 자립·자주국임을 인정받고 서로 더불어 왕래하는 것을 의미한다(所謂認者認其爲自立自主之國而與之往來也)"고 명시되어 있음을 고려할 때,[173)] 고종이 이처럼 좋아하는 것도 무리가 아닐 것이다. 푸트가 비준교환을 한 다음날 고종이 민왕후와 함께 푸트공사를 접견하고 미국 대통령의 국서도 친히 접수한 사실, 그리고 궁중에서 여러차례 만찬연회가 열린 것 등을 보더라도, 청의 압력이 가중되기 시작한 상황에서 고종의 미국에 대한 신뢰와 기대가 얼마만큼 절실한 것이었는지 짐작할 수 있다. 다음에 소개하는 것은 고종이 미국에 보낸 사절단인 보빙사(報聘使)의 전권(全權) 부대신 홍영식의 복명 내용이다.

> 고종: 그들의 대접이 과연 정성스럽던가? (…) 그 나라를 처음 가보았는데 마땅히 그 장점을 취할 바가 있을진대.

171) 외국인 고문을 초빙하게 되는 경위와 자세한 내막, 그리고 이들의 활동에 대해서는 이원순 「한말 고빙구미인 종감」, 『한국문화』 10집(서울: 서울대학교 한국문화연구소 1989); 김현숙, 앞의 논문(1998) 등을 참조할 것.

172) G. M. McCune and J. A. Harrison, eds., *Korean-American Relations: Documents Pertaining to the Far Eastern Diplomacy of the United States* Vol. I. (Berkeley and Los Angeles: Univ. of California 1951) 3면.

173) 『萬國公法』(1981) 第一卷 二章 五節.

홍영식: 신 등이 그곳에 도착한 이래 언어가 불통하고 문자가 달라 눈과 귀로 보고 들어서 파악할 수는 있어도 도무지 잘 이해하지 못했습니다. 그러나 기기의 제조 및 배, 차, 우편, 전보 등은 어느 나라를 막론하고 급선무가 아닐 수 없습니다. 특히 우리가 가장 중요시할 것은 교육에 관한 일인데, 만약 미국의 교육방법을 본받아 인재를 양성해서 백방으로 대응한다면 아마도 어려움이 없을 것이므로 반드시 저들의 법을 본받아야 합니다.

고종: 그 나라의 화려함은 일본과 비교해서 어떠하던가?

홍영식: 미국은 토지가 비옥하고 자연자원이 광대하여, 제도에 관한 모든 것에 이르기까지 일본이 모두 이에 미칠 바가 못됩니다. 일본 같은 나라는 서양법을 채용한 지 아직 얼마 되지 않으며 비록 그 나라가 서양법을 약간 모방했다 하더라도 진실로 미국에 견주어 논할 수가 없습니다. (…)[174)]

고종의 미국에 대한 신뢰는 미국 측의 우의가 퇴조한 이후에도 지속된 것으로 보인다. 여기에는 고종 주변의 미국인 즉 푸트, 포크(George C. Foulk, 福久, 1865~1893),[175)] 딘스모어(Dinsmore, 丹時謨), 어거스틴(Augustine, 何德) 등의 미국 외교관, 알렌[176)]과 여러 선교사들, 그리고 이후

---

174) "上曰 其待接果款曲乎 (…) 上曰 初見其國 宜有所取長也 英植曰 臣等到彼 言語不通 文字不同 耳目所覩記 把握 了無所解 然一切機器製造 及舟車郵電之屬 無非有國之所急務 而最是敎育一事 若由其法養人材 應百爲 恐無甚難 切須效法者矣 上曰 其奢麗比諸日本何如 英植曰 土地肥厚 利源廣大 凡屬制置 率非尋常可及 至若日本 用西法爲日尙淺 雖有畧干依倣 固不可比例而論矣 (…)"「資料: 朝鮮報聘使 全權副大臣 洪英植復命問答記」, 김원모 『한미수교사: 조선보빙사의 미국사행편(1883)』(서울: 철학과현실사 1999) 424, 425, 437면.

175) 푸트와 포크의 조선에서의 활약상에 관해서는 Robert E. Reordan, *The Role of George Clayton Foulk in United States-Korean Relations, 1884-1887* (Ph. D. Dissertation, Fordham University 1955); Yur-bok Lee, 앞의 책; G. M. McCune and J. A. Harrison, eds., 앞의 책이 상세하게 다루고 있다.

176) 알렌의 활동에 관해서는 김원모 「알렌의 한국독립보전운동」; 김원모 역주 『알렌의 일기:구한말 격동기 비사』(서울: 단국대학 1991); F. H. Harrington, *God, Mammon*

데니,[177] 헐버트[178]와 같은 고빙인들의 우호적인 태도가 크게 영향을 미친 것으로 보인다. 그러면 이 미국인들이 그토록 조선에 대해 우호적으로 행동하게 된 이유는 무엇일까? 물론 이들 대부분이 열악한 여건에서 선교사업을 해야 하는 선교사였다는 것이 이유가 될 수 있겠지만, 더욱 중요한 이유는 역설적이지만 워싱턴정부가 대(對)조선 정책의 기조를 '불간섭'으로 전환한 데서 찾을 수 있을 것으로 생각된다. 고종의 미국에 대한 호감과 기대를 너무나 잘 아는 이들로서는 본국이 계속 냉담한 반응을 보내오고 심지어는 훈령조차 받지 못하는 상황이 되자 조미조약의 규정을 자신의 행동규범으로 삼았을 가능성이 크며, 또한 타국과는 달리 본국 정부의 특별한 주문이 없기 때문에 조선의 딱한 상황에 대해 다소 자유롭게 행동할 수 있었을 것이기 때문이다. 문제는 고종이 이 미국인들의 우호적인 자세가 미국정부의 공식 입장을 의미하는 것으로 생각했다는 데 있었다.

한편 중국을 적극적으로 활용하면서 동시에 조청간의 사대관계를 만국공법적 질서에 맞춰 재정립하려 한 고종의 의도는 구미국가들과의 조약체결 직후 임오군란이 발생(동년 6월 5일)하면서 유보되고 점차 굴절되는 양상을 띠지 않을 수 없었다. 그런데 이러한 와중에서 고종이 내린 교서에는 기존의 정책을 전환하여 혁신적으로 정치를 수행해나가겠다는 내용이 자주 등장한다.[179] 특히 흥미로운 사실은 고종이 조선의 대외관계를 만국공법

---

and the Japanese: Dr. H. N. Allen and Korea American Relations 1884-1905 (Univ. of Wisconsin 1944), 이광린 역주『개화기의 한미관계』(서울: 일조각 1973) 등을 참고할 수 있다.

177) 데니에 대해서는 Robert R. Swartout, Jr., *Mandarins, Gunboats, and Power Politics: Owen Nickerson Denny and the International Rivalries in Korea* (Honolulu: Univ. Press of Hawaii 1980)를 참고할 수 있다.

178) 헐버트의 활동에 대해서는 Clarence Weems, *Hulbert's History of Korea* Vol I, II (New York: Hillary House Publishers Ltd. 1962); H. Hulbert, *The Passing of Korea* (New York 1906), 신복룡 역주『대한제국멸망사』(서울: 평민사 1984) 등을 참고할 수 있다.

179) 이광린「개화사상연구」,『한국개화사연구』(서울: 일조각 1993) 23~26면.

체제로 끌고가겠다는 자신의 구상을 정합적이면서도 공개적으로 천명하고 있다는 사실이다. 임오군란 직후(1882년 8월 5일자)의 교서는 그때까지 다듬어온 고종의 구상을 집약해서 밝히고 있을 뿐 아니라 국내의 전반적인 반대여론을 설득하면서 돌파해나가려는 의지가 확연히 드러나 있다. 그 내용이 당시 개화세력의 전반적인 시대인식과 비전을 엿볼 수 있게 한다는 점에서도 주목할 만하다.

(가) 우리나라는 바다의 한쪽 구석에 치우쳐 있으니 일찍이 외국과 교섭을 해오지 않았다. 따라서 견문이 넓지 못하고 삼가 스스로의 지조나 지키면서 500년 동안을 내려왔다. 근년 이래로 천하의 대세는 과거와 판이하게 달라졌다. 구미제국, 즉 영국·프랑스·미국·러시아 같은 나라에서는 정밀한 기계를 만들고 나라를 부강하게 만드는 일에 최선을 다하며 배나 수레가 온 세상을 두루 돌아다니고 만국(萬國)과 조약을 체결하여 병력으로 서로 대치하고 공법(公法)으로 서로 대치하는 것이 마치 춘추열국의 시대를 방불케 한다. 그러므로 천하에서 홀로 존귀하다는 중화(中華)도 오히려 평등한 입장에서 조약을 맺고, 척양(斥洋)에 엄격하던 일본도 결국 수호(修好)관계를 맺고 통상을 하고 있으니 어찌 까닭없이 그렇게 하는 것이겠는가. 참으로 형편상 부득이하기 때문이다.

(나) 우리나라도 병자년(1876) 봄에 일본과 강화조약을 맺고 세곳의 항구를 열었으며, 이번에 또 영국·미국·독일 등 여러 나라들과 새로 화약(和約)을 맺었다. 이것은 처음 있는 일이니 사민(士民)들의 의혹과 비방이 있게 되는 것은 이상한 일이 아니다. 그러나 교제(交際)의 의례(儀禮)가 서로 평등하니 의리를 놓고 보더라도 지장이 되는 것은 없다. 군사를 주둔시키는 의도는 본래 상업활동을 보호하는 데 있으니 사세(事勢)를 놓고 참작하더라도 또한 걱정할 것이 없다.

(다) 교린(交隣)에 도리가 있다는 것은 경전에 나타나 있다. 그런데도 우

활하고 깨치지 못한 유자들은 예전에 송(宋)이 화의(和議)를 하여 나라를 망친 사례 등을 망령되이 끌어다가 척화(斥和)의 논의에 갖다붙이고 있다. 남이 화의로 다가오는데 우리가 적대적으로 대하면 천하가 장차 우리를 어떤 나라라고 할지 어찌하여 생각하지 않는가. 고립무원으로 떨어져 있으면서 만국과 말썽이 생겨 공격의 화살이 집중되는 중에 망국에 이르리라는 것을 알면서도 〔자신의 처사를〕 전혀 돌아보지 않는다면 그것이 어찌 의로운 행동이겠는가.

(라) 논자들은 또한 서양 나라들과 좋은 관계를 가지게 되면 장차 점점 사교(邪敎)에 물들 것이라고 하고 있다. 이는 진실로 사문(斯文)과 세교(世敎)를 위하여 신중해야 할 문제이다. 그러나 좋은 관계를 가지는 것과 사교를 막는 것은 별개의 문제이다. 조약을 맺고 통상하는 것은 다만 공법(公法)에 의거한 것일 뿐이다. 애초에 내지(內地)에 전교(傳敎)를 허락하지 않았으며, 그대들은 원래 공맹(孔孟)의 가르침을 익혀왔고 오랫동안 예의의 풍속에 따라왔다. 그런데 하루아침에 정도(正道)를 버리고 사도(邪道)를 따를 리가 있겠는가. 설사 어리석은 사람들이 몰래 서로 사교를 전파한다 하더라도 나라에 떳떳한 법이 있는 이상 처단하고 용서하지 않을 것이니 어찌 숭상하고 물리치는 데에 그 방도가 없다고 할 수 있겠는가.

(마) 그리고 기계를 만드는 데서 조금만 서양 것을 받아들이면 대뜸 불순한 것에 물들 것으로 지목하는데 이것도 또한 전혀 실정을 이해하지 못한 탓이다. 사교의 경우에는 불순하므로 마땅히 멀리해야 하겠지만 그 기계는 이로우므로 진실로 이용후생(利用厚生)할 수 있으니, 농사를 짓거나 의약·무기·배·수레 같은 것을 제조하는 데서 어찌 저들의 지식을 얻는 것을 꺼려하며 하지 않겠는가. 그 가르침을 배척하고 기계를 본받는 것은 원래 병행하여도 사리에 어긋나지 않는다. 더구나 강약의 형세가 이미 현저한데 만일 그들의 기계를 본받지 않는다면 무슨 수로 그들의 침략을 막아내며 그들이 넘겨다보는 것을 막겠는가. 참으로 안으로는 정교(政敎)를 닦으면서 밖

으로는 선린관계를 맺어, 우리나라의 예의를 지키고 각 나라와 대등하게 부강한 국가로 발전시켜 그대 사민들과 함께 태평세월을 누린다면 어찌 아름답지 않겠는가.

(바) 지난 시기 교화하기 어려운 자들을 익히 보고 백성(民)들의 마음이 안정되지 않아 마침내 6월 사변(壬午軍亂)이 일어나 이웃나라의 신의를 잃고 천하의 비웃음을 사게 되었다. 나라의 형세는 날로 위험에 처하고 배상금은 수만냥에 이르렀으니 이 어찌 한심한 일이 아니겠는가. 일본사람들이 우리나라에 들어와서 언제 우리를 잔학하게 대하고 멸시하여 화의에 어긋난 일이 있었는가. 다만 우리나라의 군민(軍民)들이 턱없이 의심을 품고 오래 전부터 분노를 품어온 결과 까닭없이 먼저 그들을 범하는 행동이 있게 되었다. 너희가 생각해볼 것이다. 그 잘못이 누구에게 있는가.

(사) 이번에 다행히도 일처리가 대체로 이루어져 옛날의 우호관계를 다시 펴게 되었고, 영국과 미국 등 여러 나라들이 또한 뒤이어 와서 우리와 조약을 맺고 통상하게 되었다. 이것은 세계만방이 다같이 지키는 통례이고 우리나라에서 처음으로 만들어 행하는 것이 아닌 만큼 결코 놀랄 만한 일이 아니다. 너희들은 두려워하지 말고 선비들은 공부에 열심하며 백성들은 농사에 안착하면서 다시는 서양이니 왜(倭)니 하면서 근거없는 말을 퍼뜨려 인심을 소란하게 하지 말 것이다. 각 항구의 가까운 곳에 설사 외국인이 놀러다니는 경우에도 마땅히 일상적인 일로 보면서 먼저 침범하는 일이 없도록 할 것이다. 만일 그들이 우리나라를 업신여기거나 모욕할 때에는 응당 조약에 근거하여 처벌할 것이며 절대로 우리 백성들이 굽히게 하고 외국인을 두둔하는 일이 없을 것이다. 아, 어리석은 사람이 제멋대로 일을 처리하는 데 대해서는 성인(聖人)들이 징계한 바 있으며, 아랫사람으로서 윗사람을 비방하면 응당 왕법(王法)에 의하여 처단할 것이다. 가르쳐주지 않고 처형하는 것은 백성을 망치는 것이 된다. 그러므로 이와 같이 나열하여 명백히 유시(諭示)하는 것이다.

(아) 그리고 이왕 서양의 각국과 좋은 관계를 가진 이상 경외(京外)에 세워놓은 척양비(斥洋碑)는 시기가 달라진 만큼 모두 일제히 뽑아버릴 것이다. 그대 사민(士民)들은 이 뜻을 잘 이해해야 할 것이다.[180](가, 나, 다… 구분은 인용자)

고종이 내린 교서는 다음과 같이 요약해볼 수 있을 것이다. (가) 조선은

180) 『고종실록』에 수록된 원문은 다음과 같이 되어 있다. "敎曰, (가) 惟我東方, 僻在海隅, 未曾與外國交涉, 故見聞不廣, 謹約自守, 垂五百年, 挽近以來, 宇內大勢, 迥異前古, 歐米諸國, 如英·如法·如美·如俄, 創其精利之器, 極其富强之業, 舟車遍于地毬, 條約聯于萬國, 以兵力相衡, 以公法相持, 有似乎春秋列國之世, 故以中華之獨尊天下, 而猶然平等立約, 以日本之嚴於斥洋, 而終亦交好通商, 是豈無自而然哉, 誠以勢不得已也. (나) 肆我國, 亦於丙子之春, 重講日本之好, 許開三處之港, 今又與美·英·德諸國, 新定和約, 事係創有, 無怪乎爾士民之疑且謗也, 然交際之禮, 均係平等, 則揆以義理, 無所礙也, 留駐之意, 本在護商, 則參以事勢, 亦無虞也. (다) 交鄰有道, 揭在經典, 而迂滯之儒, 徒見宋朝和議之誤國, 妄爲援譬, 輒附斥和之論, 何不思, 人以和來, 我以戰待, 則天下其將謂何如國也, 孤立無援, 生衅萬國, 致衆鏃之交集, 自分敗亡, 而不少悔恨, 於義果何據也. (라) 議者, 又以聯好西國, 謂將漸染邪敎, 此固爲斯文爲世敎深長慮也, 然聯好自聯好, 禁敎自禁敎, 立約通商, 只據公法而已, 初不許傳敎內地, 則爾等素習孔孟之訓, 久沐禮義之俗, 豈或一朝捨正而趨邪乎, 設有愚夫蚩氓, 潛相傳習, 則邦有常憲, 誅殛不赦, 何憂乎崇闢之無其術也. (마) 且見器械製造之稍效西法, 則輒以染邪, 目之, 此又不諒之甚也, 其敎則邪, 當如淫聲美色而遠之, 其器則利, 苟可以利用厚生, 則農桑·醫藥·甲兵·舟車之製, 何憚而不爲也, 斥其敎而效其器, 固可以竝行不悖也, 況强弱之形, 旣相懸絶, 苟不效彼之器, 何以禦彼之侮, 而防其覬覦乎, 誠能內修政敎, 外結鄰好, 守我邦之禮義, 侔各國之富强, 與爾士民, 共享昇平, 則豈不休哉. (바) 乃者習見難化, 民志靡定, 遂有六月之變, 失信鄰國, 貽笑天下, 國勢日以岌嶪, 賠款至於巨萬, 寧不寒心, 日人之入我國, 何曾虐我侮我, 有乖和好, 而特以軍民之妄生疑阻, 積懷忿怒, 有此無故而先犯, 爾等思之, 其失在誰. (사) 今幸辦理粗究, 舊好更申, 而英·美諸國, 又將踵至, 立約通商, 此乃萬國通例, 非創行於我國, 則決非可驚可愕之事, 爾等, 其各帖然無恐, 士勤工課, 民安稼穡, 勿復以曰洋曰倭, 胥動騷訛也, 各港近地, 雖有外國人閒行, 宜各恬視爲常, 無或先犯, 倘如彼有凌虐, 自當按約懲辦, 決不屈我民而護外人也, 嗚呼, 愚而自用, 聖人攸戒, 在下訕上, 王法當誅, 不敎而刑, 是爲罔民, 故玆以臚述洞諭. (아) 且旣與西國修好, 則京外所立斥洋碑刻, 時措有異, 故竝行拔去, 爾等士民, 各悉此意事, 令議政府, 揭示行會八道四都." 『高宗實錄』 19年 8月 5日(戊午條), 『承政院日記』 同日條; 金允植 『雲養集』 권5, 綸音布諭, 「曉諭國內大小民人 壬午」.

외국과 교섭을 하지 않아 해외사정에 어두운데, 작금의 세계의 대세는 춘추열국시대를 방불케 하는 만국병립 시대로서, 일본은 물론 중국까지도 만국공법질서에 따라 평등한 입장에서 조약을 맺고 있다. (나) 이번에 조선이 영국·미국·독일 등과 평등의 원리하에 조약을 맺은 것은 이러한 대세에 따른 것으로 걱정할 문제가 아니다. (다) 그런데 이를 반대하는 세력들은 오로지 척화론으로 일관함으로써 조선이 고립무원의 지경에 빠지고 있는 현실을 외면하고 있다. (라) 또한 서양과 만국공법에 입각해 조약을 맺는 것과 사교의 확산은 별개의 문제로서 조선이 이룩한 문명의 성취는 앞으로도 지켜갈 예정이다. (마) 사교는 배척하되 서양의 발달된 기(器)는 이용후생의 차원에서 받아들여야 하며, 그렇지 않고 서양의 기까지 배척하게 되면 외국에 비해 현저하게 약한 조선이 살아남을 길이 없다. (바) 얼마 전 양이(攘夷)사건(壬午軍亂)으로 인해 나라는 위기에 노출되고, 막대한 배상금을 지불하게 되는 등 우리만 더욱 어려운 형국에 놓이게 되었음을 직시해야 한다. (사) 최근 맺은 외국과의 조약은 세계의 대세에 동참하는 것이니 외국인에게 친절할 것이며, 만일 외국 측이 문제를 일으키면 조약에 근거하여 내가 문제를 풀어갈 것이다. (아) 이제 외국과 선린관계에 들어가므로 전국의 모든 척화비를 없애니, 이러한 의도를 깊이 헤아리고 협력해달라.

이는 환언하면 '만국병립의 상황이 바로 세계적 대세이며, 종래의 배외주의 정책이나 양이(攘夷)적 관념은 조선을 세계 속에서 고립시켜 위태롭게 할 뿐이므로, '국가평등' 관념에 입각한 만국공법에 근거해 조선의 대외관계를 전면적으로 재정립해나갈 것'임을 고종이 공개적으로 천명했음을 의미한다. 뿐만 아니라 청의 중체서용(中體西用)이나 일본의 화혼양재(和魂洋才)와 유사한 사상구조를 갖는 이른바 '동도서기(東道西器)'의 논리를 정책전환의 새로운 기본원칙으로 제시함으로써 '문명국가로서의 자부심'과 '이용후생의 원칙에 입각한 부강책(富强策)'을 절충하여 발전시켜갈

것임을 선언한 것이다.[181]

한편 개화를 추진하는 고종의 태도는, 의복(衣服)에 관련된 기존의 형식을 간소하게 바꾸려다 이에 대한 논란이 한달 이상 거듭되는 가운데 발표된 1884년 6월 15일자 교서에 다음과 같이 명료하게 잘 드러난다.

> 현재 시국이 날로 변하고, 사무가 날로 늘어가며, 배와 수레로 교섭하는 길이 열리고, 감영과 보루에 군사훈련장을 설치하여 대응하는 것이, 결코 전날에 자기만을 지키려 하던 때와는 비교가 되지 않는다. 그런데 어떻게 상투적인 방식을 고집하고, 쓸데없는 절차를 행하면서, 실사구시(實事求是)의 길을 탐구할 방도를 생각하지 않을 수 있겠는가. 실(實)이라는 것은 진실한 것으로 허망하지 않은 것을 일컫는 것이고, 간사한 것을 막는 것을 말하는 것이다. 조치를 취하고 일을 하는 데에 간사하고 허망한 것이 섞여들면 어떻게 결연히 떨쳐일어날 수 있겠는가. (…) [182]

이러한 고종의 실사구시적 사고방식은 당시 그와 긴밀한 관계를 가지고 있었던 개화파 김옥균이 1884년 5월 11일자 『한성순보』[183] 제26호에 발표한 「치도략론(治道略論)」의 논의와 거의 맥을 같이한다는 점에서도 무척 흥미로운 사실이 아닐 수 없다.[184]

---

181) 이후 동도서기의 원칙이 조선의 조야에 확산되어가는 과정에 관해서는 권오영 「동도서기론의 구조와 전개」, 『한국사시민강좌』 7집(서울: 일조각 1990) 참조.

182) "見今時局日變 事務日增 舟車通交涉之路 營壘設操鍊之場 其所接應 決非前日自守之可比 則何可膠執例套 印行冗節 不思所以實事求是之道乎 實者誠也 無妄之謂也 閑邪之謂也 邪與妄之參錯於施措事爲之間者 其何能勃然而起 蔚然而興也哉…" 『高宗實錄』 21年 6月 15日(丁亥條).

183) 1883년 10월 당시 박영효 등의 진언을 받아들여 설립한 한성순보와 이후 1886년 창간된 한성주보는 개화운동에 중대한 역할을 하였다. 이에 대해서는 이광린 「한성순보와 한성주보에 대한 일고찰」, 『한국개화사연구』(서울: 일조각 1969)를 참고할 수 있다.

184) 이에 대한 분석으로, 주진오는 개화파가 왕권에 의해 발탁되어 권력의 중심부에서

오늘날의 급선무를 논하는 자들은 '반드시 인재를 등용하고 재용(財用)을 절약하고 사치를 억제하고 해금(海禁)을 풀고서 교린을 잘하는 데 있으니 이중 하나라도 빠뜨려서는 안된다'고 말한다. 그러나 나의 생각으로는 실사구시하는 것이 제일이라 여겨진다. 곧 한두가지 중요한 일부터 급히 시행해야 하고 원대한 계획을 기약하여 한갓 공론(空論)이 되게 해서는 안된다.

그러나 청이 조선에 군대를 주둔시키고 '조청상민수륙무역장정'(1882년 10월)이 체결되는 등 청의 내정간섭이 노골적으로 가시화되면서,[185] 당시 왕실은 일본의 침투로 파생된 여러 문제와는 다른 차원의 어려움에 봉착하게 된다. 이러한 사실을 이해하기 위해서는 임오군란 이후 나타나기 시작한 청의 내정간섭이 조선의 조정에게 어떠한 의미를 가지는 것이었는지를 상기해볼 필요가 있다. 왜냐하면 조선에 일본세력이 침투한 분야가 주로 경제와 관련된 것이어서 대체로 백성들의 생활에 영향을 주는 수준에 머무르는 것인 반면 전통적인 '사대자소' 질서와 확연히 달라진 청의 실질적인 종주권 확보 책동은 조선왕실의 존엄과 자주를 여지없이 와해시키고 사사건건 정책 추진의 장애가 되었다는 점에서 고종을 비롯한 개혁세력에게 있어서는 훨씬 피부로 느끼는 것이었기 때문이다. 따라서 청의 횡포에서 벗어나는 것은 당시 고종의 가장 큰 정치적 과제가 될 수밖에 없었으며, 그것이야말로 바로 '자주'로 인식되었다. 하지만 이처럼 청의 간

활약한 사실을 간과하면 안된다고 강조한다. 그는 또한 당시의 왕권이 단지 수구·봉건적인 입장을 고수하려 했다고 생각하면 안되며, 오히려 부국강병의 실현은 권력의 소재가 왕실에 있는 한 강력한 왕권을 확립할 수 있게 한다는 의미에서 고종의 입장에서도 바람직한 것이었다고 지적한다. 주진오 「1898년 독립협회 운동의 주도세력과 지지기반」, 『역사와 현실』 15집(서울: 한울 1989) 33면 참조.

185) 조청상민수륙무역장정(朝淸商民水陸貿易章程)에 관한 분석으로는 김정기 「1876-1894년 청의 조선정책 연구」 52~106면을 참고할 수 있다.

섭이 심한 와중에서 후술하는 바와 같이 김옥균, 박영효 등 이른바 급진개화파가 정치적으로 한계를 노정하면서 발생한 갑신정변의 실패는 역설적으로 조선의 정국 전체를 완전히 반전시켜 파국으로 치닫게 하였으며, 이에 따라 고종의 구상은 국내외의 압력에 노출되어 현실적으로 실현되기 어려운 상황에 이르지 않을 수 없었다.

고종이 대체적인 시대적 흐름과 동아시아 정치질서의 지각변동을 감지하고 기왕의 화이론적 관념에서 이탈하여 자기 나름의 구상을 갖게 되었을 때, 그리고 그 구상이 현실적으로 실현되기 어려운 것으로 자꾸 멀어져 갈 때, 고종에게 있어서 균세, 이의(理義)의 존중을 그 내용으로 하는 '만국공법'이라는 일견 평등해 보이는 국가간 질서체계와, 'Good office' 조항 즉 '필수상조(必須相助)' 혹은 '선위조처(善爲調處)'의 내용을 채택한 공평무사한 이미지로서의 '미국'이라는 나라, 그리고 '자주지권'을 갖는 자주국에 대한 열망이 얼마나 간절한 것이었을지는 가히 상상하고 남음이 있다.[186)]

186) 만국공법에 대한 신뢰가 확산 · 심화된 예로서, 고종의 지원을 받고 있던 『한성순보』, 『한성주보』에 실린 공법에 관한 여러 논의를 들 수 있을 것이다. 이에 관해서는 김봉진 「한성주보의 발행과 조선의 만국공법의 수용」, 『한국전통사회의 구조와 변동』(서울: 문학과지성사 1986); 김세민 『한국근대사와 만국공법』(서울: 경인문화사 2002) 127~50면을 참고할 수 있다. 한편 친미적 사고와 '만국공법'에 대한 신뢰가 어우러진 대외인식의 형성은 비단 고종에게만 국한된 것은 아니었다. 예컨대 1884년 8월 1일자 『한성순보』의 「국가 간의 전쟁과 국외중립의 조례」를 논하는 장의 12절을 보면 친미의식과 공법에 대한 신뢰가 서로 어우러져 다음과 같이 표현되고 있다. "미국의 법은 공법을 보조하기 위해 만든 것이다. 대개 공법의 의의는 가장 먼저 우방의 자주권을 보존하는 데 있다. 그러므로 미국 법률은 (…) 주모자가 우방을 요란케 한 데 대해 벌을 가하는 것이다." 다만 여기서 간과해서 안될 사실은 이들이 만국공법에 대해 막연히 과도한 신뢰만을 보내지는 않았다는 사실이다. 예컨대 『한성주보』의 제17호(양력 1886년 5월 24일자) 「사의(私議)」란의 「論西日條約改證案」을 보면, "비록 조약이 있다 하나 나에게 불편하다고 생각되면 강자는 이치를 왜곡하여 편리한 대로 말을 하고, 비록 공법이 있다 하나 약자는 감히 예를 끌어다가 증거할 수 없다. 그러므로 조약과 공법이란 다만 부강한

자들이 조약과 공법을 빌려 저희들에게만 편리하게 하는 방편에 불과할 뿐이다." 또한 제31호(양력 1886년 10월 4일자) 「사의(私議)」란의 「論外交擇其任」을 보면 "하물며 지금은 세계가 서로 부강을 위주로 하여, 배 한척으로 만리를 아침 저녁에 왕래하며, 조약을 맺어 통상하고, 만국공법을 정하여 방한하니 서로 관련되지 않는 일이 없고, 미세한 일까지 서로 모르는 것이 없으니 교린의 업무가 날로 복잡하여지고 있다. 어떤 이는 '이미 조약이 있으니 상무(常務)에 이를 준수하면 남의 나라를 침해하는 일이 없을 것이고, 이미 만국공법이 있으니 강한 이웃나라라도 이를 믿을 것이니 두려울 것이 없다'고 한다. 그러나 만약 적임자를 택하지 못하거나 내수(內修)와 외교를 잘하지 못한다면 조약은 준수되지 않을 것이며 공법도 믿을 수 없을 것이다"라고 하여 내치와 외교의 중요성을 나름대로 정확하게 인식할 줄 아는 면모 또한 갖추었음을 엿볼 수 있다.

제6장

새로운 정치질서의 모색과 새로운 위기

동아시아질서 전반이 동요하고 조선의 정치공간이 자기만족적이면서 배타적인 성향을 견지해가는 와중에서, 고종은 정치적 정통성의 상징인 왕권의 특수한 위상에 힘입어 일단 친정(親政)을 선언할 수는 있었으나, '효(孝)'라는 유교의 절대가치로 인해 자신의 생부인 대원군을 정치적으로 완전히 배제할 수 없었다. 예컨대 다음에 소개하는 상소문은 이러한 정황을 드러내주는 몇개의 시사적인 사례이다.

(가) 효도는 모든 행실의 근원이며 모든 교화의 근본입니다. 맹자가 말하기를, '오직 부모에게 순종하여야 근심을 놓을 수 있다'고 하였습니다. 예로부터 자신을 수양하고 집안을 잘 꾸리며 나라를 다스리고 천하를 편안하게 만드는 방도는 효도와 우애로부터 비롯되지 않은 것이 없었습니다. (…) 그런데 어찌된 일인지 최익현이 재차 상소문을 올린 뒤 모든 데서 화기(和氣)가 없어지고 말았으니 (…) 만일 효도에서 조금이라도 소홀함이 있다면 설사 백가지 일들이 잘되어도 정사(政事)에는 도움이 되지 않으며 나아가서면 훗날에 가서도 비난을 면치 못하게 될 것입니다.[1]

(나) (얼마 전에) 이휘림(李彙林)은 상소문을 통해 '대원군을 전하가 잘 보살피지 않는다'는 말을 한 것으로 말미암아 무거운 벌을 받은 바 있습니다. 그때 전하는 '대원군이 교외로 행차한 것은 전적으로 적당한 곳을 찾아서 몸조리를 하기 위한 것이니 앞으로 머지않아 돌아올 것'이라고 하였습니다. 그러나 지금 몇달이 되어오지만 〔대원군이 운현궁으로〕 돌아왔다는 통보를 듣지 못하였습니다. (…) 부모의 훈계를 따르지 않으면서 왕에게 충성할 수 있다는 말을 신은 들어보지 못하였습니다. (…) 신이 만약 전하에게 진술하지 않으면 전하가 장차 그것을 어떻게 들을 수 있겠습니까. 신이 말한 것으로 하여 거대한 사악함을 제거하고 조정이 청명해질 수 있다면 신은 죽어도 영광스러운 일입니다.[2)]

이처럼 대원군과 고종 두 사람은 '효'의 원리와 '충'의 원리가 부딪치는 미묘하고 불편한 정치적 관계에 놓여 있었고, 조선의 유교적 정치지형에서 이러한 상황은 현실정치의 장에서 국왕 고종이 정치력을 발휘하는 데 심각한 제한요소로 작용하였다. 여기서는 이후 고종의 주도하에 시도되는 개혁정책의 추진과 정국의 전개에 관한 논의에 들어가기에 앞서, 대원군과 관련된 하나의 사례를 통해 정국 운영과정에서 전통적으로 이루어져온 왕권에 대한 신권세력의 견제가 대체로 어떤 방식으로 이루어졌는지를 우

1) 『高宗實錄』 10年 12月 12日, 「副司果朴遇賢疏略」, "夫孝者, 百行之源而萬化之本也. 孟子曰, 惟順於父母, 可以解憂. 自古修身齊家治國平天下之道, 不過是孝悌上做去. (…) 柰之何崔益鉉再疏之後, 爻象失和. (…) 若於孝理之道, 有一毫未盡, 則雖百事盡善, 無補於治, 而尙不免天下後世之疵議矣. 此不可不大加修省也."

2) 『高宗實錄』 11年 12月 29日, 「前掌令孫永老疏略」, "李彙林之疏, 言涉不審, 已被重罪. 而其時傳敎若曰, 大院君郊舍行次, 專爲取適蓬養, 而行將非久還次矣. 于今數朔, 未聞還次之報. (…) 不遵父訓, 而能忠於君者, 臣未之聞也. (…) 臣若不爲殿下一陳之, 殿下其將何以聞之乎. 由臣之言, 屛去巨慝, 朝著淸明, 臣死亦猶榮."

선 살펴보기로 하겠다.

1875년 5월, 일본의 서계를 접수할 것인지의 여부를 둘러싼 논의가 한창 진행 중이던 상황에서, 고종은 지방에 은거하는 대원군을 운현궁(雲峴宮)으로 돌아오게 하라는 유생들의 상소가 계속 이어지는 것은 국정운영에 도움이 되지 않으며 현실적으로 국왕을 모욕하는 것이라면서, 이러한 행위를 더이상 용납하지 않을 것이라고 강경하게 천명한다.

> 여러 대신들은 나의 뜻을 잘 알고 있을 것이니 물러가서 상소문을 주관한 유생을 불러다가 잘 타일러서 돌려보내야 할 것이오. 이렇게 한 뒤에도 다시 이 문제를 가지고 진술하는 글을 올리는 자가 있으면 이것은 악의적인 것이라고 해야 할 것이니, 결단코 왕의 권위를 침해한 불순한 행동에 해당한다는 법조문을 적용할 것이오.[3]

그러나 얼마 후 자신의 효에 관해 언급하는 내용의 상소가 다시 나타나자, 고종은 "유생들의 상소에 관해서는 이미 지난번에 분명히 지시한 바 있었는데 다시 상소를 올리니 이는 다분히 의도적인 것이다"[4]고 하면서, "이들이 왕의 권위를 침범한 불순한 죄를 저지른 이상 이들을 처형하라"는 지시를 내린다.[5] 그러자 이러한 고종의 지시가 내려진 다음날, 전현직 대신들이 연합상소를 통해 이러한 국왕의 처사가 "나라가 선비를 대우하는 예에 어긋난다"면서 이러한 지시를 철회할 것을 요구하는가 하면, 의금부의 당상관들 역시 연합상소를 통해 "정당한 심문절차를 거치지 않은 이러한 지시가 수백년 동안 견지되어온 법 규정을 하루아침에 허물어뜨리는

---

3) 『高宗實錄』 12年 5月 17日.

4) 『高宗實錄』 12年 6月 17日. 이때 상소문을 올린 유생은 최화식(崔華植), 조충식(趙忠植), 조병만(曺秉萬), 임도준(任度準) 네명이었다.

5) 『高宗實錄』 12年 6月 18日.

행동"이라고 하면서 불가불 왕명에 따르기 어렵다고 저항하고 나선다.[6]

고종이 이러한 반대견해를 수용할 수 없다고 하자, 전현직 대신들이 다시 연합상소를 올려, "선비들의 기개가 오백년의 왕조를 지탱한 원기가 되었다는 점을 감안하여 이들을 특별히 용서할 것(惟聖朝五百年培養, 專在士子, 爲國元氣, 今疏儒自陷重律, 雖係罔赦, 伏望特施仁愛, 有以裁處焉)"을 간청하고 나선다. 이에 대해 고종은 다음과 같이 응수한다.

> 도리에 맞지 않게 국왕을 범하였는데도 만일 선비라는 이름으로 인해 처단하지 않는다면 나라에 군주는 없고 오로지 선비만이 있게 될 것이오. 경들은 어찌하여 그렇게 말하는가. 대신들의 논의는 부당한 것 같으며 앞뒤가 맞지 않소(批曰, 雖犯上不道, 若以士子爲名, 不誅則國無其君, 只有士矣. 卿等之言可乎. 大臣之論, 似不當前後異同也).

고종의 이러한 태도에 대한 반대의사 표명은 대간업무를 맡은 홍문관 관리들의 연합상소와 의금부 관리들의 두번째 연합상소로 이어졌으며, 고종은 이처럼 계속되는 연합상소가 "신하의 본분에 부적절한 태도"라고 비판했다.[7] 그러자 다음날 전현직 대신들이 자신들의 불충에 대해 처벌해달라고 압력을 가하는가 하면, 현직 대신들은 사임을 청하였으며, 홍문관에서는 다시 연합상소를 제출했다.[8] 이처럼 유생의 처벌을 둘러싸고 군신간의 대치가 수일째 팽팽히 지속되자, 결국 고종은 "신하들의 계속되는 항명(抗命)에 대해 탄식한다"고 하면서 자신의 지시를 철회한다.[9]

위에 소개한 사례는 군주가 최종적인 결정권을 갖고 있지만 신하들이

6) 『高宗實錄』 12年 6月 19日.

7) 『高宗實錄』 12年 6月 20日.

8) 『高宗實錄』 12年 6月 21日.

9) 『高宗實錄』 12年 6月 22日, 6月 23日.

일종의 심의권을 통해 이를 실질적으로 제한하는 경우이다. 이러한 사례는 조선의 건국 이래 전통적으로 내려오던, 보편적 '이념'과 각종 '제도'를 통한 왕권에 대한 신권의 견제구조가 고종이 친정을 선언한 이후에도 여전히 견고하게 지속되었음을 전형적으로 드러내준다. 더욱이 정상적인 왕위계승 방식에서는 '살아 있는 대원군'이라는 존재가 부각되기 어렵다는 점을 고려하면, 제4장에서 언급했듯이 국왕 고종의 왕위승계 과정의 정통성의 결여라는 문제는 조선의 유교적 정치지형에서 현실적으로 고종의 정치력이 어떻게 제한받았는지를 가늠할 수 있게 한다.

유교적 성왕교육을 받으며 '위민(爲民)'과 '인군(仁君)' 의식을 익혀가던 청년 고종이 조선을 둘러싼 대외관계 및 세계정세의 변화에 각별한 관심을 가지게 되고, 이후 기존의 중국 중심의 세계관과 화이론적 명분론에 입각한 배타적인 대외인식에도 점차 변화가 나타나게 되었음은 제5장에서 이미 상세히 언급한 바 있다. 그러면 고종은 자신이 대원군세력의 정치적 구심력 확보의 기능을 담당했던 척화(斥和)·척사(斥邪)정책과는 다른 정치적 입장을 취하고자 했을 때 이로 인한 국내정치적 저항을 어떻게 극복하려고 했을까? 그리고 제4장에서 언급한 고종 정치력의 일종의 '원초적 한계'는 문명사적 전환기 조선이 처한 정치적 위기상황에서 어떠한 작용을 했던 것일까? 이제부터 고종이 새로운 질서를 구상하면서 내정과 외교 분야에서 구체적으로 어떠한 노력을 기울이는지, 그리고 어떠한 새로운 정치적 위기에 직면하게 되는지를 중심으로 논의를 계속해가기로 한다.

1. 고종의 개혁정책과 자주외교의 모색

(1) 통리기무아문의 설치와 개혁의 중심잡기

기존의 배외주의정책에 대한 고종의 변화의지가 조선의 현실정치의 장에서 구체적인 일련의 개혁정책의 형태로 가시화되기 시작한 것은 『조선책략』이 전래된 직후인 1880년 9월부터라고 할 수 있다.[10] 1880년 12월 조선정부는 '사대·교린·군무·변정 등과 관련된 일을 전담할 새로운 기구'[11]를 마련하라는 고종의 지시에 따라 새로운 국가기관으로서 통리기무아문(統理機務衙門, 이하 통리아문으로 약칭함)을 설치한다.[12]

이처럼 통리아문의 설치는 고종이 미국과의 수교를 결정함에 따라 새로

10) 1880년대 조선왕조의 문호개방정책에 관해서는 이미 많은 연구들이 있다. 그러나 일반적으로 "1880년대 초반에 이루어진 지배층의 개화정책은 정권유지를 목적으로 한 것으로서 외세의존적이고 몰주체적인 성격이 강하다"(강만길 『고쳐 쓴 한국근대사』(서울: 창작과비평사 1994, 182면)는 관점에서 폄하하거나, 혹은 "조정에 진출한 개화파들에 의해 통리기무아문의 설치를 비롯한 일본시찰단 및 영선사 등의 파견이 이루어졌다"(신용하 「개화파의 형성과 개화사상의 발전」, 『한국사38권: 개화와 수구의 갈등』(서울: 국사편찬위원회 1999, 38~51면)는 측면에서 해석되는 경향이 강하다. 그러나 통리기무아문이 설치될 당시 오늘날 개화파로 지칭되는 인물 중에 조정의 핵심 관직에 올라 있는 인물은 아무도 없었다. 더욱이 의정부와 동급에 해당하는 통리기무아문과 같은 국가기구를 극히 소수에 불과한 개화파가 설치했다는 것은 사실과는 거리가 있어 보인다.

11) 『備邊司謄錄』 高宗17年 12月 7日, "今十二月初五日 (…) 大臣政府堂上引見入侍時, 上曰, 向有幹局技藝等人薦剡, 亦以學造器械事, 咨請上國, 今有回咨準許矣. 不可不設一衙門, 凡係事大交隣軍務邊情等事, 使之專管擧行, 衙門稱號及官制, 時原任大臣參贊有司堂上, 相議磨鍊節目以入, 可也."

12) 전해종 「통리기무아문의 설립경위에 대하여」, 『역사학보』 17·18합집(1962); 이광린 「통리기무아문의 조직과 기능」, 『개화파와 개화사상연구』(서울: 일조각 1989) 등을 참조.

운 외교사무를 총체적으로 담당할 적절한 기구가 시급히 요청되는 상황에서 추진된 것으로서, 이 기구의 관장업무는 외교·국방·통상 등을 비롯하여 각종 기계·병기·함선의 제조, 인재선발, 각국 언어의 학습 및 번역 그리고 이에 따른 재정담당 등으로 나뉘어 있었다. 따라서 통리아문은 고종의 주도하에 조선정부가 '배외주의'와 '척사'정책을 기조로 하던 기왕의 방침을 전환하고 외국과의 교섭 및 통상, 그리고 국방에 관한 일을 전담하도록 설치했다는 점에서 획기적인 의미를 지닌 기구인 동시에 고종의 정치적 구상이 깊이 반영된 것이라고 할 수 있다. 여기서는 통리아문의 성격과 그 활동을 중심으로 고종이 현실정치의 장에서 어떻게 정국을 운영하려 했는지 검토해보기로 한다.

우선 주목해야 할 사항은 기구의 성격이 대단히 특이하다는 점이다. 당시 의정부가 고종에게 올린 보고에 의하면,

> 신설한 아문은 중앙과 지방의 군사(軍事)와 정사(政事)의 중요사무를 통솔하므로 그 격식이 구별되어야 하는 만큼 정일품(正一品) 아문(衙門)으로 정할 것이며 〔의정부의〕 대신 중에서 총리(總理)를 시켜 통제하고 정무 보는 것을 의정부와 같은 규례로 할 것입니다〔新衙門總領中外軍國機務 則體貌自別 以正一品衙門磨鍊 大臣中總理 而節制視務 與議政府一例爲之〕.[13]

라고 되어 있어, 통리아문이 조선건국 이래 국가운영의 근간이 된 의정부—육조체제의 하위기관이 아닌 '별도'의 기구로서 의정부와 동등한 권한을 갖는 정일품 아문임을 알 수 있다. 동시에 의정부 대신이 총리의 직책을 갖고 이를 동세하게 한다는 난서를 붙임으로써, 정부의 이원화에서 불가불 드러나게 될 정치적인 견제·갈등 관계를 최소화하고 두개의 기구가

13) 「統理機務衙門節目」, 『備邊司謄錄』 高宗17年 12月 20日; 『高宗實錄』 17年 12月 21日.

상호보완적이고 협력적인 관계에 있음이 강조된다.[14] 통리아문의 이러한 절충적 성격은 국내적으로 기존의 정부기관에 소속되어 있는 주요한 정치세력의 정치적 지원과 참여를 적극적으로 유인하는 동시에 자강정책을 담당할 만한 새로운 인물들이 활동할 수 있는 제도적 장치를 제공할 수 있다는 점에서, 가능한 한 정치적인 마찰을 피하면서 개혁을 추구하려는 고종의 정치적 의도가 반영된 것이라고 할 수 있다.[15]

정치적 갈등을 최소화하면서 개혁을 추진하려는 고종의 정치적 의도는 통리아문의 운영과 활동을 통해서도 드러난다. 이와 관련해서 간과해서는 안될 사항은 통리아문이 지향하는 모델이 매우 신중하게 모색되고 있다는 점이다. 우선 통리아문은 그 명칭에서 드러나듯이 기본적으로 청의 총리아문(總理衙門) 모델을 중시하는 것 같은 인상을 받게 된다.[16] 그러나 이

---

14) 홍미롭게도 이후 예조판서 이인명(李寅命)이 제3차 수신사인 조병호(趙秉鎬)를 통해서 통리아문의 설립과 성격을 일본 측에 공식적으로 전달한 서한에는 새로운 아문이 대외적으로 정부의 대표성을 갖는 기구로 표현되어 있다. "우리나라가 통리아문을 새로 설치하고 교린사(交隣司)를 분설하였는데, 이후 아문은 귀국의 정부, 교린사는 귀국의 외무성에 해당한다." 『同文彙考』 제4권(서울: 국사편찬위원회 1978) 4137면; 『日本外交文書』 明治年間 제14卷, 事項7, 文書番號 138, 316~17면, 이에 관해서는 김수암 「한국의 근대외교제도연구: 외교관서와 상주사절을 중심으로」(서울대학교 박사논문 2000) 88면 참조. 조선정부가 대외적인 공식문서에서 이러한 표현을 쓴 것은 고종의 의도를 분명히 드러내주는 것일 뿐만 아니라, 동시에 의정부 관계자들이 통리아문을 적어도 출범 초기에는 상호보완적인 것으로 인식하고 있었음을 시사해준다.

15) 통리아문이 출범할 당시에 대신들은 별다른 정치적 저항을 보이지 않고 오히려 협조적인 태도를 보였을 뿐만 아니라 또한 개인의 능력과 자질에 따라 인재를 등용할 것임이 여러차례 강조되고 있었음은 다른 연구에서 이미 지적된 바 있다. 이미애 「1880-1884년 부강정책추진기구와 의정부」, 『한국사론』 44(서울대학교 2000).

16) 통리아문의 참모관으로 기용된 개화승 이동인은 일본의 하나부사 요시모또(花房義質)에게 "통리아문이 청의 총리아문을 모방하여 외국사무를 전체적으로 감독관리하는 기관이라고 소개하면서, 통상사(通商司)·이용사(理用司)·교린사(交隣司)를 통해 기구의 내부조직을 설명"한 바 있다. 『日本外交文書』 明治年間 14卷, 事項7, 文書番號 122, 290면. 이를 토대로 하나부사는 통리아문의 성격에 대해 "신설된 아문의 명칭은 청의 총리

러한 명칭을 채택하게 된 데는 다분히 전략적인 배려가 있는 듯하다. 왜냐하면 대외적으로 고립된 조선의 상황을 타개하고 자강의 발판을 마련하기 위해 어떤 식으로든 중국을 활용하지 않을 수 없었던 당시 조선의 처지에서는, 황 쭌셴이 『조선책략』에서 대변하고 있는 '친(親)중국'에 담긴 청의 요구를 조선이 존중하고 있다는 인상을 대내외적으로 확보하는 것이 청측 관료나 조선 내의 정치적 저항세력에게서 나타날 수 있는 정치적인 경계심이나 의구심을 줄일 수 있다는 것을 고종을 비롯한 관계자들이 고려하지 않았을 리 없기 때문이다.[17)]

이러한 사실은 이후 고종의 행동에서 확인할 수 있다. 고종은 자신의 밀사자격으로 일본에 다녀온 개화승 이동인의 권유 등에 따라, 통리아문의 출범 이후 대규모 일본시찰단의 파견을 결정한다.[18)] 기존연구에서도 지적

아문을 모방했어도 그 관장하는 업무는 외국사무만이 아니고 동시에 군사(軍事)와 정사(政事)의 중요사무를 전체적으로 감독관리하는 제도로서 각사(各司)는 판서와 참판으로 운영하게 함으로써 마치 별도의 의정부와 육조를 신설한 것 같다. (…) 이제 아문이 설치되어 외교교섭이 더욱 원활하게 이루어질 것으로 기대하고 있다"고 본국에 보고하였다. 『日本外交文書』 明治年間 14卷, 事項9, 文書番號 152, 362~64면. 한편 주일청국공사 허위장 역시 본국에 "통리아문이 중국의 군기처(軍機處)와 총리아문을 모방하여 창설되었으며, 이 기구를 통해 조선이 자강을 달성하려 하고 있다"고 보고하였다. 『淸季中日韓關係史料』 第2卷, 文書番號360, 光緖7年 4月 15日, 500~503면, 이에 관해서는 김수암, 앞의 논문 77, 98~100면 참조.

17) 고종이 이미 미국과의 수교를 확고하게 결심하고 있었던 당시 상황을 감안했을 때 통리아문의 창설 당시, 대외관계를 담당하는 부처가 사대사(事大司)와 교린사(交隣司)로 나뉜 것도 기본적으로 같은 이유에서라고 할 수 있을 것이다. 이후 같은 해 통리아문의 개편이 이루어질 때 대외관계를 담당하는 부서가 동문사(同文司) 하나로 일원화된 점과 그 의도에 관해서는 제5장에서 이미 지적한 바 있다.

18) 주일청국공사 허 위장에게 미국과의 수호통상조약을 알선해줄 것을 요청하기 위해 고종의 밀사로서 일본에 건너간 이동인은 양력 1880년 12월 1일 어니스트 사토에게 "가장 개명된 인물로 구성된 사절단을 일본에 파견하여 외국의 대표들과 (조약체결에 관하여) 협의하고 싶다"는 계획을 피력한 바 있다. 萩原延壽 『遠い崖: アーネスト·サトウ日記抄, 14卷=離日』(東京: 岩波書店 2001) 109~10면.

된 바와 같이,[19] 이후 시찰단의 파견은 국가적 기밀로 취급되면서 은밀하고도 신속히 추진되었는데, 이들을 파견하는 데 필요한 자금은 국왕의 개인자금인 내탕금(內帑金)에 의해 충당되었다. 이때 시찰단에 뽑힌 책임자들은 주로 홍문관이나 대간 출신의 언관(言官)들로, 학식과 문장이 뛰어나고 국왕의 측근에서 고종의 두터운 신임을 받는 대체로 '실무능력과 전문지식을 겸비한' 인물들이었다. 고종은 이들에게 일본의 내무성·문부성·사법성·외무성·공부성(工部省)·육군성(陸軍省)·대장성(大藏省)의 업무, 세관사무, 기선 운항과 육군 조련 등에 관한 사항을 파악해서 보고하라고 각자의 임무를 밀지(密旨)를 통해 상세히 지시하였고, 특히 어윤중(魚允中, 1848~1896)과 홍영식(洪英植)에게는 미국과의 수교에 대비하여 외교사항을 조사하는 임무가 추가되었다. 그리고 어윤중에게는 유길준(兪吉濬, 1856~1914), 윤치호(尹致昊, 1865~1946) 등 수행원으로 따라간 이들을 현지에 남겨 유학시키는 일도 맡겨졌다.

이러한 일이 현실적으로 추진될 수 있었던 것은 제5장에서 살펴본 바와 같이 그동안 축적되어온 고종의 정치적 구상이 있었기 때문이라는 것은

19) 고종은 강렬한 척사와 외세배격의 감정을 고려하여 시찰단에게 '동래암행어사'라는 허명(虛名) 외에는 어떠한 공식적인 직함도 내리지 않았다. 일본시찰단에 관해서는, 정옥자 「신사유람단고」, 『역사학보』 27(1965); 허동현 「1881년 조선 조사 일본시찰단에 관한 일연구」, 『한국사연구』 52(1986); 「1881년 조사시찰단 연구」(고려대학교 사학과 박사논문 1993); 「1881년 조사시찰단의 명치일본 정치제도 이해」, 『한국사연구』 86(1994); 「1881년 조사시찰단의 활동에 관한 연구」, 『국사관논총』 66(1995); 「1881년 조사 어윤중의 일본 경제정책 인식」, 『한국사연구』 93(1996); 「1881년 조사시찰단의 명치일본 사법제도 이해」, 『진단학보』 84(1997); 「1881년 조사시찰단의 명치일본 산업진흥정책관」, 『아태연구』 4(1997); 「1881년 조사시찰단의 일본 군사제도 인식」, 『아태연구』 5(1998); 「조사시찰단(1881)의 일본견문기록 총람」, 『사총』 48(1998); 「1881년 조사시찰단의 명치 일본 사회·풍속관」, 『한국사연구』 101(1998) ; 「일본시찰단의 파견」, 『한국사38: 개화와 수구의 갈등』(국사편찬위원회 1999); 「해제 조사시찰단관계자료집」, 허동현 편 『조사시찰단관계자료집』 1(서울: 국학자료원 2000)을 참고할 수 있다. 본서는 허동현의 연구에서 시사받은 바가 많다는 것을 밝혀둔다.

부언의 여지가 없을 것이다. 이러한 정황을 엿볼 수 있는 당시의 일본 측 기록과 사절단의 복명(復命)기록 및 견문기록을 몇가지 지적해두면 다음과 같다.

(가) 시찰단은 최초부터 국왕의 결단에서 나온 일로서 정부 안에는 동의하지 않는 자가 적지 않고, 금일에 이르러서도 아직 전혀 중론(衆論)이 하나로 정해지지 않았습니다.[20] 〔주조선 일본공사 하나부사 요시모또로부터 외무경 이노우에 카오루(井上馨)에게 보낸 보고 중에서〕

(나) 비록 〔이들은 일본에〕 유람한다는 명목으로 가지만 실은 국왕으로부터 우리나라〔일본〕의 국정을 시찰하도록 특별히 지시받은 인물들로서 이들 일행이 조선 개화의 기본을 다지게 될 것이다.[21] 〔부산주재 일본영사 콘도오 신스께(近藤眞鋤)로부터 외무경 이노우에 카오루에게 보낸 보고 중에서〕

(다) 삼가 생각해보니 일본과 조약을 맺은 지 여러 해인 데 우리나라가 그들의 동정을 아는 데 소홀한 것을 성상〔聖上, 국왕〕께서 염려하시어 직지(直指)의 사행(使行)을 위임하신 것입니다.[22] 〔심상학(沈相學)의 견문기록 중에서〕

(라) 오늘날 천하의 각국이 서로 교류하는데 우리나라는 일본과 교류한 지가 비록 오래되었으나 아직 저 나라의 속사정을 알지 못하오. 그러므로

---

20) 『花房公使朝鮮關係記錄』 四卷 「派員視察條」, "最初ヨリ國王ノ決斷ニ出候事ニテ政府中ニハ不同意ノ向不少今日ニ到猶未ダ全ク衆論一定ニ至ラザル故ト被存候."

21) 『日本外交文書』 明治年間 第14卷, 文書番號127, 附屬書 1, 305면, "但右ハ遊覽ノ名儀ニテ其實國王ヨリ御國情勢ヲ視察スル爲特旨ヲ以テ被差向候趣ニ有之候間此一行ハ往々朝鮮國開化ノ基本トモ可相成モノニ有之候ニ付テハ成丈善遇彼等ヲシテ開眼セシムルノ御手段有之度候."

22) 沈相學 『日本聞見事件』 1면, "弟伏念 與日本講約有年 我國疎於知彼之機 聖念委以直指之行."

경들을 특별히 보내 각기 임무를 주어 탐지하도록 했던 것이오. 그래 과연 얼마나 실정을 탐지하여 왔는가?[23] 〔박정양(朴定陽, 1841~1904)의 귀국보고 때 고종의 발언〕

(마) 우리나라와 일본이 교린한 지 이미 삼백년이나 되었소. 이미 통상을 허용하였으나, 그 실정을 탐지한 연후에라야 통상할 수 있는 것이지요. 그래서 특별히 임무를 주어 보냈던 것이오.[24] 〔조병직(趙秉稷)의 귀국보고 때 고종의 발언〕

이후 일본시찰단은 귀국한 후 방대한 견문기록을 고종에게 보고하게 된다. 〈표6-1〉은 일본시찰단의 구성을 비롯하여 이들이 남긴 견문기록 중 중요하다고 평가되는 것을 중심으로 정리한 것이다.

그런데 여기서 주목해야 할 사실은 이들 시찰단들이 개편정비된 통리아문에 각자가 시찰한 분야와 직접적으로 관련된 부서로 모두 배치되었다는 점이다. 〈표6-2〉는 통리아문 창설 당시 12사(司)체제의 책임인물과 7사(司)체제로 개편되어 일본시찰단 출신이 참여하게 된 상황을 도표로 정리한 것이다. 고종의 주도로 이루어진 일본시찰단의 파견, 그리고 당시 고종이 기존의 의정부체제에서와는 달리 통리아문의 인사권을 실질적으로 장악하고 있었던 점 등을 고려하면,[25] 이는 시찰단의 일본 견문체험을 통리

---

23) 朴定陽 『朴定陽全集』 4卷 「東萊暗行御史復命入侍時筵說」 辛巳 8月 30日, 329~30면, "上曰 當今天下各國 互相通和 而我國與日本通好雖久 未知彼國之裏許 故特差卿等 各掌所幹而往探矣 果何以探其事實乎."

24) 『承政院日記』 高宗18年 9月 初2日條, "我國與日本交隣自是三百有餘年 而旣許通商 則必探知其情實 然後乃可 故特差遣之也."

25) 통리아문은 당상관의 임명절차에 대한 별도의 규정을 두지 않았다. 따라서 당상관의 임명은 실질적으로 어떠한 의망(擬望)도 거치지 않는 국왕의 독자적인 결정사항이 되었다. 이에 관해서는 은정태 「고종친정 이후 정치체제의 개혁과 정치세력의 동향」, 『한국

〈표6-1〉 일본시찰단의 구성 및 시찰기록

시찰책임자	시찰대상	수행원	견문기록
조준영 (趙準永, 48)	문부성	李鳳植(51), 徐相直(46)	『文部省』『日本文部省視察記』『見聞事件』『日本聞見事件草』
박정양 (朴定陽, 40)	내무성	王濟膺(48), 李商在(31)	『日本國內務省職掌事務』『日本國內務省各局規則』『日本國農商務省各局規則』『日本國見聞條件』『從宦日記』
엄세영 (嚴世永, 50)	사법성	嚴錫周(42), 崔成大(47)	『日本司法省視察記』
강문형 (姜文馨, 50)	공부성	姜晉馨(51), 邊宅浩(57)	『見聞事件』『工部省』『日東錄』
심상학 (沈相學, 36)	외무성	兪鎭泰(50), 李鐘彬(47)	『外務省』『日本外務省視察記』『日本外務省事務目錄』『日本國見事件草』
홍영식 (洪英植, 26)	육군성	高永喜(32), 咸洛基(31), 全洛雲(55)	『日本陸軍總制』
어윤중 (魚允中, 33)	대장성	兪吉濬(25), 柳正秀(24), 尹致昊(16), 金亮漢(32)	『日本大藏省職制事務章程』『財政見聞』『見聞事件』『日本聞見事件草』『隨聞錄』『從政年表』
민종묵 (閔種默, 46)	세관	閔載厚(31), 朴晦植(36)	『日本國際條例目錄』『各國條約』『居留條例』『貿易則類』『六港開場』『稅關規例』『各國稅則』『見聞事件』
이헌영 (李𨯶永, 46)	세관	李弼永(32), 閔建鎬(38)	『各港稅關職制』『稅關事務』『貿易章程』『稅關職制』『稅關事務』『日本稅關各國貿易章程』『神戶稅關圖』『橫浜稅關慣行方法』『海關錄』『見聞事件』『日本聞見事件草』『東萊御史書啓』『日槎集略』
조병직 (趙秉稷, 48)	세관	安宗洙(32), 兪箕煥(23)	『農政新編』
이원회 (李元會, 54)	육군조련	宋憲斌(40), 沈宜永(28)	『日本陸軍操典』『東京日記』
김용원 (金鏞元, 39)	기선운항	孫鵬九(29)	

* 허동현의 여러 연구(1986, 1993, 1994, 1995, 1996, 1997, 1998, 1999)를 참조하여 작성함. 괄호 안의 숫자는 당시 연령. 조사(朝士)들의 평균연령 43세.

사론』 40(서울대학교 국사학과 1998) 180면 참조.

〈표6-2〉 통리기무아문의 개편과 책임인물

기구의 출범기(1881년 1월 16일)		기구의 개편 (1881년 11월 21일)	
12사(司) 체제		7사(司) 체제	
	당상(堂上)		당상(堂上) 및 주사(主事)
① 사대사(事大司) ② 교린사(交鄰司)	◎조영하(趙寧夏) 정범조(鄭範朝)	① 동문사(同文司)	정)이재면(李載冕, 宗親), ◎조영하(趙寧夏) 부) + ●심상학(沈相學)「외무성」 주사) 박영교(朴泳教)
③ 군무사(軍務司) ④ 변정사(邊政司) ⑤ 기연사(譏沿司)	민겸호(閔謙鎬) 윤자덕(尹滋悳)	② 군무사(軍務司)	정)이재원(李載元, 宗親), 신정희(申正熙), 민영익(閔泳翊), 조희순(趙羲純) + ●이원회(李元會)「육군조련(陸軍調練)」 부) + ●홍영식(洪英植)「육군성」 주사) 이범진(李範晋)
⑥ 통상사(通商司)	김보현(金輔鉉) ⊙김홍집(金弘集)	③통상사(通商司)	정)김보현(金輔鉉), ⊙김홍집(金弘集) 부) + ●조병직(趙秉稷)「세관」+ ●이헌영(李𨯶永)「세관」+ ●민종묵(閔種默)「세관」 주사) + ●어윤중(魚允中)「대장성」, 신기선(申箕善)
⑦ 군물사(軍物司) ⑧ 기계사(機械司) ⑨ 선함사(船艦司)	◎심순택(沈舜澤) 신정희(申正熙)	④감공사(監工司)	정)민태호(閔台鎬), 정범조(鄭範朝) 부) + ●강문형(姜文馨)「공부성」
⑩ 전선사(典選司) ⑪ 어학사(語學司)	이재긍(李載兢, 宗親) ◎민치상(閔致庠)	⑤ 전선사(典選司)	정)김병덕(金炳德), 윤자덕(尹滋悳) + ●조준영(趙準永)「문부성」
⑫이용사(理用司)	김병덕(金炳德) 민영익(閔泳翊)	⑥ 이용사(理用司)	정)민겸호(閔謙鎬), ◎이근필(李根弼) + ●박정양(朴定陽)「내무성」
		⑦ 율례사(律例司)	◎심순택(沈舜澤) + ◎●엄세영(嚴世永)「사법성」

*『承政院日記』高宗18年 1月 16日條, 11月 21日條,『日省錄』同日條, 허동현의 연구 등을 참조. ◎는 청국체험 유, ⊙는 일본체험 유, ●는 1881년 일본시찰단(이른바 신사유람단)으로 참가한 인물,「 」안은 일본시찰에서의 담당부서, +는 조직개편과 함께 새로 추가된 인물, 정)은 경리사(經理使), 부)는 부경리사(副經理使).

아문을 통해 적극적으로 살려나가려는 국왕의 의지가 반영된 것임이 분명해 보인다.

한편 앞의 표를 보면, 7사로 개편된 통리아문에서 기존의 사대사(事大司)와 교린사(交隣司)를 동문사(同文司)로 통합한 것을 알 수 있다. 이는 중국과의 관계까지도 만국공법적인 질서에 맞추어 재정립해가려는 고종의 의도를 반영하는 것임은 이미 앞서 지적한 바와 같다. 또한 통상사(通商司)와 군무사(軍務司)의 비중이 두드러지게 크며 이들 부서에 시찰단의 인원을 집중적으로 배치한 것도 확인할 수 있다. 이와 관련해서는 제5장에서 다루었듯이, 고종이 대외정세에 구체적인 관심을 가지게 되면서 대외적으로 고립된 조선의 형세에 위기감을 가지고 있었다는 점, 러시아와 일본을 경계할 것을 권고한 리 훙장의 서한 등에 자극받아 조정의 신중론에도 불구하고 청에 무기구입 등에 관한 의뢰를 한 사실 등을 상기해볼 필요가 있다. 통상사와 군무사를 고종이 이처럼 중시한 것은 그가 이른바 '부국'과 '강병'의 필요성을 강하게 의식하였으며,[26] 개혁정책을 추진하는 데 가장 큰 현실적 장애 중 하나인 부족한 재원을 마련하기 위해 노심초사하고 있었음을 보여준다.

지금까지 언급한 사실들을 고려하면서, 일본시찰단에 참여했던 인물들의 귀국보고시 대화내용들을 검토해보기로 하자. 그 내용은 고종과 이들 보고자들의 의식상황은 물론 통리아문의 운영방향을 엿볼 수 있다는 점에서 대단히 시사적이다.

---

26) 일본시찰단의 귀국보고가 있고 얼마 후에 고종은 예정된 대로 무기제조 기술을 익히도록 청에 영선사 일행(유학생 38명을 포함하여 69명)을 파견한다. 영선사에 관해서는 권석봉 「영선사행에 대한 일고찰」(1962), 『청말 대조선정책사연구』(서울: 일조각 1986) 참조. 이때도 고종은 떠나는 영선사 김윤식에게 "천하의 대세를 두고 볼 때 옛 도리만을 지킬 수 없다"고 하면서 군사적 준비태세와 맡겨진 임무의 중요성을 강조하고 있다. 『承政院日記』 高宗18年 9月 26日條.

(가) 고종: 우리나라와 수호관계를 맺은 뒤 대개 일본의 겉모습과 속마음이 과연 어떤 것 같던가?〔與我國通好一款其裏許與外樣果何如乎〕

조준영(趙準永): 신들을 대하는 예절은 매우 융숭하고 간곡했지만 신들을 대하는 것만으로 어찌 그 나라의 속마음을 알 수 있겠습니까? 대체로 요사이 각국은 오직 강약으로만 서로 견줄 뿐 인의로써 문제를 보지 않습니다〔大抵 近日各國惟以强弱相較 不可以仁義 責之者也〕. 설령 선의의 마음이 있다 하더라도 약함을 보면 도리어 나쁜 뜻을 품으며, 비록 악의를 품었다고 하더라도 강함을 보면 반드시 수호하려 합니다. 현재의 상황에서는 우선 자수자강(自修自强)에 힘써야 할 것입니다〔今事勢先務其自修自强已矣〕.[27]

(나) 고종: 일본의 세력이 어떠하던가?

박정양(朴定陽): 일본의 외형을 보면 대단히 부강한 것처럼 보입니다. 땅이 넓지 않은 것도 아니며 군대가 강하지 않은 것도 아니고 건물과 기계도 화려합니다. 그러나 그 속을 자세히 살피면 실은 그렇지 않은 바가 있습니다. 일단 서양과 통교한 후로는 단지 교묘한 것을 따를 줄만 알아서 (…) 오로지 서양의 제도를 좇으려다보니 위로는 정법(政法)과 풍속으로부터 아래로는 의복과 음식에 이르기까지 이제 변하지 않은 것이 없습니다.

고종: 저들이 타국의 법이 좋아져서 적절히 절충하지 않았기 때문에 의복까지도 그런 식으로 되었을 것이오. 이것은 저들이 잃은 바일 것이오.[28]

(다) 고종: 일본의 제도가 장대하고 정치가 부강하다고 하는데 살펴보니

---

27) 『承政院日記』 高宗18年 8月 30日條; 「東萊暗行御史入侍時 筵說」, 『朴定陽全集』 4卷(서울: 아세아문화사 1984) 330~31면.

28) 『承政院日記』 高宗18年 8月 30日條; 「東萊暗行御史入侍時 筵說」, 『朴定陽全集』 4卷(서울: 아세아문화사 1984) 332면.

실제로 그렇던가?

홍영식: 일본의 제도가 비록 장대하오나 모두 모이고 쌓여서 이루어진 것입니다. 재력에 있어서는 여러가지 사업을 추진하는 것이 매우 많으므로 항상 부족함을 근심합니다. 그 군정(軍政)은 강하다고 하지 않을 수 없습니다. 그러나 이는 모두 밤낮을 가리지 않고 부지런히 마음과 힘을 하나로 모아 이룩한 것입니다. 일본의 노력과 현재 이룩한 것을 참고로 삼으면 〔우리도〕 반드시 어려운 일은 아닙니다.[29]

(라) 고종: 저들은 우리나라에 대해 어떠한 생각을 품고 있던가?

조병직(趙秉稷): 바다를 건너간 이후 지나는 곳마다 저들을 만났으나 매번 환대해주어 소원하다는 생각은 조금도 없었습니다. 우리나라와 거리가 가장 가깝고 교린한 지도 오래되었으므로 모든 응접이 매우 융숭하였습니다.[30]

고종: 정말로 악의가 없어 보인다는 뜻이오?

조병직: 지금 보는 바로는 크게 어떤 다른 의도가 있는 것처럼 보이지 않는다는 것입니다. 하지만 저들의 성격이 다분히 편협하고 급해서 오로지 이익을 추구하는 것에 관심이 있으므로, 일에 관해 논할 때는 털끝만큼 작은 일에도 반드시 다툽니다. 만약 말 한마디라도 서로 어그러지면 바로 안색이 변하니 현재 악의가 없다고 하여 훗날의 사정을 미리 예측할 수 없으니, 오직 우리가 인기응변하는 것에 달려 있을 것입니다

(마) 고종: 오로지 부강을 도모하려는 모습이 전국시대(戰國時代)와 동일하다고 할 만하던가?

---

29) 『承政院日記』 高宗18年 9月 1日條.

30) 『承政院日記』 高宗18年 9月 2日條.

어윤중: 진실로 그러하옵니다. 춘추전국은 바로 소전국(小戰國)이며 오늘날은 바로 대전국(大戰國)이라고 할 만해서 모든 나라가 오직 지식과 힘으로 경쟁할 뿐입니다. (…) 현재 형세를 돌아보건대 부강하지 않으면 국가를 지키지 못하므로 상하가 한뜻으로 바로 이 한가지 일에 매달려야 할 것입니다.[31)]

각각의 귀국보고 내용을 살펴보면, 시찰단에 참여한 인물들이 일본에 대해 갖는 견해에는 미묘한 차이가 존재함에도 불구하고, 요컨대 '세계의 대세가 확실히 변화하고 있으므로 좋든 싫든 일본의 경험을 타산지석으로 삼아 조선도 임기응변의 자세로 자수자강(自修自强)과 부강(富强)을 추진하는 데 매진하지 않으면 안된다'는 위기감과 사명감을 드러내고 있다는 점에서는 거의 일치된 모습을 보인다는 것을 알 수 있다. 아울러 이들의 견해가 지금까지 살펴본 당시의 대내외 상황에 대한 고종의 인식과 기본적으로 합치된다는 점도 간과할 수 없다.

통리아문의 절충적 성격이 기존의 정치세력과의 정치적 마찰을 최소화하면서 개혁을 추진하려는 고종의 의도와 맞물린 것이었음은 앞서 언급한 바 있다. 일단 기존 정책의 변화를 통한 새로운 세계질서에의 참여를 모색하려는 의도에서 통리아문을 만든 고종은 통리아문에 많은 관심을 기울였고, 거기 속한 인재들이 실질적인 주체가 되어 개화자강책을 적극적으로 추진하기를 기대하였다. 실제로 그는 "통리아문은 바로 기밀과 급한 임무를 수행하는 곳으로 단지 외사(外司)로만 대응할 수 없으니 대궐 안에 설치하여 내아문(內衙門)이라고 부르도록" 지시하는가 하면,[32)] "통리아문을 설치한 것은 바로 나라의 중요한 정사(政事)를 다루기 위한 것이므로 마땅히 조정회의〔次對〕에 통리아문의 모든 경리 당상관들이 참여할 것"과 국

31) 『承政院日記』 高宗18年 12月 14日條; 魚允中 『從政年表』 2卷 122면.

32) 『高宗實錄』18年 1月 17日.

왕이 행차할 때면 "통리아문의 인사가 곁에서 동행하도록" 하였고,[33] 직접 통리아문에 나가 현판 글씨를 써주면서 분발할 것을 당부하기도 했다.[34] 따라서 개혁정책이 구체화될수록 정국운영의 중심이 의정부가 아닌 통리아문으로 이전되어가는 것은 정치적 역학관계상 불가피하였다.

그러나 통리아문은 바로 이러한 이유로 이후 정치적 격변 과정에서 가장 큰 타격을 받게 된다.[35] 주지하듯이 대원군은 임오군란으로 권력을 잡자마자 바로 통리아문을 해체한다. 이후 청군의 개입으로 사태가 일단 수습되자, 고종은 "문벌숭상은 천리(天理)의 공평함에 어긋나는 것이며, 이제부터 나라가 인재를 등용함에 귀천(貴賤)이란 있을 수 없다"고 하면서 인재등용의 폭을 넓히겠다는 교서(「門地崇尙打破의 敎」, 1882년 7월 22일)를 반포하며,[36] 제5장에서 상세히 소개한 바와 같이 "만국병립의 상황이 바로 세계적 대세이며, 종래의 배외주의정책이나 양이(攘夷)관념은 조선을 세계 속에서 고립시켜 위태롭게 할 뿐이므로, 국가평등 관념과 새로운 만국공법질서에 근거해 조선의 대외관계를 전면적으로 재정립해나갈 것"임을 공개적으로 천명(1882년 8월 5일)하게 된다. 그리고 기무처(機務處, 1882년 7월

---

33) 『高宗實錄』 18年 4月 1日.

34) 『高宗實錄』 18年 4月 9日.

35) 『承政院日記』 高宗18年 6月 10日.

36) 『高宗實錄』 19年 7月 22日(丙午條), "우리나라에서 아직도 문벌을 숭상하는 것은 참으로 천리의 공평함에 어긋난다. 나라에서 사람을 등용함에 있어서 귀천이 있어서 되겠는가. 지금 새롭게 출발하는 날을 맞이하여 마땅히 사람을 등용하는 길을 넓혀야 할 것이다. 서북(西北)과 송도(松都)의 서얼(庶孼), 의원(醫院), 역관(譯官), 서리(胥吏), 군오(軍伍) 출신도 동등한 원칙에서 모두 높은 관직에 등용할 것이다. 오직 재주에 따라 추천하되 만일 특별한 재능이 있는 사람이 있으면 중앙에서는 재상과 모든 관리들, 지방에서는 감사와 수령들이 각기 자기가 아는 사람들을 추천하여 이조와 병조에 보내면 내가 장차 선발하여 등용할 것이다〔敎曰, 我國之尙門地, 誠非天理之公也. 國家用人, 何限貴賤. 今當更始之日, 宜恢用人之路. 凡西北松都庶孼醫譯胥吏軍伍 一體通用顯職. 惟才是擧, 如有奇才異能者, 內而公卿百官, 外而方伯守令, 各擧所知, 送赴銓曹, 予將擇而用之〕."

〈그림6-1〉 통리아문의 변천과정

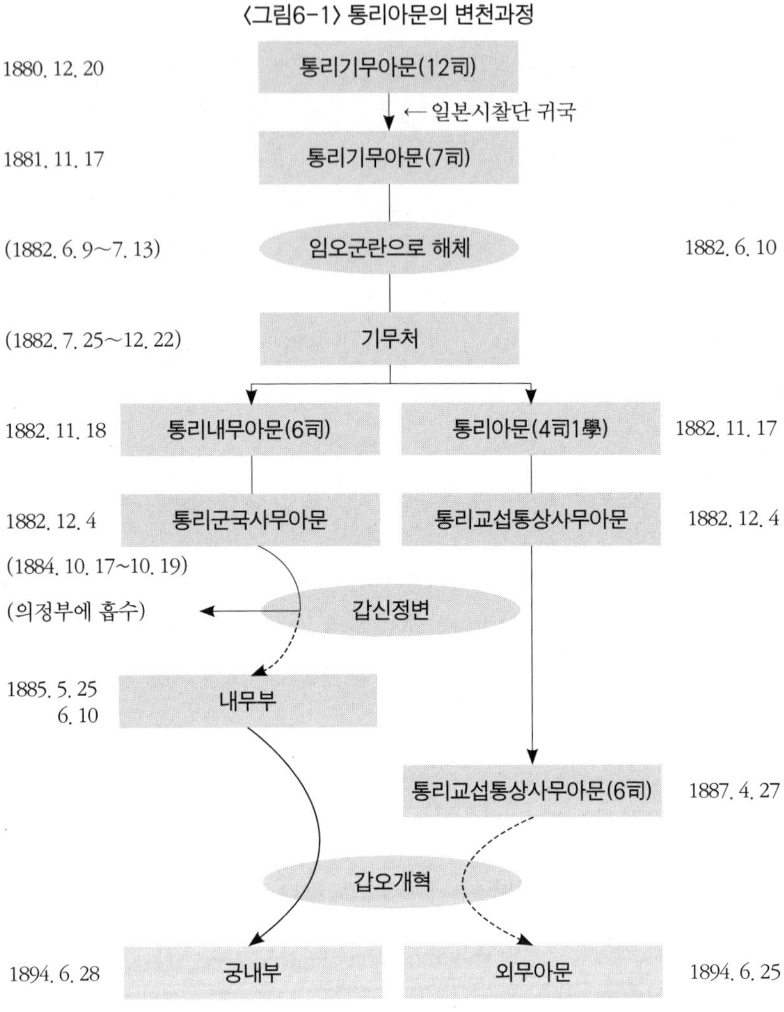

25일), 감성청(減省廳, 1882년 10월 20일) 등의 임시기구를 만든 후, 이어 외교 및 통상사무를 담당하는 통리교섭통상사무아문(統理交涉通商事務衙門, 외아문)과 내정 일체를 담당하는 통리군국사무아문(統理軍國事務衙門, 내아

문)을 설치하여 통리아문의 설립취지를 계승·발전시키고자 했다.

통리아문이나 그것을 계승한 기구들이 이른바 개화파로 알려진 인물들을 비롯하여 고종의 개혁·개방정책을 추진하는 데 참여한 세력의 주요한 활동무대가 되었음은 두말할 나위가 없다.[37] 〈그림6-1〉에서 보는 바와 같이 통리아문은 창설 이후 갑오개혁에 이르기까지 갖은 우여곡절을 겪으면서도 명칭을 달리해가며 간신히 명맥을 이어간다. 이는 후술하는 바와 같이, 고종이 국내외의 위기상황하에서도 조선의 '자주지권' 혹은 '자치자주지권'을 지켜내려는 의식을 견지하고 있었음을 의미하며, 또 다른 한편으로는 이후 격변하는 국내외의 정치적 압박으로 인해 통리아문의 기능이나 역할이 애초에 의도했던 취지를 달성하지 못하고 굴절·왜곡되어 형해화되었음을 말해준다.

(2) 고종의 자주적 다변외교의 추구

조선의 조약체결 과정에 관해서는 여러 연구를 통해 이미 상세히 고찰된 바 있다. 여기서는 기존 연구성과에 근거하여 고종의 대외정책의 성격에 관해 검토해보기로 하겠다. 이에 관해 논의하려면 우선 '자주적'이라는 개념의 정의를 명확히 해둘 필요가 있다. 오늘날에 논의되는 '자주' 즉 '독

---

37) 이때 이루어진 구체적인 개혁정책의 내용에 관해서는 변승웅 「세도의 개혁」, 『한국사 38: 개화와 수구의 갈등』(서울: 국사편찬위원회 1999)을 참고할 것. 그리고 통리아문을 계승한 후속기구에 관해서는 전미란 「통리교섭 통상사무아문에 관한 연구」, 『이대사원』 24·25합집(1989); 한철호 「통리군국사무아문(1882-1884)의 조직과 운영」, 『이기백선생고희기념 한국사학논총』 하(서울: 일조각 1994); 한철호 「민씨척족정권기(1885-1894) 내무부의 조직과 기능」, 『한국사연구』 90(서울: 한국사연구회 1995); 한철호 「조선의 정치기구개편과 집권세력의 변동(1884-1894)」, 『동북아』 7집(서울: 동북아문화연구원 1998); 은정태, 앞의 논문(1998); 이미애, 앞의 논문(2000); 김수암, 앞의 논문(2000) 등을 참조.

립해서, 남으로부터 보호나 지도를 받지 않는 것'이라든지, '자신에 관한 일은 자신의 판단으로 결정하고 행하는 것'과 같은 사전적인 개념만으로는 정치적 차원에서 논의되는 '자주'의 의미를 이해할 수 없기 때문이다. 요컨대 정치적 차원에서 논의되는 '자주'는 시대적 맥락을 떠나서는 논의하기 어려운 것으로서, 무엇보다도 '자신의 능력에 입각하여 외부 여건을 주체적으로 활용하려는 의지를 가지고 그에 상응하는 노력을 하였는가 그렇지 않은가'에 따라 이해되어야 할 것이다.

앞서 고찰한 바와 같이, 고종은 조선이 당장 안과 밖으로 직면한 정치적 위기를 극복하기 위해서는, '친(親)중국'의 입장을 가능한 한 적극적으로 활용하지 않을 수 없다고 생각하고 있었다. 그런데 임오군란이라는 사건을 계기로 상황이 일변하여 청의 압력이 심해지면서 당시 조선의 정치세력 사이에는 '자주'란 곧 청과의 결별을 의미하는 것이라는 의식이 강력하게 표출되기 시작한다. 여기서는 중국의 내정간섭과 압박이 심화되는 상황 하에서 고종의 외교가 과연 '자주적'인 성격을 지녔는지, 그리고 그렇다면 그 근거는 무엇인지를 살펴보기로 한다.

우선 조선이 만국공법에 의거하여 서양국가와 최초로 맺은 조미수호조약부터 살펴보기로 하자. 기왕의 많은 연구들은 조미수호조약의 체결에 대하여 '리 훙장의 주도에 의한 것으로서 조선은 이러한 조약체결에 대해 만족해했다'는 식으로 표현하고 있다. 그러나 실제로 조약의 체결을 준비하는 과정과 체결 이후 상황을 보면 사정이 많이 다르다는 것을 알 수 있다. 자주적 견지에서 조미수호조약을 체결하는 과정에서 주목해야 할 사실은 대략 두가지 정도로 집약해볼 수 있다. 즉 고종이 개화승 이동인 등을 활용하여 조약의 초고까지 만들어두는 등 조약체결을 주도면밀하게 준비하였다는 사실이 그 하나이고,[38] 조약을 체결할 때 고종이 미국에 발송한

38) 이러한 사실과 관련된 연구로는 박일근 『미국의 개국정책과 한미외교관계』(서울: 일

서한, 이른바「속방조회문」의 내용과 관련된 사항이 다른 하나가 될 것으로 생각된다.

앞서 지적한 바와 같이, 고종은 김홍집이 일본에서 데려온 개화승 이동인(李東仁, 1849~1881?)을 일본에 비밀리에 파견하여 허 위장(何如璋)을 만나 조선이 미국과 조약을 체결하기로 결정했음을 알리고 알선을 부탁한다. 그리고 조정회의를 통해 배외주의정책이 현실적으로 부적절한 것이라는 의견을 유도해내는가 하면, 미국과의 조약을 맺는 것에 대한 동의를 대신들에게 문서화하여 받아내기도 하였다. 고종은 청이 조선의 내치와 외정의 자유를 존중한다는 입장을 표명하고 견지하는 한, 이러한 태도가 다분히 청의 전략적 사고에서 비롯된 것임을 의식하면서도, 현실적으로 청을 일종의 후원자로 삼아 최대한 활용하면서 미국 등 구미국가들과 조약관계를 체결하고 아울러 중국과의 관계도 점차 만국공법질서로 재정립할 것을 구상하고 실천하려 했다.

이러한 고종의 의도는 대내외 정책에 그대로 반영되어 일련의 주목할 만한 변화를 만들어냈다. 즉 앞서 살펴본 대로 1880년 12월에는 외교통상과 자강정책 추진의 중심기구로서 통리기무아문을 설치 가동하였고, 일본과의 외교상 현안문제였던 국서의 접수(1880년 11월 26일), 일본공사의 한성주재에 대한 묵인, 인천의 개항(1881년 2월) 등의 문제를 차례로 처리하였고,[39]

조각 1981); 동덕모『한국의 개국과 국제관계』(서울: 서울대학교 1980); 이용희「동인승의 행적」,『논문집』1호(서울: 서울대학교 국제문제연구소 1973); 이광린「개화승 이동인」,『개화당연구』(일조각 1970); 송병기「연미론의 진전과 초기의 개화정책」,『근대한중관계사연구: 19세기말의 연미론과 조청교섭』(서울: 단대출판부 1985); 송병기,「고종 초기의 외교」, 국사편찬위원회 편『한민족독립운동사』1권(서울: 탐구당 1987); 최동희「1880년대 조선의 문제와 구미열강과의 국제관계」,『한국외교사 I』(서울: 집문당 1993); 김용구『세계관 충돌과 한말 외교사, 1866-1882』(서울: 문학과지성사 2001) 등을 참조.

39) 이에 관해서는 이광린『한국사강좌V: 근대편』(서울: 일조각 1981, 1997) 88~98면; 송병기「연미론의 진전과 초기의 개화정책」,『근대한중관계사연구: 19세기말의 연미론과 조청교섭』(서울: 단대출판부 1985); 김수암「조선의 근대사절제도 수용: 공사의 서울주

대규모 일본시찰단의 파견을 추진하였으며, 강병책의 일환으로 신식무기의 구입과 신식군사훈련의 추진, 군제의 근대적 개편[40] 등을 단행하려 했다.

한편 고종은 밀사로서 일본을 방문한 이동인을 통해 '슈펠트가 다시 조선을 찾아오면 조약을 체결하려는 의사가 있음'을 허 위장에게 알렸고, 이동인은 외국과의 조약을 예상하여 조약의 초안을 미리 작성해두었다는 것을 친분이 있는 영국 외교관 어니스트 사토에게 말한 바 있다.[41] 이후 이동인은 통리아문의 참모관이 되어 일본시찰단과 막후교섭을 벌이기도 했는데 그후 돌연 실종(1881년 2월)되었다.[42] 열악한 여건 하에서 비밀리에 조약을 준비하던 고종을 비롯한 개화세력에게 막후에서 조약을 준비하고 있던 인물이 사라졌다는 것이 얼마나 큰 손실이 되었을 것인지는 부언의 여지가 없다. 여하튼 이동인이 마련해놓은 초안은 이후(양력 1882년 2월 17일), 조약체결의 예비적 회담의 성격을 지닌 리 훙장과 김윤식의 회담에서 리 훙장의 초안 및 황 쭌셴의 초안과 함께 논의되었는데, 이때 리 훙장이 '이동인의 초안의 자주적 내용을 불쾌하게 여겼음'은 이미 기존연구에서 지적

재와 전권위임을 중심으로」, 『국제정치논총』 40집 4호(서울: 한국국제정치학회 2000) 참조.

40) 이에 관해서는 육군본부 편 『조선군제사: 근세조선후기편』(서울: 육군본부 1977) 293~320면; 최병옥 『개화기의 군사정책연구』(서울: 경인문화사 2000) 147~90면 참조.

41) *Kennedy to Granville*, Nov. 21, 1880; 박일근 편 『근대한국관계 영미외교자료집(*Anglo-American Materials Relating to Korea*): 1866-1886』(부산: 부산대학 중국문제연구소 1982) 77~78면; 萩原延壽 『遠い崖—アネスト・サトウ日記抄 14卷: 離日』(東京: 朝日新聞社 2001) 101~105면.

42) 통리아문의 참모관이던 이동인은 시찰단에 참여하여 기선(汽船)과 총포 구입을 담당하기로 되어 있었으나(『日本外交文書』 明治年間 14卷, 290~93, 295~99면), 시찰단의 출발 직전인 1881년 2월 15일(陰) 무렵에 실종된다. 이동인은 사실상 피살된 것으로 알려졌는데 그 주범으로는 김홍집(이광린의 주장), 대원군의 형 이최응(박일근의 주장) 등이 거론된다. 누가 주범이든 정치적 알력관계에 의해 희생된 이동인의 죽음은 당시 조선의 국내정치적 상황이 얼마나 긴박하게 흘러가고 있었는가를 대변해준다.

된 바 있다.[43]

조미수호조약이 체결된 이후 청의 조선에 대한 종주권 주장과 관련하여 끊임없이 거론된 것이 이른바 「속방조회문(屬邦照會文)」(이후 조회문으로 약칭함)이다. 조회문이 고종의 명의로 되어 있다는 점, 그리고 이후 청의 조선에 대한 간섭이 노골적으로 나타나게 되는 상황에서 조회문이 청의 종주국 주장의 근거로 제시되었던 점 등을 감안하면, 조약을 체결할 때 고종이 미국에 문제의 조회문을 보낸 경위와 그 내용을 고찰해볼 필요가 있다.

우선 조회문이 미국에 보내진 것은 리 훙장이 조약체결을 위해 미국의 슈펠트와 수차례 사전협의를 거듭하면서 조약문에 이른바 '속방' 조항의 삽입을 강요한 것에 대해서 슈펠트가 만국공법에 배치된다는 이유로 끝내 거부한 데서 비롯되었다. 즉 리 훙장은 '조약의 조인 후, 조선국왕의 명의로 조회문을 발송하게 한다'는 조건으로 조약문의 내용에 일단 합의를 했던 것이다. 이러한 발상이 전술한 바와 같이 청이 만국공법을 다분히 '현상유지책'의 차원에서 편의적으로 이용하려 했던 데서 나온 것임은 두말할 나위가 없을 것이다.

후일 오웬 데니(Owen N. Denny)는 『청한론(淸韓論)』(1888)에서, "그러나 그 서한〔조회문〕은 현재 조선의 국왕이 주장하고 있는 것처럼 조선은 청에 조공을 바치는 나라(a tributary state)라는 이상의 의미를 담고 있지 않다"[44]고 하면서 일찍이 그 조회문을 인용한 바 있는데, 그 전문은 다음과 같다.

43) 리 훙장이 이동인의 조약초안을 배제하는 경위에 대해서는 박일근 「이홍장의 속방정책과 슈펠트의 초안」, 앞의 책(1981) 194~202면; 김용구, 앞의 책(2001) 316~21면을 참조.

44) O. N. Denny, *China and Korea* (1888), 신복룡 역 『데니문서』(서울: 평민사 1987) 18면, "…but that letter admitted nothing more than the King now asserts, namely, that Korea is a tributary state of China, (…)"

조선국왕은 여기 국서를 보냅니다. 예로부터 조선은 중국에게 조공을 바치던 국가(tributary state)였습니다. 하지만 오늘날 조선의 국왕은 국내외의 모든 문제에 대해 완전한 **자주지권**(full sovereignty)을 행사하고 있습니다. 조선과 미국은 이제 상호동의에 의하여 조약을 맺음에 있어서 **평등을 기초**(a basis of equality)로 상대국을 대하고 있습니다. 조선의 국왕은 분명히 말하건대 **만국공법**(international law)에 따라 본 조약을 체결함에 있어서 신의로써 **자신의 자주지권**(his own sovereign powers)을 완전히 수행할 것입니다. 조선이 청에 대해 조공국가로서 갖는 의무에 관해서 미국은 아무 관련도 없습니다. 이제 조약을 체결하기 위해 사신을 파견함에 있어 이러한 예비적 설명을 붙이는 것이 의무라고 여겨지는 바입니다.

미국 대통령 각하, 1882년 5월 15일[45](강조는 인용자)

영문으로 된 조회문에 기록된 내용을 보면 고종의 단호한 의지가 명확히 표현되어 있음을 확인할 수 있다. 그렇다면 왜 청이 이후에 이 조회문

---

45) O. N. Denny, 앞의 책(1888) 18~19면, "His Majesty, the King of Chosen, herewith makes a communication. Chosen has been, from ancient times, *a state tributary to China;* yet hitherto *full sovereignty* has been exercised by the Kings of Chosen in all matters of internal administration and foreign relations. Chosen and the United States, in establishing now by mutual consent a treaty, are dealing with each other *upon a basis of equality*. The King of Chosen distinctly pledges *his own sovereign powers* for the complete enforcement in good faith of all the stipulations of the treaty in accordance with *international law*. As regards the various duties which devolve upon Chosen *as a tributary state to China*, with these the U. S. has no concern whatever. Having appointed envoys to negotiate a treaty, it appears to be my duty, in addition thereto, to make this preliminary declaration.

To the President of the United States
May 15th, 1882"

을 조선에 대한 종주권의 근거로 삼는 사태가 일어나는지 의문을 갖지 않을 수 없다. 그런데 조회문의 한문본[46]을 보면, 미묘한 부분에서 영문의 내용과 중요한 차이가 있음을 알 수 있다. 오늘날의 입장에서 보면, '조선은 중국의 속방〔朝鮮素爲中國屬邦〕' 운운하고 있어 영문의 조공국(tributary state)이라는 언급과는 상당히 다른 뉘앙스를 풍기고 있기 때문이다. 이는 국가평등 관념에 입각한 근대국제질서로 패러다임이 바뀌는 거대한 전환기적 시대상황에서 보자면, 임오군란 이후 조선에 대한 청의 정책이 질적으로 변질되기 전까지는 '속방(屬邦)'이라는 용어가 주권국가간의 국제질서에서 구체적으로 무엇을 의미하는지 조선이 제대로 이해하기 힘들었기 때문일 수 있다.[47]

이후 실제로 미국이 조선과의 조약을 비준하고 베이징 주재공사와 동급인 특명전권공사(Envoy Extraordinary and Minister Plenipotentiary)를 조

---

46) 『舊韓國外交文書』10권(고려대학교 아세아문제연구소) 10~11면, "大朝鮮國國主 爲朝會事 竊照朝鮮素爲中國屬邦 而內治外交向來均由 大朝鮮國國主自主 今大朝鮮國大美國彼此立約 理屬平行相待 大朝鮮國主明允 將約內各款 必按自主公例 認眞照辦 至大朝鮮國爲中國屬邦 其分一切應行各節 均與大美國毫無干涉 除派員議立條約外 相應備文照會 須至照會者 右照會 大美國伯理璽天德 大朝鮮國開國四百九十一年卽光緖八年."

47) 조회문의 전달과정에 청의 마젠종(馬建忠, 1845~1899)의 술책이 교묘히 작용했다는 박일근의 연구에 근거하여 판단한다면, 조약의 체결 과정 중에 청측의 변칙적인 술책이 있었던 것으로 추정된다. 박일근, 앞의 책 제4장 「주권국가관과 한미조약조인」 중에서 210~29면을 참조할 것. 조회문은 그후 조영, 조독 조약 등 나른 조약의 체결시에도 전달되는데, 당시의 정황은 임오군란 이후 청의 간섭이 진행 중인 시기였던 까닭에, 상당히 다른 뉘앙스를 풍긴다. 예컨대, 『알렌의 일기』에 나오는 1884년 「조선국왕이 이태리 국왕에 보내는 조회문」을 위에 언급한 조회문과 비교해보면, 미묘하면서도 분명히 다른 차이가 있음을 알 수 있다. 즉 영문으로 씌어진 「조선국왕이 이태리 국왕에 보내는 조회문」에는, 조선이 중국의 속국(a dependent state of China)이라고 표현되어 있다. 이러한 사실을 『알렌의 일기』 1888년 11월 1일자의 내용에 따라 추론해보면, 청이 구미국가에 조선이 자국의 속국임을 주장할 필요가 있을 경우, 미국에 전달된 영문조회문과는 다른 내용의 조회문을 제시한 것으로 판단된다.

선에 파견함으로써,[48] 리 홍장의 의도는 사실상 무시되었다고 해야 할 것이다. 이때 미국 대통령의 비준서는 다음과 같은 내용을 담고 있었다.

> "우리는 **대군주께서 조선은 대내·대외적인 정치문제는 자주적으로 처리하고 있**다고 말씀하신 데 대해 만족하고 있습니다. 국제적 교섭의 대의를 위해서도 자치권(self-control)이 있는 **조선은 독립국가**(independent state)로서의 여러 권리와 여러 의무가 부여되어 있습니다. 이제 미국 상원의 충고와 동의를 얻어서 본인은 본조약이 제3국과 미국과의 협상을 통해서가 아니라 우리 주**권국가**(sovereign nations)**간의 협약에 의해 체결된 조약**이라고 인준하는 바입니다."[49](강조는 인용자)

임오군란 이후 조선국왕과 그의 측근들은 청의 세력을 견제하기 위해 구미열강과의 외교관계 수립에 박차를 가하게 된다. 고종으로서는 임오군란 이후의 열악한 시대상황에서 속국(vassal)의 의미가 무엇인지를 체감할 수 있었고 따라서 만국공법과 균세(동양의 이이제이)외교를 통한 자주권의 확립은 그에게는 더욱 절실한 문제가 아닐 수 없었다. 이러한 상황에서 미국공사 푸트에게 한 고종의 다음 발언은 그가 청의 간섭을 배제하는 것이 바로 조선의 자주권 확립에 직결되는 문제라고 인식하고 있었음을 압

48) G. M. McCune and J. A. Harrison, eds., *Korean-American Relations: Documents Pertaining to the Far Eastern Diplomacy of the United States* Vol. I. (Berkeley and Los Angeles: Univ. of California 1951) 23면, No. 1, Fredk. T. Frelinghuysen to Lucius H. Foote, March 9, 1883.

49) *Diplomatic Documents*, National Archives, Chester A. Arthur, *President of the United States of America to His Majesty, The King of Chosen*, March 14, 1883, 김원모『한미수교사: 조선보빙사의 미국사행편』(서울: 철학과현실사 1999) 33면에서 재인용. 미국측 비준서의 한문 번역본은『舊韓國外交文書』10권(서울: 고려대학교 아세아문제연구소) 18~19면에 수록되어 있다.

축적으로 전해준다.

> 저지난해 난리〔임오군란〕 때 청군 병사가 이곳에 있어서 그 협력을 받아 사태를 수습하였으므로 고맙지 않은 것은 아닙니다. 그러나 지금에 와서는 우리나라가 그 도움을 필요로 하지 않을 뿐 아니라 도리어 자주국체(自主國體)를 손상시키고 있는 것입니다. 그런데 우리 정부에서는 그들의 철수를 청할 수가 없습니다. 만약 귀국〔미국〕에서 이의를 제기하여 철수하게 한다면 어찌 감사하고 좋지 않겠습니까〔上曰, 去年之難, 淸兵在此, 協力鎭平, 非不有感, 而今則我國無須其助之事, 反傷於自主國體, 然而我政府, 則不能請其撤, 而若貴國仗理起論, 使撤歸, 則豈不感且好哉〕.[50]

한편 고종은 1883년 9월 미국의 우의에 보답한다는 명목으로 자신이 신뢰하던 민영익(전권대신), 홍영식(전권부대신), 서광범(종사관), 유길준(수행원)과 같은 인물들로 특별사절단을 구성하여 보빙사(報聘使)를 파견하게 된다. 고종이 보빙사를 미국에 파견한 의도를 대외적인 측면에 한정해서 논의한다면, 기존연구에서 이미 지적된 바와 같이, 조선이 미국으로부터 승인을 얻은 자주국임을 대외적으로 과시하는 한편,[51] 미국인 외교고문 및 군사교관을 초빙하는 등의 실질적인 협력을 구하고,[52] 미국과의 우

---

50) 『尹致昊日記』 1권(서울: 탐구당 1973), 1884년 4월 23일, 65면. 주지하는 바와 같이, 윤치호(1865~1945)는 당시 16세의 나이로 일본시찰단에 수행원으로 참여하여 유길준 등과 함께 최초로 일본에 유학을 했던 인물로서, 1883년 귀국하여 1884년 말에 다시 유학을 떠날 때까지 고종의 통역을 담당하였다. 따라서 그의 일기는 이 시기 조선의 정국을 살피는 데 빼놓을 수 없는 사료이다. 이후 그는 중국(1885년 1월~1888년 9월)과 미국(1888년 11월~1893년 10월)에 유학, 기독교 신자가 되었고 독립협회 회장을 역임하였다.

51) 이에 대해서는 Yur-bok Lee, 앞의 책 59면; 최문형, 앞의 논문 51면을 참고.

52) 푸트 미국공사는 조선보빙사의 미국 파견 결정을 본국에 보고하면서 다음과 같이 언급하고 있다. "다른 동양의 나라들과 마찬가지로 조선은 반드시 외국인 고문관을 다수 채용할 필요가 있을 것입니다. 우리의 조선고문관 참여 여부는 이들 사절단이 미국에

의를 좀더 돈독히 하여 청의 속박으로부터에서 벗어나는 기반을 다지기 위해서였다고 할 수 있다.[53)]

고종의 이러한 구체적 노력은 당시 안남(安南)문제를 놓고 청과 프랑스 간에 긴장이 고조되는 와중에서 조영신조약(朝英新條約)과 조독신조약(朝獨新條約)의 체결(양력 1883년 11월)로 이어진다.[54)] 주지하다시피 그 내용이 조미조약에 비해 조선 측에 크게 불리하였음에도 불구하고 이 조약들이 체결된 것은 청의 알선 없이 서양국가와 조약을 직접 체결함으로써 만국공법질서에 참여하는 동시에 자주국가로서의 면모를 과시하고, 또한 이들을 끌어들여 청의 횡포를 막을 수 있으리라는 점에서 이이제이(以夷制夷)적 효과도 기대할 수 있었기 때문이다. 이무렵 이미 고종은 러시아나 프랑스와도 조약을 체결할 의향을 가지고 있었다.

> 영국, 독일 양국은 이제 새로운 조약을 체결하려고 관계자를 조선에 파견하려 하고 있다. 이에 관해 귀하의 조언을 구하고 싶다. 나는 이러한 조약들

가서 받은 인상과 그들의 보고서 여하에 달려 있을 것입니다. 현재 그들은 미국과 미국의 제도에 대해 최대로 높이 평가하고 있습니다(As other Oriental countries have done, Corea will undoubtedly require a large corps of foreign assistants. Our part in this work will depend very much upon the impressions and reports of these envoys. At present they have the highest opinions of our country and its institutions)." *Korea Despatches* Vol. 1, Foote to Frelinghuysen, July 13, 1883, 김원모, 앞의 책 37면에서 재인용.

53) 이에 관해서는 G. D. Walter 「1883년 미합중국에 파견된 대조선국 특별사절단에 관한 연구」, 『아세아학보』 제6집(아세아 학술연구회 1969) 181~86면; 최문형, 앞의 논문 51면; 김원모, 앞의 책 37~39면 참조.

54) 최문형은 조영신조약이 조미조약과는 달리 정략적 목적을 지닌 것으로서, 영국 측 조약체결의 임무를 맡았던 팍스(Harry Parkes, 巴夏禮, 1828~1885)가 조선 측의 관심이 조약의 결과나 그 실제 내용보다도 조약체결을 위한 외형적 절차나 형식에 있다는 것을 일찍이 간파하여 이를 역이용, 원하는 조건대로 조약을 체결할 수 있었음을 지적한 바 있다. 최문형 「한영수교와 그 역사적 의의」, 『제국시대의 열강과 한국』(서울: 일조각 1990).

이 우리 정부를 강력하게 해주리라고 믿는데, 만일 정말 그렇다면, 미국정부가 러시아와 프랑스가 우리와 조약교섭을 하도록 권고해줄 것을 부탁한다.[55)]

여기서 고종이 러시아, 프랑스와 조약을 체결할 의향을 갖고 있다는 것은 여러모로 주목되는 부분이 아닐 수 없다. 러시아를 상대국으로 정해 본격적으로 조약체결을 추진한 것은 청이 『조선책략』 등을 통해 줄곧 강조해오던 기왕의 '러시아에 대한 공포감(恐露意識)' 자체의 허구성을 극복한 것을 의미하며, 또한 프랑스는 사학(邪學)을 표상하는 것으로 알려진 '천주교' 문제와 얽혀 있어 정서적으로 가장 접근하기 어려운 국가였던 점을 감안할 때, 실용적이면서도 현실주의적 사고가 전제되지 않고서는 이러한 결정을 내리기 어려울 것이기 때문이다. 아울러 청이 그토록 위험한 대상으로 간주되던 러시아를 끌어들인 것은 균세(均勢), 곧 이이제이—오늘날의 표현으로는 세력균형—의 차원에서 가장 효과적이라고 간주하였기 때문이다.[56)]

조러(朝露)수호조약이 체결은 되었으나 아직 비준이 되지 않은 상태에서 조선에서는 갑신정변이 발생한다. 후술하는 바와 같이, 김옥균 등이 주

---

55) Lucius H. Foote to Secretary of State, October 19, 1883, George M. McCune and John A. Harrison, eds,, 앞의 책, No. 32, Confidential, 53면. His Majesty said, "(…) The English and the Germans are about to send Commissioners here to negotiate new treaties, and I wish you, Mr. Minister, to give me such advice in these Matters, as may seem to you best. I believe that these treaties will tend to strengthen my Government, and I ask, that, if it can be consistantly do so, the Government of the United States will urge Russia and France to enter into treaty negotiations with me." 이에 관해서는 박일근 「한불조약체결과정에 대한 연구」, 『한불외교사』(서울: 평민사 1987); Yur-bok Lee, 앞의 책 62면 참조.

56) 그후 웨베르(Waeber, 韋貝)와의 2주간의 수교교섭을 통해 청의 주선 없이 조러수호조약이 체결(음력 1884년 5월 15일)되었는데 여기에는 당시 조선의 법률·외교·화폐·관세 등의 분야에서 막강한 영향력을 발휘하던 묄렌도르프의 노력이 있었다.

도한 갑신정변의 정치적 파장은 가히 상상을 초월하는 것이었다. 이후 갑신정변의 여파로 청의 종주권 획책과 친청세력의 득세, 왕권에 대한 강력한 견제와 이로 인한 정치적 구심축의 균열이 급격히 진행되는 가운데 고종은 외교를 통한 자주국·독립국의 확인에 연연하지 않을 수 없게 된다.[57] 그 구체적인 내용이 바로 수차례에 걸친 이른바 '조러밀약사건'인데, 주지하는 바와 같이 당시의 국내외 정황으로 인해 결국 이러한 시도는 모두 실패하고 만다.

다음은 이른바 제2차 조러밀약사건 때 고종이 통리아문의 후신인 내무부의 심순택(沈舜澤, 1824~1906)의 명의로 러시아의 웨베르 공사에게 보내려다 발각된 밀서의 일부인데 그 내용이 대단히 시사적이다.

> 밀서를 보냅니다. 〔조선은〕 (…) 비록 독립, 자주라고 하지만, 종국에는 타국의 단속을 받게 될 염려가 있어 우리 대군주께서는 이를 심히 부끄럽게 여기고 계십니다〔雖獨立自主 而終未免受轄他國 我大君主深爲恥悶〕. 이제 힘써 진흥하고자 하시어 이전의 제도를 모두 개혁함으로써 영원히 타국에게 단속받지 않으려 하시지만 근심을 떨칠 수가 없습니다. 조선은 귀국〔러시아〕과 더불어 육지를 접하고 우의가 특히 돈독하며, 치아와 입술〔脣齒〕과 같은 형세를 띠고 있어 다른 나라와의 관계와는 자연히 구별됩니다. 귀대신은 귀정부에 이를 보고하여 힘껏 협력하고 보호하여 영원히 어김이 없기를 바라마지 않습니다. 저희 대군주께서는 천하의 각국과 하나같이 평등하게 지내려 하나, 간혹 타국이 화합하지 못하는 바가 있으니, 귀국이 군함을 보내어

57) 고종이 당시 이러한 상황을 주도하고 있었음은 일본의 외무경 이노우에 카오루가 제시한 「조선공동보장 8개항(=朝鮮變法八ヶ條)」 중 두번째 항에서, "궁중(宮中)과 부중(府中)의 구별을 세워, 부중의 관여 없이 궁중으로부터 밀지가 나오는 것을 막는다"는 내용을 통해서도 확인할 수 있다. 森山茂德 『近代日韓關係史硏究』(東京: 東京大學 1987) 13면; 김용구, 앞의 책(1989) 314면 등을 참조.

서로 도울 것을 기약함으로써 마땅히 그 덕을 깊이 사모하여 우러르게 되기를 바랍니다[我大君主與天下各國 一律平行 或他國有所未叶 望貴國派兵艦相助 期以妥當深所景仰].[58]

즉 고종은 청국의 억압이 심화되는 와중에서 조선이 고립되어 자주, 독립국으로서의 위상이 심각하게 훼손되고 있다고 인식하고 있었고, 조선의 내정개혁과 함께 새로운 국제관계에 동등한 일원으로서 참여하기 위해서는 국내외적인 위기를 타파할 수 있는 어떤 강력한 계기가 필요하다고 느끼고 있었음을 알 수 있다. 요컨대 고종이 러시아와의 관계를 통하여 이러한 계기를 만들어내려고 하면서 발생한 사건이 이른바 '조러밀약사건'이라고 할 수 있을 것이다. 이 사건을 빌미로 '고종의 폐위기도'가 추진되었음은 알려진 바와 같다.

다음은 주차조선총리교섭통상사의(駐箚朝鮮總理交涉通商事宜)라는 직함으로 조선에 대한 내정간섭을 일상적으로 자행하던 위안 스카이(袁世凱)가 리 훙장에게 '혼군(昏君)'인 고종을 폐위시키자고 건의하는 서한 내용이다.

조선국왕은 서양제국의 보호로 만국과 평등하게 교제하기를 원하며 삼천리 강토가 청국에 신복(臣服)하는 것을 부끄럽게 여깁니다. 소인배들이 이런 뜻에 부화하여 비혹됨이 날로 깊어갑니다. 갑신사(甲申事, 갑신정변)는 일본을 끌어들여 청국을 거부하고자 한 데서 나온 오류였는데, 근년에는 러시아를 끌어들여 청국을 배척하려는 잘못을 범했습니다. [친청파인] 김윤식을 쫓아낸 뒤에 러시아를 끌어들이려는 결정이 이루어졌습니다. 조선국왕이 이 의견을 주도하고 있으며 소인배들이 이에 따르고 있습니다. (…) 조

58) 『李文忠公全集』, 「海軍函稿」 卷2, 袁道來電, 光緖12年 7月 14日.

선에서 비록 러시아에 국서를 발송했다 하더라도 러시아병이 그처럼 속히 오지는 못할 것입니다. 그러므로 (…) 이 어리석은 군주〔昏君, 고종〕를 폐위시켜버리고 따로 이씨 중의 현자를 왕으로 세우게 한 후 (…) 이러한 취지를 대원군 이하응에게 전해서 서로 돕는다면 3일에서 5일 정도로 결정할 수도 있는데, 만약 러시아 병사들이 먼저 들어오기를 기다리게 된다면 중국은 착수하기가 어려워질 것입니다.[59)]

결과적으로 이러한 상황은 조선에 대한 청의 내정간섭을 오히려 강화시키는 계기가 되었다고 할 수 있다.[60)] 이런 와중에서 고종은 청의 간섭을 배제하면서 다시 프랑스와의 조약을 체결하는 추진력을 발휘하게 된다. 요컨대 수교교섭을 벌이던 프랑스의 꼬고르당(F. George Cogordan)과 친청파의 중심인물이던 외무독판(外務督辦) 김윤식이 서로 상반된 입장을 고수하여 회담이 결렬될 상황에 이르게 되자, 고종은 청의 강력한 지지를 받고 있던 김윤식을 외무독판직에서 전격 해임하여 위안 스카이의 개입과 간섭을 차단하였다. 그리고 지금껏 고문의 역할만을 맡았던 데니를 직접 기용하여 실질적인 전권을 부여함으로써 조불(朝佛)조약이 체결되는 기반을 만들었다.[61)] 자신을 조선의 고문으로 파견한 리 훙장으로부터 '조불조

59) 『李文忠公全集』, 「海軍函稿」 卷2, 袁道來電, 光緒12年 7月 7日. 조러밀약사건에 관해서는 구선희 『한국근대대청정책사연구』(서울: 혜안 1999)를 참조했다. 본서는 조중관계에 대한 구선희의 연구에서 많은 영감을 얻었음을 밝혀둔다.

60) 리 훙장은 고종의 자주적 외교노선을 견제하고 정치적으로 더욱 압박하기 위해 청의 총판조선상무(總辦朝鮮商務)의 지위를 격상하고 유폐 중이던 대원군을 귀국시켰다(1885년 8월). 이에 관해서는 권석봉 「청정에 있어서의 대원군과 그의 환국」 상, 하(1981), 『청말 대조선정책사연구』(서울: 일조각 1986)가 상세하게 고찰하고 있다. 그리고 위안 스카이에게 주차조선총리교섭통상사의라는 직함을 부여하여 조선에 파견(1885년 10월)하였으며 묄렌도르프의 후임으로 메릴(Henry F. Merrill)과 데니를 파견하였다.

61) Robert R. Swartout, Jr., *Mandarins, Gunboats, and Power Politics: Owen Nickerson*

약 협상에 참가하지 말고 또한 동협상의 처리는 위안 스카이에 위임하라'는 권고를 받은 미국인 데니가, 자신에 대한 고종의 신뢰를 저버리지 않고 당시 미국의 대리공사 포크의 도움을 받아 협상이 결렬될 위기를 극복한 것이 이러한 고종의 결단력에서 비롯된 것임은 기억할 만하다.[62]

이무렵 조선에 대한 내정간섭을 일상적으로 자행하던 위안 스카이는 리훙장에게 보내는 서한에서 다음과 같이 보고하고 있었다.

> 한왕〔고종〕은 자주(自主)에 잘못 빠져들어, 〔이로 인해〕 죽음에 이를지라도 후회하지 않을 것입니다〔韓王之謬於自主, 至死不悔〕.[63]

한편 러시아와의 접근이 좌절되자 고종은 또 다른 외교적 방안을 시도하게 되는데 그것은 바로 미국과 유럽 5개국, 그리고 일본에 상주공사관(常駐公使館)을 설치하는 것이었다. 수교국가 상호간에 상주외교사절을 교환 파견한다는 규정이 모든 수교조약의 조항에 명문화되어 있었음에도 불구하고, 이제까지는 상대 수교국만 조선에 공사관이나 영사관을 개설하는 수동적인 상황이었음을 감안하면, 이러한 상주외교사절의 파견계획은 능동적인 외교로의 일대 전환을 모색한 것으로 평가할 수 있다. 이는 상호주의 외교로의 방향전환의 모색이었다는 점에서 외교사적인 차원에서도 중요한 의미를 가진다.[64] 또한 당시 조선에 배타적인 지배권을 실질적으로

Denny and the International Rivalries in Korea (Honolulu: Univ. of Hawaii Press 1980) 62면.

62) 조불조약의 체결과정에 대해서는 박일근, 앞의 논문; Robert R. Swartout, Jr., 앞의 책 chap. 3 "Denny and the Great Powers in Korea" 참조.

63) 『淸季中日韓關係史料』 4(臺灣中央硏究院近代史硏究所 1972) 2306면, 문서번호 1242; 송병기 「고종초기의 외교」, 『한민족독립운동사』 1권 95면 참조.

64) 여기서 말하는 상호주의적 외교의 제도적 표현으로서의 상주외교사절 제도는 15세기 이딸리아에서 정착되어 유럽 전역에 확산·발전한 것으로서 근대 외교제도의 가장 큰

행사하고 있던 청에게 이러한 시도가 정면도전 행위로 간주되었으리라는 것은 이론의 여지가 없을 것이다.

고종은 구미제국에 해외사절을 파견하기에 앞서 청의 반응을 시험하려고 우선 민영준(閔泳駿)을 주일 전권공사로 임명하여 파견한다(1887년 5월 16일). 이에 대해 청의 노골적인 방해가 없음을 확인한 고종은 박정양과 심상학(沈相學, 1845~?, 이후 조신희로 교체)을 각각 미국과 유럽 5개국 주재 전권대신으로 임명하고(1887년 8월 18일), 청의 제재에도 불구하고 외교사절 파견을 관철시킨다. 위안 스카이를 비롯한 리 훙장의 반대에 대해 고종은 미국공사 딘스모어를 통해 강력하게 항의하고,[65] 아울러 주청 미국공사를 통한 미국정부의 항의, 그리고 데니의 리 훙장과의 회담[66] 등을 통해 상황을 돌파해나간 사실은 기존연구를 통해 이미 밝혀진 바 있다.

이러한 상황에 이르자 리 훙장은 공사 파견을 용인하되, 전권대신이 아닌 변리공사(辨理公使)를 파견할 것을 조건으로 달았다. 그러나 고종은 끝까지 전권공사의 파견을 고수하였고 결국 청은 이른바 '삼단(三端)'이라는 조건[67]을 수용한다는 것을 전제로 미국과 유럽 5개국에 상주공사관 파

특징이라고 할 수 있으며 베스트팔렌조약 이후 국제 관습법으로 일반화되기에 이르게 된다. 김홍철 『외교제도사』(서울: 민음사 1985) 142~56면 참조.

65) Dinsmore to Yuan Shih-K'ai, September 27, 1887, Spencer J. Palmer, ed., *Korean-American Relations: Documents Pertaining to the Far Eastern Diplomacy of the United States Vol. II. The Period of Growing Influence, 1887-1895* (Berkeley and Los Angeles: Univ. of California 1963) 104~106면.

66) 이에 대해서는 Robert R. Swartout, Jr., 앞의 책 Chap. 4 "Yuan Shih-k'ai and the Suppression of Korean Independence, 1886-1887"을 참조.

67) 삼단(三端)의 내용을 요약하면 1) 조선공사가 주차국에 가면 먼저 그곳의 청국공사관에 알리고, 청국공사와 같이 외무성으로 간다. 2) 공사간 행사가 있으면 조선공사는 청공사의 뒤를 따른다. 3) 중대한 교섭안건은 조선공사가 먼저 청공사와 협의한다. 이에 대해서는 송병기 「소위 삼단에 대하여: 근대한청관계사의 연구」, 『사학지』 6집(서울: 단국대학교 1972).

견을 허락함으로써 1887년 8월부터 11월까지 계속되었던 외교적 줄다리기는 일단락된다. 그후 박정양 공사는 미국에 도착하여 미국 대통령 클리블랜드(Grover Cleveland, 1837~1908, 재임 1885~89, 1893~97)에게 고종의 국서를 봉정하는 과정에서 동행한 알렌의 권고에 힘입어 '삼단'을 무시한 채 행동하게 되는데, 이때 박정양이 전달한 국서는 1883년 보빙사 일행이었던 민영익이 아더 대통령에게 전달한 국서에 이은 두번째 것이었다. 여기에서 고종은 중국연호를 버리고 조선의 개국연호를 사용하였을 뿐 아니라, 이전의 국서와는 달리 국왕 스스로를 '짐(朕)'이라는 용어로 칭함으로써 외교적으로 조선국왕이 청의 광서제와 동등한 지위라는 사실을 분명히 함으로써 중국의 종주권을 부정하고자 했다.[68)]

한편 박정양 공사와 거의 같이 서울을 떠난 주유럽공사 조신희(趙臣熙)는 홍콩에 체류하면서, 박정양 공사의 미국에서의 활동과 조청간의 '삼단'에 관한 교섭상황을 주시하다가 박정양 공사에게 소환령이 내려지자 병을 구실로 귀국한다. 고종은 조신희의 무단귀국을 대단히 불쾌하게 여기고 청의 반대에도 불구하고 그에게 유배형을 내린다. 이러한 사실은 이후 박정양을 처벌하라는 청의 강력한 요구에도 불구하고 박정양을 처벌하지 않고 오히려 그를 부제학에 임명한 사실과는 대조적인 것으로서 고종의 의향을 단적으로 보여주는 사례라고 해야 할 것이다.

지금까지의 논의에서 드러나는 바와 같이, 고종대에 조선이 체결한 각각의 조약은 거의 예외없이 '안과 밖'의 다양한 압력 속에서 맺어진 것들이었다. 다음의 〈표 6-3〉은 조선정부가 체결한 외국과의 수호통상조약을 간략히 정리한 것이다.

68) 林明德 『袁世凱與朝鮮』(北京: 中央硏究院 1970) 159면; 김원모 「박정양의 대미 자주외교와 상주공사관개설(1888)」, 『개화기 한미교섭관계사』(서울: 단국대학교 2003) 632면.

〈표6-3〉 조선(대한제국 포함)이 체결한 수호조약 일람

구분	조약 체결일	비준 교환일	전권대신	
			조선	상대국
일본(日)	1876. 2. 26	1876. 2.26	신헌(申櫶)	黑田淸隆
미국(美)	1882. 5. 22	1883. 5.19	신헌	R. W. Shufeldt
영국(英)	1882. 6. 6	비준 보류	조영하(趙寧夏)	G. Willis
	1883. 11. 26	1884. 4.28	민영목(閔泳穆)	Harry Parkes
독일(獨)	1882. 6. 30	비준 보류	조영하	M. von Brandt
	1883. 11. 26	1884. 11.18	민영목	Ed. Zappe
러시아(露)	1884. 7. 7	1885. 10.4	김병시(金炳始)	Cod. Waeber
이딸리아(伊)	1884. 6. 26	1886. 7.24	김병시	Ferd de Luca
프랑스(佛)	1886. 6. 4	1887. 5.31	김만식(金晩植)	F. G. Cogordan
오스트리아(奧)	1892. 6. 23	1893. 10.5	권재형(權在衡)	Roger de Biegeleben
청(淸)	1899. 9. 11	1899. 12.14	박제순(朴齊純)	徐壽朋
벨기에(白)	1901. 3. 23	1901. 10.17	박제순	Leon Vincart
덴마크(丁)	1902. 7. 15		유기환(兪箕煥)	A. Pavlow

* 『구한말조약휘찬』, 『구한국외교문서』를 참조하여 작성(날짜는 양력).

2. 협소한 정치공간과 정치적 구심축의 표류

(1) 유교적 정치지형의 불협화음과 정치위기

『조선책략』의 전래를 계기로 한편에서 고종이 기존의 대신들의 협력을 유도하면서 통리아문이라는 정부기구를 마련하고 일본과의 외교상 현안 문제 처리를 비롯한 일련의 개혁적인 조치를 추진하고 있을 때, 다른 한편에서는 위정척사적 관점에 입각한 반대여론들이 일부 관료와 재야세력으로부터 개진되어 나타나기 시작했다. 『조선책략』에 대한 최초의 공개적

인 비판이라고 할 수 있는 병조정랑(兵曹正郞) 유원식(劉元植)의 상소(1880년 10월 1일)를 시작으로 정부의 정책을 비판하는 허원식(許元栻), 이준선(李駿善)의 상소가 제출되었고, 이러한 흐름은 조선성리학의 거목인 이황(李滉, 1501~1570)의 후손인 이만손(李晩孫)을 소두(疏頭, 상소의 대표자)로 하는 영남만인소(嶺南萬人疏, 1881년 2월 26일)를 계기로 황재현(黃載顯), 홍시중(洪時中), 김진순(金鎭淳) 등의 상소로 이어지면서 전국적으로 확산되는 조짐을 보였다.[69] 이러한 상황은 문명사적 전환기라는 시대상황하에서 조선이 지향해야 할 방향 및 방법을 둘러싼 정치적 갈등이 본격화되어가고 있음을 의미하였다. 당시의 상소문의 내용은 흔히 알려진 것과는 달리, 규범주의적 태도로 일관하여 철저히 척사론(斥邪論)의 관점을 주장하는 것에서부터, 나름대로 현실주의적 태도를 견지하려는 것에 이르기까지 상당히 다양한 내용을 담고 있었다. 그럼에도 불구하고 당시 상소의 요지를 거칠게 압축하면, '국내외의 상황이 대단히 위태롭기 때문에, 내수외양(內修外攘)의 입장에서 당면한 문제들을 풀어야 하며, 그러기 위해서는 우선 일본과의 수교통상을 중지할 것, 새로운 기구인 통리아문을 해체할 것, 『조선책략』이나 『만국공법』 등 사학(邪學) 관련 서적을 철저히 소각할 것' 등 조정의 입장을 전면적으로 비판하는 것이었다.

고종은 일단 이들을 처벌하라는 지시를 내렸으나, 조선의 유교적 정치지형에서 현실적으로 이들의 정치적 견해를 쉽게 무시할 수 없는 정치적 딜레마가 있었다. 유생들의 상소가 철저히 유교적 수사(修辭)에 의한 화이론적 명분론에 입각하여 이루어졌던 만큼, 이들의 논의를 무시하는 것은 나라의 공론을 무시하는 행위일 뿐만 아니라 조선왕조의 정치적·사상적 존립근거를 국가의 중심인 국왕이 부인하는 인상을 줄 수 있으며, 또

69) 『承政院日記』 高宗17年 10月 1日, 12月 17日, 12月 28日, 18年 2月 26日, 3月 23日, 3月 24日.

한 유생들의 상소에는 실제로 국정의 문제점을 정확히 지적한 부분이 있기 때문이었다. 결국 고종은 일본과의 수교가 예전의 교린관계를 회복하는 차원에서 이루어진 것이라는 교지를 내리는 한편,[70] '척사윤음(斥邪綸音)'(1881년 5월 15일)을 발표하여 이러한 상황을 정치적으로 무마하려고 하였다.[71] 그러나 이러한 조정 노력에도 불구하고 '척사'를 주장하며 조정을 비판하는 상소는 수그러들지 않는다. 다음에 소개하는 강원도 유생 홍재학(洪在鶴, 1848~1881)의 상소와 경기도 유생 신섭(申欆)의 상소(1881년 윤7월 6일)는 커다란 반향을 일으켰던 상소들로서 당시의 재야 지식인들의 일반적인 정서와 가치관을 짐작하게 한다. 다소 길지만 그 내용을 검토해보기로 하자.

〔홍재학의 상소〕 (가) 대체로 양학(洋學)이란 천리를 어지럽히고 인륜을 무너뜨리는 것입니다. (…) 이것은 마치 그림자나 메아리가 저절로 호응하는 것과 같으며 전염병이 전염되는 것과도 같습니다. 이른바 『중서문견(中西聞見)』, 『태서문견(泰西聞見)』, 『만국공법』 등 허다한 사서(邪書)들이 나라 안에 가득 차 있습니다. 그런데 소위 명사(名士)와 석유(碩儒)들 중에 새것을

70) 『承政院日記』 高宗18年 5月 9日.

71) 『高宗實錄』 18年 5月 15日, 『承政院日記』 同日條. 이러한 척사윤음은 19세기, 곧 조선정치사의 말기에 들어서서 네차례에 걸쳐 내려진 바 있다(1801년, 1839년, 1866년, 1881년). 그런데 고종이 내린 척사윤음은 그 내용을 보면 기존의 것과 적지 않은 차이가 있다는 점에 주목할 필요가 있다. 기존의 것들이 19세기 상황에서 강경한 척사 의지를 담고 있음에 반해 고종이 내린 윤음은 '척사(斥邪)'보다는 '위정(衛正)'이라는 입장에서 '배척'보다는 '포용'을 강조하고 있기 때문이다. 이러한 고종의 태도는 18세기 후반의 정조의 유연함을 연상하게 하는 부분이다. 고종은 윤음을 통해 "바른 도가 실현되고 훌륭한 풍습이 일어난다면, 이른바 예수교에 물든 무리들을 적발하고 그 소굴을 파괴하지 않더라도" 저절로 잘 될 것이며, "본래 다 선량한 백성들인데 이들을 토벌하지 않아도 될 것"이라고 하였다〔正道斯行, 善俗斯興, 則所謂染邪之徒, 雖不抉隱而破藪. 莫能容頭而過身, 梟音固可變也, 獸心亦可革也. 至若竊發之徒, 本皆良善之民也, 不待瞬討而可戢〕.

좋아하고 기이한 것을 숭상하는 무리가 있어 거기에 빠져서 헤어날 줄 모르며 거듭하여 찬미를 늘어놓으니 명성과 지위가 있는 사람도 하루가 못되어 휩쓸립니다. 혹시 이를 반박하는 사람이 있으면 변명하기를, '이것은 바로 저쪽 나라들의 사실을 기록한 책으로서 반드시 인륜(人倫)를 무너뜨리는 가르침이라고는 할 수 없다. 이런 것을 알려고 하는 것은 견문을 넓히고 사고를 열어놓으려는 것이므로 반드시 인륜을 무너뜨리는 학문이라고 할 수 없다'라고 합니다. 아! 단지 이 한마디 말만으로도 이미 그 속에 깊이 빠져든 것을 알 수 있습니다. (…) 통리아문을 없애버리고 기존의 5위제도(五衛制度)를 회복시킬 것이며 궁궐의 경비로 들어가는 비용을 옮겨 일반 병사들을 후하게 대접해야 합니다. (…)

(나) 사도(四道)의 유생들이 올린 상소에 대하여 〔전하께서〕 내리신 전교를 보았는데 신 등은 다 읽기도 전에 가슴을 치고 통곡하는 심정을 금할 수 없었습니다. 전하는 무슨 까닭에 온 나라 사람들이 한결같이 말하는 공론을 이처럼 굳게 거절하는 것입니까. (…) 이것이 간(諫)하는 말을 따르는 성군(聖君)이 할 일이라고 하겠습니까. (…) 전하는 남의 말을 막기에 급급해하지만 공의(公議)는 더욱 세차게 일어나고 있으니 어떻게 금지해낼 수 있겠습니까. (…) 신 등을 비롯한 소두(疏頭) 몇명에 대하여 전하의 힘으로써 형조(刑曹)에서 형벌을 가할 수도 있고 영남(嶺南)의 해변에 귀양 보낼 수도 있으며 거리에서 찢어 죽일 수도 있을 것이나 온 나라의 백성이 집집마다 원망하고 사람마다 분노하는 것은 전하의 힘으로써도 제지하지 못할 것입니다.

(다) 전하가 이처럼 전에 없던 지나친 조치를 취하고도 막연히 깨닫지 못하는 것은 다른 까닭이 아니라 학문에 전념하지 않기 때문에 이치에 밝지 못하고 마음은 사사로움을 이기지 못하며 안일에 빠진 것을 달게 여기고 〔간신배의〕 참소와 유혹을 즐기시기 때문입니다. 전하가 배우지 않는 것은 어찌 다른 까닭이 있겠습니까. 재상 이하의 자기 이익만 즐기고 염치없는 무리들이 전하의 학문과 덕행이 전진하면 반드시 앞으로 어진 사람을 등

용하고 간사한 사람을 물리치게 될 것이므로 모든 정사(政事)에서 자기 무리들은 그 사이에서 발을 붙이고 하고 싶은 대로 하지 못하게 될 것을 깊이 우려했기 때문입니다. 그러므로 처음부터 지금까지 경연을 쓸데없는 것이라고 하고 어질고 준수한 사람들을 버리며 도학(道學)을 썩은 선비의 무용지물로 삼고 속류(俗流)들을 재주있고 부릴 만한 사람이라고 하면서 사람을 평가하고 벼슬을 주는 일을 혼자서 임의대로 하셨습니다. 전하의 총명을 이토록 극도로 흐리게 하였으니 어찌 〔간신배들의〕 그 죄악을 다 말할 수 있겠습니까.[72)]

〔신섭의 상소〕 (가) 수신사 김홍집(金弘集)이 사신의 임무를 맡고 나라를 떠난 것은 얼마나 중대한 일이었습니까. 그런데 (…) 외국사람에게 유혹되어 이른바 황 쭌셴(黃遵憲)이 지었다는 책〔『조선책략』〕을 경솔하게 받아가지고 와서 감히 전하에게 바쳤습니다. (…) 봉조하(奉朝賀) 이유원(李裕元)은 큰 은혜를 많이 입고 신하로서 가장 높은 자리에 올랐으니 보답할 생각을 다른 사람보다 더욱 많이 해야 할 것입니다. (…) 그런데 신하로서 외

72) 『高宗實錄』 18年 閏7月 6日; 『日本外交文書』 明治年間 14卷, 文書番號156 「附屬書」, "(가)蓋洋之學, 固亂天理滅人倫之甚者. (…) 是則如影響之相應, 癘疫之相染. (…) 所謂中西聞見 泰西聞見萬國公法等, 許多異類之邪書, 充滿於國中. 而所謂名士碩儒, 好新尙奇之輩, 論胥而入, 樂而忘反, 更相稱美, 而各與位祿不同而從. 或有詰之者, 從而爲之辭曰, 此是彼國記事之書, 未必是滅倫敗常之敎也. 從事於此者, 要以廣聞見而開胸襟, 未必是滅倫敗常之學也. 噫, 只此一言, 已是陷溺之甚者也. (…) 罷機務之衙, 復五衛之制, 移內營之費, 厚軍卒之料. (…) (나) 伏見四道儒疏傳敎下者, 臣等讀之未竟, 益不勝鸞膺而痛哭者也. 殿下何故牢拒一國萬口一談之公論, 至此極也. (…) 此聖主從諫之事乎. (…) 殿下急於鉗制, 而公議益激, 安得禁止乎. (…) 殿下之力, 可以刑之於司寇矣, 可以竄之於嶺海矣, 可以肆之於市街矣. 若夫八路萬姓, 家家而怨咨, 人人而憤恚, 殿下之力, 不得以制之矣. (다) 殿下作此無前之過擧, 而漠然不悟, 無他, 由不事學問. 故知不足以燭理, 心不足以勝私, 甘於宴安之毒, 悅於讒寇之誘也. 殿下不學, 豈有他哉. 由其宰相以下, 頑鈍嗜利無恥之輩, 深恐聖學聖德, 將就必將進賢退奸, 敍秩命討, 吾輩不得接踵其間, 而從其所欲也. 自初至今, 弁當經筵, 屛棄賢俊, 以道學爲腐儒無用之物, 以流俗爲才智可使之人, 抑揚與奪, 一任誤臆. 致誤聖明, 至於此極, 其罪可勝言哉."

교하는 죄를 스스로 짓고 리 훙장과 더불어 글을 자주 주고받고 하였으니 (…) 이유원과 김홍집은 분명히 서로 호응한 것으로서 장차 사람들을 미혹시키고 나라의 방침을 문란케 하려고 하는 것이니 이런 짓을 한다면 무슨 짓인들 못하겠습니까.

(나) 이렇게 본다면 그들은 모두 도적 편의 사람들입니다. 전하는 무엇 때문에 이런 무리들을 사랑하여 좋은 벼슬자리를 주기도 하고 높은 우대를 해주십니까. 그러면서도 나라의 권위와 국가의 기강을 세우려고 하니 역시 틀린 일이 아닙니까. 생각건대 전하의 총명에 흠이 있고 전하의 학문이 고명한 경지에 이르지 못하여 그들에게 가려져버려서 그렇게 된 것이 아닙니까. 〔…〕 경서에 이르기를, '시키는 것이 자신이 좋아하는 것과 반대되면 백성〔民〕들이 따르지 않는다'라고 하였습니다. 지금 전하께서는 벌을 주어야 할 사람에게 상을 주고 상을 주어야 할 사람에게 벌을 주었으니 이로 말미암아 상벌을 주는 원래 취지가 전도될까봐 걱정됩니다.[73)]

앞에 소개한 홍재학의 상소는 요컨대 '(가) 『만국공법』 등의 양서(洋書)는 인륜을 무너뜨리는 사서(邪書)인데도 불구하고 전염병처럼 퍼져가고 있으니 이를 철저히 단속해야 하며, 이를 주관하는 통리아문 등 새로운 기구를 철폐해야 한다. (나) 그런데 국왕은 이러한 주장을 하는 유생들의 상소를 무시함으로써 공론을 따르지 않고 있다. 국왕은 신민을 탄압할 수는 있으나 공론을 막을 수는 없다. (다) 국왕이 이러한 실책을 거듭하는 것은

73) 『高宗實錄』 18年 閏7月 6日, "(가) 前修信使臣金弘集奉命出疆, 何等重大. 而不務不辱君命, 誘惑於外人, 所謂黃遵憲冊子, 輕自受來, 敢進於黈纊之下. (…) 奉朝賀臣李裕元厚被鴻造, 位極人臣, 圖報之念, 宜倍他人. 而自犯人臣外交之罪, 與李鴻章頻繁通書, 未知有何關節. (…) 裕元弘集分明是表裏相應, 將以眩惑聽聞, 乖亂國是, 是可忍也, 孰不可忍也. 由是論之 (나) 彼皆臣所謂賊邊人也. 殿下何愛於此輩, 而或棹以好爵, 或禮遇加隆. 而欲尊國威振國綱, 不亦左乎. 竊恐聖聰 有欠於瑩澈, 聖學未至於高明, 不能無爲彼所擁蔽而然乎. (…) 經曰所令反其所好而民不從. 今殿下, 賞其宜罪, 罰其宜賞, 竊恐刑賞由是而顚倒. 可以懼哉."

학문을 게을리하기 때문이며, 조정의 간신배들이 국왕을 잘못 유도하기 때문이다. 국왕은 정학인 유학을 무시할 뿐만 아니라 혼자 임의대로 인물을 등용함으로써 패도(覇道)를 일삼고 있으니, 여기에 책임이 있는 조정 간신배들의 죄를 묻지 않을 수 없다'는 것이었다. 한편 신섭의 상소는 '(가) 김홍집이나 이유원 등이 신하된 직분을 망각하고 외적과 내통하여 사서(邪書)를 가져오고 서한을 교환함으로써 사람들을 혼란스럽게 하고 나라를 어지럽게 하였다. (나) 그런데 국왕은 한편으로는 이런 인물들을 높이 우대하면서 다른 한편으로 국가의 권위와 기강을 세우려 한다. 이처럼 국왕이 인물을 분별하지 못하면서 국정을 운영하는 것은 학문이 부족하기 때문이니, 백성〔民〕은 이러한 국왕을 따르지 않을 것'이라는 내용을 담고 있었다. 이러한 유생들의 주장은 환언하면 현재의 개화방침은 문명국인 조선을 위기로 빠뜨리는 망국적인 행위로서 척사, 배외주의를 통하여 위정(衛正)의 원칙으로 돌아가야만 하며, 국정은 공론에 의해 다스려져야 한다. 국왕은 개화정책을 펴나가는 간신배들을 처벌하고 정학(正學)에 매진하여야 하며 국정운영은 현자들에게 위임되어야 한다는 것이었다. 이러한 주장이 지금까지 살펴본 고종의 정치적 구상과 정면으로 대치되는 것이며 제2장과 제4장에서 살펴본 조선 후기 이래 계속되어온 경직된 정신주의적 경향의 연장선에 놓여 있는 것임은 부언할 필요가 없을 것이다.

한편 이러한 척사, 배외주의의 분위기는 대원군을 비롯한 정치적 불만 세력들을 고무시킨 반면, 국왕의 개방 및 자강정책을 지지하던 인물들을 크게 동요시켰다. 예컨대 척사상소에서 『조선책략』을 들여왔다고 하여 비판의 대상이 된 김홍집은 결국 예정된 제3차 수신사의 임무를 사퇴하는가 하면,[74] 청의 리 훙장과 사적으로 서신을 교환했다고 하여 비판받은 이유원은 자강정책을 추진하는 것은 잘못이라는 견해를 표명함으로써 고종의

74) 『高宗實錄』 18年 閏7月 6日.

정치적 입장을 사실상 비판하고 나섰다.[75] 이러한 국내 여론의 강한 압박은 조선정부가 대외적으로 미국과의 조약체결을 현실적으로 주도해나가기 어렵게 함으로써 불가불 중국의 권위를 빌려야 하는 상황으로 몰고 가는 결정적인 배경이 되었다.[76] 또한 조정 내부에서도 자강책의 유용성 및 그 현실적 실현 가능성에 대해 회의적인 분위기가 형성되었다.

대원군 계열의 정치세력으로 알려진 안기영(安驥泳, 1819~1881) 등이 주모가 되어 고종을 폐하고 대원군의 서장자(庶長子)인 이재선(李載先)을 왕으로 세우려다 미수로 끝난 사건이 발발한 것은 이러한 시점에서였다(안기영의 쿠데타 미수사건, 1881년 8월 28일). 이 사건은 고종대에 들어 최초의 역모사건이었다. 조정에서는 이 사건을 철저히 처리하여 연루된 인물들을 모두 처형하였고, 이후 유생들의 척사상소도 일단 진정되는 듯했다. 하지만 기존연구를 통해 밝혀진 바와 같이, 대원군은 이 사건에 깊이 연루되었으나 숙청되지 않았고,[77] 얼마 후 미국과의 조약체결 직후 일어난 임오군란으로 다시 권력을 쥐게 된다. 이 과정에서 의정부 대신 중 고종의 입장을 지지해온 전영의정 이최응을 비롯하여 통리아문에서 일하던 김보현(金輔鉉, 1826~1882), 민겸호(閔謙鎬, 1838~1882) 등이 살해되었으며, 민왕후의 사망이 공식적으로 발표되었다.[78] 대원군이 권력을 잡자마자 바로 통리아문을 해체하였음은 이미 언급한 바와 같다. 앞서 살펴본 바와 같이, 고종의 보호

75) 『高宗實錄』 18年 閏7月 8日.

76) 송병기, 앞의 책 175, 289면.

77) 이 사건과 관련하여 『추안급국안(推案及鞫案)』 30, 『우포청등록(右捕廳謄錄)』 30冊 등을 실증적으로 검토한 연구에 의하면 대원군은 이 사건에 깊이 연루되었다. 이에 관해서는 송병기, 앞의 책(1985) 177~87면; 조성윤 「개항 직후 대원군파의 쿠데타 시도: 이재선 사건을 중심으로」, 양상현 편 『한국근대정치사연구』(서울: 사계절 1985) 참조.

78) 『高宗實錄』 19年 6月 10日, 11日, 12日, 14日. 이후 죽은 것으로 알려졌던 민왕후가 피난에서 궁궐로 돌아온 것은 임오군란이 청군에 진압된 후인 8월 1일이었다. 『高宗實錄』 19年 7月 25日, 26日, 8月 1日.

하에 외교·통상·국방·재정 등을 전담하도록 어렵게 구상하여 설치한 제도적 장치인 통리아문이 허망하게 해체되는 사태는 대원군과 고종의 정치적 관계가 얼마나 잘못 얽혀 있었는지를 극단적으로 보여주는 사례라고 할 수 있다.

지금까지 살펴본 일련의 상황들은 당시 조선의 정치공간에서 고종이 개화 및 자강정책을 추진해갈 여지가 얼마나 협소하였는지를 구체적으로 가늠하게 해준다고 할 수 있다.[79] 예컨대 다음에 소개하는 백낙관의 상소문에 드러나는 바와 같이, 당시 제기된 일련의 배외주의와 척사를 주장하는 상소들은 고종과 그를 보좌하는 세력이 추진하는 정책을 문명인을 야만인으로 만들고 5백년 된 국가를 뒤엎는 행위로 간주하였다.

> "〔오늘날 조정의 신하들은〕 **'문명'한 사람을 '오랑캐'로 만들고**〔變夏爲夷〕 개인의 욕심만 채우면서 공적인 정사에 해를 줍니다. 이들은 결국 전하를 이렇게까지 그른 데로 이끌어왔습니다. (…) 지금 전하의 한 몸으로 **태조가 세운 나라를 뒤엎는** 것은 왕업을 받들어 계승하는 도리에 매우 어긋나며, **자신의 한 몸을 호위하기 위하여 선왕의 법을 버리고** 살아 있는 백성〔民〕의 피를 마르게 하며, 마땅히 후하게 대해야 할 이들에게는 박하게 대하고 박하게 대해야 할 이들에게는 후하게 대하고 있습니다. **외적을 불러들여 내란이 싹트게 하니** 이것이 잘못된 계책이 또한 아니겠습니까."[80]〔충청도 유생 백낙관(白樂寬)의 상소〕

79) 조정의 개화정책은 당시 대중적으로 거의 이해되지 못하고 있었다. 예컨대 1881년 4월 허위장을 방문한 고종의 또 다른 밀사 탁정식(卓挺埴)의 발언은 당시의 이러한 정치적 상황을 잘 보여준다. "조정의 신하 중에는 〔서양제국과의〕 외교를 원하는 자가 10명 중 7명이지만, 민간에는 열 사람 중에 단 한명도 없다〔朝中諸臣下願外交者 已有十之七 唯民間則 十無一人〕." 『淸季中日韓關係史料』 2卷 504면, 光緖7年 4月 23日.

80) 『高宗實錄』 19年 5月 4日, "今之廷臣 (…) **變夏爲夷**, 營私害公, 致誤聖明, 至於此極. 臣請得以誅之, 誅而不誅, 臣之反誅必矣. (…) 今以殿下之一身, **顚覆太祖之國家**, 甚非所以奉承丕基之道, **以自衛一身**, **遂廢先王之法**, 竭生民之血, 於所厚而薄, 於所薄而厚. **招外寇而備內亂**, 其於

요컨대 이른바 '공론의 존중'이라는 명분하에 당시 조선의 '정치공간'은 '규범과 윤리'의 논리에 의해 정치적 선택의 폭이 심하게 제한되었고, 국왕이란 국가의 상징적 구심축에 불과하며 정국운영의 실질적인 중심은 재상을 비롯한 신하들이라는 의식이 강하게 견지되었다. 이러한 상황의 심층에는, 사상탄압으로 시작한 19세기 조선의 유교적 정치지형이 지나치게 경직되면서 조선의 정치공간이 조정 및 타협능력을 잃고 불협화음을 빚어온데다 오랜 세월 견지되어오던 왕권에 대한 강력한 견제와 신권(臣權)중심의 국정운영 전통이 관성적으로 되풀이되고 있었다는 것 또한 간과되어서는 안될 것이다.

그러면 여기서 잠시 눈을 돌려 고종과 대원군, 그리고 이른바 민씨세력 간의 복잡한 정치적 관계에 관해 살펴보기로 하자.[81] 앞서 고종의 왕통상의 부모가 조대비와 효명세자 곧 익종(翼宗)이라는 사실에 관해서는 상세히 언급한 바 있다.[82] 따라서 왕실의 예법(五禮)이라는 관점에서 보면, 고종이 효도해야 할 대상은 사친(私親)인 대원군 내외가 아니라 조대비와 익종이었다. 당시의 관찬자료들을 검토해보면, 실제로 고종이 왕위를 계승한 이후 공적으로 국왕에게 강조된 효도의 대상은 언제나 조대비였으며, 조대비는 자신이 국왕 고종의 어머니라는 점을 항상 강조하였음을 알 수 있다. 경연에서 고종이 최초로 읽은 경전이 조대비의 뜻을 반영하여 『효경』으로 결정된 것도 물론 우연이라고 보기 어렵다.[83] 고종 스스로 조대비

計, 不亦疎乎."

81) 대원군과 민왕후, 그리고 고종의 관계에 관한 필자의 좀더 상세한 논의는 강상규 「명성왕후와 대원군의 정치적 관계 연구: 왕실내 정치적 긴장관계의 구조와 과정」, 『한국정치학회보』 40집 2호(2006)를 참고할 수 있다. 이 논문은 강상규 『19세기 동아시아의 패러다임 변환과 한반도』(논형 2008)에 재수록되었다.

82) 이에 관해서는 〈부록2〉 '조선정치사의 시기구분과 조선왕조계도'를 함께 참조.

83) 『承政院日記』 高宗1年 1月 15日.

에게 자식으로서 효도를 다하고자 함을 항시 강조하였으며, 이러한 고종의 태도는 대원군과 정치적 견해차가 노정되고 정치적 관계가 불편해짐에 따라 더욱 적극적으로 표명되었다.

앞서 언급한 바와 같이, 고종은 정치적 정통성의 상징인 왕권의 특수한 위상에 힘입어 일단 친정(親政)을 선언하였지만 '효'라는 유교의 절대적인 가치로 인해 자신의 생부인 대원군을 정치적으로 완전히 배제할 수는 없었다. 주지하는 바와 같이, 일반적인 유교적 예법에 의거할 때 부자(父子) 관계는 하늘이 맺어준 관계인 반면, 군신관계는 기본적으로 의리에 입각한 관계여서 '효'의 원리에 비해 '충'의 원리는 상대적인 가치에 불과한 것으로 간주되는 경향이 있었다. 대원군과 고종은 '효'의 원리와 '충'의 원리가 부딪치는 미묘하고 불편한 정치적 관계에 놓여 있었고, 이러한 상황은 현실정치의 장에서 국왕 고종이 정치력을 발휘하는 데 심각한 제한요인으로 작용하였다.

하지만 제2장에서 언급한 바와 같이 16세기 후반 즉 조선 중기 이래 왕실의 특수성론보다 사대부의 보편가치론을 강조하는 '가례(家禮)적 예론'이 정착되고 중시되는 분위기였다. 따라서 일반 유자(儒者)를 비롯한 백성들의 정서를 고려할 때 현실적으로 일반적인 예법 또한 존중하지 않을 수 없는 것이 국정의 최고책임자로서의 국왕의 딜레마였다. 유생이나 신하들의 상소가 철저히 유교적 논리에 입각하여 이루어지고 있었던 만큼, 이들의 논의를 무시하는 것은 나라의 공론을 무시하는 행위로 간주되는 것임은 물론, 조선왕조의 정치적·사상적 존립근거를 국가의 중심인 국왕이 부인하는 것 같은 인상을 전해줄 수 있었다. 고종은 대원군에 대한 불편한 관계가 공개적으로 드러나는 것 자체를 대단히 부담스럽게 여겨 가능한 한 회피하려 하였고, 대원군 역시 국왕에 대한 공개적인 비판이나 대립이 자신의 정치적 존립근거를 무너뜨릴 수 있다는 점에서 가능한 한 이를 자제하는 태도를 보였다. 민왕후나 여흥민씨(驪興閔氏) 세력의 정치적 역할이 점차 부상하게 되고, 이후 본질적으로 국왕 고종과 대원군 간의 정치적 갈등이 지속되었음에도 불구하고 이들의 정치적 대립이 대체로 민왕후와 대원군 간의 대결 양상으로 드러난 배경에는 이러한 미묘한 사정들이 복잡하게 얽혀 있었음을 이해할 필요가 있다.

기존연구를 통해 지적된 바와 같이, 여흥민씨 세력이 현실정치에서 중요한 의미를 갖게 된 것은 고종이 통리아문을 설립하면서부터이다.[84] 민태호(閔台鎬, 1834~1884)가 의정부의 정2품 좌참찬으로서 통리아문을 설립하는 실무적인 업무를 담당하였는가 하면,[85] 민왕후가 특히 총애한 젊은 민영익(閔泳翊, 1860~1914)이 통리아문의 핵심인물 중의 하나로 등장한 것은 이러한 상황전개를 상징적으로 보여준다. 이외에도 앞서 살펴본 〈표 6-2〉 '통리기무아문의 개편과 책임인물'에서 확인할 수 있는 바와 같이 여흥민씨는 새로 출범한 통리아문을 통해 민치상(閔致庠, 1825~1888), 민종묵(閔種默, 1835~1916), 민겸호(閔謙鎬) 등이 당상관으로 등용되었다.

그러나 통리아문의 설치를 계기로 민씨들이 권력의 중심부에 등장하게 되었다고 해서 이들의 비중을 확대해석하는 것은 무리가 있다. 1881년이라는 시점에서 민씨들이 독자적으로 정국을 주도할 만한 정치적 힘을 가지는 것이 현실적으로 불가능할뿐더러 그들은 강력한 정치권력을 행사하지 못하던 고종의 곁에서 국왕의 정국운영을 보좌하는 역할에 머물러 있

84) "The T'ongnigimu Amun〔통리기무아문〕 became the stepping stone to power for some members of the Yohung Min clan〔여흥민씨 세력〕." Martina Deuchler, 앞의 책(1977) 96면.

85) 고종이 수신사 김홍집이 귀국한 후 조정회의(1880년 9월 8일)를 열어 기존의 배외주의정책이 조선을 고립무원한 상황으로 몰고가는 부적절한 것이라는 결론을 도출하였음은 앞서 언급한 바와 같다. 고종은 조정회의가 끝난 후 민태호를 의정부 좌참찬에 임명하였는데(『日省錄』 高宗17年 9月 8日), 이후 통리아문의 설치에 필요한 규약〔節目〕을 만들라는 지시가 내려진 후 이를 주도적으로 준비한 인물이 바로 민태호를 비롯한 의정부 유사당상(有司堂上)들이었다. 『備邊司謄錄』 高宗17年 12月 7日, 12月 20日; 은정태, 앞의 논문(1998) 180면 참조.

었다. 예컨대 고종이 자신이 신뢰하는 인물들을 중심으로 일본시찰단을 구성하여 비밀리에 파견하려고 추진할 무렵, 하나부사 일본공사가 본국의 외무경 이노우에 카오루에게 보낸 보고서를 보면 이와 관련된 흥미로운 단서를 찾아볼 수 있다.

> 이들〔시찰단으로 떠나는 인물들〕은 모두 민씨파(閔氏派)에 속한 사람이다. 이 세력은 대체로 소장파(少壯派)이기 때문에 대원군의 노장파(老壯派)에 비해 힘이 부족하지 않을 수 없다. 이동인 등의 생각은 이 거사〔일본시찰단 파견〕를 통해 그 세력을 완전히 민씨파로 옮기려 하는 것 같다. 민씨파의 우두머리는 올해 24세〔실제로는 21세〕의 민영익으로 관직이 참판에 불과한데 따로 기치를 세워 정파를 결성하려는 것이 이상스럽긴 해도 그 조부의 후광과 중궁의 신뢰 덕분에 이 일이 가능했음이 틀림없다.[86] (강조는 인용자)

여기서 주목해야 할 사실은 통리아문이 설립되어 일본시찰단이 파견될 무렵 항간에 회자되던 '민씨파' 세력이, 흔히 오늘날 알려진 '여흥민씨라는 국왕의 외척그룹'에 국한된 인물들이 아니라, 당시 노련하고 강력한 정치그룹인 '대원군세력'의 정치적 입장에 반대하며 국왕을 보좌하던 소수 세력을 총칭한다는 것이다. 이는 '민씨파'라는 세력의 실체가 사실상 '여흥민씨를 비롯하여 고종의 주변에서 국왕을 보좌하며 개화 및 자강정책을 추진하는 소장파 그룹'이라는 사실을 강력히 시사해주고 있는 것이다.

---

86) 『日本外交文書』 明治年間 14卷, 文書番號123, 1881年 2月 28日(陽), "今此諸人ハ何レモ閔氏黨中ノ人也此黨多ク少壯ノ人ナルヲ以テ大院君老輩ノ黨ニ對シテハ勢ヒ讓ル所アルヲ免カレス東仁輩ノ意ハ此一擧ニシテ全ク其勢ヲ閔黨ニ移ントスル者ノ如シ閔氏ノ宗ハ今年二十四歲ナル閔泳翊ニテ官猶參判ノ列ニ在リ別ニ一幟テ樹テテ一ノ政事黨ヲ結成スルハ可怪カ如シト雖モ惟フニ其祖父ノ餘光ト中宮ノ親信トニ因テ此事アリ得ルナルヘシ中宮ハ永翊ノ叔母ニシテ開進黨ナリ國王モ其說ヲ容レラルル由曾テ聞ク所ナリ而シテ人此黨ヲ呼テ中宮黨ト云ヲ以テミレハ (…) "

한편 역사적인 아이러니지만, 이후 '국왕을 보좌하며 개화 및 자강정책을 추진하는 측근그룹'이 정치적으로 분화되어가면서 외척으로서의 여흥민씨 세력이 점점 정치적으로 부상하는 데는 왕권의 약화를 초래한 주요한 정치적 사건들—예컨대 임오군란(1882), 갑신정변(1884), 갑오개혁(1894~1895)—이 주요한 '계기'로서 작용하였다. 이제 '국왕을 보좌하던 그룹'이 어떠한 경위로 정치적으로 분화되어가는지, 그리고 이러한 상황이 어떠한 정치적 파장을 불러일으키는지 살펴보기로 하자.

(2) 자강의 방법론을 둘러싼 갈등과 대내외적 압박의 심화

1881년 9월 영선사로 청국을 향해 서울을 출발한 김윤식은 중도에 고종에게 상소를 올렸다. 그가 올린 상소는 당시의 정황과 아울러 열악한 정치적 상황에 놓여 있던 조선 정치가들의 내면적 고민과 이후의 정국의 전개를 시사해주고 있다는 점에서 주목할 필요가 있다.

> (가) 바야흐로 오늘날의 세계의 형세는 크게 변하여 다른 나라의 딴 종족들이 각기 군사를 강화하고 배를 몰아 서로 연합하여 복종시키면서 병력을 서로 자랑하며 법률로 서로 버티는 것이 세상에 가득 차서 바다와 육지가 점차 통하게 되니 이것은 그저 조짐이 나타난 것이 아니라 형적이 이미 현저히 드러난 것입니다. 이런 때를 당해서 아직도 문을 닫고 보지 않으며 베개를 높이 베고 편안히 누워 있으려고 한들 정령 그럴 수가 있겠습니까.
>
> (나) 전하는 이것을 근심하고 분발하여 일을 시작하셨습니다. 〔전하께서는〕 외적(外賊)을 막으려면 반드시 먼저 군사를 훈련해야 한다고 하고, 군사를 훈련하려면 정예로운 무기의 도움을 받아야 한다고 생각하셨습니다. 그래서 장공인(匠工人)들을 널리 선발하여 멀리 천진(天津)에 보내신 것이며 자금과 식량이 드는 것을 아까와하지 않고 무기를 만들어 쓸 것만을 바라신

것이니, 이것은 참으로 종묘사직을 위하고 백성(民)들을 위해 깊이 고심하여, 나라가 위태롭고 어지럽기 전에 보전할 것을 바라셨기 때문입니다.

(다) 그러나 끝이 없는 것이 변고이고 또한 계속 잇기 어려운 것이 재용(財用)입니다. (…) 나라에서 무슨 일을 하려 해도 걸핏하면 장애가 생겨 절실한 효과는 못 보고 헛되이 수고하고 비용만 드는 폐단이 늘어만 갑니다. 이에 지방에서는 떠도는 말이 많고 아래에서는 난(亂)이 일어날 싹이 생겨나는데 이것도 이미 현저한 형국에 이르렀으니 비단 조짐이 보이는 정도라고 말하기 어렵습니다.

(라) 그러면 어떻게 해야 되겠습니까. (…) 무익한 비용을 줄이어 전부 유익한 비용에 돌리고 급하지 않은 비용은 그만두어 당장 급한 일에만 쓴다면 일은 잘될 것이고 백성(民)의 비방은 없어질 것이며 난의 싹을 막을 수 있을 것입니다. 결국 그 요체는 바로 절약하는 데 있을 뿐입니다.[87)]

요컨대 김윤식의 논의는 '(가) 현재 세계의 형세는 만국이 대치하고 있는 상황으로 현저하게 변화하여 무력을 앞세워 서로 합종연횡하고 있는 상황인데 이를 지금껏 모두 외면해왔다. (나) 국왕은 이러한 위기상황을 감지하고 외적의 위협에 대비하기 위해 군사적 준비태세를 갖추도록 우리 영선사 일행을 청에 파견하였다. 이는 가히 국가와 백성(民)을 위한 유비

---

87) 『承政院日記』 高宗18年 11月 4日; 『高宗實錄』 同日條(壬辰條), "(가) 方今宇內氣運大變, 異域殊類, 各治兵路船, 合從連橫, 以兵力相雄, 以法律相持, 彌滿天下, 水陸漸通. 此非特幾微之見, 而形跡已大著矣. 當此之時, 猶欲閉戶不見, 高枕而安臥, 其可得乎. (나) 殿下爲是之憂, 奮發有爲. 思惟禦侮必先鍊兵, 苟欲鍊兵, 宜資利器. 故廣選工徒, 遠赴天津, 不惜資糧之費, 冀獲製造之用, 此誠爲宗社, 爲生民斷斷苦心, 而欲保之於危亂之前也. (다) 雖然無窮者事變也, 難繼者財用也. (…) 國家欲有施爲, 動輒窒碍, 未見急切之效, 祇增勞費之弊. 於是浮言興於外, 亂萌生於下, 此亦形跡之已著, 非特幾微之見而已. (라) 然則如之何而可也. 凡用財之道, 出於不得已, 則雖多無怨, 出於可已而不已, 則雖少必謗. 減無益之費, 盡歸有益之用, 捐不急之需, 專治當急之務, 則事業可興, 民謗可息, 亂萌可杜, 福祿可延. 其要不過克己節用而已."

무환의 자세에서 비롯된 행동이라 할 수 있다. (다) 그러나 현재로서는 어떠한 성과를 내기 전에 비용만 들고 잡음만 커져서 폐단이 늘어가고 있어서 전국적으로 민심은 극도로 흉흉하다. (라) 따라서 이러한 난국을 극복하는 방책은 우선 급한 곳에 비용을 써서 백성들의 불만을 막는 것으로 오로지 절약하는 데 달려 있다'는 것이다.

김윤식의 상소는 얼핏 보면 앞의 부분(가, 나, 다)에서 대단히 명료하게 논지를 전개하고 있는 반면 구체적인 방책을 논하는 부분(라)이 다소 애매하게 표현되어 유생들의 '절용론(節用論)'과 동일한 주장을 하는 것 같은 인상을 받게 된다. 하지만 김윤식이 당시 고종의 각별한 기대를 한몸에 받고 영선사로서 청으로 떠나는 상황이었던 점을 고려해볼 때, 그가 새삼스럽게 일반적인 '절용론'을 늘어놓으려고 상소를 보내지는 않았을 것이다. 그가 내린 다소 애매한 결론에는 개화·자강책을 주도하고 있던 국왕에게 직접적으로 표현하기 어려운 당대 정치인으로서 그 나름의 전략적 고민 등이 함축되어 있었다고 하겠다.

이러한 관점에서 영선사 김윤식의 상소를 다시 풀어보면, '국내외적으로 열악한 현실을 감안할 때 국왕이 추진하고 있는 정책은 그 의도의 정당성 여부와는 상관없이 성공하기 어렵다. 따라서 지금의 상황에서는 자신에게 주어진 임무라고 할 수 있는 강병무비책(强兵武備策)과 같은 고비용 정책에 우선순위를 두는 것은 바람직하지 않으며, 오히려 리 훙장의 밀함(密函)이나 『조선책략』에서 권고하고 있는 바와 같이, 청과의 관계를 돈독히 하면서 서양제국과의 조약을 맺는 데 주력하는 것이 훨씬 더 현실적이다'는 의미가 행간에 깔려 있음을 알 수 있다. 요컨대 그는 열악한 조선의 입장을 고려할 때, 청과의 관계를 어떤 식으로든 돈독하게 하는 것이 조선의 안전을 확보하는 데 유리하다는 생각을 하고 있었던 것이다. 예컨대, "청국과는 교류가 활발하고 문물제도가 유사해 오래 전부터 사대의 의리를 지켜온바 일반백성도 청국이 우리를 비호하지 결코 탐하거나 해치지 않으리라는 것을 알고 있는 만큼, 시세가 변했다 하여 사대의 의리를 갑자기 바꿀 필요는 없다"라든지,[88] "우리나라가 중국의 속방(屬邦)이라는 것은 천하가 다 아는 사실이다, 중국이 〔우리의 안전을〕 확실하게 보장해줄 것인지 항상 걱정했다. 우리처럼 고립되고 허약한 처지에 있는 나라가 만일 강대국의 후원을 받지 못하면 스스로 특립(特立, 독립)하기 어렵다"[89]와 같이, 그가 남긴 다른 기록을 통해서도 이러한 그의 생각을 확인할 수 있다.

고종의 기대를 받으며 개화·자강정책 추진의 최전선에 있던 김윤식의 이러한 의식 속에는 열악한 조선의 정치적 상황을 고려한 지극히 현실적인 상황판단이 자리잡고 있었다고 할 수 있다. 그러나 동시에 이러한 김윤식의 의식의 저변에는 앞서 살펴본 바와 같이, 19세기 전반기부터 축적되어온 '변방소국(邊方小國)'이라는 변질된 자기정체성의 그림자가 짙게 드리워져 있음을 간과해서는 안된다. 이러한 '변방소국' 의식이 조선에서 전통적으로 나타나던 '번방(藩邦)'과 '소국'이라는 다분히 명분상의 의례적 표현을 현실의 정치공간에 자의적이고 편의적으로 결합시킨 것임은 이미 제4장에서 상세히 고찰한 바와 같다. 요컨대 이러한 사고는 자기 역량과 대외정세에 대한 끊임없는 성찰 속에서 제한된 선택의 범위에서나마 탄력적이고 유연하게 국내외 정책을 모색해가는 것이 아니라, 변화해가는 국제정세 하에서 타국에게 자국의 운명을 맡기고 의존하는 타율적인 대응양상으로 이어지기 쉽다는 점에서 근본적인 한계를 안고 있었다. 당대 많은 지식인들의 의식 속에 잠재한 이러한 변방소국 의식은 이른바 서세동점이 진행되는 가운데 동아시아의 정치질서가 전반적으로 재편되던 바로 그 시점에서 '과거의 제국'으로 전락해가는 청의 보호우산 안에 안주하려는 태

88) 金允植『雲養集』卷12, 書牘上, "至淸國則往來較數 耳目習熟 制度文字多倣於是 自前世以來 恪守事大之義 現時局雖變 不便遽改前規 小民之心 亦知淸國是庇護我 非貪害我."

89) 金允植『陰晴史』高宗 18年 12月 27日, 55~58면, "我國之爲中國屬邦, 天下之所共知也, 常患中國無着實擔當之意, 以若我國孤弱之勢, 若無大邦作保, 則實難特立."

도를 정당화하는 논리적 근거가 되었다. 이는 이후 조선 정국의 전개방향을 암시하는 것이었다.

구미국가들과의 조약체결 직후 발생한 임오군란은 국내외의 정치적 역학관계에 주목할 만한 변화를 불러일으키게 된다. 김윤식과 어윤중이 임오군란 발발 소식을 들은 것은 청에 머무르고 있을 때였다. 이들은 군란 진압을 위해 청군의 조선출병을 제안했고,[90] 청군은 주지하는 바와 같이 무력으로 진압했다.[91] 그후 청이 대원군을 압송해가자, 고종은 전국에 다음과 같은 유시(諭示)를 내렸다.

> 이번에 난(亂)을 일으킨 역도들을 토벌함에 있어서 극단적인 무력을 행사하지 않았고 나머지 무리들을 용서하였다. 장차 대사령(大赦令)을 실시하여 나라 안의 모든 사람들과 함께 국정을 쇄신〔維新〕하게 될 것이다. 나의 〔정치적〕 과오를 뉘우치고 있는 형편에 어찌 한가롭게 다른 사람을 책망하겠는가. 아, 나라의 흥하고 망함은 언제나 이것〔유신의 여부〕에 달려 있다. 국가 안위가 순간에 달려 있는데 어찌 경계하지 않겠는가.[92]

이후 고종은 앞서 언급한 바와 같이 교서 등을 통해 신분의 귀천을 따지지 않고 능력에 따라 인재를 등용하겠다는 방침(1882년 7월 22일)을 내

90) 이에 관해서는 권석봉 「대원군피수문제에 대한 재검토(상, 하)」(1976, 1977), 『청말대조선정책사연구』(서울: 일조각 1986)를 참고할 수 있다.

91) 임오군란 이전 청측에서 대조선 정책을 둘러싸고 어떠한 논의들이 있었는지에 관해서는 제5장의 각주 128)에 소개한 문헌과 아울러, 권석봉 「임오군변시 청측개입의 배경」(1971), 『청말 대조선정책사연구』(서울: 일조각 1986); 송병기 「何如璋의 대조선정책 건의」(1981), 『근대한중관계사연구』(서울: 단대출판부 1985); 강상규 「일본의 유구병합과 동아시아 질서의 변동: 한반도와의 정치적 관계를 중심으로」, 『지방사와 지방문화』 10권 1호(2007) 등을 참조.

92) 『高宗實錄』 19年 7月 20日, "今玆亂逆斯討, 不極厥武, 宥其餘黨, 行將大赦國中, 咸與維新. 予方悔過, 何暇責人. 嗚呼. 興國恒於是, 亡國恒於是. 安危之機, 錄如一髮, 尙可不戒之哉."

리는가 하면, 만국공법 질서에 근거해 조선의 대외관계를 새롭게 재정립하고 일종의 동도서기(東道西器)와 같은 '절충적'인 방식으로 개화자강의 길을 모색해갈 것이라는 국정운영의 기본원칙을 처음으로 공개적으로 천명하고 전국에 있는 척화비를 모두 뽑아버릴 것을 지시하게 된다(1882년 8월 5일).[93] 그리고 개혁을 담당할 임시기구〔機務處, 減省廳〕를 설치하여 개화세력들을 다시 대거 기용하고, 임오군란으로 폐지되었던 통리아문을 통리군국사무아문(統理軍國事務衙門, 내아문)과 통리교섭통상사무아문(統理交涉通商事務衙門, 외아문)으로 계승발전시켜갔다.[94] 이러한 조정의 조치들에 대한

93) 이른바 동도서기(東道西器)의 논리는 전통적인 본말론(本末論) 혹은 체용론(體用論)에 근거하여, 세계를 만고불변의 성격을 지닌 본질적인 것과 시세에 따라 변화하는 유동적·가변적인 것으로 나누어, 전자를 도(道), 후자를 기(器)로서 파악한다. 그런데 이러한 논리가 구체적인 정치적 맥락에 따라 현실적으로 '변화'를 강조할 수도 혹은 부정할 수도 있다는 것을 간과해서는 안될 것이다. 항간에서 흔히 일컬어지듯 동도서기의 논리가 단순히 '진보를 가장한 보수적 지배세력이 내놓은 권력유지책의 하나'라고 이해하는 것은 너무도 단순한 역사해석이다. 지금까지 살펴본 바와 같이, 1882년 8월 동도서기의 논리가 제창되었을 무렵, 일반 유자들은 외부에서 밀려드는 변화의 움직임에 대해 강한 위기의식과 거부감을 가지고 있었다. 이러한 상황에서, 견지해야 할 고유한 가치를 확실히 지켜나가면서 시세에 맞추어 현실에 유용한 새로운 도구들을 받아들이겠다는 논리는 '수구'적인 논리라기보다는 '변화'를 유인하는 논리라고 할 수 있다. 더욱이 조정이 동도서기를 언급할 때 이미 통리아문와 같은 획기적인 정부기구를 설치하여 운영하는 등 '제도'의 변화(변법)까지 모색하고 있었던 사실을 상기하면, 당시의 절충적 논리는 사실상 '동교서법(東教西法)'의 성격을 동시에 강하게 내포하는 것이었다고 하겠다. 동도서기의 논리는 문명사적 전환기의 구체적인 조선정치사의 맥락에서 좀더 다양한 시각으로 재검토될 필요가 있다.

94) 한편 후일 갑신정변에 참가한 박제형이 이무렵에 쓴 것으로 알려진 『근세조선정감』에는 고종이 다음과 같이 묘사되어 있다. "조선의 현 군주는 선대의 낡은 폐해를 이어받았으나 그 규모를 새롭게 하고 만국과 교통함으로써 부강함을 도모하고 있으며 다른 견해들이 조정에 가득하나 의연하게 영단을 내린다. 흉악한 반역이 몇차례 있었으나, 세운 뜻을 굽히지 않으니 참으로 중흥의 현군이라. 즉위 초를 보면, 어린 때에도 이미 군주 된 사람의 요령〔왕의 본분〕을 알아서, 백성 사랑하는 것을 근본으로 삼았으니, 이것은 그야말로 하늘이 주신 품성이라. 조정의 신하들이 이 뜻을 잘 헤아리지 못하고 오히

유자 지식인들의 반응 역시 상소를 통해 나타나기 시작했다. 이러한 조정의 입장을 지지하는 하나의 신호탄이 된 것은 수신사 김홍집을 수행하고 돌아온 지석영(池錫永, 松村, 1855~1935)의 상소였다(1882년 8월 23일).

(가) 현 시점에서 백성〔民〕의 마음을 안정시키는 것보다 더 우선하는 것은 없습니다. 우리나라는 바다의 동쪽 구석에 위치하여 있으며 예로부터 다른 나라와 외교관계를 가져본 적이 없습니다. 그리하여 견문이 넓지 못하고 시세(時勢)에 어둡습니다. 나아가서 이웃나라와 관계를 가지거나 조약을 맺는 것이 무엇을 의미하는지 모두들 모르고 있습니다. 외교에 조금이라도 마음을 쓰는 사람을 보기만 하면 대뜸 사교(邪敎)에 물들었다고 지목하며 비방을 하며 침을 뱉으며 모욕합니다. 대체로 백성들이 소요스럽게 술렁대며 의혹을 품는 것은 시세를 모르고 있기 때문입니다. 백성들의 마음을 안정시키지 못한다면 나라가 어떻게 다스려지겠습니까.

려 옛것을 고수하고 자신의 영예를 지키려고 하니, 자기 한 몸만이 아니라 백성을 희생시키는 것이고, 더욱이 자손에게까지 그 해가 미치니 응당 천벌을 받게 될 것이라〔朝鮮今主 承百王之弊 而新其規模 通萬國之交 而圖其富强 異議盈廷 而毅然英斷 凶逆屢興 而立志不撓 誠中興之賢君 觀卽位之初 以幼沖之年 已知爲君之要領 以愛民爲本 此其天性也 朝鮮廷臣不體此意 猶欲守舊 保其榮祿 不止其身 以民爲犧牲 更欲以犧牲遺子孫者 宜有天誅〕." 朴齊炯 『近世朝鮮政鑑』 10~11면. 갑신정변에 참여한 박제형이 이 책을 일본의 동경에서 간행한 것은 1886년 7월이었다. 박제형과 그의 저작에 관해서는, 이광린 「근세조선정감에 대한 몇가지 문제」, 『한국개화사연구』(서울: 일조각 1969)를 참조. 한편 이무렵(1882년 11월) 일본의 외무경 이노우에 카오루는 이또오 히로부미에게 보낸 서한에서 임오군란 이후의 조선 정세를 분석하면서, 김옥균의 말을 인용하여 "어윤중, 김굉집〔김홍집〕 등 개화파를 포함하여 조선 조정은 청에 의존하려는 자세를 보이고 있으며, 진정으로 독립론을 주장하는 사람은 고종과 김옥균, 박영효밖에 없다"고 쓰고 있다. "金〔金玉均〕の説に、現今朝鮮に於て眞に該國の獨立を企圖し十分此精神を有する者は只國王と朴泳孝及金玉均の三人のみ、其他は概ね淸國に依て安全を計る者に有之 (…)" 伊藤博文關係文書研究會 編 『伊藤博文關係文書』 1卷(東京: 塙書房 1973), 明治15年 11月, 180면. 이에 관해서는 高橋秀直 「壬午事變後の朝鮮問題」, 『史林』 72-5(1989) 695면 참조.

(나) 숙고해보건대 각국의 인사들이 저작한 『만국공법』 『조선책략』 『보법전기(普法戰紀)』 『박물신편(博物新編)』 『격물입문(格物入門)』 『격치휘편(格致彙編)』 등의 책과 우리나라 김옥균이 편찬한 『기화근사(箕和近事)』, 박영교가 편찬한 『지구도경(地球圖經)』, 안종수(安宗洙)가 번역한 『농정신편(農政新編)』, 김경수(金景遂)가 편집한 『공보초략(公報抄略)』 등은 모두 막힌 소견을 틔워주고 시무(時務)를 이해할 수 있게 해주는 책들입니다. 원(院)을 하나 설치하여 이상의 책들을 수집하는 동시에 또한 근래 각국에서 사용하는 수차·농기계·직포기·발동기·무기 같은 물건들을 가져다 쌓아놓고, 이어 각 지역〔道〕마다 공문을 띄우도록 하교하여 모든 고을에서 학문과 명망이 남달리 뛰어난 사람들 중 유생과 관리를 각각 1명씩 선발하여 이 원(院)에 보내어 그들로 하여금 이 책들을 보게 하고 그 기계를 다루어보게 해야 합니다. 그리고 원에 머물러 있으며 배우는 기간은 2개월로 하고 기한이 차면 다른 사람으로 교체하게 합니다.

(다) 관(官)에 머물러 있는 동안의 비용은 해당 고을에서 지원하며 책들을 깊이 연구하고 세상일들을 깊이 이해하며 그것을 본떠 기계를 만들어낼 수 있고 그 깊고 신비한 기술을 모두 터득한 사람은 재능을 평가하고 등용해야 할 것입니다. 그리고 기계를 만들어내는 사람에게는 전매권(專賣權)을 허가하고 책을 찍어내는 사람들에 대해서는 번각(飜刻)하지 못하게 한다면 원(院)에 들어온 모든 사람들은 누구나 먼저 기계의 원리를 이해하려고 할 것이고 각국의 형편을 깊이 연구할 것이며 너나없이 문득 깨닫게 될 것입니다. 이 한 사람이 깨닫게 되면 이 사람의 아들이나 손자 그리고 이웃으로서 평소부터 그를 존경하던 사람들은 모두 그를 따라 교화될 것입니다. 이것이 어찌 백성들을 교화하여 훌륭한 풍속을 이룩하는 가장 빠른 길이 아니며 백성들을 잘살게 하는 좋은 법이 아니겠습니까.[95)]

95) 『高宗實錄』 19年 8月 23日, "(가) 目下大政, 莫先於安民心. 何則, 我國僻在海左, 從來不曾

요컨대 지석영의 상소는 '(가) 현 조정의 정책이 성공적으로 추진되려면 백성〔民〕의 식견이 넓어져서 이를 이해하고 호응해줘야 한다. (나) 백성〔民〕들의 견해가 열리도록 하기 위해서 『만국공법』 『조선책략』 『기화근사』 『농정신편』 등 시무에 도움이 되는 책과 새로운 기계 및 무기들을 한곳에 모아 전담부서를 만들어 전국에서 유능한 인물들을 2개월 간격으로 교육해나간다. (다) 그 비용은 각 지역에서 지원하며 이들을 재능에 따라 등용함으로써 개개인에게 동기를 부여한다면 가히 백성〔民〕에 대한 교화가 이루어지고 이용후생의 방도가 열릴 수 있을 것'이라는 내용을 담고 있었다. 고종은 이에 대해 명쾌한 논의라고 하면서 깊은 관심을 표시했다.[96]

이후 조정의 개화·자강정책을 지지하는 상소가 계속해서 이어지기 시작했다. 신홍집(辛鴻集, 8월 28일), 이두영(李斗永, 9월 3일), 김노승(金魯昇, 9월 5일), 박기종(朴淇鍾, 9월 5일), 유완수(柳完秀, 9월 6일), 이경권(李敬權, 9월 14일), 김병숙(金炳塾, 9월 14일), 고영문(高穎聞, 9월 22일), 변옥(卞鋈, 10월 7일), 최선옥(崔善玉, 10월 17일), 강기형(姜基馨, 11월 19일), 양진화(梁鎭華, 11월 19

外交. 故見聞不廣, 昧於時局. 交鄰聯約, 俱不知爲何物. 見稍用意於外務者, 則動輒目之以染邪, 誹謗之唾辱之. 凡民之胥動而疑忌者, 不識時勢故也. 民若不安, 國安得治乎. (나) 第伏念, 各國人士所著『萬國公法』『朝鮮策略』『普法戰紀』『博物新編』『格物入門』『格致彙編』等書及我國校理臣金玉均所輯『箕和近事』前承旨臣朴泳敎所撰『地球圖經』進士臣安宗洙所譯『農政新編』前縣令臣金景遂所錄『公報抄略』等書, 皆足以開發拘曲, 瞭解時務者也. 伏願設置一院, 搜集上項諸書, 又購近日各國水車農器織組機火輪機兵器等貯之, 仍命行關各道每邑, 選文學聞望之爲一邑翹楚者, 儒吏各一人, 送赴該院, 使之觀其書籍, 玩其器械. 而留院以兩箇月爲期, 期滿又遞送一人. (다) 留館之費, 令該邑量給, 有能精硏書籍, 深知世務, 有能倣樣造器, 盡其奧妙者, 銓其才能而收用. 又造器者, 許其專賣, 刊書者, 禁其飜刻, 則凡入院者, 無不欲先解器械之理, 深究時局之宜, 而莫不飜然而悟矣. 此人一悟, 則凡此人之子若孫及紐黨之素所敬服者, 率皆從風而化之矣. 玆豈非化民成俗之捷徑, 利用厚生之良法乎."

96)『高宗實錄』19年 8月 23日, "批曰, 爾言時務, 瞭然有條理. 可以措之於事, 予甚嘉之. 疏辭下議政府, 裁襄施行."

일), 윤선학(尹善學, 12월 22일) 등의 상소가 그것이다.[97)]

(가) 현재 급히 힘써야 할 일에 다음의 일곱가지가 있습니다. 첫째, 서양 각국에 사절단을 파견하여 먼저 그 나라의 풍물을 살펴 우의를 다지고 다음으로 각 기예를 정밀하게 학습한 교사를 초청하여 우리나라 전 지역의 상하 백성들로 하여금 새로운 시무를 학습케 하여 재야에 현인이 묻혀 있지 않도록 하는 것이 나라를 잘 다스리고 개명하는 한 방법이 될 것입니다. 둘째, 조정 이외에 공의당을 하나 특별히 설치하여 시무를 아는 인사를 널리 구하여 뽑아 쓰되 앞선 자가 뒤에 있는 자를 교도케 하고 상하간에 간격이 없도록 하며 전국적으로 논의를 통일케 한다면 이것이 용인(用人)을 넓히는 방법이 될 것입니다.[98)]〔고영문의 상소〕

(나) 군사를 훈련시키는 문제는 일본식이니 중국식이니 따질 것 없이 가장 우수한 것만을 취하여 배워야 합니다. 윤선(輪船)·대포(大砲)·전선(戰船)도 다른 나라를 본받아서 설치해야 할 것입니다. 이른바 『만국공법』이란 조목이 정연하고 여러 나라들에서 통용하고 있는 것인데, 우리나라 사람들은 사교에 물드는 것이 두렵다고 하여 살펴보지도 않고 대뜸 배척합니다. (…) 황 쭌셴이 선물한 『이언(易言)』 같은 책은 우리나라를 위한 책략을 전개한 책인데 불순한 학문이라고 배척하였기 때문에 사람들이 의심을 풀기 어렵습니다. 이와 같은 몇가지 책을 찍어서 전국 사도(四都)와 팔도(八道)에 반포하면 그렇지 않음이 밝혀질 수 있습니다. 그리고 기타 편리한 기구들과 기

97) 『承政院日記』 高宗19年 8月 28日, 9月 3日, 5日, 6日, 14日, 22日, 10月 7日, 17日, 11月 19日, 12月 22日.

98) 『承政院日記』 高宗19年 9月 22日, "目下急務有七 一. 派遣使价于歐西各邦 先覘國風物土以伸友誼 次請精銳各藝敎師 使我八域上下 學習新務 野無遺賢 是昭代開明之一道 一. 政府外特設公議堂一所 廣求識務之人 不次陞用 使先進導後進 上下無格 擧國同論 是用人弘通之法."

묘한 의술과 농사법 가운데 백성들의 생활에 유익한 것은 배우고 본받아야 할 것입니다.[99]〔변옥의 상소〕

(다) 이제 우리나라의 세가지 큰 정사는 5백년간 시행되어오는 중에 폐단 위에 폐단을 낳고 시들대로 시들어서 개혁되어 다스려지지 않으면 비록 지혜로운 사람이라고 하더라도 할 수 있는 일이 없습니다. (…) 군신·부자·부부, 붕우, 장유의 윤리는 하늘로부터 얻은 것이고, 인간의 본성에서 부여된 것이어서 하늘과 땅을 관통하는 만고불변의 이치입니다. 그래서 이것은 형이상(形而上)이라 할 수 있으며 도(道)에 해당합니다. 이에 반해 선박과 차, 군대와 농사에서 쓰는 기계와 같이 백성〔民〕을 편하게 하고 나라를 이롭게 하는 것은 형체(形體)를 지닌 것으로서 기(器)가 되는 것입니다. 신이 바꾸고자 하는 것은 기(器)이지 도(道)가 아닙니다. (…) 오늘날 나라를 다스리는 사람이 서법(西法)의 편리함을 인정하지 아니하고 고제(古制)의 불편하고 우둔한 방식으로 일관한다면 이것은 부강(富强)의 도(道)를 생각지 아니하는 것입니다.[100]〔윤선학의 상소〕

이 상소들은 대체로 동도서기 혹은 동교서법(東敎西法)의 방식으로 절충적이면서 실용적인 관점을 견지한다는 점에서 공통점이 있었다. 임오

---

99) 『承政院日記』 高宗 19年 10月 7日, "鍊武事, 勿問日制華制, 但就其最長者而學習. 輪船人砲電線, 亦可倣各國而設之. 所謂『萬國公法』 條貫整然, 各國之所通行者, 而我國之人, 畏其染邪之指目, 不暇究索, 遽加論斥. (…) 黃遵憲所贈 『杞憂子易言』 等書, 爲我國策略者, 而斥爲邪學, 衆惑難解. 以此諸書, 刊布於四都八道, 則庶可明其不然. 其他器用之利醫農之妙, 有益於民産者, 可學而效."

100) 『承政院日記』 高宗 19年 12月 22日, "今我國之三大政 行之五百年 弊上生弊 神之又神 若因存致治 則雖有智者 無能爲也 (…) 君臣父子夫婦朋友長幼之倫 此得於天而賦於性 通天地亘萬古所不變之理 而在於上而爲道也 舟車軍農器械之便民利國者 形於外面爲器也 臣之欲變者 是器也 非道也 (…) 今日有國治者 非西法之輕利 而專用古制之頑鈍 則無以爲富强之道."

군란 이후 고종이 내정과 외정에 있어 새로운 정치를 수행하겠다는 교서를 발표한 뒤, 조선의 정치공간에서 이러한 내용의 상소들이 활발하게 이어졌다는 사실은 조정의 개화·자강정책이 추진되면서 이러한 정책전환의 불가피함을 긍정적으로 이해하려는 분위기가 조금씩 형성되어가고 있음을 의미한다는 점에서 주목할 만하다. 이러한 개화 상소에 대해 고종이 크게 환영하는 태도를 보였음은 두말할 나위가 없다. 하지만 고종 역시 한편으로는 시간과의 경쟁 속에서 초조해하였던 듯하다.

> 그러나 어떻게 하면 실제 효과를 보고, 어떻게 하면 백성들이 다 믿게끔 할 수 있겠는가. 말이나 글로써만 이해시킬 수 없는 문제라오〔而何以則有實效, 何以則民皆信之乎, 非言語文字所可諭也〕.[101]〔김노승의 상소에 대해 내린 비답 중에서〕

> 상벌을 명확하게 하려고 해도 믿음이 서지 않으며, 인심을 맑게 하려고 해도 풍속이 변하지 않는도다. 충성스러운 의견이 날마다 제기되지만 실제 효과는 나타나지 않으니 참으로 답답하다오〔欲明賞罰而信不立, 欲淑人心而風不移. 忠言日進而不見實效, 誠爲悶歎也〕."[102]〔홍희린(洪羲麟)의 상소에 대해 내린 비답 중에서〕

하지만 이후 '조청상민수륙무역장정(朝淸商民水陸貿易章程, 1882년 10월)'이 맺어지는 등 청국의 조선에 대한 통제와 간섭이 점차 노골화되면서, 앞서 언급하였듯이 흔히 '민씨세력'으로 불리는 국왕을 보좌하는 측근그룹 내부에서도 친청(親淸)그룹과 반청(反淸) 및 자주(自主)를 중시하는 그룹

101) 『承政院日記』 高宗19年 9月 5日.

102) 『承政院日記』 高宗19年 9月 10日.

으로 정치적 견해가 갈리기 시작했다. 다만 청국의 실질적인 간섭과 영향력이 확대된 상황에서 친청세력이 다수를 차지하는 형세였다고 할 수 있다. 지금까지 발굴된 당대의 자료에 의하면, 이들의 견해차이가 정치적 대결의 양상을 띠면서 본격적으로 가시화되기 시작한 것은 고종이 미국에 파견한 사절단인 보빙사 일행이 돌아오면서부터였다.[103] 우선 친청세력으로 분류되는 김윤식의 기록은 당시 민감한 상황을 다음과 같이 전해준다.

> 홍영식은 (…) 〔미국사행에서〕 돌아온 후 서양의 제도를 깊이 사모하는 반면 중국의 것이라면 모조리 이를 노예시할 뿐만 아니라 공맹(孔孟)의 윤리를 기탄없이 배척하고 거리낌 없이 함부로 행동하고 있다. 이때부터 그는 다른 부류가 된 것을 알게 되었다. 김옥균, 박영효, 서광범 등이 일본에서 돌아오면서〔1882년 수신사 박영효의 일본사행〕, 동양의 영국이라고 흠모하면서 사사건건 일본을 선망하고 있다. 그래서 이들은 홍영식과 더불어 중국을 배척하고 서양을 존중하는 논의〔排華尊洋之論〕를 해가면서 말끝마다 자주(自主)를 외치고 있다.[104]

한편 김옥균의 『갑신일록』에도 이와 관련된 내용이 다음과 같이 나타나고 있다.

---

103) 예컨대 임오군란이 수습된 이후 1882년 10월에 박영효 등의 수신사 일행과 함께 민영익과 김옥균이 국왕의 지시를 받고 일본의 국정을 살피러 갔던 사실이나, 고종에게 보빙사의 전권대신으로 민영익을 강력히 추천한 인물이 김옥균이라는 사실 등은 이들간의 긴밀한 협력관계를 보여주는 사례라고 할 수 있을 것이다. 『修信使記錄』(서울: 국사편찬위원회 1958) 195, 236, 237면; 김도태 『서재필박사자서전』(수선사 1948) 68~69면.

104) 金允植 『續陰晴史』 下(서울: 국사편찬위원회 1971) 565면, "(洪)英植 (…) 及還, 深慕洋制, 奴視中國, 竝斥孔孟倫常之道, 肆然無忌 於是知其已化爲異類矣. (金)玉均(朴)泳孝(徐)光範等, 自日本還, 欽艷日本, 以爲東洋之英吉利, 事事健羨, 與英植, 共述排華尊洋之論, 言言輒稱自主."

> 민영익이 사신으로 미국에 갔다가 구주를 두루 유람하고 귀국하여 그 뜻이 자못 방자해졌다. 여러차례 〔국왕께〕 건백(建白)한 것이 있었는데, 그중에는 내가 찬성한 것도 있고 반박한 것도 있었다. 마침내 민영익은 나를 반대하는 뜻을 품었으나 나는 되도록 그의 예봉을 피해 그와 더불어 다투지 않았다. (…) 여러 민씨들은 드디어 함께 계략을 세웠다. 민영익은 청당(淸黨)의 괴수가 되었는데, 그는 밖으로 우리 당을 공격·배척할 계획을 만들고 안으로 민태호, 민영목이 우리 당을 모함할 계획을 세웠다. 그들의 책동은 날이 갈수록 심해졌다. 이로부터 양당은 갑자기 서로 용납할 수 없는 형세가 되었다. (…) 민영익이 구주와 미국을 유람하고 돌아온 뒤부터는 청국에 붙는 뜻이 점차 굳어지고 일본인을 미워하는 빛이 겉으로 드러났다.[105)]

위의 기록들은 각각 다른 정치적 입장에서 기록된 것인 만큼 그 주장하는 바가 서로 완전히 상반되고 있으나, 적어도 보빙사의 귀국 이후 국왕을 보좌하던 측근그룹 내부에서 청에 대한 태도를 둘러싼 정치적 견해차가 심각한 정치적 갈등으로 본격적으로 부상하게 되는 정황에 관해서는 분명히 일치된 견해를 드러내고 있다. 이와 아울러 김옥균 등 오늘날 이른바 급진개화세력으로 분류되는 인물들이 이른바 '여흥민씨' 세력들을 직접적인 비판의 대상으로 삼으면서 적대적 감정을 본격적으로 드러내는 것도 보빙사가 귀국한 이후의 시점에서부터였다는 것도 함께 지적해둔다.

그러나 이처럼 국왕을 보좌하던 측근그룹 내부의 정치적 갈등이 심각한

105) 김옥균·조일문 역 『갑신일록』 32~34, 113~14면, "時閔泳翊出使米國 轉遊歐州而歸國 意頗恣橫 屢有建白者 其中余有贊成者 亦有駁辨 閔遂有反對余之意 余亦深避其鋒 不與之爭焉 (…) 諸閔遂與合謀 閔泳翊卽爲淸黨之魁 外作攻斥吾黨之計 內而閔台鎬 閔泳穆誣陷吾黨之計 日甚一日 自此奄成兩黨不相能之勢 (…) 閔泳翊自游歷歐米以來 付淸之志益固 憎惡日人外形于色."

상황으로 치닫게 된 요인을, 흔히 알려진 바와 같이 조선에서의 종주권 강화를 획책하는 청국의 정치적 외압이나 혹은 일본의 견제와 같은 외부요인에서만 찾거나, 혹은 이른바 '자기 기득권을 지키려는 민씨세력의 친청수구적(親淸守舊的) 음모'에서 찾으려는 해석은 모두 충분한 설명이 되지 못한다. 이들의 갈등이 심화되는 데는 이런 요인 외에도 좀더 근본적인 이유와 심리적인 요인들이 있었다고 여겨진다.

여기에는 요컨대 당시의 개화·자강정책을 신속하게 추진하기 어렵게 만드는 조선 정치공간의 전통적인 요인과 더불어 개혁이 성공적으로 진전되지 않는 데 대한 국왕 측근그룹 내부의 초조함과 위기의식이 작용하였다. 이러한 측면을 이해하기 위하여, 1884년 5월 하순부터 두달여 동안 진행된 갑신년의 '의복(衣服)제도의 개혁'을 둘러싼 정치적 공방을 살펴보고자 한다.

1884년 5월 고종은 의복제도를 실용적으로 간소화하겠다는 지시를 내리게 된다.[106] 이 지시가 내려진 후 반대여론이 비등하게 되면서 조선 정계는 두달 이상 격렬한 갈등과 논쟁에 휘말리게 된다. 의제개혁을 둘러싼 논란은 매우 격렬하면서도 지루하게 거듭되었다. 팽팽히 전개된 갑신년의 의제개혁을 둘러싼 정치적 대립은 필자가 보기에 19세기 후반이라는 문명사적 전환기, 격동의 시대에 『승정원일기』나 『고종실록』 등의 관찬자료에 나타나는 수많은 논쟁 가운데 가장 격렬하면서도 집요하게 진행되었던 사건이라고 할 수 있다. 개혁추진의 논리와 반대논리를 전체적인 상황 전개 위에서 이해하기 쉽도록 상소나 단체행동 등을 통해 국왕에게 정치적 의사를 공개적으로 표현한 경우와 이에 대한 국왕의 대응방식 등을 가능한

106) 『承政院日記』 高宗21年 閏5月 19日, 24日, 25日. 고종의 의복개혁이 갖는 문명사적·정치적 의미에 주목한 본격적인 논의로서 강상규 「1884년 의제개혁에 대한 정치적 독해: 문명사적 전환기의 현실정치 공간과 한일관계의 한 측면」, 『세계정치』 12권(2010)을 참고할 수 있다.

한 간략하게 정리해놓은 것이 다음의 〈표6-4〉 '갑신년 의제개혁을 둘러싼 정치적 공방상황 일람'이다.

〈표6-4〉 갑신년 의제개혁을 둘러싼 정치적 공방상황 일람

날짜	행위주체의 관직과 성명, 정치적 의사표현 방식	개혁 찬/반 여부	국왕의 대응(설득/처벌/기타)
윤 5월 19일	국왕, 군복 간소화 지시		
윤 5월 24일	국왕, 관복 간소화 지시		
윤 5월 25일	국왕, 사복 간소화를 위한 지침 마련 지시		
윤 5월 26일	예조에서 신중하게 판단해야 한다는 반응	반대	설득
윤 5월 27일	영중추부사 홍순목, 영의정 김병국, 우의정 김병덕 등 전현직 대신의 첫번째 연명차자	반대	설득
윤 5월 28일	영중추부사 홍순목, 영의정 김병국, 우의정 김병덕 등 전현직 대신의 두번째 연명차자	반대	설득
윤 5월 28일	예조판서 이인명의 상소	반대	처벌 6월 3일 용서
윤 5월 28일	대사간 윤구영, 집의 윤상익, 장령 이원기·이명원, 지평 김진우·김홍규, 헌납 김중식 등 양사(兩司)의 연명차자	반대	처벌
윤 5월 29일	응교 유진옥, 교리 김재용·서의순, 부교리 이범조·신석연, 수찬 오유선·홍병일, 부수찬 김학선 등 홍문관의 연명차자	반대	양해 당부
윤 5월 29일	정언 이수홍·홍우정의 상소	반대	처벌
6월 1일	영중추부사 홍순목, 영의정 김병국, 우의정 김병덕 등 전현직 대신의 세번째 연명차자	반대	설득
6월 1일	한성순보(漢城旬報), 의제개혁의 공방과정 1차 기사화	찬성	
6월 2일	전현직 대신이 처벌을 청함	저항	설득
6월 3일	예조에서 국왕의 지침에 따라 사복제도변통절목 정함		전국 시행 지시
6월 3일	봉조하 이유원의 상소	반대	설득
6월 3일	응교 유진옥, 교리 김재용·서위순, 부교리 이범조·신석연, 수찬 오유선·홍병일, 부수찬 김학선·이재순 등의 연명상소	반대	

6월 4일	영의정 김병국의 차자, 사임 요청	반대	설득
	성균관 유생 심노정 등의 상소	반대	양해 당부
6월 5일	국왕, 홍순목과 김병덕에 대한 처벌 지시		
	성균관 유생 남두희 등의 상소	반대	처벌
6월 6일	영의정 김병국이 업무 거부	반대	설득 (1차 유시)
	예조판서 이인명의 두번째 상소	반대	처벌
	승문원 부정자 안효석의 상소	반대	양해 당부
	부호군 김교환의 상소	찬성	칭찬
	승문원 부정자 허석의 상소	찬성	칭찬
6월 7일	국왕, 영의정 김병국 설득(2차 유시)		
6월 8일	국왕, 영의정 김병국 설득(3차 유시), 다시 처벌 지시		
	부호군 박제교의 상소	반대	양해 당부
	부사과 조상학의 상소	찬성	칭찬
	남원부 유학 이홍우	반대	양해 당부
6월 9일	국왕, 영의정 김병국 용서 후 재설득(1차 유시)		
6월 10일	국왕, 영의정 김병국 재설득(2차, 3차 유시)		
	부호군 김영주의 상소	찬성	칭찬
6월 11일	한성순보(漢城旬報), 의제개혁의 공방과정 2차 기사화	찬성	
6월 12일	영의정 김병국의 상소	반대	설득
	영의정 김병국, 처벌을 청함	저항	
6월 13일	봉조하 이유원의 상소	반대	설득
6월 14일	국왕, 영의정 김병국 재설득(4차 유시)		
6월 15일	국왕, 실사구시에 입각한 국정운영 입장 천명		
	판중추부사 송근수의 상소	반대	설득
6월 17일	국왕, 영의정 김병국 재설득(5차 유시)		
	청풍 유학 김상봉의 상소	찬성	처벌
	지방 유생 서상숙의 상소	반대	양해 당부
	온양 유생 전달홍의 상소	반대	
	부호군 지견룡의 상소	찬성	

	이인황의 상소	찬성	
	경상도 진사 송은성의 상소	찬성	
6월 20일	국왕, 전복(戰服) 명칭을 답호로 명칭 변경	찬성	
6월 21일	국왕, 영의정 김병국과 대화		대화 설득
	한성순보(漢城旬報), 의제개혁의 공방과정 3차 기사화	찬성	
6월 23일	응교 김재용, 교리 조병익·윤태흥, 부교리 장석유·서상우, 수찬 정인흥, 부수찬 이의덕·이헌경 등 홍문관의 연명차자	반대	양해 당부
	수찬 김복성의 상소	반대	양해 당부
6월 25일	찬선 송병선의 상소	반대	설득
6월 30일	경연관 김낙현의 상소	반대	설득
7월 1일	한성순보(漢城旬報), 의제개혁의 공방과정 4차 기사화	찬성	
7월 2일	국왕, 홍순목과 김병덕 재등용 지시, 파면시킨 대간(臺諫) 모두 용서		
7월 3일	판중추부사 송근수의 상소	반대	설득
7월 9일	국왕, 홍순목과 김병덕에게 유시		
	전 응교 송도순의 상소	반대	양해 당부
	부사과 박기명의 상소	찬성	칭찬
	부사과 권봉희의 상소	찬성	칭찬
7월 11일	한성순보(漢城旬報), 의제개혁의 공방과정 5차 기사화	찬성	
7월 16일	국왕, 홍순목과 김병덕에게 재차 유시		설득
7월 21일	국왕, 한성순보(漢城旬報)에 의제개혁 관련 상소에 대해 기사화 중지 지시		
7월 22일	서연관 박성양의 상소	반대	설득
7월 24일	영중추부사 홍순목의 상소	반대	설득
	경상도 안의 유학 전학순의 상소	반대	양해 당부
	김교환의 상소	찬성	
	박동수의 상소	찬성	
	오감의 상소	반대	
7월 27일	경연관 김낙현의 상소	반대	

* 『高宗實錄』과 『承政院日記』를 참조하여 작성함.[107)]

고종의 의제개혁 지시에 대해 전현직 대신들은 연명으로 차자(箚子, 약식상소)를 올려, "얼마 전 병정들의 복장을 다른 제도로 변통한 것만도 이미 놀라운 일인데 이제 관리들과 백성들의 복장을 모조리 하루아침에 고친다면 이것이 어찌 후세의 귀감이 되겠는가"라고 하며, "지시를 철회하고 옛 제도를 보존해야 한다"고 반발하고 나서게 된다. 그러자 고종은

> 지금 나라의 형편이 문학(文學)만 숭상하여 문약(文弱)하고 군사제도는 말이 아닌데 모든 사람들은 구차하게 편안히 지낼 것만 생각하면서 모든 일을 하기 싫어하고 있소. 그래서 위의 지시가 아래에서 시행되지 않고 아래의 사정이 위에 보고되지 않고 있는데 이러한 때에 와서 어떻게 옛 습관에 젖어 나태하게 지내면서 진흥시킬 생각을 하지 않을 수 있겠소.

라고 하면서 지시를 따를 것을 촉구했다.[108] 이에 대해 대신들은 연명으로 다시 차자를 올려서 지시를 철회할 것을 요구한다. 이에 대해 고종은

> 수년 이래로 나라의 운수가 대단히 어려움이 많고 변란이 꼬리를 물고 일어나고 있으니 평상시의 무사한 시국이라고 할 수 없소. 그래서 군사들의 복장을 번잡한 것을 없애어 간편하게 하자고 한 것이니 여기에는 나의 깊은 의도가 있는 것이오. 이제 만약에 옛것을 그냥 고집하면서 고치지 않는다면 이것이 어찌 크게 변혁하고 변통하는 뜻이라고 하겠소. 역대 임금들도 대대로 새로운 것을 만들고 이미 있던 것을 변통하여 매번 시세에 맞게 맞추어

---

107) 여기 소개한 상소는 『高宗實錄』과 『承政院日記』에 실린 것과 『承政院日記』에만 실린 것으로 나뉜다. 하지만 양쪽에 다 실려 있더라도 『高宗實錄』에는 상소 내용이 생략된 경우가 많다. 따라서 이하에서는 구체적인 내용을 인용할 경우『承政院日記』를 이용하였다.

108) 『承政院日記』 高宗 21年 閏5月 27日.

가지 않았습니까!

라고 대응한다.[109] 그러자 지시를 철회할 것을 요구하는 예조판서의 상소가 올라왔고, 사헌부와 사간원의 연명차자가 뒤를 이었다.

> 전교(傳教)를 내리신 것을 보니 공복(公服)과 사복(私服)의 제도를 바꿀 것에 대한 하명이 있었는데, 뒤이어 사람들이 의혹을 가지고 황급해하며 뜬소문을 진정시키기 어렵게 되었으니 참으로 지극히 근심스러운 마음을 금할 수 없습니다. (…) 역대 임금들이 계승해 내려오면서 문물제도를 크게 갖추어놓음으로써 의복제도가 찬연히 완비되었으니, 옷자락이 크고 띠가 넓은 선비들의 옷차림은 오직 예의의 나라인 우리나라에서밖에 찾을 수 없습니다. 그러니 세상사람들이 만약 이 옛 제도를 보자고 하게 되면 응당 모두 와서 본받아가야 할 것인데 이제 와서 하필 변경할 것이 있겠습니까. 바라건대, 깊이 생각하시고 멀리 내다보시어 이번에 내리신 전지(傳旨)를 도로 철회하시고 나라의 제도를 보존해야 할 것입니다.

고종은 이들의 제의를 거절하고, 연명차자에 참여한 이들을 파면시키겠다고 하면서 맞섰다.[110] 그러자 이번에는 홍문관 관리 등의 연명차자와 상소가 이어졌으며,[111] 전현직 대신들은 세번째 차자를 올려 국왕에게 지시 철회를 요구하였다.

> 우리나라는 기자 때부터 이미 중국의 의관을 착용하여왔는데, 우리 태조께서 나라를 세우기에 이르러서는 한결같이 명나라의 제도를 본받았으니

---

109) 『承政院日記』 高宗21年 閏5月 28日.

110) 『承政院日記』 高宗21年 閏5月 28日.

111) 『承政院日記』 高宗21年 閏5月 29日.

이에 문명과 문물이 찬연하게 빛나 늠름함이 삼대처럼 성대하였습니다. 그리고 지금의 천하에서 중화의 옛 제도를 보유하고 있는 나라는 오직 우리나라뿐입니다. (…) 더욱이 의복이란 몸을 꾸미는 것입니다. 공경(公卿), 사대부에서 서민에 이르기까지 모두 등위가 있으니, 평상복이라 하여 소홀하게 해서는 안됩니다. (…) 의상은 경솔하고 조급한 행동을 방지하기 위한 것이라고 했습니다. 그런데 공경, 온 나라의 사대부와 서민들이 이런 옷을 입고 다니게 한다면 어찌 위엄과 볼거리가 있다고 하겠습니까. 또 나라의 빈부와 군사의 강약은 의복제도의 변경과는 관계없다는 것은 지혜있는 자가 아니라도 아는 것인데, 전하의 신성한 예감으로 어찌 이를 모르시겠습니까?

이에 대해 고종은,

재작년의 난리〔임오군란〕로부터 2주년을 맞이하여 어찌 차마 할 말이 있겠소. 폐단에 젖을 대로 젖고 규율이 해이해져서 만고에 없던 사태가 나타났던 것이오. 그러니 임금과 신하, 윗사람과 아랫사람이 힘을 다하고 마음을 하나로 합쳐 문란한 제도를 신속하게 잘 정돈하고 갱신하며 나라를 다스리고, 백성〔民〕을 인도하는 데서 볼만한 성과를 내는 것이 아주 시급한 일이오. 이번에 의복제도를 변통하는 것은 바로 새롭게 변경하는 조치 중 하나입니다. 이전에 내린 비답(批答)에서 나의 속마음을 남김없이 모두 간절하게 털어놓았는데 경(卿)들이 이처럼 강경하게 맞서고 있으니 너무도 이해해주지 않는구려. 나라의 근본이 되는 원로로서 대소사에 상관없이 백성〔民〕에게 편리한 것을 찾아서 이 일을 제때에 미처 하지 못할까 두려워하며 노력하는 것이 바로 진정으로 나를 보좌하는 도리일 것인데 지금은 그렇게 하지 않으니 내가 어찌 경들에 대하여 개탄하지 않을 수 있겠소. 명령을 내린지 이미 오래고 차자에 대한 비답도 여러번 내렸으니 경들도 직분과 의리, 체면에 대하여 다시 생각해야 할 것이오.

라고 하면서 강경하게 밀어붙였다.[112] 결국 예조(禮曹)에서 의복을 개혁하는 데 대한 세부규칙을 정하여 보고하자, 고종은 이를 시급히 전국에 알려 보름 안에 실시하도록 지시를 내렸다.[113]

그러자 이번에는 봉조하(奉朝賀) 이유원이 상소를 올려 문물제도를 바꾸는 것이 적절하지 못함을 역사적 선례들을 열거하며 지적하고 나왔다. 그는 조선의 의복제도가 모두 성현들의 논의인 경전에 의거하여 만든 것으로서 이를 고치게 되면 귀천(貴賤)의 구별이 없어지게 되는데, 이러한 조치를 내리는 것은 성현들의 덕을 저버리는 것이라고 고종을 비판했다.[114] 영의정 김병국(金炳國, 1825~1905)은 사임을 요청했고, 영부사(領府事) 홍순목(洪淳穆)과 우의정 김병덕(金炳德, 1825~1892)이 강경하게 항의하였으며, 성균관 유생들의 상소가 이어졌다.[115] 그리고 예조판서 이인명(李寅命)은 상소를 올려 "억지로 할 수 없는 일을 재촉한 국왕의 강경한 지시를 불가피하게 따른 자신의 행위가 자신의 직분을 다하고 동요됨 없이 법을 지켜야 하는 신하된 자의 도리를 어긴 것이라고 하며 자기를 처벌해줄 것"을 요청했다.[116]

또 다른 상소에서는 국왕이 인사에 관한 엄격한 절차를 거치지 않고 자신의 판단 하에 인물을 등용하는 등 국왕의 관리임용이 편벽되었다고 지

---

112) 『承政院日記』 高宗21年 6月 1日.

113) 『承政院日記』 高宗21年 6月 3日.

114) 『承政院日記』 高宗21年 6月 3日.

115) 『承政院日記』 高宗21年 6月 4日, 5日.

116) 『承政院日記』 高宗21年 6月 6日. 고종은 예조판서가 올린 상소내용이 그가 얼마 전 자신의 지시에 따라 절목(節目)을 시행한 것이 신하로서 해서는 안되는 일을 억지로 시킨 데 따른 것이라고 귀결지음으로써, 신하로서의 명분과 의리를 저버렸다고 격분하면서 예조판서 이인명에게 귀양의 형벌을 내렸다. 다만 이날 상소 가운데는 의복제도를 간편하게 고치는 것을 찬성하는 상소—김교환(金敎煥)의 상소, 허석(許𥳑)의 상소—도 처음 등장한다.

적하였다.[117] 고종은 한편으로는 이러한 신하들의 저항에 강경하게 대처하면서, 다른 한편으로는 조정에 나타나지 않는 영의정에게 "지금은 서로 버티며 헛되게 시간을 낭비할 때가 아니므로, 조정에 나와 부덕한 임금을 도와 국정에 임하라"는 설득을 반복하였다.[118] 그리고 제5장에서 언급한 대로 세계의 대세가 변화하는 오늘날의 상황에서 지금 필요한 것은 '실사구시'적 태도라는 것을 강조하는 다음과 같은 교서를 내리게 된다(1884년 6월 15일).

> 실질을 중시하고 여기에 온 힘을 기울이는 것, 이것이야말로 바로 나라를 다스리는 데서 아주 시급한 일이다. 우리 왕조가 태평한 지 오래되어 모든 일이 편안하다보니 안으로 궁중 관청에서부터 밖으로 감영이나 병영, 고을과 진영에 이르기까지 조정의 명령을 선포하고 백성〔民〕을 다스리는 모든 곳에서 임시방편으로 일을 때우고 옛 문서를 베껴서 전달하거나 실속없는 빈 문서들만 갖추어놓고 있다. 바로 이 때문에 법률과 규율이 정밀하게 갖춰지지 못하고 인재나 병제가 점점 시세에 맞지 않게 되고말아 좀처럼 바로 세울 수 있는 가망이 없으니 어찌 한탄하지 않을 수 있겠는가.
>
> 현재 시국이 날로 변하고, 사무가 날로 늘어가며, 배와 수레로 교섭하는 길이 열리고, 감영과 보루에 군사훈련장을 설치하여 대응하는 것이, 결코 전날에 자기만을 지키려 하던 때와는 비교가 되지 않는다. 그런데 어떻게 상투적인 방식을 고집하고, 쓸데없는 절차를 행하면서, 실사구시의 길을 탐구할 방도를 생각하지 않을 수 있겠는가. 실(實)이라는 것은 진실된 것으로 허망하지 않은 것을 일컫는 것이고, 간사한 것을 막는 것을 말하는 것이다. 조치를 취하고 일을 하는 데에 간사하고 허망한 것이 섞여들면 어떻게 결연

117) 『承政院日記』 高宗21年 6月 10日, 「副護軍 吳致箕의 上疏」. 이에 대해 고종은 "막힌 정사를 열어야 할 경우 인물을 등용할 때 마땅히 변통이 있을 수 있다"는 비답을 내렸다.

118) 『承政院日記』 高宗21年 6月 7日, 9日, 12日, 14日, 17日.

히 떨쳐일어날 수 있겠는가. 이것은 나의 말이 아니고 옛날의 어진 임금과 명철한 군주들의 정사(政事)상의 방법과 계책의 대강령(大綱領)이며, 또한 〔상황에 따라〕 새롭게 맞추어나가려는 뜻이다. 묘당〔議政府〕에서는 이 뜻을 잘 헤아려서 문구를 만들어 중앙과 지방에 공문을 내려보냄으로써 꼭 실제 성과가 있기를 기대하는 바이다.[119)]

그러나 상황은 이렇게 수습되지 않았다. 오히려 대신들과 주요 관직자들이 계속 정무에 임하지 않고 버티는 날이 길어지면서 모든 국정이 지체되고 마비되는 양상이 나타났다는 것이 관찬자료에 항목별로 조목조목 기록되었다. 이러한 상황에서 같은 날 판중추부사 송근수(宋近洙, 1818~1902)가 고종을 비판하는 상소를 올렸고,[120)] 얼마 후에 조정에 나온 영의정 김병국(金炳國)은 "국왕이 위기상황에서 국정을 혼자서 운영하고 있으며", "높고 낮은 모든 사람이 의혹을 가지게 되고 온 나라가 소란스럽게 된 것도 바로 공론을 중시하지 않는 데서 비롯된다"고 지적했다. 홍문관의 연명 차자가 다시 나타났고,[121)] 우암 송시열(宋時烈)의 9대손에 해당하는 재야의 거물 송병준(宋秉璿, 1836~1905)은 상소를 올려 "온 세상이 오랑캐의 복장을 하고 있고 소국인 조선만이 오로지 문명의 유물을 보존하고 있는데, 이러한 위기상황에서 겨우 보존해온 것까지 폐기하면 하늘의 이치와 백성〔民〕의 양심을 저버리는 것"이라고 주장했다.[122)] 이러한 상소는 계속 이어졌다.[123)] 그중에서도 송근수가 재차 올린 상소가 대표적인 것이라고 할 수 있다.

---

119) 『承政院日記』 高宗21年 6月 15日.
120) 『承政院日記』 高宗21年 6月 15日.
121) 『承政院日記』 高宗21年 6月 23日.
122) 『承政院日記』 高宗21年 6月 25日.
123) 『承政院日記』 高宗21年 6月 30日, 7月 3日, 9日, 22日, 24日, 27日.

이번에 내린 절목(節目)은 일반적인 제도의 변통(變通)에 비할 것이 아니며 그 관계되는 바가 실상 중국과 오랑캐를 가르는 경계가 되는 것인데 우리 전하가 어떻게 이런 일을 하는 것입니까. (…) 이렇게 하게 되면 의복제도의 경우를 선례로 삼아 내일은 또 어떠한 변경을 도모하게 될 지 알 수 없습니다. 근년에 와서 금수(禽獸)와 같은 사나운 발자취가 나라 안에 나타나서 이미 큰 근심거리로 되고 있는데 갑자기 이런 심상치않은 제도를 내오게 되었으니 듣고 보는 사람들이 어찌 놀라고 의혹을 갖지 않겠습니까. 바로 이 때문에 온 나라의 신하와 백성들이 누구나 답답하고 통분하여 눈물을 흘리면서 전하 앞에서 간곡히 말씀드리는 것입니다. 만약에 그렇지 않다면 무엇 때문에 가장 높은 관리에서부터 일반 백성들에 이르기까지 엄한 형벌을 아랑곳하지 않고 기어코 자기 주장을 펴겠습니까!

옛날 조(趙)나라 무령왕(武靈王)이 기병(騎兵)의 힘을 빌리기 위하여 오랑캐의 복장을 제정하였다가 세상만대의 비방을 받았습니다. 전하도 역사를 읽을 때면 늘 이에 대하여 통탄하였는데 지금 시기에 따르는 적절한 조치를 세운다고 하는 논의가 어찌 조나라 사람의 술법과 다르겠습니까. 맹자는 말하기를, '나는 중국의 제도로써 오랑캐의 제도를 변경시켰다는 말은 들었어도 오랑캐에 의해서 중국의 제도가 변경되었다는 말은 듣지 못하였다'고 하였습니다. (…) 생각하건대 우리나라는 비로소 큰 나라의 교화를 받아 차츰 문명한 지역으로 되었으니 (…) 우리 전하가 잘 계승발전시켜서 억만년 무궁할 계책을 남겨놓는다면 어찌 좋은 일이 아니겠습니까. 다시 잘 생각하시고 이미 내린 지시를 도로 철회하여 온 나라 신하와 백성들의 마음을 위로하시기 바랍니다.[124]

124) 『承政院日記』 高宗21年 7月 3日.

하지만 고종은 비판자들의 상소를 수용하지 않았다. 다만 처벌보다는 점차 유화적인 태도로써 이들을 설득하려 하였다.

(가) 대체로 지나간 일은 마치 구름이 흩어지고 얼음이 녹는 것처럼 말끔히 잊어버려야 하는 것이오. 더욱이 군신간에, 상하간에 서로 믿고 사랑하며 존경하는 처지에 있는데 더 말할 것이 있겠소![125]

(나) 변통한 것은 바로 옛것을 끌어오고 오늘의 것을 참작하여 번잡한 것을 제거하고 간편한 것을 취한 데 불과하오. 이미 절목(節目)에 대하여 공문을 띄웠으니 그대는 양해할 것이오. 〔상소에서 언급한〕 백성〔民〕을 인도하고 모범을 보이고 감화시켜 성취하게 하는 것은 의복제도에 달려 있는 것이 아니라 실질적인 학문을 하는가 여부에 달려 있소. 그대는 분연히 조정에 나와 아침저녁으로 곁에서 유익한 말을 하여 임금과 백성들에게 그 혜택이 돌아가도록 하는 것이 시급한 일이오. 나는 이에 대해 몹시 기대하고 있습니다.[126]

이후 의복제도 개혁에 관한 비판은 조금씩 수그러드는 경향을 보이게 된다. 황현의 표현을 빌면, "임금과 신하가 서로 줄다리기를 하며 조정이 소란하였으나 점차 서로 양보하여 그 제도를 조정과 민간에게 반포"하게 된 것이다.[127] 그런데 여기서 간과해서는 안될 사항은, 지금까지 살펴본 의복제도 개혁을 둘러싼 공방에서 확인할 수 있듯이 고종의 개혁정책을 견제하는 비판자들은 어디까지나 전통적인 보수주의자들이었지 이른바 '민씨세력'이 아니었다는 점이다. 그리고 이 시기까지 조선의 조정은 단순히

125) 『承政院日記』 高宗21年 7月 16日.
126) 『承政院日記』 高宗21年 7月 22日.
127) 황현, 앞의 책 154면.

이른바 '민씨정권'이라고 통칭할 만한 집단이 아니었다. 오히려 의정부를 비롯한 조정의 전통적인 기구에는 보수적인 입장을 견지하고 있던 인물들이 엄연히 버티고 있었고 재야세력 역시 국정운영에 무시할 수 없는 영향력을 행사하고 있었다. 반면 당시 국왕을 보좌하며 개화 및 자강정책을 추진하던 측근그룹은 주로 앞서 언급한 통리아문을 계승한 기구에서 활약하면서 정치력을 키우고 있었다. 따라서 일반적인 전통주의자들은 국왕 고종이 국가의 생기(生氣)인 공론을 무시하고 국정을 독단으로 운영하는 것으로 보았고, 그 주된 원인이 '척족세력을 비롯한 측근세력'에게 있는 것으로 간주하였던 것이다.[128)]

한편 이처럼 의복개혁을 둘러싸고 두달 이상 지루하게 진행된 정치적 줄다리기의 내용만을 보면 분명 국왕은 조선의 협소한 정치공간에서 매우 고전하였으나 개혁안을 끝까지 밀어붙임으로써 힘겹게나마 정치적 승리를 거둔 것처럼 보였다. 그러나 그 결과는 주지하는 바와 같이 고종의 정치적 승리라는 방향으로 진행되지 않았다. 의복개혁을 둘러싼 논란에서 나타난 고종에 대한 강렬한 견제와 비판은 국왕의 측근그룹 내부에 오히

128) 지금까지도 대원군이 '사실상의 섭정'에서 물러난 1874년 이후의 조선 조정을 흔히 이른바 '민씨정권' 혹은 '민씨척족정권' 등으로 총칭하는 것이 통설로 되어 있다. 이러한 설명방식이 정착하게 된 것은 본서에서 지금까지 언급해왔듯이 국왕의 정치의식이나 정치적 역할을 간과 혹은 무시한 채 대원군과 민왕후의 갈등을 기본축으로 고종대의 정치적 역학관계를 이해한 데서 비롯되었다고 할 수 있다. 본서의 서장에서 상세히 언급한 바와 같이 이러한 역사서술의 저변에는 고대–중세–근대라는 직선적 시간관에 기초하여 19세기 후반의 조선정치사를 중세 봉건사회에서 근대로의 필연적인 발전과정의 한 단계로서 선험적으로 규정하고, '근대적인 선각자'로서의 이미지를 갖는 개화파를 중심으로 이 시기의 정치사를 서술하려는 지적 성향이 광범위하게 공유되고 있음을 간과해서는 안될 것이다. 물론 이러한 역사서술 방식에 따를 경우 개화파는 '진보세력' 그리고 이른바 '대원군정권' 및 '민씨정권'은 '보수' 혹은 '수구세력'이 됨으로써, 그 내용의 사실 여부와 무관하게 이 시기의 정치적 갈등관계가 명확하게 부각될 수 있다는 장점이 있음은 이론의 여지가 없을 것이다.

려 개혁의 성공 여부에 대한 불안감을 심화시켰고, 열악한 정치현실 앞에서 무력감과 초조함에 빠져들게 했다. 구미 각국을 여행하고 돌아온 민영익이 오히려 개화·자강정책에 대한 자신감을 급속히 상실하고 친청(親淸)의 자세로 경도된 것이나, 이러한 민영익 등의 태도에 억누를 수 없는 배신감을 느끼고 반청 자주를 위해 불가불 일본의 힘에 의존하지 않을 수 없다고 느낀 김옥균, 박영효 등의 태도는 모두 이러한 조선의 협소한 정치공간에 대한 무력감과 초조함에서 비롯된 것이었다. 아울러 이러한 정치상황에 대한 고민 속에서 나름대로 현실적인 전략을 모색하려 했다는 점에서 또한 민영익의 선택과 김옥균, 박영효의 선택은 서로 닮아 있었다.

그러나 이처럼 정치적 선택지가 제한된 상황에서 초조해진 이들 측근세력이 분열하며 추구하게 된 전략은 서로 상극적인 방향으로 치닫고 있었다. 요컨대 민영익 등이 열악한 국내외의 현실 앞에서 청의 보호우산 속에서 망국의 위기를 모면하려 했다면, 김옥균 등은 새롭게 세계의 흐름을 주도하고 있는 구미제국이야말로 진정한 의미에서의 '문명'국가이며 새로운 문명기준에 따른 '문명개화'와 '부국강병'이야말로 조선이 망국을 면할 수 있는 유일한 길이라고 확신했다.[129] 더욱이 후자의 입장에 서 있는

129) 황현의 『오하기문(梧下記聞)』은 갑신 의복개혁과 갑신정변의 관련성을 이해하는 주목할 만한 실마리를 다음과 같이 제공해준다. "갑신년 봄에 민영익, 홍영식, 서광범 등이 미국에서 돌아왔다. 민영익은 널리 천하를 두루 돌아보고는 우리나라가 사소한 것에 매달려 원칙만 고집하여 끝내 부강해질 희망이 없다고 한탄하면서 무령왕(武寧王)의 일을 흠모하였다. 그는 밤낮없이 임금께 양복으로 바꿔 입을 것을 권하였는데, 임금이 그것을 지지하여 여름에 세칙을 반포하여 소매가 넓은 것과 끈을 길게 드리우는 제도는 모두 없애고, 다만 소매가 좁은 옷을 입는데 관직에 있는 사람은 전복(戰服)을 껴입도록 하라고 명령을 내려 시행하였다. 이에 조정의 대신과 대간뿐 아니라, 밖으로 산림에 이르기까지 모두 상소를 올려 그 부당함을 힘써 간하였다. (…) 이무렵 김옥균, 박영효 등은 서양과 왕래하면서 그 부강함을 헛되이 흠모하여 우리나라의 제도가 작고 보잘것없다며 서로 이를 비난하더니 마침내 역모가 싹트기 시작하였다. 이에 민영익을 건드려 먼저 의복제도를 변경하는 것으로 사람들의 움직임을 떠보았다. 이에 조정백관 중에 바른 뜻

인물들은, '30년 내외의 개혁을 통해 문명부강을 이룩한' 일본이야말로 조선의 정치개혁에 있어서 모델이라 간주한 반면,[130] 청에 대해서는 "예전부터 우리나라를 속국으로 삼아왔는데 이는 더할 나위 없는 수치이며, 또한 이것이야말로 나라를 진작시킬 희망을 없애는 것"이라고 확신하고 있었다.[131] 후자의 입장을 취하는 인물 중에서 얼마 후 갑신정변을 실제로 주도하게 되는 인물의 신상을 간략히 정리한 것이 〈표6-5〉이다.

〈표6-5〉 갑신정변 주도인물 일람(전체 평균연령: 26세)

갑신정변 주도인물	1884년 당시 연령	1884년 당시 외국 경험
김옥균(1851~1894)	33세	일본(1882년 2회, 1883~84년 1회) 3회
박영효(1861~1939)	23세	일본(1882년, 수신사행)
홍영식(1855~1884)	29세	일본(1881년, 일본시찰단), 미국(1883년, 보빙사행)
서재필(1864~1951)	20세	일본(1883~84년, 일본 유학)
서광범(1859~1897)	25세	일본(1882년 2회), 미국 및 유럽(1883~84년, 보빙사행)

을 가진 사람들이 적다는 것을 알고, 일이 이루어지지 않을 수 없다고 생각하였다." 황현 저, 김종익 역 『오하기문』(서울: 역사비평사 1994) 39~40면. 황현의 『매천야록』이 정리된 저술이라면, 그의 『오하기문』은 자료를 수집하면서 정리한 초고의 성격이 강하다(앞의 책의 5면 해설 참조). 앞서 언급한 대로 동일 저자의 다른 두 책에서 같은 사건을 다르게 언급하는 것은 두 책의 성격이 다르기 때문일 것이다.

130) "日本三十年內外, 更張振作, 文明富强, 爲人所稱, 百勝於六十年與外國通商之淸國, 其故何也, 淸則泥古也, 日則能革古效新故也, 我國有此二鑑, 循新泥古之利害, 明晳無疑等說, 兩殿稱善, 晩歸家宿." 윤치호 『윤치호일기』 1권(서울: 탐구당 1973), 1884年 6月 初1日, 85면. 예컨대 서재필의 갑신정변에 대한 회고는 이러한 사정을 잘 대변해준다고 할 수 있을 것이다. "그〔金玉均〕는 구미의 문명이 일조일석의 것이 아니고 열국간의 경쟁적 노력에 의한 점진결과로 여러 세기를 요한 것이겠는데 일본은 한 세대 동안에 그것을 달성한 양으로 깨달았다. 그리하여 그는 자연, 일본을 '모델'로 청하러 백방으로 분주하였던 것이다." 서재필 「회고갑신정변」, 『갑신정변과 김옥균』(서울: 국제문화협회 1947) 82면.

131) 金玉均 「朝鮮改革意見書」(1883年6月~84年5月중에 작성), 『金玉均全集』(서울: 아세아문화사 1979) 117면, "自來淸國之自以爲屬國 誠萬無之耻 亦不無因此而國無振作之望."

한편 다음에 소개하는 내용은 갑신정변이 일어나기 20일 전, 거사계획을 구체적으로 협의하기 위해 일본공사관을 방문한 급진개화파 서광범(徐光範, 1859~1897)과 일본 측 대리공사 시마무라 히사시(島村久)의 담화내용이다. 후일 갑신정변 세력이 쓴 여러 종류의 회고담이나 기록들이 어떤 식으로든 자신의 정치적 행위를 정당화하는 방향으로 이루어지지 않을 수 없었다는 점을 고려할 때, 예컨대 다음의 기록은 당시의 생생한 상황을 훨씬 사실적으로 전해준다고 하겠다.

시마무라: 국왕은 지나〔支那, 중국에 대한 멸칭(蔑稱)〕당과 일본당 둘 중에서 어느 쪽을 더욱 신뢰하고 있는가.

서광범: 매번 말씀드린 바와 같이, 국왕은 우선 독립의 면모를 공고히 하고 정치를 개량할 것을 결심하고 지나당과 일본당을 똑같이 채용하고 있다. 그러므로 국왕이 보기에는 어느 당이라도 독립당으로 간주하고 있다. 왜냐하면 지나당은 모두 간녕(奸佞)한 놈들이라서 국왕 어전에서는 국왕의 뜻을 받들면서 마음에도 없는 독립이다 뭐다 하며 반듯하게 말을 늘어놓다가 어전에서 물러나면 간책을 꾸미고 인기를 얻고 있어서 조야 모두에 그 해독이 미치지 않는 바가 없다. 아무리 국왕이 총명하더라도 이러한 사실을 알기는 어려운 일이다. 그러나 우리 일본당은 독립을 공고히 하고 정치를 개량할 것을 국왕이 보시든 안 보시든 상관없이 일관되게 펴고 있지만, 국왕이 보시기에는 똑같이 독립당이라고 생각하심도 무리가 아닐 것이다. (…) 귀하가 보기에는 우리 당이 과격한 주장을 하는 것처럼 보일는지 모르지만 결코 그렇지 않다. 그들 지나당이 오늘날 이전의 잘못됨을 뉘우쳐 개심함으로써 국왕의 개진론〔改進論, 개화·자강정책〕을 찬성, 정사(政事)를 개량하는데 착수한다면, 우리 당도 이에 동의 협력할 수 있음은 물론이다. 그들은 함부로 사욕을 꾀하고 백성을 괴롭히면서, 이미 자신의 반대인물을 국왕이 멀

리하게 하고, 마침내는 박멸하려는 목적을 지니고 있어, 이제 그 화의 칼날이 우리 당의 머리 위에 떨어질 지경에 이르렀다. 그런 고로 우리 당은 신명을 바쳐 국가를 위해 죽을 결심을 한 것이 하루아침의 일이 아니다.

시마무라: 그렇다면 국왕은 양당 중 어느 쪽이 유익한 당이라는 것을 모르고 있단 말인가?

서광범: 조금도 모르고 있다고는 할 수 없겠으나, 지나당은 '조선은 독립을 해야만 한다. 옛부터 지나와는 관계가 깊었기 때문에 중국의 신경을 너무 건드리게 되면, 지나는 강대국이라서 조선의 독립은 불가능하기 때문에 그 점이 중요하다'고 주장하고 있다. 우리 당의 논지는 '독립이란 타국이 간섭할 수 있는 것이 아니다. 지나를 두려워하면 아무래도 독립은 불가능하기 때문에 지나에 관계없이 정치를 개량하고, 외교를 확장해야 한다'고 하고 있음은 아시는 바와 같다. 그런데 저들 지나당의 민태호, 민영익, 민영목 등은 모두 외척이므로 수시로 입궐 알현할 수 있고, 이조연(李祖淵), 한규직(韓圭稷), 윤태준(尹泰駿) 등은 병영감독이므로 매일 궐내에 있으면서 조석으로 국왕을 알현하고, 자기들의 주장을 늘어놓고 있다. 그러나 우리 당 곧 박영효, 김옥균, 홍영식 등은 한달에 두세번 알현할 때 우리 주장을 아뢸 뿐이다. 논지의 시비를 접어두고 한번 듣는 것보다는 열번 듣는 쪽을 믿게 되는 것은 인간이라면 당연한 것이다. 게다가 지나당은 청국인 위안 스카이와 묄렌도르프 등으로부터 지원을 받고 있다. 이들은 자주 입궐 알현하면서 적지 않게 국왕의 질문을 받고 있다. 이에 반하여 우리 당에게는 응원이 없다. 가령 귀공사(일본공사) 및 미국공사라 하더라도 일년에 두세번 의례적인 알현을 하는 데 그치기 때문에 국왕의 신경이 어떠한지 추측하기 어려운 일이다. 국왕은 총명하시기 때문에 우리 당이 개진론에 열심이며 불굴의 의지로 임하고 있음은 충분히 알고 계시며, 저들에 대한 신용에 뒤질 바 없다. 지난번 말씀한 대로 (지나당에 대한) 암살 수단도 아주 긴급한 일은 아니지만, 4~5개월 안에는 실행할 작정이다. 어찌됐든 거사를 하루 늦추게 되면 그만

클 국가의 해독은 하루 더 깊어지기 때문이다. 게다가 지나당은 점점 결의를 굳히고 있어 우리 당이 그들의 독수(毒手)에 걸리게라도 된다면 참으로 유감천만한 일이 될 것이다.[132)]

---

132) 「徐光範ト島村久トノ談話提要: 十一月十四日徐光範來訪セシ所、竹添進一郎不在ニツキ島村久ト談話之提要」, 伊藤博文 編 『朝鮮交涉資料』(東京: 原書房, 1970) 上 282~84면.

島村: 國王ハ支那日本兩黨ノ何レヲ御信用有之候哉.

徐光範: 每度御話シ致シ候通リ、國王ニアリテハ最初獨立ノ體面ヲ鞏固ニシ、政治ヲ改良ノ事ニ御 決心相成候ヨリ、支那黨ナリ我黨ナリ採用セラレ候事ニテ、國王ノ目ヨリ視ルトキハ何レモ獨立黨ナリ、何レナレバ支那黨ハ皆奸侫ノ奴原ナレバ、國王ノ面前ニテハ唯々國王ノ意ヲ迎ヘテ、心中ニモナキ獨立トカ何トカ頻リニ喋々利口ヲ述べ、御面前ヲ退ク哉否奸策ヲ運ラシ、人氣ヲ雹々朝野總テ其毒害ヲ不蒙モノナシ。如何ニ國王御聰明ニ御爲在候トモ、夫レ等ノ事御承知相成事ハ出來難ク候。我日本黨ノ獨立鞏固政治改良論ハ國王ノ面前面後ノ別ナク一轍ニ押通シ候得ヘ共、國王ヨリ觀レバ均シテ獨立黨ト思召候モ無理ナラズ義ニ候且又朝鮮數百年之積弊、國王ノ改進論ヨリ一變シ却テ今日ノ大弊ヲ生出イタシ候義ユヘ非常ノ治療ヲ行ヒ不申而ハ迚モ國王ノ御志ヲ達シ候場合ニハ至リ申間敷候ニ付テハ、貴下ニモ我黨ハ過激ヲ主張候樣御見聞可相成候ヘドモ、決シテ不然、彼支那黨等今日ニテモ前非ヲ悔ヒ改心以テ國王改進論ヲ旨トシ、政事ヲ改良ニ着手候ハバ、我黨モ同意協力可致義ハ勿論ニ候ヘドモ、彼等ニ於テハ徒ラニ私慾ヲ謀リ人民ヲ苦シメ、已ニ反對候モノヲ國王ヨリ遠ザケ、遂ニ撲滅セントノ目的ニテ、其禍鋒自今我黨ノ頭上ニ至レリ。故ニ我黨之身命ヲ犧牲ニシテ國家ノ爲メニ斃レント決心候儀ハ一朝ノ事ニ無之候。

島村: 左レバ國王ニハ兩黨イヅレガ有益ノ黨タルコトヲモ御承知無之哉。

徐光範: 少シモ御承知無之ト云フ程ニハ無之、支那黨ヨリハ朝鮮ハ獨立ハセネバナラヌ、乍去從來支那トハ關係モ深キコトユヘ、支那ノ感觸ヲ惡シクシテハ、支那ハ强大國ユヘ朝鮮之獨立ハ不出來ユヘ、ソレガ大切ナリト主張シ、及我黨之論旨ハ獨立ハ他國ノ干涉スベキモノニ無之、支那ヲ恐怖シテハ迚モ獨立ハ不出來ユヘ、支那ニ關係ナク政治ヲ改良シ、外交ヲ擴張スルコトニアルト云フ位ノ事ハ御承ニ相成居候。然レニ彼ノ支那黨ノ閔臺鎬(=閔台鎬)、閔泳翊、閔泳穆ハ皆外戚ナレバ、隨意ニ入闕謁見モ出來、李祖淵、韓圭稷、尹泰駿ハ兵營監督ユヘ、日々闕內ニ詰メ、朝夕立替リ入替リ謁見、己レノ主意ヲ御耳ニ入レ候事ユヘ、我等之黨卽チ朴泳孝、金玉均、洪英植等月ニ兩三度謁見之節主論ヲ申上候儀ニ付、論旨ノ是非ハサテ置キ、一度耳ニ入レ候事ヨリハ十度承リ候事ヲ信ジ候ハ人情ノ當然ニ候。其上彼等ノ應援ハ支那人袁世凱並モルレンドルフ等ニテ、是亦屢々謁見シ御下問ニ相成候事不少、我黨ニハ應援トテハ更ニナシ。假リニ貴公使並米公使ト

위의 담화내용은 고종을 비롯하여 당시 개화를 주도하던 인물들의 정치적 역학관계뿐 아니라, 급진개화파로 분류되는 인물들의 정치적 위기의식이 가감없이 드러난다는 점에서 대단히 흥미롭다. 서광범의 논의는 대체로 다음과 같이 요약해볼 수 있다. '현재 지나당과 일본당에 속해 있는 개화세력은 모두 국왕 고종이 조선의 독립을 공고히 하고 정치를 개혁하기 위해 등용한 인물들이다. 국왕은 이들 모두를 독립과 자주를 추구하는 세력으로 간주하고 있다. 그런데 저들 지나당(민씨세력)은 국왕 앞에서는 독립 운운하지만 뒷전에서는 국가에 손해가 되는 일을 일삼고 있다. 지나당은 강국인 중국의 신경을 건드리지 않는 범위 내에서 개화·자강정책을 추진해가야 함을 주장하고 있는데, 우리 당은 조선이 이미 독립국인 이상 중국의 눈치를 살피지 말고 개혁을 추진해야 한다는 입장이다. 국왕 고종은 우리들의 입장도 존중하기는 하지만, 저들은 우리보다 훨씬 더 국왕에게 영향을 미치기 쉬운 현실적인 조건들을 갖추고 있다. 따라서 국왕이 지나당의 입장으로 기울어질 가능성은 대단히 크다고 할 수 있다. 지나당은 우리를 적대시하고 있어 우리는 언제 어떤 음모에 의해 저들에게 희생될 지 알 수 없다.'

이러한 서광범의 발언은 대체로 당시의 객관적 상황을 잘 진술하고 있다고 생각된다. 하지만 고종이 친청세력에 둘러싸여 친청의 입장을 추종하게 될 것이라는 서광범의 발언은 다분히 주관적인 위기의식의 발로라는 느낌을 지우기 어렵다. 예컨대 위안 스카이는 당시 리 홍장에게 보낸 밀함

スルモ、一ヶ年兩三度禮式之謁見ニ止マリ候事ユヘ、國王ノ感觸等其難易輕重御推察候下度候。乍去國王ハ御聰明ニ付、我黨ノ改進論ニ熱心シテ不撓不屈ノ決心タルハ充分御承知ニ付、御信用モ彼等ニ相讓リ不申候。付テハ過般御話シ致シ候暗殺手段モ至急ト申程ニハ無之候ヘドモ、四五ヶ月間ニハ是非共實行之積リニ候。何ントナレバ一日ヲ寬スレバ國家ノ害毒一日深ク入リ候、其上支那黨ハ段々心志モ固マリ遂ニ彼等ノ毒手ニ罹リ候樣立至リ候テハ實ニ遺憾不尠事ニ候。

에 조선 군신의 동향에 대해 다음과 같이 보고하고 있다.

> 조선의 군신들은 일본인들이 퍼뜨리는 농간으로 혼미하여 도대체 깨우치지를 못하니 왕〔고종〕도 점점 농간에 빠져들고 있다. 왕 역시 그 유혹에 깊이 빠져 중국〔의 영향〕에서 벗어나서 다른 것을 도모하려고 하고 있다. 남모르게 그 근본적인 원인을 살펴보면 프랑스인들과의 유사시〔청불전쟁〕에 중국이 병력을 더 분산시키기 어려워서 조선에 증병을 하지 못할 뿐만 아니라 러시아와도 다투지 못할 것으로 짐작하여 이 기회에 강한 이웃을 끌어들여 자위(自衛)를 한다면 곧 자주(自主)를 칭하고 누릴 수 있으며 나란히 설 수 있어 중국의 제재를 받지 않고 아울러 타인〔타국〕에게도 머리를 수그리지 않아도 되리라는 것이다. 이러한 의견은 온 나라의 권세있는 사람들의 거의 절반이 모두 그러하며, 오로지 김윤식, 윤태준, 민영익의 의견이 좀 다르다. 이들은 국왕의 뜻을 크게 어겨 국왕으로부터 점차 소외당하고 있다. 고려해보건대 이와 같은 정형(情形)이 3년 정도 지속된다면 그 형적이 반드시 드러날 것이다. 조선은 중국의 울타리로서 진실로 중국 문호의 관건이니 타족〔他族, 열강〕이 가까이 들어와 있는 것은 실로 걱정이다.[133)]

즉 위안 스카이에 의하면, 혼미한 국왕이 청의 위급한 때를 틈타 정치적으로 자주노선을 취하였을 뿐만 아니라, 김윤식·윤태준·민영익 등 친청의

133) 「袁世凱來稟」(光緒十九年九月二十五日到), 吳汝綸 編 『李文忠公全集』 譯署函稿(文海出版社) 16卷 10~11면, "朝鮮君臣爲日人播弄 執迷不悟 每侵潤于王 王亦深被其惑 欲離中國 更思他圖 探其本源 由法人有事 料中國兵力難分 不惟不能加兵朝鮮 更不能啓釁俄人 乘此時機 引强鄰自衛 則可稱雄自主 並駕齊驅 不受制中國 並不俯首他人 此等意見 擧國之有權勢者 半皆如是 獨金允植 尹泰駿 閔泳翊意見稍歧 大拂王意 王浸疎遠 似此情形 竊慮三數載後 形跡必彰 朝鮮屛藩中國 實爲門戶關鍵 他族偪處 殊堪隱憂…", 林明德 『袁世凱與朝鮮』(北京: 中央研究院 1970) 46면 참조.

입장을 취하던 인물들이 국왕에 의해 점차 소외당하고 있다는 것이다.[134)]위의 보고내용은 당시 조선을 압박하던 청측 관리 위안 스카이가 조선 정계의 반청·자주 움직임에 다분히 위기의식을 느끼면서 썼다는 점을 감안하면 상당히 과장되었을 수 있다. 하지만 앞서 상세히 언급하였듯이 고종이 청의 압력이 조선의 자주국체를 손상시키는 것이라 하여 깊은 반감을 드러내고, 자주적인 다변외교를 통해 청의 영향력을 배제하기 위해 계속 노력하고 있었다는 사실, 그리고 후일 갑신정변이 실패로 돌아간 이후에도 이러한 반청의 입장을 견지한 것을 종합적으로 고려해볼 때, 친청세력이 정치적 압박을 느끼고 있다는 위안 스카이의 보고는 당시의 정치적 상황을 완전히 왜곡했다고는 할 수 없다. 한편 이보다 조금 앞서 미국공사 푸트가 본국 정부에 보고한 내용 등을 보더라도 친청세력이 정치적으로 적지 않게 압박당하는 상황으로 정국이 진행되어갈 여지는 충분했다.

> 임박한 청불전쟁에 관해 국왕과 그의 신하들은 지대한 관심을 표명하고 있고, 이로 인한 영향에 관해 많은 질문을 해옵니다. 그들의 걱정은 주로 자국의 안위에 관한 것들입니다. 그러나 그들의 감정은 나누어져 있습니다. 한쪽에서는 중국이 과거부터 우호적인 관계였으므로 그들에게 동조해야 한다고 주장하는 반면, 다른 한쪽에서는 중국의 오만함이 꺾여 주변국가들에 대한 중국의 암묵적인 주장(pretensions)이 포기되기를 조심스럽게 바라고 있습니다. 중국이 전쟁 때문에 이곳에 주둔하고 있는 군대를 철수하게 되었으면 하는 희망 역시 자유롭게 표현하고 있습니다. 최근 이곳에서 체결된 조약들에 의해 조선이 강화되었기 때문에, 중국은 점차 그들의 종주권

---

134) 위안 스카이의 보고를 받은 리 홍장은 사태의 중요성을 감안하여 이를 총리아문에 보고하게 되는데, 여기서 리 홍장은 고종이 "어리석고 유약한(闇弱)" 군주라고 지적하고 있다. 「論朝鮮」, 『李文忠公全集』 譯署函稿 16卷 10면, "該國王闇弱性成…日人又從旁煽惑 萬一該君臣墮其術中 浸萌意志 肘腋之間 隱憂甚大."

(suzerainty) 주장을 자발적으로 포기하게 될 것으로 보입니다. 그리고 이것이 국왕과 그의 신민들이 가장 바라는 바임은 의심의 여지가 없습니다.[135]

갑신정변 직전 『윤치호일기』에는 홍영식과 푸트(Lucius H. Foote, 福德, 1826~1913) 미국공사의 밀담이 기록되었는데, 당시의 정황에서 초조해하는 급진세력의 심정과 함께 국왕과 조선 정세에 대한 평가를 '등불의 비유'를 통해 다음과 같이 극명하게 언급하고 있다.

> 홍영식이 또 말하기를 "지금 여기에 한 기름등이 있어 불빛이 매우 밝으나 밖의 물건에 가려져 안의 빛이 능히 밖을 비추지 못하고 밖의 물건은 능히 밝음을 받지 못하고 있다. 어떤 사람이 그 가린 것을 걷어서 그 빛을 내보내려 하나 가린 물건이 너무 뜨겁고 단단하여 순하게 걷을 수가 없어서 부득이 그 가린 것을 깨뜨려 그 빛을 사방으로 전하려 하고 있다. 옆에서 보건대 이것이 잘한 일이라 하겠는가, 망령된 일이라 하겠는가?"라고 하였다. 푸트가 대답하여 말하기를, "귀공의 물음은 큰 뜻을 포함하고 있어 가볍게 대답하기 어렵다. 다만 어리석은 견해를 말한다면 지금 이 등은 사면으로 바람 부는 곳에 놓여 있어서 가리고 있는 물건은 바람이 불어 깨뜨릴 수도 있고 불이 붙어 스스로 깨질 수도 있고 열이 심해 깨질 수도 있어서 반드시 깨어질 것임을 기대할 수 있는 터인데, 왜 손을 써서 두드려 깨뜨리려 하는가. 요행히 손으로 깨뜨리는 것이 순조롭게 이루어진다면 그만이지만, 만약 일이 이루어지지 않는다면 손을 델 수도 옷을 태울 수도 있어서 그 위태함을 측량할 수 없고, 역적의 이름으로 돌아갈 수 있으니, 어찌 위태롭지 않으며 어찌 삼가지 않겠는가. 이런 까닭으로 나는 조용히 기회를 보아 그 스

135) Lucius H. Foote to Secretary of State, Sept. 2, 1884, George M. McCune and John A. Harrison, eds., 앞의 책 No. 104, Confidential, 95~96면.

스로 깨어짐을 기다리는 것이 옳은 계책으로 생각한다"라고 대답하고 있다.[136)]

그러나 수차례의 경고에도 불구하고 고종의 총애를 받고 있던 평균 연령 26세의 젊은 개혁가그룹은 결국 '루비콘 강'을 건넜고 결과는 '삼일천하'로 끝나고 말았다.[137)] 푸트 미국공사의 불길한 예언은, 얼마 후에 갑신

---

136) 윤치호 저, 송병기 역 『국역 윤치호일기1』(2001), 1884년 10월 2일(양력 11월 19일) 자 196면. 일찍부터 『윤치호일기』는 김옥균의 『갑신일록』과 함께 갑신정변을 이해하는 가장 중요한 자료로서 중시되어왔다. 하지만 여기 소개하는 윤치호의 고종에 대한 언급들은 주목받지 못하였다. 연구자들이 망국의 군주 고종을 암약(闇弱)한 혼군(昏君)이라고 일단 전제하고 있었던 까닭에 국왕의 역할은 처음부터 관심의 대상이 아니었기 때문일 것이다. 이에 관해서는 본서의 서장에서 이미 상세히 지적한 바 있다.

137) 『高宗實錄』 21年 10月 18日條를 보면, 정변을 주도한 세력이 국왕 앞에서 자신들이 '친청사대당'으로 주목하고 있던 이조연·윤태준·한규직·민태호·조영하·민영목·유재현 등을 죽이려 하자 고종은 "죽이지 마라! 죽이지 마라!"고 애원하였으나 묵살당하고 만다. 주지하듯이 정변은 청군의 개입으로 3일 만에 실패하고 만다. 갑신정변 주도세력에 대한 고종의 실망과 분노는 일종의 두려움과 결합된 것이었는데 이러한 관념은 오래도록 지속되었던 것으로 보인다. 이에 관해서는 『高宗實錄』 22年 11月 16日; 『알렌의 일기』 1885년 12월 20일; 『日本外交文書』 明治年間 卷19, 「金玉均亡命ニ關スル件」 513~34면 등에서 확인할 수 있다. 한편 이미 정변이 일어난 상황에서 윤치호의 부친 윤웅렬(尹雄烈, 1840~1891)은 정변이 실패할 수밖에 없는 이유를 윤치호에게 지적한 바 있는데, 그 내용이 당시의 상황을 적확하게 꿰뚫고 있다는 점에서 음미해볼 만하다. "第一, 군주를 위협한 것은 순(順)한 것이 아니고 역(逆)한 것이므로 실패한다. 第二, 외세를 믿고 의지하였으니 반드시 오래가지 못하고 실패한다. 第三, 인심이 따르지 않으니 변(變)이 안으로부터 일어날 것이니 실패한다. 第四, 청군이 곁에 앉아 있는데, 처음에는 비록 연유를 알지 못하여 가만히 있으나 한번 그 근본 연유를 알게 되면 반드시 병대를 몰아 들어길 것이다. 작은 것으로 큰 것을 대적할 수 없는 것이니 얼마 안되는 일본병이 어찌 많은 청병을 대적할 수 있겠는가. 따라서 실패한다. 第五, 가령 김〔김옥균〕, 박〔박영효〕 여러 사람이 능히 순조롭게 그 뜻을 이룬다 하더라도, 이미 여러 민씨와 왕께서 친애하는 신하들을 죽였으니 이는 건곤전〔乾坤殿, 왕과 왕비〕의 의향을 위배한 것이다. 군부모(君父母)의 뜻을 거스르고서 능히 그 위세를 지킬 수 있겠는가. 따라서 실패한다. 第六, 만약 김, 박 여러 사람의 당이 조정을 채울 수 있다면 혹시 성사될 수도 있다고 할 것이다. 그

정변이 발생하여 '삼일천하'로 끝나 그동안의 개혁의 성과가 거의 모두 원점으로 돌아가게 되면서 현실이 되었다. 갑신정변의 실패로 인한 정치적 파장은 가히 상상을 초월하는 것이었다. "나라 일을 생각하매 다시 남은 희망이 없고, 개화 독립 등에 이르러서는 다시 혀를 놀리는 자가 없다(想到國事, 更無餘望, 至於開化獨立等, 復無動舌者)"[138]는 청년 윤치호의 기록은 결코 과장된 것이라고 하기 어렵다. 만일 갑신정변을 감행한 세력이 국왕과 정치적으로 직접 관련되지 않은 정치세력이었거나, 이들 거사의 정치적 명분 자체가 임오군란 때와 같이 국왕의 개화·자강정책 방향과 상반되는 것이었다면, 정변 실패의 정치적 파장은 그토록 크지 않았을 것이다.

따라서 갑신정변이 초래한 국내정치적 파장을 이해하기 위해서는, 무엇보다 사건을 주도한 세력이 당시의 열악한 정치환경에도 불구하고 개화·자강정책의 중심에 서 있었던 국왕을 보좌하던 최측근의 인물이었다는 점을 고려하지 않으면 안된다. 지금까지 길게 언급해온 바와 같이, 개화세력을 열악한 정치적 악조건 속에서 중용하고 비호함으로써 현실정치의 장에서 활약할 수 있게 만든 장본인이 바로 국왕 고종이었을 뿐만 아니라, 김옥균 등이 내걸었던 반청자주와 내정개혁을 골자로 하는 혁신정강[139]의 개

러나 두서너 사람이 위로는 국왕의 사랑을 잃고 아래로 민심을 잃고 있으며 곁에는 청인(淸人)이 있고 안으로 군부모의 미움을 받고 밖으로 당붕(黨朋)의 도움이 없으니 능히 그 일이 순조롭게 이루어짐을 꾀할 수 있겠는가. 일이 반드시 실패할 터인데 도리어 스스로 깨닫지 못하고 있으니 어리석고 한스럽다. (第一, 威脅君上, 非順而逆, 其敗一也, 第二, 依恃外勢, 必不能久, 其敗二也, 第三, 人心不服, 變將內起, 其敗三也, 第四, 淸軍傍坐, 初雖不知, 緣由而黙然, 一知其本由, 必驅兵而入, 小不敵大, 以些少日本兵, 何能敵淸兵之多, 其敗四也, 第五, 假使金朴諸人, 能順遂其知, 以殺諸閔及上所親愛之臣, 此背違乾坤殿意向也, 忤君父母之志, 而能保其位勢乎, 其敗五也, 第六, 如金朴諸人之黨, 多夥能充朝廷, 則惑可有可爲之道, 而二三人, 上失君愛, 下違民心, 傍有淸人, 內受君父母之憎恨, 外無黨朋之助輔, 而能圖其事順成耶, 其事必敗, 而反不自覺, 愚哉恨哉.)" 『윤치호일기』 1권(서울: 탐구당 1973) 1884年 10月 19日, 118면.

138) 『윤치호일기』 1권(서울: 탐구당 1973) 1884年 10月 27日, 122면.

혁프로그램은 사실상 고종의 정치적 구상의 연장선상에 놓여 있었다.

주지하는 바와 같이, 정변이 끝난 이후 정치적 책임의 문제가 대두되는 것은 불가피하였고, 그 정변의 사실상의 원인은 모두 국왕인 고종의 잘못된 국정운영이라고 결론지어졌다. 예컨대 다음에 소개하는 송근수의 상소는 이러한 분위기를 상징적으로 보여주는 것이었다.

> 아, 오늘의 사태가 어떻게 하여 생겨난 것입니까. 신이 생각하건대 전하가 듣고 살피는 것이 주도면밀하지 못해서 신용해서는 안될 사람을 믿고 등용하며, 사랑하는 사람과 역적을 잘못 알고 좋은 사람과 나쁜 사람을 분간하지 못한 결과 마침내 사나운 승냥이와 호랑이를 집안에 끌어들이고 간사한 놈들이 가까이에서 활개치게 하였습니다. 부추기고 교묘하게 기만하며 음모가 무르익게 하고 방치해둔 것이 하루 이틀 된 일이 아닌데 전하는 또한 이들을 보호하고 사랑하면서 은혜를 베풀어 기이한 것을 무슨 대단한 구경거리로 여기고 괴이하고 황당한 것을 실제 실속있는 계책으로 삼아서 운수의 변화가 갑자기 생겨나 종묘사직〔국가〕을 거의 위태로운 지경에 놓이게 했으니 전하도 마땅히 두려워하고 뉘우쳐야 할 것입니다. 젖비린내 나는 어린 무리들이 일본놈들과 결탁하고 들락날락하면서 나라 밖에서 음모를 짜고 대궐 안에서는 제멋대로 방자하게 굴어 (…) 사람들의 의심만 잔뜩 키워놓다가 마침내 변란이 일어났으니 과연 〔우리가〕 평소에 지목했던 바에서 벗어나질 않았습니다. 옛말에 이르기를 그림자를 살펴서 행동거지를 알 수 있다고 말하였으니 이번 사건을 통해 그 말을 명백히 체험할 수 있었습니다.[140]

139) 당시 김옥균 등이 내건 혁신정강의 대체적인 내용에 관해서는 김옥균·조일문 역 『갑신일록』(서울: 건국대학 1977) 98~100, 148~49면 등을 통해 확인할 수 있다.

140) 『高宗實錄』 21年 11月 19日, "嗚呼. 今日事何由而致也. 臣竊以殿下聽察未周, 信用匪人, 子賊錯認, 嘉棘莫辨, 終使引豺虎於室屋, 棲等叔於絹黐. 慫渹墠幻, 倍釀排布, 已非一朝夕. 而

이후 고종이 '그동안의 국왕 중심의 국정운영이 잘못된 것'이라는 비판을 수용하면서 '이제부터 의정부가 모든 정무를 주관하게 할 것'이라는 사실상의 정치적 패배를 인정하는 유시[141]를 발표하게 된 배경에는 이러한 정치적 문맥이 존재하고 있었다. 결국 반청·자주·개혁의 이름으로 추진된 갑신정변의 실패는 이른바 급진개화파 세력의 정치적 퇴장이라는 의미를 넘어, 1873년 11월의 친정 이래 우여곡절을 겪으며 국왕을 정점으로 하여 어렵게 추진되어가던 조선의 새로운 질서의 모색과 개혁의 시도가 대내외적인 압박 속에서 사실상 형해화하게 되는 돌이킬 수 없는 결과를 초래하고 말았다고 할 수 있을 것이다.

다음은 1884년 12월 30일, 윤치호가 갑신정변을 치른 후 유학을 떠나면서 지난 2년간 조선 정계에 몸담으며 느낀 사실을 종합적으로 회상하는 내

殿下方且撫愛諂濡, 以肩異爲奇翫, 詭誕爲實謀, 以致機緘猝發, 宗社幾危, 殿下亦當洙然而悔也. 若而乳臭之輩, 結駟連航, 更出迭入, 綢繆於邦域之外, 擅恣於禁密之內. (…) 而只蓄戈疑, 畢竟變亂, 果不外於平日指數之中. 古所謂察影而知形者, 其不昭昭而可徵乎."

141) "아, 나는 덕이 없는 사람으로 만백성의 위에 있으면서 어진 사람을 등용하자는 뜻은 가지고 있었으나 사람을 잘 알아보지 못하였으며, 정사(政事)를 잘해보자는 마음은 품고 있었으나 요령을 알지 못하였다. 그리하여 국왕의 자리에 오른 때로부터 오늘까지 21년간 밤낮으로 부지런히 애쓰며 휴식할 경황이 없었으나 여러가지 일이 번잡하여지고 모든 관리들이 해이하였으며 내가 일을 맡기는 것이 한결같지 못해서 공적(功績)이 이루어지지 못하였다. 간사한 무리들이 이를 기회로 판단력을 흐리게 하고 문물(文物)을 문란하게 했으나 내가 깨닫지 못하여 10월의 변란을 초래하였고 종묘사직을 위태롭게 하였다. (…) 국왕의 책임은 재상(宰相)을 잘 선발하여 재상의 직위에 오로지 현인(賢人)을 천거하는 데 있다. (…) 전적으로 의정부에 맡겨 성공을 바랄 뿐이다. 너희들 의정부에서는 합심해서 정사를 보좌하며 알고 있으면서 하지 않는 것이 없도록 하라.(嗚呼. 予以否德, 託在萬民之上, 有用賢之志, 而不明知人, 懷願治之心, 而不識治要. 自臨御以來, 二十有一年, 宵衣迦食, 不遑暇息, 而庶務叢蕪, 百工解體, 委任不專, 績用不成. 戈小綳緣雜進, 眩惑聰明, 亂形日章, 而不自覺悟, 馴致十月之變, 而幾危宗社. (…) 人君之責, 在於擇相, 宰相之職, 惟在薦賢. (…) 專責政府, 委任仰成. 惟爾政府, 協心輔政, 知無不爲.)" 『高宗實錄』 21年 11月 30日.

용으로서, 기존 연구를 통해 거의 주목되지 않았던 부분이다.[142] 하지만 갑신정변 전후 정계의 전반적 분위기를 명료하게 집약하고 있으므로 길지만 인용하기로 한다.

일본의 요코하마(橫浜)에서 푸트공을 따라 서울에 돌아와 머무르기를 2년, 힘쓴 것은 영문(英文)과 영어였고, 한 일은 다만 국왕의 뜻을 푸트공에 전하는 것이었으며, 관계한 것은 외교와 통상 일반이었고, 바란 것은 나라가 태평하고 문명화되어가는 것이었다. (…) 그동안 지내면서 관망하건대, 조정에는 나라를 떠받칠 만한 신하가 없고 백성에게는 떨쳐일어서려는 바람이 없다. 그러나 몇백년 닫아두었던 방문이 막 열리게 되었을 때, 머뭇거리며 능히 활발하게 앞으로 나아가지 못하는 것도 당연한 이치라고 하겠다. 군주가 성명(聖明)하여 여러 나라 문명과 기술의 취사를 밝게 살피셔서 군정·세무·기계 등에 대해서도 새로운 법을 많이 따르려 하고 있는 터였다. 다만 보필하는 사람이 없어 제대로 성공한 것 없는 점이 한스러우나 오히려 부지런히 하여 마침내 바라는 바를 조금은 이루게 되었다. 또한 청인(淸人)의 구속을 받기는 하였지만, 금년 가을 겨울이 되어서는 점차 그물을 벗어날 희망이 있었던 것이다. 〔朝廷無柱石之輔, 人民乏振起之望, 然而幾百年閉室方開, 其躑躅摩蕪, 不能活潑進步, 亦理之固然, 況君父母聖明, 洞燭諸國文明技術之取捨, 軍政稅務器械等事, 多從新法, 而但恨輔弼無人, 一未成器, 猶足爲孜孜不已, 竟達所願之一助, 且受拘束於淸人, 到今年秋冬, 漸有脫網之希.〕

그리고 개화당은 비록 수는 많지 않으나 玉〔김옥균〕, 英〔홍영식〕, 泳〔박영효〕, 載〔서재필〕, 光〔서광범〕 등의 여러 사람은 문벌 좋은 집안 출신이어서 가히 큰 지도자가 될 만하였다. 더욱이 어느정도 시무에도 통달하고 있어 나라에 희망을 주는 사람들이었으며 그 수가 가히 하나의 당을 이룰 만하였

142) 『윤치호일기』 1권(서울: 탐구당 1973) 1884년 12월 30일, 136~37면.

다. 문견을 넓히고 알지 못하는 것 깨우치기를 날로 달로 더하여 백성들이 밝은 것을 취하고 어두운 것을 버리는 보람을 볼 수 있게 되었다.

그러나 어찌 뜻하는 바였겠는가. 4, 5인이 개화의 총도자(總導者)가 되어 갑자기 과격하고 흉악한 일을 저질러 나라를 위태롭게 만들고 청인들로부터 억압과 능멸을 당함이 전날보다 배는 더하게 되고 이른바 개화에 관한 논의를 땅에 발라 흔적도 없게 만들었으니.

전에는 비록 백성이 비록 외교하는 것을 좋아하지는 않았으나 오히려 시비를 가리려 하지는 않았다. 개화당을 꾸짖는 자도 많이 있었으나 오히려 개화가 이롭다는 것을 말하면 듣는 사람들도 감히 크게 꺾으려들지는 않았다. 그런데 변을 겪은 뒤부터 조야에서 모두 말하기를 '소위 개화당이라고 하는 것은 충의를 모르고 외인(外人)과 연결하여 나라를 팔고 겨레를 배반하였다'고 하고 있다. 어찌 개화에 착목한 사람 가운데 마음속에 이와 같은 의사를 품은 사람이 있겠는가. 그러나 과격하고 흉악하여 일을 그르친 4, 5인은 곧 전날의 개화당 인물인 까닭에 세인들은 다 외교하는 사람을 '매국지적(賣國之賊)'이라고 하고 있는 것이다.

조정에서 채용하고 있는 사람은 좀먹고 썩은 유자에 지나지 않아 말로는 고담을 늘어놓으나 마음속으로는 사리(私利)만을 꾀하는 무리들이다. 세상에 혹 외교를 바라는 사람이 있더라도 감히 입을 열지 못하고 짐짓 완고한 체하고 만다. 이리하여 2, 3인의 간노(奸奴)들이 밖으로 호세〔胡勢, 청의 세력〕를 끼고 군주를 위협하며 나랏일을 날로 그르치고 있다. 한스럽다. 몇 사람의 패거(悖擧)가 (…)

한편 갑신정변에서 비롯된 청일 양국간의 분쟁은 한성조약과 톈진조약의 체결로써 일단락된다. 하지만 계속하여 벌어진 영국의 거문도점령(1885년 5월~1887년 2월)으로 세계적인 차원에서 전개되던 영국과 러시아의 정치적 이해관계가 한반도에서 직접적으로 충돌하는가 하면, 다른 한편으로는 앞서 다룬 바와 같이 당시 조선에 대한 내정간섭을 집요하게 추진하던 위안 스카이에 의해 조선국왕 고종을 폐위하려는 시도가 연출되기도 하였다. 1880년대 후반에서 청일전쟁에 이르는 동안은 조선에 대한 청국의 지배가 압도적으로 우월한 가운데 영-러-일의 이해관계가 교착상태에 이르러 조선을 둘러싼 열강의 대립, 갈등이 상대적으로 소강상태로 지속되던 시기였다. 이러한 상황은 청일전쟁을 통해 와해된다.

종장

조선의 유교적 정치지형과 문명사적 전환기의 위기

1. 동아시아 역사 이해방식의 문제

18세기 계몽주의 이후 서구의 근대사상은 진보에 대한 보편화된 믿음을 가지게 된다. 이러한 진보에 대한 보편화된 믿음은 근대인으로 하여금 '역사의 발전단계'에 입각한 '세계사의 발전법칙'을 일반적인 세계사의 이미지로 공유하도록 했다. 이러한 직선적 진보관념에 입각한 세계사의 이미지가 근대를 살아가는 사람들이 역사, 즉 '시간'의 축을 이해하는 방식이라고 한다면, 서구의 아시아에 대한 문명적 편견 즉 오리엔탈리즘은 서구의 '문명기준'에 입각한 문명과 야만의 구별을 통해 세계에 대한 '공간'적인 구획짓기를 가능하게 했다. 세계적으로 서력(西曆)을 기준으로 한 연호를 사용하는 것이나, 영국의 그리니치 천문대를 기준으로 경도(經度)를 설정함으로써 지구의 동과 서를 공간적으로 구분하는 것은 이러한 서구식 기준들이 근대의 보편적인 기준으로 정착하였음을 보여주는 하나의 단적인 사례라고 할 수 있을 것이다. 동아시아가 얼마 전까지만 해도 유럽으로부터 멀리 떨어져 있다는 이유로 극동(極東, Far East)이라고 불린 것도 이러한 사정에서 비롯된다.

19세기 이후 동아시아 지역을 다룬 대부분의 담론들은 이처럼 서구적인 동시에 근대적인 '기준들'에 입각하여 논의되었다. 그것은 기존의 동아시아의 전통을, 전지구적 차원의 보편적인 문명으로서의 '근대'와는 극명하게 대비되는, 정체(停滯)됨의 산물이자 개혁되어야 할 낡은 과거라고 규정해버렸다. 동아시아의 역사는 '근대지식체계'라고 부를 만한 거대한 지적 믿음과 학문적 체계에 의해, 이른바 과학적이고 실증적이며 합리적인 잣대에 의해 '동양적 전제군주론'과 '정체된 역사'로 낙인찍히게 되었다. 이러한 동양적 전제군주제와 정체됨을 특징으로 한 동아시아에 관한 여러 담론은 근대 시민사회가 지향했던 자유와 진보라는 이상의 '반대 이미지'에 가까운 것이었으며, 이러한 인식은 진보에 관한 광범위한 확신과 근대 서구사회의 압도적인 힘을 배경으로 별다른 저항 없이 보편적인 사실로서 받아들여졌다.

그리고 이러한 부정적인 동아시아에 대한 이해방식은 역사적으로 서구권이 비서구권을 포섭하는 과정에서 서구문명이 스스로를 '보편'으로 인식해가는 혹은 인식시켜가는 작업과 병행해서 본격적으로 형성되어갔다. 따라서 정체된 '저들'은 문명화된 존재들에 의해 대표되어야만 하는 타율적인 존재로 규정되었으며, 식민지배를 통한 문명화의 필요성이 대두되는 논거가 되었던 것이다. 20세기 진행된 조선정치사에 대한 논의 또한 이러한 서양의 정치사 및 지성사의 맥락과 이어져 있다고 할 수 있으며, 역사를 직선적인 발전사관으로 바라보는 시각의 연장선상에 놓여 있는 것이었다.

메이지 일본의 사상적 지도자 후꾸자와 유끼찌(福澤諭吉)가 그의 대표적인 저서인 『문명론의 개략』에서 '서양문명을 일본의 목표로 삼는 것'이라고 명시하면서 거대한 전환기에 놓인 일본의 비전을 제시하려 한 것도 다름아닌 이러한 맥락에서 이루어진 것이라고 할 수 있다. 후꾸자와는 여기에서 서양문명을 새로운 문명기준으로 간주하고 이에 대해 정체(停滯),

허학(虛學), 혹닉(惑溺), 시기, 질투, 수동적 태도, 전제정치와 같은 요소들을 문명의 반대 이미지, 즉 야만의 속성이라고 하면서 이것이야말로 중국과 조선 등을 표상하는 특징이라고 지적하였다. 이후 일본은 사회진화론적 세계관에 입각하여 문명개화, 부국강병이라는 '시대정신'에 몰입하는 과정에서 멸시와 혐오의 대상으로서 '조선'과 '지나(支那)'를 역사적으로 논증하고, 이와는 구별되는 '진취적인' 일본사를 탄생시켜나간다.

하지만 일본은 청일전쟁 이후 유럽에 등장하여 러일전쟁으로 구체화되기 시작한 황화론(黃禍論)을 비롯하여, 이후 서구사회로부터의 편견과 견제에 직면하게 되면서 점차 '서양' 전체를 대상화하여 극복하지 않으면 안될 장애로 인식하게 된다. 이에 위기감을 느낀 일본제국의 이데올로그들은 패전에 이르기까지 서양을 획일화된 존재로서 그려가는 한편, 일본에 대해서는 '관대하고 포괄적이며 창조적인 존재'로서 묘사해갔다. 요컨대 일본은 동서양의 '예외적인 존재'로서 홀로 두드러진 존재라는 것이었다. 일본제국이 이른바 실증사학의 방법론에 입각하여 '동양적 전제군주론'과 '정체사관'(쇄국과 은둔의 왕국 조선), '타율성론'(사대주의와 당쟁사관) 등을 근거로 삼아, 조선을 진취적이고 문명화된 일본에 의해 대표되고 지도되지 않으면 안되는 존재로 설정한 것은 이처럼 근대지식체계 및 지적 계보와 맞닿아 있었다.

19세기 서세동점이라는 거대한 전환기적 상황에 대해 적절하게 대응하지 못한 한반도는 20세기 들어 망국과 식민지의 어둡고 긴 터널 속으로 빠져들어가게 된다. 따라서 제국주의 시대 부국강병의 광풍에 가위눌린 한국인들에게 힘에 대한 숭배와 우승열패적 세계관은 그만큼 설실한 호소력을 갖는 것이었다. 아울러 이는 '자기 전통에 대한 부정과 멸시'의 자세로 나타날 소지를 처음부터 안고 있었다. 좌절한 조선 지식인에게 '철저한 자기부정'과 '힘의 논리에 대한 강한 긍정'의 의식이 어떻게 나타나고 있는지를 윤치호가 1880년대 말엽 미국 유학 시절에 남긴 일기를 통해 살펴보자.

> 하나의 민족이 스스로 통치할 능력이 없을 때, 독립할 수 있을 때까지 더 개화되고 더 강한 인민에게 통치받고, 보호받으며 가르침을 받는 것이 더 좋다.(1889년 12월 24일자)

> 실제로 이 세계를 지배하는 원리는 정의가 아니고 사실상 힘이다. 힘이 정의라는 것이 이 세상의 유일한 신이다.(1890년 2월 14일자)

> 인종 전체의 궁극적인 향상이 하나님의 섭리가 지향하는 목표이다. 강한 인종이 약한 인종을 자치할 수 있도록 교육하는 가운데 범한 모든 어리석은 행위와 범죄는 인간의 본성을 고려하면 이러한 큰일을 하는 데 불가피한 필요악으로 보아야 한다.(1891년 5월 12일자)

> 적자생존(適者生存)의 원리는 같은 인종이나 민족의 구성원들 사이에 결코 유효할 수가 없다. 그러나 다른 인종이나 민족 사이에서는 이 원리가 확실히 진리이다. 민족에게 약함보다 더 큰 범죄는 없다. 민족 사이에는 힘이 정의이다.(1891년 11월 27일자)

한국인에게 국권의 상실과 식민지의 체험은 거시적인 민족국가의 맥락에서 보면 주체의 상실을 의미한다. 식민지 상황 하에서 한국인에게 조선은 불식되어야 할 부정적인 대상이었고 일본은 모방하고 지향해야만 될 대상이 되었다. 이러한 상황에서 한국인들에게 스스로를 일본에 동일화하려는 의식적인 노력이 내면화되는 것은 어느정도 불가피한 현상이 아닐 수 없었다. 동일한 문명 내부의 역전 현상으로 말미암아 한국인은 내면에서 제국 일본이라는 타자에게 가위눌림을 당하면서 타자를 두려워하고 미워하며 다른 한편으로는 타자의 힘을 동경하는 정신적 공황 상태를 맛보게 되었던 것이다.

해방 이후 뒤늦게 근대국제질서에 편입되어 서양의 근대문명을 따라잡지 않으면 안되는 절박한 시대상황 하에 놓인 한반도는 서양의 문명기준을 철저히 수용하고 이를 공고화해가게 된다. 여기서 특히 주목해야 할 사실은 해방 이후 냉전이 진행되는 가운데 이루어진 근대화·산업화·서구화의 추진과정을 통해 서구문명의 보편성에 대한 믿음이 우리 몸속에 체화되면서 이른바 '우리 안의 오리엔탈리즘'으로 정착되게 되었다는 점이다. 이에 따라 힘에 대한 선망과 공포 사이에서 '우승열패의 세계관과 자기 전통에 대한 부정'으로 나아간 윤치호의 슬픈 독백은 '일제강점기'와 '분단시대'를 거치면서 한국인들이 압축적으로 근대를 살아오는 동안 유령처럼 한반도를 배회하게 된다.

이러한 상황은 비서구권의 복합적인 근대의 궤적을 반영하고 있는 것으로서 부정적인 시각으로만 바라보기 어려운 문제이다. 또한 그 자체가 한반도의 20세기 사상사를 구성한다고 할 수 있다. 하지만 여기서 간과해서 안될 사실은, 20세기 한국의 민족주의사학이나 내재적 발전론, 민중사학의 입장이 식민사학이나 '서구의 아시아에 대한 문명적 편견'에 대해서는 강렬한 거부감을 표명하면서도 조선의 정치를 단선적인 관점에서 '후진적'이라고 본다는 점에서는 거의 그대로 닮아 있다는 것이다. 이것은 무엇보다도 고대-중세-근대라는 '직선'적 시간관, '세계사의 법칙으로서의 진보'에 대한 믿음을 공유하는 근대지식체계와 깊이 관련되는 문제라고 해야 할 것이다.

2. 역사를 보는 다중거울

지금까지 언급한 논의들은 이른바 '과학적 방법론'이라는 이름으로 수용·섭취되어온 근대학문에 대한 성숙한 재고와 '성찰', 그리고 건강한 '소통'을 가능케 하는 새로운 미래지향적 역사인식의 필요성을 생각해보게 한다. 그러면 기존의 역사를 바라보는 단선적인 이해방식을 어떻게 극복할 수 있을 것인가.

기존의 단선적 역사관을 극복하기 위해 필자가 제시하고 싶은 방안은 역사를 보는 '다중거울'이 필요하다는 것이다. 그러면 다중거울이란 무엇을 의미하는가. 다음과 같은 문제를 생각해보기로 하자. 주지하는 것처럼, 역사를 바라보는 시각으로는 진보사관, 순환사관, 섭리사관 등 다양한 관점이 있다. 하지만 사람들은 대개 이중에서 어떤 하나를 배타적으로 선택 수용해서 역사를 바라보는 데 익숙하다. 예컨대 서구의 계몽주의자들에 의해 탄생한 직선적 발전사관으로 역사를 보면 발전이라는 하나의 법칙으로 시대의 흐름을 설명할 수 있는 것처럼 보이고 그런 만큼 세계는 자연스럽게 상대적으로 우월한 것과 열등한 것으로 구성된 것처럼 보인다. 반면 전통적으로 동양인들에게 익숙한 '일치일란(一治一亂)' 곧 순환의 입장에서 역사를 보면, 앞서거니 뒤서거니 하는 모습이 결국 일종의 연속이자 반복으로 느껴진다. 그래서 역사는 어떻게 보면 발전이라는 직선의 형태로 볼 때 더욱 잘 보이는 것 같기도 하고, 또한 어찌 보면 순환의 형태로 볼 때 더욱 잘 보이는 것같이 느껴질 수도 있다.

또한 기독교적인 '섭리사관'으로 보게 되면, 결국 역사의 전개는 신의 뜻, 곧 신의 섭리로 받아들여져 해석된다. 아울러 다소 생소하게 느껴질 수 있겠지만, 역사에서 '계기'를 중시하면 역사의 다른 측면이 보일 수 있다. 즉 어떠한 상황이 어떻게 전개될지는 인간이 어떤 상황에서 어떤 '선택'을 하는가가 매우 결정적이다라는 점에 맞춰 보면 역사를 항시 어떤 여러가지 가능성을 지닌 긴장감 넘치는 현장으로 포착할 수도 있다. 이러한 입장에 굳이 필자 나름대로 이름을 붙인다면 '계기사관'이라고 할 수 있을 것이다.

이러한 역사를 보는 각각의 눈들은 각각 나름대로의 장점과 단점을 갖고 있다. 그러면 '역사를 보는 다중거울'을 갖추자는 것은 결국 이런 다양한 시선을 적당히 절충하면서 복안적(複眼的)인 시선으로 보자는 것일까? 복안적인 시선에 관한 논의는 분명 의미있는 논의임에도 불구하고 자칫하면 일종의 어지러운 다(多)초점 멀티렌즈를 연상시킬 수 있다는 점에서 필자의 견해와는 중요한 차이가 있다. 이 문제에 대답하기에 위해 자동차에 부착된 거울의 사례를 통해 필자가 말하는 다중거울에 관해 생각해보기로 하자.

자동차를 운전할 때 운전자는 여러개의 거울을 필요로 한다. 이때 각각의 거울들은 어떤 측면을 좀더 잘 보여주기 위하여 주변의 상황을 과장 혹은 왜곡된 모습으로 비춰준다. 각각의 거울들은 모두 유용하다. 하지만 어느 것도 그 자체로 충분하거나 완벽하게 주변을 비춰주지는 못하며 어느 하나에만 의존하고 운전할 경우 사고를 면하기 어렵다. 따라서 운전자들은 필요에 따라 사각(死角)지대를 비추는 보조거울을 부착하여 이 모든 거울을 활용하며 운전을 한다. .

역사를 보는 시각을 비롯하여 현대학문에서 등장하는 모든 이론 역시 결국 하나의 '보는 눈' 즉 시각을 제공하는 것으로서 각기 하나의 특징적인 '거울'에 비유할 만하다. 즉자적인 세계인 도로상에서 일상의 안전운전을 하는 경우에도 자동차의 다중거울과 함께 이를 적절히 활용하는 운전자의 노련함이 요구되는데, 하물며 다층적이고 모순적이며 깊은 심연과 복잡하게 변화하는 거대한 역사를 이해하고 미래를 계획하며 오늘을 헤쳐가는 데 얼마나 다양하고 입체적인 '다중거울'과 이를 활용하는 안목과 지혜가 필요할 것인가는 부언할 필요가 없을 것이다.

3. 본서의 개요

동아시아의 19세기는 흔히 중세봉건 혹은 전근대적 사회에서 근대로의 전환기로 이해된다. 그리고 전환의 계기가 서양세력에 의해 주어졌다는 관점에서 보통 '서세동점'의 시기로 지칭된다. 이러한 시각의 저변에는 근대인의 상식이라고 할 수 있는 서구의 진보사관에 입각한 역사인식이 굳건하게 자리잡고 있다. 하지만 동아시아의 19세기는 중세에서 근대로의 전환이라는 직선적인 진보사관만으로는 포착할 수 없는 좀더 복잡하고 중층적인 문제가 내포되어 있다. 본서의 최초의 문제의식이 19세기 한반도를 다루는 것이었음에도 불구하고 조선의 장구한 정치사, 사상사를 힘겹게 거슬러올라가지 않을 수 없었던 것은 당대의 상황에 대한 역사적·구조적 이해와 아울러 당대인들의 생생한 숨소리와 위기의식의 실체를 읽어내지 않으면 안된다는 소박한 믿음 때문이었다. 본서에서는 19세기라는 거대한 전환기 한반도의 정치와 외교를 들여다보기 위해 세개의 부, 여섯개의 장으로 접근해 들어갔다.

본서의 제1부에서 다룬 바와 같이, 조선시대의 유학은 일상적인 생활규범이자 정치적 사회적 가치의 준거를 제시하였다. 유학적 사고는 조선의 교육을 비롯하여 과거제도와 같은 엘리뜨 형성의 지적 기반이 되었을 뿐 아니라 일상적인 생활 전반에 광범위한 영향력을 미쳤으며, 유교적 사유에 입각한 지적·도덕적 담론들은 철저히 정치적 성격을 지닌 것이었다. 조선은 성리학적인 가치기준 위에 성립한 독특한 정치구조를 가지게 되는데, 이를 본서에서는 '조선의 유교적 정치지형'이라고 명명하였다.

왕조국가에서 정치적 질서의 상징이자 구심축으로서 왕의 위상이란 어떠한 경우이든 대단히 신성한 것이라고 할 수 있다. 왕은 이런 신성함으로 인해 역설적으로 일상적인 현실정치의 공간과 일정한 '거리'를 가지게 된다. 궁극적으로는 현실정치로부터 자유로울 수 없겠지만, 왕권이 일상적인 현실정치에서 상대적 자율성을 확보하지 못하면 사소한 정치책임론의 시비에 걸려 구심축으로서의 상징성과 신성성은 좀처럼 마련될 수 없기 때문이다. 따라서 왕조국가에서 왕권이란 정치구조의 핵심적 요소이면서도, 실질적인 권력은 정치적 전통이나 시대적 여건에 따라 달랐다.

조선의 정치 이데올로그들이 제기한 정치구상에는, 민본주의에 입각한 왕도사상(王道思想)과 천인합일설(天人合一說)에 따른 천명사상(天命思想), 치란사관(治亂史觀)이라는 순환적 시간관념, 중화질서라는 위계공간에서 나타나던 예적인 질서관념 등과 같은 유교적 사유체계에 내재된 보편적 가치와 보편적인 권위가 긴밀하게 맞물려 있었다. 국왕도 이러한 권위로부터 자유로울 수 없었으며 오히려 어떤 경우에는 가장 철저하게 속박되기도 했다. 왕조국가인 조선에서 이와 같은 관념들을 존재론적으로 구현한다고 간주되는 왕권의 공간이란 다른 모든 지위나 역할과 구별되는 특별한 '상징적 공간'으로서의 위상을 갖는 것인 만큼, 이에 상응하는 철저한 정치적·윤리적 경지가 요구되었기 때문이다.

조선왕조의 왕권이라는 공간은 이러한 이념적 지향과 각종 제도들—의정부체제(성현정치), 대간제도(언로정치), 사관제도(역사의 눈), 경연제도(교육과 소통하는 정치), 과거제도(주자학적 소양을 지닌 엘리뜨 충원), 상소제도(공론정치) 등—을 통해 일상의 영역에서 '견제'되면서 신권(臣權)과 유동적이면서도 긴장된 '균형'관계에 놓이게 된다. 환언하면, 조선의 군신관계는 근원적인 긴장성을 내포한 채 '상호의존적'으로 결합되어 있었던 것이다. 이처럼 '상호의존적 긴장관계'라고 부를 만한 조선의 군신관계와 '견제와 균형'을 주요한 특징으로 하는 조선의 유교적 정치지형은 이후 조선의 정치가 역사적으로 '국면전환'을 거듭하면서 다양한 불협화음을 빚어내었음에도 불구하고 대체로 마지막 순간까지 지속되어간다.

하지만 각각의 정치적 국면에 따라 군신간의 '상호의존적 긴장관계'의 구체적인 내용은 크게 다르게 나타났다. 우선 조선 전기에는 새로운 정치적 사회적 기틀이 마련되지 않은 상황이라 왕조국가의 정치적 상징이자 구심력의 축으로서 왕권의 예외적 위상을 적극적으로 인정하였다. 이는 군신간의 상호의존이 비대칭적으로 군주 쪽으로 기울고, 왕권의 상대적 자율성이 확보되고 있었음을 의미하였다. 하지만 조선 중기에 국왕의 폭정과 이에 대한 신하들의 방벌(중종반정)을 계기로 하여 군주가 신하에게 오히려 의존하는 상황이 만들어지기 시작했으며 이후 약간의 변동은 있지만 기본추세는 별 변화 없이 지속된다. 이러한 과정에서 군신공치(君臣共治)가 공론화되는 상황이 시대적인 대세가 되고, 사림(士林)의 대표적인 인물들이 새로운 사회적 구심축으로 등장하며, 그에 반해 군주의 상대적 자율성은 크게 제한되는 경향을 보이게 된다. 이러한 경향은 조선 후기에 들어와서도 지속되다가 실질적인 정치적 구심축으로서 군주의 위상을 확보하려는 확고한 의지와 유교적 리더십을 겸비한 영조와 정조 같은 국왕의 출현에 의해 다시 얼마간 균형을 이루는 양상을 보이게 된다. 이러한 군신관계의 양상은 왕위승계 과정이나 경연에서의 제왕학 관련 텍스트 선정 등의 과정을 통해서도 확인할 수 있다.

19세기 서구에서 비롯된 거대한 쓰나미가 밀려들 무렵, 동아시아세계는 중화질서라는 독자적인 문명권에 속해 있었다. 그리고 중화질서 고유의 문명기준과 함께 높은 자부심을 견지하고 있었다. 본서의 제2부에서 다룬 것처럼, 이러한 상황에서 동아시아 삼국은 압도적인 물리력을 앞세운 구미제국의 압력과 근대유럽의 문명기준에 입각한 상이한 가치체계와 마주하게 되었으며, 이 과정에서 양측은 서로를 '야만'으로 간주하며 충돌한다. 이러한 관점에서 보면, 동아시아의 19세기는 상이한 문명 곧 '동서문명'의 충돌이 이루어진 거대한 전환기로서, 외부로부터의 새로운 패러다임이 기왕의 고유한 패러다임을 밀어내는 과정이었음을 알 수 있다. 이것은 유럽중심주의적 관점에서 보면, 발전된 서구가 발전하지 못하고 정체되어 있는 비서구로 진출한 사태로서 세계사의 발전과정으로 이해될 수 있지만, 중화문명권의 관점에서 보면 기존의 문명기준이 새로운 문명기준에 의해 전복되는 과정이자 '문명기준'이 완전히 '역전'되는 사태가 발생하였음을 의미하는 것이었다.

19세기 한-중-일 동아시아 삼국은 이 과정에서 이른바 '예의관념'에 기반한 중화질서로부터 '국가평등관념'에 근거한 유럽발 근대'국제'질서로 동아시아세계를 구성하는 패러다임의 변동을 겪게 된다. 국가의 존재방식이라는 측면에서 볼 때, 19세기 동아시아 삼국은 동일한 사태에 직면했다고 할 수 있다. 이것은 동아시아 국가'간' 관계의 패러다임 변동이 중화질서하의 '조공책봉 관계'에서 근대국제질서의 수평적이고 독립적이며 그런 만큼 세계적인 차원에서 보면 '무정부적인 관계'로 변환하는 것을 의미한다. 무정부적 속성을 지닌 새로운 '무대' 환경에서는 덕치나 예치, 왕도정치, 사대자소와 같은 기존의 '연기내용'과는 달리 부국과 강병, 균세(均勢, 세력균형)와 자강의 능력이 더 중시되었고, 이에 적응하지 못한 '배우'들은 무대 밖으로 밀려나게 되었다.

19세기 중반 병인양요와 신미양요를 통해 조선은 서구의 군사력과 직접 충돌하였다. 당사국 모두가 상대방을 야만으로 규정한 이 두차례 충돌에서 조선은 승리한 듯 보였다. 대원군의 리더십과 독려 속에 치러진 서양열강과의 싸움에서 조선이 패배하지 않고 나라를 방어할 수 있었다는 사실은 국가적 차원의 자신감과 일체감을 불러일으켰고, 나라 전체가 오랑캐를 격퇴하였다는 승리감에 들떴다. 이는 당시 중국과 일본의 상황과 비교할 때 매우 특기할 만한 사태라고 할 수 있다. 하지만 이 승리로 조선이 서세동점의 대세를 거스르지는 못했다. 오히려 이로 인해 외세를 배격하는 조선의 태도는 한층 확고한 원칙이 되어 좀처럼 바꾸기 힘들게 되었다. 그리고 서양열강 및 주변국과의 긴장관계를 극도로 고조시킴으로써 조선의 대외적인 입지를 위태롭게 하였고, 아울러 조선의 위정자와 지식인들로 하여금 세계정세와 시대적 변화를 객관적으로 파악하는 것을 더욱 어렵게 만들었다는 것은 패러다임 전환기 조선에서 나타난 거대한 역설이었다. 조선의 지정학적 외벽인 중국과 일본이 이미 지구적 규모에서 구미 열강의 세력균형 구도 속으로 들어가고 있었음에도 불구하고 조선은 세계의 대세를 외면함으로써 오히려 소중한 변화의 기회를 놓치고 있었다.

이처럼 외부세계와 정치적, 사상적으로 유연하게 타협하고 조정해나갈 여지가 현실정치의 장에서 거의 봉쇄된 가운데 대다수 조선의 위정자와 지식인들은 눈앞에서 전개되는 대외정세를 기존의 화이관념의 연장선상에서 서양 오랑캐라는 새로운 위협적 요소의 '양적' 증가라는 일종의 '현상적'인 차원의 변화로만 해석하려 했다. 그리하여 조선이 속해 있는 동아시아질서 자체가 근저에서부터 '질적'으로 변화하고 있음을 예측하지 못하고 구태의연하고 소극적인 대응으로 일관하였으며 가능한 한 중국의 보호우산 속에 편승하려는 의식에 젖어들었다.

3부에서 살펴본 바와 같이, 고종은 '문명사적 전환기'라고 부를 만한 '거대한' 전환기를 살았던 인물이다. 이 시대는 동아시아가 막강한 물리력을 앞세운 서양제국과 마주해야 했던 시기이며 아울러 고유한 삶의 방식과 가치관이 이질적인 패러다임과 전면적으로 부딪치는 과정이었다. 강한 자부심을 가지고 살아가던 조선의 지식인과 위정자들은 당시의 상황을 '문명의 세계가 야만으로 전락하고 금수들의 세계가 문명세계로 둔갑하는' 것과 같은 혼돈의 상황으로 인식하였다. 상이한 문명이 충돌하면서 '문명기준'이 뒤바뀌는 상황이 발생하였기 때문이다. 열두살 소년이 왕위에 오른 것은 이러한 위기와 혼돈의 파고가 조선에 막 밀려들기 시작하는 상황에서였다.

왕위에 오른 후 유교적 민본의식을 몸에 익혀나가던 고종은 신미양요

(1871)를 치른 이후 대외정세에 점차 눈을 뜨게 된다. 측근인 박규수를 비롯한 연행사절들을 통해 서양의 여러 나라가 강력하며 서양화된 일본이 세력을 확장하고 있다는 것을 감지하게 되었고, 중국이 이를 마음대로 제어하지 못하고 있다는 사실을 인식하였다. 이에 따라 고종은 대원군이 주도하는 조선의 배외정책이 현실적으로 조선을 고립시키고 있다는 위기의식을 느끼게 된다. 이러한 상황판단은 친정선언으로 이어지고 조선의 대외정책을 전환하는 주요한 계기가 되었다. 하지만 고종의 고민을 정책으로 담아내는 데는 많은 정치적 장벽이 가로막고 있었다. 공론에 의거한 정치운영의 전통, 왕권에 대한 강력한 견제구조, 대원군 세력의 광범위한 정치적 영향력, 조야에 팽배한 화이론적 명분론 등에 부딪친 것이다.

고종의 개혁이 현실화된 것은 1880년을 전후해서이다. 외교·국방·통상·재정·무기제조·인재선발 등을 담당하는 기구로서 기존의 의정부와 동급기구인 통리기무아문을 세우고, 일본과 중국에 대규모 시찰단을 비밀리에 보내 개방과 개혁의 추진을 위한 탐색과 함께, 미국 등 서구열강과의 '조약'관계를 추진해나간다. "중국이 우리와 힘을 합하자고 하지만 이를 어찌 그대로 믿을 수 있겠는가, 우리 역시 부강책을 시행해야만 한다", "천하의 대세를 두고 볼 때 옛 도리만을 지킬 수 없다"는 고종의 지시나, 일본 측 외교관들이 "시찰단은 최초부터 국왕의 결단에서 나온 일"이며, "일본의 국정을 시찰하도록 국왕의 지시를 받은 이들 일행이 조선의 개화의 기본을 나지게 될 깃"이라고 본국에 보고한 것은 이러한 상황에서였다. 1882년 8월 국왕이 내린 교서는 이처럼 세계의 새로운 변화상에 주목하고 달라진 무대에 새롭게 적응하겠다는 조선정부의 국정운영의 청사진을 명확하게 밝히고 있다는 점에서 주목할 가치가 있다.

"만국병립의 상황이 바로 세계적 대세이며, 기왕의 외세를 배척하는 관념은 조선을 세계 속에서 고립시켜 위태롭게 할 뿐이다. '국가평등' 관념에 입각한 새로운 만국공법적 질서에 근거해 조선의 대외관계를 전면적으로 재정립해나갈 것이다. 조선의 '문명국가로서의 자부심'은 견지하되, 서양의 발달된 기술은 '이용후생의 원칙'에 입각하여 받아들이도록 할 것이다"라고 조선의 국왕이 공개적으로 천명하고 나섰기 때문이다. 고종은 개방 개혁정책을 추진하는 과정에서 반대세력을 달래가면서 극소수의 개화세력을 보호하고 개혁을 추진하는 버팀목 역할을 했으며, 중국과 일본의 개혁모델을 비교하고 절충해가면서 사대교린 질서를 청산하고 만국공법(근대 국제법)에 입각한 '자주'국가를 세우려는 노력을 경주하였다.

그러나 이처럼 세계의 변화상에 주목하고 달라진 무대에 새롭게 적응하려는 모습은 국내외의 다양한 비판과 견제에 부딪치게 된다. 그 와중에서 일어난 임오군란(1882)이 주로 외래와 고유의 제요소, 새로운 것과 낡은 것을 둘러싼 갈등 속에서 전통주의자들이 주도하여 일으킨 사건이었다고 한다면, 갑신정변(1884)은 당시 조선의 협소한 정치공간에서 더욱 급진적인 방식으로 개혁을 추진하고 싶어 하는 진보주의자들이 주도한 사건이었다.

이 두 사건은 문명사적 전환기 시점에 국왕이 주도하던 개화 자강정책의 속도와 변화의 폭을 너무도 과격한 것으로 받아들이는 층과 너무도 온건한 것으로 받아들이는 층이 동시에 존재하고 있었음을 극명하게 보여준다. 객관적인 '속도'와 사람들이 주관적으로 느끼는 '속도감'이 다른 차원의 것임을 고려하면, 문제는 당시의 개혁 속도의 완급 여부라기보다는 오히려 조선 후기 이래 심화되어온 조선의 사상적 경직성과 무책임한 정치적 관행, 그리고 그것을 자각하고 제대로 대처하지 못한 정치엘리뜨와 지식인들의 의식과 태도에 있다고 해야 할 것이다.

이 두 사건은 서로 정반대되는 방향을 지향하는 세력들이 주도한 사건들이었지만, 타협과 조정 능력을 보여주지 못한 채 급격한 방식으로 일어났다는 그 과정상의 특징이나, 동아시아질서가 변동하면서 '조선문제'가 첨예한 국제정치적 이슈로 부상하던 와중에서 발생함으로써 주도세력의 주관적인 의도와는 달리 결과적으로 모두 외세의 간섭을 불러들이고 그

간섭을 질적으로 심화시켰다는 점에서 역설적으로 매우 닮은 것이었다.

권력정치의 현장인 제국의 시대는 더이상 조선에게 기회를 부여하지 않았다. 이후 갑신정변의 여파로 인한 강렬한 보수회귀의 분위기 속에서 친중국 세력의 득세와 중국의 종주권 획책, 왕권에 대한 견제가 더욱 강화되었고, 이로 인한 정치적 구심축의 균열이 더욱 진행되면서 결국 사태는 동학농민봉기라는 아래로부터의 개혁요구와 외세의 개입에 의한 무자비한 탄압, 그리고 조선에 대한 지배권을 놓고 벌인 청일전쟁과 러일전쟁이라는 외세간의 전쟁으로 귀결되기에 이른다. 이처럼 위기의 상황에서 끊임없는 엇박자로 사태가 전개되어가는 양상은 문명사적 전환기 조선이 근대국제질서라는 새로운 패러다임에 적극적으로 참여할 수 있는 선택의 여지가 급격하게 봉쇄되어가는 경위를 보여준다. 조선이 취할 수 있는 이른바 '선택의 깔때기'(the funnel of choices)가 급격하게 좁아져버린 것이었다.

4. 새로운 논의를 기대하며

춘추전국시대 초(楚)나라 사람이 검을 품고 양쯔강을 건너다 그만 강에 검을 빠뜨리고 말았다. 그는 나중에 찾기 위해 검을 떨어뜨린 곳에 주머니칼로 표시를 해두었다. 배가 목적지에 도착한 후 그는 표시해둔 곳으로 내려가 검을 찾으려 했지만 검은 눈에 띄지 않았다. 요컨대 강물이 흐른다는 것을 의식하지 못하였던 것이다(『呂氏春秋』). 잘 알려진 각주구검(刻舟求劍)이라는 유명한 고사성어에 얽힌 이야기다. 누구나 들으면 실소를 금하기 어려운 무슨 바보 씨리즈처럼 들리지만, 조금 더 곰곰이 생각해보면 우리 주변에서 심심치 않게 접하게 되는 문제의 본질을 꿰뚫는 날카로운 통찰력이 담겨 있다.

각주구검이라는 고사성어는 정치학적 관점에서 보면 패러다임의 변환이 이루어지는 전환기를 이해하는 데 특히 유용하다. 기왕의 패러다임에서 현실적으로 가장 적절하다고 간주되던 방식이 전환기의 상황, 즉 새롭게 부상한 패러다임에서는 이미 전혀 현실적인 해법이 될 수 없음을 명백하게 드러내주기 때문이다.

본서에서 다루지 않았지만 청일전쟁은 여러가지 의미에서 동아시아 역사의 흐름을 완전히 바꾸어놓은 사건이었다. 우선 문명사적 관점에서 보면, 청일전쟁은 중화문명권의 문명기준이 명실상부하게 역전되었으며 동아시아에서 중화질서가 사실상 완전히 붕괴되었음을 분명히 드러내주었다. 이것은 동아시아 국가들간의 관계가 기존의 문화주의적 경향을 지니고 예의(禮義)를 중시하던 '사대교린'질서 혹은 중화질서로부터, 독립적이고 배타적인 근대주권국가 개념을 바탕으로 하며 세계적인 차원에서 무정부적인 속성을 지닌 근대국제질서로 변화되었음을 의미하는 것이었다. 한편 현실 국제정치라는 관점에서 보면, 주권개념이 국가의 자주와 평등을 강조하는 만큼 역설적으로 제국주의적 군사주의가 팽배하여 약육강식의 정글의 법칙, 힘의 원리가 지배하는 세계로 전환되는 사태로 이어질 소지가 컸다. 이것은 제3장에서 언급한 이른바 근대국제질서의 이중성과 관련되는 문제이다.

청일전쟁에서 일본의 승리는 동아시아의 중심이 중국에서 일본으로 극적으로 이동하였음을 의미한다. 이것은 환언하면 부국강병을 앞세운 일본의 제국주의적 군사주의가 동아시아 국제관계를 주도할 것임과 동시에 중국이 열강들에 의해 본격적으로 분할될 운명으로 접어들게 되었음을 의미하는 것이었다. 한편 청일전쟁은 일본과의 조약체결 이래 한반도에서 팽창하려는 일본세력과 이를 저지하고 조선을 실질적인 종속국으로 삼으려는 중국의 대립이 전쟁으로 비화된 사건이었다. 일본은 한반도를 중국 중심의 동아시아질서에서 분리해내고 자신의 영향권으로 삼으려는 의도를 가지고 있었다. 시모노세끼 조약의 1조에서 당사국간의 문제를 언급하지 않고 "중국은 조선의 독립을 확인하고 조공전례를 폐지한다"고 규정한 것은 이런 이유에서였다.

본서에서는 동학농민봉기, 청일전쟁과 갑오개혁, 을미사변과 아관파천, 그리고 대한제국 시기에 관해서는 다루지 않았다. 이 시기는 전통적인 조선의 유교적 정치지형이 전면적으로 동요하고 기존의 고유한 정치 패러다임이 새로운 외래의 패러다임으로 구체적으로 바뀌기 시작하는 시기로서, 본서에서의 작업과는 또 다른 자료분석 작업과 본격적인 해석이 요구되는 방대한 문제들이 걸려 있다고 생각되기 때문이다. 이 시기에는 외세들에 의해 한반도가 전쟁터로 화하고, 기존 패러다임의 무기력에 대한 민초들의 불신과 분노가 다양한 방식으로 표출되었으며, 대중들이 거리의 정치공간에 모여들고, 사람들이 모이는 곳에서는 격정적인 대중연설과 웅변의 장면들이 연출되었다. 안과 밖에서 계급모순과 민족모순이 압축적으로 집약된 시공간에서 이제 혁명과 민족주의의 맹아적 형태를 띤 담론들이 싹트기 시작했다. 바야흐로 20세기를 장식하게 될 새로운 정치적 기운과 정치적 시도들이 한반도의 정치공간을 메우기 시작한 것이다.

후꾸자와 유끼찌는 19세기를 "마치 뜨거운 불과 차디찬 물이 만나는 것과 같고", "한 몸으로 두 인생을 겪는 것과 같은" 충격적인 시대라고 진단했다. 근대화의 세례를 받은 우리들이 고종이 살았던 시기의 심층으로 접근하기 어려운 이유는 전통적인 우리 고유의 패러다임(뜨거운 불)과 새로운 서양의 패러다임(차디찬 물)이 격렬하게 부딪쳤던 구체적인 역사적 현장이 짙은 안개로 뒤덮여 있기 때문이다. 역설적이지만 이처럼 고종시대에 대한 입체적인 접근이 어려운 만큼 고종에 대한 평가는 매우 손쉬운 것일 수 있었다. 그가 다름아닌 망국의 군주라는 사실은 바로 그의 정치적 무능을 입증하는 명백한 자료로 간주될 수 있었기 때문이다. 앞으로도 정치가 고종에 대한 어떠한 평가도 이 굴레로부터 자유로울 수 없을 것이다. '정치책임'론은 현실정치가가 짊어져야 할 숙명과도 같은 것이기 때문이다.

하지만 그럼에도 불구하고 지금까지 이루어진 고종에 대한 비판은 그대로 수용하기 어려운 것들이다. 적절한 비판이라고 생각되지 않기 때문이다. 몇가지 이유만 들어보자. 우선 정치가 고종에 대한 평가를 위해서 가장 먼저 지적되어야 할 고종에게 주어진 정치적 선택의 폭이 사실상 거의 언급되고 있지 않다. 동화 속의 영웅이나 바보가 아닌 현실정치가로서의 고종을 고찰하려면, 그가 어떠한 현실정치적인 제약에서 해법을 고민하고 방법을 찾으려고 했는지를 면밀하게 검토하는 것으로 시작해야 한다.

두번째로 지적하고 싶은 것은 오백여년의 강고한 전통을 지닌 조선정치에 대한 구조적·역사적인 이해가 선행되지 않은 채 논의가 진행되어왔다는 점이다. 중국이나 일본과는 다른 조선의 왕권, 군신관계, 정국운영 방식은 물론, 19세기의 위정자들과 지식인의 사유방식의 특징에 대한 이해가 선행되지 않고서는 전환기 한반도의 정치상황에 대한 논의는 피상적인 수준을 벗어나기 어렵다. 조선 전통과의 단절된 해석은 필연적으로 당시의 시대상황에 대한 몰이해로 나아갈 수밖에 없기 때문이다. 군신간의 '상호의존적 긴장관계'와 공론에 의거한 역동적인 정치운영은 조선왕조 특유의 '견제와 균형'을 만들어냄으로써 5백년의 지속을 가능케 한 힘이었다. 그런데 이러한 긍정적인 힘이 19세기 후반 급박하게 돌아가는 전환의 시대에 오히려 변화를 어렵게 하는 걸림돌로 작동하게 되는 양상을 구체적으로 살필 수 있어야 이 시대 정치사가 비로소 온전히 눈에 들어올 수 있다. 왜냐하면 삶에 대한 이해 없이 죽음에 대한 성찰이 불가능한 것처럼, 조선의 생명력에 대한 이해 없이 확보할 수 있는 조선의 사망에 관한 설명이란 공허한 단어들의 나열에 불과한 것이 될 소지가 크기 때문이다.

세번째로 지적하고 싶은 점은 19세기를 둘러싼 논의가 지배세력 대 피지배민중의 각축, 혹은 개화세력 대 수구세력의 갈등이라는 축 위에서 지나치게 단순하게 진행되고 있다는 사실이다. 전자의 경우, 즉 지배세력 대 피지배민중의 각축이라는 시각에 입각한 방식은 지배세력 내부의 다양한 차이가 간과되고 소위 지배세력을 싸잡아서 비판하는 차원에 머무를 소지가 크다는 점에서 지나치게 결정론적이다. 따라서 이런 식으로는 모든 것을 설명한 것처럼 보일 수 있지만 사실상 아무것도 설명하지 못할 수 있음에 유의해야한다. 그리고 후자의 방식 즉 개화세력 대 수구세력의 갈등이라는 관점 역시 거대하게 동요하고 있던 시대를 살았던 위정자, 지식인들의 정치적 고뇌와 선택의 의미를 개화 혹은 수구라는 어느 한쪽에 끼워 맞춤으로써 당시 조선의 정치지형에 대한 도식화된 논의로 이어지기 십상이다. 이러한 논의방식을 답습하는 연구를 접하다보면, 19세기를 살았던 인물들의 사고의 경직성을 탓하면서 정작 우리 스스로가 이분법이고 도식적인 사고에 빠져 있는 것은 아닌가 하는 의구심을 떨치기 어렵다.

19세기 조선정치사는 끊임없는 엇박자의 연속이었다. 소통에 입각한 절충과 조정의 시도는 내부의 불협화음으로 인해 곧바로 외세의 압력으로 이어졌고 우리의 선택의 폭은 더욱 좁아져갔다. 한반도의 정치가 국제관계에 얼마나 민감한지를 생생하게 보여준다. 고종을 둘러싼 19세기의 역사를 통해 우리는, 전환기적 상황에서 패러다임의 전환을 예측했다고 하더라도 현실정치 공간에서 새로운 비전을 만들어내고 국내외의 광범위한 동의를 이끌어내는 것은 또 다른 차원의 문제였음을 절감할 수 있다.

더욱이 19세기에 나타난 이질적인 문명간의 만남과 문명기준의 역전이라는 사태는 '문명의 세계가 야만으로 전락하고 금수들의 세계가 문명세계로 둔갑하는' 것이었다는 점에서 '하늘이 무너져 내리고 땅이 뒤집어지는(天崩地壞)' 혼돈 그 자체가 아닐 수 없었다. '살고 싶다. 의롭고 싶다. 그러나 둘 다 가질 수 없다면, 삶을 버리고 의를 택하겠다'(『孟子』)는 신념을 가지고 살아가던 유자들에게 자신의 생존을 위해 '부국강병'에 매신하라고 하는 것은 '문명세계에서 걸어나와 금수의 세계로 들어가는 것'만큼이나 수용하기 어려운 변화였던 것이다.

고종에 대한 논의의 수준이 깊어져야 하는 이유는 단지 고종에 대한 왜곡된 이미지를 바꾸기 위해서만이 아니다. 그는 당시 한반도에 살아가는 복잡한 인간관계의 그물망의 한가운데 서 있는 존재였다. 국왕을 둘러싼 복합적인 정치적 '관계'에 대한 이해 없이 거대한 전환기의 조선정치를 논하는 것은 사실상 어렵다. 고종은 단순한 개인이 아니라 19세기 조선의 정치공간과 구조, 그리고 그 안에서 고민하고 방황하며 모색하는 인물들에게 구체적이고 생동감 있게 다가가기 위해서는 반드시 통과하지 않으면 안되는 관문이기 때문이다. 19세기라는 거대한 패러다임 전환기에 조선의 국왕은 모든 변화의 장애물이었으면서도 동시에 모든 가능성의 중심에 존재하고 있었다.

인생은 모순에 가득 찬 것이며 중층적인 것이다. 더욱이 우리가 함께 관계를 맺으며 살아가야 하는 세계는 더더욱 그렇다. 우리가 구태여 시간의 흐름을 거슬러올라가며 역사를 천착하는 주요한 이유 중의 하나는 구체적인 시공간 속에서 방황하고 고민하며 모색하고 결단하는 다채로운 인간들의 모습 속에서 결정론적 시각이나 도식적인 이해에 함몰되지 않으면서 세계와 그 안에서 살아가는 인간을 보는 폭넓은 시각과 깊은 성찰, 그리고 지혜를 얻기 위함일 것이다.

학계에서 진행되고 있는 고종의 개혁군주 여부 논의는 성급하게 결론지어져서는 안된다. 오히려 거듭되는 논의를 통해 고종의 정치적 선택과 실패의 과정에서 빚어지는 비극적인 엇박자에 대한 역사적 함의를 총체적으로 조망하고 균형있게 성찰할 수 있어야 한다. 19세기 조선정치사가 다루는 내용들은 우리의 의식과 현재의 세계를 구성하는 일부인 동시에 앞으로 우리의 미래로 남아 있을 의미있는 사건들의 연속이기 때문이다.

1. 조선왕조 시기 연대 대조표

서력	조선연호	중국연호	
1384	禑王10	洪武17	**甲子**
1385	11	18	乙丑
1386	12	19	丙寅
1387	13	20	丁卯
1388	14昌1	21	戊辰
1389	恭讓1	22	己巳
1390	2	23	庚午
1391	3	24	辛未
1392	太祖1	25	壬申
1393	2	26	癸酉
1394	3	27	**甲戌**
1395	4	28	乙亥
1396	5	29	丙子
1397	6	30	丁丑
1398	7	31	戊寅
1399	定宗1	建文1	己卯
1400	2	2	庚辰
1401	太宗1	3	辛巳
1402	2	4	壬午
1403	3	永樂1	癸未
1404	4	2	**甲申**
1405	5	3	乙酉
1406	6	4	丙戌
1407	7	5	丁亥
1408	8	6	戊子
1409	9	7	己丑
1410	10	8	庚寅
1411	11	9	辛卯
1412	12	10	壬辰
1413	13	11	癸巳
1414	14	12	**甲午**

1415	15	13	乙未	1445	27	10	乙丑
1416	16	14	丙申	1446	28	11	丙寅
1417	17	15	丁酉	1447	29	12	丁卯
1418	18	16	戊戌	1448	30	13	戊辰
1419	世宗1	17	己亥	1449	31	14	己巳
1420	2	18	庚子	1450	32	景泰1	庚午
1421	3	19	辛丑	1451	文宗1	2	辛未
1422	4	20	壬寅	1452	2	3	壬申
1423	5	21	癸卯	1453	端宗1	4	癸酉
1424	6	22	**甲辰**	1454	2	5	**甲戌**
1425	7	洪熙1	乙巳	1455	世祖1	6	乙亥
1426	8	宣德1	丙午	1456	2	7	丙子
1427	9	2	丁未	1457	3	天順1	丁丑
1428	10	3	戊申	1458	4	2	戊寅
1429	11	4	己酉	1459	5	3	己卯
1430	12	5	庚戌	1460	6	4	庚辰
1431	13	6	辛亥	1461	7	5	辛巳
1432	14	7	壬子	1462	8	6	壬午
1433	15	8	癸丑	1463	9	7	癸未
1434	16	9	**甲寅**	1464	10	8	**甲申**
1435	17	10	乙卯	1465	11	成化1	乙酉
1436	18	正統1	丙辰	1466	12	2	丙戌
1437	19	2	丁巳	1467	13	3	丁亥
1438	20	3	戊午	1468	14	4	戊子
1439	21	4	己未	1469	睿宗1	5	己丑
1440	22	5	庚申	1470	成宗1	6	庚寅
1441	23	6	辛酉	1471	2	7	辛卯
1442	24	7	壬戌	1472	3	8	壬辰
1443	25	8	癸亥	1473	4	9	癸巳
1444	26	9	**甲子**	1474	5	10	**甲午**

1475	6	11	乙未
1476	7	12	丙申
1477	8	13	丁酉
1478	9	14	戊戌
1479	10	15	己亥
1480	11	16	庚子
1481	12	17	辛丑
1482	13	18	壬寅
1483	14	19	癸卯
1484	15	20	**甲辰**
1485	16	21	乙巳
1486	17	22	丙午
1487	18	23	丁未
1488	19	弘治1	戊申
1489	20	2	己酉
1490	21	3	庚戌
1491	22	4	辛亥
1492	23	5	壬子
1493	24	6	癸丑
1494	25	7	**甲寅**
1495	燕山1	8	乙卯
1496	2	9	丙辰
1497	3	10	丁巳
1498	4	11	戊午
1499	5	12	己未
1500	6	13	庚申
1501	7	14	辛酉
1502	8	15	壬戌
1503	9	16	癸亥
1504	10	17	**甲子**
1505	11	18	乙丑
1506	中宗1	正德1	丙寅
1507	2	2	丁卯
1508	3	3	戊辰
1509	4	4	己巳
1510	5	5	庚午
1511	6	6	辛未
1512	7	7	壬申
1513	8	8	癸酉
1514	9	9	**甲戌**
1515	10	10	乙亥
1516	11	11	丙子
1517	12	12	丁丑
1518	13	13	戊寅
1519	14	14	己卯
1520	15	15	庚辰
1521	16	16	辛巳
1522	17	嘉靖1	壬午
1523	18	2	癸未
1524	19	3	**甲申**
1525	20	4	乙酉
1526	21	5	丙戌
1527	22	6	丁亥
1528	23	7	戊子
1529	24	8	己丑
1530	25	9	庚寅
1531	26	10	辛卯
1532	27	11	壬辰
1533	28	12	癸巳
1534	29	13	**甲午**

1535	30	14	乙未
1536	31	15	丙申
1537	32	16	丁酉
1538	33	17	戊戌
1539	34	18	己亥
1540	35	19	庚子
1541	36	20	辛丑
1542	37	21	壬寅
1543	38	22	癸卯
1544	39	23	**甲辰**
1545	仁宗1	24	乙巳
1546	明宗1	25	丙午
1547	2	26	丁未
1548	3	27	戊申
1549	4	28	己酉
1550	5	29	庚戌
1551	6	30	辛亥
1552	7	31	壬子
1553	8	32	癸丑
1554	9	33	**甲寅**
1555	10	34	乙卯
1556	11	35	丙辰
1557	12	36	丁巳
1558	13	37	戊午
1559	14	38	己未
1560	15	39	庚申
1561	16	40	辛酉
1562	17	41	壬戌
1563	18	42	癸亥
1564	19	43	**甲子**

1565	20	44	乙丑
1566	21	45	丙寅
1567	22	隆慶1	丁卯
1568	宣祖1	2	戊辰
1569	2	3	己巳
1570	3	4	庚午
1571	4	5	辛未
1572	5	6	壬申
1573	6	万曆1	癸酉
1574	7	2	**甲戌**
1575	8	3	乙亥
1576	9	4	丙子
1577	10	5	丁丑
1578	11	6	戊寅
1579	12	7	己卯
1580	13	8	庚辰
1581	14	9	辛巳
1582	15	10	壬午
1583	16	11	癸未
1584	17	12	**甲申**
1585	18	13	乙酉
1586	19	14	丙戌
1587	20	15	丁亥
1588	21	16	戊子
1589	22	17	己丑
1590	23	18	庚寅
1591	24	19	辛卯
1592	25	20	壬辰
1593	26	21	癸巳
1594	27	22	**甲午**

1595	28	23	乙未
1596	29	24	丙申
1597	30	25	丁酉
1598	31	26	戊戌
1599	32	27	己亥
1600	33	28	庚子
1601	34	29	辛丑
1602	35	30	壬寅
1603	36	31	癸卯
1604	37	32	**甲辰**
1605	38	33	乙巳
1606	39	34	丙午
1607	40	35	丁未
1608	41	36	戊申
1609	光海1	37	己酉
1610	2	38	庚戌
1611	3	39	辛亥
1612	4	40	壬子
1613	5	41	癸丑
1614	6	42	**甲寅**
1615	7	43	乙卯
1616	8	44	丙辰
1617	9	45	丁巳
1618	10	46	戊午
1619	11	47	己未
1620	12	泰昌1	庚申
1621	13	天啓1	辛酉
1622	14	2	壬戌
1623	仁祖1	3	癸亥
1624	2	4	**甲子**

1625	3	5	乙丑
1626	4	6	丙寅
1627	5	7	丁卯
1628	6	崇禎1	戊辰
1629	7	2	己巳
1630	8	3	庚午
1631	9	4	辛未
1632	10	5	壬申
1633	11	6	癸酉
1634	12	7	**甲戌**
1635	13	8	乙亥
1636	14	9	丙子
1637	15	10	丁丑
1638	16	11	戊寅
1639	17	12	己卯
1640	18	13	庚辰
1641	19	14	辛巳
1642	20	15	壬午
1643	21	16	癸未
1644	22	順治1	**甲申**
1645	23	2	乙酉
1646	24	3	丙戌
1647	25	4	丁亥
1648	26	5	戊子
1649	27	6	己丑
1650	孝宗1	7	庚寅
1651	2	8	辛卯
1652	3	9	壬辰
1653	4	10	癸巳
1654	5	11	**甲午**

1655	6	12	乙未
1656	7	13	丙申
1657	8	14	丁酉
1658	9	15	戊戌
1659	10	16	己亥
1660	顯宗1	17	庚子
1661	2	18	辛丑
1662	3	康熙1	壬寅
1663	4	2	癸卯
1664	5	3	**甲辰**
1665	6	4	乙巳
1666	7	5	丙午
1667	8	6	丁未
1668	9	7	戊申
1669	10	8	己酉
1670	11	9	庚戌
1671	12	10	辛亥
1672	13	11	壬子
1673	14	12	癸丑
1674	15	13	**甲寅**
1675	肅宗1	14	乙卯
1676	2	15	丙辰
1677	3	16	丁巳
1678	4	17	戊午
1679	5	18	己未
1680	6	19	庚申
1681	7	20	辛酉
1682	8	21	壬戌
1683	9	22	癸亥
1684	10	23	**甲子**

1685	11	24	乙丑
1686	12	25	丙寅
1687	13	26	丁卯
1688	14	27	戊辰
1689	15	28	己巳
1690	16	29	庚午
1691	17	30	辛未
1692	18	31	壬申
1693	19	32	癸酉
1694	20	33	**甲戌**
1695	21	34	乙亥
1696	22	35	丙子
1697	23	36	丁丑
1698	24	37	戊寅
1699	25	38	己卯
1700	26	39	庚辰
1701	27	40	辛巳
1702	28	41	壬午
1703	29	42	癸未
1704	30	43	**甲申**
1705	31	44	乙酉
1706	32	45	丙戌
1707	33	46	丁亥
1708	34	47	戊子
1709	35	48	己丑
1710	36	49	庚寅
1711	37	50	辛卯
1712	38	51	壬辰
1713	39	52	癸巳
1714	40	53	**甲午**

1715	41	54	乙未
1716	42	55	丙申
1717	43	56	丁酉
1718	44	57	戊戌
1719	45	58	己亥
1720	46	59	庚子
1721	景宗 1	60	辛丑
1722	2	61	壬寅
1723	3	雍正 1	癸卯
1724	4	2	**甲辰**
1725	英祖 1	3	乙巳
1726	2	4	丙午
1727	3	5	丁未
1728	4	6	戊申
1729	5	7	己酉
1730	6	8	庚戌
1731	7	9	辛亥
1732	8	10	壬子
1733	9	11	癸丑
1734	10	12	**甲寅**
1735	11	13	乙卯
1736	12	乾隆 1	丙辰
1737	13	2	丁巳
1738	14	3	戊午
1739	15	4	己未
1740	16	5	庚申
1741	17	6	辛酉
1742	18	7	壬戌
1743	19	8	癸亥
1744	20	9	**甲子**

1745	21	10	乙丑
1746	22	11	丙寅
1747	23	12	丁卯
1748	24	13	戊辰
1749	25	14	己巳
1750	26	15	庚午
1751	27	16	辛未
1752	28	17	壬申
1753	29	18	癸酉
1754	30	19	**甲戌**
1755	31	20	乙亥
1756	32	21	丙子
1757	33	22	丁丑
1758	34	23	戊寅
1759	35	24	己卯
1760	36	25	庚辰
1761	37	26	辛巳
1762	38	27	壬午
1763	39	28	癸未
1764	40	29	**甲申**
1765	41	30	乙酉
1766	42	31	丙戌
1767	43	32	丁亥
1768	44	33	戊子
1769	45	34	己丑
1770	46	35	庚寅
1771	47	36	辛卯
1772	48	37	壬辰
1773	49	38	癸巳
1774	50	39	**甲午**

1775	51	40	乙未
1776	52	41	丙申
1777	正祖 1	42	丁酉
1778	2	43	戊戌
1779	3	44	己亥
1780	4	45	庚子
1781	5	46	辛丑
1782	6	47	壬寅
1783	7	48	癸卯
1784	8	49	**甲辰**
1785	9	50	乙巳
1786	10	51	丙午
1787	11	52	丁未
1788	12	53	戊申
1789	13	54	己酉
1790	14	55	庚戌
1791	15	56	辛亥
1792	16	57	壬子
1793	17	58	癸丑
1794	18	59	**甲寅**
1795	19	60	乙卯
1796	20	嘉慶 1	丙辰
1797	21	2	丁巳
1798	22	3	戊午
1799	23	4	己未
1800	24	5	庚申
1801	純祖 1	6	辛酉
1802	2	7	壬戌
1803	3	8	癸亥
1804	4	9	**甲子**
1805	5	10	乙丑
1806	6	11	丙寅
1807	7	12	丁卯
1808	8	13	戊辰
1809	9	14	己巳
1810	10	15	庚午
1811	11	16	辛未
1812	12	17	壬申
1813	13	18	癸酉
1814	14	19	**甲戌**
1815	15	20	乙亥
1816	16	21	丙子
1817	17	22	丁丑
1818	18	23	戊寅
1819	19	24	己卯
1820	20	25	庚辰
1821	21	道光 1	辛巳
1822	22	2	壬午
1823	23	3	癸未
1824	24	4	**甲申**
1825	25	5	乙酉
1826	26	6	丙戌
1827	27	7	丁亥
1828	28	8	戊子
1829	29	9	己丑
1830	30	10	庚寅
1831	31	11	辛卯
1832	32	12	壬辰
1833	33	13	癸巳
1834	34	14	**甲午**

1835	憲宗 1	15	乙未
1836	2	16	丙申
1837	3	17	丁酉
1838	4	18	戊戌
1839	5	19	己亥
1840	6	20	庚子
1841	7	21	辛丑
1842	8	22	壬寅
1843	9	23	癸卯
1844	10	24	**甲辰**
1845	11	25	乙巳
1846	12	26	丙午
1847	13	27	丁未
1848	14	28	戊申
1849	15	29	己酉
1850	哲宗 1	30	庚戌
1851	2	咸豊 1	辛亥
1852	3	2	壬子
1853	4	3	癸丑
1854	5	4	**甲寅**
1855	6	5	乙卯
1856	7	6	丙辰
1857	8	7	丁巳
1858	9	8	戊午
1859	10	9	己未
1860	11	10	庚申
1861	12	11	辛酉
1862	13	同治 1	壬戌
1863	14	2	癸亥
1864	高宗1	3	**甲子**
1865	2	4	乙丑
1866	3	5	丙寅
1867	4	6	丁卯
1868	5	7	戊辰
1869	6	8	己巳
1870	7	9	庚午
1871	8	10	辛未
1872	9	11	壬申
1873	10	12	癸酉
1874	11	13	**甲戌**
1875	12	光緒 1	乙亥
1876	13	2	丙子
1877	14	3	丁丑
1878	15	4	戊寅
1879	16	5	己卯
1880	17	6	庚辰
1881	18	7	辛巳
1882	19	8	壬午
1883	20	9	癸未
1884	21	10	**甲申**
1885	22	11	乙酉
1886	23	12	丙戌
1887	24	13	丁亥
1888	25	14	戊子
1889	26	15	己丑
1890	27	16	庚寅
1891	28	17	辛卯
1892	29	18	壬辰
1893	30	19	癸巳
1894	31	20	**甲午**

1895	32	21	乙未	1903	7	29	癸卯
1896	建陽 1	22	丙申	1904	8	30	甲辰
1897	光武 1	23	丁酉	1905	9	31	乙巳
1898	2	24	戊戌	1906	10	32	丙午
1899	3	25	己亥	1907	隆熙 1	33	丁未
1900	4	26	庚子	1908	2	34	戊申
1901	5	27	辛丑	1909	3	35	己酉
1902	6	28	壬寅	1910	4	36	庚戌

2. 조선정치사의 시기구분과 조선왕조계도

	해당 국왕	해당 시기	해당기간/국왕 수	국왕의 평균 재위기간
조선 전기	1대 태조- 9대 성종	1392.7-1494.12	102년 5개월/9명 ≒100년	11년 4개월
조선 중기	10대 연산군- 16대 인조	1494.12-1649.5	155년 5개월/7명 ≒150년	22년
조선 후기	17대 효종- 22대 정조	1649.5-1800.6	151년 1개월/6명 ≒150년	25년 1개월
조선 말기	23대 순조- 27대 순종	1800.7-1910.8	110년 1개월/5명 ≒100년	22년
전체	1대 태조- 27대 순종	1392.7-1910.8	518년 1개월/27명 ≒500년	19년 2개월

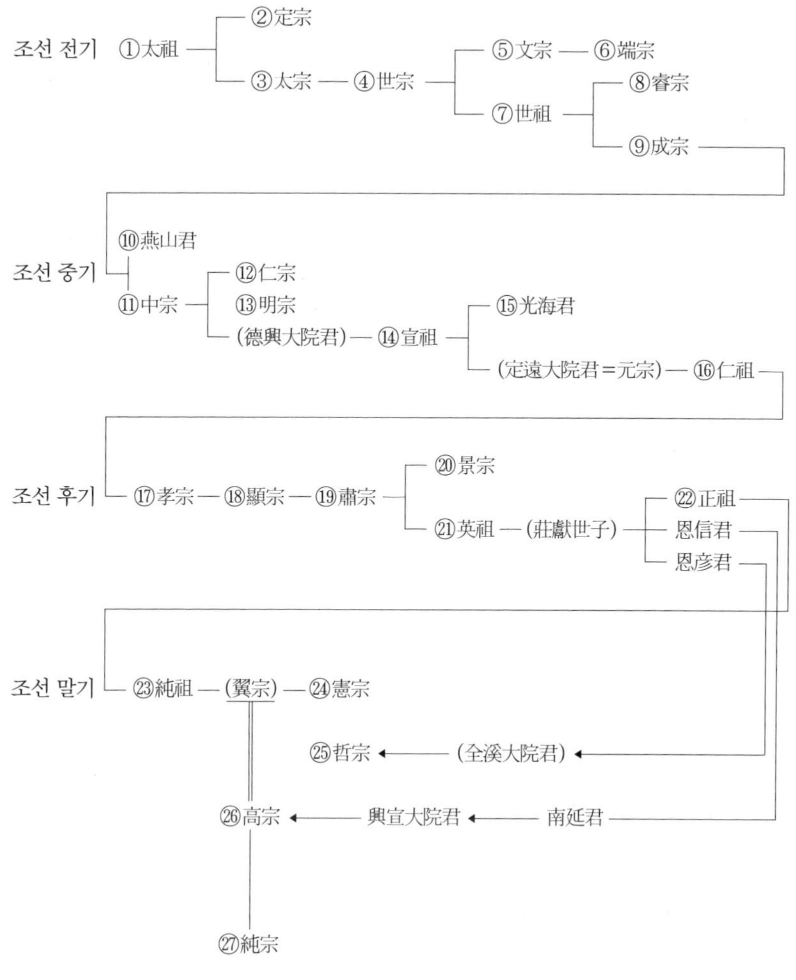

범례

1. ―은 혈육상 부자관계.
2. ═은 왕통상 부자관계로 간주.
3. ( ) 안의 인물들은 사후에 왕 혹은 대원군으로 추존된 인물.

3. 신구력 대조표(1840~1910)

서력	조선연호	조선개국연호	일본연호	중국연호
1840	憲宗6	朝鮮開國449 庚子	天保11	道光20
1841	憲宗7	朝鮮開國450 辛丑	天保12	道光21
1842	憲宗8	朝鮮開國451 壬寅	天保13	道光22
1843	憲宗9	朝鮮開國452 癸卯	天保14	道光23
1844	憲宗10	朝鮮開國453 甲辰	弘化1	道光24
1845	憲宗11	朝鮮開國454 乙巳	弘化2	道光25
1846	憲宗12	朝鮮開國455 丙午	弘化3	道光26
1847	憲宗13	朝鮮開國456 丁未	弘化4	道光27
1848	憲宗14	朝鮮開國457 戊申	嘉永1	道光28
1849	憲宗15	朝鮮開國458 己酉	嘉永2	道光29
1850	哲宗1	朝鮮開國459 庚戌	嘉永3	道光30
1851	哲宗2	朝鮮開國460 辛亥	嘉永4	咸豊1
1852	哲宗3	朝鮮開國461 壬子	嘉永5	咸豊2
1853	哲宗4	朝鮮開國462 癸丑	嘉永6	咸豊3
1854	哲宗5	朝鮮開國463 甲寅	安政1	咸豊4
1855	哲宗6	朝鮮開國464 乙卯	安政2	咸豊5
1856	哲宗7	朝鮮開國465 丙辰	安政3	咸豊6
1857	哲宗8	朝鮮開國466 丁巳	安政4	咸豊7
1858	哲宗9	朝鮮開國467 戊午	安政5	咸豊8
1859	哲宗10	朝鮮開國468 己未	安政6	咸豊9
1860	哲宗11	朝鮮開國469 庚申	萬延1	咸豊10
1861	哲宗12	朝鮮開國470 辛酉	文久1	咸豊11
1862	哲宗13	朝鮮開國471 壬戌	文久2	同治1
1863	哲宗14	朝鮮開國472 癸亥	文久3	同治2
1864	高宗1	朝鮮開國473 甲子	元治1	同治3
1865	高宗2	朝鮮開國474 乙丑	元治2	同治4
1866	高宗3	朝鮮開國475 丙寅	慶應1	同治5
1867	高宗4	朝鮮開國476 丁卯	慶應2	同治6

1868	高宗5	朝鮮開國477 戊辰	明治1	同治7
1869	高宗6	朝鮮開國478 己巳	明治2	同治8
1870	高宗7	朝鮮開國479 庚午	明治3	同治9
1871	高宗8	朝鮮開國480 辛未	明治4	同治10
1872	高宗9	朝鮮開國481 壬申	明治5	同治11
1873	高宗10	朝鮮開國482 癸酉	明治6	同治12
1874	高宗11	朝鮮開國483 甲戌	明治7	同治13
1875	高宗12	朝鮮開國484 乙亥	明治8	光緖1
1876	高宗13	朝鮮開國485 丙子	明治9	光緖2
1877	高宗14	朝鮮開國486 丁丑	明治10	光緖3
1878	高宗15	朝鮮開國487 戊寅	明治11	光緖4
1879	高宗16	朝鮮開國488 己卯	明治12	光緖5
1880	高宗17	朝鮮開國489 庚辰	明治13	光緖6
1881	高宗18	朝鮮開國490 辛巳	明治14	光緖7
1882	高宗19	朝鮮開國491 壬午	明治15	光緖8
1883	高宗20	朝鮮開國492 癸未	明治16	光緖9
1884	高宗21	朝鮮開國493 甲申	明治17	光緖10
1885	高宗22	朝鮮開國494 乙酉	明治18	光緖11
1886	高宗23	朝鮮開國495 丙戌	明治19	光緖12
1887	高宗24	朝鮮開國496 丁亥	明治20	光緖13
1888	高宗25	朝鮮開國497 戊子	明治21	光緖14
1889	高宗26	朝鮮開國498 己丑	明治22	光緖15
1890	高宗27	朝鮮開國499 庚寅	明治23	光緖16
1891	高宗28	朝鮮開國500 辛卯	明治24	光緖17
1892	高宗29	朝鮮開國501 壬辰	明治25	光緖18
1893	高宗30	朝鮮開國502 癸巳	明治26	光緖19
1894	高宗31	朝鮮開國503 甲午	明治27	光緖20
1895	高宗32	朝鮮開國504 乙未	明治28	光緖21
1896	建陽1	朝鮮開國505 丙申	明治29	光緖22
1897	光武1	朝鮮開國506 丁酉	明治30	光緖23

1898	光武2	朝鮮開國507 戊戌	明治31	光緒24
1899	光武3	朝鮮開國508 己亥	明治32	光緒25
1900	光武4	朝鮮開國509 庚子	明治33	光緒26
1901	光武5	朝鮮開國510 辛丑	明治34	光緒27
1902	光武6	朝鮮開國511 壬寅	明治35	光緒28
1903	光武7	朝鮮開國512 癸卯	明治36	光緒29
1904	光武8	朝鮮開國513 甲辰	明治37	光緒30
1905	光武9	朝鮮開國514 乙巳	明治38	光緒31
1906	光武10	朝鮮開國515 丙午	明治39	光緒32
1907	隆熙1	朝鮮開國516 丁未	明治40	光緒33
1908	隆熙2	朝鮮開國517 戊申	明治41	光緒34
1909	隆熙3	朝鮮開國518 己酉	明治42	光緒35
1910	隆熙4	朝鮮開國519 庚戌	明治43	光緒36

| 참고문헌 |

I. 관련사료

1. 공문서류: 정부기록·외교문서

1) 한국

『朝鮮王朝實錄』

『承政院日記』

『日省錄』

『朝鮮王朝實錄 CD-ROM』 太祖-哲宗. 서울: 동방미디어 1994.

『朝鮮王朝實錄 CD-ROM』 高宗, 純宗. 서울: 동방미디어 1998.

『經國大典』. 서울대학교 규장각 영인 1997.

고려대학 아세아문제연구소 편 『舊韓國外交關係附屬文書』. 서울: 고려대학교 1972.

______ 『舊韓國外交文書: 淸案/日案/英案/德案/美案/法案/俄案』. 서울: 고려대학

교 1965~73.
국사편찬위원회 편 『高宗純宗實錄』(1864~1910). 서울: 탐구당 1970.
______ 『同文彙考』. 서울: 1978.
______ 『東學亂記錄』. 서울: 1972.
______ 『備邊司謄錄』. 서울: 1959~60.
______ 『駐韓日本公使館記錄』. 서울: 1992.
근대한국외교문서 편찬위원회 편 『近代韓國外交文書』. 서울: 동북아역사재단 2009.
金容九 편 『韓日外交未刊極秘史料叢書』. 서울: 아세아문화사 1996.
민족문화추진위원회 역 『燕行錄選集』.
______ 『海行摠載』.
朴志泰 편 『大韓帝國期政策史資料集』. 서울: 선인문화사 1999.
宋炳基 외 편 『韓末近代法令資料集』. 서울: 국회도서관 1970~72.
李王職 『德壽宮李太王實記』. 서울: 1943.
許東賢 편 『朝士視察團關係資料集』 1~14卷. 서울: 국학자료원 1999.
국립고궁박물관·서울대학교 규장각한국학연구원 『100년 전의 기억, 대한제국』. 서울: 2010.

2) 일본

日本國立國會圖書館憲政資料室 『陸奥宗光關係文書』.
______ 『井上馨關係文書』.
國立公文書館 『樞密院會議議事錄』. 東京: 東京大學 1984~. 明治편 15권에 실린 미따니 타이이찌로오(三谷太一郎)의 「明治期の樞密院」 참고.
吉野作造 편 『明治文化全集』 6卷: 外交, 7卷: 政治. 東京: 日本評論社 1928.
金正明 편 『日韓外交資料集成』. 東京: 巖南堂書店 1962~67.
市川正明 편 『韓國併合資料』. 東京: 原書房 1978.

伊藤博文關係文書研究會 편『伊藤博文關係文書』. 東京: 1973~81.

日本外務省 편『小村外交史』. 東京 1935.

______『日本外交文書: 明治年間』. 東京: 日本國際連合協會 1947~63.

______『日韓交涉略史』. 東京: 1894.

平塚篤 校訂, 伊藤博文 편『秘書類纂·朝鮮交涉資料』. 東京: 秘書類纂刊行會 1936.

3) 중국

『籌辦夷務始末〈咸豊朝〉』. 北京: 中華書局 1979.

古宮博物院 편『清光緒朝中日交涉史料』. 臺北: 文海出版社 1963.

吳汝綸 편『李文忠公全集』. 臺北: 文海出版社 1962.

王彦威『清季外交史料』. 臺北: 文海出版社 1964.

中央研究院近代史研究會 편『清季中日韓關係史料』11卷. 臺北: 1972.

4) 구미지역

Korean-American Relations: Documents Pertaining to the Far Eastern Diplomacy of the United States. Vol. I: The Initial Period, 1883~1886. Edited by McCune, George C. and Harrison, John A. Vol. II: The Period of Growing Influence, 1887~1895. Edited by Palmer, Spencer J. Vol. III: The Period of Diminishing Influence, 1896~1905. Edited by Burnett, Scott S. Berkeley and Los Angeles: Univ. of California 1951, 1963.

Popov, A. L. and Diamanto S.R. eds. "First Steps of Russian Imperialism in Far East 1888-1903, From Krasny Archiv Vol. LII." *The Chinese Social and Political Science Review* Vol. 28 No. 2. July 1934.

국사편찬위원회 『프랑스 外務部文書 1(Mémoires et Documents Asie, Corée): 1854-1889』. 서울: 국사편찬위원회 2002.

朴日根 편『近代韓國關係 英美外交資料集(Anglo-American Materials Relating to

Korea): 1866-1886』. 부산: 부산대학 중국문제연구소 1982.

______『近代韓國關係 英美中外交資料集(Anglo-American and Chinese diplomatic materials relating to Korea): 1887-1897』. 부산: 부산대학 중국문제연구소 1984.

朴鍾涍 편역『러시아 國立文書保管所 所藏 韓國關聯 文書 要約集』. 한국국제교류재단 2002.

서울대학교 獨逸學研究所 역『한국근대사에 관한 자료: Austria-Hungary帝國 外交報告書 1885-1913』. 서울: 신원문화사 1992.

서울대학교 韓國教育史庫『19世紀 美國務省 外交文書: 韓國關聯文書』. 서울 1994.

아세아문화연구소 편『美國의 對韓政策, 1834-1950: United States Policy Regarding Korea, 1834-1950』. 춘천: 한림대학교 1987.

2. 사(私)문서류: 개인문서·문집·저술·여행기

1) 한국

高宗『珠淵集』. 서울: 명문당 1983.

국사편찬위원회 편『韓國史料叢書 9: 修信使記錄』. 서울: 1971.

金綺秀『日東記游』. 부산대학 한일문화연구소 1962.

金東仁『운현궁의 봄』. 서울: 혜원 2002.

김영자 편『100年前 유럽인이 유럽에 傳한 朝鮮王國 이야기』. 서울: 서문당 1997.

金玉均, 趙一文 역『甲申日錄』. 서울: 건국대학교출판부 1984.

______『金玉均全集』. 서울: 아세아문화사 1979.

金允植『續陰晴史』. 서울: 탐구당 1971.

______『陰晴史』. 서울: 탐구당 1958.

金平默『宋元華東史合編綱目』. 서울: 동문사 1974.

金弘集『修信使日記』(국사편찬위원회 한국사료총서).
南玉, 김보경 역『日觀記: 붓끝으로 부사산 바람을 가르다』. 서울: 소명출판 2006.
文一平「名相 朴珪壽의 옛터」.『湖岩全集』3. 서울: 조광사 1939.
朴珪壽『朴珪壽全集』上·下. 서울: 아세아문화사 1978.
朴泳孝「使和記略」.『修信使記錄』. 서울: 국사편찬위원회 편 1971.
______「朝鮮の國政改革に關する建白書」.『日本外交文書』21卷 292~311면.
朴殷植『몽배 김태조(夢拜金太祖)』(1911).『박은식전집(朴殷植全集)』중권. 서울: 단국대학교 동양학연구소 1975.
______『韓國痛史』. 이장희 역『한국통사』상·하. 서울: 박영사 1996.
朴定陽『朴定陽全集』. 韓國學文獻硏究所 편 6卷. 서울: 아세아문화사 1984.
朴齊炯『近世朝鮮政鑑』, 1886. 서울: 교학사 1968; 탐구당 1975.
朴宗采『過庭錄』. 박희병 역『나의 아버지 박지원』. 서울: 돌베개 1998/2005.
成大中, 홍학희 역『日本錄: 부사산 비파호를 날듯이 건너』. 서울: 소명출판 2006.
宋近洙『龍湖閒錄』. 서울: 국사편찬위원회 1979.
宋炳基 편역『開放과 隷屬: 對美修交關聯 修信使 記錄草』. 서울: 단국대학교출판부 2000.
宋秉稷『尊華錄』6권 3책. 1900.
殉國烈士李漢應先生追慕會『殉國烈士 李漢應先生遺史』. 서울: 문예홍보사 1957.
申維翰『海游錄』. 東京: 平凡社 1974.
申采浩「朝鮮歷史上一千年來第一大事件」(1925).『丹齋申采浩全集)』하권. 서울: 을유문화사 1972.
______『朝鮮史硏究草』. 서울: 범우사 1997.
______「地動說의 效力」.『丹齋申采浩全集』下. 서울: 을유문화사 1972.
申櫶, 김종학 역『沁行日記: 조선이 기록한 강화도조약』. 서울: 푸른역사 2010.
安重根, 愼鏞廈 편『安重根遺稿集』. 서울: 역민사 1995.
魚允中, 韓國學文獻硏究所 편『魚允中全集』韓國近代思想叢書. 아세아문화사

1979.
歷史學會 편『韓國史資料選集: 最近世史篇』. 서울: 일조각 1973.
元重擧, 김경숙 역『乘槎錄: 조선 후기 지식인, 일본과 만나다』. 서울: 소명출판 2006a.
_____, 박재금 역『和國志: 와신상담의 마음으로 일본을 기억하다』. 서울: 소명출판 2006b.
兪吉濬『西遊見聞』. 서울: 경인문화사 1969.
柳麟錫『毅菴集』. 서울: 경인문화사 1973.
尹致昊『尹致昊日記』國史編纂委員會 6卷. 서울: 탐구당 1973~89.
______『국역 尹致昊日記』. 서울: 연세대학교출판부 2001.
尹孝定『韓末秘史: 最近 六十年의 秘錄』(1931년 동아일보 연재). 서울: 교문사 1995.
李建昌『黨議通略』.
李光洙「朴泳孝氏를 만난 이야기: 甲申政變回顧談」.『東光』3월호(1931).『李光洙全集』. 서울: 삼중당 1963.
李晩采『闢衛篇』7권 2책. 서울: 열화당 1971.
李恒老『華西集』. 서울: 양우당 1991.
鄭喬『大韓季年史』國史編纂委員會. 서울: 탐구당 1971. 조광 편, 변주승 역『대한계년사』권1. 서울: 소명출판사 2004.
趙曮『海槎日記』.
崔益鉉『勉菴集』. 서울: 勉菴先生紀念事業會 1980.『국역 勉菴集』. 서울: 솔 1997.
______ 외, 崔昌圭 편역『韓末憂國名上疏文集』. 서울: 서문당 1975.
헨드릭 하멜, 김태직 역『하멜표류기』. 서울: 서해문집 2003.
黃嗣永『黃嗣永帛書外』. 서울: 정음사 1981.
黃玹, 金濬 역『梅泉野錄』. 서울: 교문사 1994a.
______, 金鐘翊 역『梧下記聞』. 서울: 역사비평사 1994b.

2) 일본·중국

Bluntschli, Johann Kaspar. *Das moderne Volkerrecht der civilisirten Staaten als Rechtsbuch dargestelt* (1868). Martin, W. A. P.(丁韙良) 漢譯『公法會通』北京: 1880. 서울: 아세아문화사 1981.

Martens, Charles de. *Le Guide Diplomatique: précis des droits et des foncions des qgents diplomatiques et consulaires*. 福地源一郎 역『外國交際公法』2冊(1869); Martin, W. A. P.(丁韙良) 漢譯『星軺指掌』. 北京 1876.

Pooley, A. M., ed. *The Secret Memoirs of Count Tadasu Hayashi* (New York 1915). 申福龍 역『林董秘密回顧錄: 1900-1910年의 日本外交의 內幕』. 서울: 건국대학교출판부 1989.

Vissering, Simon 西周助 譯述『和蘭畢洒林氏 萬國公法』. 東京: 開成所 1868.

Wheaton, Henry. *Elements of International Law* (London & Philadelphia 1836) 6th edition, Boston: Little, Brown & Company 1855. Martin, W. A. P.(丁韙良) 漢譯『萬國公法』. 北京 1864. 서울: 아세아문화사 1981. 重野安繹和 역『和譯萬國公法』. 鹿兒島藩 刊 1870. 大築拙藏『惠頓 氏萬國公法』洋裝 1冊. 1882.

Woolsey, Theodore D. *Introduction to the Study of International Law*(1860). 箕作麟祥 역『國際法一名萬國公法』和裝 6冊. 東京 1873; Martin, W. A. P.(丁韙良) 漢譯『公法便覽』. 北京 1877. 서울: 아세아문화사 1981.

加藤政之助『韓國經營』. 實業之日本社 1905.

岡倉天心『東洋の理想』. 東京: 講談社 1986. [*The Ideals of the East with Special Reference to the Art of Japan*. London: 1903.]

久米邦武 편『特命全權大使: 米歐回覽實記』5冊. 東京: 岩波文庫 1979.

菊池謙讓『近代朝鮮史』上·下. 京城: 鷄鳴社館 1937, 1939.

______『朝鮮王國』. 民友社 1896.

______『朝鮮最近外交史 大院君傳 附王妃之一生』. 日韓書房 1910.『明治人による近代朝鮮論, 影印叢書: 7巻 大院君, 閔妃2』解說: 櫻井良樹. ペリカン社 1998에

수록.

權藤四郎介『李王宮秘史』. 朝鮮新聞社 1927.『明治人による近代朝鮮論, 影印叢書: 16卷 李王朝』解說: 原武史. ペリカン社 1997에 수록.

大山梓 편『山縣有朋意見書』. 東京: 原書房 1966.

德富蘇峰『吉田松陰』(1893). 東京: 岩波文庫 1981.

米國陸軍小將 魏禮森, 松島剛 역『日淸文明論』1卷. 東京: 春陽堂 1887.

福田德三「韓國の經濟單位と經濟組織」.『內外論叢』2卷 1號, 3卷 6號, 4卷 1號 (1904).

______『經濟學硏究』(1907).

福澤諭吉, 慶應義塾 편『福澤諭吉全集』. 東京: 岩波書店 1969~71.

______『文明論之槪略』. 東京: 岩波書店 1995.

比較史·比較歷史敎育硏究會 편『黑船と日淸戰爭: 歷史認識をめぐる對話』. 東京: 未來社 1996.

四方博「舊來の朝鮮社會の歷史的性格について」.『朝鮮學報』1~3(1951~52)『朝鮮社會經濟史硏究』下卷(1976).

山道襄一『朝鮮半島』. 日韓書房 1911.

森本藤吉(樽井藤吉)『大東合邦論』(1893).

三城景明 편『韓末を語る』. 京城: 1930.

杉村濬『在韓苦心錄, 1894-1895』. 東京: 勇喜社 1932. 韓相一 역『서울에 남긴 꿈: 19世紀末 日本人이 본 朝鮮』. 서울: 건국대학교출판부 1993에 수록.

西順藏, 島田虔次 편역『中國古典文學大系 57: 淸末民國初政治評論集』. 東京: 平凡社 1971.

西周, 大久保利謙 편『西周全集』第2卷. 宗高書房 1966.

釋尾春芿『朝鮮倂合史·一名朝鮮最近史』. 朝鮮及び滿州社 1926.

細井肇『漢城の風雲と名士』. 日韓書房 1910.『明治人による近代朝鮮論, 影印叢書: 17卷 政治史1』解說: 森山茂德. 東京: ペリカン社 1997에 수록.

小松綠『朝鮮併合之裏面』. 中外新論社 1920.『明治人による近代朝鮮論, 影印叢書: 16卷 李王朝』解說: 原武史. 東京: ぺりカン社 1997에 수록.

小田省吾『朝鮮小史』. 魯庵記念財團 1931. 改訂版『增訂朝鮮小史』. 京城: 大阪屋號書店 1937.

松島剛 역『社會平權論 卷一』. 報告社 1881.『日本近代思想體系: 翻譯の思想』. 東京: 岩波書店 1988.

松本三之介·山室信一 편『日本近代思想大系 10: 學問と知識人』. 東京: 岩波書店 1988.

永峰秀樹 역『歐羅巴文明史』奎章閣發兌 1874.『日本近代思想體系: 翻譯の思想』. 東京: 岩波書店 1988. [Guizot, F. *General History of Civilization in Modern Europe, from the fall of the Roman Empire to the French revolution*. Translated by C. S. Henry. New York: D. Appleton & Co. 1857.]

奧村円心「朝鮮國布敎日誌」.『韓國學論叢』7. 서울: 국민대학 한국학연구소 1985.

円城寺清『韓國之實情』. 樂世社 1906.

魏源『海國圖志』(奎章閣 所藏本, 奎中3348).

楢崎觀一『滿州·支那·朝鮮』. 大阪屋號書店 1934.『明治人による近代朝鮮論, 影印叢書: 19卷 政治史3』解說: 瀧澤誠一. ぺりカン社 1997에 수록.

______『新聞記者五十年』. 每日新聞 1955.『明治人による近代朝鮮論, 影印叢書: 19卷 政治史3』解說: 瀧澤誠一. ぺりカン社 1997에 수록.

______『韓國丁未政變史』. 日韓書房 1910.『明治人による近代朝鮮論, 影印叢書: 19卷 政治史3』解說: 瀧澤誠一. ぺりカン社 1997에 수록.

陸羯南『陸羯南全集』1卷. 東京: みすず書房 1968.

陸奧宗光『蹇蹇錄』. 東京: 岩波新書 1983. 김승일 역『蹇蹇錄』. 서울: 범우사 1993.

林權助『わが70年を語る』. 東京 1935.

林春齋『華夷變態』(1674). 東京: 東洋文庫 1958.

林泰輔『朝鮮近世史』(1900).

______『朝鮮史』(1892).

______『朝鮮通史』. 東京: 富山山房 1912.

田口卯吉『日本開化小史』6冊(1877~1882). 岩波文庫 1964.

田保橋潔『近代日鮮關係の硏究』2卷. 朝鮮總督府 1940(1963~64년 文化資料調査會 복간).

田中穗積『對韓私議』. 名法堂 1899.

鄭觀應『易言』(奎章閣 所藏本, 奎中4626).

井上角五郎『漢城之殘夢』. 東京: 春陽堂 1891. 韓相一 역『서울에 남긴 꿈: 19世紀末 日本人이 본 朝鮮』. 서울: 건국대학교출판부 1993에 수록.

朝鮮史編修會 편『朝鮮史』37卷. 朝鮮史編修會 1932~38. 東京大學復刻 1975~76.

朝鮮總督府『普通學校國史:下卷』(1924).

______『普通學校國史教授參考書』(1923).

竹越與三郎『比較殖民制度』. 東京: 讀賣新聞社 1910.

重野安繹 역『和譯萬國公法』. 鹿兒島藩刊 1870.

芝原拓自 외 편『近代日本思想大系12: 對外觀』. 岩波書店 1988.

池田常太郎 편『日韓合邦小史』(1910.10).

倉知鐵吉『韓國併合の經緯』. 外務大臣官房文庫課 1950.『明治人による近代朝鮮論, 影印叢書: 16卷 李王朝』解說: 原武史. 東京: ぺりカン社 1997에 수록.

栅ﾗｲ軍之佐『朝鮮時事』. 東京: 春陽堂 1894. 韓相一 역『서울에 남긴 꿈: 19世紀末 日本人이 본 朝鮮』. 서울: 건국대학교출판부 1993에 수록.

青柳綱太郎『李朝五百年史』. 朝鮮研究會 1912.

______ 편『朝鮮』. 朝鮮硏究會 1913.

萩原延壽『遠い崖—アネスト·サトウ日記抄 14卷: 離日』. 東京: 朝日新聞社 2001.

春畝公追頌會『伊藤博文傳』. 東京: 春畝公追頌會 1940.

沖田錦城『裏面の韓國』. 大阪: 輝文館 1905.『明治人による近代朝鮮論, 影印叢書: 17卷 政治史1』解說: 森山茂德. ぺりカン社 1997에 수록.

恒屋盛服『朝鮮開化史』. 東京: 博文堂 1901.
花房義質『花房公使朝鮮關係記錄』(서울대학교 중앙도서관 소장 도서번호 5710.65).
丸山眞男·加藤周一 외 편『日本近代思想大系13: 歷史認識』. 東京: 岩波書店 1990a.
______『日本近代思想大系1: 開國』. 東京: 岩波書店 1990b.
______『日本近代思想大系15: 翻譯の思想』. 東京: 岩波書店 1991.
黃遵憲, 趙一文 역『朝鮮策略』(1880). 서울: 건국대학교출판부 1988.
荒川五郎『最近朝鮮事情』. 淸水書店 1906.
後藤基巳·山井湧 편역『中國古典文學大系 58: 明末淸初政治評論集』. 東京: 平凡社 1971.
黑正巖「朝鮮經濟史の硏究」.『經濟史論考』(1923).
喜田貞吉『韓國の併合と國史』. 三省堂 1910.

3) 구미지역

Allen, H. N. *The Horace Newton Allen Manuscript Collection*. [金源模 역『알렌의 日記』. 서울: 단국대학교출판부 1991].
______ *Things Korean*(1908). [申福龍 역『朝鮮見聞記』. 서울: 평민사 1986.]
Berneux, S. F.『베르뇌(S. F. Berneux, 張敬一)文書』. 서울: 한국교회사연구소 1995.
Bishop, Isabella, L. Bird. *Korea and Her Neighbours: A Narrative of Travel, with an Account of the Recent Vicissitudes and Present Position of the Country*. London: St. James Gazette 1898. [朴尙得 역『朝鮮奧地紀行』. 東京: 平凡社 1993.]
______ *Unbeaten Tracks in Japan. An Account of Travels in the Interior, Including Visits to the Aborigines of Yezo, and the Nikko and Ise*. London: St. James Gazette 1880, 1885. [高梨健吉 역『日本奧地紀行』. 東京: 平凡社 1973, 2000.]
_____ *Korea and Her Neighbours: A Narrative of Travel, with an Account of the*

Recent Vicissitudes and Present Position of the Country. London: St. James Gazette 1898. [이인화 역『한국과 그 이웃나라들』. 서울: 살림 1994.]

Charles Varat and Chaillé-Long, 성귀수 역『朝鮮紀行: 百餘年前에 朝鮮을 둘러본 두 外國人의 旅行記』. 서울: 눈빛 2001.

Curzon, George N. *Problems of the Far East*(1894). [羅鐘一 역『100年前의 旅行 100年後의 教訓』. 서울: 비봉출판사 1996.]

Dallet, C. Charles. *Histoire de L'Englise de Corée*. [榎本武揚 역『朝鮮事情: 原名高麗史略』. 東京 1876;『朝鮮事情』(東京: 東洋文庫 1979), 丁奇洙 역『조선교회사 서론』. 서울: 탐구당 1992.]

Denny, O. N. *China and Korea*(1888). [申福龍 역『데니문서』. 서울: 평민사 1987.]

Ducrocq, Georges. *Pauvre et Douce Corée*. Paris: H. Champion, Libraire 1904. [최미경 역『가련하고 정다운 나라, 조선』. 서울: 눈빛 2001.]

Frazer, J. G. *The Golden Bough, A Study in Magic and Religion* 2Vols. London: The Macmillian Company 1890. [張秉吉 1957년판 번역『황금가지』2권. 서울: 삼성출판 1988.]

Gale, J. S. *Korea in Tradition*(1909). [申福龍 역『轉換期의 朝鮮』. 서울: 평민사 1986.]

Grebst, W. A. *I Korea*. [김상열 역『코레아 코레아: 이것이 朝鮮의 마지막 모습이다』. 서울: 평민사 1986.]

Griffis, W. E. *Corea: The Hermit Nation*. London: Alles 1882. [申福龍 역『隱遁의 나라, 韓國』. 서울: 平民社 1985;『朝鮮開化之起源』. 東京: 水交社 1895.]

_____ *The Mikado's Empire: A History of Japan-from the Mythological Age to Meiji Era*. New York: Harper & Brothers 1883.

Hamel, H., 生田滋 역『朝鮮幽囚紀』東洋文庫 182. 東京: 平凡社 1969.

Hui-Min, Lo, ed. *The Correspondence of G. E. Morrison* Vol.1. 1895~1912.

Cambridge: Cambridge Univ. Press 1976.

Hulbert, H. *The Passing of Korea*. New York 1906. [申福龍 역『大韓帝國滅亡史』. 서울: 집문당 1984.]

Huxley, Thomas H. "Evolution & Ethics." *The Second Romanes Lecture*. London: Macmillan 1893.

Inazo, Nitobe. *Bushido: The Soul of Japan*. New York: G. P. Putnam's Sons 1905.

Kendall, C. W. *The Truth about Korea*(1919). [申福龍 역『韓國獨立運動의 眞相』. 서울: 평민사 1986.]

Le Bon, Gustave. *Les Lois psychologiques de l'évolution des peuples*. Paris: Félix Alcan 1894. [前田長太 역『民族發展の心理』. 東京: 大日本文明協會 1910.]

Lensen, G. A., ed. *Korea and Manchuria between Russia and Japan, 1895-1904: The Obserbations of Sir Ernest Satow*. Tallhassee 1966.

Lowell, Percival *Chosön The land of the morning calm*. Harvard Univ. Press 1885. [조경철 역『내 기억속의 朝鮮, 朝鮮 사람들』. 서울: 예담 2001.]

McKenzie, F. A. *Korea's Fight for Freedom*. New York: Fleming H. Revell Co. 1920. [申福龍 역『韓國의 獨立運動』. 서울: 평민사 1986.]

_____ *The Tragedy of Korea*. London 1908. [申福龍 역『大韓帝國의 悲劇』. 서울: 평민사 1985.]

Morison, Elting E., ed. *The Letters of Theodore Roosevelt* Vol II: 1897-1900, III: 1901-1903, IV: 1903-1905, V: 1905-1907. Harvard Univ. Press 1951~54.

Möllendorff, P. G. *Ein Lebensbild*(1930). [申福龍 역『묄렌도르프 文書』. 서울: 평민사 1987.]

Oppert, Ernst J. *A Forbidden Land: Voyages to the Corea*. New York: G. P. Putnam's Sons 1880. [申福龍·장우영 역주『禁斷의 나라 朝鮮』. 서울: 집문당 2000.]

Rey, Francis. "La Situation Internationale de la Coree." *Revue General de Droit*

International Public Tome XIII(1906). [崔鐘庫 역「大韓帝國의 國際法的 地位」. 『日帝의 大韓帝國强占』. 서울: 까치 1997.]

Rhee, Syngman(李承晩). *Japan Inside Out: The Challenge of Today*. Flemming H. Revell 1941. [李鍾益 역『日本軍國主義 實相』. 서울: 나남 1987, 1993.]

Rossetti, Carlo. *Corea e Coreani*(1910). [서울학硏究所 역『한국 한국인』. 서울: 숲과 나무 1996.]

Sands, William F. *Undiplomatic Memories: Far East 1894-1904*. London: John Hamilton 1930. [김훈 역『朝鮮의 마지막 날』. 서울: 미완 1986.]

Satow, E. M. *A Diplomat in Japan*. London: 1921. [坂田精一 역『一外交官の見た明治維新』上·下. 岩波書店 1960, 1998.]

Spencer, H. *Social Statics*. New York: D. Appleton & Co. 1880.

Story, Douglas. *To-morrow in the East*. London: George Bell & Sons 1907; 한국교육서고 1994.

Swartout, Robert R. Jr., ed. *An American Advisor in Late Yi Korea: The Letters of Owen Nickerson Denny*. Univ. of Alabama Press 1984.

Underwood, Lillias H. *Fifteen Years among the Top-Knots or Life in Korea*. Boston: American Tract Society 1904. [申福龍·崔水根 역주『상투의 나라』. 서울: 집문당 1999.]

Wunsch, Richard. *Arzt in Ostasien*(1976). [金鐘大 역『고종의 독일인 의사 분쉬』. 서울: 학고재 1999.]

3. 신문·잡지

『大韓每日申報』1905, 1906, 1907.

『獨立新聞』1896~1899. 서울: 중앙문화출판사 1959~1969.

『漢城旬報』1883~1884. 서울: 동방미디어 1983.
『漢城週報』1886~1888. 서울: 동방미디어 1983.
『皇城新聞』1904~1905. 서울: 경인문화사 1981.

강명관·고미숙 편 『近代啓蒙期 詩歌 資料集』1·2·3. 서울: 성균관대학 대동문화연구원 2000.
朴英燮 『開化期 國語 語彙資料集』1권: 獨立新聞篇, 2권: 新小說篇. 서울: 서광 학술자료사 1994.
______ 『開化期 國語 語彙資料集』3권: 教科書·新聞篇, 4권: 雜誌篇, 5권: 外來語篇. 서울: 박이정 1996, 1997.
徐載弼·鄭晋錫 편 『獨立新聞. 徐載弼 文獻解題』. 서울: 나남 1996.

『國際法雜誌』. 東京: 國際法學會 1902~10.
『新聞集成明治編年史』. 新聞集成 明治編年史編纂會 1935.
『歷史地理』臨時增刊·朝鮮號(1910年 11月).
『太陽』. 東京: 博文館 1900, 1905.
明六社·山室信一 편 『明六雜誌』. 東京: 岩波文庫 1999.

4. 문헌목록·연표·사전·조약집 및 해제류

『奎章總目』(奎章閣 所藏本, 奎4461).
『弘文館書目』(奎章閣 所藏本, 奎11711).
金容九·河英善 공편 『韓國外交史研究: 文獻解題』. 서울: 나남 1996.
______ 「在日本所在 韓國外交史關係 主要未刊文書目錄」. 『國際政治論叢』 11집 (1972).

金學俊 『韓國政治論辭典』. 서울: 한길사 1990.

李用熙 편 『近世韓國外交文書叢(外國篇)』. 서울: 국회도서관 1966.

全海宗 『韓國近世 對外關係文獻目錄』 奎章閣圖書硏究叢書 1. 서울대학교 동아문화연구소 1966.

韓國現代史編纂委員會 『年表로 보는 現代史』. 신구문화사 1972.

韓日關係史硏究會 『韓日關係史論著目錄』. 서울: 현음사 1993.

浜島書店편집부 『新詳日本史圖說』. 名古屋: 浜島書店 1999.

山根幸夫·藤井昇三·中村義·太田勝洪 편 『近代日中關係史硏究入門』. 東京: 硏文出版 1992.

石井正敏·川越泰博 편 『日中·日韓關係硏究目錄』. 東京: 國會刊行會 1976.

小島晋治·竝木賴壽 편 『近代中國硏究案內』. 東京: 岩波書店 1993.

櫻井義之 『朝鮮硏究文獻誌: 明治·大正編』. 東京: 龍溪書舍 1979.

英修道 『日本外交史關係文獻目錄』. 東京: 慶應通信株式會社 1961.

日本國際政治學會 「日本外交史文獻目錄: 明治時代. 日本外交史年表(明治時代)」. 『國際政治叢書』 3號. 東京: 有信堂 1957.

日本外務省 『日本外交年表竝主要文書 1840-1945』 上卷. 東京: 原書房 1965.

______『日本外交史辭典』. 東京: 山川出版社 1992.

諸橋轍次 『大漢和辭典』 全15卷. 東京: 大修館書店 1980.

______『中國古典名言事典』. 東京: 講談社 1972.

朝鮮史硏究會 편 『戰後日本における朝鮮史文獻目錄 1945-1991』. 東京: 綠蔭書房 1994.

中村元·福永光司·田村芳郎·今野達 편 『岩波佛敎辭典』. 東京: 岩波書店 1989.

Allen, H. N. *A Chronological Index of Foreign Relations of Korea from Beginning of Christian Era to the 20th Century*. [金源模 역 『近代韓國外交史年表』. 서울: 단국대학교출판부 1984.]

Fairbank, J. K. and Banno, Masatake. *Japanese Studies of Modern China: A Bibliographical Guide to Research on the 19th and 20th Centuries*. Tokyo 1955.
Kuo, Ting-yee. *Sino-Japanese Relation, 1862-1927: Checklist of the Chinese Foreign Ministry Archives*. Columbia Univ. The East Asian Institution.

5. 고전

『大學』『論語』『孟子』『四書集註』『中庸』『春秋』『小學』『小學諺解』
丘濬『大學衍義補』.
金富軾『三國史記』.
唐太宗『帝範』.
朴世茂『童蒙先習』.
朴齊家『北學議』.
朴趾源『熱河日記』. 서울: 민족문화추진위원회.
宋時烈『宋子大全』. 서울: 민족문화추진위원회.
申叔舟, 田中健夫 역주『海東諸國紀: 朝鮮人の見た中世の日本と琉球』. 東京: 岩波文庫 1991.
柳馨遠『磻溪隨錄』.
李承休『帝王韻紀』.
李珥『聖學輯要』.
李瀷『星湖僿說』.
李重煥『擇里志』.
李滉, 尹絲淳 역주『聖學十圖』,『退溪選集』. 서울: 현암사 1993.
一然『三國遺事』.
林春齋『華夷變態』上/中/下. 東京: 東洋文庫 1958.

鄭道傳『三峰集』.

______『朝鮮經國典』.

丁若鏞『增補與猶堂全書』. 서울: 경인문화사 1981.

正祖『大學類義』,『弘齋全書』(민족문화추진회).

眞德秀『大學衍義』.

則天武后『臣軌』.

洪大容『湛軒書』. 서울: 민족문화추진위원회.

黃宗羲『明夷待訪錄』.

II. 관련연구

1. 단행본

1) 한국어

姜萬吉『分斷時代의 歷史認識』. 서울: 창작과비평사 1978.

______ 외 편『韓國史 9, 10: 中世社會의 解體』. 서울: 한길사 1995a.

______ 편『韓國史 11, 12: 近代民族의 形成』. 서울: 한길사 1995b.

강상규『19세기 동아시아의 패러다임 변환과 제국 일본』. 논형 2007.

______『19세기 동아시아의 패러다임 변환과 한반도』. 논형 2008.

______『19세기 동아시아의 패러다임 변환과 다중거울』. 논형 2012.

______ ·김세걸『근현대 한일관계와 국제사회』. 한국방송통신대학교 출판부 2013.

강정인『서구중심주의를 넘어서』. 서울: 아카넷 2004.

姜鍾一『고종의 대미외교: 갈등, 기대, 좌절』. 서울: 일월서각 2006.

계승범 『조선시대 해외파병과 한중관계: 조선지배층의 중국인식』. 서울: 푸른역사 2009.

高柄翊 『동아시아사의 傳統과 變容』. 서울: 문학과지성사 1996.

高承濟 『茶山을 찾아서』. 서울: 중앙M&B 1995, 1997.

高英津 『朝鮮中期 禮學思想史: 禮의 施行, 禮說의 變化, 禮學의 成立』. 서울: 한길사 1995.

교수신문기획 『고종황제 역사청문회』. 서울: 푸른역사 2005.

具汏列 『帝國主義와 言論: 裵說, 大韓每日申報 및 韓/英/日 關係』 韓國文化硏究院 韓國文化叢書. 서울: 이화여대출판부 1986.

具仙姬 『韓國近代對淸政策史硏究』. 서울: 혜안 1999.

국방부전사편찬위원회 『丙寅辛未洋擾史』. 서울: 국방부 1989.

국사편찬위원회 편 『高宗時代史』 6卷. 서울: 서울인쇄 1967~72.

______ 『韓國史』 37~42卷. 서울: 탐구당문화사 1999.

權錫奉 『淸末 對朝鮮政策史硏究』. 서울: 일조각 1986.

권오창 『조선시대 우리옷』. 서울: 현암사 2004.

權赫秀 『19世紀末韓中關係史硏究: 李鴻章의 朝鮮認識과 政策을 中心으로』. 서울: 백산자료원 2000.

근대사연구회 편 『韓國中世社會 解體期의 諸問題: 朝鮮後期硏究의 現況과 課題—經濟社會篇』. 서울: 한울아카데미 1987a.

______ 『韓國中世社會 解體期의 諸問題: 朝鮮後期硏究의 現況과 課題—政治思想篇』. 서울: 한울아카데미 1987b.

琴章泰 『退溪의 삶과 哲學』. 서울: 서울대학교출판부 1998.

金景昌 『東洋外交史』. 서울: 집문당 1982.

金敬泰 『韓國近代經濟史硏究』. 서울: 창작과비평사 1994.

金基赫·柳永益·朴英宰 외 『淸日戰爭의 再照明』. 한림대학 아세아문화연구소 1996.

김기현 『大學: 進步의 동아시아적 의미』. 서울: 사계절 2002.

김덕진 『대기근, 조선을 뒤덮다: 우리가 몰랐던 17세기의 또 다른 역사』. 푸른역사 2008.

金度亨 『大韓帝國期의 政治思想硏究』. 서울: 지식산업사 1994.

金燉 『朝鮮前期君臣權力關係硏究』. 서울대학교출판부 1997.

金明昊 『환재 박규수연구』. 서울: 창비 2008.

______ 『초기 한미관계의 재조명: 셔먼호 사건에서 신미양요까지』. 서울: 역사비평사 2005.

金秉喆 『韓國近代翻譯文學史硏究』. 서울: 을유문화사 1975.

______ 『韓國近代西洋文學移入史硏究』. 서울: 을유문화사 1980.

金聖培 『유교적 사유와 근대 국제정치의 상상력』. 서울: 창비 2009.

金成潤 『朝鮮後期 蕩平政治硏究』. 서울: 지식산업사 1997.

金世民 『韓國近代史와 萬國公法』. 서울: 경인문화사 2002.

金永壽 『건국의 정치: 여말선초, 혁명과 문명 전환』. 서울: 이학사 2006.

金榮作 『한말내셔널리즘연구』. 서울: 청계연구소 1989.

金玉根 『朝鮮王朝財政史硏究 IV: 近代篇』. 서울: 일조각 1992.

金容九 『세계외교사』. 서울대학교출판부 1989.

______ 『춤추는 회의: Vienna회의외교』. 서울: 나남 1996.

______ 『세계관 충돌의 국제정치학: 동양 禮와 서양 公法』. 서울: 나남 1997.

______ 『세계관 충돌과 한말 외교사, 1866-1882』. 서울: 문학과지성사 2001.

______ 『외교사란 무엇인가』. 서울: 원 2002.

______ 『임오군란과 갑신정변: 사대질서의 변형과 한국 외교사』. 서울: 원 2004.

______ 『만국공법』. 서울: 소화 2008.

金容燮 『韓國近現代農業史硏究: 韓末日帝下의 地主制와 農業問題』. 서울: 일조각 1992.

金容旭 『韓國開港史』. 서울: 서문당 1976.

金雲泰『朝鮮王朝行政史: 近代篇』. 서울: 박영사 1967, 1984.
金源模『韓美修交史: 朝鮮報聘使의 美國使行篇(1883)』. 서울: 철학과현실사 1999.
金應鍾『아날학파』. 서울: 민음사 1991.
金鍾圓『近世 東亞細亞 關係史硏究』. 서울: 혜안 1999.
김철운『儒家가 보는 平天下의 世界: 『大學』의 理論 構造와 平天下 思想』. 서울: 철학과현실사 2001.
金泰永『朝鮮前期土地制度史硏究』. 서울: 지식산업사 1984.
金學俊『韓末의 西洋政治學 受容硏究: 兪吉濬·安國善·李承晩을 中心으로』. 서울: 서울대학교출판부 2002.
金翰奎『古代中國的世界秩序硏究』. 서울: 일조각 1982.
金賢淑『근대 한국의 서양인 고문관들』. 서울: 한국연구원 2008.
김효전『근대 한국의 국가사상』. 서울: 철학과현실사 2000.
______『헌법』. 서울: 소화 2009.
魯成煥『韓日王權神話』. 울산: 울산대학교출판부 1995.
董德模『美國外交政策과 韓國』. 서울: 법문사 1990a.
______『朝鮮의 開國과 國際關係』. 서울대학교출판부 1980.
______『朝鮮朝의 國際關係』. 서울: 박영사 1990b.
동양사학회 편『東亞史上의 王權』. 서울: 한울 1993.
려증동『高宗時代 獨立新聞』. 서울: 형설출판사 1992, 1994.
망원한국사연구실『1862年農民抗爭』. 서울: 동녘 1988.
文重燮『韓末의 西洋政治思想受容』. 경성대학교출판부 1998.
閔斗基『시간과의 경쟁』. 서울: 연세대학교출판부 2001.
閔泰瑗『甲申政變과 金玉均』. 서울: 국제문화협회 1947.
박관숙『국제법』. 서울: 법문사 1986.
朴光用『英祖와 正祖의 나라』. 서울: 푸른역사 1998.
朴東借『朝鮮官僚制의 歷史的 展開』. 서울: 한국도서연구회 1961.

朴相燮『국가. 주권』. 서울: 소화 2008.
朴元熇『明初朝鮮關係史硏究』. 서울: 일조각 2002.
朴日根『近代韓美外交史』. 서울: 박영사 1992.
______『美國의 開國政策과 韓美外交關係』. 서울: 일조각 1981.
朴宗根, 朴英宰 역『淸日戰爭과 朝鮮: 외침과 저항』. 서울: 일조각 1989.
朴贊勝『韓國近代政治思想史硏究: 民族主義右派의 實力養成運動論』. 서울: 역사비평사 1992.
박천홍『악령이 출몰하던 조선의 바다: 서양과 조선의 만남』. 서울: 현실문화 2008.
朴忠錫『韓國政治思想史』. 서울: 삼영사 1982.
______『朝鮮朝의 政治思想』. 평화출판사 1995.
______『韓國政治思想史』제2판. 서울: 삼영사 2010.
朴賢謨『政治家 正祖』. 서울: 푸른역사 2001.
______『세종처럼』. 서울: 미다스북스 2008.
______『정조 사후 63년: 세도정치기(1800-63)의 국내외 정치 연구』. 서울: 창비 2011.
朴熙秉『運化와 近代』. 서울: 돌베개 2003.
裵祐晟『朝鮮後期 國土觀과 天下觀의 變化』. 서울: 일지사 1998.
裵亢燮『19世紀 朝鮮의 軍事制度硏究』. 서울: 국학자료원 2002.
卞媛琳『高宗과 明成』. 서울: 국학자료원 2002.
徐仁漢『大韓帝國의 軍事制度』. 서울: 혜안 2000.
徐仲錫『韓國近現代의 民族問題硏究』. 서울: 지식산업사 1989.
성균관대학 편『大東文化硏究』18輯: 東亞細亞近代化過程에 있어서의 各國의 特徵. 서울: 성균관대 대동문화연구소 1983.
孫承喆『朝鮮時代 韓日關係史硏究』. 서울: 지성의샘 1994.
______『近世朝鮮의 韓日關係硏究』. 서울: 국학자료원 1999.

孫炯富『朴珪壽의 開化思想硏究』. 서울: 일조각 1997.
宋炳基『近代韓中關係史硏究: 19世紀末의 聯美論과 朝淸交涉』. 서울: 단국대학교 출판부 1985.
______『한국, 미국과의 첫만남』. 서울: 고즈윈 2005.
宋俊浩『朝鮮社會史硏究』. 서울: 일조각 1987.
宋贊植『朝鮮後期 社會經濟史의 硏究』. 서울: 일조각 1997.
申明鎬『朝鮮의 王: 朝鮮의 王과 王室文化』. 서울: 가람 1998.
______『朝鮮의 功臣들: 功臣을 통해 본 轉換期의 朝鮮歷史』. 서울: 가람 2002.
申福龍『韓國政治思想史』. 서울: 나남 1997.
辛勝夏『近代中國의 西洋認識』. 서울: 고려원 1985.
愼鏞廈『獨立協會硏究』. 서울: 일조각 1993.
______『韓國近代史와 社會變動』. 서울: 문학과지성사 1980, 1986.
______『韓國近代社會史硏究』. 서울: 일지사 1987.
______『韓國近代社會의 構造와 變動』. 서울: 일지사 1994.
安天『皇室은 살아 있다』. 서울: 인간사랑 1994.
楊尙弦 편『韓國近代政治史硏究』. 서울: 사계절 1985.
역사문제연구소 편『失敗한 改革의 歷史』. 서울: 역사비평사 1997.
역사학회『露日戰爭前後 日本의 韓國侵略』. 서울: 일조각 1986, 1993.
______『日本의 侵略政策史硏究』. 서울: 일조각 1984.
______ 편『科學』. 서울: 일조각 1992.
______ 편『實學硏究入門』. 서울: 일조각 1973.
延甲洙『大院君 執權期 富國强兵策硏究』. 서울: 서울대학교출판부 2000.
吳瑛燮『고종황제와 한말의병』. 서울: 선인 2007.
오인환『위기관리의 관점에서 본 고종시대의 리더십』. 서울: 열린책들 2008.
王紹坊, 韓仁熙 역『中國外交史』. 서울: 지영사 1997.
劉奉學『朝鮮後期 學界와 知識人』. 서울: 신구문화사 1998.

柳錫春『막스베버와 東洋社會』. 서울: 나남 1992.

柳璨鉉『韓國近代政治史』. 서울: 정음문화사 1984.

柳永烈『開化期의 尹致昊硏究』. 서울: 한길사 1985.

柳永益『甲午更張硏究』. 서울: 일조각 1990.

______ 외 편『淸日戰爭의 再照明』. 서울: 한림대학 아세아문화연구소 1996.

육군본부 편『韓國軍制史: 近世朝鮮後期篇』. 서울: 육군본부 1977.

尹炳奭『李相卨傳: 海牙特使李相卨의 獨立運動論』. 서울: 일조각 1984.

______ 편『獨立運動史의 諸問題』. 서울: 범우사 1992.

尹炳喜『兪吉濬硏究』. 서울: 국학자료원 1998.

尹絲淳『性理學 時代의 禮思想』. 서울: 성균관대학 대동문화연구원 1984.

______『韓國儒學思想史論』. 서울: 예문서원 1997.

李景植『朝鮮前期土地制度硏究』. 서울: 일조각 1987.

李光麟『開化黨硏究』. 서울: 일조각 1970.

______『韓國開化史硏究』. 서울: 일조각 1982.

______『開化派와 開化思想硏究』. 서울: 일조각 1989.

______『韓國開化史의 諸問題』. 서울:일조각 1986.

______『韓國史講座 V: 近代篇』. 서울: 일조각 1981, 1997.

李基東『東洋三國의 朱子學』. 서울: 성균관대학교출판부 1995.

李基白 편『韓國史市民講座』13輯(특집: 變革期의 帝王). 서울: 일조각 1993.

______『韓國史市民講座』20輯(특집: 韓國史學, 무엇이 問題인가). 서울: 일조각 1997.

李達淳『朝鮮王朝政治硏究』. 수원: 수원대학교출판부 1990.

李德一『송시열과 그들의 나라』. 서울: 김영사 2000.

李萬烈『韓國近代歷史學의 理解』. 서울: 문학과지성사 1981, 1993.

李玟源『明成皇后 弑害와 俄館播遷』. 서울: 국학자료원 2002.

______『韓國의 皇帝』. 서울: 대원사 2001.

李範稷『韓國 中世 禮思想 硏究』. 서울: 일조각 1991.
李秉烋『朝鮮前期 士林派의 現實認識과 對應』. 서울: 일조각 1999.
______『朝鮮前期畿湖士林派硏究』. 서울: 일조각 1984.
이상각『이경고종황제: 조선의 마지막 승부사』. 서울: 추수밭 2008.
李瑄根『韓國史: 現代篇』. 서울: 을유문화사 1968.
______ 외『韓國人物探査記: 近代의 人物 I』. 서울: 오늘 1996.
李成茂『韓國의 科擧制度』. 서울: 집문당 1994.
______『朝鮮兩班社會硏究』. 서울: 일조각 1995.
______『朝鮮王朝史2: 肅宗에서 純宗까지』. 서울: 동방미디어 1998.
______『朝鮮王朝實錄 어떤 책인가』. 서울: 동방미디어 1999.
李樹健『嶺南士林派의 形成』. 영남대학교출판부 1984.
______『嶺南學派의 形成과 展開』. 서울: 일조각 1995.
李陽子『朝鮮에서의 袁世凱』. 서울: 신지서원 2002.
이영관『朝鮮과 獨逸』. 서울: 국학자료원 2002.
李迎春『朝鮮後期王位繼承硏究』. 서울: 집문당 1998.
李完宰『韓國近代初期開化思想의 硏究』. 서울: 한양대학교출판부 1998.
______『朴珪壽硏究』. 집문당 1999.
李用熙『李用熙著作集1: 韓國과 世界政治』. 서울: 민음사 1993.
______『一般國際政治學(上)』. 서울: 박영사 1962.
______·盧在鳳 편『韓國民族主義』. 서울: 서문당 1977.
李佑成·姜萬吉 편『韓國의 歷史認識』上/下. 서울: 창작과비평사 1976.
李源明『高麗時代 性理學 受容 硏究』. 서울: 국학자료원 1997.
李元淳『朝鮮時代史論集: 안과 밖의 만남의 歷史』. 서울: 느티나무 1992.
李離和『朝鮮後期의 政治思想과 社會變動』. 서울: 한길사 1994.
李載浩『朝鮮政治制度硏究』. 서울: 일조각 1995.
李俊九『朝鮮後期 身分職役 變動硏究』. 서울: 일조각 1993.

이지은 『왜곡된 한국 외로운 한국: 300년 동안 유럽이 본 한국』. 책세상 2006.

李泰鎭 『高宗時代의 再照明』. 서울: 태학사 2000.

______『朝鮮後期의 政治와 軍營制變遷』. 서울: 한국연구원 1985.

______『王朝의 遺産:外奎章閣 圖書를 찾아서』. 서울: 지식산업사 1994.

______『朝鮮儒敎社會史論』. 서울: 지식산업사 1989.

______ 편 『日本의 大韓帝國强占: 「보호조약」에서 「병합조약」까지』. 서울: 까치 1996.

이한기 『국제법강의』. 서울: 박영사 1985.

李炫熙 『征韓論의 背景과 影響』. 서울: 대왕사 1986.

이혜경 『天下觀과 近代化論: 梁啓超를 中心으로』. 서울: 문학과지성사 2002.

이화여자대학 한국문화연구원 『大韓帝國硏究』 1~4. 서울: 한국문화연구원 1983~86.

任重彬 『朴鏞和傳: 高宗皇帝와 韓末政界』. 서울: 일조각 1989.

張暎淑 『고종의 정치사상과 정치개혁론』. 서울: 선인 2010a.

______『고종 44년의 비원』. 서울: 너머북스 2010b.

張學根 『朝鮮時代海洋防衛史硏究』. 서울: 해군사관학교 1987.

田福姬 『社會進化論과 國家思想: 舊韓末을 中心으로』. 서울: 한울아카데미 1996.

田鳳德 『韓國近代法思想史』. 서울: 박영사 1981.

全世營 『율곡의 군주론』. 서울: 집문당 2005.

全海宗 외 『中國의 天下思想』. 서울: 민음사 1988.

鄭斗熙 『朝鮮初期 政治支配勢力 硏究』. 서울: 일조각 1983.

鄭奭鍾 『朝鮮後期社會變動硏究』. 서울: 일조각 1983.

______『朝鮮後期의 政治와 思想』. 서울: 한길사 1994.

鄭玉子 『朝鮮後期 朝鮮中華思想硏究』. 서울: 일지사 1998.

______『朝鮮後期 文化運動史』. 서울: 일조각 1988.

______ 외 『正祖時代의 思想과 文化』. 서울: 돌베개 1999.

鄭容和 『문명의 정치사상』. 서울: 문학과지성사 2004.
鄭在貞 외 『서울 近現代 歷史紀行』. 서울: 혜안 1998.
鄭晋錫 『大韓每日申報와 베델: 韓國問題에 대한 英日外交』. 서울: 나남 1987.
鄭弘俊 『朝鮮中期 政治權力 構造硏究』. 서울: 고려대학교출판부 1996.
趙珖 『朝鮮後期 天主敎史硏究』. 서울: 고려대학 민족문화연구소 1988.
조선민주주의인민공화국 사회과학원 역사연구소 『金玉均』. 평양: 사회과학원출판사 1964.
조선시대사학회 『東洋三國의 王權과 官僚制』. 서울: 국학자료원 1999.
趙益淳·李源昌 『高宗皇帝의 忠臣 李容翊의 再評價』. 서울: 해남 2002.
趙宰坤 『韓國近代社會와 褓負商』. 서울: 혜안 2001.
조지 오웰, 정희성 역 『1984』. 서울: 민음사 2003.
진관타오·류칭펑, 양일모·송인재·한지은·강중기·이상돈 역 『관념사란 무엇인가 1, 2』. 서울: 푸른역사 2010.
車文燮 『朝鮮時代 軍制硏究』. 서울: 단국대학교출판부 1973.
崔南善 『朝鮮文化の硏究: 朝鮮常識問答』. 종고서방 1965.
崔文衡 『明成皇后 弑害의 眞實을 밝힌다』. 서울: 지식산업사 2001a.
______ 『帝國主義 時代의 列强과 韓國』. 서울: 민음사 1990.
______ 『韓國을 둘러싼 帝國主義 列强의 角逐』. 서울: 지식산업사 2001b.
______ 편 『明成皇后弑害事件』. 서울: 민음사 1992.
崔炳鈺 『開化期의 軍事政策硏究』. 서울: 경인문화사 2000.
崔承熙 『朝鮮初期 言官·言論硏究』. 서울: 서울대학교출판부 1976, 1997.
崔元植·白永瑞 편 『東亞細亞人의 「東洋」認識: 19-20世紀』. 서울: 문학과지성사 1997.
崔異敦 『朝鮮中期 士林政治構造硏究』. 서울: 일조각 1994.
崔鍾庫 『韓國法學史』. 서울: 박영사 1990.
______ 『韓國의 西洋法受容史』. 서울: 박영사 1982.

타끼 코오지(多木浩二), 박삼헌 역 『천황의 초상』. 서울: 소명 2007.
페데리코 마시니, 이정재 역 『근대중국의 언어와 역사: 중국어 어휘의 형성과 국가어의 발전 1840-1898』. 서울: 소명 2005.
河英善 『21세기 한반도 백년대계』. 서울: 풀빛 2004.
______ 『근대한국의 사회과학개념 형성사』. 서울: 창비 2009.
______ 『역사 속의 젊은 그들: 18세기 북학파에서 21세기 복합파까지』. 을유문화사 2011.
河宇鳳 『朝鮮後期 實學者의 日本觀硏究』. 일지사 1989.
河元鎬 『韓國近代經濟史硏究』. 서울: 신서원 1997.
한국근현대사연구회 『韓國近代開化思想과 開化運動』. 서울: 신서원 1998.
한국기독교사연구회 『韓國基督敎의 歷史 I』. 서울: 기독교문사 1989.
한국사연구회 편 『淸日戰爭과 韓日關係: 日本의 對韓政策形成에 관한 硏究』. 서울: 일조각 1985.
한국사편찬위원회 『韓國史 11卷: 近代民族의 形成 1』. 서울: 한길사 1994.
한국역사연구회 『1894年農民戰爭硏究』 全5卷. 서울: 역사비평사 1997.
______ 『朝鮮政治史 1800-1863』 상/하. 서울: 청년사 1990.
한국정신문화연구원 『淸日戰爭을 前後한 韓國과 列强』. 서울: 한국정신문화연구원 1984.
한국정치외교사학회 『韓國北方關係의 政治外交史的 再照明』. 서울: 평민사 1990.
______ 『韓國政治學에 있어서의 歷史的 接近의 現況과 方向』 8집. 서울: 대왕사 1993.
______ 편 『明成皇后 弑害事件과 俄館播遷期의 國際關係』. 서울: 동림사 1998.
______ 편 『韓國外交史1』. 서울: 집문당 1993.
______ 편 『韓佛外交史 1886-1986』 韓國政治外交史學會論叢 3輯. 서울: 평민사 1987.
한림대학 편 『亞細亞文化』 10號: 17-19世紀 東亞細亞 各國에서의 新國際秩序摸

索:韓中日越間의 比較. 한림대학교출판부 1996.
韓明基『光海君』. 서울: 역사비평사 2000.
______『壬辰倭亂과 韓中關係』. 서울: 역사비평사 1999.
韓相權『朝鮮後期社會와 訴冤制度』. 서울: 일조각 1996.
韓永愚『明成皇后와 大韓帝國』. 서울: 효형출판사 2001.
______『鄭道傳思想의 硏究』. 서울: 서울대학교출판부 1973, 1997년 개정판.
______『朝鮮前期史學史硏究』. 서울: 서울대학교출판부 1989.
______ 편『대한제국은 근대국가인가』. 서울: 푸른역사 2006.
韓哲昊『親美開化派硏究』. 서울: 국학자료원 1998.
咸東珠 외『東亞細亞. 問題와 視角』. 서울: 문학과지성사 1995.
許東賢『일본이 진실로 강하더냐: 근대의 길목에 선 조선의 선택』. 서울: 당대 1999.
______『近代韓日關係史硏究』. 서울: 국학자료원 2000.
玄光浩『大韓帝國의 對外政策』. 서울: 신서원 2002.
洪順敏『우리궁궐이야기』. 서울: 청년사 1999.
黃文秀『金玉均傳記』. 서울: 문원 1994.

2) 일본어

Fujitani, Takashi『天皇のページェント: 近代日本の歴史民族誌から』NHKbooks [No. 719]. 東京: 日本放送出版協會 1994.
Wittfogel, K. A.『オリエンタル·デスポティズム』. 東京: 新評論 1991.
姜東鎭『日本言論界と朝鮮1910-1945』. 東京: 法政大學 1984.
姜萬吉, 小川晴久 역『韓國近代史』. 東京: 高麗書林 1986.
姜尙中『オリエンタリズムの彼方へ』. 岩波書店 1996.
岡義武『近代日本の政治家: その性格と運命』. 東京: 文藝春秋 1960.
姜在彦『近代朝鮮の思想』. 東京: 明石書店 1996.

______『朝鮮の開化思想』. 東京: 岩波書店 1980.

______『朝鮮近代史研究』. 東京: 日本評論社 1970.

______『西洋と朝鮮: その異文化格鬪の歷史』. 東京: 文藝春秋 1994. [이규수 역 『서양과 조선: 그 이문화 격투의 역사』. 서울: 학고재 1998.]

岡田英弘『皇帝たちの中國』. 東京: 原書房 1998.

高橋秀直『日清戰爭への道』. 東京: 創元社 1995.

高崎宗司『妄言の原形』. 東京: 木犀社 1990.

古屋哲夫『近代日本のアジア認識』. 東京: 綠蔭書房 1994.

廣松涉『〈近代の超克〉論: 昭和思想史への一視角』. 東京: 講談社 1989.

溝口雄三『方法としての中國』. 東京: 東京大學 1989.

溝部英章 외『近代日本の意味を問う』. 東京: 木鐸社 1992.

堀敏一『中國と古代東アジア世界: 中華的世界と諸民族』. 岩波書店 1993.

宮崎市定『科擧史』. 東京: 平凡社 1987.

宮嶋博史『兩班: 李朝社會の特權階層』. 東京: 中央公論社 1995.

______·金容德『近代交流史と相互認識I』. 東京: 慶應義塾 2001.

宮地正人『國際政治下の近代日本』. 東京: 山川出版社 1987.

______『日本近現代史: 構造と變動 1卷: 維新變革と近代日本』. 東京: 岩波書店 1993.

宮村治雄『開國經驗の思想史: 兆民と時代精神』. 東京: 東京大學 1996.

近代日本研究會『宮中·皇室と政治』. 東京: 山川出版社 1998.

近代中國研究委員會 편『近代中國研究』. 東京: 東京大學 1958.

琴秉洞『金玉均と日本: その滯日の軌跡』. 東京: 綠蔭書房 1991.

旗田巍『日本は朝鮮で何を教えたのか: 植民地教科書の研究』. 東京: あゆみ出版 1987.

______『日本人の朝鮮觀』. 勁草書房 1969, 1983.

吉田金一『ロシアの東方進出とネルチンスク條約』. 東京: 東洋文庫 近代中國研究

センター 1984.
金榮作『韓末ナショナリズムの研究』. 東京: 東京大學 1975.
那波利貞『中華思想』. 東京: 岩波書店 1936.
蠟山政道『日本における近代政治學の發達』(1949). 東京: ペリカン社 1968.
大江志乃夫『東アジア史としての日清戰爭』. 東京: 立風書房 1998.
渡辺昭夫 외 편『講座國際政治 2巻: 外交政策』. 東京: 東京大學 1989.
______『講座國際政治 4巻: 日本の外交』. 東京: 東京大學 1989.
渡辺浩『近世日本社會と宋學』. 東京: 東京大學 1985.
______『東アジアの王權と思想』. 東京: 東京大學 1997.
______·朴忠錫 편『國家理念と對外認識: 十七-十九世紀』. 東京: 慶應義塾 2001.
島田虔次『朱子學と陽明學』. 東京: 岩波書店 1967.
東アジア近代史學界 편『日清戰爭と東アジア世界の變容』上·下. 東京: ゆまに書房 1997.
東アジア近代史學會『東アジア近代史』2號: 東アジアにおける萬國公法の受容と適用(1999年3月).
藤間生大『壬午軍亂と東アジア世界の形成』. 東京: 春秋社 1987.
藤田省三『藤田省三著作集』4巻: 維新の精神. 東京: みすず書房 1997.
藤田雄三『アジアにおける文明の對抗: 攘夷論と守舊論に關する日本·朝鮮·中國の比較研究』. 東京: 御茶の水書房 2001.
藤村道生『日清戰爭: 東アジア近代史の轉換點』. 東京: 岩波新書 1973, 1986.
______『日清戰爭前後のアジア政策』. 東京: 岩波書店 1995.
馬場伸也『アイデンティティの國際政治學』. 東京: 東京大學 1980.
網野善彦·安丸良夫 외 편『天皇と王權を考える』全10巻. 東京: 岩波書店 2002.
______『日本王權論』. 東京: 春秋社 1988.
明治維新史學會 편『明治維新と西洋國際社會』. 東京: 吉川弘文館 1999.
茅野良男『轉換期としての日本近代』. 東京: ミネルヴァ書房 1999.

木村幹『朝鮮·韓國ナショナリズムと小國意識: 朝貢國から國民國家へ』. ミネルヴァ書房 2000.
尾佐竹猛『近世日本の國際観念の發達』. 東京: 共立社 1932.
梶村秀樹『梶村秀樹著作集 1: 朝鮮史と日本人』. 東京: 明石書店 1992.
______『梶村秀樹著作集 2: 朝鮮史の方法』. 東京: 明石書店 1993.
白井久也『明治國家と日清戰爭』. 東京: 社會評論社 1997.
柄谷行人『日本近代文學の起源』. 東京: 講談社 1980.
本田逸夫『國民, 自由, 憲政』. 東京: 木鐸社 1994.
浜下武志『近代中國の國際的契機: 朝貢貿易システムと近代アジア』. 東京: 東京大學 1990.
______『朝貢システムと近代アジア』. 東京: 岩波書店 1997.
______ 편『世界歷史20巻＝アジアの近代』. 東京: 岩波書店 1999.
北岡伸一『獨立自尊』. 東京: 講談社 2002.
謝世輝『世界史の變革: ヨーロッパ中心史観への挑戰』. 東京: 吉川弘文館 1988.
山口正之『黃嗣永帛書の研究』. 東京: 全國書房 1947.
______『朝鮮西學史』. 東京: 雄山閣 1967.
山口昌男『天皇制の文化人類學』. 東京: 岩波書店 2000.
山内昌之『文明の衝突から對話へ』. 東京: 岩波現代文庫 2000.
山辺健太郎『日本の韓國併合』. 東京: 岩波書店 1966a.
______『日本併合小事』. 東京: 岩波書店 1966b.
______『日本統治下の朝鮮』. 東京: 岩波新書 1971.
山本新『周辺文明論:歐化と土着』. 東京: 刀水書房 1985.
山折哲雄『神と王權のコスモロジー』. 東京: 吉川弘文館 1993.
山田央子『明治政党論史』. 創文社 1999.
三谷太一郎『大正デモクラシー論: 吉野作造の時代』. 東京: 中央公論社 1974, 東京大學 1995.

森山茂德『近代日韓關係史硏究』. 東京: 東京大學 1987a.

______『日韓併合』. 東京: 吉川弘文館 1987b.

杉原薰『アジア間貿易の形成と構造』. 東京: ミネルヴァ書房 1996.

三宅英利『朝鮮觀の史的展開』(1982).

______『近世アジアの日本と朝鮮半島』. 東京: 朝日新聞社 1993.

上原專祿『日本國民の世界史』. 東京: 岩波書店 1960.

色川大吉『新編 明治精神史』. 東京: 中央公論社 1973.

西川長夫『增補國境の越え方: 國民國家論序說』. 東京: 平凡社 2001.

徐賢燮『近代朝鮮の外交と國際法受容』. 東京: 明石書店 2001.

石光眞淸『石光眞淸手記』全4卷. 東京: 中央公論社 1978, 1998.

石附實『近代日本の海外留學史』. 東京: 中央公論社 1992.

石田雄『明治政治思想史硏究』. 東京: 未來社 1954.

______『日本の政治と言語』上·下. 東京: 東京大學 1989.

______『日本近代思想史における法と政治』. 東京: 岩波書店 1976.

小堀桂一郞『鎖國の思想: ケンペルの世界史的使命』. 東京: 中公新書 1974.

小林道彦『日本の大陸政策: 1895-1914』. 東京: 南窓社 1996.

小野川秀美『淸末政治思想硏究』. みすず書房 1969.

小野和子 편『明末淸初の社會と文化』. 京都大學人文科學硏究所 1996.

小熊英二『單一民族神話の起源』. 東京: 新曜社 1995.

______『日本人の境界』. 東京: 新曜社 1998.

小蒼芳彦『中國古代政治思想硏究』. 靑木書店 1970.

松本三之介『明治思想における傳統と近代』. 東京: 東京大學 1996.

松原正毅『王權の位相』. 東京: 弘文堂 1991.

松澤弘陽『近代日本の形成と西洋經驗』. 東京: 岩波書店 1993.

______ 편『日本思想大系 66: 西洋見聞集』. 東京: 岩波書店 1974.

植手通有『日本近代思想の形成』. 東京: 岩波書店 1974, 1994.

辛基秀『映像がかたる「日韓併合」史: 1875-1945年』. 勞動經濟社 1987.
神川彦松『日米文化交涉史』. 洋々社 1955.
室山義正『近代日本の軍事と財政: 海軍擴張をめぐる政策形成過程』. 東京: 東京大學 1984.
阿部吉雄『李退溪: その行動と思想』. 東京: 評論社 1977.
______『日本朱子學と朝鮮』. 東京: 東京大學 1965.
岸本美緒·宮嶋博史『明淸と李朝の時代』. 東京: 中央公論社 1998.
安田敏朗『帝國日本の言語編制』. 世織書房 1997.
安川壽之輔『福澤諭吉のアジア認識: 日本近代史像をとらえ返す』. 東京: 高文硏 2000.
安丸良夫『近代天皇像の形成』. 東京: 岩波書店 1992.
岩間一雄『中國政治思想史硏究』. 東京: 未來社 1990.
歷史學硏究會 편『日朝關係史を考える』. 東京: 靑木書店 1989.
鈴木修次『文明のことば』. 廣島: 文化評論出版社 1981.
鈴木正幸『皇室制度:明治から戰後まで』. 岩波書店 1993.
______ 편『王と公: 天皇の日本史』. 柏書房 1998.
永井秀夫『明治國家形成期の外征と內政』. 北海道: 北海道大學 1990.
奧平武彦『朝鮮開國交涉始末』. 東京: 刀江書院 1969.
玉懸博之 편『日本思想史: その普遍と特殊』. 東京: ぺりカン社 1997.
王藝生, 長野勳他 역『日支外交六十年史』1卷. 東京: 建設社 1933.
宇田川武久『東アジア兵器交流史の硏究』. 東京: 吉川弘文館 1993.
原武史『直訴と王權: 朝鮮·日本の「一君萬民」思想史』. 朝日新聞社 1996.
______『大正天皇』. 朝日新聞社 2000.
遠山茂樹『遠山茂樹著作集』全9卷. 東京: 岩波書店 1991, 1992.
原田環『朝鮮の開國と近代化』. 廣島: 溪水社 1997.
有田和夫 외 편『朱子學的思惟: 中國思想における傳統と革新』. 東京: 汲古書店

1990.
尹健次『日本國民論: 近代日本のアイデンティティ』. 東京: 筑摩書房 1997.
______『現代韓國の思想: 1980-1990年代』. 東京: 岩波書店 2000.
伊藤隆『日本近代史の再構築』. 東京: 山川出版社 1993.
伊原澤周『日本と中國における西洋文化攝取論』. 汲古書院 1999.
日本國際政治學會 편『日本外交史研究: 日清/日露戰爭』季刊國際政治. 東京: 有斐閣 1962.
日本政治學會 편『年報政治學: 國家建設と政治文化』. 東京: 岩波書店 1978.
______『年報政治學: 日本外交におけるアジア主義』. 東京: 岩波書店 1998.
______『年報政治學: 政治思想史における平和の問題』. 東京: 岩波書店 1992.
一又正雄『日本の國際法學を築いた人々』. 東京: 日本國際問題研究所 1973.
林明德『袁世凱與朝鮮』. 北京: 中央研究院 1970.
入江啓次郎『中國古典と國際法』. 東京: 成文堂 1966.
入江昭『日本の外交』. 東京: 中央公論社 1966.
子安宣邦 편『季刊日本思想史』No. 41 特集: 東アジアの儒教と近代. 東京: ペリカン社 1993.
長尾龍一『日本憲法思想史』. 東京: 講談社 1996.
田畑茂二郎『國家平等觀念の轉換』. 東京: 秋田屋刊 1946.
田中健夫『前近代の國際交流と外交文書』. 東京: 吉川弘文館 1996.
______『中世對外關係史』. 東京大學 1975.
田中彰『「脫亞」の明治維新: 岩倉具視を追う旅から』. 東京: NHKブックス 1984.
田中浩 외 편『近代文明批判』. 東京: 社會評論社 1990.
諸橋轍次『孔子·孟子·釋迦「三聖會談」』. 東京: 講談社 1982.
趙景達『異端の民衆反亂: 東學と甲午農民戰爭』. 東京: 岩波書店 1998.
朝尾直弘 편『日本の近世 I: 世界史のなかの近世』. 東京: 中央公論社 1991.
朝鮮史研究會 편『新朝鮮史研究入門』. 東京: 龍溪書舍 1981.

祖川武夫 편『國際政治思想と對外意識』. 東京: 創文社 1977.

佐藤誠三郎『「死の跳躍」を超えて』. 東京: 都市出版 1992.

佐藤愼一『近代中國の知識人と文明』. 東京: 東京大學 1996.

佐々木毅『マキアヴェッリと『君主論』』. 東京: 講談社 1994.

酒井直樹『日本思想という問題: 翻譯と主體』. 東京: 岩波書店 1997.

酒井哲哉『大正デモクラシー體制の崩壞: 內政と外交』. 東京: 東京大學 1992.

竹內照夫『四書五經入門: 中國思想の形成と展開』. 東京: 平凡社 1965.

竹內好『近代の超克』. 東京: 富山房百科文庫 1979.

______『竹內好評論集 3卷: 日本とアジア』. 東京: 筑摩書房 1966.

中村雄二郎『場所(トポス)』. 東京: 弘文堂 1989.

中村義 편『新しい東アジア像の研究』. 東京: 三省堂 1995.

中村哲. 安秉直 외 편『朝鮮近代の歷史像』. 東京: 日本評論社 1988.

中塚明『蹇蹇錄の世界』. 東京: 理想社 1992.

津田左右吉『シナ佛教の研究』. 東京: 岩波書店 1957.

______『支那思想と日本』. 東京: 岩波書店 1938.

川崎晴朗『東西交流叢書4: 幕末の駐日外交官と領事館』. 東京: 雄松堂出版 1988.

川勝平太『日本文明と近代文明』NHKbooks[No. 627]. 東京: 日本放送出版協會 1991.

淺野祐吾『軍事思想史入門: 近代西洋と中國』. 東京: 原書房 1981.

坂本多加雄『日本は自らの來歷を語りうるか』. 東京: 筑摩書房 1994.

______『近代日本精神史論』. 東京: 講談社 1996.

坂本太郎, 朴仁鎬 역『日本史學史』. 서울: 첨성대 1991.

坂野潤治『近代日本の外交と政治』. 東京: 研文出版 1985.

______『明治·思想の實像』. 東京: 創文社 1977.

坂野潤治 편『日本·中國·韓國: 自國史と世界史』. 東京: ほるぷ出版 1985.

坂野正高『近代中國外交史研究』. 東京: 岩波書店 1970.

______『近代中國政治外交史: ヴァスコ·ダ·ガマから五四運動まで』. 東京: 東京大學 1973.

坂井雄吉『井上毅と明治國家』. 東京: 東京大學 1983.

平木實『朝鮮社會文化史硏究』. 國書刊行會 1987.

平川祐弘『西歐の衝擊と日本』. 東京: 講談社 1985, 1999.

彭澤周『中國の近代化と明治維新』東洋史硏究總刊 29卷. 京都: 同朋社 1976.

海野福壽 편『日韓協約と韓國併合: 朝鮮植民地支配の合法性を問う』. 東京: 明石書店 1995.

戶川芳郎·蜂屋邦夫·溝口雄三『儒敎史』. 東京: 山川出版社 1987.

丸山眞男『『文明論の槪略』を讀む』上·中·下. 東京: 岩波書店 1986.

______『日本の思想』. 東京: 岩波書店 1961.

______『日本政治思想史硏究』. 東京: 東京大學 1952, 1983.

______『忠誠と反逆: 轉形期日本の精神史的位相』. 東京: 筑摩書房 1992.

______『現代政治の思想と行動』. 東京: 未來社 1957, 1964.

______·加藤周一『翻譯と日本の近代』. 東京: 岩波新書 1998.

荒野泰典『近世日本と東アジア』. 東京: 東京大學 1988.

3) 구미어

Allison, G. T. *Essence of Decision*. Boston: little Brown and Company 1999. [김태현 역『결정의 엣센스: 쿠바 미사일 사태와 세계 핵전쟁의 위기』. 서울: 모음북스 2005.]

Anderson, Benedict. *Imagined Community: Reflections on the Origin and Spread of Nationalism*. London: Verso 1983, 1991. [白石隆, 白石さや 역『想像の共同體』. 東京: りブロポート 1987.]

Anderson, Perry. *Lineages of the Absolutist State*. London: New Left Books 1974.

Aston, T. H., ed. *Crisis in Europe, 1560-1660: Essays from Past and Present*.

London: Routledge & Kegan Paul 1965.

Banno, Masataka. *China and the West 1858-1861: the Origins of the Tsungli Yamen*. Cambridge: Harvard Univ. Press 1964.

Beasley, W. G. *Japan encounters the Barbarian: Japanese Travellers in America and Europe*. Yale Univ. 1995.

______ *The Rise of Modern Japan*. New York: St. Martin's Press 1990.

Bendix, Reinhard. *Kings or People: Power and the Mandate to Rule*. Berkeley: Univ. of California Press 1978.

Blaut, J. M. *The Colonizer's Model of the World: Geographical Diffusionism and Eurocentric History*. New York: The Guilford Press 1993.

Bodin, Jean. On *Sovereignty: Four Chapters from the Six Books of the Commonwealth*. Edited and translated by J. Franklin. Cambridge: Cambridge University Press 1992. [장 보댕, 임승휘 역 『국가론』. 서울: 책세상 2005.]

Boulesteix, Frédéric, 이향·김정연 역 『착한 未開人 東洋의 賢者』. 서울: 청년사 2001.

Braudel, Fernand. *Capitalism and Material Life 1400-1800*. New York: Harper 1973.

______. *On History*. Translated by Sarah Matthews. Chicage: Univ. of Chicago Press 1980.

______. *The Mediterranean and the Mediterranean World in the Phillip II* 2Vols. New York: Harper 1966.

______ *Grammaire Des Civilisations(1987); History of Civilizations*. Translated by Richard Mayne. New York: Allen Lane-penguin Press 1994. [松本雅弘 역 『文明の文法 I』. みすず書房 1995.]

Bull, Hedley and Watson, Adam, eds. *The Expansion of International Society*. Oxford: Clarendon Press 1984.

Burckhardt, Jacob. *Historishe Fragmente*. Stuttgart 1957. [李光周 역 『歷史와 歷史家들』. 서울: 한벗 1989.]

Carr, E. H. *Nationalism and After*. London: Macmillan & Co. Ltd. 1945.

Chan, Wing-tsit, ed. *Chu Hsi and Neo-Confucianism*. Honolulu: University of Hawaii Press 1986.

Ch'en, Kenneth K. S. *Buddhism in China: A History of Survey*. Princeton Univ. Press 1969. [박해당 역 『中國佛敎: 歷史와 展開』. 서울: 민족사 1991.]

Chandra, Vipan. *Imperialism, Resistance and Reform in Late Nineteenth Century Korea*. Univ. of Berkeley Press 1988.

Chibo, Keiko. *The Emergence of Japan as a World Power, 1895-1925*. Kajima 1968.

Ching, Julia. *Confucianism and Christianity: A Comparative Study*. Tokyo: Sophia Univ. 1977. [邊鮮煥 역 『儒敎와 基督敎』. 서울: 분도출판사 1994.]

______ and Küng, Hans. *Christianity and Chinese Religions*(1988).

Ching, Young Choe(崔直亮). *The Rule of the Taewon'gun, 1864-1873: Restoration in Yi Korea*. Cambridge: Harvard Univ. Press 1972.

Clyde, P. H. and Bears, B. *The Far East: A History of Western Impacts and Eastern Responses, 1830-1975*. Englewood Cliffs, NJ: Prentice-Hall 1975.

Cohen, Paul A. *Between Tradition and Modernity: Wand T'ao and Reform in Late Ch'ing China*. Cambridge: Harvard Univ. Press 1974.

_____ *Discovering History in China: American Historical Writings on the Recent Chinese Past*. New York: Columbia Univ. Press 1984. [佐藤愼一 역 『知の帝國主義: オリエンタリズムと中國像』. 東京: 平凡社 1988; 이남희 역 『학문의 제국주의: 오리엔탈리즘과 중국사』. 산해 2003.]

Conroy, Hilary. *The Japanese Seizure of Korea 1868-1910: A Study of Realism and Idealism in International Relations*. Philadelpia: Univ. of Pensylvania Press 1960.

Cumings, Bruce. *Korea's Place in the Sun: A Modern History*. New York: W. W. Norton & Company 1997.

_____ *The Origins of the Korean War*. Princeton: Princeton Univ. Press 1981.

Custine, Marquis de. *Empire of the Czar: A Journey Through Eternal Russia*. New York: Doubleday 1989.

Dallmayr, Fred. *Beyond Orientalism: Essays on Cross-Cultural Encounter*. Albany: State Univ. of New York 1996.

Dawson, Raymond. *The Chinese Chameleon: An Analysis of European Conceptions of Chinese Civilization*. Oxford Univ. Press 1967. [田中正美他 역『ヨーロッパの中國文明觀』. 大修館書店 1971].

Dennett, Tyler. *Americans in Eastern Asia*. New York: Macmillan 1922.

_____ *Roosevelt and the Russo-Japanese War: A Critical Study of American Policy in Eastern Asia in 1902-5, based primarily upon the private papers of Theodore Roosevelt*. Gloucester, Mass.: Peter Smith 1925, 1959.

Deuchler, Martina. Confucian *Gentlemen and Barbarian Envoys, The Opening of Korea, 1875-1885*. Seattle and London: Univ. of Washington Press 1977.

_____ *The Confucian Transformation of Korea: A Study of Society and Ideology*. Harvard Univ. Press 1992.

Dittmer, L. and Kim, Samuel S., eds. *China's Quest for National Identity*. London: Cornell U. P. 1993.

Duus, Peter, ed. *The Cambridge History of Japan* Vol. 6: *The Twentieth Century*. Cambridge Univ. Press 1989.

_____ *The Abacus and the Sword: The Japanese Penetration of Korea, 1895-1910*. Univ. of California Press 1995.

Eber, Irene, ed. *Confucianism: The Dynamics of Tradition*. New york: Macmillan Publishing Company 1986.

Eisenstadt, S. N. *The Political System of Empires*. New York: Free Press 1963.

Elias, Nobert. *The Civilizing Process: The History of Manners*. Translated by Edmund Jephcott. Oxford: Basil Blackwell 1978.

Fairbank, John *K. Chinabound: a fifty-year memoir*. New York: Harper & Row 1982. [平野健一郎 역 『中國回想錄』. 東京: みすず書房 1994.]

______ Reishauer, E. O. and Craig, A. M. *East Asia: Tradition & Transformation* (1978, 1990).

______ ed. *The Chinese World Order: Traditional China's Foreign Relations*. Cambridge: Harvard Univ. Press 1968.

______ ed. *The Cambridge History of China* Vol. 10 *Late Ch'ing, 1800-1911*, Part I. Cambridge: Cambridge Univ. Press 1978.

______ and Liu, Kwang-Ching, eds. *The Cambridge History of China Vol. 11 Late Ch'ing, 1800-1911, PartII*. Cambridge: Cambridge Univ. Press 1980.

Giddens, Anthony. *The Nation-State and Violence*. Berkeley: Univ. of California Press 1987.

Gluck, Carol. *Japan's Modern Myths: Ideology in the Late Meiji Period*. Princeton Univ. Press 1985.

Gong, Gerrit W. *The Standard of "Civilization" in International Society*. Oxford: Clarendon Press 1984.

Grajdanzev, Andrew J. *Modern Korea*. New York 1944.

Grove, J. M. *The Little Ice Age*. London: Routledge 1988.

Harrington, F. H. God, *Mammon and the Japanese: Dr. H.N.Allen and Korea American Relations 1884-1905*. Univ. of Wisconsin 1944. [李光麟 역 『開化期의 國際關係』. 서울: 一潮閣 1973.]

Hegel, G. W. Friedrich. *Die Vernunft in der Geschichte*. Leipzig 1930.

Henderson G. *Korea: The Politics of Vortex*. Cambridge: Harvard Univ. Press

1968.

Hermann, C. *Crisis in Foreign Policy*. Indianapolis & New York: The Bobbs Merrill 1969.

______ ed. *International Crisis*. New York: Free Press 1972.

Hinsley, F. *Sovereignty*. Cambridge: Cambridge University Press 1986.

Hobsbawm, E. J. *The Age of Empire 1875-1914*. London 1987.

______ *On History*. London: Weidenfeld & Nicolson 1997. [강성호 역 『歷史論』. 서울: 민음사 2002.]

______ *Nation and Nationalism since 1970*. 2nd edition. Cambridge Univ. Press 1992.

______ and Langer, T., eds. *The Invention of Tradition*. London: Cambridge Univ. Press 1983. [崔錫榮 역 『傳統의 捏造와 創造』. 서울: 서경문화사 1995.]

Hsu, Immanuel C.Y. *China's Entrance into the Family of Nations: The Diplomatic Phase, 1858-1880*. Cambridge: Harvard Univ. Press 1960.

Huntington, Samuel P. *The Clash of Civilizations and the Remaking of World Order*. N. Y.: Georges Borchardt 1996.

Janis, I. *Victims of Groupthink*. Boston: Houghton Mifflin 1982.

______ and Mann, I. *Decision-making: A Psychological Analysis of Conflict, Choice and Commitment*. New York: Free Press 1977.

Jansen, Marius B., ed. *The Cambridge History of Japan* Vol. 5: The Nineteenth Century. Cambridge Univ. Press 1989.

______ ed. *Changing Japanese Attitudes towards Modernization*. Princeton Univ. Press. [鄭明煥 역 『日本의 近代化와 知識人』. 서울: 교학연구사 1980.]

Jervis, R. *Perception and Misperception in international Politics*. London: Routledge & Kegan Paul 1970.

______ *The Logic of Images in International Relations*. Princeton Univ. Press 1970.

Keene, Donald. *Emperor of Japan: Meiji and His World, 1852-1912*. Columbia Univ. Press 2002.

Kennedy, Paul. *The Rise and Fall of the Great Powers*. New York: Random House 1988.

Kenwood, A. G. and Lougheed, A. L. *The Growth of the International Economy 1820-1990*. 3rd edition. London: Routledge 1992.

Keohane, Robert O. and Goldstein, J., eds. *Ideas and Foreign Policy: Beliefs, Institutions, and Political Change*. Ithaca: Cornell Univ. Press 1993.

______ and Nye, Joseph S. Jr. *Power and Interdependence: World Politics in Transition*. Boston: Little Brown and Company 1977.

Kim, C. I. Eugene and Kim, Han-Kyo. *Korea and the Politics of Imperialism 1876-1910*. Berkeley: Univ. of California Press 1967.

Kim Haboush, JaHyun. *A Heritage of Kings: One Man's Monarchy in the Confucian World*. Columbia Univ. press 1988.

Kim, Key-Hiuk. *Opening of Korea*. Seoul: Yonsei Univ. press 2000.

______ *The Last Phase of the East Asian World Order: Korea, Japan and the Chinese Empire, 1860-1882*. Berkeley: Univ. of California Press 1980.

Kim, Yongkoo. *The Five Year's Crisis, 1866-1871: Korea in the Maelstrom of Western Imperialism*. Seoul: Circle 2001.

Koselleck, R., Brunner, O. and W. Conze, eds. *Geschichitliche Grundbegriffe: Historisches Lexicon zur Politisch- Sozialen Sprache in Deutschland*, Vol 7. Stuttgart: Klett-Cotta 1972.

Kuhn, Thomas S. *The Structure of Scientific Revolutions*. Chicago: Univ. of Chicago Press 1962. [中山茂 역『科學革命の構造』. 東京: みすず書房 1971.]

Langer, W. L. *The Diplomacy of Imperialism, 1890-1902* 2 Vols. New York: Alfred Knopf 1972.

Le Bon, Gustave. *Les Lois psychologiques de l'évolution des peuples*. Paris: Félix Alcan 1894. [大山郁夫 역 『群衆心理』. 東京: 大日本文明協會 1910; 櫻井成夫 역 『群衆心理』. 東京: 講談社 1993.]

Ledyard, Gary K. *The Korean Language Reform of 1446: The Origin, Background and Early History of the Korean Alphabet*. Ann Arbor: University Microfilms 1966.

Lee, Yur-Bok. *Diplomatic Relations Between the United States and Korea 1866-1887*. New York: Humanities Press 1970.

______ *West Goes East: Paul Georg von Möllendorff and Great Power Imperialism in Late Yi Korea*. Honolulu: Univ. of Hawaii Press 1988.

Lensen, George A. *Balance of Intrigue: International Rivalry in Korea and Manchuria, 1884-1899*, 2 Vols. Gainsville: Univ. of Florida 1982.

______ *Korea and Manchuria between Russia and Japan, 1895-1904*. Tallahasse 1966.

Liu, James T. C.(劉子健). *Reform in Sung China: Wang An-shih and His New Policies*. Harvard Univ. 1959. [이범학 역 『王安石과 改革政策』. 서울: 知識産業社 1991.]

Machiavelli N. *The Prince*. Translated by G. Bull. New York: Penguin Books 1995. [黃文秀 역 『君主論』. 서울: 문공사 1982.]

Malozemoff, Andrew. *Russian Far Eastern Policy 1881-1904: With Special Emphasis On the Causes of the Russo-Japanese War*. Berkeley and Los Angeles: Univ. of California Press 1958.

Marx, Karl and Engels, Friedrich. *The German Ideology*. New York: International Publishers 1947.

McCordock, R. S. *British Far Eastern Policy, 1894-1900*. New York: Columbia Univ. Press 1931.

Monger, George. *The End of Isolation: British Foreign Policy, 1900-1907* (1963).

Montesquieu, Charles. *The Spirit of the Law* Vol. 1. Hafxer Publishing Company 1949.

Moore, Barrington, Jr. *Social Origins of Dictatorship and Democracy*. Boston: Beacon Press 1966.

Morgenthau, H. J. *Politics among Nations: The Struggle for Power and Peace*. New York: Alfred A. Knopf, Inc. 1948.

Morse, Hosea B. *The International Relations of the Chinese Empire* 3vols. Shanghai: Kelly and Walsh 1918.

Moulder, Francis. *Japan, China and the World Economy*. Cambridge: Cambridge Univ. Press 1977.

Mousnier, R. *Peasant Revolts in Seventeenth-Century France, Russia and China*. London: Harper & Row 1972.

Myers, Ramon H. and Peattie, Mark R. *The Japanese Colonial Empire 1895-1945*. Princeton Univ. Press 1984.

Nahm, Andrew C. *Korea Under Japanese Colonial Rule: Studies of the Policy and Techniques of Japanese Colonialism*. Western Michigan Univ. Press 1958.

Najita, Tetsuo. *Japan: The Intellectual Foundations of Modern Japanese Politics*. Chicago Univ. Press 1974.

Nelson, Frederick M. *Korea and the Old Orders in Eastern Asia*. New York 1967, 1975.

Nicolson, Harold. *Diplomacy*. Oxford Univ. Press 1969.

Niebuhr, Reinhold. *Moral Man and Immoral Society: A Study in Ethics and Politics*. New York: Charles Scribner's Sons 1932. [이병섭 역 『道德的 人間과 非道德的 社會』. 서울: 현대사상사 1990.]

Nish, Ian H. *The Anglo-Japanese Alliance: The Diplomacy of Two Island Empires*

1894-1907. London: The Athlone Press 1966, 1985.

Norman, E. H. *Japan's Emergence as a Modern State: Political and Economic Problems of the Meiji Period* (1940). [大窪愿二 역 『日本における近代國家の成立』. 岩波書店 1993, 1997.]

Nussbaum, A. *A Concise History of the Law of Nations*. N.Y.: Macmillan 1958.

Oliver, Robert T. *A History of the Korean People in Modern Times: 1800 to the Present*. Delaware 1993.

Palais, James B. *Confucian Statecraft and Korean Institutions: Yu Hyongwon and the Late Choson Dynasty*. Seattle: Univ. of Washington Press 1996.

______ *Politics and Policy in Traditional Korea*. Cambridge: Harvard Univ. Press 1975. [李勛相 역 『傳統韓國의 政治와 政策』. 서울: 신원출판사 1993.]

Paradies, James G. and Williams, George Christopher. *Evolution & Ethics: T. H. Huxley's Evolution and ethics with new essays on its Victorian and sociobiological context*. Princeton Univ. Press 1989. [小林傳司 외 역 『進化と倫理: トマス·ハクスリーの進化思想』. 東京: 産業圖書 1995.]

Parker, Geoffrey and Smith, Lesley M., eds. *The General Crisis of the Seventeenth Century*. London: Routledge & Kegan Paul 1978, 1997.

______ *The Military Revolution: Military Innovation and the Rise of the West, 1500-1800*. Cambridge: Cambridge Univ. Press 1988.

______ *Europe in Crisis, 1598-1648*. Brighton 1980.

Parkinson, F. *The Philosophy of International Relations: a study in the history of thought*. [初瀨龍平·松尾雅嗣 역 『國際關係の思想』. 東京: 岩波書店 1991.]

Pittau, S. J. *Political Thought in Early Meiji Japan 1868-1889*. Cambridge, Mass: Harvard Univ. Press 1967.

Poggi, Gianfranco. *The Development of the Modern State: A Sociological Introduction*. Stanford: Stanford Univ. Press 1978.

Polani, Karl. *Great Transformation: The Political and Economic Origins of our Time*. Boston: Beacon Press 1957.

Quigley, Carroll. *The Evolution of Civilizations: An Introduction to Historical Analysis*. New York: Macmillan 1961.

Reischauer, Edwin O. *The Japanese*. Cambridge, Mass: Harvard Univ. Press 1977.

Romanov, Boris A. *Russia in Manchuria, 1892-1906*. Translated by Susan W. Jones. New York: Hillary House Publishers Ltd. 1952. [山下義雄 역 『滿州における露國の利權外交史』. 東京: 原書房 1973.]

Said, Edward W. *Culture and Imperialism*. Alfred A. Knopf 1993. [大橋洋一 역 『文化と帝國主義』. 東京: みすず書房 1998.]

______ *Orientalism*. New York: Vintage Books 1979. [今澤紀子 역 『オリエンタリズム』. 東京: 平凡社 1986.]

Schwartz, Benjamin I. *In Search of Wealth and Power: Yen Fu and the West*. Cambridge: Harvard Univ. Press 1964. [平野健一郎 역 『中國の近代化と知識人: 嚴復と西洋』. 東京: 東京大學 1978, 1988; 최효선 역 『부와 권력을 찾아서』. 서울: 한길사 2006.]

Seo, Dae Suk, ed. *Political Leadership in Korea*. Seattle and London: Univ. of Washington Press 1976.

Shils, Edward. *Tradition*. Chicago: The University of Chicago Press 1981.

Silberman, Bernard S. *Cages of Reason: The Rise of the Rational State in France, Japan, the United States, and Great Britain*. Chicago and London: Univ. of Chicago Press 1993.

Sin, Seung gwon(辛承權). *The Russo-Japanese Rivalry over Korea, 1876-1904*. 서울: 육법사 1981.

Sorokin, P. A. *Social and Cultural Dynamics* Volumes III *Fluctuations of Social Relationships, War and Revolution*. New York: American Books 1937.

Spengler, Oswald. Decline of the West. New York: A. A. Knopf 1926-1928. [村松正俊 역 『西洋の沒落』. 五月書房 1977.]

Swartout, Jr. and Robert R. *Mandarins, Gunboats, and Power Politics: Owen Nickerson Denny and the International Rivalries in Korea*. Honolulu: Univ. of Hawaii Press 1980.

Takaheshi, K. and Yoshino, M. M., eds. *Climate Change and Food Production*. Tokyo: University of Tokyo Press 1978.

Tanaka, Stefan. *Japan's Orient: Rendering Pasts into History*. University of California Press 1993.

Tieya, Wang. *International Law in China: Historical and Contemporary Perspectives*. Martinus Nijhoff Publishers 1990.

Tilly, Charles. *The Formation of National States in Western Europe*. Princeton: Princeton Univ. Press 1975).

Tompson, Kenneth W. *Toynbee's Philosophy of World History and Politics*. Baton Rouge: Louisiana Univ. Press 1985.

Toynbee, Arnold. A Study of History. Illustrated, abridged edition. New York: Oxford Univ. Press 1972.

Tu, Wei-ming. *Centrality and Commonality: An Essay on Chung Yung*. Honolulu: Univ. of Hawaii Press 1976.

______ ed. *Confucian Traditions in East Asian Modernity: Moral Education and Economic Culture in Japan and the Four Mini-Dragons*. Cambridge: Harvard Univ. Press 1996.

Wagner, Edward W. *The Literati Purges: Political Conflict in Early Yi Korea*. Cambridge, Mass.: Harvard Univ. Press 1974.

Wallerstein, Immanuel. *Geopolitics and Geoculture: Essays on the Changing World-System*. Cambridge: Cambridge Univ. Press 1991.

Weber, *Max. Economy and Society: An Outline of Interpretive Sociology*. Edited by Günter Roth and Claus Wittich. Berkeley, Los Angels and London 1968.

______ *The Sociology of Religion*. Translated by Ephraim Fischoff. Boston: Beacon Press 1968.

______ *The Religion of China, Confucianism and Taoism*. Translated and edited by Hans H. Gerth. New York: The Macmillan Company 1951. [木全德雄 역 『儒教と道教』. 東京: 創文社 1975.]

Weems, Clarence. *Hulbert's History of Korea* Vol I, II. New York: Hillary House Publishers Ltd. 1962.

Whitehead, Alfred N. *The Function of Reason*. Princeton Univ. Press 1929. [金容沃 역 『理性의 機能』. 서울: 통나무 1998.]

Wittfogel, Karl A. *Oriental Despotism: a comparative study of total power*. New Haven: Yale Univ. Press. [湯淺赳男 역 『オリエンタル·デスポティズム: 專制官僚國家の生成と崩壞』. 東京: 新評論 1991.]

Wright, A. F. *Buddhism in Chinese History.* Stanford Univ. Press 1959. [양필승 한역 『中國史와 佛敎』. 서울: 신서원 1994.]

Wright, Mary C. *The Last Stand of Chinese Conservatism: The T'ong-chih Restoration, 1862-1874*. Stanford: Stanford Univ. Press 1957.

Zabriskie, E. H. *American-Russian Rivalry in the Far East: A Study in Diplomacy and Power Politics, 1895-1914*. Philadelphia: Univ. of Pennsylvania Press 1946.

Zurcher, Erik. *The Buddhist Conquest of China: The Spread and Adaptation of Buddhism in Early Medieval China*. E. J. Brill 1972.

de Bary, Wm. Theodore. *East Asian Civilizations: A Dialogue in Five Stages*. Harvard Univ. Press 1988.

2. 연구논문

1) 한국어

Wagner. Edward W「政治史的 立場에서 본 李朝 士禍의 性格」.『歷史學報』85호. 서울: 역사학회 1980.

Walter. G. D「1883年美合衆國에 派遣된 大朝鮮國 特別使節團에 관한 硏究」.『亞細亞學報』6집. 서울: 아세아학술연구회 1969.

姜萬吉「大韓帝國의 性格」.『創作과批評』48권. 서울: 1978 여름.

姜相圭「高宗의 對外觀에 관한 硏究」. 서울대학 외교학과 석사논문 1995.

_____「高宗의 外交政策과 對外認識」. 李基白 편『韓國史 市民講座』19집. 서울: 일조각 1996.

_____「근대일본의 만국공법 수용에 관한 연구」.『진단학보』87집. 진단학회 1999. 6.

_____「조선시대 왕권의 공간과 유교적 정치지형의 탄생」.『애산학보』. 애산학회 2003년 11월.

_____「1870-1880년대 고종의 대외관과 자주의식에 관한 연구」.『통합인문학연구』2권 1호. 방송대학교 통합인문학연구소 2010년 2월.

_____「1884년 의제개혁에 대한 정치적 독해: 문명사적 전환기의 현실정치 공간과 한일관계의 한 측면」. 서울대 국제문제연구소 편『세계정치12권: 동아시아 전통지역질서』. 논형. 2010년 2월.

_____「동아시아의 전환기 경험과 새로운 세기의 시대정신: 과거와 미래의 대화」.『한국학연구』32. 고려대학교 한국학연구소 2010년 3월.

_____「개화기 조선 지식인의 시대인식」.『통합인문학연구』2권 2호. 방송대학교 통합인문학연구소 2010년 8월.

_____「근대지식체계와 조선사 이미지」.『동양정치사상사』9권 2호. 한국/동양정치사상사학회 2010년 9월.

_____「동아시아 문명권에서 '주권'과 '국제'개념의 탄생: 『만국공법』의 판본 비교와 번역」. 『중국학보』 62. 한국중국학회 2010년 12월.

_____「박규수와 고종의 정치적 관계 연구」. 『동양정치사상사』 11권 1호. 한국/동양정치사상사학회 2012.

姜正仁·安外淳 「西歐中心主義와 中華主義의 比較: 그 展開過程 및 特性을 中心으로」. 『國際政治論叢』 40-3호(2000).

高柄翊 「露皇戴冠式에의 使行과 韓露交涉」. 『歷史學報』 28. 서울: 역사학회 1965.

______「朝鮮海關과 淸國海關의 關係」. 『東亞文化』 4(1965).

高珽烋 「開化期 李承晩의 思想形成과 活動: 1875-1904」. 『歷史學報』 109집. 역사학회 1986

광무개혁연구반 「光武改革硏究의 現況과 課題」. 『歷史와 現實』 8집(1992).

具汏列 「大韓帝國時代의 國際關係」. 『大韓帝國硏究』 3. 서울: 이화여자대학교출판부 1985.

具仙姬 「韓國史에서 國家權力構造의 變化: 開港期 官制改革을 통해본 權力構造의 變化」. 『韓國史學報』 12집. 고려사학회 2002.

權奇奭 「19世紀 勢道政治 勢力의 形成過程 (上, 下): 朝鮮後期 執權勢力의 通婚關係網 分析을 中心으로」. 『震檀學報』 90, 91호. 진단학회 2000, 2001.

權錫奉 「國旗制定의 由來에 대한 管見」. 『歷史學報』 23. 서울: 역사학회 1964.

權延雄 「世宗朝의 經筵과 儒學」. 韓國精神文化硏究所 『世宗朝文化硏究』. 서울: 박영사 1982.

______「宋代의 經筵」. 全海宗 편 『東亞史의 比較硏究』. 서울: 일조각 1987.

______「朝鮮 英祖代의 經筵」. 『東亞硏究』 17집. 서울: 서강대학교출판부 1989.

______「朝鮮成宗朝의 經筵」. 國際文化財團 편 『韓國文化의 諸問題』. 서울: 시사영어사 1981.

______「朝鮮前期 經筵의 諫諍論」. 慶北大學 史學會 『慶北史學』 14집. 대구: 경북대학교 1991.

______「朝鮮前期 經筵의 災異論」. 慶北大學 歷史教育科『歷史教育論集』13, 14합집. 대구 1990.

______·薛錫圭「16世紀 退溪學派의 君主聖學論」.『大邱史學』67집(2002).

權五榮「동도서기론의 구조와 전개」.『한국사시민강좌』7집. 서울: 일조각 1990.

權泰煥·愼鏞廈「朝鮮王朝時代 人口推定에 관한 一試論」.『東亞文化』(1977).

琴章泰「〈大學圖〉와 退溪의『大學』체계인식」.『東亞文化』37. 서울 2002.

金甲千「仁祖朝 政治의 理氣論的 패러다임: 災異論을 中心으로」.『韓國政治學會秋季學術會議』(1998).

金景昌「國王의 露館播遷에서 還宮까지의 日露의 交涉過程始末」.『慶喜大 社會科學研究』18(1997).

______「朝鮮屬邦論이 近代極東國際關係에 미친 影響」.『韓國政治學會報』7. 한국정치학회 1973.

______「清國의 對韓宗主權强化와 韓露秘密協定事件始末」.『韓國政治學會報』9. 한국정치학회 1975.

金敬泰「開港直後 關稅權 回復問題」.『韓國史研究』8輯. 서울: 한국사연구회 1972.

______「丙子開港과 不平等條約關係의 構造」.『梨大史苑』11(1973).

______「不平等條約 改定 交涉의 展開」.『韓國史研究』11輯. 서울: 한국사연구회 1975.

金基奭「乙巳勒約은 無效다: 高宗皇帝의 宣言」.『新亞細亞』7. 신아세아질서연구회 1996 봄.

金度亨「大韓帝國期 變法論의 展開와 歷史敍述」.『東方學誌』11. 연세대학교 동방학회 2000.

______「韓國近代 在野支配勢力의 民族問題認識과 對應」.『歷史와 現實』창간호. 서울: 한울 1989.

金都煥「北伐論과 洪大容의 華夷論」.『韓國思想史學』15. 서울: 한국사상사학회 2000.

金明淑「勢道政治期(1800-1863)의 政治行態와 政治運營論: 反安東金氏勢力을 中心으로」. 한양대학 박사논문 1997.

______「朝鮮後期 暗行御史制度의 一硏究: 高宗 5年의 書契, 別單을 中心으로」. 『歷史學報』 115(1987).

金明昊「大院君政權과 朴珪壽」. 『震檀學報』 91집. 진단학회 2001.

金文植「正祖의 帝王學과 『大學類義』 編纂」. 『奎章閣』 21. 서울: 서울대학교 규장각 1998.

金炳佑「高宗의 親政體制 形成期 政治勢力의 動向」. 『大邱史學』 63집(2001).

金鳳珍「漢城週報의 發行과 朝鮮의 萬國公法의 受容」. 한국사회사연구회 『韓國傳統社會의 構造와 變動』. 서울: 문학과지성사 1986.

金思燁「金玉均의 生涯와 福澤諭吉」. 한국비교문학회 『比較文學』 16집(1991).

金錫根「大乘佛敎에서 朱子學으로: 佛敎批判과 儒學史의 再構成을 中心으로」. 『政治思想硏究』 창간호. 서울: 한국정치사상학회 1999.

______「朝鮮時代 君臣關係의 Ethos와 그 特性: 比較思想的인 視角에서」. 『韓國政治學會報』 29輯 1號(1994).

김성남「『申報』를 통해 본 1880년대의 조선 사회」. 『근대전환기 동아시아 삼국과 한국: 근대인식과 정책』. 서울: 성균관대학교 출판부 2006.

金性玟「朝鮮史編修會의 組織과 運用」. 『韓國民族運動史硏究』 3(1989).

金聖培「金允植의 政治思想硏究: 19世紀 朝鮮의 儒敎와 近代」. 서울대학 외교학과 박사논문 2001.

김성혜「고종 재위 전기 강관의 구성(1864-1876)」. 『한국문화』 46(2009).

金世恩「高宗初期 1864-1873年의 經筵」. 『震檀學報』 89집. 진단학회 2000.

김소현「19세기 조선의 의생활 풍속」. 한국학중앙연구원 편 『19세기 조선, 생활과 사유의 변화를 엿보다: 『오주연문장전산고』를 통해 본 조선 후기 생활 문화』. 서울: 돌베개 2005.

金壽岩「世界觀 衝突과 1880年代 朝鮮의 近代外交制度 受容: 外務部署를 中心으

로」. 『韓國政治學會報』 34집 2호(2000).

______「朝鮮의 近代使節制度受容: 公使의 서울 駐在와 全權委任을 中心으로」. 『國際政治論叢』 40집 4호(한국국제정치학회 2000).

______「韓國의 近代外交制度硏究: 外交官署와 常駐使節을 中心으로」. 서울대학 박사논문 2000.

______「1870년대 조선의 대일관」. 『한국정치외교사논총』 25권 1호. 한국정치외교사학회 2003.

金永壽「甲午農民軍과 興宣大院君의 政治的 關係에 대한 硏究: 李秉輝, 全琫準 供草에 대한 分析을 中心으로」. 『韓國社會科學』 19권 3호. 서울대학 사회과학연구원 1997.

______「高麗末과 朝鮮朝 建國期의 政治的 危機와 克復過程에 關한 硏究」. 서울대학 정치학과 박사논문 1997.

______「大院君의 下野와 高宗의 政治的 役割」. 『韓國政治思想史』. 박영사 1991.

金榮作「前期開化思想의 構造와 特質」. 『東北亞』 6집. 서울: 동북아문화연구원 1997.

______「韓中日 三國의 開國反應에 關한 資料解說」. 『東北亞』 2집. 서울: 동북아문화연구원 1995.

______「韓中日 三國의 開國에 關한 比較硏究」. 『東北亞』 창간호. 서울: 동북아문화연구원 1995.

金泳鎬「實學과 開化思想의 聯關問題」. 『韓國史硏究』 8. 서울: 한국사연구회 1972.

金容九「西洋國際法理論의 朝鮮傳來에 관한 小考」. 『泰東古典硏究』 10輯. 서울 1993.

金容德「明治初期 日本의 知識人運動: 明六社의 社會啓蒙活動을 中心으로」. 『地域硏究』 2권 1호. 1993 봄.

金龍德「朝鮮時代 君主制度論」. 『創作과批評』 통권 40호. 창작과비평사 1976 여름.

金容燮「光武改革의 思想的 基礎」. 『韓國近代農業史硏究』. 서울: 일조각 1975.

______「光武年間의 量田事業에 관한 一硏究」.『亞細亞硏究』11권 3호. 서울 1968. 9.

金宇基「朝鮮明宗代君臣關係의 推移와 性格」.『國史館論叢』80. 서울: 국사편찬위원회 1998.

______「銓郞과 三司의 關係에서 본 16世紀 權力構造」.『歷史敎育論集』13, 14(1990).

金源模「美國의 對韓居中調整(1882-1905)」.『史學誌』. 서울: 단국대학 사학회 1984.

______「美國의 朝鮮遠征과 第1次 朝美戰爭(1871)」.『東洋學』8. 단국대학 동양학연구소 1978.

______「朴定陽의 對美自主外交와 常駐公使館開設」.『東洋學論叢』. 서울: 고려원 1984.

______「袁世凱의 韓半島 安保策(1886)」.『東洋學』16집. 단국대학 동양학연구소 1986.

______「李鴻章의 列國立約通商勸告策과 朝鮮의 對應(1879-1881): 朝美修交交涉을 中心으로」.『東洋 學』24집 1호. 단국대학 동양학연구소 1994.

金元洙「淸日戰爭 및 三國干涉과 Russia의 對韓政策」.『韓露關係100年史』. 서울: 한국연구협의회 1984.

金應鍾「브로델의 地理的 歷史: 長期持續과 變化」. 韓國西洋史學會 편『近代世界體制論의 歷史的 理解: 브로델과 월러스틴을 中心으로』. 서울: 까치 1996.

金正起「1876-1894年 淸의 朝鮮政策 硏究」. 서울: 서울대학 국사학과 박사논문 1994.

______「資本主義列强의 利權侵奪硏究: 19世紀末 20世紀初 美日露淸의 利權侵奪總定理」.『歷史批評』11호. 서울: 역사비평사 1990.

______「淸의 袁世凱 派遣과 朝鮮軍事政策」.『歷史批評』2001 봄.

金駿錫「兩亂期의 國家再造問題」.『韓國史硏究』101. 서울: 한국사연구회 1998.

______「朝鮮後期 國家再造論의 擡頭와 그 展開」. 연세대학 사학과 박사논문

1990.

金昌祿「日本에서의 西洋憲法思想의 受容에 關한 硏究」. 서울대학 법학과 박사논문 1994.

金哲埈「三國時代의 禮俗과 儒敎思想」. 『大東文化硏究』 6, 7집 서울: 성균관대학 대동문화연구원 1970.

金春植「王權神授說과 天命思想의 比較硏究」. 『韓國政治學會報』 30-3. 서울: 한국정치학회 1996.

金泰永「朝鮮初期 世祖王權의 專制性에 대한 一考察」. 『韓國史硏究』 87. 서울: 한국사연구회 1994.

金泰雄「開港前後—大韓帝國期의 地方財政改革硏究」. 서울대학 국사학과 박사논문 1997.

金翰奎「7-8世紀 東아시아 世界秩序의 構造的 特性과 그 運營體制의 機能」. 『震檀學報』 88호. 서울: 진단학회 1999.

______「箕子와 韓國」. 『震檀學報』 92호. 서울: 진단학회 2001.

______「우리나라의 이름: 東國과 海東 및 三韓의 槪念」. 『李基白先生古稀紀念 韓國史學論叢』 下. 서울: 일조각 1994.

金賢淑「韓國近代 西洋人 顧問官 硏究(1882-1904)」. 이화여대 사학과 박사논문 1998.

______「韓末 法律顧問官 그레이트하우스의 國際法 및 司法 諮問活動」. 『梨大史苑』 31. 이화여대 사학회 1998.

______「韓末 朝鮮 政府의 顧問官政策 1882-1904」. 『歷史와 現實』 33권(1999).

金顯哲「朴泳孝의 權力分立論과 立憲君主制 構想]. 『法史學硏究』 21호(2000. 4).

______「朴泳孝의 近代國家構想에 관한 硏究」. 서울대학 외교학과 박사논문 1999.

______「第2次 日本亡命時期 朴泳孝의 행적과 政變試圖」. 『近現代史講座』 11호. 한국현대사연구회 2000.

______「개화기『萬國公法』의 전래와 서구 근대주권국가의 인식」.『정신문화연구』제28권 제1호(2005).

김효전「한국에 있어서 국제법의 초기수용」.『한국국제법학의 제문제』. 박영사 1987.

______「근대법학에 있어서의 국제법발달」.『동아법학』(1989).

김흥수「개항전『萬國公法』의 수용과 이해」.『논문집』49권(2002).

羅鍾一「17世紀危機論과 韓國史」.『歷史學報』9495合集. 서울: 역사학회 1987.

羅洪柱「明成皇后(1851-1895) 再評價」.『東北亞』. 동북아문화연구원 1995 봄/여름.

南相虎「日本 開國期의 開國論과 攘夷論: 大久保利通의 對外觀을 中心으로」.『日本學報』43(1999).

南智大「朝鮮初期 中央政治制度研究」. 서울대학 국사학과 박사논문 1993.

盧大煥「19世紀 東道西器論 形成過程研究」. 서울대학 국사학과 박사논문 1999.

______「19世紀 前半 知識人의 對淸 危機認識과 北學論」.『韓國學報』76輯. 서울: 일지사 1994.

______「閔泳翊의 삶과 政治活動」.『韓國思想史學』18집. 한국사상사학회 2002.

大澤博明「淸日戰爭以前의 日本의 朝鮮政策」.『東北亞』7. 서울: 동북아문화연구원 1998.

都冕會「政治史的 側面에서 본 大韓帝國의 歷史的 性格」.『歷史와 現實』19. 한국역사연구회 1996.

渡辺浩「'朝鮮國' '日本國' 關係와 '道理': 17-19세기」.『21世紀 韓日關係』. 서울: 법문사 1996.

董德模「東洋에 있어서의 傳統外交의 개념: 韓國의 傳統外交를 중심으로」.『論文集』8호. 서울대학교 국제문제연구소 1984.

文賢雅「19世紀前半 朝鮮의 統治構造에 관한 研究: 王과 官僚集團間의 關係變化를 中心으로」.『社會와 歷史』55집(1999).

閔德基「日本史上의 國王 稱號: 日本 中近世를 中心으로」.『韓日關係史硏究』13. 한일관계사학회 2000.
閔斗基「19世紀後半 朝鮮王朝의 對外危機意識:第1次, 第2次 中英戰爭과 異樣船出沒에의 對應」.『東方學誌』52. 연세대학교 1986.
______「戊戌改革期에 있어서의 改革과 革命」.『東洋史學硏究』8. 동양사학회 1975.
______「東아시아의 實體와 그 展望: 歷史的 接近」.『時間과의 競爭』. 서울: 연세대학교출판부 2001.
______「中體西用論考」. 연세대학교 국학자료원『東方學誌』18. 연세대학교 1978.
朴光用「19世紀 前半의 政治思想」.『國史館論叢』40輯. 서울: 국사편찬위원회 1992.
______「朝鮮後期'蕩平'硏究」. 서울대학교 박사논문 1994.
朴明圭「韓國과 日本의 近代國家形成過程에 관한 比較史的 硏究: 19世紀 後半 政治變革過程을 中心으로」. 서울대학 사회학과 박사논문 1991.
朴秉濠「經國大典의 法思想的 性格」.『震檀學報』48집. 진단학회 1979.
朴羊信「淸日前後 日本 知識人의 對外認識論: 쿠가카츠난(陸羯南)과 도쿠토미 소호(德富蘇峰)를 中心으로」.『東洋學』31집(2001. 6).
______「19世紀末 日本人의 朝鮮旅行記에 나타난 朝鮮像」.『歷史學報』177집. 서울: 역사학회 2002.
朴英宰「日本近代史의 性格」.『오늘의 日本을 解剖한다』. 서울: 한길사 1986.
朴日根「韓佛條約 締結過程에 대한 硏究」.『韓國政治外交史論叢』3. 한국정치외교사학회 1986.
______「홀크(Foulk)의 韓國 主權固守와 近代化에 대한 小考: 初期 美國의 對韓外交 政策을 中心으로」.『法學硏究』18. 부산대학교 법학연구소 1975.
朴俊圭「東亞國際政治의 構造變革과 朝鮮王朝: 對外關係의 새로운 展開」.『論文集』

8號. 서울: 서울대학 국제문제연구소 1984.

______「淸日開戰과 列國外交: Krasy Archiv을 中心으로」. 『東亞文化』 2卷. 서울: 서울대학교 1964.

______「韓末의 對外關係」. 『國際政治論叢』 창간호. 서울: 한국국제정치학회 1963.

______「韓日關係의 國際政治的 背景: 問題의 提起」. 『國際政治論叢』. 서울: 한국국제정치학회 1964.

朴晉雨「戰後日本의 歷史認識과 象徵天皇制」. 『日本歷史硏究』 8집. 일본사학회 2001.

朴忠錫「朝鮮朱子學: 그 規範性과 歷史性」. 『亞細亞硏究』 42권 1호. 고려대학 아세아문제연구소 1999. 6.

______「韓國近代史에서의 開化的 思考의 成長」. 『東北亞』 6집. 서울: 동북아문화연구원 1997.

朴賢謨「正祖의 聖王論과 更張政策에 관한 硏究」. 서울대학 정치학과 박사논문 1999.

朴鴻圭「17世紀 德川日本에 있어서의 華夷問題: 中國 朝鮮과의 比較觀點에서」. 『韓國政治學會報』 35-4. 한국정치학회 2001.

朴熙琥「1880·90年代의 朝鮮中立化論」. 『東北亞』 7집. 서울: 동북아문화연구원 1998.

裵亢燮「1894年 東學農民軍의 政治 經濟的 志向과 開化派와의 關係」. 『東洋學』. 단국대학교 동양학연구소 2000.

白忠鉉·李泰鎭「日本國際法學會와 大韓帝國國權侵奪政策」. 『서울국제법연구』 6권 2호. 서울: 서울국제법연구원 1999.

保坂祐二「후쿠자와(福澤)와 甲申政變」. 『韓日關係史硏究』 4. 한일관계사학회 1995.

徐榮姬「1894-1904年, 政治體制變動과 宮內府」. 『韓國史論』 23권. 서울: 서울대학

국사학과 1990.

______「大韓帝國의 歷史的 性格: 光武政權의 形成과 改革政策 推進」.『歷史와 現實』26. 한국역사연구회 1997.

徐珍敎「大韓帝國期 高宗의 皇室追崇事業과 皇帝權 强化의 思想的 基礎」.『韓國近現代史硏究』19집 2001년 겨울.

______「大韓帝國期 高宗의 皇帝權 强化政策硏究」. 서강대학 사학과 박사논문 1998.

石和靜「러시아의 韓半島 中立化政策: 위떼의 對滿洲政策과 關聯하여」.『中蘇硏究』83호(1999).

薛錫圭「奎章閣硏究: 正祖代의 政局과 關聯하여」上·下.『大邱史學』29, 31집(1986, 1987).

成大慶「大院君政權性格硏究」. 성균관대학 박사논문 1984.

宋金永「大韓帝國의 中立化 外交政策(1897-1904): Russia 外交文書 保管室의 最近資料를 中心으로」.『外交』제36호. 서울 1995. 12.

宋炳基「開化期 日本留學生 派遣과 實態(1881-1903)」.『東洋學』18-1. 단국대학 동양학연구소 1988.

______「高宗初期의 外交」. 國史編纂委員會 편『韓民族獨立運動史』1권. 서울: 탐구당 1987.

______「光武改革硏究: 그 性格을 中心으로」.『史學誌』10輯. 서울: 단국대학사학회 1976.

______「歐美列强의 朝鮮進出과 對應」.『東洋學』28-1. 단국대학 동양학연구소 1998.

______「朴珪壽의 對美開國論」.『李基白先生古稀紀念 韓國史學論叢』下. 서울: 일조각 1994.

宋贊植「朝鮮朝 士林政治의 權力構造—銓郎과 三司를 中心으로」.『經濟史學』2. 경제사학회 1978.

申東埈「先秦 儒法家의 治道觀과 治法觀의 比較硏究」. 서울대학 정치학과 박사논문 1998.

辛承權「露日戰爭前後의 Russia와 韓國(1898-1905)」.『韓露關係百年史』. 서울: 한국사연구협의회 1984.

愼連緈「東亞細亞 三國의 社會進化論 受容에 관한 硏究」. 서울대학 외교학과 박사논문 1991.

愼鏞廈「『韓國近代農業史硏究』에 관한 書評」.『韓國史硏究』 13권. 서울: 한국사연구회 1976.

______「光武改革論의 問題點」.『創作과批評』 49권. 서울: 창작과비평사 1978 가을.

沈箕載「幕末明治 初期에 있어서의 日本의 對朝鮮 對應」.『東洋學』 30집. 단국대학 동양학연구소 2000. 6.

安外淳「高宗의 初期(1864-1873) 對外認識 變化와 親政: 遣淸回還使 召見을 中心으로」.『韓國 政治學會報』 30집 2호(1996).

______「大院君執政期 權力構造에 관한 硏究」. 이화여자대학 박사논문 1996.

______「朝鮮에서의 民主主義 受容論의 推移: 崔漢綺에서 獨立協會까지」.『社會科學硏究』 9집. 서강대학교 사회과학연구소 2000.

安鍾哲「親政前後 高宗의 對外觀과 對日政策」.『韓國史論』 40. 서울대학 국사학과 1998.

梁賢惠「近代朝鮮에 있어서 民族的 아이덴티티와 基督敎: 尹致昊와 金敎臣의 境遇를 中心으로」.『韓國基督敎歷史硏究所소식』 19. 한국기독교역사연구소 1995.

嚴燦鎬「高宗의 對外政策硏究」. 강원대학 사학과 박사논문 2000.

延甲洙「甲申政變 以前의 國內 政治勢力의 動向」.『國史館論叢』 93. 서울: 국사편찬위원회 2000.

______「高宗初中期(1864-1894) 政治變動과 奎章閣」.『奎章閣』 17. 서울: 서울대학교 규장각 1994.

吳連淑「大韓帝國期 高宗의 人事政策과 관료층의 형성: 議政府 칙임관급 관료를 중심으로」.『국사관논총』. 서울: 국사편찬위원회 2002.
오영섭「개항후 만국공법 인식의 추이」.『동방학지』124권(2004).
吳恒寧「朝鮮 孝宗代 政局의 變動과 그 性格」.『泰東古典硏究』9(1993).
______「統一時代 歷史認識을 찾아서」.『三國統一과 韓國統一』下卷. 서울: 통나무 1994.
王賢鍾「甲午改革期 權力構造 改編과 君主權의 位相」.『東方學誌』. 서울: 연세대학교 2001.
______「19世紀末 改革官僚의 西歐 政體認識과 立憲問題」.『韓國思想史學』17(2001).
______「大韓帝國期 立憲論議와 近代國家論: 皇帝權과 權力構造의 變化를 中心으로」.『韓國文化』29(2002).
禹仁秀「朝鮮 孝宗代 北伐政策과 山林」.『歷史教育論集』15. 역사교육학회 1990.
______「17世紀 山林의 勢力基盤과 政治的 機能」. 경북대학 박사논문 1992.
______「18·19世紀 山林의 機能 弱化와 性格變化」.『大邱史學』55집(1997).
禹澈九「淸日戰爭을 前後한 France와 韓國」.『韓佛修交百年史』. 한국사연구협의회 1986.
源了圓「近世日本實學에 있어서의 李退溪 思想의 受容」.『退溪學報』18. 퇴계학연구원 1978.
元載淵「朝鮮後期 西洋認識의 變遷과 對外開放論」. 서울대학 박사논문 2000.
柳根鎬「開化思想의 段階的 考察: 初期 開化派의 思想的 特徵을 中心으로」.『韓國政治外交史論叢』1. 한국정치외교사학회 1985.
______「近世日本의 對外思想의 變遷: 知識人의 尊華論과 尊王論을 中心으로」.『東北亞』3. 서울: 동북아문화연구원 1996.
劉奉學「正祖代 政治論의 推移」.『京畿史學』3(1999).
柳永益「甲午乙未年間(1894-1895) 朴泳孝의 改革活動」.『國史館論叢』36(1992).

______「美國軍事敎官雇聘始末片考: 1880-90年代를 中心으로」. 『軍史』 4권 (1982).

______「全琫準 義擧論: 甲午農民蜂起에 대한 通說 批判」. 『李基白先生古稀紀念 韓國史學論叢』 下. 서울: 일조각 1994.

劉仁善「中越關係와 朝貢關係」. 『歷史學報』 114(1987).

유재곤「韓·日 兩國의 萬國公法 受容·認識」. 『韓日關係史硏究』(1997).

尹炳奭「歐美에서의 義烈鬪爭: 李相卨의 遺文과 李儁, 張仁煥, 田明雲의 義烈」. 『韓國獨立運動史硏究』 2. 독립기념관 한국독립운동사연구소 1988.

尹炳喜「第2次 日本亡命時節 朴泳孝의 쿠데타 陰謀事件」. 『李基白先生古稀紀念 韓國史學論叢』 下. 서울: 일조각 1994.

윤영도「중국 근대 초기 서학 번역: 『만국공법』번역 사례를 중심으로」. 연세대학교 박사논문 2005.

윤정「朝鮮 中宗, 英祖代 『大學衍義補』進講의 意味」. 『奎章閣』 23집. 서울: 서울대학교 규장각 2000.

尹貞粉「『大學衍義補』의 朝鮮傳來와 그 受容: 正祖의 『御定大學類義』를 中心으로」 상·하. 『中國史硏究』14, 17(2001, 2002).

尹熙勉「高宗代의 書院撤廢와 兩班 儒林의 對應」. 『韓國近現代史硏究』 10집(1999).

殷丁泰「高宗親政以後 政治體制의 改革과 政治勢力의 動向」. 『韓國史論』 40. 서울: 서울대학 국사학과 1998.

이경미「대한제국의 서구식 대례복 패러다임」. 서울대학교 의류학과 박사논문 2008.

______「갑신의제개혁이전 일본 파견 수신사와 조사시찰단의 복식 및 복식관」. 『한국의류학회지』 Vol. 33 No.1(2009).

______「19세기말 서구식 대례복 제도에 대한 조선의 최초 시각: 서계접수문제를 통해」. 『한국의류학회지』 Vol. 33 No.5(2009).

李啓煌「近世天皇制 硏究序說」. 『日本歷史硏究』. 일본사학회 1999.

______「日本 前近代의 國家性格과 天皇」.『歷史批評』2000 봄.

李光麟「美國軍事敎官의 招聘과 鍊武公院」.『震檀學報』28. 진단학회 1965.

______「〈農政新編〉에 대하여」.『歷史學報』37집. 역사학회 1968a.

______「漢城旬報와 漢城週報에 대한 一考察」.『歷史學報』38. 서울: 역사학회 1968b.

______「近世朝鮮政鑑에 대한 몇 가지 問題」.『韓國開化史硏究』. 일조각 1969a.

______「海國圖誌의 韓國傳來와 그 影響」.『韓國開化史硏究』. 일조각 1969b.

______「開化派의 改新敎觀」.『歷史學報』66. 서울: 역사학회 1975a.

______「徐載弼의 獨立新聞 刊行에 대하여」.『震檀學報』39. 진단학회 1975b.

______「兪吉濬의 開化思想: 西遊見聞을 中心으로」.『歷史學報』75c. 서울: 역사학회 1977.

______「韓國에 있어서의 萬國公法의 受容과 그 影響」.『韓國開化史硏究』. 서울: 일조각 1982.

이근관「동아시아에서의 유럽 국제법의 수용에 관한 고찰:『만국공법』의 번역을 중심으로」.『서울국제법연구』제9권 2호(2002).

李娜美「19世紀末 開化派의 自由主義 思想: 獨立新聞을 中心으로」.『韓國政治學會報』35집 3호 2001 가을.

李楠永「星湖 李瀷의 退溪觀과 그의 實學論」.『退溪學報』36(1982).

李萬烈「19世紀末 日本의 韓國史硏究」. 한국사연구회 편『淸日戰爭과 韓日關係: 日本의 對韓政策形成에 관한 硏究』. 서울: 일조각 1985.

李美愛「1880-1884年 富强政策 推進機構와 議政府」. 서울대학 국사학과 석사논문 1999.

李玟源「大韓帝國의 歷史的 性格」.『東洋學』30. 단국대학교 동양학연구소 2000.

李培鎔「開化期 明成皇后 閔妃의 政治的 役割」.『國史館論叢』66집. 서울: 국사편찬위원회 1995.

李範稷「朝鮮後期 王室構造 硏究: 仁祖代를 中心으로」.『國史館論叢』80집. 서울:

국사편찬위원회 1996.
李秉烋「中宗 明宗代 權臣 戚臣政治의 推移와 晦齋의 對應」.『李晦齋의 思想과 그 世界』. 서울: 성균관대학교 대동문화연구원 1992.
李相冕「大韓帝國의 國際法에 대한 態度」.『19世紀 韓日兩國의 傳統社會와 外來文化』(한일문화교류기금). 서울 1991.
______“Korean Attitudes toward International Law after the Open-Door to the West(I, II).” 서울대학교『法學』28권 3-4호(1987).
李相燦「1896년 義兵과 明成王后 支持勢力의 動向」.『韓國文化』20. 서울: 서울대학교 1997.
______「1896年 義兵運動의 政治的性格」. 서울대학 국사학과 박사논문 1996.
李碩圭「朝鮮初期의 天人合一論과 災異論」.『震檀學報』81. 서울: 진단학회 1996.
李瑄根「大院君의 政治」.『韓國史最近世, 現代篇』. 서울: 을유문화사 1963.
李成珪「中華思想과 民族主義」.『哲學』37집 1992년 봄.
李成茂「『經國大典』의 편찬과『大明律』」.『歷史學報』125집. 서울: 역사학회 1990.
李成市「黑板勝美(구로이타 가쯔미)를 통해 본 植民地와 歷史學」.『韓國文化』23(1999).
李迎春「尤庵 宋時烈의 尊周思想」.『淸溪史學』2(1985).
李完宰「開化思想의 槪念과 分化問題」.『韓國學論集』13집. 한양대학교출판부 1988.
李用熙「巨文島占領外交綜攷」.『李相伯博士回甲紀念 論叢』(1964).
______「東仁僧의 行蹟: 金玉均派 開化黨의 形成에 關聯하여」.『論文集』1호. 서울: 서울대학 국제문제연구소 1973.
______「韓日關係의 精神史的 問題: 邊境文化 意識의 葛藤에 대하여」.『新東亞』1970. 8.
李佑成「乙巳士禍의 一考察: 晦齋의 現實對處方式을 中心으로」.『李晦齋의 思想과 그 世界』. 성균관대학교 대동문화연구원 1992.

______「李朝 儒敎政治와 山林의 存在」. 『韓國의 歷史像』. 서울: 창작과비평사 1982.

李元淳「鮮初史書의 歷史認識」. 『韓國民族思想史大系 中世編』. 서울: 아세아학술연구회 1974.

______「韓末雇聘歐美人綜鑑」. 『韓國文化』 10집. 서울: 서울대학교 한국문화연구소 1989.

______「丙寅洋擾一考」. 『韓佛修交100年史』. 서울: 한국사연구협의회 1986.

李元植「通信使記錄을 통해 본 對日本認識」. 『國史館論叢』 76집. 서울: 국사편찬위원회 1997.

______「韓日善隣外交와 朝鮮通信使」. 『史學硏究』 59(1999).

李潤相「1894-1910년 財政制度와 運營의 變化」. 서울대학 국사학과 박사논문 1996.

______「대한제국기 국가와 국왕의 위상제고사업」. 『震檀學報』 95. 서울: 진단학회 2003.

______ 외「光武改革硏究의 現況과 課題」. 『歷史와 現實』 8집. 서울: 역사비평사 1992.

李垠松「高宗의 開化敎育政策硏究, 1880-1884」. 『韓國敎育史學』 21집(1999).

李在喆「17世紀 士林政治期 備邊司의 機能」. 『韓國史硏究』 99, 100합집. 서울: 한국사연구회 1997.

李讚熙「日本史 敎科書에 나타난 韓國近代史 認識」. 尹炳奭 편 『獨立運動史의 諸問題』. 서울: 범우사 1992.

李昌訓「20世紀初 France의 對韓政策」. 『韓佛外交史 1886-1986』 韓國外交史學會論叢 3집. 서울: 평민사 1987.

李泰鎭「士林派의 鄕約補給運動」. 『韓國文化』 4. 서울대학교 한국문화연구소 1983.

______「정조의 『大學』 탐구와 새로운 君主論」. 『李晦齋의 思想과 그 世界』. 서울:

대동문화연구원 1992.
______「14-16世紀 韓國의 人口增加와 新儒學의 影響」.『震檀學報』76. 서울: 진단학회 1993.
______「조선후기 대명의리론의 변천」.『아시아문화』10호. 한림대학교 아시아문화연구소 1995.
______「小氷期(1500-1750) 天變災異 研究와 朝鮮王朝實錄: Global History의 한 場」.『歷史學報』149집. 역사학회 1996.
______「18-19 世紀 서울의 近代的 都市發達 樣相」.『서울600년』(1996).
______「18世紀 韓國史에서의 民의 社會的 政治的 位相」.『震檀學報』88. 서울: 진단학회 1999.
______「外界衝擊 大災難說과 人類歷史의 새로운 解析」.『歷史學報』164. 역사학회 1999.
______·朱鎭五·具汏列·金度亨「高宗의 再評價: 保守回歸인가 歷史的 前進인가」.『歷史批評』. 서울: 역사비평사 1997.
李澤徽「1880年代의 政治思想의 흐름과 近代 韓國民族主義의 內在的 葛藤」.『東北亞』6. 서울: 동북아문화연구원 1997.
______「衛正斥邪思想과 運動의 歷史的 位相」.『東北亞』3. 서울: 동북아문화연구원 1996.
李漢基「韓國과 日本의 開國과 國際法」.『學術院論文集』19집(1980).
李昊宰「露日戰爭을 前後한 韓國人의 對外認識變化: 大韓每日申報의 內容을 中心으로」.『社會科學論集』6. 서울: 고려대학 정경대학 1977.
李熏「朝鮮後期 違式書契를 통해서 본 朝日交涉의 特質: 朝鮮側 書契를 中心으로」.『韓日關係史研究』창간호(1993).
林明德(린밍더)「甲申政變期 清朝 中國의 對韓政策」.『東北亞』5. 서울: 동북아문화연구원 1997.
______「清末 中國政局과 對韓政策(1885-1894)」.『東北亞』7. 서울: 동북아문화

연구원 1998.

任善和「宣敎師의 獨立協會와 大韓帝國 認識: 언더우드와 아펜젤러를 中心으로」. 『全南史學』 14. 전남사학회 2000.

林在讚「丙寅洋擾를 前後한 大院君의 軍事政策」. 『慶北史學』 24집. 경북사학회 2001.

張錫萬「近代文明이라는 이름의 改新敎」. 『歷史批評』 46호. 역사문제연구소 1999년 봄.

張寅性「Topos와 Identity: 開國期韓日知識人의 國際政治的思惟」. 『國際政治論叢』 37집 3호(1998).

______「明治維新의 改革思想:維新의 論理와 心理」. 『96夏季學術大會 論文集』. 한국정치학회 1996.

______「鎖國·開國 空間의 對外思惟: 思想史的 考察」. 『東北亞』 2집. 서울: 동북아문화연구원 1995.

______「維新의 아이덴티티와 文明: 메이지 維新의 分析틀」. 『韓國政治學會報』 33-2. 한국정치학회 1999.

______「自己로서의 아시아, 他者로서의 아시아: 近代朝鮮知識人에 나타난 아시아와 東洋」. 『新亞細亞』 제17호. 신아세아질서연구회 1998년 겨울.

張學根「燕山君의 災異論에 대한 認識變化: 君權 言權論爭을 中心으로」. 『慶南史學』 7. 경남사학회 1995.

田美蘭「統理交涉 通商事務衙門에 관한 硏究」. 『梨大史苑』 24-25 합집(1989).

田福姬「19世紀末 進步的 知識人의 人種主義的 特性: 獨立新聞과 尹致昊日記를 中心으로」. 『韓國政治學會報』 29집 1호(1995).

田鳳德「大韓國國制의 制定과 基本思想」. 『法史學硏究』 창간호. 서울 1974. 7.

______「朴泳孝와 그의 上疏硏究序說」. 『東洋學』 8. 단국대학 동양학연구소 1978.

全海宗「淸代 韓中朝貢關係 綜考」. 『震檀學報』 29, 30 합집. 서울: 진단학회 1966.

______「統理機務衙門 設立의 經緯에 관하여」. 『歷史學報』 17·18 합집. 서울: 역

사학회 1962.
鄭景姬「英祖前半期(1724년-1748년) 朝鮮性理學에 대한 英祖의 性理學 理解」. 『韓國史硏究』 103. 서울: 한국사연구회 1998.
______「英祖後半期(1749년-1776년) 經筵과 英祖의 義理論 强化」. 『歷史學報』 162집. 서울: 역사학회 1999.
鄭求福「朝鮮前期의 歷史敍述」. 李佑成·姜萬吉 편 『韓國의 歷史認識』 上. 서울: 창작과비평사 1976.
鄭肯植「西歐法 受容의 歪曲」. 『歷史批評』 46호(1999년 봄호).
鄭洛根「韓末 開化知識人의 對外觀에 대한 硏究」. 한국외대 박사논문 1994.
鄭杜熙「乙卯士禍와 趙光祖」. 『歷史學報』 146. 역사학회 1995.
______「朝鮮 成宗代 臺諫의 彈劾活動」. 『歷史學報』 109(1986).
______「朝鮮世祖-成宗朝의 功臣硏究」. 『震檀學報』 51. 서울: 진단학회 1981.
______「朝鮮初期 三功臣 硏究: 그 社會的 背景과 政治的 役割을 中心으로」. 『歷史學報』 75. 역사학회 1977.
鄭萬祚「16世紀 士林系 官僚의 朋黨論: 歐·朱 朋黨論과의 比較를 通하여」. 『韓國學論叢』 12(1989).
______「朝鮮時代 朋黨論의 展開와 그 性格」. 『朝鮮後期 黨爭의 綜合的 檢討』. 서울: 한국정신문화연구원 1992.
______「朝鮮中期 儒學의 系譜와 朋黨政治의 展開」. 『朝鮮時代史學報』 17. 조선시대사학회 2002.
鄭崇教「朴珪壽의 生涯와 思想(1807-1877)」. 『東北亞』 2집. 서울: 동북아문화연구원 1995.
鄭然泰「19世紀後半 20世紀初 西洋人의 韓國觀: 相對的 停滯性論. 政治社會腐敗論. 他律的 改革不 可避論」. 『歷史와 現實』 34(1999).
______「光武年間 西洋人의 高宗觀」. 『韓國史硏究』 115. 서울: 한국사연구회 2001.

鄭玉子「奎章閣 抄啓文臣 硏究」.『奎章閣』4. 서울: 서울대학교 규장각 1981.

______「紳士遊覽團考」.『歷史學報』27. 서울: 역사학회 1965.

______「正祖의 抄啓文臣敎育과 文體政策」.『奎章閣』6. 서울: 서울대학교 규장각 1982.

鄭容和「朝鮮에서의 立憲民主主義 觀念의 受容: 1880年代를 中心으로」.『韓國政治學會報』32-2(1998).

______「兪吉濬의 政治思想硏究: 傳統에서 近代로의 複合的移行」. 서울대학 외교학과 박사논문 1998.

______「文明開化論의 덫:『尹致昊日記』를 中心으로」.『國際政治論叢』41집 4호(2001).

鄭奭鍾「洪景來亂」.『傳統時代의 民衆運動』. 서울: 풀빛 1981.

鄭在貞「日本內 韓國關係資料 硏究: 外務省 外交史料館 所藏 文書를 中心으로」.『國史館論叢』73. 서울: 국사편찬위원회 1997.

鄭在薰「『聖學輯要』를 통해 본 朝鮮中期의 政治思想:『大學衍義』와의 比較를 中心으로」.『奎章閣』22집. 서울: 서울대학교 규장각 1999.

______「朝鮮前期『大學』의 理解와 聖學論」.『震檀學報』86. 서울: 진단학회 1998.

______「朝鮮前期 儒敎政治思想硏究」. 서울대학 국사학과 박사논문 2001.

鄭濟愚「金弘集의 生涯와 開化思想」.『史學硏究』36호(1983).

鄭鐘旭「外交에 있어서의 Perception에 관한 硏究: Cybernetic Model과 認知論的 接近을 中心으 로」.『論文集』8호. 서울: 서울대학 국제문제연구소 1984.

______「外交政策과 決定過程에 관한 硏究動向」.『論文集』11호. 서울: 서울대학 국제문제연구소 1987.

鄭昌烈「百姓意識. 平民意識. 民衆意識」.『歷史와 人間』. 서울: 두레 1982.

鄭弘俊「16·17世紀 權力構造의 改編과 大臣」.『韓國史硏究』84. 서울: 한국사연구회 1994.

______「17世紀 大臣과 儒賢의 力學關係」.『國史館論叢』65집. 서울: 국사편찬위

원회 1995.
趙慶蘭「進化論의 中國的 收容과 歷史認識의 轉換」. 성균관대학교 1994.
趙璣濬「韓國企業家史 研究: 李容翊」. 趙璣濬 외『日帝下의 民族生活史』. 서울: 현음사 1972.
趙東杰「植民史學の成立過程と近代史敍述」.『歷史教育論集』13·14호(1990).
______「奧村의 朝鮮國布教日誌」.『韓國學論叢』7. 서울: 국민대학교 1985.
曹秉漢「開國後 中國의 內政과 外交:阿片戰爭에서 洋武運動 以前까지」.『東北亞』2집. 서울: 동북아문화연구원 1995.
趙誠乙「미국에서의 한국사 時代區分論」.『韓國史研究』115. 서울: 한국사연구회 2001.
______「洪大容의 歷史認識: 華夷觀을 중심으로」.『震檀學報』79. 서울: 진단학회 1995.
趙宰坤「1884年 政變主導勢力의 商業改革構想과 惠商公局問題」.『歷史와 現實』30집. 서울 1998.
______「韓末 朝鮮知識人의 東아시아 三國提携認識과 論理」.『歷史와 現實』제37집(2000).
趙鐘業「北伐과 春秋大義」.『百濟研究』10. 충남대학 백제연구소 1979.
趙惠仁「베버의 宗派 및 黨派 理論의 擴充: 朝鮮朝 朋黨에 基礎하여」.『韓國社會史研究會 論文集 24: 社會史研究의 理論과 實際』. 문학과지성사 1990.
朱鎭五「1898年 獨立協會 運動의 主導勢力과 支持基盤」.『歷史와 現實』15집. 서울: 한울 1989.
______「19世紀後半 開化改革論의 構造와 展開: 獨立協會를 中心으로」. 연세대학 사학과 박사논문 1995.
______「獨立協會의 主導勢力과 參加階層: 獨立門 建立 推進委員會 時期를 中心으로」.『東方學誌』77, 78, 79합본. 연세대학 국학연구원 1993.
______「해산전후 독립협회활동에 대한 각 계층의 반응: 황실과 언론을 중심으

로」.『實學思想硏究』 9(1997).
______「19세기 말 조선의 자주와 독립」.『한국 근대국가 수립과 한일관계』. 서울: 경인문화사 2010.
池斗煥「조선전기『大學衍義』이해과정」.『태동고전연구』 10. 서울: 한림대학교 태동고전연구소 1993.
______「朝鮮後期 英祖代 經筵科目의 變遷: 朝鮮 性理學 確立과 關聯하여」.『震檀學報』 81. 서울: 진단학회 1996년 여름.
______「先祖 光海君代 大同法 論議」.『韓國學論叢』 19. 국민대학 한국학연구소 1996.
______「尤庵 宋時烈의 生涯와 思想」.『韓國思想과 文化』 12. 한국사상문화학회 2001.
______「尤庵 宋時烈의 政治思想: 孝宗代를 中心으로」.『韓國學論叢』 23. 국민대학 한국학연구소 2001.
陳德奎「조선후기 정치사회의 권력구조에 관한 정치사적 인식」.『19세기 한국 전통사회의 변모와 민중의식』. 서울: 고려대학교 민족문화연구소 1982.
車基眞「星湖學派의 서학 인식과 斥邪論에 대한 연구」. 한국정신문화연구원 박사논문 1996.
車善惠「1884年 政令의 軍制改革構想과 性格」.『歷史와 現實』 30집. 서울 1999.
崔德壽「『使和記略』硏究」.『史叢』 50. 고려대학교 1999.
______「開港期西洋이 바라본 韓國人, 韓國歷史」.『民族文化硏究』 30. 고려대학민족문화연구소 1997.
______「獨立協會의 正體論 및 外交論 硏究:獨立新聞을 中心으로」.『民族文化硏究』 13. 고려대학 민족문화연구소 1978.
______「朴泳孝硏究」.『東北亞』 6집. 서울: 동북아문화연구원 1997.
崔奭祐「前近代 傳統 知識人의 對西洋 認識」.『國史館論叢』 76집. 서울: 국사편찬위원회 1997.

崔韶子「18世紀 後半 燕行錄을 통해본 朝鮮 知識人의 中國認識」.『國史館論叢』76집. 서울: 국사편찬위원회 1997.

崔承熙「世祖代 王位의 脆弱性과 王權强化策」.『朝鮮時代史學報』1. 서울: 조선시대사학회 1997.

______「世宗期의 王權과 國政運營體制」.『韓國史研究』87. 서울: 한국사학회 1994.

______「朝鮮 太祖의 王權과 政治運營」.『震檀學報』64. 서울: 진단학회 1987.

______「朝鮮初期 言官에 關한 研究: 言官言論과 王權의 相關係」.『東亞文化』13집(1976).

최영진「韓末 國權喪失의 政治社會的 起源: 17 8世紀 朝鮮 支配엘리트의 國家意識, 對外認識, 國家能力을 中心으로」.『韓國政治外交史論叢』21-2. 한국정치외교사학회 2000.

崔異敦「16世紀 士林의 進出과 政治構造의 變動過程」. 서울대학 국사학과 박사논문 1991.

崔丁云「國際政治에 있어서 文化의 意味」.『論文集』. 서울: 서울대학 국제문제연구소 1998.

崔鍾庫「西洋法學東漸考: 明治 高宗代의 西洋法學 翻譯書를 中心으로」.『奎章閣』10. 서울: 서울대학교 규장각 1987.

崔震植「甲申政變을 前後한 開化派의 外交認識論」.『釜山史學』32집(1997).

河宇鳳「開港期 修信使行에 관한 一研究」.『韓日關係史研究』10집(1999).

______「實學派의 對外認識」.『國史館論叢』76집. 서울: 국사편찬위원회 1997.

河政植「歐美列强의 中國侵略과 朝鮮의 反應」.『東洋學』28-1. 단국대학 동양학연구소 1998.

______「太平天國과 1850-60年代初 朝鮮王朝의 危機意識」.『東方學誌』87집. 연세대학 국학자료원 1995.

韓明基「明淸交替期 東北亞 秩序와 朝鮮 支配層의 對應」.『歷史와 現實』37권

(2000).

韓相一「후쿠자와 유키치(福澤諭吉)의 世界秩序와 韓國觀에 對한 硏究」.『東北亞』 6집. 서울: 동북아문화연구원 1997.

韓永愚「乙未之變 大韓帝國 成立과 明成皇后 國葬圖鑑儀軌」.『韓國學報』 26-3(2000).

韓沽劤「開港當時의 危機意識과 開化思想」.『韓國史硏究』 2. 서울: 한국사연구회 1968.

______「李朝〈實學〉의 槪念에 대하여」.『震檀學報』 19. 서울: 진단학회 1958.

______「朝鮮前期 史官과 實錄編纂에 관한 硏究」.『震檀學報』 66호. 서울: 진단학회 1988.

韓哲昊「閔氏戚族政權期(1885-1894) 內務府의 組織과 機能」.『韓國史硏究』 90. 서울: 한국사연구회 1995.

______「朝鮮의 政治機構改編과 執權勢力의 變動(1884-1894)」.『東北亞』 7집. 서울: 동북아문화연구원 1998.

______「統理軍國事務衙門(1882-1884)의 組織과 運營」.『李基白先生古稀紀念 韓國史學論叢』 下. 서울: 일조각 1994.

咸東珠「明治期 아시아主義의 아시아像」.『日本歷史硏究』 5집(1996).

______「明治日本의 朝鮮論: 文明的 側面을 中心으로」.『韓日關係史硏究』 2호(1994).

許東賢「1881年 朝士視察團 硏究: 日本 見聞報告書의 內容을 中心으로」. 고려대학 사학과 박사논문 1993.

______「1881年 朝士視察團의 明治日本 政治制度 理解: 朴定陽의『內務省視察記』와『聞見事 件』類등을 中心으로」.『韓國史硏究』 86. 서울: 한국사연구회 1994.

______「朝士視察團(1881)의 日本見聞記錄 總攬」.『史叢』 48. 역사학연구회 1998.

玄明喆「開港前 韓日關係의 變化에 대한 考察: 日本의 開港부터 倭館接受까지 日本史 理解를 中心으로」.『國史館論叢』 72. 서울: 국사편찬위원회 1996.

洪順敏「19世紀 王位의 承繼過程과 正統性」.『國史館論叢』40집. 서울: 국사편찬위원회 1992.

2) 일본어·중국어

Duus, Peter「朝鮮觀の形成: 明治期の支配イメージ」. ピーター・ドウス·小林英夫 편『帝國という幻想』. 青木書店 1998.

Gluck, Carol「一千年期における社會科學: 歷史的批判と展望」.『社會科學硏究』49권 2호(1998).

______「近代としての二十世紀: 日本の戰後を考える」.『世界』(1997. 11).

Harootunian, Harry「近代日本の經驗における國學とその記憶: 詩學·反復·脫歷史化」.『岩波講座: 現代思想 15巻: 脫西歐の思想』. 東京: 岩波書店 1994.

ハウランド, D. R.「中國文明の境界: 朝貢システムのジオモラルな文脈」.『思想』No. 899. 岩波 1999. 5.

加藤節「思想としての二十世紀」.『世界』635호. 東京: 岩波書店 1997. 5.

姜尙中「福田德三の『朝鮮停滯史觀』: 停滯論の原像」.『季刊三千里』49호(1987).

______「福澤諭吉: 文明論とオリエンタリズム」.『講座世界史 3巻: 民族と國家』. 東京: 東京大學 1995.

康成銀「三一運動における『民族代表』の活動に關する一考察」.『朝鮮學報』130호. 天理大學 1989.

姜信沆「王權と訓民正音の創製」.『朝鮮學報』138호. 天理大學 1990.

康玲子「甲申政變の問題點:『甲申日錄』の檢討を通じて」.『朝鮮史硏究會論文集』22집. 朝鮮史硏究會 1985.

______「甲申政變の評價をめぐって」.『季刊三千里』40호(1984).

岡義武「國民的獨立と國家理性」.『日本近代思想史講座 8권: 世界の中の日本』. 東京: 筑摩書房 1961.

姜在彦「甲午改革·獨立協會·活貧黨」.『季刊 三千里』34호(1983 여름).

姜海守「植民地朝鮮における國文學史の成立」. 西川長夫 편『世紀轉換期の國際秩序と國民國家の形成』. 柏書房 1999.

______「朝鮮學の成立」.『江戸の思想』7호. ペリカン社 1997.

堅田剛「加藤弘之の國法學: ブルンチュリ『國法汎論』との關連で」.『獨協法學』43호. 東京: 獨協大學 1996.

犬塚孝明「明治初期外交指導者の對外認識: 副島種臣と寺島宗則を中心に」.『季刊國際政治』102. 日本國際政治學會 1993.

桂島宣弘「アジア主義·何處から何處へ: 近世後期思想史からの照射の試み」.『岩波講座: 現代思想 14巻: 近代·反近代』. 東京: 岩波書店 1994.

______「一國思想史學の成立: 帝國日本の形成と日本思想史の發見」. 西川長夫 편『世紀 轉換期の國際秩序と國民國家の形成』. 柏書房 1999.

桂島宣弘「華夷思想の解體と國學的自己像の生成」.『江戸の思想』4. 東京: ペリカン社 1996.

高橋秀直「1880年代の朝鮮問題と國際政治」.『史林』71-6(1988).

______「壬午事變と明治維新: 江華條約より壬午事變までの朝鮮政策の展開」. 日本政治學界 편『年報政治學: 日本外交におけるアジア主義』. 東京: 岩波書店 1998.

______「壬午事變後の朝鮮問題」.『史林』72-5(1989).

______「形成期明治國家と朝鮮問題」.『史學雜誌』98-3(1989).

高橋孝助「中華帝國の近代化と再編」.『講座世界史 3卷: 民族と國家』. 東京: 東京大學 1995.

高崎宗司「福澤諭吉の朝鮮論と開化派」.『季刊 三千里』40호. 東京 1984.

高柳信夫「嚴復の政治論の基本構造」.『東洋文化硏究』1호. 學習院大學東洋文化硏究所 1999. 3.

高山巖「民族國家の形成と主權問題: 歷史的視點からの一考察」.『季刊國際政治』101. 日本國際政治學會 1992.

古田光「思想史の課題と日本の近代」.『近代日本思想史體系 2卷: 近代日本社會思想史I』. 東京: 有斐閣 1968.

廣瀨貞三「李容翊の政治活動(1904-1907年)について: その外交活動を中心に」.『朝鮮史硏究會論文集』25집(1988. 3).

廣田まさき「福澤諭吉: 啓蒙主義的國家觀」. 田中浩·小松茂夫 편『日本の國家思想』. 青木書店 1980.

橋谷弘「日本における朝鮮近代史硏究の新たな潮流: 最近の日本·アジア關係史硏究の進展と關連して」.『東京經大會誌』205(1997. 12).

橋川文三「反近代と近代の超克」.『近代日本政治思想の諸相』. 東京: 未來社 1968.

溝口雄三「中國儒敎の10のアスペクト」.『思想』No. 792. 東京: 岩波書店 1990.

駒込武「『文明』の秩序とミッション: イングランド長老敎會と19世紀のブリテン·中國·日本」. 近代日本硏究會 편『地域史の可能性: 地域, 日本, 韓國』. 東京: 山川出版社 1997.

君島和彦「韓國廢滅(倂合)の捉えかた: 三冊の「韓國倂合」に學ぶ」. 阿部猛 편『日本社會における王權と封建』. 東京堂出版 1997.

堀口修「「日淸講和條約」及び「日淸通商航海條約」について: 條文の背後にあるものを求めて」. 東アジア近代史學會 편『日淸戰爭と東アジア世界の變容』下卷. ゆまに書房 1997.

宮崎賢太郞「アジア諸國のキリスト敎受容」.『アジアのなかの日本史』5. 東京: 東京大學 1993.

宮嶋博史「開化派硏究の今日的意味」.『季刊三千里』40호(1984).

______「朝鮮農業史上における十五世紀」.『朝鮮史叢』3호(1980).

______「光武改革論」.『歷史學硏究』No. 586. 東京: 青木書店 1988. 10.

______「近代アジアの政治變革と君主制: 日本·朝鮮·タイ」.『歷史評論』438호. 校倉書房 1986.

______「趙景達の『異端の民衆反亂: 東學と甲午農民戰爭』」.『思想』No. 901(1999.

7).
______「朝鮮社會と儒教: 朝鮮儒教思想史の一解釋」.『思想』No. 750. 東京: 岩波書店 1986. 12.
宮田節子「日本の朝鮮支配の本質: 內戰一體を中心に」.『日朝關係史を考える』. 青木書店 1989.
宮地正人「國家神道の確立過程」.『幕末維新期の文化と情報』. 東京: 名著刊行會 1994.
______「幕末・明治前期における歷史認識の構造」.『日本近代思想大系 13卷: 歷史認識』. 東京: 岩波書店 1990.
權左武志「丸山眞男の政治思想とカール·シュミット: 丸山の西歐近代理解を中心として」上·下.『思想』No. 903, 904(1999. 9-10월).
今村與志雄「朝鮮實學派の殘照: 黃玹と金澤榮についてのノート」.『季刊三千里』40호(1984).
磯野直秀「進化論の日本への導入」. 守屋毅 편『共同硏究 モースと日本』(1988).
旗田巍「朝鮮史像と停滯論」.『朝鮮史歷史論集』下. 龍溪書舍 1979.
______「日朝關係と歷史學」. 歷史學硏究會『日朝關係史を考える』. 青木書店 1989.
______「朝鮮史硏究會の成果と課題: 朝鮮史像」.『朝鮮史硏究會論文集』21호. 朝鮮史硏究會 1984. 3.
吉野誠「王政復古と征韓論」.『東洋文化硏究』1호. 學習院大學 東洋文化硏究所 1999. 3.
______「吉田松陰と朝鮮」.『朝鮮學報』128호. 天理大學 1988.
______「福澤諭吉の朝鮮論」.『朝鮮史硏究會論文集』26집. 朝鮮史硏究會 1989. 3.
______「朝鮮における民族運動の形成」.『講座世界史 3卷: 民族と國家』. 東京: 東京大學 1995.
吉野作造「明治維新の解釋」.『吉野作造選集』11권. 岩波 1995.
______「我國近代史に於ける政治意識の發生」.『吉野作造選集』11권. 岩波 1995.

金東明「一進會と日本: 政合邦と併合」.『朝鮮史硏究會論文集』33집. 朝鮮史硏究會 1995. 3.

金文子「朴珪壽の實學: 地球儀の製作を中心に」.『朝鮮史硏究會論文集』17호(1980. 3).

金鳳珍「朝鮮の萬國公法の受容下開港前夜から甲申政變に至るまで」.『北九州大学外国語学部紀要』78(1993).

______「近代における東アジア地域秩序の再構築」. 加藤祐三 편『近代日本と東アジア』. 東京: 筑摩書房 1995.

______「東アジア三國の『開國』再考」.『朝鮮近現代史論集』. 東京: 明石書店 1996.

______「東アジア知識人の國際秩序觀: 鄭觀應・福澤諭吉・兪吉濬の比較考察」. 東京大學博士論文 1991.

______「朝鮮の萬國公法の受容: 開港前夜から甲申政變に至るまで」.『北九州大學外國語學部紀要』제78호, 제80호(1994).

______「「礼」と万国公法の間: 朝鮮の初期開化派の公法観」.『北九州市立大学外国語学部紀要』102(2001).

金容沃「朝鮮朱子學と近代: アジア未來社會における作爲と整體」.『アジアから考える』5卷. 東京: 東京大學 1995.

金義煥「朝鮮開化党の幕後の指導者劉大致の活躍とその最後」.『朝鮮學報』98호. 天理大學 1981.

金泰俊「外國への憧憬と祖國への回歸: 兪吉濬の『西遊見聞』福澤諭吉の『西洋事情』との關連を中心に」.『比較文化硏究』. 東京: 東京女子大學 1997.

金河元「金玉均のクーデタ再起運動と『甲申日錄』執筆」.『朝鮮史硏究會論文集』28집. 東京: 明石書店 1991. 3.

蠟山政道「アジアのナショナリズムと日本」.『蠟山政道評論著作集 1卷＝國際政治と日本外交』. 中央公論社 1959.

鹿野政直「吉田松陰」.『講座比較文學 3卷: 近代日本の思想と藝術 I』. 東京: 東京大

學 1973.

大畑篤次郎「朝河貫一の日本外交批判」.『季刊國際政治』102. 日本國際政治學會 1993.

大庭健「普遍主義の文脈」.『岩波講座: 現代思想 14巻: 近代·反近代』. 東京: 岩波書店 1994.

大出晁「論理における日本と西洋」. 茅野良男『轉換期としての日本近代』. ミネルヴァ書房 1999.

大澤博明「對英依存から日英同盟へ」.『シリーズ日本近現代史 2巻: 資本主義と「自由主義」』. 東京: 岩波書店 1993.

______「明治前期の朝鮮政策と統合力: そのアジア主義的傾向を中心に」. 日本政治學会 편『年報政治學』日本外交におけるアジア主義. 岩波書店 1998.

______「日清開戰論」. 東アジア近代史學會 편『日清戰争と東アジア世界の變容』下卷. ゆまに書房 1997.

渡辺昭夫「日本の外交」.『講座國際政治 4巻: 日本の外交』. 東京: 東京大學 1989.

渡辺正雄「明治初期のダーウィニズム」.『講座比較文學 5巻: 西洋の衝擊と日本』. 東京: 東京大學 1973.

渡邊學「韓國思想史における內と外」.『韓』96(1980).

渡辺浩「儒學史の異同の一解釋: 「朱子學」以後の中國と日本」.『思想』. 東京: 岩波書店 1990. 10.

______「進步と中華: 日本の場合」.『アジアから考える 5巻: 近代化像』. 東京: 東京大學 1994.

藤間生大「李朝末期の思想的課題: 特に朝鮮國自主の意識と思想を中心として」.『朝鮮史研究會論文集』9. 朝鮮史研究會 1972.

______「日本近代軍成立の經濟構造: 「壬午軍亂」を媒介として」.『朝鮮史研究會論文集』22. 朝鮮史研究會 1985.

藤井譲治「アジアにおける官僚制と軍隊」.『アジアのなかの日本史』1. 東京: 東京

大學 1992.

毛利敏彦「岩倉使節團の編成事情」.『季刊國際政治』66. 日本國際政治學會 1980.

木村幹「儒教的レッセフェールと朝貢體制: 近代朝鮮における上からの改革を巡る一考察」1.『法學論叢』131권 제6호, 133권 4호. 京都: 京都大學法學會 1992.

茂木敏夫「李鴻章の屬國支配觀: 1880年代前後の琉球·朝鮮をめぐって」.『中國: 社會と文化』2호. 東京: 東京大學中國學會 1987.

______「中華帝國の『近代』的再編と日本」.『近代日本と植民地』1권. 東京: 岩波書店 1993.

______「淸末における『中國』の創出と日本」.『中國: 社會と文化』10호. 東京: 東京大學中國學會 1995.

文京洙「近代日本の國民國家形成と朝鮮」.『幕末明治期の國民國家の形成と文化變容』. 東京: 新曜社 1995.

梶村秀樹「朝鮮近代史と金玉均の評價」.『思想』510호. 東京: 岩波書店 1966.

______「朝鮮近代史の若干の問題」.『歷史學硏究』288호(1964).

朴宗根「閔氏政權の崩壞過程: 1894年の日淸兩軍の出兵と關連して」.『朝鮮史硏究會論文集』33호. 東京: 明石書店 1996. 9.

______「日淸開戰における日本軍の朝鮮王宮占領事件の考察(上·下)」.『歷史評論』302, 304. 東京: 校倉書房 1975.

______「日淸戰爭における日本軍の朝鮮王宮占領に對する朝鮮人民の反抗鬪爭」.『歷史評論』316. 東京: 校倉書房 1976.

飯塚浩二「東洋的な文化への反省」.『飯塚浩二著作集』1. 東京: 平凡社 1974.

______「東洋的社會の變貌」.『飯塚浩二著作集』2. 東京: 平凡社 1975.

______「和洋折衷の方式」.『飯塚浩二著作集』1. 東京: 平凡社 1974.

竝木賴壽「近代の日本とアジア主義」.『世界歷史 20: アジアの近代』. 東京: 岩波書店 1999.

竝木眞人「植民地期民族運動の近代觀: その方法論的考察」.『朝鮮史硏究會論文集』

26집. 朝鮮史研究會 1989. 3.

服部民夫「朝鮮社會の一つの見方: 人間關係からの接近」.『朝鮮史研究會論文集』31. 朝鮮史研究會 1993.

本山幸彦「アジアと日本: アジア觀の變遷を中心に」.『近代日本思想史體系 3卷: 近代日本政治思想史 I』. 東京: 有斐閣 1971.

夫馬進「萬曆二年朝鮮使節の『中華』國批判」.『山根幸夫教授退休記念明代史論叢』上. 汲古書院 1990.

北島萬次「秀吉の朝鮮侵略における神國意識」.『歷史評論』438호. 校倉書房 1986. 10.

北野裕通「近代日本と哲學: 西周の國家觀」. 茅野良男『轉換期としての日本近代』. ミネルヴァ書房 1999.

北原スマ子「朝鮮の對西洋開國決定とロシア認識」.『朝鮮史研究會論文集』33호. 朝鮮史研究會 1996. 9.

浜下武志「アジアの近代」.『世界歷史 20卷: アジアの近代』. 岩波 1999.

______「東アジア國際體系」.『講座國際政治 1卷: 國際政治の理論』. 東京大學 1989.

______「東アジア史に見る華夷秩序」.『國際交流』62호. 東京: 國際交流基金 1993.

______「東アジア研究の現在」.『アジアから考える』1. 東京: 東京大學 1994.

______「日本研究とアジア·アイデンティティ: アジアの中の日本史6卷の書評」.『思想』830호(1993. 8).

______「華夷秩序と日本: 18世紀·19世紀の東アジア海域世界」.『參考書誌研究』45호(1995. 10).

山崎庸佑「反近代ニーチェと日本」. 茅野良男『轉換期としての日本近代』. ミネルヴァ書房 1999.

山內昌之·小此木正夫·原武史「日韓の歷史に橋を架ける: 決して敵對してきた二國間關係ではない」.『外交フォーラム』No. 161(2001. 12).

山內昌之「帝國再び」.『帝國とは何か』. 東京: 岩波書店 1997.

山內弘一「朴趾源における北學と小中華」.『上智史學』37(1992).

山辺健太郎「甲申日錄の研究」.『朝鮮學報』17집. 天理大學 1960. 10.

______「朝鮮改革運動と金玉均: 甲申事變に關連して」.『歷史學研究』247호(1960. 11).

山室信一「アジア認識の基軸」.『近代日本のアジア認識』. 綠蔭書房 1996.

______「日本外交とアジア主義の交錯」. 日本政治學会 편『年報政治學: 日本外交におけるアジア主義』. 東京: 岩波書店 1998.

山影進「國家主權と國際關係論」.『季刊國際政治』101. 日本國際政治學會 1992.

山田昭次「自由民權期における興亞論と脫亞論: アジア主義の形成をめぐって」.『朝鮮史研究會論文集』6호(1969. 6).

三谷博「開國過程の再檢討: 外壓と主體性」.『近代日本研究の檢討と課題』. 東京: 山川出版社 1988.

______「開國前夜: 弘化/嘉永年間の對外政策」.『日本外交の危機意識』. 東京: 山川出版社 1985.

______「西洋國際體系を準備した鎖國: 日本の近世國家と對外觀」.『國際交流』62호.

______「維新と『公儀』」.『明治維新の革新と連續』. 東京: 山川出版社 1992.

三谷太一郎「吉野作造の明治文化研究」.『國家學會雜誌』83권 1-2호(1970).

______「日本の政治學のアイデンティティを求めて: 蠟山政治學にみる第一次世界大戰後の日本の 政治學とその變容」.『成溪法學』49호(1999).

三島憲一「傳統と習俗の正當性をめぐって」.『岩波講座: 現代思想16卷: 權力と正當性』. 東京: 岩波書店 1995.

三輪公忠「ぺりー「第四の書簡」」.『國際政治』102. 日本國際政治學會 1993.

森山茂德「日清戰爭時の日本軍部の對韓政策」.『獨協法學』43호. 東京: 獨協大學 1996.

______「日韓併合の國際關係: 朝鮮問題と滿洲問題の聯關」.『日本外交の危機意識』. 東京: 山川出版社 1985.

______「朝鮮における日本とベルギー・シンディケート: その經濟的共同行動の挫折」.『近代日本と東アジア』. 東京: 山川出版社 1980.

杉山忠平「バークとペイン: 理性と革命の時代に」.『講座世界史7卷: 近代を人はどう考えてきたか』. 東京: 東京大學 1995.

三宅英利「朝鮮王朝後期官民の日本觀」.『アジアのなかの日本史』5. 東京: 東京大學 1993.

桑野榮治「朝鮮小中華意識の形成と展開: 大報壇祭祀の整備過程を中心に」. 朴忠錫·渡辺浩 편『國家理念と對外認識: 17-19世紀』. 東京: 慶應義塾大學 2001.

上野隆生「幕末維新期の朝鮮政策と對馬藩」.『日本外交の危機意識』. 東京: 山川出版社 1985.

上田正昭「古代史學と朝鮮」.『世界』330호. 東京 1973. 1.

西順藏「天下·國家の思想」.『中國思想論集』. 筑摩書房 1984.

西田信治「李朝後期の朝鮮社會と國家」.『朝鮮史研究會論文集』25호. 朝鮮史研究會 1988. 3.

西川祐子「雜誌『太陽』の19世紀特集號に見る世紀轉換の意識」. 西川長夫 편『世紀轉換期の國際秩序と國民國家の形成』. 柏書房 1999.

西川長夫「國家イデオロギーとしての文明と文化」.『思想』827호. 東京: 岩波書店 1993.

______「日本型國民國家の形成: 比較史的觀點から」. 西川長夫·松宮秀治 편『幕末·明治期の國民國家形成と文化變容』. 東京: 新曜社 1995.

______「帝國の形成と國民化」. 西川長夫·渡辺公三 편『世紀轉換期の國際秩序と國民國家の形成』. 東京: 柏書房 1999.

西村眞吾「金正日を見ていると閔妃を思い出す」.『正論』(1997. 8).

石橋崇雄「淸朝國家論」.『岩波世界歷史13=東アジア東南アジア傳統社會の形成』.

東京: 岩波書店 1998.
石田雄「日本政治思想史學における丸山眞男の位置: 緊張という視角を中心として」.『思想』883호. 岩波書店 1998. 1.
石井明「國際關係史」.『國際關係論: その一つのあり方』.
石井壽夫「黃嗣永の帛書について」上·下.『歷史學硏究』10권 1호, 2호(1940).
石川禎浩「東西文明論と日中の論壇」.『近代日本のアジア認識』. 綠蔭書房 1996.
______「梁啓超と文明の視座」. 狹間直樹 편『共同硏究梁啓超: 西洋近代思想受容と明治日本』. 東京: みすず書房 1999.
成田龍一「帝國主義·植民地主義·ナショナリズム」.『世界』. 東京 1997. 10.
細見和弘「李鴻章と淸佛戰爭」.『中國: 社會と文化』11호. 東大中國學會 1996.
笹川紀勝「日韓における法的な『對話』をめざして」.『世界』. 東京 1999. 7.
小谷ひろ之「近代日本の自己認識とアジア觀」.『アジアのなかの日本史』1. 東京: 東京大學 1992.
小路田泰直「日本史の誕生:『大日本編年史』編纂について」. 西川長夫 편『世紀轉換期の國際秩序と國民國家の形成』. 柏書房 1999.
小林道彦「桂園時代の鐵道政策と鐵道國有」.『近代日本硏究の檢討と課題』. 東京: 山川出版社 1988.
孫承喆「朝鮮の實學と西學」.『アジアのなかの日本史』6. 東京: 東京大學 1993.
松尾正人「維新官僚の形成と太政官制」.『近代日本硏究 8卷: 官僚制の形成と展開』. 東京: 山川出版社 1986.
松本三之介「國民的使命觀の歷史的變遷」.『近代日本思想史講座 8卷: 世界の中の日本』. 筑摩書房 1961.
______「吉野作造と明治文化硏究」.『吉野作造選集』11권. 東京: 岩波書店 1995.
松本一登「宮中の制度化と內閣制度の創設: 伊藤博文の政治指導を中心に」.『近代日本硏究 8卷: 官僚制の形成と展開』. 東京: 山川出版社 1986.
松本田宏一郎「朱子學·正學·實學: 佐久間象山試論」.『明治維新の革新と連續』. 東

京: 山川出版社 1992.
松本清張「北一輝における君主制」.『世界』33호. 東京 1973. 6.
松田宏一郎「亞細亞の他稱性: アジア主義以前のアジア論」. 日本政治學会 편『年報政治學』日本外交におけるアジア主義. 岩波書店 1998.
松田利彦「朝鮮植民地化の過程における警察機構: 1904-1910年」.『朝鮮史研究會論文集』31. 朝鮮史研究會 1993.
松田竹男「いわゆる人道的干渉について」.『國際法外交雜誌』73권 6호(1975).
松井透「ヨーロッパ的世界の形成」.『講座世界史 2卷: 近代世界への道: 變容と摩擦』. 東京: 東京大學 1995.
松村正義「黃禍論と日露戰争」.『季刊國際政治』71. 日本國際政治學會 1982.
松澤弘陽「明治國家體制と社會主義」.『日本社會主義の思想』. 東京: 筑摩書房 1973.
松浦玲「日本における儒教型理想主義の終焉」1-4.『思想』571, 577, 592, 630호. 東京: 岩波 1972, 1973, 1976.
水田洋「ヨーロッパ近代思想の導入: J. S. ミルとアダム·スミスを中心に」.『講座世界史 7卷: 近代を人はどう考えてきたか』. 東京: 東京大學 1995.
須川英德「朝鮮19世紀後半における商業政策: 國家權力と商業」.『朝鮮史研究會論文集』27집. 朝鮮史研究會 1990.
矢澤康祐「江戶時代における日本人の朝鮮觀について」.『朝鮮史研究會論文集』6호(1969. 6).
______「田口卯吉『東京經濟雜誌』と朝鮮: 朝鮮社會停滯論·他律論の形成過程」.『近代日本における歷史學の發達』上. 東京: 青木書店 1976.
植手通有「對外觀の轉回」.『近代日本思想史體系 3: 近代日本政治思想史 I』. 有斐閣 1971.
愼蒼健「覇道に抗する王道としての醫學: 1930年代朝鮮における東西醫學論爭から」.『思想』No. 905. 東京 1999.
神川正彦「歷史敍述と歷史認識: その基礎地平」.『新岩波講座: 哲學11卷: 社會と歷

史』. 東京: 岩波書店 1986.
安藤美登里「ウィリアム·エリオット·グリフィス」.『近代文學研究叢書28』. 昭和女子大學 1968.
安倍博純「いわゆる國體について」.『日本ファシズム研究序説』(未來社).
安秉玲「朝鮮近代史研究上の問題點: ブルジョア改革についての諸説檢討」.『思想』570호. 東京: 岩波書店 1971.
岸本美緒「東アジア東南アジア傳統社會の形成」.『岩波世界歷史13＝東アジア東南アジア傳統社會の形成』. 東京: 岩波書店 1998.
安部健夫「康熙·乾隆の盛世」.『淸代史の研究』. 東京: 創文社 1971.
______「中國人の天下觀念」.『元代史の研究』. 東京: 創文社 1972.
______「淸朝と華夷思想」.『淸代史の研究』. 東京: 創文社 1971.
______「淸朝史の構造とその動因」.『淸代史の研究』. 東京: 創文社 1971.
安世舟「加藤弘之: 草創期の特殊日本的ブルジョアジーの國家思想」. 田中浩·小松茂夫 편『日本の國家思想』. 青木書店 1980.
安田浩「近代天皇制研究への一視角: 日淸戰爭前後における天皇制支配と國家意識」.『歷史學研究』586호. 青木書店 1988. 10.
岩崎正洋「政治理論における主權國家槪念の再檢討: 民主主義と國家主權」.『季刊國際政治』101. 日本國際政治學會 1992.
岩井忠熊「西園寺公望と國民國家の形成: 皇室をめぐって」. 西川長夫 편『世紀轉換期の國際秩序と國民國家の形成』. 柏書房 1999.
櫻井良樹「日韓合邦建議と日本政府の對應」.『麗澤大學紀要』55권(1992).
野瀨和紀「甲申政變の研究: 淸佛戰爭と日本外交」.『朝鮮學報』82호. 天理: 天理大學 1976.
野村浩一「國民的使命觀の諸類型とその特質: 大隈重信·內村鑑三·北一輝」.『近代日本思想史講座 8 卷: 世界の中の日本』. 東京: 筑摩書房 1961.
______「樽井藤吉: アジア主義の彷徨」.『近代日本の中國認識』. 東京: 研文出版 1981.

永井秀夫「開國と明治維新」.『講座世界史 3卷: 民族と國家』. 東京: 東京大學 1995.
奥田修三「大正期における朝鮮問題論」.『人文科學紀要』18권. 立命館大學 1968.
奥村周司「李朝高宗の皇帝卽位について: その卽位儀禮と世界觀」.『朝鮮史研究會論文集』33집. 朝鮮史研究會 1995.
熊野純彦「理性とその他者: 〈理性の外部〉をめぐる思考のために」.『岩波講座: 現代思想 14卷: 近代·反近代』. 東京: 岩波書店 1994.
遠藤泰生「アメリカ合衆國の國家形成: 理念の共和國の誕生」.『講座世界史 2卷: 近代世界への道一變容と摩擦』. 東京: 東京大學 1995.
原武史「近代日本の行幸啓: 視覺的支配に關する覺書」.『みすず』(1997).
______「大韓帝國と『帝國』の思想」.『大航海』30(1999).
遠山茂樹「スペンサーの譯書二つ」.『遠山茂樹著作集』3권. 岩波 1992.
______「東アジア歷史像の檢討: 近現代史の立場で」.『歷史學研究』281호(1963. 10)와『遠山茂樹著作集』4권(岩波 1992)에 수록.
______「世界史における地域史の問題」.『遠山茂樹著作集』4권. 岩波 1992.
______「日本近代と東アジア: いかにしてアジアの唯一の帝國主義は成立したか」.『遠山茂樹著作集』4권. 岩波 1992.
原田環「井上角五郎と『漢城旬報』」.『季刊三千里』40호(1984).
______「1880年代前半の閔氏政權と金允植」.『朝鮮史研究會論文集』22집. 朝鮮史研究會 1985.
______「乙未事件と禹範善」.『朝鮮近現代史論集』. 東京: 明石書店 1996.
______「朝鮮の近代化構想: 兪吉濬と朴泳孝の獨立思想」.『史學研究』143호(1979).
______「十九世紀の朝鮮における對外的危機意識」.『朝鮮史研究會論文集』21집(1984).
______「晋州民亂と朴珪壽」.『史學研究』126. 廣島大學 1975.
月脚達彦「『保護國』期における朝鮮ナショナリズム: 伊藤博文の皇室利用策との

關連で」.『朝鮮文化研究』 7호. 東京: 東京大學 2000.

＿＿＿「甲午改革の近代國家構想」.『朝鮮史研究會論文集』 33호(1995).

＿＿＿「開化思想の形成と展開: 兪吉濬の對外觀を中心に」.『朝鮮史研究會論文集』 28집. 朝鮮史研究會 1991.

＿＿＿「近代朝鮮の改革と自己認識·他者認識」. 民主主義科學者協會『歷史評論』. 校倉書房 2001.

＿＿＿「大韓帝國成立前後の對外的態度」.『東洋文化研究』 1호. 東京: 學習院大學 東洋文化研究所 1999.

＿＿＿「獨立協會の國民創出運動」.『朝鮮學報』 172호. 天理大學 1999.

＿＿＿「愛國啓蒙運動の文明觀·日本觀」.『朝鮮史研究會論文集』 26집. 朝鮮史研究會 1989. 3.

＿＿＿「朝鮮開化思想の構造: 兪吉濬『西遊見聞』の文明論的立憲君主制論」.『朝鮮學報』 159집. 天理大學 1996.

柳根鎬「日本における天主教排斥の論理: 朝鮮朝闢衛論との比較考察」. 平野健一郎 편『近代日本とアジア』. 東京大學 1984.

栗原純「日淸戰爭と李鴻章」. 東アジア近代史學會 편『日淸戰爭と東アジア世界の變容』下卷. ゆまに書房 1997.

義江彰夫「朝廷·幕府の分立と日本の王權: 高麗·朝鮮王權との比較を通じて」.『アジアのなかの日本 史』 2. 東京: 東京大學 1992.

伊藤不二男「國際法」.『近代日本思想史體系 7卷: 近代日本法思想史』. 有斐閣 1979.

伊藤隆 외「山縣有朋と『人種競爭』論」.『日本外交の危機意識』. 東京: 山川出版社 1985.

李範稷「朝鮮王朝における王權と五禮」.『朝鮮學報』 138호. 天理大學 1990.

李丙洙「朝鮮の近代化と刑法大全の頒示: 家族法を中心として」.『思想』 583호 (1973. 1).

李泰鎭「韓國併合は成立していない: 日本の大韓帝國國權侵奪と條約强制」上·下.

『世界』. 岩波書店 1998. 7, 8월.
______「韓國併合不成立再論: 坂本教授に答える」.『世界』. 岩波書店 1999. 3.
______「朝鮮時代の兩班: 概念と硏究動向」.『朝鮮王朝社會と儒教』. 東京: 法政大學 2000.
林雄介「19世紀末, 朝鮮民衆の對日認識について」.『朝鮮史硏究會論文集』33호. 朝鮮史硏究會 1996. 9.
林學忠「日淸戰爭以降中國における國際法受容過程について」.『東アジア地域硏究』2호(1995년 7월).
入江啓四郞「二元的元首制と明治維新」.『國際政治』3호(1957년 秋季).
入江昭「日本外交の批判」.『講座國際政治 4卷: 日本の外交』. 東京: 東京大學 1989.
子安宣邦「近代知と中國認識: 支那學の成立をめぐって」.『岩波講座: 現代思想14 =近代·反近代』. 岩波書店 1994.
______「書かれたものと書きぬえこと」.『近代知のアルケオロジー』. 東京: 岩波書店 1996.
______「日本の近代と近代化論: 戰爭と近代日本の知識人」.『岩波講座: 現代思想 15卷: 脫西歐の思想』. 東京: 岩波書店 1994.
張嘉寧「『萬國公法』成立事情と翻譯問題: その中國語譯と和譯をめぐって」.『日本近代思想體系 15卷: 翻譯の思想』. 岩波 1991.
長谷川直子「壬午軍亂後の日本の朝鮮中立化構想」.『朝鮮史硏究會論文集』32집(1994).
長尾龍一「法思想における『國體論』」.『近代日本思想史體系 7卷: 近代日本法思想史』. 有斐閣 1979.
張寅性「19世紀儒教知識人にみる開國と普遍主義: 橫井小楠と金允植」. 동경대학 박사논문 1995.
齋藤孝「西歐國際體系の形成」.『講座國際政治 1卷: 國際政治の理論』. 東京大學 1989.

田岡良一「西周助『萬國公法』」.『國際法外交雜誌』71권 1호(1972).
田中愼一「保護國の歷史的位置: 古典的研究の檢討」.『東洋文化研究所紀要』71(1977).
______「新渡戶稻造と朝鮮」.『季刊三千里』34호. 東京: 1983.
田中彰「明治前半期の歷史變革觀」.『日本近代思想大系 13卷: 歷史認識』. 東京: 岩波書店 1990.
______「黑船來航から岩倉使節團へ」.『日本近代思想大系 1卷: 開國』. 東京: 岩波書店 1990.
井上勇一「京義鐵道の建設をめぐる國際關係: 日露戰爭原因としての鐵道問題」.『季刊國際政治』71. 日本國際政治學會 1982.
井上勳「ネーションの形成」.『近代日本思想史體系 3卷: 近代日本政治思想史 I』. 有斐閣 1971.
井田進也「福澤諭吉『時事新報』論說の再認定: 丸山眞男の舊福澤選集 第4卷「解題」批判」.『思想』1998. 9호(891).
井波陵一「啓蒙の行方: 梁啓超の評價について」. 狹間直樹 편『共同研究 梁啓超: 西洋近代思想受容と明治日本』. みすず書房 1999.
齊藤聖二「西原龜三の對中國構想: 寺內內閣期の對中國政策の前提」. 日本國際政治學會『國際政治』71(1982).
______「日淸戰爭と陸奧宗光」. 東アジア近代史學會 편『日淸戰爭と東アジア世界の變容』下卷. ゆまに書房 1997.
趙景達「金玉均から申采浩へ: 朝鮮における國家主義の形成と轉回」.『講座世界史 7卷: 近代を人はどう考えてきたか』. 東京: 東京大學 1995.
______「金允植における民衆觀の相克」.『中央大學アジア史研究』제11호. 白東史學會 1987.
______「東學農民運動と甲午農民戰爭の歷史的性格」.『朝鮮史研究會論文集』19집(1982).
______「安重根: その思想と行動」.『歷史評論』No. 469. 校倉書房 1989.

______「李朝末期の民亂: 原州民亂の事例から」.『朝鮮史研究會論文集』33호. 朝鮮史研究會 1996.

______「朝鮮における大國主義と小國主義の相克: 初期開化派の思想」.『朝鮮史研究會論文集』22집. 朝鮮史研究會 1985.

______「朝鮮における實學から開化への思想的轉回: 朴珪壽を中心に」.『歷史學研究』678호(1995).

______「朝鮮における日本帝國主義批判の論理の形成: 愛國啓蒙運動期における文明觀の相克」.『史潮』25호. 歷史學會 1989.

______「朝鮮の民權運動」. 自由民權百年全國集會實行委員會 편『自由民權運動と現代』. 三省堂 1985.

______「朝鮮近代のナショナリズムと東アジア: 初期開化派の萬國公法觀を中心に」.『中國: 社會と文化』4호. 東大中國學會 1989.

______「朝鮮近代のナショナリズムと文明」.『思想』808. 岩波 1991. 10.

糟谷憲一「甲申政變·開化派研究の課題」.『朝鮮史研究會論文集』22집. 朝鮮史研究會 1985.

______「甲午改革後の民族運動と崔益鉉」.『朝鮮歷史論集』下. 龍溪書舍 1979.

______「近代的外交體制の創出: 朝鮮の場合を中心に」.『アジアのなかの日本史』2. 東京: 東京大學 1993.

______「大院君政權期の地方官の構成」.『東洋文化研究』1호. 學習院大學東洋文化研究所 1999.

______「閔氏政權上層部の構成に關する考察」.『朝鮮史研究會論文集』27집. 朝鮮史研究會 1990.

______「閔氏政權後半期の權力構造: 政權上層部の構成に關する分析」.『東洋史研究』49권 2호(1990).

______「朝鮮ナショナリズムの展開」.『世界歷史 20: アジアの近代』. 岩波書店 1999.

佐々木隆「藩閥の構造と變遷: 長州閥と薩摩閥」.『近代日本研究の檢討と課題』. 山川出版社 1988.

佐々木力「西歐の科學革命と東アジア」.『思想』No. 905. 岩波書店 1999. 11.

佐々充昭「檀君ナショナリズムの形成」.『朝鮮學報』174호(2000).

______「韓末における檀君教の「重光」と檀君ナショナリズム」.『朝鮮學報』180호(2001).

佐藤能丸「大日本文明協會試論」. 早稲田大學大學史編集所 편『大隈重信とその時代』. 東京: 早稲田大學 1989.

佐藤愼一「『天演論』以前の進化論: 淸末知識人の歷史意識をめぐって」.『思想』792. 岩波 1990. 10.

______「康有爲: 淸末の平和論と『大同書』」. 日本政治學會『年報政治學』. 岩波書店 1992.

______「模倣と反發: 近代中國思想史における『西洋モデル』について」.『法學』51권. 東北大學法學會 1987.

______「梁啓超と社會進化論」.『法學』59권 6. 東北大學法學會 1986.

______「儒教とナショナリズム」.『中國: 社會と文化』4호. 東大中國學會 1989.

______「進步と文明: 近代中國における東西文明比較の問題について」.『東洋文化』75(1996).

佐藤學·小森陽一·姜尙中「對話の回路を閉ざした歷史觀をどう克服するか?」.『世界』635(1997. 5).

佐藤孝敏「國學者の「國」意識における「特殊」と「普遍」: 日本の位置·呼稱·優秀性の主張から」. 玉懸博之 편『日本思想史: その普遍と特殊』. ぺりかん社 1997.

酒寄雅志「華夷思想の諸相」.『自意識と相互理解=アジアのなかの日本史(V)』. 東京: 東京大學 1993.

住吉良人「明治初期における國際法の導入」.『國際法外交雜誌』71권 56. 國際法學會 1973.

周程「陳獨秀における「民主」と「科學」: 五四新文化運動期を中心に」.『思想』No. 905(1999. 11).
酒井正敏「日清戰争外交政策の拘束要因」.『近代日本と東アジア』. 山川出版社 1980.
酒井哲哉「1930年代の日本政治: 方法論的考察」.『近代日本研究10: 近代日本研究の檢討と課題』. 東京: 山川出版社 1988.
______「吉野作造の國際民主主義論」.『吉野作造全集』. 東京: 岩波書店 1996.
______「東亞共同體論から近代化論へ: 蠟山政道における地域·開發·ナショナリズム論の位相」. 日本政治學 편『年報政治學＝日本外交におけるアジア主義』. 東京: 岩波書店 1998.
______「日本外交史の『古さ』と『新しさ』: 岡義武「國民的獨立と國家理性」·再訪」.『國際關係論研究』13. 東京: 國際關係論研究會 1999.
中山伊知郎「近代化論への覺え書き」.『中山伊知郎全集』 제15집. 東京: 講談社 1966.
中山治一「清佛葛藤一件と日本の選擇: 脫亞入歐の政治過程」.『季刊國際政治』71. 日本國際政治學會 1982.
中塚明「日本帝國主義の形成と朝鮮問題」.『朝鮮史研究會論文集』5(1969).
______「日本における朝鮮史研究の軌跡と課題: 近代史研究の分野をふりかえって」.『朝鮮史研究會論文集』17호(1980. 3).
______「日本近代史の展開と朝鮮史像」.『朝鮮史研究會論文集』11호. 朝鮮史研究會 1974. 3.
池川英勝「大韓帝國末期各團體にみられる日本人顧問について: 佐伯剛平」.『朝鮮學報』158집. 天理大學 1996.
川島眞「天朝から中國へ: 淸末外交文書における『天朝』『中國』の使用例」.『中國: 社會と文化』12호(1997).
川瀨貴也「國家觀と近代文明觀: 天道教幹部「民族代表」について」.『東京大學宗教

學年報』(1996).
青木功一「「金玉均傳原稿」と雜誌「古筠」: その探索および「甲申日錄」の否定について」.『朝鮮史硏究會論文集』18호. 朝鮮史硏究會 1981. 3.
青木功一「朴泳孝の民主主義·新民論·民族革命論」(1), (2).『朝鮮學報』80, 82(1976, 1977).
______「福澤諭吉·朴泳孝·梁啓超の新民論: 東アジア近代思想の相互關連性」.『福澤諭吉年鑑』Vol.3. 福澤諭吉協會 1976.
______「朝鮮開化思想と福澤諭吉の著作: 朴泳孝『上疏』における福澤著作の影響」.『朝鮮學報』52집. 天理大學 1965.
清水透「コロンブスと近代」.『講座世界史 1卷: 世界史とは何か: 多元的世界の接觸の轉換』. 東京: 東京大學 1995.
初瀨龍平「國際關係思想硏究覺書」.『季刊國際政治』69. 日本國際政治學會 1981.
______「國際政治思想: 日本の視座」.『講座國際政治 1卷: 國際政治の理論』. 東京: 東京大學 1989.
______「脫亞論再考」. 平野健一郎 편『近代日本とアジア』. 東京: 東京大學 1984.
草野厚「對外政策決定の機構と過程」.『講座國際政治 4卷: 日本の外交』. 東京: 東京大學 1989.
村瀨信一「明治20-30年代政治史硏究の現狀と課題」.『近代日本硏究の檢討と課題』. 東京: 山川出版社 1988.
村田雄二郎「中國皇帝と天皇」.『帝國とは何か』. 東京: 岩波書店 1997.
春名徹「甲申政變の周辺」.『季刊三千里』40호(1984).
太壽堂鼎「國際法上の先占について: その歷史的硏究」.『法學論叢』61권 2호(1955).
澤大洋「織田·豊臣·德川時代から明治維新文明開化期における西洋近代政治思想の導入」. 幕末·明治 初期における西洋文明の導入に關する硏究會 편『洋學事始: 幕末·明治期西洋文明の導入』. 東京: 文化書房博文社 1993.

土山實男「認知構造と外交政策」.『講座國際政治 2巻: 外交政策』. 東京: 東京大學 1989.

土屋英雄「梁啓超と西洋攝取と權利·自由論」. 狹間直樹 편『共同研究 梁啓超: 西洋近代思想受容と明治日本』. みすず書房 1999.

筒井若水「現代國際法における文明の地位」.『國際法外交雜誌』66권(1967).

坂本多加夫「征韓論の政治哲學」. 日本政治學会 편『年報政治學』日本外交におけるアジア主義. 岩波書店 1998.

坂本茂樹「日韓は舊條約問題の落とし穴に陷ってはならない: 本誌·李泰鎭論文への一つの回答」.『世界』. 岩波書店 1998. 9.

坂野潤治「明治初期(1873~85)の對外觀」.『季刊國際政治』71. 日本國際政治學會 1982.

______「西歐化としての日本近現代史」. 東大社會科學研究所 편『現代日本社會 4巻: 歷史的前提』(1991).

______「征韓論爭後の『內治派』と『外征派』」.『近代日本研究 3巻: 維新の官僚』. 東京: 山川出版社 1981.

坂野正高「總理衙門の設立過程」. 近代中國研究委員會 편『近代中國研究』1집. 東京: 東京大學 1958.

坂元ひろ子「歐米の中國認識」.『岩波講座: 現代思想14=近代·反近代』. 岩波書店 1994.

坂井雄吉「フィッセリングとブルンチュり:『泰西國法論』の歷史的位置」. 大久保利謙 편『津田眞道: 研究と傳記』(1997).

______「近衛篤麿と明治30年代の對外硬派」.『國家學會雜誌』83권 3~4호(1970).

______「明治憲法と傳統的國家觀: 立憲主義の國體論をめぐって」. 石井紫郎 편『日本近代法史講義』. 東京: 青林書院新社 1972.

平木實「朝鮮史の展開における王權: 朝鮮王朝時代を中心に」.『朝鮮學報』138집. 天理大學 1991.

______「朝鮮朝中宗·明宗代の旱魃をめぐる天譴意識とその社會」.『朝鮮學報』134(1990).

平山洋「福澤諭吉における拜外と排外」. 玉懸博之 편『日本思想史: その普遍と特殊』. 東京: ペリカン社 1997.

平野健一郎「文明の衝突か, 文化の摩擦か」.『比較文明』11. 東京: 刀水書房 1994.

河宇鳳「18世紀實學者の日本觀: 李瀷の日本觀について」.『靑丘學術論集』7호(1995).

河原宏「第1次世界大戰と政治シンボルの轉換」.『近代日本思想史體系 4巻: 近代日本政治思想史 2』. 東京: 有斐閣 1971.

河村一夫「小村外相の滿韓に關する日露交涉關係意見書について」.『朝鮮學報』101호(1981).

______「靑木外相の韓國に關連する對露强硬政策の發展と日英同盟の成立との關係」.『朝鮮學報』54-55호(1970).

海野福壽「李教授『韓國倂合不成立論』を再検討する」.『世界』. 岩波 1999. 10.

香西茂「幕末開國期における國際法の導入」.『法學論叢』97권 5호(1975).

戶部良一「外交における思想的理處の探求」.『季刊國際政治』71. 日本國際政治學會 1982.

丸山眞男「近代日本と陸羯南」.『丸山眞男: 座談』6. 東京: 岩波書店 1998.

______「黎明期の日本外交: 明治外交史上の政治家群像」.『丸山眞男:座談』4. 東京: 岩波書店 1998.

______「歷史意識と文化のパタン」.『丸山眞男: 座談』6. 東京: 岩波書店 1998.

______「普遍的原理の立場」.『丸山眞男: 座談』6. 東京: 岩波書店 1998.

______「非西歐世界の近代化」.『丸山眞男: 座談』4. 東京: 岩波書店 1998.

______「陸羯南と國民主義」.『民權論からナショナリズムへ』. 東京: 御茶の水 1957, 1978.

荒野泰典「東アジアの華夷秩序と通商關係」.『講座世界史 1巻: 世界史とは何か: 多

元的世界の接觸の轉換』. 東京: 東京大學 1995.

荒野泰典「日本形華夷秩序の形成」.『日本の社會史 1=列島內外の交通と國家』. 東京: 岩波 1987.

______「海禁と鎖國」.『アジアのなかの日本史』2. 東京: 東京大學 1992.

______「三浦から釜山倭館へ: 李朝時代の對日交易と港町」.『青丘學術論集』7호(1995).

横川正夫「全琫準についての一考察」.『朝鮮史研究會論文集』13호(1976. 3).

黒住眞「德川前期儒教の性格」.『思想』. 岩波 1990. 10.

______「朝鮮文明と日本文明」. 金容沃 편『三國統一과 韓國統一』. 서울: 통나무 1994.

3) 구미어

Atwell, William S. "A Seventeenth-Century 'General Crisis' in East Asia?" *Modern Asian Studies* Vol. 24 No. 4. Cambridge Univ. Press 1990.

______ "Some Observations of the 'Seventeenth-Century Crisis' in China and Japan." *Journal of Asian Studies* Vol. 45 No. 2(1986).

Bai, Jae-shik. "Growth of the Law of Nations in the Yi Dynasty of Korea." 서울대학교『法學』23권 4호(1982).

Bairoch, Paul. "International Industrialization Levels from 1750 to 1980." *Journal of European Economic History* 11(Fall 1982).

Boulding, Kenneth E. "National Images and International Systems." In Rosenau, J. N, ed. *International Politics and Foreign Policy*. New York: The Free Press 1969.

Chandra, Vipan. "The Concept of Popular Sovereignty: the Case of So Chai-Pil & Yun Chi-ho." *Korea Journal* (1981. 4).

______ "The Independence Club and Korea's First Proposal for a National

Legislative Assembly." *Occasional Papers on Korea* (1975).

Chiu, Hungdah. "The Development of Chinese International Law Terms and the Problem of Their Translation into English." Cohen, Jerome Alan, ed. *Contemporary Chinese Law: Research Problems and Perspectives*. Cambridge: Harvard Univ. Press 1970.

Chun, Hae-jong. "Sino-Korean Tributary Relations in the Ch'ing Period." Fairbank, J. K., ed. *The Chinese World Order*. Cambridge: Harvard Univ. Press 1968.

Chun, Hee Yang. "Japan's Foreign Policy from 1868 to 1945: Historical Verdict on the Meiji and Showa Leaders." *Korea Observer* Vol XXVIII No. 2(Summer 1997).

Choi, Kyung Ju. "Korea: The Politics of Survival, 1894-1905." Univ. of Pennsylvania Dissertation 1978.

Choi, jong-seog. "The United States and the Closing Door in Korea: American-Korean Relations, 1894-1905." Michigan Univ. diss. 1965.

Choe, Yong-ho. "Commoners in Early Yi Dynasty Civil Examinations: An Aspect of Korean Social Structure, 1392-1600." *Journal of Asian Studies* Vol. 4 No. 33 (1974).

Cox, Robert W. "Social Forces, States and World Orders: Beyond International Relations Theory." In Robert O. Keohane, ed. *Neorealism & It's Critics*. New York: Columbia Univ. Press 1986.

Duus, Peter. "Science and Salvation in China: The Life and Work of W. A. P. Martin." Liu, Kwang Ching, ed. *American Missionaries in China*. Cambridge: Harvard Univ. Press 1966.

Eisenstadt, S. N. "Cultural Traditions and Political Dynamics: The Origins and Modes of Ideological Politics." *British Journal of Sociology* 32 (June 1981).

______ "Intellectuals and Tradition." *Daedalus* (Spring 1972).

______ "Some Observations on the Transformation of Confucianism (and Buddhism) in Japan." Tu, Wei-ming, ed. *Confucian traditions in east Asian modernity:moral education and economic culture in Japan and the four mini-dragons*. Cambridge: Harvard Univ. 1996.

Fairbank, J. K. "A Preliminary Framework." Fairbank, J. K., ed. *The Chinese World Order*. Cambridge: Harvard Univ. Press 1968.

Galtung, Johan. "The Emerging Conflict Formations." Katharine and Majid Tehranian, eds. *Restructuring for World Peace: On the Threadshold of the Twenty-first Century*. Cresskill, NJ: Hampton Press 1992.

Harootunian, Harry D. "The Functions of China in Tokugawa Thought." Akira Iriye, ed. *The Chinese and the Japanese: Essays in Political & Cultural Interactions*. Princeton Univ. Press 1980.

Henderson, Gregory. "Chong Tasan: A Study in Korea's Intellectual History." *The Journal of Asian Studies* Vol. 16 No. 3 (May 1957).

Hintze, Otto. "Military Organization and the Organization of the State." Felix Gilbert, ed. *The Historical Essays of Otto Hintze*. New York: Oxford University Press 1975.

Hobsbawm, E. J. "The Crisis of the 17th Century II." *Past and Present* No. 6 (1954).

______ "The General Crisis of the Eurepean Economy in the 17th Century." *Past and Present* No. 5 (1954).

Hunt, Michael "Chinese Foreign Relations in Historical Perspective." H. Harding, ed. *China's Foreign Relations in the 1980's*. New Haven: Yale Univ. Press 1984.

Inouye, Yuichi. "The Russo-Japanese Entente and Railway Diplomacy." 『外交史

料館報』 4호. 외무성 외교자료관 1991.

John, Crammer-Byng "The Chinese View of Their Place in the World." *China Quarterly* Vol. 53 (1973).

Kawashima, Fujiya. "A Study of the Hyangan: Kin Groups and Aristorcratic Localism in the Seventeenth- and Eighteenth-Century Korean Countryside." *The Journal of Korean Studies* Vol. 5. Washington Univ. 1984.

Keohane, Robert O. and Nye, Joseph S. "Power and Interdependence Revisited." *International Organization* Vol. 41 No. 4 (Autumn 1987).

Kim Haboush, JaHyun. "The Education of the Yi Crown Prince: A Study in Confucian Pedagogy." *The Rise of Neo-Confucianism in Korea*. Edited by Wm. Theodore de Bary and JaHyun Kim Haboush. New York: Columbia Univ. Press 1985.

______ "Confucian Rhetoric and Ritual as Techniques of Political Dominance: Yongjo's Use of the Royal Lecture." *The Journal of Korean Studies* Vol. 5 (1984).

Kwon, Yon-ung(權延雄). "The Royal Lecture of Early Yi Korea: Institution, Ideology, and Politics." Ph. D. diss. Hawaii University 1979.

______ "The Royal Lecture of Early Yi Korea." *Journal of Social Sciences and Humanities* No. 50, 51. Hawaii University 1979, 1980.

Lew, Young Ick. "On Two English Document Related to Pak Yong-hyo's Reform 1895." *Journal of Social Science and Humanities* 42. The Korean Research Center 1975.

______ "The Reform Efforts and Ideas of Pak Yong-hyo, 1894-1895." *Korean Studies* 1. The Center for Korean Studies, Honolulu: Univ. of Hawaii Press 1977.

______ "Yüan Shih-k'ai's Residency and the Korean Enlightenment Movement, 1885-94." *The Journal of Korean Studies* Vol. 5. Washington Univ. 1984.

Lin, T. C. "Li Hung-chang: His Korea Policies, 1870-1885." *Chinese Social and Political Science Review* (1935).

Mancall, Mark. "The Persistence of Tradition in Chinese Foreign Policy." *Annals of the American Academy of Political Social Science* Vol. 349 (September 1963).

Mcnamara, Dennis Louis. "Imperial Expansion and Nationalist Resistence: Japan In Korea, 1876-1910." Harvard Univ. diss. 1983.

Nish, Ian H. "Korea, Focus of Russo-Japanese Diplomacy, 1898-1903." *Asian Studies* Vol. IV No. 1 (Apr. 1966).

Pak, M. N. with Wayne Patterson. "Russian Policy toward Korea before and during the Sino-Japanese War of 1894-95." *The Journal of Korean Studies* Vol. 5. Washington Univ. 1984.

Palais, James B. "Political Leadership in the Yi Dynasty." Seo Dae Suk, ed. *Political Leadership in Korea*. Hawaii: Hawaii Univ. Press 1976.

______ "Political Participation in Traditional Korea, 1876-1910." *Journal of Korean Studies* Vol. 1 (1979).

______ "Stability in Yi Dynasty Korea: Equilibrium Systems and Marginal Adjustment." *Occasional Papers on Korea* Vol. 3 (1975).

Ro, Kwang-Hai. "Power Politics in Korea and Its Impact on Korean Foreign and Domestic Affairs, 1882-1907." Oklahoma Univ. diss. 1966.

Robert, N. Bellah. "Intellectual and Society in Japan." *Daedalus* (Spring 1972).

Sakakibara, Eisuke. "The End of Progressivism: A Search for New Goals." *Foreign Affairs* 74 (Sept./Oct. 1995).

Sandner, Gerhard. "Search of Identity: German Nationalism and Geography, 1871-1910." Hooson, David, ed. *Geography and national identity*. Cambridge 1994.

Sato, Seizaburo. "Response to the West: The Korean and Japanese Patterns."

Craig, J., ed. *Japan: A Comparative View*. Princeton Univ. 1990.

Schwartz, Benjamin I. "The Limits of 'Tradition Versus Modernity' as Categoriew of Explanation: The Case of the Chinese Intellectuals." *Daedalus* (Spring 1972).

Schwarzenberger, Georg. "The Standard of Civilization in International Law." *Current Legal Problems* Vol. 8. London: Stevens & Sons Limited 1955.

Shils, Edward. "Intellectuals, Tradition, and the Traditions of Intellectuals: Some Preliminary Considerations." *Daedalus* (Spring 1972).

______ "Reflections on Civil Society and Civility in the Chinese Intellectual Tradition." Tu, Wei-ming, ed. *Confucian traditions in east Asian modernity: moral education and economic culture in Japan and the four mini-dragons*. Harvard Univ. 1996.

______ "The Concept and Function of Ideology." *International Encyclopedia of Social Sciences* Vol. 7 (1968).

Shinobu, J. "Vicissitudes of International Law in the modern History of Japan." 『國際法外交雜誌』 50권 3호. 東京 1951.

Steensgaard, Niels. "The Seventeenth-Century Crisis and the Unity of Eurasian History." *Modern Asian Studies* Vol. 24 No. 4. Cambridge Univ. Press 1990.

Trevor-Roper, H. R. "The General Crisis of the 17th Century." *Past and Present*, No. 16 (1959).

Tsiang, T. F.(蔣廷黻) "Sino-Japanese Diplomatic Relations, 1870-1894." *Chinese Social and Political Science Review* Vol. 17 (April 1933).

Vogel, Ezra F. "Nation-Building in Modern East Asia: Early Meiji(1868-1890) and Mao's China(1949-1971)." Craig, J., ed. *Japan: A Comparative View*. Princeton Univ. 1990.

Wagner, Edward W. "The Literati Purges: Case Studies in the Factionalism of the

Early Yi Dynasty." Ph. D. Thesis. Harvard University 1959.

______ "The Recommendation Examination of 1519: Its Place in Early Yi Dynasty History." 『朝鮮學報』 15. 天理大學 1960.

______ "The Ladder of Success in Yi Dynasty Korea." *Occasional Papers on Korea* Vol. 1. Seattle: Univ. of Washington 1974.

Wakeman, F. E. "China and the seventeenth-century crisis." *Late Imperial China*, Vol Ⅶ No. 1 (June 1986).

Watanabe, Hiroshi. "They are almost the Same as the Ancient three Dynasties: The West as seen through Confucian Eyes in Nineteenth-Century Japan." Tu, Wei-ming, ed. *Confucian traditions in east Asian modernity:moral education and economic culture in Japan and the four mini-dragons*. Cambridge: Harvard Univ. 1996.

Wendt, Alexander E. "The Agent-Structure Problem in International Relations Theory." *International Organization* Vol. 41 No. 3 (1987).

______ "Collective Identity Formation and the International State." *American Political Science Review* Vol. 88 No. 2 (1994).

Wright, Mary C. "The Adaptability of Ch'ing Diplomacy: The Case of Korea." *The Journal of Asian Studies* Vol. 17 No. 3 (May 1958).

Yi, Tae-jin. "Astronomical causes for the Little Ice Age(1500-1750): an analysis of the annals of the dynasty of Choson(Korea)." A paper prepared for the International Congress of Historical Sciences. Montreal 1995.

______ "Meteor Fallings and Other Natural Phenomena Between 1500-1750 as recorded in the annals of the Choson dynasty(Korea)." *Celestial Mechanics and Dynamical Astronomy* No. 69. Netherland: Kluwer Academic Publisher 1998.

______ "Was Korea really a 'Hermit Nation'?" *Korea Journal* Vol. 38 No. 4 (Winter 1998).

| 찾아보기 |

ㄱ

각주구검(刻舟求劍) 593
갑신정변 27, 50, 483, 504, 515, 516, 535, 563, 564, 569, 570, 572, 574~76, 594, 595
갑오경장 27
갑자사화 169
강상규(姜相圭) 36
강화도조약 36, 55
강희제(康熙帝) 208, 209, 251
개화파 20, 27, 29, 413~15, 481, 505
거문도점령 576
거쉔크론(Alexander Gerschenkron) 280
건륭제(乾隆帝) 208
격의불교(格義佛敎) 64, 65, 290
견제와 균형 109, 313, 587, 596
경연(經筵) 49, 104, 107, 148, 223, 225~31, 319, 391, 393~95, 404, 405, 416, 418, 526, 531, 588
계유정난(癸酉靖難) 125, 142
계기사관 585
고두지례(叩頭之禮) 273
공공성 70~73, 89, 94, 147, 154
공론 70, 101, 102, 148, 151, 152, 154, 166~68, 170, 191, 223, 296, 344, 466, 523, 525, 527, 528, 531, 532, 558, 561, 591, 596
『공법편람(公法便覽)』 52
『공법회통(公法會通)』 52
공생관계 109, 319
공자(孔子) 68, 74, 75, 78, 211, 218, 234, 370, 409, 410
공친왕 255, 260, 261, 268, 362, 409, 427,

428
과거의 제국 538
과거제도 99, 100, 216, 586, 587
광무개혁 27
교린사(交隣司) 469, 492, 493, 499
구심력 40, 49, 97, 113, 117, 127, 147, 320, 339, 370, 374, 489, 588
구양수(歐陽修) 172
구조주의 43
국가론 245
국가중심적 사유 81
국가평등 관념 22, 23, 239, 453, 480, 503, 511, 593
국제법 36, 51, 240~42, 247~54, 256, 259, 261, 265~67, 270, 284~87, 305, 306, 471, 592
국체론(國體論) 290, 293
국학(國學) 219
군무사(軍務司) 499
군민일체(君民一體) 37
군신공치(君臣共治) 161, 167, 172, 588
군신관계 60, 88, 92, 104, 105, 107, 109, 110, 116, 118, 125, 147, 153, 156, 157, 166~68, 226, 308, 319, 338, 532, 587, 588
군약신강(君弱臣强) 150
『군주론』 245
궈 쑹따오(郭嵩燾) 273, 274
권력관계 63, 69, 81, 105, 107, 118, 158, 165, 166, 226, 303, 372, 428, 434
권력의 사유화 98
권력이동 188
권연웅(權延雄) 106
귀속지위 74
균세(均勢) 459, 462, 471, 483, 512, 515, 589
그리피스(William Elliot Griffis) 58, 367, 371
근대지식체계 580, 581, 583
글럭, 캐럴(Carol Gluck) 412
기든스, 앤소니(Anthony Giddens) 310
기묘사화 158, 170
기무처(機務處) 503
기자조선 77~80, 177
김기석(金基奭) 36
김동인(金東仁) 335
김병국(金炳國) 456, 556, 558
김병덕(金炳德) 556
김부식(金富軾) 77
김영수(金永壽) 68, 70
김옥균(金玉均) 53, 414, 415, 446, 481, 483, 515, 541, 542, 547, 548, 562, 565, 571, 572, 575
김윤식(金允植) 53, 414, 455, 467, 499, 508, 517, 518, 535~39, 547, 568
김종직(金宗直) 144, 154, 169
김홍집(金弘集) 417, 455, 458~60,

466~68, 507, 508, 526~28, 533, 541
꼬고르당(F. George Cogordan) 518
꽁종끄뛰르(conjoncture) 42, 43, 111

ㄴ
나가사끼 280, 282
남종삼(南鍾三) 353~57, 399
낭관권(郎官權) 149, 150, 166
내셔널리즘 15, 19, 28, 44, 45
내수외양(內修外攘) 198, 199, 523
내아문(內衙門) 502, 540
내재적 발전사관 19
농민봉기 27, 327, 369, 595
『농사직설』 134, 135
니시 아마네(西周) 285

ㄷ
다중거울 584, 585
단군조선 77~79, 141, 177
단일한 행위자 26, 29
달레(Claude Charles Dallet) 57
당파성론 61
대간(臺諫) 100, 102~104, 148, 494
대동법 201
대륙세력 181
대명의리(對明義理) 195
대보단(大報壇) 203, 204, 206~209, 405
대원군 30, 34, 35, 49, 333~43, 346~62, 365~75, 380, 387, 388, 390, 391, 399, 402,416, 420, 428, 434~442, 465, 485~87, 489, 503, 518, 528~34, 539, 589, 591
대왕대비 315, 317, 318, 332, 342~49, 356, 360, 395, 416, 421
대외질서 관념 48, 259
대정봉환(大政奉還) 309
『대학(大學)』 82, 403
『대학연의(大學衍義)』 120, 229
『대학연의보(大學衍義補)』 230
데니, 오웬(Owen N. Denny) 35, 383, 384, 518~20
도이힐러 (Martina Deuchler) 152
독립국가 512
독립협회 27, 28
『동국통감』 141, 142, 227
동교서법(東敎西法) 540, 545
동도서기(東道西器) 480, 540, 545
동문관(同文館) 261~63, 265~67, 286
동문사(同文司) 469, 493, 499
동아시아 국제관계 22, 24, 594
동아시아성 16, 18, 19, 22
동양적 전제주의론 31
동학(東學) 27, 309, 321
드 배리(Wm. Theodore de Bary) 139, 175

ㄹ
랑케(Leopold von Ranke) 31, 60

로야마 마사미찌(蠟山政道) 286, 297
로저스(John Rodgers) 368
러시아 25, 56, 255, 258, 283, 353, 357, 358, 431, 434, 447, 452, 458, 461, 463, 476, 499, 514~19, 568, 576
리델(Felix-Clair Ridel) 362
리얼리즘 67, 68, 76, 115, 116, 118, 146, 174
리 훙장(李鴻章) 305, 306, 447, 452~55, 465~68, 499, 506, 508, 509, 512, 517~20, 527, 528, 537, 567
린 쩌쉬(林則徐) 252, 253

ㅁ

마끼아벨리(Niccolo Machiavelli) 245
마루야마 마사오(丸山眞男) 31, 278, 290, 296
마쯔자와 히로아끼(松澤弘陽) 284
만국공법 36, 48, 51, 52, 240~42, 248, 261, 263~76, 280, 282, 285~307, 445~47, 449, 450, 452~54, 459, 460, 466, 471~73, 475, 480, 483, 499, 503, 506, 509, 510, 512, 514, 523, 524, 527, 540, 542~44, 591, 592
『만국율례(萬國律例)』 261, 262, 264, 265
만동묘 203, 206, 208, 347
만선사학(滿鮮史學) 31
만세일계(萬世一系) 107, 278, 292
맑스(Karl Marx) 60, 69
맥켄지(F. A. Mckenzie) 383
맹자(孟子) 68, 74, 84, 156, 198, 485, 559
메릴(Henry F. Merrill) 518
메이지유신(明治維新) 286, 287, 293, 297, 298, 309, 373, 444
명망가 171, 222, 226
명청교체 81, 179, 181, 213
모리 아리노리(森有禮) 305, 306
모리야마 시게노리(森山茂德) 30, 34
모리야마 시게루(森山茂) 436, 440
몰트케 장군(Helmuth Moltke) 300
몽떼스끼외(Charles Montesquieu) 60
묄렌도르프(Möllendorff) 383, 384, 386, 525, 528, 565
무오사화 154, 170
문명개화 26, 296, 303, 309, 562, 581
문명기준 80, 88, 130, 140, 141, 196, 248, 249, 252, 265, 267, 272, 276, 293, 295, 301, 302, 364, 379, 562, 579, 580, 583, 588~90, 594, 597
『문명론의 개략』 302, 580
문명사적 전환기 22, 23, 38~41, 45, 49, 51, 114, 239, 241, 242, 272, 338, 354, 374, 465, 489, 523, 549, 590, 592, 593
문명세계 21, 188, 411, 590, 597

문명으로서의 중화 200, 278
문묘종사 162, 174
문화적 자존의식 44, 48, 76, 78, 80, 130, 177, 188, 200, 208, 211, 214, 235, 405, 411,
미국 240, 273, 283, 298, 335, 372, 414, 439, 449, 450, 459, 462, 464~66, 470, 471, 473~76, 478, 480, 483, 490, 506, 507, 509~13, 519, 520, 521, 529, 547, 548, 591
미또가꾸(水戶學) 278, 283
미야모또 고이찌(宮本小一) 440
미야지마 히로시(宮嶋博史) 38, 116, 152
미즈꾸리 린쇼오(箕作麟祥) 304, 305
민본주의 108, 296, 398, 587
민(閔)부대부인 337, 352
민씨세력 531, 546, 549, 560, 567
민영익(閔泳翊) 513, 521, 533, 534, 547, 548, 562, 565, 568
민영준(閔泳駿) 520
민본사상 71, 94, 148, 402
민족주의사관 19
민태호(閔台鎬) 533, 548, 565, 571
밀, 존 스튜어트(John Stuart Mill) 60

ㅂ

바텔(Emerich de Vattel) 247, 252
박규수(朴珪壽) 53, 255, 327, 394, 398, 404, 408, 413~22, 428~31, 437~41, 444, 459, 591
박봉빈(朴鳳彬) 427, 428
박세무(朴世茂) 176
박영교(朴泳敎) 414, 542
박영효(朴泳孝) 53, 414, 415, 483, 547, 562, 565, 575
박은식(朴殷植) 63, 334
박정양(朴定陽) 53, 496, 500, 520, 521
박제형(朴齊炯) 316, 368, 540, 541
박지원(朴趾源) 414
배외주의 293, 299, 445, 491, 528, 530
법가(法家) 82
베르뇌(Siméon François Berneux) 350, 352~55, 358
베버(Max Weber) 60, 246
베스트팔렌체제 245
변방소국(邊方小國) 328, 329, 370, 374, 538
병자호란 181, 190
보댕, 장(Jean Bodin) 197, 245
복수설치(復讎雪恥) 195, 207, 216
부국강병 26, 233, 304, 309, 581, 594, 597
북벌대의(北伐大義) 195
북벌론(北伐論) 81, 326
북학파(北學派) 213, 214, 413, 414
분단시대 19, 28, 583
불교의 시대 64

불평등조약 242, 249, 251~53, 256, 257, 269, 299, 301
붕당정치 172, 224, 225,
보빙사(報聘使) 473, 513, 521, 548
브로델(Fernand Braudel) 42~44, 111, 112, 180
비변사(備邊司) 221, 347
비세링(Simon Vissering) 285
비스마르크(Otto von Bismarck) 300
비트포겔(K. A. Wittvogel) 60
비판세력 67, 144, 165, 166, 455

ㅅ

사관(史官) 30, 95, 96, 102, 103
사꾸마 쇼오잔(佐久間象山) 280
사대교린(事大交隣) 209, 219, 244, 427, 594
사대사(事大司) 468, 493, 499
사대자소(事大字小) 84, 133, 197, 244, 467, 482, 589
사도세자 331
사또오 신이찌(佐藤真一) 86, 241, 256
사림세력 158~60, 166, 168, 171, 172, 230
사림오현(士林五賢) 161
사림파 144, 154
사실상의 섭정 341, 372, 420, 561
삼단(三端) 520, 521
산림(山林) 222, 225, 226, 316, 562
삼사(三司) 145, 148, 150, 166
30년전쟁 245, 246
삼재(三才) 73, 96, 137
상대적 자율성 119, 130, 167, 587, 588
상소 77, 92, 94, 151, 152, 320, 349, 355, 371, 399, 434, 435, 441, 487, 523~28, 530, 532, 535, 537, 541, 543, 544~46, 549, 554, 556, 558, 560, 573
상주공사관(常駐公使館) 519, 520
상징권력 33, 92, 98, 99
상징조작 18, 108
상호계기적 43, 115, 149
상호의존적 긴장관계 109, 167, 168, 309, 319, 587, 596
샌즈(William Sands) 383~85
서광범(徐光範) 414, 415, 513, 547, 562, 564, 565, 567, 575
서구의 충격 16, 18, 21, 46, 239
서교(西教) 314, 316, 349, 368
서세동점(西勢東漸) 7, 250, 251, 281, 314, 323, 333, 369, 379, 380, 538, 581, 586, 589
서연(書筵) 104, 206
서원(書院) 171, 347, 370
서재필(徐載弼) 53, 563, 575
서학(西學) 314~16, 325
선위(禪位) 123~30, 339
선위조처(善爲調處) 469, 470, 483

선진유학(先秦儒學) 65
선택의 깔때기 593
섭리사관 584
성균관 143, 178, 556
성리학 48, 63, 65, 74, 104, 113, 116, 175, 227, 229, 231, 312
『성초지장(星軺之掌)』 445
성취지위 74
『성학십도(聖學十圖)』 171, 227, 230
『성학집요(聖學輯要)』 171, 227, 230~32
성혼(成渾) 160, 174
세계사의 법칙 15, 31, 583
소빙기(小氷期) 182
소중화주의(小中華主義) 88, 130
속방(屬邦) 509, 511, 538
「속방조회문(屬邦照會文)」 507, 509
송근수(宋近洙) 558, 573
송병기(宋炳基) 36
송병준(宋秉璿) 558
송시열(宋時烈) 198, 199, 211, 222, 223
수기지학(修己之學) 67
수렴청정 122, 144, 314, 318, 343~45, 359, 360, 391, 395
순원왕후 332, 360,
순자(荀子) 68
순환사관 94, 584
슈와츠, 벤자민(Benjamin I. Schwartz) 16
슈펠트(Robert W. Shufeldt) 466, 508, 509
쉐 푸청(薛福成) 274
스와타우트(Robert Swartout) 34, 35
시대정신(Zeitgeist) 42, 147, 189, 302, 306, 308, 327, 328, 581
시마무라 히사시(島村久) 564
식민사관 19, 61
신수근(愼守勤) 157
신유학 63, 65, 68, 74, 137, 140, 142, 144, 147, 229
신유학적 리얼리즘 115, 116, 118, 146, 174
신정왕후 332
신채호(申采浩) 63, 142
실사구시(實事求是) 233, 414, 481, 482, 557
실증사학 33, 61, 581
실증적 근대사학 31
실질권력 33, 98, 99, 107
실학(實學) 27, 213
심상학(沈相學) 495, 520
심순택(沈舜澤) 516
17세기의 위기 179, 180, 222
싸이드, 에드워드(Edward Said) 118

ㅇ

아관파천 28, 595
아라이 하꾸세끼(新井白石) 280

아리가 나가오(有賀長雄) 307
아리스토텔레스(Aristoteles) 60
아이덴티티 39, 88, 113, 130, 140, 141, 190, 196, 210
아이자와 세이시사이(會澤正志齋) 281
아편전쟁 250~54, 259, 281, 308, 321, 323
안기영(安驥泳) 529
안정복(安鼎福) 212
알렌(Horace Newton Allen) 34, 35, 383, 386, 474, 521
압축적 근대 28
양두정치(兩頭政治) 435
양헌수(梁憲洙) 366
애국계몽단체 27
앤더슨, 베네딕트(Benedict Anderson) 18
어윤중(魚允中) 466, 469, 494, 502, 539
에노모또 타께아끼(榎本武揚) 58, 285
여흥민씨(驪興閔氏) 532~35, 548
역사의 눈 104, 587
역사의 발전단계 15, 579
역사의식 94
역사주의 43
역성혁명 62, 68, 74, 80, 90, 92, 108, 115, 147
역외춘추(域外春秋) 218
연합상소 487, 488
영토국가 244
예부(禮部) 244, 260, 363, 366, 423, 457
예송논쟁 221, 224
예조(禮曹) 173, 244, 423, 556
오경석(吳慶錫) 414, 440
오규우 소라이(荻生徂徠) 216, 279, 312
오꾸기 이사무(奧義制) 436
오례(五禮) 140, 141
오리엔탈리즘 31, 54, 579, 583
오오꾸니 타까마사(大國隆正) 291
오오꾸보 토시미찌(大久保利通) 300
오페르트(Oppert, Ernst Jacob) 366~68, 411, 420
옹정제(雍正帝) 208, 210
요시노 사꾸조오(吉野作造) 295, 297
와그너(Edward Wagner) 61, 100, 145, 148
와따나베 히로시(渡辺浩) 107
왕권 23, 32, 33, 36, 38, 39, 41, 42, 47, 48, 50, 57, 60, 62, 74, 89, 91, 92, 94, 96~98, 104~10, 112, 116~19, 121, 123, 127, 129, 130, 141, 143, 145~47, 156~58, 165, 167, 168, 226, 308, 311~20, 341, 369, 370, 374, 436, 465, 485, 486, 489, 531, 532, 535, 587, 588, 593, 596
왕권의 공간 47, 48, 88, 98, 108, 587
왕도 160, 169, 193, 210, 232, 233, 317
왕도사상(王道思想) 108, 141, 587
왕도정치 62, 105, 123, 127~29, 134,

135, 139, 145~48, 184, 226, 277, 312, 339, 393, 398, 589
왕안석(王安石) 174
왕위계승 90, 109, 119~21, 123, 126, 130, 142, 153, 155~59, 163, 167, 391, 489
왕정복고(王政復古) 293, 309, 367
외래사상 65, 66
우승열패 581, 583
운현궁 347, 359, 486, 487
울지(Theodore D. Woolsey) 287, 304
원시유학(原始儒學) 63, 65, 68
원심력 147
원초적 한계 310, 489
웨베르(Waeber) 515, 516
웨이 위안(魏源) 253, 414, 439
웬트, 알렉산더(Alexander E. Wendt) 43
위기의식 21~23, 40, 41, 45, 46, 48, 49, 52, 68, 88, 116, 184, 185, 235, 239, 242, 272, 281, 308, 329, 349, 353, 366, 375, 386, 411, 430, 431, 434, 549, 567, 569
위민(爲民) 108, 397, 398, 402, 439, 489
위안 스카이(袁世凱) 37, 517~19, 565 ~69, 577
위정척사파 27, 29
유교문명 21
유교적 정치지형 42, 47~50, 62, 89, 109, 130, 132, 225, 308, 313, 327, 333, 338, 340, 341, 370, 381, 390, 393, 406, 486, 489, 523, 531, 586, 587, 595
유길준(兪吉濬) 53, 414, 494, 513
유현(儒賢) 222~25
유형원(柳馨遠) 213
유홍기(劉鴻基) 414
육가(陸賈) 90
육조직계제(六曹直啓制) 127
윤지충(尹持忠) 314
윤치호(尹致昊) 53, 494, 513, 571, 572, 574, 582, 583
윤태준(尹泰駿) 565, 568, 571
윤효정 53
을사사화 159, 170
의복제도 549, 554~56, 559, 560
의병운동 27
의정부(議政府) 98, 149, 221, 347, 365, 370, 396, 397, 399, 400, 491, 503, 529, 533, 561, 574, 591
의정부서사제(議政府署事制) 127
이념공간 86, 87
이념적 개방성 87
이노우에 카오루(井上馨) 495, 516, 534, 541
이동인(李東仁) 446, 464, 492, 493, 506 ~08
이또오 히로부미(伊藤博文) 51, 300

이만손(李晩孫) 523
이분법 16~19, 39, 212, 216, 225, 304, 325, 328, 390, 597
이색(李穡) 69
이성계(李成桂) 67, 89~92
이승휴(李承休) 77
『이언(易言)』 52, 266, 274, 458, 460, 468, 544
이와꾸라 토모미(岩倉具視) 299~301
이용숙(李容肅) 454, 465
이용희(李用熙) 133
이유원(李裕元) 447, 453~57, 526~28, 556
이이(李珥) 68, 113, 171, 201, 230
이인명(李寅命) 492, 556
이재선(李載先) 529
이조연(李祖淵) 466, 565
이중환(李重煥) 150
이최응(李最應) 456, 508, 529
이태진(李泰鎭) 36, 182, 183, 201
이항로(李恒老) 371
이황(李滉) 68, 113, 162, 171, 230
인식의 전환 214
인조반정 164, 165
인지일관성 46
일본시찰단 493, 496, 499, 508, 513, 534
일시동인(一視同仁) 244, 264
일연(一然) 77
일치일란(一治一亂) 94, 95, 405, 584

ㅈ

자방(子房) 91
자연법(jus naturale) 82
자주적 40, 301, 505, 506, 512, 569
자현(JaHyun Kim Haboush) 106
장 쓰구이(張斯桂) 264
재이론(災異論) 184
재조지은(再造之恩) 191, 196, 203
저항 민족주의 27
전제군주론 61, 580, 581
전체사(全體史) 43
절용론(節用論) 537
『정관정요(貞觀政要)』 228~32
정교(鄭喬) 53, 334
정도전(鄭道傳) 69~80, 90~92, 97, 99, 100, 104, 109, 110, 140, 148, 173, 176, 326
정명론(正名論) 133, 141
정몽주(鄭夢周) 69, 144, 169, 173
정신주의 312, 328, 528
정순왕후(貞純王后) 314, 315, 360
정약용(丁若鏞) 328
정인지(鄭麟趾) 136
정인홍(鄭仁弘) 222
정체사관(停滯史觀) 19, 61, 581
정치권력 33, 71, 73, 89, 94, 119, 120, 149, 154, 166, 244, 283, 318, 320,

327, 337~42, 369, 397, 533
정치엘리뜨 99, 592
정치적 리얼리즘 67, 76, 115
정치적 소통구조 147, 151, 153, 164, 166, 172
정치체제론 69, 74
정통성 32, 33, 74, 91, 99, 119, 120, 123, 127, 130, 131, 134, 156, 159, 167, 168, 195, 196, 199, 200, 212, 224, 228, 235, 310, 318, 320, 331, 333, 346, 369, 436, 485, 489, 532
정한론(征韓論) 299, 301
제국주의 20, 22, 24, 27, 28, 300, 309, 581
제도적 합법성 340, 341
제왕학 49, 158, 227~32
조광조(趙光祖) 158, 162, 169, 170
조두순(趙斗淳) 330
조미수호조약 506, 509
조선문제 22, 40, 49, 301, 308, 592
조선중화사상 199, 200, 212, 213, 216, 219, 220, 311, 312
『조선책략(朝鮮策略)』 52, 453, 458~66, 490, 493, 515, 522, 523, 526, 528, 537, 542, 543
조신희(趙臣熙) 520, 521
조약체제(treaty system) 242, 250, 251, 268, 446
조영하(趙寧夏) 445, 472
「조의제문(弔義帝文)」 154
존주대의(尊周大義) 195~98, 204~207, 211, 226, 228, 235
존황양이(尊皇攘夷) 283, 293
종속이론 280
종주권(宗主權) 482, 509, 511, 516, 521, 549, 569, 593
주권국가 85, 197, 242, 248, 250, 270, 381, 446, 511, 512
주복(周馥) 469
주원장(朱元璋) 83, 97
주자(朱子) 65, 84, 95, 196, 198, 207
주자학 63, 65
중종반정 156, 164, 165, 170, 588
중화사상 23, 415
중화질서 35, 38, 48, 50, 52, 80, 81, 85~90, 96, 97, 130, 131, 140, 175, 189, 195, 196, 198, 239, 240, 244, 251, 255, 272, 288, 324, 326, 374, 379, 419, 428, 452, 435, 587~89, 594
쥐베르(M. Henri Zuber) 352, 353
지석영(池錫永) 541, 543
지치(至治) 145, 169, 173
직선적 시간관 31, 561
진덕수(眞德秀) 229~31
진보사관 584, 586
진산사건 314, 315, 325

ㅊ
책봉 81, 96, 163
척사 489, 491, 524, 528, 530
척사윤음(斥邪綸音) 314, 325, 363, 524
천명사상(天命思想) 71, 94, 108, 148
천인합일설(天人合一說) 94, 108, 184, 587
천자(天子) 32, 78, 80, 81, 84, 96, 97, 101, 131~33, 207, 257, 279, 326, 389
천하질서 32, 39, 44, 82, 96, 243, 244, 258, 265, 272, 288, 427
청한론(淸韓論) 384, 509
총리아문(總理衙門) 259~61, 267, 308, 362, 450, 492
최문형(崔文衡) 514
최익현(崔益鉉) 53, 434, 435, 442
최제우(崔濟愚) 321
최한기(崔漢綺) 328
츠다 마미찌(津田眞道) 285
치외법권 257, 299
치인지학(治人之學) 67

ㅋ
카(E. H. Carr) 44
카지무라 히데끼(梶村秀樹) 22, 58
커즌, 조지(George N. Curzon) 58, 388
케네디, 폴(Paul Kennedy) 280
코꾸가꾸(國學) 278, 283
코스몰로지 39, 137
코헨, 폴(Paul Cohen) 18, 21, 254
콕스, 로버트(Robert W. Cox) 41, 89
키도 타까요시(木戶孝允) 298, 299
키시모또 미오(岸本美緖) 67

ㅌ
타까스기 신사꾸(高杉晋作) 289
타나까 아끼라(田中彰) 283
타보하시 키요시(田保橋潔) 27
타율성론 61, 581
타율성사관 19
탕평 225
태평천국의 난 254, 308, 323
톈진조약 251, 576
토꾸가와 바꾸후(德川幕府) 208
토오야마 시게끼(遠山茂樹) 22
통리아문(統理機務衙門) 490~93, 496, 499, 502~505, 508, 516, 523, 525, 527, 529, 530, 533, 534, 540, 561
통상사(通商司) 492, 499
퉁 순(董恂) 263

ㅍ
팍스(Harry Parkes) 445, 514
팔레, 제임스(James Palais) 30, 34, 35, 61, 109, 319, 336, 340, 369, 441
팔조(八條) 78, 175, 176

패도(覇道) 169, 232, 233, 528
패도정치 32, 277
패러다임 44, 50, 90, 114, 251, 273, 379~81, 452, 588~90, 593, 595, 597, 598
페리(Matthew Perry) 283, 368
페어뱅크(J. K. Fairbank) 210, 255
포크(George C. Foulk) 474, 519
폭군방벌론(暴君放伐論) 96
표전문(表箋文) 97, 110
푸꼬, 미셸(Michel Foucault) 118
푸트(Lucius H. Foote) 382, 473, 474, 512, 569~71, 575
프랑스 273, 325, 350, 352, 357, 358, 363~66, 372, 373, 449, 450, 514, 515, 518
프레이저(J. G. Frazer) 58
필수상조(必須相助) 470, 483

ㅎ

하나부사 요시모또(花房義質) 445, 495
하라 타께시(原武史) 36
하라다 타마끼(原田環) 439
하마시따 타께시(浜下武志) 85, 258
하야시 라잔(林羅山) 279
하야시 시헤이(林子平) 278
학자관료 105, 226, 228, 395
한고조(漢高祖) 90, 91
한규직(韓圭稷) 565
한비자(韓非子) 68
『한성순보』 52, 481, 483
한성조약 576
『한성주보』 52, 481, 483
항산(恒産) 312
항심(恒心) 292, 312
향교 137, 178
향약 171
『향약집성방』 135
『해국도지(海國圖志)』 253, 414, 439, 459
해리스(Townsend Harris) 284
해링턴(F. H. Harrington) 34, 35
해방론(海防論) 253, 278
해양세력 181
허 위장(何如璋) 455, 459, 464, 507, 508
헌팅턴, 새뮤얼(Samuel Huntington) 23
헐버트(H. Hulbert) 383, 475
헤겔(G. W. F. Hegel) 31, 60, 62
헨더슨(Gregory Henderson) 34, 35
혁명 60, 68, 69, 92, 117, 595
현실정치 30, 33, 41, 42, 49, 69, 70, 73, 88, 91, 105~07, 110, 112, 117, 123, 131, 142, 148, 151, 153, 156, 159, 165, 168, 224, 226, 235, 244, 293, 313, 328, 338, 339, 341, 349, 360, 372, 374, 380, 390, 391, 393, 462, 463, 486, 490, 491, 532, 533, 572,

586, 587, 590, 599
혼돈의 상황 189, 190, 200, 211, 590
홉스봄, 에릭(Eric Hobsbawm) 18
홍경래(洪景來) 321
홍문관 145, 148, 187, 394, 399, 488, 494, 554, 558
「홍범(洪範)」 78, 198
홍순목(洪淳穆) 410, 456, 556
홍영식(洪英植) 414, 415, 473, 474, 494, 501, 513, 547, 565, 570, 575
홍재학(洪在鶴) 524, 527
화양서원(華陽書院) 203
화이변태(華夷變態) 189, 196, 210
황사영(黃嗣永) 314, 315, 325
황 쭌셴(黃遵憲) 459, 493, 508, 526, 544
황화론(黃禍論) 581
황현(黃玹) 53, 222, 334, 384, 405, 415, 560, 562
효명세자(孝明世子, 翼宗) 317, 415, 416, 422, 531
후꾸자와 유끼찌(福澤諭吉) 284, 286, 302, 333, 379, 580, 595
훈민정음 136, 137, 139

서남동양학술총서
조선정치사의 발견
조선의 정치지형과 문명전환의 위기

초판 1쇄 발행 / 2013년 4월 26일
초판 3쇄 발행 / 2015년 4월 25일

지은이 / 강상규
펴낸이 / 강일우
책임편집 / 박대우
펴낸곳 / (주)창비
등록 / 1986년 8월 5일 제85호
주소 / 413-120 경기도 파주시 회동길 184
전화 / 031-955-3333
팩시밀리 / 영업 031-955-3399 · 편집 031-955-3400
홈페이지 / www.changbi.com
전자우편 / human@changbi.com

ISBN 978-89-364-1334-7 93910

* 책값은 뒤표지에 표시되어 있습니다.